普通高等教育"十一五"国家级规划教材

航 海 学

● 赵仁余　主编
● 肖英杰　主审

人民交通出版社

内 容 提 要

　　本书共分四篇,另列附篇和附录,其主要内容分别为:地球形状、地面方向和地理坐标的知识,航向、方位和距离的定义、测定方法,海图投影与海图及电子海图,国际浮标和我国浮标制度,天体视运动和时间系统,航迹推算,陆标定位,利用太阳和星体定位,电子定位,船位误差分析方法与误差,潮汐的形成原理和特征,利用中、英版潮汐表推算潮汐,英版、中版航海图书资料,大洋、沿岸、狭水道以及特殊条件下的航线设计、航行方法和航次计划等。附篇包括球面几何,海图测绘与坐标系;有风流情况下的航迹推算误差的分析方法,行星视运动简介,岁差与章动简介,四季星空简介,以及若干传统的但目前已很少使用的航海技术和方法简介等。

　　本书附带光盘一张,主要内容包括:电子教材、教学课件、教学软件、航海视频和参考资料。

　　本书为航海类高等学校使用教材,也可作为海洋船舶驾驶和管理人员、航海从业人员及相关专业的技术参考书。

图书在版编目(CIP)数据

航海学 / 赵仁余主编 . —北京:人民交通出版社,
2009.11
　ISBN 978-7-114-07878-1

　Ⅰ.航… Ⅱ.赵… Ⅲ.航海学 - 高等学校 - 教材 Ⅳ.
U675

中国版本图书馆 CIP 数据核字(2009)第 113121 号

普通高等教育"十一五"国家级规划教材

书　　　名:	航海学
著 作 者:	赵仁余
责 任 编 辑:	钱悦良
出 版 发 行:	人民交通出版社
地　　　址:	(100011)北京市朝阳区安定门外外馆斜街 3 号
网　　　址:	http://www.ccpress.com.cn
销 售 电 话:	(010)59757973
总 经 销:	人民交通出版社发行部
经　　　销:	各地新华书店
印　　　刷:	北京鑫正大印刷有限公司
开　　　本:	787×1092　1/16
印　　　张:	32.25
字　　　数:	766 千
版　　　次:	2009 年 11 月　第 1 版
印　　　次:	2014 年 1 月　第 3 次印刷
书　　　号:	ISBN 978-7-114-07878-1
印　　　数:	5001 - 8000 册
定　　　价:	70.00 元

(有印刷、装订质量问题的图书由本社负责调换)

前　言 Qianyan

　　《航海学》(Navigation)是航海技术专业的主要课程,是研究船舶如何安全经济地从一个港口航行到另一个港口的实用科学。它研究的主要课题是:

　　1. 拟定既安全又经济的航线,制订切实可行的航行计划。

　　2. 船舶定位的理论和实践。研究船舶位置的确定方法及其误差分析与控制,引导船舶航行在既定的航线上。

　　3. 各种条件下的航行方法及航行安全研究。

　　航海学是一门既经典又不断发展的学科。因此,《航海学》教材必须摒弃航海实际中不再应用的陈旧内容,简化将要被淘汰的内容,使教材的主要读者群——学生能有更多的时间和精力学习新知识、新内容。

　　随着教学改革的不断深入,基础课程和实践活动教学的加强,专业课程的理论教学时数必定会减少。因此,本教材在结构体系和内容上作了较大幅度的调整,对基础理论和实践方面的内容适度加强;对某些纯理论性的内容进行了优化;对航海实践中已经很少应用的内容,只作简单介绍,但考虑到其他读者的需要,将有些内容编入了附篇。

　　根据航海实际及其发展趋势,本书简化了航迹推算的方法;删去了诸如雾中测深辨位、逐点航法等陈旧内容;调整和精简了航海天文学的结构体系和内容,鉴于航海天文定位不再是航行安全必不可少的手段,本书仅作为定位方法介绍了太阳和星体定位,并简化了其误差的分析,而将原属于航海天文学范畴的天球坐标系、天体视运动和时间系统等基础性内容编入了航海学基础知识篇。

　　STCW 公约对船舶定位的精度及其局限性分析有一定要求。本书将"船位误差的分析方法"单列一章,并置于航迹推算之后、各种观测定位之前,其内容的编排也作了若干调整。这样安排,一方面可以理论联系航海实践;另一方面为学习各种观测定位的误差分析方法打下基础。

　　本书内容力求通俗易懂,反映航海技术的新发展、新变化,以利于拓展学生的思路,培养学生的自学能力和创新能力。本书介绍了电子海图显示与信息系统及

1

其不同模式下使用的局限性,航海资料的数字化和网络化情况。增加了 AIS 及其航海应用与展望,船舶交通管理的发展阶段划分,以及根据船舶定线制思想合理、安全地使用大洋推荐航线、沿岸推荐航线等新内容。

本书的技术用语、缩写和代号等采用 2006 年 4 月 1 日实施的国家标准 GB/T 4099—2005"航海常用术语及其代(符)号"和 1996 年全国自然科学名词审定委员会公布的"航海科技名词"中的规定。

本书由上海海事大学赵仁余主编,并编写了第一篇第二至第六章,第二篇第二、第四至六章,第四篇第一、三至六章,附篇第一章、第二章第一至第三节、第三至第八章及练习题;王志明编写了第三篇;潘杰编写了第二篇第一章;卫家俊编写了第一篇第一章、附篇第二章第四节;邬惠国编写了第四篇第二章,沈淳编写了第二篇第三章;金国柱编写了第一篇第七章及部分电子插图及课件;黎飞、倪学义制作了天体视运动等的光盘软件;赵毅安、田起龙、徐兆辉和戴元君参加了本书的制图及修饰工作。最后由赵仁余统稿,肖英杰审稿。

由于编者水平有限,恳请广大读者批评指正。作者邮箱:renyuzh@163.com。

目 录 Mulu

第一篇　航海学基础知识

第二篇　船舶定位

附　篇

第八章 若干公式的证明 ⋯⋯⋯⋯⋯⋯⋯⋯⋯⋯⋯⋯⋯⋯⋯⋯⋯⋯ 见光盘

附　　录

插 图

■■■■■ 第一篇

航海学基础知识

第一章　地球形状和地理坐标

第一节　地球形状

一、大地球体

船舶在地球表层的水面航行，为了研究诸多的航海问题，应该对地球的形状和大小有个基本的了解。地球的自然表面有高山、有深海，形状非常复杂。但地球表面约有71%被海洋覆盖，大陆不足10km的高低起伏与地球约6366km的半径相比，显得微不足道。所以，我们讨论的地球形状，并不是指地球的自然形状，而是指由大地水准面（geoid）所包围的几何体的形状。

大地水准面是一个假想的、与完全均衡的海洋面（平均海面）相吻合的，并向大陆延伸，始终保持在任何地方都与该地的铅垂线正交而形成的一个连续的、无叠痕的、无棱角的不规则的光滑闭合曲面。它是重力等位面，即物体沿该面运动时，重力不做功。大地水准面是唯一的，凡与它平行的局部平面在航海上称为地平平面，也叫水平面。大地水准面是描述地球形状（earth shape）的一个重要物理参考面，也是我国海拔高程的起算面。被大地水准面所围成的几何体，是理想的地球形状，叫做大地球体。

二、大地球体的近似体

大地球体是一个不规则的几何体。为了应用方便，通常用规则的几何体——地球圆球体和地球椭圆体，近似代替大地球体。

1. 地球圆球体

地球圆球体（terrestrial sphere）是大地球体的第一近似体。在计算精度要求不太高的航海计算中，通常用地球圆球体解算航海问题。根据地球圆球面上大圆弧1′的弧长等于1n mile（1 852m）的规定，可推算出地球圆球体的半径 R_E：

$$R_E = \frac{360 \times 60}{2\pi} \text{n mile} = 3437.7468 \text{n mile} = 6\ 366\ 707 \text{m}$$

2. 地球椭圆体

地球椭圆体（earth ellipsoid）也叫旋转椭圆体，是大地球体的第二近似体。在大地测量学、地图学和需要精确的航海计算中，将大地球体近似为两极略扁的地球椭圆体。

1）地球椭圆体的构成

地球椭圆体是由椭圆 $p_n q p_s q'$ 绕其短轴 $p_n p_s$ 旋转而成的几何体（图 1-1-1）。$p_n p_s$ 与地球自转轴(earth axis)重合,其两个端点叫做地理北极 p_n 和地理南极 p_s,右手四指弯向地球自转方向,大拇指方向称为地理北极。椭圆长轴 qq' 绕短轴旋转所成的平面是赤道平面,它在地球椭圆体面上的截痕是赤道(equator),赤道是一个大圆,它将地球平分为北(含北极)、南(含南极)两个半球。与赤道面平行的平面,称为纬度圈平面,它与地球椭圆体表面的截痕是圆,称为纬度圈(parallel of latitude)。包含短轴 $p_n p_s$ 的任一平面叫做子午圈平面,它与地球椭圆体表面的截痕是椭圆,称为子午圈(meridian),其被短轴平分的半个椭圆,叫做地理子午线、子午线或经线(meridian line)。

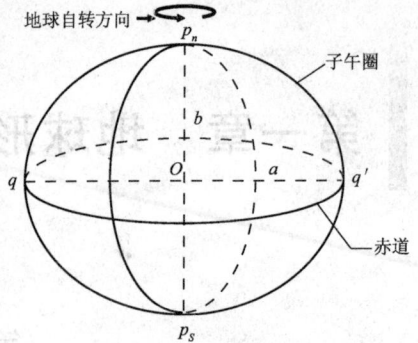

图 1-1-1 地球椭圆体

2)地球椭圆体的参数

地球椭圆体的形状和大小,可用椭圆体参数表示,它们是:椭圆体的长半经 a、短半经 b、扁率 c(flattening of earth)和偏心率 e(eccentricity of earth),各参数间的关系式为:

$$c = \frac{a - b}{a}, e = \frac{\sqrt{a^2 - b^2}}{a}$$

$$e^2 = \left(1 - \frac{b}{a}\right)\left(1 + \frac{b}{a}\right) = c(2 - c) \approx 2c$$

地球椭圆体参数是根据大地测量计算出来的。由于各个国家在测量时,采用的原点和测量的精度有所不同,因此所得的地球椭圆体的参数也略有差异。我国 1952 年采用白塞尔地球椭圆体参数,1954 年采用苏联的克拉索夫斯基参数,目前准备采用 IUGG(International Union of Geodesy and Geophysics,国际大地测量和地球物理联合会)1975 年推荐的参数。

1924 年国际测量学协会决定国际上采用的地球椭圆体参数是 1910 年海福特参数。几个较著名的地球椭圆体参数及其使用的国家和地区见附篇附表 2-1。

其实大地球体的赤道和等纬圈也不是圆,而近似为扁率极小的椭圆,其长轴位于西经 20° 和东经 160° 方向,长短轴之差约为 430m。若将地球赤道和等纬圈也用椭圆近似时,叫做地球椭球体或三轴椭球体,它是地球的第三近似体。

三、高度差

大地水准面与地球椭圆体表面是不一致的,它们之间的差值叫高度差(图 1-1-2),根据美国约翰·霍普金斯大学的数据,高度差最大不超过 100m,通常可以忽略不计。但在某些对精度要求较高的应用中,例如利用人造地球卫星定位时,要求输入的卫星接收机天线是在地球椭圆体面以上的高度,而船舶近似被认为航行于大地球体表面,即大地水准面上,因此必须考虑

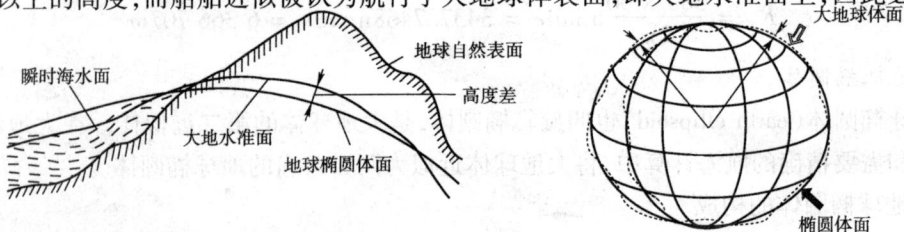

图 1-1-2 高度差示意图

高度差。即

卫星接收机天线在地球椭圆体表面以上的高度＝接收机天线在海面以上的高度＋高度差

在卫星接收机中,当输入接收机天线在海面以上的高度后,高度差的改正是由接收机自动进行的。

第二节　地面方向

船舶在海上需要按设定的方向航行,当要测定船舶位置时,经常需要测出物标的方向。因此,海上航行必须知道方向,方向是航海的最基本的概念之一。

一、北、东、南、西的确定

1. 测者南北线

地面方向是在测者地面真地平平面上确定的。如图1-1-3所示,通过测者 A 的眼睛并与测者铅垂线 AO 正交的平面叫做测者地面真地平平面(sensible horizon)。测者子午圈平面与测者地面真地平平面的交线 NAS 是 A 测者的方向基准线——南北线,其指向地理北极 p_n 的方向称为正北(north),代号 N;与其相反的方向称为南(south),代号 S。

2. 测者东西线

通过测者铅垂线 AO,并与测者子午圈平面垂直的平面,叫做测者的东西圈平面。东西圈平面与地球面的截痕称为东西圈,也称卯酉圈。东西圈平面与测者地面真地平平面相交的直线 EAW,叫做 A 测者的东西线。东西线顺着地球自转方向的一侧是正东(east),代号 E;逆地球自转方向的一侧是正西(west),代号 W。实用中,测者面北背南时,测者东西线的右方是 E,左方是 W(参看光盘:\教学课件\方向概念)。

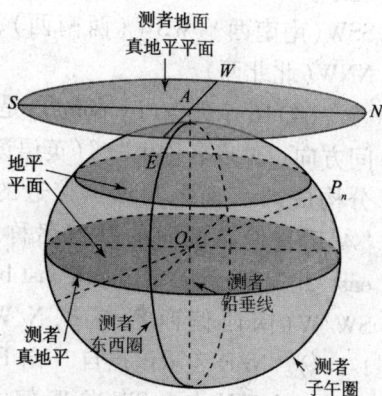

图 1-1-3　地面方向的确定

二、方向的划分

仅确定北东南西四个方向是不够的。航海上还用圆周法、半圆法及罗经点法三种方法来划分方向:

1. 圆周方向

在地面真地平平面上,以正北为 000°,顺时针方向按 000°~360° 等分地平面方向。正东为 090°,正南为 180°,正西为 270°。圆周方向用三位数表示,它是航海上最常用的方向表示法。

2. 半圆方向

半圆方向是以测者的北或南为起始方向(0°),向东或向西按 0°~180° 等分半圆地平面方向,并在方向度数后,以起始点(N 或 S)和度量方向(E 或 W)两个字母顺序命名。例如:圆周方向 024°可表示为半圆方向 24°NE 或 156°SE,圆周方向 225°可表示为半圆方向 135°NW 或 45°SW。

3.罗经点方向

罗经点方向共有 32 个,它们是:

(1)4 个基点(cardinal point):N、E、S、W。

(2)4 个隅点(intercardinal point):是相邻基点的中间方向,即东北(north east,航海上也以"北东"称谓),代号 NE;东南(south east,南东),代号 SE;西南(south west,南西),代号 SW;西北(north west,北西),代号 NW。

(3)8 个三字点(intermediate point):是相邻的基点和隅点的中间方向。三字点的名称由其相邻的基点和隅点的字母名称顺序排列构成,基点在前,隅点在后,即 NNE(北北东,north north east)、ENE(东北东,east north east)、ESE(东南东)、SSE(南南东)、SSW(南南西)、WSW(西南西)、WNW(西北西)和 NNW(北北西)。

(4)16 个偏点(by point):是上述各相邻点的中间方向。偏点名称由"/"(英语读作 by)前后两个部分构成,"/"前是与偏点接近的基点或隅点名称,"/"后是偏点偏向的基点名称。如 N/E(north by east,北偏东)、NE/N(north east by north,北东偏北)、SW/W(南西偏西)、……、N/W(北偏西)等(图 1-1-4)。N/E 表示该点自 N 向 E 偏一个点(11°.25),NE/N 表示该点自 NE 向 N 偏一个点,SW/W 表示该点自 SW 向 W 偏一个点,以此类推。

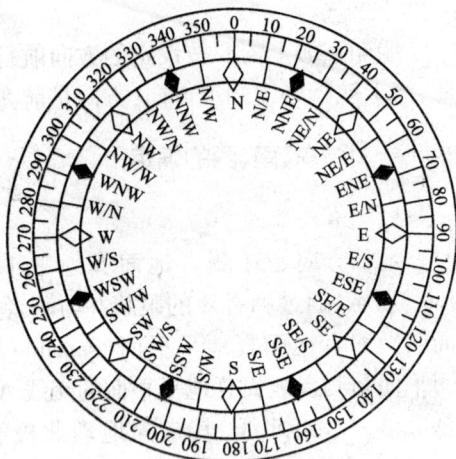

图 1-1-4 地面方向的表示法

这样将 360°的地平方向划分成 32 个方向点,叫做 32 个罗经点(compass point)。相邻罗经点的间隔称为一个点,每个点之间的角度为 11°.25(360°/32)。

三、三种划分法之间的换算

方向的三种划分法可相互换算,法则如下:

1.半圆方向换算成圆周方向

半圆方向	对应的圆周方向	半圆方向	对应的圆周方向
由北向东度量的半圆(NE)	半圆度数	由南向西度量的半圆(SW)	180°+半圆度数
由南向东度量的半圆(SE)	180°-半圆度数	由北向西度量的半圆(NW)	360°-半圆度数

切记圆周方向必须用三位数表示。

例 1-1-1:

半圆方向	对应的圆周方向	半圆方向	对应的圆周方向
35°NE	035°	30°SW	180°+30°=210°(图 1-1-6)
150°SE	180°-150°=030°(图 1-1-5)	150°NW	360°-150°=210°(图 1-1-6)

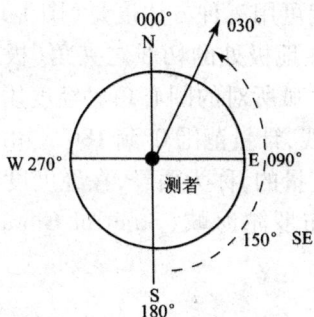

图1-1-5　NE、SE与圆周方向的关系

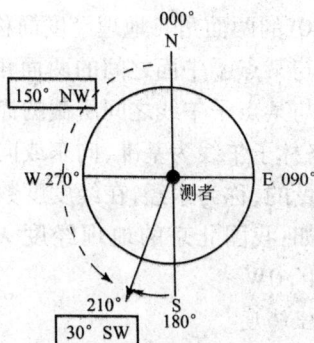

图1-1-6　NW、SW与圆周方向的关系

2.罗经点换算成圆周方向

(1)圆周方向 = 罗经点数 × 11°.25。

(2)根据罗经点名称的构成规则进行换算。

例1-1-2:将罗经点 SW 换算成圆周度数。

解:SW 在罗经点法中是第20个点,因此将它换算成圆周度数时,有:

$$SW = 20 × 11°.25 = 225°$$

或根据罗经点名称的构成规则,SW 是平分 S(180°)和 W(270°)得到的方向,因此

$$SW = (180° + 270°)/2 = 225°$$

例1-1-3:将罗经点 SSE、NW/W、NW/N 换算为圆周法方向。

解:(1)SSE 为平分 S 和 SE 的方向。即

$$SSE = \frac{1}{2}(S + SE) = \frac{1}{2}(180° + 135°) = 157°.5$$

(2)NW/W 为自 NW(315°)向 W 偏开一个点(11°.25)的方向。即

$$NW/W = 315° - 11°.25 = 303°.75$$

(3)NW/N 是自 NW 向 N 偏开一个点的方向。即

$$NW/N = 315° + 11°.25 = 326°.25$$

第三节　地　理　坐　标

一、地理坐标

地理坐标(geographic coordinate)是用以表示地球椭圆体表面上任意一点位置的一种坐标,坐标值由地理经度和地理纬度构成。航海上的船舶位置、物标的地理位置等都是用地理坐标表示的。

地理坐标的基准圈是赤道和格林子午线。格林子午线是通过英国伦敦格林尼治(Greenwich)天文台的子午线。格林子午线是计算地理经度的起始子午线,也称本初子午线(prime meridian)或零度经线。格林子午线与赤道的交点是地理坐标的原点。

1.地理经度

地理经度(geographical longitude,Long)是格林子午圈平面与某点的椭圆子午圈平面之间

的小于180°的两面角。地理经度简称经度,符号 λ。经度可用三种方法度量(图1-1-7):①格林子午面与某点子午面之间的两面角,也即该两子午线在地极处的切线之夹角(极角);②格林子午线与某点子午线之间所截的赤道短弧;③该赤道短弧所对的圆心角。经度用半圆周法表示,以格林子午线为基准,向东或向西度量到某点子午线,计量范围0°到180°。由格林子午线向东度量的,称为东经,在经度度数后用 E 命名;向西度量的,称为西经,在经度度数后用 W命名。例如:我国北京的地理经度 $\lambda = 116°28'.2E$,直布罗陀海峡(Strait of Gibraltar)的经度 $\lambda = 5°21'.0W$。

2. 地理纬度

地理纬度(geographical latitude, Lat)是椭圆体子午线上某点的法线与赤道面的夹角(图1-1-8)。地理纬度简称纬度,符号 φ。地理纬度从赤道起算,沿着子午线向北或向南度量到该点,计量范围0°到90°。向北度量的,称为北纬,在纬度度数后用 N 命名;向南度量的,称为南纬,在纬度度数后用 S 命名。我国北京的纬度 $\varphi = 39°54'.4N$,新加坡的纬度 $\varphi = 1°12'.0N$。

除了地理坐标外,航海上有时也用到地心坐标和天文坐标。

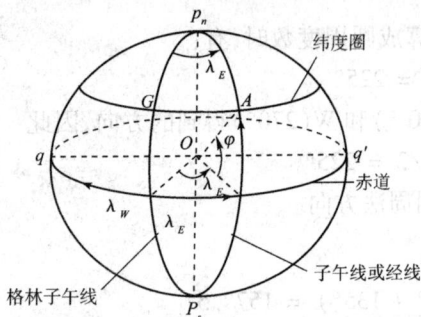

图1-1-7　地理经度的三种度量法　　　　图1-1-8　地理纬度的定义

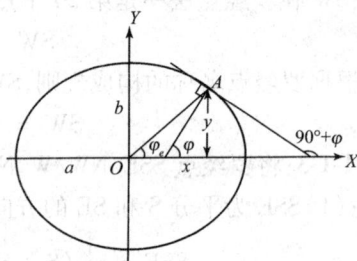

二、地心坐标

地心坐标由地理经度和地心纬度(geocentric latitude)组成。某点的地心纬度(图1-1-8)是由该点与地球椭圆体中心的连线(向径)与赤道面的夹角构成。可以证明(见附篇第八章),地理纬度(φ)和地心纬度(φ_e)的关系为:

$$\varphi - \varphi_e = 691''.5\sin 2\varphi \qquad (1\text{-}1\text{-}1)$$

由式(1-1-1)可见,地理纬度和地心纬度之差,在赤道和两极为0;在 $\varphi = 45°$ 时最大约为11'.5。

三、天文坐标

天文坐标(astronomical coordinate)由天文经度和天文纬度组成,是通过天文观测求得的。天文观测的基准是测者铅垂线,因此,天文经度(astronomical longitude)是通过测者铅垂线,且与地轴平行的平面,即测者天文子午面与格林天文子午面之间小于180°的两面角。天文纬度(astronomical latitude)是测者铅垂线与赤道面的交角。天文纬度与地理纬度之差叫做垂线偏差。

四、经差和纬差

两地经度的代数差叫经差(difference of longitude),符号 $D\lambda$;两地纬度的代数差叫纬差(difference of latitude),符号 $D\varphi$。如果起航点的地理坐标为 φ_1、λ_1,到达点的地理坐标为 φ_2、λ_2,那么,它们的经差、纬差的计算公式为:

$$D\lambda = \lambda_2 - \lambda_1 \qquad\qquad (1\text{-}1\text{-}2)$$
$$D\varphi = \varphi_2 - \varphi_1 \qquad\qquad (1\text{-}1\text{-}3)$$

计算式的符号规则:经度 λ 东经为正(+),西经为负(−);纬度 φ 北纬为正(+),南纬为负(−)。经差 $D\lambda$ 和纬差 $D\varphi$ 也都是有方向性的。按式(1-1-2)求得的经差为"+"时,称东经差,在经差数值后以 E 命名,说明到达点在起航点的东侧;经差为"−"时,称西经差,在经差数值后以 W 命名,说明到达点在起航点的西侧。经差的范围为 $0° \sim 180°$,当按公式计算所得的经差值大于 $180°$ 时,则应该用 $360°$ 减之,且方向的命名与原计算的方向命名相反。

按式(1-1-3)求得的纬差为"+"时,称北纬差,在纬差数值后以 N 命名,说明到达点在起航点的北侧;纬差为"−"时,称南纬差,在纬差数值后以 S 命名,说明到达点在起航点的南侧。纬差的范围为 $0° \sim 180°$。

例 1-1-4:某船由 $32°26'$N、$122°06'$W 航行至 $45°14'$N、$96°04'$W,求两地的经差和纬差。

解:

φ_2 45°14′N(+)	λ_2 96°04′W(−)
−) φ_1 32°26′N(+)	−) λ_1 122°06′W(−)
$D\varphi$ 12°48′N(+)	$D\lambda$ 26°02′E(+)

例 1-1-5:某船由 $24°38'$S、$150°42'$E 航行至 $12°44'$N、$176°12'$W,求两地的经差和纬差。

解:

φ_2 12°44′N(+)	λ_2 176°12′W(−)
−) φ_1 24°38′S(−)	−) λ_1 150°42′E(+)
$D\varphi$ 37°22′N(+)	$D\lambda$ 326°54′W(−)
	即 33°06′ E

五、等经差的纬度圈弧长之关系

1. 纬度圈弧长与赤道弧长的关系

如图 1-1-9 所示,ab 和 AB 分别是相等经差的两经度线所夹的纬度圈弧长和赤道弧长(即 $D\lambda$)。将地球作为圆球体时,任意纬度 φ 的等纬圈圆半径 $r(O'a)$ 与地球半径 $R(Oa)$ 之间的关系有 $\dfrac{r}{R} = \sin(90° - \varphi) = \cos\varphi$,从而得 $r = R\cos\varphi$。

因为弧 ab 与弧 AB 平行且它们的圆心角相等,则它们的关系有:

$$ab = \angle aO'b(\text{弧度}) \cdot r$$

$$AB = \angle AOB(\text{弧度}) \cdot R$$

于是

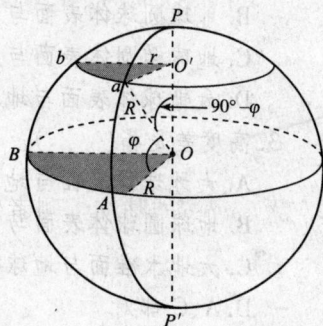

图 1-1-9　纬度圈弧长与赤道弧长的关系

$$\frac{ab}{AB} = \frac{r}{R} = \cos\varphi$$

即 $ab = AB\cos\varphi = D\lambda\cos\varphi$ （1-1-4）

由此可见,将地球作为圆球体时,等经差的某一纬度的纬度圈弧长是赤道弧长(即经差 $D\lambda$)与该纬度的余弦之乘积,这一结论在航海上是经常用到的。

例 1-1-6: 见图 1-1-9,设 $D\lambda = 1'$ 的赤道弧长为 1852m,求 60°纬度上 $D\lambda = 1'$ 的弧长?

解: 设 60°的纬度弧长度为 dep,根据式(1-1-4),得 $dep = 1852\cos60° = 926$m

2.纬度圈弧长之间的关系

设 dep_1 是 φ_1 的弧长,dep_2 是 φ_2 的弧长,根据式(1-1-4),$dep_1 = D\lambda\cos\varphi_1$,$dep_2 = D\lambda\cos\varphi_2$,则相等经差($D\lambda$)的经度线所夹的两纬度圈弧长之关系为:

$$\frac{dep_1}{dep_2} = \frac{D\lambda\cos\varphi_1}{D\lambda\cos\varphi_2} = \frac{\cos\varphi_1}{\cos\varphi_2}$$

习 题

一、问答题

1.地球形状是如何描述的? 大地水准面的特征如何?

2.试述地面方向的几种划分法。

3.试述罗经点名称的构成方法。

4.地理坐标是怎样构成的?

5.计算经差和纬差时应注意什么?

二、选择题

1.航海学中的地球形状是指( )。

  A.地球自然表面围成的几何体   B.大地水准面围成的几何体

  C.地球圆球体   D.以上都对

2.高度差是指( )。

  A.地球自然表面与地球椭圆体表面之差

  B.地球圆球体表面与大地水准面之差

  C.地球椭圆体表面与大地水准面之差

  D.大地球体表面与地球自然面之差

3.高度差是指( )。

  A.大地球体表面与地球椭圆体表面之差

  B.地球圆球体表面与大地水准面之差

  C.大地水准面与地球椭圆体表面之差

  D.A、C 都对

4.根据方向划分定义,三字点是平分( )的方向。

  A.相邻基点   B.相邻隅点   C.相邻基点和隅点   D.相邻偏点

5.三字点的名称由(　　)构成。

  A.最接近的基点名称＋隅点名称   B.最接近的隅点名称＋基点名称

  C.相邻的两个基点名称   D.相邻的两个隅点名称

6.偏点名称由两部分构成,"/"前是(　　);"/"后是(　　)。

  A.最接近的基点或隅点名称;基点名称

  B.最接近的基点名称;基点或隅点名称

  C.隅点名称;基点名称

  D.隅点名称;隅点名称

7.用偏点求圆周方向,可先根据名称中"/"前的基点或隅点的圆周方向,再确定该偏点的圆周方向为(　　)。

  A.偏开该基点或隅点 $22°.3$ B.偏开该基点或隅点 $11°.15$

  C.偏开该基点或隅点 $11°.25$ D.偏开该基点或隅点 $22°.5$

8.罗经点方向 ENE 换算成圆周方向为(　　)。

  A. $067°.5$ B. $079°.75$ C. $056°.25$ D. $033°.75$

9.经差、纬差的方向是根据(　　)来确定的。

  A.起航点相对于到达点的方向   B.到达点相对于起航点的方向

  C.起航点的地理坐标的名称   D.到达点的地理坐标的名称

10.已知到达点经度 $\lambda_1 = 8°35'.3W$,两地间的经差 $D\lambda = 18°17'.9W$,则起航点经度 λ_2 为(　　)。

  A. $10°19'.4E$ B. $10°19'.4W$ C. $9°42'.6E$ D. $26°55'.2W$

11.下列关于经差、纬差的说法中,正确的是(　　)。

  A.船舶由东半球航行至西半球,经差不一定是东

  B.船舶由北半球航行至南半球,纬差不一定是南

  C.船舶由南半球航行至北半球,纬差不一定是北

  D.A、B、C 都错

12.地球上某点 $\varphi = 40°N$,$\lambda = 120°E$,则它与赤道面的对称点是(　　)。

  A. $\varphi = 60°S$,$\lambda = 120°E$ B. $\varphi = 40°S$,$\lambda = 120°E$

  C. $\varphi = 40°N$,$\lambda = 60°W$ D. $\varphi = 40°S$,$\lambda = 60°W$

13.某地地理经度是格林子午线到该地子午线之间的(　　)。

  A.赤道短弧   B.赤道短弧所对应的球心角

  C.极角   D.A、B、C 都对

14.某船由 $33°30'N$,$170°W$ 起航,航行进入东半球,航程不超过 1500n mile,则该船航线起终点的经差(　　)。

  A.向东   B.向西   C.向东、向西均可   D.无法判断

第二章　航向和方位

第一节　航向、方位和舷角

一、航向

1. 航向线

当船舶正平时,通过船舶铅垂线的纵剖面,是船舶的首尾面。它与船上测者的地面真地平平面相交的直线,叫做船舶首尾线(fore and aft line)。船舶首尾线向船首方向的延长线,叫做航向线(course line,CL)。

2. 船舶的真航向和船首向

航向(course,C)是船舶航行时,船上测者的基准子午圈平面的北方(称为基准北)顺时针方向到船舶首尾面之间的两面角或船舶处的球面角(参看光盘:\教学课件\航向方位概念),在测者地面真地平平面上,是测者基准北线顺时针方向到航向线之间的夹角,航向用圆周法表示。航海上用到的基准北有真北、陀罗北、磁北和罗北。

真航向(true course,TC)是以测者子午圈为基准度量的航向,测者子午圈的北称为真北,代号 N_T。如图 1-2-1 所示,测者子午面 $P_N AO$ 顺时针与船舶首尾面 ABO 的两面角为45°,因而船舶的真航向 $TC=045°$,在测者地面真地平平面上,TC 是测者真北线顺时针方向到航向线之间的夹角,即 $\angle N_T ACL$。

船首向(heading,Hdg)是船舶某一瞬间的船首方向,以真北为基准度量。它常用于船舶在港内操纵或靠离泊、锚泊时表示船首方向。

二、方位和舷角

1. 物标的方位线

在地球面上,连接测者与物标的大圆 AM(图 1-2-2),叫做物标的方位圈。而物标方位圈平面与测者地面真地平平面的交线 AL 叫做物标的方位线(bearing line,BL)。

2. 物标的真方位

物标方位(bearing,B)是测者基准子午圈平面的北方顺时针到物标方位圈平面的两面角(参看光盘:\教学课件\航向方位概念),在测者地面真地平平面上,是测者基准北线顺时针到物标方位线 L 之间的夹角,方位一般用圆周法表示。

物标真方位(true bearing,TB)是以测者子午圈即真北(N_T)为基准度量的物标方位。如图

1-2-2 所示,测者子午面顺时针与物标(M)方位圈平面 $AMBO$ 的两面角为85°,即物标 M 的真方位 $TB=085°$在测者地面真地平平面上,TB 是测者真北线顺时针到物标方位线之间的夹角,即 $\angle N_T AL$。

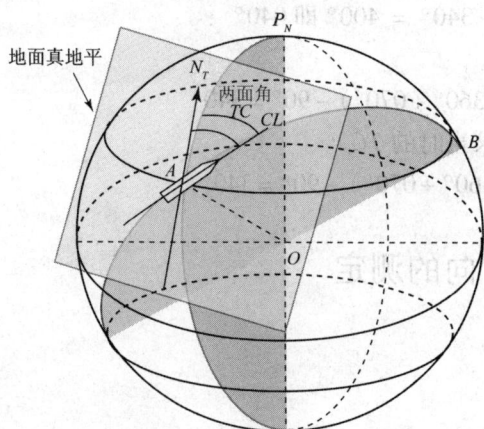

图 1-2-1　真航向的定义

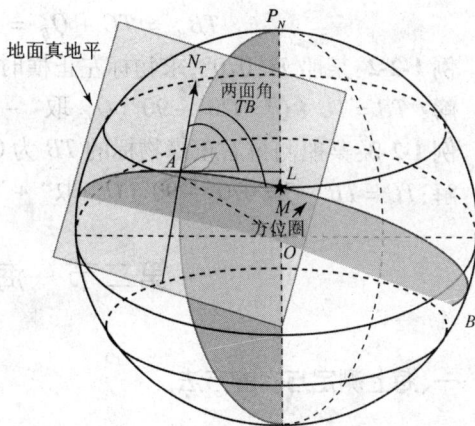

图 1-2-2　真方位的定义

3. 物标的舷角

物标的舷角(relative bearing)是船舶首尾面与物标方位圈平面之间的两面角,在测者地面真地平平面上,是航向线到物标方位线之间的夹角。舷角也叫相对方位,代号 Q。舷角可以用圆周法和半圆法度量。

1)圆周舷角

圆周舷角是以航向线(000°)为基准向右度量到物标方位线的夹角,计量范围 000° ~ 360°。

2)半圆舷角

半圆舷角是以航向线(0°)为基准向右舷或向左舷度量到物标方位线的夹角,计量范围 0° ~ 180°,向右度量的叫做物标的右舷角 $Q_右$(图 1-2-3 中的 A 物标),向左度量的叫做物标的左舷角 $Q_左$(图中的 B 物标)。

3)物标正横(abeam)

当物标处于 $Q=090°$ 或 $Q_右=90°$时,叫做物标右正横;当物标处于 $Q=270°$ 或 $Q_左=90°$时,叫做物标左正横。

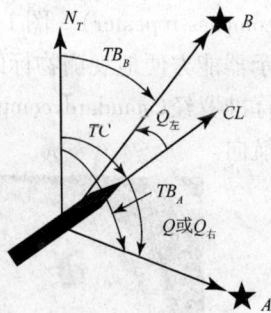

图 1-2-3　航向、方位和舷角

三、航向、方位和舷角之间的关系

物标的 TB 是以测者真北线为基准度量的,因此它与船舶的 TC 无关。但物标舷角(Q)是以航向线(CL)为基准度量的,因此航向改变后,舷角也就随着改变。航向、方位与舷角之间的关系(图 1-2-3)是:

$$TB = TC + Q \begin{cases} 圆周 Q 或 Q_右 为 + \\ Q_左 为 - \end{cases}$$

(1-2-1)

13

例 1-2-1：某船 TC 060°，测得两物标的舷角分别为 Q_A056°和 Q_B340°，求两物标的 TB。

解：如图 1-2-3 所示：

$$TB_A = TC + Q_A = 060° + 056° = 116°$$

$$TB_B = TC + Q_B = 060° + 340° = 400° \text{ 即 } 040°$$

例 1-2-2：某船 TC 070°，求物标左正横时的 TB。

解：$TB = TC + Q = 070° - 90°(Q_左 \text{ 取 } "-") = (360° + 070°) - 90° = 340°$

例 1-2-3：某船测得右正横物标的 TB 为070°，求当时的 TC。

解：$TC = TB - Q = 070° - 90°(Q_右 \text{ 取 } "+") = (360° + 070°) - 90° = 340°$

第二节　海上方向的测定

一、海上测定方向的方法

1. 海上测定方向的仪器

航海上测定航向和方位的仪器是罗经（compass）。目前海船上配备的罗经有陀螺罗经（gyrocompass）和磁罗经（magnetic compass）。陀螺罗经旧称电罗经，它是利用高速旋转的陀螺仪，在受到适当的阻尼作用后，能迫使其旋转轴保持在子午圈平面内的原理而制成的。磁罗经是利用水平面内自由转动的磁针在受到地磁力作用后，能稳定指向磁北的特性而制成的（参见《航海仪器》教材）。陀螺罗经和磁罗经都有一指示方向的000°～360°的刻度盘（图1-2-4），刻度000°的方向代表罗经所指的北。陀螺罗经所指的北叫陀螺罗经北（gyrocompass north），简称陀罗北，代号 N_G。磁罗经所指的北叫磁罗经北，简称罗经北或罗北（compass north），代号 N_C。陀螺罗经是一种有较大指北力的电动机械仪器，能带动若干个罗经复示器（也称分罗经 compass repeater）。图1-2-5是驾驶台两侧的陀螺罗经复示器，它与主罗经同步，驾驶员利用复示器能方便地观测物标的方位和读取航向。图1-2-6是驾驶台顶甲板上的磁罗经，一般称为标准罗经（standard compass），它固定安装在船舶的首尾线上，用以测定物标的方位和读取航向。

图 1-2-4　罗经盘

图 1-2-5　陀螺罗经复示器

2. 罗经基线

从图1-2-5和图1-2-6可见，与船体连接的罗经柜（compass binnacle）的上方有一测向系统，它由安放于罗经盆（compass bowl）内的罗经盘（compass card）即刻度盘和搁置于罗经盆上的方位圈(azimuth circle,也称方位仪)构成。罗经盘受罗经的指向系统控制,其刻度的空间指向基本保持不变,并设法使000°刻度的指向与地理北极方向保持一致(但实际上有误差)。能保持平稳姿态的罗经盆的内侧设置了四根各相隔90°的基准线,叫做罗经基线(如图1-2-4中082°和262°处的基线)。其中的一对基线与船舶首尾线严格一致或平行,其位于船首线方向的基线叫做船首基线(假定图中的上方黑线为首基线),它是读取船舶航向(如图中的航向为082°)或物标舷角(此基线与物标方位线之间的夹角)的基准线。另一对基线与船舶的正横方向一致。

3. 测定方向的方法

1)罗经航向的测定

根据航向定义,以 N_c 为基准度量的航向,叫做船舶的陀螺罗经航向(gyrocompass course,GC),简称陀罗航向。以 N_c 为基准度量的航向,叫做船舶的磁罗经航向(compass course,CC),简称罗航向。图1-2-7是船上的罗经刻度盘与船舶之关系的俯视示意图。图中,刻度盘外圈是与船体同步转动的罗经盆,其上有 F、p、a、s 四个基线,F、a 与船舶首尾线一致,F 为船首基线。由图可见,船首基线所指的罗盘读数就是航向线与刻度盘000°即罗北或陀罗北之间的夹角,叫做船舶的罗航向或陀罗航向,图中所示约为056°。

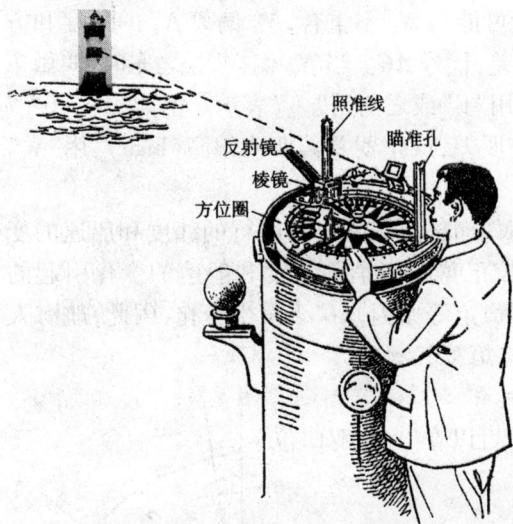

图1-2-6　用标准罗经测物标方位示意图　　　　图1-2-7　罗经盆与罗经基线示意图

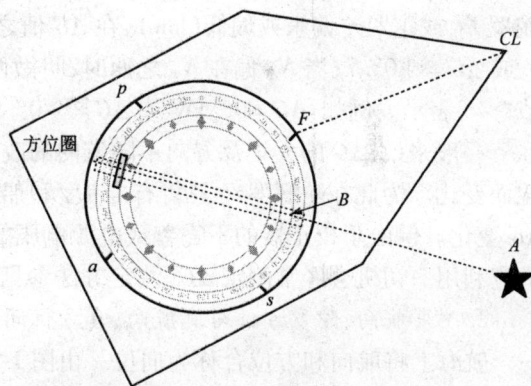

2)物标罗经方位的测定

方位圈是瞄测物标方向的装置,有机械方位圈(图1-2-6)和光学方位仪(图1-2-5)等,后者具有望远镜,有助于观测远方物标。

根据方位定义,以 N_c 为基准度量的物标方位,叫做该物标的陀螺罗经方位(gyrocompass bearing,GB),简称陀罗方位。以 N_c 为基准度量的物标方位,叫做该物标的磁罗经方位(compass bearing,CB),简称罗方位。

图1-2-6是船舶驾驶员用罗经观测物标方位的示意图。图中可见,船舶驾驶员通过方位圈的瞄准孔和照准线,转动方位圈的方向,使欲观测的物标(如灯标、低高度太阳等)观测点与瞄准孔和照准线成一线,此时从照准线下方的棱镜中读出罗盘上的刻度。其俯视图见图

1-2-7,方位圈对准 A 物标,使 A 物标与瞄准孔和照准线成一线,棱镜中的罗盘读数为 B,显见,读数 B 就是物标方位线与罗盘 000°之间的夹角,即物标 A 的罗方位或陀罗方位,图中所示约为 103°。而物标舷角是航向线 CL 与物标方位线之间的夹角,图中是船首基线 F 与 B 之间的夹角,即 $Q_{右}=47°$ 或 $Q=047°$。

3)船首基线的偏差对航向、物标舷角及方位的影响

由上可见,驾驶员读取船舶的航向或物标的舷角时,是以罗经的船首基线 F 来代替航向线的。若安装罗经时,罗经船首基线与船舶航向线不一致或不平行,则读到的罗经航向或物标舷角就有误差。设安装罗经时,船首基线偏左,则读得的航向读数小于实际罗经航向,而读得的舷角读数则大于物标的实际舷角;若船首基线偏右,则读得的航向读数大于实际罗经航向,而读得的舷角读数则小于物标的实际舷角。物标罗方位是罗盘 000°与物标方位线之间的夹角,因此,罗经船首基线的偏差对物标罗经方位的读数没有影响。

二、陀罗差

1. 陀罗差

用陀螺罗经测得的航向或方位读数是以陀螺罗盘 000°即陀螺北 N_G 为基准的,而海图上绘画的航向或方位则以真北 N_T 为基准。但 N_G 有可能与 N_T 不重合,N_G 偏离 N_T 的角度和方向,叫做陀螺罗经差(gyrocompass error),简称陀罗差,代号 ΔG。当 N_G 偏在 N_T 之东时,叫做东陀罗差,或陀罗差偏东或偏低(low),在 ΔG 值之后用"E"或之前用" + "表示。例如:$\Delta G = 0°.7$ E 或 $\Delta G = +0°.7$;当 N_G 偏在 N_T 之西时,叫做西陀罗差,或陀罗差偏西或偏高(high),用"W"或" - "表示。例如:$\Delta G = 0°.5W$ 或 $\Delta G = -0°.5$。

一般来说,ΔG 的大小及方向不随航向的改变而改变,但它随船舶航行的纬度和船速的变化而变化。为此在陀螺罗经上装有"纬度和船速校正器",以消除纬度和船速的变化引起的 ΔG 变化。但由于校正器的不完善或电源电压的不稳定等原因,ΔG 会发生变化,因此,航海人员应利用一切机会经常测定 ΔG(测定方法参见第二篇第五章)。

2. 陀罗航向、陀罗方位与真航向、真方位间的关系

航海上将航向和方位合称为向位。由图 1-2-8 可以看出,陀罗向位(GC、GB)与真向位(TC、TB)之间有关系式:

$$\begin{cases} TC = GC + \Delta G \\ TB = GB + \Delta G \end{cases} \quad (1\text{-}2\text{-}2)$$

或者

$$\begin{cases} GC = TC - \Delta G \\ GB = TB - \Delta G \end{cases}$$

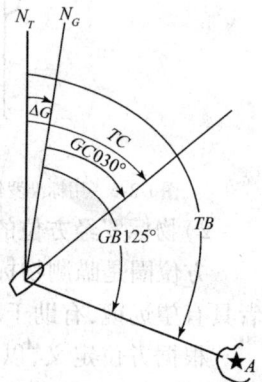

图 1-2-8　陀罗差

三、磁罗经差

1. 磁罗经差

用磁罗经测得的航向或方位读数是以罗盘 000°即罗北 N_C 为基准的。同样,N_C 与 N_T 并不重合。我们把 N_C 偏离 N_T 的角度和方向叫做磁罗经差(compass error),简称罗经差,代号 ΔC。ΔC 从 N_T 起算,向东或向西度量到 N_C,计量范围 0°到 180°。当 N_C 偏在 N_T 之东时,叫做

东罗经差或罗经差偏东,在 ΔC 值之后用"E"或之前用"+"表示。例如:$\Delta C = 1°.7$ E 或 $\Delta C = +1°.7$;当 N_C 偏在 N_T 之西时(图 1-2-9),叫做西罗经差或罗经差偏西,用"W"或"−"表示。例如:$\Delta C = 1°.5$W 或 $\Delta C = -1°.5$。安装在钢铁船上的磁罗经,同时受到地磁场和船磁场的作用,因此:

$$\Delta C = Var + Dev \tag{1-2-3}$$

式中:Var——地磁差;

Dev——船磁场产生的罗经自差。

2. 罗航向、罗方位与真航向、真方位间的关系

磁罗经向位和真向位之间有关系式(图 1-2-9):

$$\begin{cases} TC = CC + \Delta C \\ TB = CB + \Delta C \end{cases} \tag{1-2-4}$$

或者

$$\begin{cases} CC = TC - \Delta C \\ CB = TB - \Delta C \end{cases}$$

四、磁差和自差

1. 地磁和磁差

1)磁差的定义

地磁是围绕在地球外表空间的天然磁场。它好像是由一块放在地球内部的大磁铁产生的磁场一样(图 1-2-10),地面上各点的磁力线方向都是不同的。磁力线方向垂直于地面的点,叫做地磁磁极(geomagnetic pole)。近地理北极的叫地磁北极,其极性为蓝(−,S);近地理南极的叫地磁南极,其极性为红(+,N)。

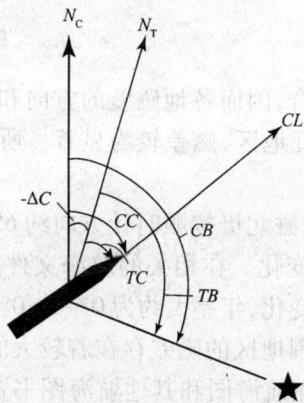

图 1-2-9 磁罗经差

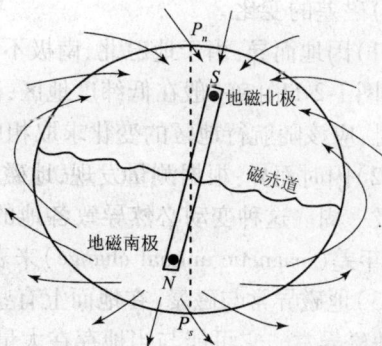

图 1-2-10 地磁场

如图 1-2-11 所示,地面上方的磁针在地磁场的作用下,根据磁极异性相吸原理,磁针的红端(N,+)会指向地磁北极的方向。与磁针铅垂线一致且包含磁针的平面称为磁子午面,它与地球面的交痕叫磁子午线(magnetic meridian)。磁针的 N 端(红端)所指的方向即磁子午线的北,叫做磁北,代号 N_M。由于地磁北极与地理北极不重合,所以在绝大部分地区,磁子午线与

地理子午线不一致,即磁北 N_M 与真北 N_T 不一致,N_M 偏离 N_T 的角度和方向,叫做磁差(variation, Var)。某地的 Var 从该地的 N_T 起算,向东或向西计量到 N_M,计量范围 0° 到 180°。当 N_M 偏在 N_T 之东时,叫做东磁差,在磁差值之后用"E"或之前用" + "表示。当 N_M 偏在 N_T 之西时,叫做西磁差,在磁差值之后用"W"或之前用" − "表示。例如,某地 N_M 偏在 N_T 之东 4°.5(图 1-2-12),则该地的 Var 为 4°.5E 或 +4°.5。

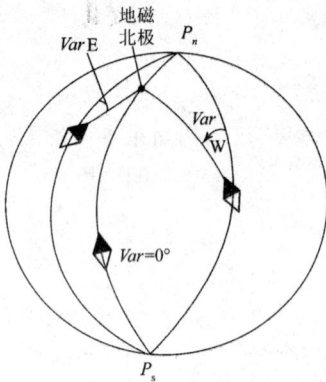

图 1-2-11　不同地点的磁差

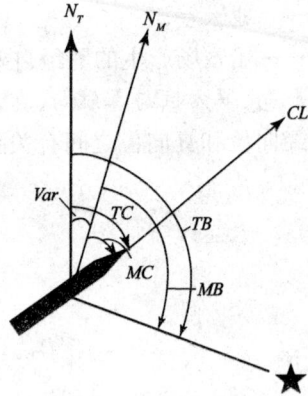

图 1-2-12　磁差

2)磁航向和磁方位

根据航向定义,以 N_M 为基准度量的航向,叫做船舶的磁航向(magnetic course,MC)。

根据方位定义,以 N_M 为基准度量的物标方位,叫做物标的磁方位(magnetic bearing,MB),MB 用圆周法表示。

如图 1-2-12 所示,船舶的 MC、MB 与 TC、TB 间有关系式:

$$\begin{cases} TC = MC + Var \\ TB = MB + Var \end{cases} \tag{1-2-5}$$

3)磁差的变化

(1)因地而异:由于地磁北、南极不与地理北、南极重合,因而各地磁差的方向和大小也不相同(图 1-2-11)。一般在低纬度地区,磁差较小;在高纬度地区,磁差较为显著。所以船舶在航行时,应该随航行地区的变化求取相应的磁差。

(2)因时而异:根据测量发现,地磁极是在移动的。地磁北极按顺时针方向约 650 年绕地理北极一周。这种变动必然导致各地的磁差随时间发生变化。在相关的航海文件(如海图)中,用年差(magnetic annual change)来表示磁差随时间的变化,年差大约为 0° ~ ±0°.2。

(3)地磁异常与磁暴:在地面上有些地区的磁差与周围地区的磁差存在着较大的差异,这叫做地磁异常。它可能与当地存在大量磁性矿物有关。在航海图和其他航海图书资料中,常用"异常磁区",英版海图上用"Local Magnetic Anomaly"加以标明(参看附录 8-1B(82)),并提供有关的特殊改正。

磁暴是由于极光和太阳黑子活动而引起的地磁的罕见波动。这时,磁差在一昼夜中可能变动几度至几十度(参看光盘:\教学课件\罗经)。

4)磁差资料的查取

(1)航海图的向位圈。在航海图上都印有向位圈,也称罗经花,供驾驶员在海图作业中量取航向或物标的方位之用。通常在向位圈上标有该地区测量年份的磁差及其年差。例如:附录 8-1B(70)是英版海图上的向位圈,其上的磁差资料为"4°30′W 1998(9′E)",表示该地区 1998 年 1 月 1 日的磁差为 4°30′W(标注至 5′),年差 9′E(标注至 1′),即磁差每年向东变化 9′。在向位圈中,"W"表示磁差(或年差)偏西,"E"表示磁差(或年差)偏东。中版海图上的标注方法与之相同,但磁差标注至整分,小数四舍五入,年差标注至 0′.1。

早期出版的海图上,年差可能用"+"(英版图用 incrg)、"−"(decrg)表示。"+"或 incrg 表明年差与测量年份的磁差同向变化,"−"或 decrg 表明年差与测量年份的磁差反向变化。例如:附录 8-1B(70)的中图给出的磁差资料为"3°00′W(1979)decrg about 10′annly(中版图用"−10′"字样)",表明该地 1979 年的磁差为 3°00′W,此后每年反向即向东变化 10′。若向位圈上的磁差资料为"3°00′W(1979)incrg about 10′annly(中版:+10′)",表明该地 1979 年的磁差为 3°00′W,此后每年继续同向即向西变化 10′。

(2)大比例尺港湾图的海图标题栏。在大比例尺港湾图上,图区范围内的磁差资料几乎是相同的,因此磁差资料常常记载在海图标题栏。

(3)小比例尺大洋航行图的标题栏和磁差曲线。在 1:2 000 000 及更小的小比例尺图上,磁差资料可能是以等磁差曲线来表示的。在每条磁差曲线上都注明测量年份的磁差,并在其后的括号内给出年差(参看附录 8-1B(71)),而测量年份则记载在海图标题栏。

(4)专用等磁差曲线图。等磁差曲线图是专供大洋航行时查取磁差的专门用图,以代替小比例尺大洋航行图上可能陈旧的磁差资料。等磁差曲线图的磁差表示方法与小比例尺大洋图上的表示方法相同。

5)求航行年份的磁差

求取船舶航行时的磁差,必须选用航行前方的或船位附近的向位圈(或磁差曲线)的磁差资料,并修正年差到航行年份。如有必要,可根据船位与相邻向位圈(或磁差曲线)的间距,作简单的线性内插求得船位处的或航行方向上的磁差。

例 1-2-4:某地磁差资料为:0°30′E 1986(3′W),求 2006 年该地磁差。

解:$Var = 0°30′ + (-3′) × (2006 - 1986) = 0°30′ - 60′ = -0°30′ = -0°.5$ 或 $Var = 0°.5W$

例 1-2-5:某地磁差资料为:0°30′W 1986(3′E),求 2006 年该地磁差。

解:$Var = -0°30′ + 3′ × (2006 - 1986) = -0°30′ + 60′ = +0°30′ = +0°.5$ 或 $Var = 0°.5E$

例 1-2-6:某地磁差资料为:0°30′W 1986(3′W),求 2006 年该地磁差。

解:$Var = -0°30′ + (-3′) × (2006 - 1986) = -0°30′ - 60′ = -1°30′ = -1°.5$ 或 $Var = 1°.5W$

例 1-2-7:某地磁差资料为 Var 6°30′W(1980) incrg about 2′annly,求 1993 年的该地磁差。

解:$Var = -[6°30′ + 2′ × (1993 - 1980)] = -6°56′ ≈ -6°.9$ 或 $Var = 6°.9W$

例 1-2-8:某地磁差资料为 Var 6°30′W(1980) decrg about 2′annly,求 1993 年的该地磁差。

解:$Var = -[6°30′ - 2′ × (1993 - 1980)] = -6°04′ ≈ -6°.1$ 或 $Var = 6°.1W$

例 1-2-9:某地磁差资料为 Var 6°30′E(1980) decrg about 2′annly,求 1993 年的该地磁差。

解:$Var = +[6°30′ - 2′ × (1993 - 1980)] = +6°04′ ≈ +6°.1$ 或 $Var = 6°.1E$

2.磁罗经自差

1)自差的定义

钢铁船受到地磁场的磁化后所产生的磁场叫做船磁(ship magnetism)。船磁分为永久船磁(ship permanent magnetism)和感应船磁(ship induced magnetism),前者由船上的硬铁被磁化后产生,后者由船上的软铁被磁化后产生。安装在钢质船上的磁罗经,受到船磁的作用,使得磁罗经磁针的北端偏离 N_M 而指向罗北 N_C。N_C 偏离 N_M 的角度和方向,叫做磁罗经自差(deviation,Dev),简称自差,代号 δ。Dev 从 N_M 起算,向东或向西计算到 N_C,计量范围 $0°$ 到 $180°$。当 N_C 偏在 N_M 之东时(图 1-2-13),叫做东自差,用"E"或" + "表示;当 N_C 偏在 N_M 之西时(图 1-2-14),叫做西自差,用"W"或" – "表示。

船舶的 MC、MB 与 CC、CB 之间有关系式:

$$\begin{cases} MC = CC + Dev \\ MB = CB + Dev \end{cases}$$ (1-2-6)

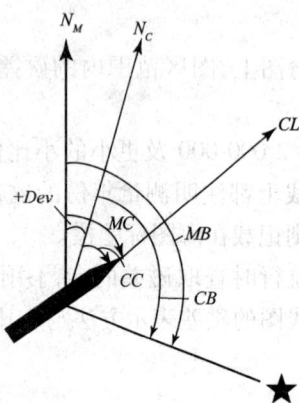

图 1-2-13　自差偏东　　　　　　　　　　　　　图 1-2-14　自差偏西

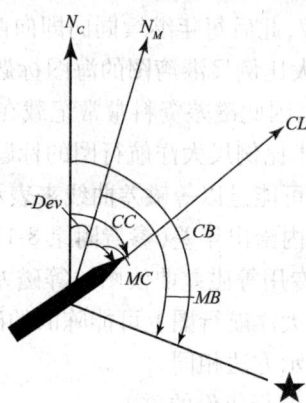

2)自差的变化

自差是可以消除和校正的,但实际上很难完全被消除和校正,消除未尽的自差称为剩余自差(residual deviation,remaining deviation),它随下列因素而变化:

(1)随罗经航向的变化而变化。由于船舶航向改变后,船体软铁部分受地磁磁化的状况会发生变化,引起感应船磁变化;同时,航向不同时,船磁和磁罗经磁针的相对位置也不一样。所以,自差的方向和大小也不一样。

(2)随航行纬度的变化而变化。当航行纬度变化较大时,地磁场要素发生较大变化,导致感应船磁也发生变化,使自差也有变化。

(3)随永久船磁的变化而变化。下列情况会使永久船磁发生变化:修船、大面积电焊、装载磁性货物、长时间航行或停泊在同一个方向上以及船舶被碰撞、搁浅、雷电袭击、火烧等船体受到较大振动和加热的情况。

为使磁罗经保持正常的工作状态,确保船舶安全航行,要求船舶定期校正磁罗经自差,并将校正后的剩余自差测定出来,制成每隔 $10°$ 或 $15°$ 航向的磁罗经自差表(deviation table)(表1-2-1)或绘制成磁罗经自差曲线(deviation curve)(图1-2-15)。

3)船舶测定罗经差的要求

由于影响 Dev 的因素复杂,因此航行中要注意经常测定 ΔC,在航行中每天不得少于两次,一般在早晚利用真出没或低高度太阳测定,求出当时航向上的 $Dev(= \Delta C - Var)$;在长航线航

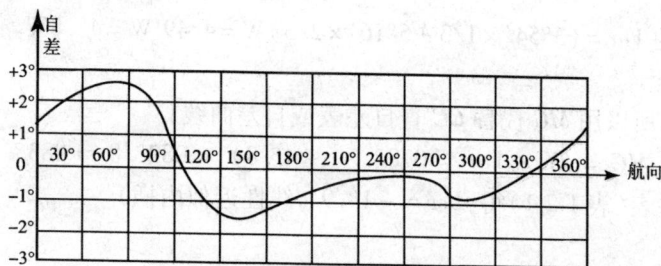

图 1-2-15 剩余自差曲线

行后改向,应在改向后 2～3min(感应船磁基本稳定)测定,并将测定结果记入《航海日志》和《磁罗经自差记录簿》。

观测地点:吴淞口 　　　　××轮标准罗经自差表 　　　　××年×月×日 　　　　表 1-2-1

自　　差	罗 经 航 向		自　　差
+2°.8	360°	000°	+2°.8
+2°.6	345°	015°	+2°.6
+2°.3	330°	030°	+2°.0
+2°.0	315°	045°	+1°.2
+1°.9	300°	060°	+0°.1
+1°.8	285°	075°	−1°.2
+1°.9	270°	090°	−2°.5
+2°.0	255°	105°	−3°.4
+1°.9	240°	120°	−3°.9
+1°.8	225°	135°	−3°.8
+1°.2	210°	150°	−3°.1
+0°.2	195°	165°	−2°.2
−1°.0	180°	180°	−1°.0

4)自差的求取

(1)查自差表或自差曲线。航行时应根据 CC 从本船的自差表或自差曲线中直接查取该航向上的 Dev。

查自差表或自差曲线的引数是 CC,若未知 CC,可用 MC 代替 CC 去查,而不能用 TC 去查取 Dev,除非当地磁差很小,否则用 TC 查得的 Dev 将有较大的误差。

(2)查《磁罗经自差记录簿》。《磁罗经自差记录簿》中记载有每天的实测自差。可以从近期相同罗航向的记录中查取自差值。

(3)查《航海日志》。《航海日志》(log book)中记载有过去航行中的航向和自差值。因此,同样可以查取近期相同罗航向上所登记的自差值。

例 1-2-10:某船 2004 年某日 $TC078°$,0800 位于两罗经花之间,且距罗经花 A 约 7n mile,距罗经花 B 约 3.5n mile,罗经花 A 的数据是 4°30′W 1992(3′E),罗经花 B 的数据是 4°40′W 1992(3′W)。求该船当时的 Var 和 ΔC。

解:(1)求 Var:

罗经花 A:$Var1 = 4°30′W − 3′ \times (2004 − 1992) = 3°54′W$

罗经花 B:$Var2 = 4°40′W + 3′ \times (2004 − 1992) = 5°16′W$

0800 船位处的 $Var = (3°54' \times 1/3 + 5°16' \times 2/3)\text{W} = 4°49'\text{W} = 4°.8\text{W}$

（2）求 Dev：

由于未知 CC，所以用 MC 代替 CC 查自差表或自差曲线：

$$MC = TC - Var = 078° - (-4°.8) = 082°.8 \approx 083°$$

以 083 查自差表（表 1-2-1）得：$Dev = -1°.9$（线性近似内插）

（3）求 ΔC：

$$\Delta C = Var + Dev = 4°.8\text{W} + 1°.9\text{W} = 6°.7\text{W}$$

五、向位换算

航海上常常用磁罗经或陀螺罗经去测量航向和方位，然后将其换算成 TC 和 TB。又常常将 TC 换算到可以用磁罗经或陀螺罗经执行的 CC 或 GC。因此，航海上的这种不同基准北线之间的向位换算是经常性的工作，必须熟练掌握。

向位换算可用图解法或公式计算法。

1. 图解法

首先应根据已知的 $\Delta C(\Delta G)$、Var 和 Dev 画出 N_T、N_M 和 $N_C(N_G)$ 等北线，或者根据已知的不同基准子午线的航向和方位反推出不同的 N_T、N_M 和 $N_C(N_G)$ 北线，再画出船首线 CL 和方位线，然后根据 N_T、N_M 和 $N_C(N_G)$ 到船首线和方位线的夹角，计算出各种航向和方位（图 1-2-16）。

例 1-2-11：已知某船 $TC325°$，测得物标 M 的 $CB = 084°$，计算得当地 $Var = 5°E$，设 $Dev = 3°W$，求 CC 和 TB。

解：见图 1-2-16。

2. 公式计算法

基本运算公式为：

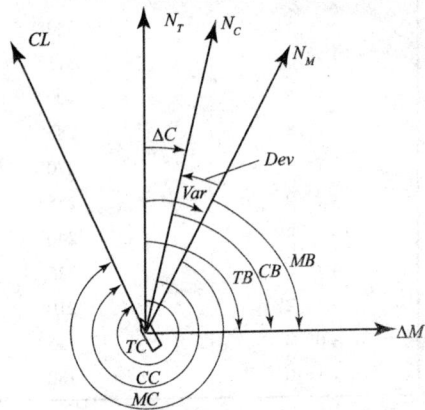

图 1-2-16　向位换算的图解法

$$MC = CC + Dev = TC - Var \quad \text{或} \quad CC = MC - Dev = TC - Var - Dev$$

$$TC = GC + \Delta G = CC + \Delta C = (CC + Dev) + Var = MC + Var$$

$$MB = CB + Dev = TB - Var \quad \text{或} \quad CB = MB - Dev = TB - Var - Dev$$

$$TB = GB + \Delta G = CB + \Delta C = (CB + Dev) + Var = MB + Var$$

$$\Delta C = Var + Dev$$

例 1-2-12：2004 年 6 月 5 日某船以 $CC = 002°$ 航行，测得某物标的 $CB = 035°$，设海图上的磁差资料为：$7°10'\text{W}\ 1996(2'.4\text{E})$，从自差表（表 1-2-1）中查得 $Dev = 2°.8\text{E}$。求该船 TC 和物标的 TB。

解：（1）$Var = -[7°10' - 2'.4 \times (2004 - 1996)] = -6°.51' = 6°.85\text{W}$

（2）$\Delta C = Var + Dev = 6°.85\text{W} + 2°.8\text{E} = 4°.05\text{W} \approx 4°.1\text{W}$

（3）$TC = CC + \Delta C = 002° - 4°.1 \approx 358°$（准确到 $0°.5$）

（4）$TB = CB + \Delta C = 035° - 4°.1 = 030°.9$（准确到 $0°.1$）

例 1-2-13：2004 年 9 月 15 日，某船 $CA = 320°$。已知船舶航行海区的磁差：$5°09'\text{E}\ 1996$（10'E），自差表如表 1-2-1 所示。求应驶的 CC 和前方物标左正横时该物标的 CB（海区无风流)。

　　解:(1)$Var = +[5°09' + 10' × (2004 - 1996)] = +6°29' ≈ 6°.5E$

　　(2)$MC = TC - Var = 320° - 6°.5 = 313°.5$

　　根据MC查自差表得:$Dev = +2°$

　　(3)$ΔC = Var + Dev = 6°.5E + 2°E = 8°.5E$

　　(4)$CC = TC - ΔC = 320° - 8°.5 = 311°.5$

　　　　$CB = CC + Q = 311°.5 - 90° = 221°.5$

习　题

一、问答题

1. 航向、方位、舷角是如何定义的?

2. 磁差、自差和罗经差是如何定义的?

3. 磁差、自差和罗经差因何而变?计算航行年份的磁差时应注意什么?

4. 船舶航行中如何求取罗经差?

二、选择题

1. 某船 2005 年 10 月航行在英版海图的某个罗经花附近,罗经花上有下列数据:4°30′W1995(9′E)。则当时该地的磁差 Var 为(　　)。

　　A.6°W　　　　　　　　B.3°W　　　　　　　　C.6°E　　　　　　　　D.3°E

2. 某船 2006 年 5 月航行在英版海图的某个罗经花附近,罗经花上有下列数据:0°30′E1996(6′W)。则当时该地的磁差 Var 为(　　)。

　　A.1°30′E　　　　　　B.1°30′W　　　　　　C.0°　　　　　　　　D.0°30′W

3. 在大洋航行,使用了具有 $\overline{3° \ W(5' \ E)}$ 资料的海图,试问,从何处可找得这些数据的测量年份(　　)。

　　A. 海图图框外右下角　　　　　　　　B. 曲线附近

　　C. 海图标题栏　　　　　　　　　　　D. 资料长年使用,不标注测量年份

4. 某船 2006 年 7 月在大洋中航行,船舶航行于下列两曲线中间,曲线 1 的数据为 $\overline{0° \ (3' \ W)}$ 曲线 2 的数据为 $\overline{1° \ E(3' \ W)}$ 查得这些数据的测量年份为 1996 年。则按正确的算法,该船当时的 Var 应为(　　)。

　　A.0°30′W　　　　　　B.0°30′E　　　　　　C.1°E　　　　　　　　D.0°

5. A 船位于 45°N,170°E,B 船位于 A 船的正东 155°W 处,则(　　)。

　　A. A 测 B 的真方位为 090°,B 测 A 的真方位为 270°

　　B. A 测 B 的真方位为 090°,B 测 A 的真方位不可能为 270°

　　C. A 测 B 的真方位小于 090°,B 测 A 的真方位为 270°

　　D. A 测 B 的真方位小于 090°,B 测 A 的真方位大于 270°

6. A 船位于 0°,170°W,B 船位于 A 船的正东 130°W 处,则下列何者错误(　　)。

A. A 测 B 的真方位为090°,B 的纬度不等于0°

B. A 测 B 的真方位为090°,B 的纬度等于0°

C. A 测 B 的真方位为090°,B 测 A 的真方位为270°

D. B 测 A 的真方位为270°,B 的纬度为0°

7. A 船位于45°S,170°E,测得150n mile 外的某遇难船 B 的真方位为090°,假定 B 的位置不变,A 船也无航行误差,不受外界影响,则 A 船( )。

A. 保持090°航向航行将直达 B 船

B. 向西保持在45°S 纬度圈上航行将直达 B 船

C. 起始航向090°,以后其航向应逐渐适当增大可到达 B 船

D. 起始航向090°,以后其航向应逐渐适当减小可到达 B 船

8. A 船位于45°S,170°W,测得150n mile 外的某遇难船 B 的真方位为270°,假定 B 船的位置不变,A 船也无航行误差,不受外界影响,则 A 船( )。

A. 保持270°航向航行将直达 B 船

B. 向西保持在45°S 纬度圈上航行将直达 B 船

C. 起始航向270°,以后其航向应逐渐适当增大可到达 B 船

D. 起始航向270°,以后其航向应逐渐适当减小可到达 B 船

9. 船上磁罗经指示的0°方向可能是( )。

A. 真北方向   B. 磁北方向   C. 罗北方向   D. A、B、C 都可能

10. 磁罗经自差 Dev 等于( )。

A. $GB + \Delta G - CB$ B. $GB + \Delta G - MB$ C. $MB - CB$ D. $CB - MB$

11. 下列关于磁差的说法不正确的是( )。

A. 磁差是由于磁极与地极不重合而产生的

B. 磁差最大可达180°

C. 在磁赤道附近磁差最小

D. 磁差随时间、地区和舷角的变化而变化

12. 若安装磁罗经时基线偏左2°,当罗航向为032°时,罗经差为 +2°,测得某物标舷角为65°左,则该物标真方位为( )。

A. 329°   B. 327°   C. 325°   D. 323°

13. 若安装磁罗经时基线偏右2°,当罗航向为032°时,罗经差为 +2°,测得某物标舷角为65°左,则该物标真方位为( )。

A. 329°   B. 327°   C. 325°   D. 323°

14. 若安装磁罗经时基线偏左1°,当罗航向为032°时,罗经差为 +2°,雷达测得某物标舷角为65°左,则该物标真方位为( )。

A. 324°   B. 326°   C. 328°   D. 330°

15. 磁罗经自差 Dev 等于( )。

A. $GB + \Delta G - CB$ B. $GB + \Delta G - MB$ C. $MB - CB$ D. $CB - MB$

第三章　海上距离

第一节　海上的距离单位

一、海里

航海上度量距离的单位是海里(nautical mile,n mile 或 M),1n mile 等于地球椭圆体子午线上纬度 1′所对应的弧长。

由于地球子午圈是一个椭圆,它在不同纬度处的曲率是不相同的,因此,纬度 1′的子午线弧长也是不相等的。

如图 1-3-1 所示,椭圆子午线上任意一点 A 的直角坐标值,可以按下面的方法求得:

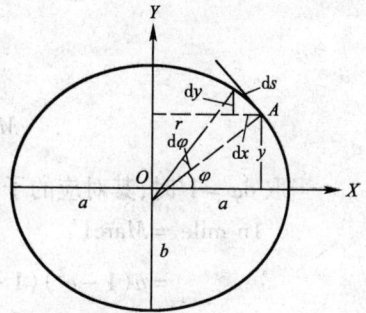

图 1-3-1　海里的定义

$$\because \quad \tan\varphi = \frac{a^2}{b^2} \cdot \frac{y}{x}$$

$$\therefore \quad y = \frac{b^2}{a^2} x \tan\varphi$$

以此代入椭圆标准方程并整理,可以得到:

$$\frac{x^2}{a^2} + \frac{1}{b^2}\left(\frac{b^2}{a^2} x\tan\varphi\right)^2 = 1$$

$$\therefore \quad x^2\left[1 + (1-e^2)\tan^2\varphi\right] = a^2$$

$$x^2\left[\sec^2\varphi - e^2\tan^2\varphi\right] = a^2$$

$$x^2 = \frac{a^2\cos^2\varphi}{1 - e^2\sin^2\varphi}$$

$$x = r = \frac{a\cos\varphi}{\sqrt{1 - e^2\sin^2\varphi}} \qquad (*)$$

式中:r——纬度圈半径。

令:

$$\omega = \sqrt{1 - e^2\sin^2\varphi}$$

则:

$$x = \frac{a\cos\varphi}{\omega}$$

$$y = (1 - e^2) \frac{a\cos\varphi}{\omega}\tan\varphi = \frac{a(1 - e^2)\sin\varphi}{\omega}$$

由图 1-3-1，设 M 为椭圆子午线上 A 点的曲率半径，A 点纬度的增量为 $\mathrm{d}\varphi$，则 $\mathrm{d}\varphi$ 对应的地球椭圆子午线弧长 $\mathrm{d}s$ 为：

$$\mathrm{d}s = M\mathrm{d}\varphi$$

从 $\mathrm{d}s$、$\mathrm{d}x$、$\mathrm{d}y$ 组成的直角三角形微元，可得：

$$\mathrm{d}s = -\frac{\mathrm{d}x}{\sin\varphi}$$

于是

$$M = -\frac{1}{\sin\varphi}\frac{\mathrm{d}x}{\mathrm{d}\varphi}$$

对式（ ＊ ）求导数得：

$$\frac{\mathrm{d}x}{\mathrm{d}\varphi} = \left(-a\omega\sin\varphi + \frac{1}{\omega}ae^2\sin\varphi\cos^2\varphi \right)\frac{1}{\omega^2}$$

$$= -\frac{a\sin\varphi}{\omega^3}(\omega^2 - e^2\cos^2\varphi)$$

$$= -\frac{a(1 - e^2)\sin\varphi}{\omega^3}$$

$$\therefore \quad M = \frac{a(1 - e^2)}{\omega^3}$$

当取 $\mathrm{d}\varphi = 1'$ 时，其对应的子午线弧长为 1n mile，因此

$$1\text{n mile} = M\text{arc}1'$$

$$= a(1 - e^2)(1 - e^2\sin^2\varphi)^{-\frac{3}{2}} \cdot \text{arc}1'$$

$$= a\left[1 - e^2 + \frac{3}{4}e^2(1 - \cos2\varphi) - \cdots \right] \cdot \text{arc}1'$$

$$\approx 1852.25 - 9.31\cos2\varphi \text{ (m)} \tag{1-3-1}$$

由式(1-3-1)可知，椭圆子午线上纬度 1′的弧长，即 1n mile 的长度并不是恒定的，它随纬度的不同而略有差异。当 $\varphi = 0°$，即在赤道上时，1n mile 的长度最短，为 1842.94m；而在两极最长，达 1861.56 m。约在纬度 $\varphi = 44°14'$ 处，1n mile 的长度等于 1852 m。

表 1-3-1

纬度 φ	0°	15°	30°	45°	60°	75°	90°
1n mile 长度(m)	1842.9	1844.2	1847.6	1852.3	1856.9	1860.3	1861.6

但是，在用仪器计量船舶航行距离时，必须使用一个固定值作为 1n mile 的标准长度。目前，我国和世界上大多数国家均采用 1929 年国际水文地理学会议通过的海里标准长度：1n mile = 1852m。

在航海实践中，船舶的航行距离（航程）和航行速度是由计程仪（测量并累计航程的仪器）以 1852m 作为 1n mile 计量的，而在海图上的航程却是以纬度 1′作为 1n mile 度量的，因此，当根据计程仪航程在海图上量取距离时会产生误差。但此误差并不大，可以忽略不计。例如：设某船沿着赤道航行一天，计程仪的累计航程是 600n mile，即该船航行了 $600 \times 1852 = 1\ 111\ 200$（m）。如果在海图上沿赤道量取 600n mile，其对应的长度是 $600 \times 1842.9 = 1\ 105\ 740$（m），两

者的误差为:

$$\frac{1\ 111\ 200 - 1\ 105\ 740}{1\ 105\ 740} \times 100\% \approx 0.5\%$$

由此可见,两者产生的误差只有航行距离的0.5%。若在中纬度航行,此误差将更小。

二、其他长度单位

在航海实践中还会用到以下长度单位:

Cable(cab,链):$1\text{cab} = 0.1\text{n mile} \approx 185\text{m}$。

Meter(m,米):国际通用长度单位,航海上常用它表示高程和水深的单位。

在英版航海图书资料中,目前还存在以下的长度单位:

foot(ft,英尺):$1\text{ft} = 0.3048\text{m}$

yard(yd,码):$1\text{yd} = 3\text{ft} = 0.9144\text{m}$

fathom(fm,拓):$1\text{fm} = 6\text{ft} = 1.8288\text{m}$

第二节　海上能见距离

一、测者能见地平距离

如图1-3-2a)所示,船舶在大海上,眼高e的测者,向周围大海远眺,所能看到的最远处,即水天交界线是一圆周,俗称水天线。这个圆周所在的地平平面,或近似将测者至此圆周的这一块小球面,叫做测者能见地平,或叫视地平平面(visible horizon)。测者到水天线的球面距离叫做测者能见地平距离(visible horizon range),或称视距,符号D_e。

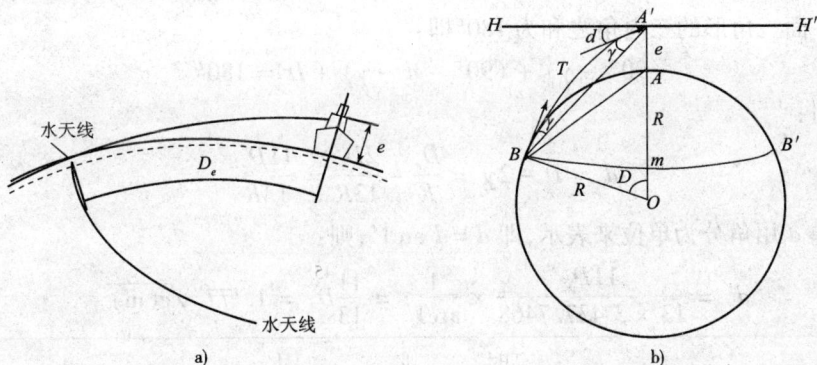

图1-3-2　测者能见地平距离

理论上的D_e不仅与测者的眼高e(眼睛在水面以上的高度)有关,还与地球曲率和地面蒙气差(refraction,γ)等有关。D_e可以通过下面的推导求得。在图1-3-2b)中,地面A测者的眼睛位于A',$HA'H'$为A测者的地面真地平平面;R是地球圆球体半径,$R = 3437.7468\text{n mile}$;$D$是$AB$弧即测者能见地平距离$D_e$所对的球心角,显见$D_e = RD$,则$D = \dfrac{D_e}{R}$;$\gamma$是地面蒙气差,在

27

正常情况下,地面蒙气差 $\gamma = \frac{1}{13}D = \frac{D_e}{13R}$。由于 γ 的影响,水天线 B 处的光线沿着弧线 BA' 到达测者的眼睛,因而,测者所见水天线在 $A'T$ 方向;d 称为测者眼高差(dip),它是测者地面真地平与水天线视方向的倾角 $\angle HA'T$,也称海地平俯角。由图,在平面 $\Delta A'BA$ 中,$\angle A'AB = 90° + \frac{D}{2}$,$\angle A'BA = \frac{D}{2} - \gamma$。按平面三角形的正弦公式可得:

$$\frac{A'B}{\sin\left(90° + \frac{D}{2}\right)} = \frac{e}{\sin\left(\frac{D}{2} - \gamma\right)}$$

式中:$A'B$ 与球面距离 AB 接近,可以认为测者能见地平距离 $D_e = A'B$。

于是

$$A'B = D_e = \frac{e\sin\left(90° + \frac{D}{2}\right)}{\sin\left(\frac{D}{2} - \gamma\right)} = \frac{e\cos\frac{D}{2}}{\sin\left(\frac{D}{2} - \gamma\right)}$$

在航海应用中,由于 $\frac{D}{2}$ 和 $\frac{D}{2} - \gamma$ 都很小,可以认为 $\cos\frac{D}{2} \approx 1$,$\sin\left(\frac{D}{2} - \gamma\right) \approx \frac{D}{2} - \gamma$。因此:

$$D_e = \frac{e}{\frac{D}{2} - \gamma} = \frac{e}{\frac{D_e}{2R} - \frac{D_e}{13R}} = \frac{26eR}{11D_e}$$

从而得:

$$D_e = \sqrt{\frac{26 \times 3437.7468e(m)}{11 \times 1852}} = 2.09\sqrt{e(m)} \quad \text{(n mile)} \quad (1\text{-}3\text{-}2)$$

而眼高差 d 也可从图 1-3-2b)求得,在平面 $\Delta A'BO$ 中,$\angle A'BO = 90° - \gamma$,$\angle OA'B = 90° - d - \gamma$。根据平面三角形的三内角之和为180°即:

$$(90° - \gamma) + (90° - d - \gamma) + D = 180°$$

整理后得:

$$d = D - 2\gamma = \frac{D_e}{R} - \frac{2D_e}{13R} = \frac{11D_e}{13R}$$

若眼高差 d 用角分为单位来表示,即 $d = d'\text{arc}1'$,则:

$$d' = \frac{11D_e}{13 \times 3437.7468} \times \frac{1}{\text{arc}1'} = \frac{11}{13}D_e = 1.'77\sqrt{e(m)}$$

二、物标能见地平距离

如图 1-3-3 所示,假如将眼睛放在物标的顶端,则此时的测者能见地平距离,叫做物标能见地平距离(visible range of object),符号 D_H。它也等于眼高为零的测者,在能见度良好的情况下,理论上能够看到高度为 H 的物标的最大距离。显然,D_H 可以按下式计算:

$$D_H = 2.09\sqrt{H(m)} \quad \text{(n mile)} \quad (1\text{-}3\text{-}3)$$

式中:H——物标顶端离海平面的高度(m)。

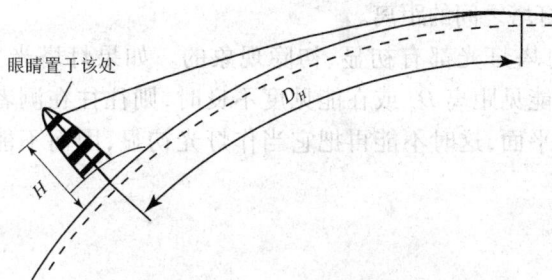

图 1-3-3 物标能见地平距离

三、物标地理能见距离

对于眼高为 $e(\text{m})$ 的测者,在理论上所能见到的高度为 $H(\text{m})$ 的物标的最大距离,叫做物标地理能见距离(geographical range of object),符号:D_o。

由图 1-3-4 看出,物标地理能见距离 D_o 可由下式计算求得:

$$D_o = D_e + D_H = 2.09(\sqrt{e} + \sqrt{H}) \tag{1-3-4}$$

式中:D_o——物标地理能见距离(n mile);

$\quad e$——测者眼高(m);

$\quad H$——物标在海面上的高度(m)。

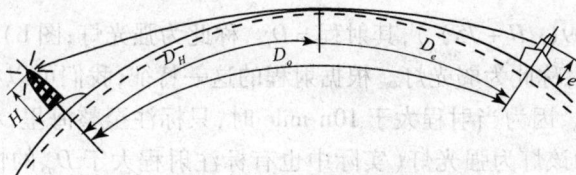

图 1-3-4 物标地理能见距离

例 1-3-1:已知某测者眼高为 16m,求高为 64m 的某山的理论最大可见距离。

解:$D_o = 2.09(\sqrt{e} + \sqrt{H}) = 2.09(\sqrt{16} + \sqrt{64}) = 25.08\text{n mile}$

第三节 灯标射程

当物标与测者之间的距离大于 D_o 时,由于地面曲率的影响,测者无法看到物标。当两者之间的距离等于或小于 D_o 时,实践表明:白天用望远镜瞭望物标,即使是在能见度良好的情况下,发现山头的最远距离也只有物标地理能见距离的 90% 左右。

夜间测者观看灯塔的灯光时,情况有所不同。如果灯塔的灯光能照射的距离大于该灯塔的地理能见距离 D_o,测者常常在离灯塔的距离稍大于 D_o 时,就已经能够看到它的光辉。当测者向灯塔驶近时,在灯塔的灯芯初露测者水天线那一瞬间,是测者理论上最初能够直接看到灯塔灯光的时刻,这时叫做灯光初显。灯塔灯光初显时,测者与灯塔之间的距离,等于该灯塔的地理能见距离 D_o。同理,当船舶驶离灯塔时,在灯塔灯芯初没于水天线的那一瞬间,叫做灯光初隐。同样,灯塔灯光的初隐距离也等于该灯塔的地理能见距离 D_o。因此,利用灯光初显或初隐可近似求取船舶与灯塔之间的距离。

但是,不是所有的灯塔灯光都有初显、初隐现象的。如果灯塔光力较弱即灯光的照射距离小于该灯塔的地理能见距离 D_o 或在能见度不良时,则往往在测者初见该灯塔灯光时,灯塔灯芯早已高出了海平面,这时不能再把它当作灯光初显,因而不能求该灯塔的初显、初隐距离。

一、灯标射程的定义

1. 我国的灯标射程

晴天黑夜(良好气象能见度)灯光所能照射的最大距离,叫做光力能见距离(luminous range),亦称光力射程,显然,它与灯光强度和气象能见度有关。

我国的海图和《航标表》中标注的灯标射程(简称射程 range),其定义是:晴天黑夜,测者的眼高为 5m 时能够看到灯标灯光的距离。

按此定义,当灯标的光力能见距离大于或等于测者眼高为 5m 时的灯标地理能见距离时,以 5m 眼高的灯标地理能见距离作为该灯标的射程,这样的灯标一般称为强光灯。而如果灯标的光力能见距离小于 5m 眼高的灯标地理能见距离,则以其光力能见距离作为该灯标的射程,一般称它们为弱光灯。显然,我国航海资料中的灯标射程不仅与灯光强度和气象能见度有关,还与测者的眼高(5m)、灯高(elevation of light)、地面曲率和地面蒙气差等有关。

图 1-3-5 是强、弱灯光的示意图,图 a)的灯光照射距离大于 5m 眼高的灯标地理能见距离 D_{o5}($D_{o5} = D_H + D_5 = 2.09(\sqrt{H} + \sqrt{5})$),其射程 = D_{o5},称此为强光灯;图 b)的灯光照射距离小于 D_{o5},其射程 = 光力射程,称此为弱光灯。根据射程的这一特征,我们可以根据射程来判断灯光的强弱,即只要求出 D_{o5},因为当射程大于 10n mile 时,只标注至整海里,小数舍去,所以,若射程 = 取整$\{D_{o5}\}$ 时,认为该灯为强光灯(实际中也有标注射程大于 D_{o5} 的情况),理论上该灯可能有初显和初隐现象;当射程 < 取整$\{D_{o5}\}$ 时,该灯为弱光灯,当测者实际眼高不小于 5m 时没有初显和初隐现象(参看光盘:\教学课件\灯标射程)。

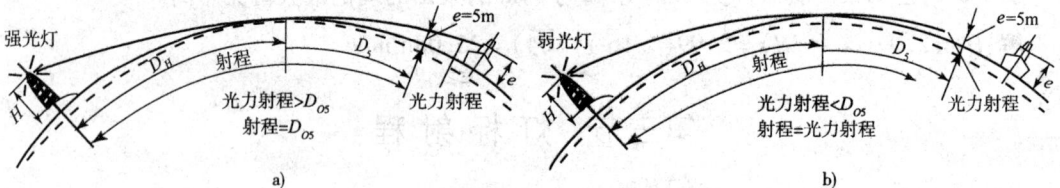

图 1-3-5　中版资料中的灯标射程定义
a)强光灯;b)弱光灯

2. 英版海图和《灯标表》中的灯标射程

英版海图和《英版灯标和雾号表》(Admiralty List of Lights and Fog Signals)中提供的灯标射程用 Luminous range(光力射程)或 Nominal range(额定射程)表示。Nominal range 指在气象能见度为 10n mile 条件下,灯光所能照射的最远距离。显然,英版资料的灯标射程只与灯光强度和气象能见度有关,而与测者眼高、灯高、地面曲率和地面蒙气差等无关。

二、灯标灯光的最大可见距离

根据灯标射程可近似求得灯光的最大可见距离(D_M)。

1. 中版资料中的灯标灯光的最大可见距离

在理论上,当测者眼高大于5m时,强光灯的D_M等于该灯标的地理能见距离D_o,而弱光灯的D_M等于射程。即

$$D_M = \begin{cases} D_o & \text{强光灯} \\ \text{射程} & \text{弱光灯} \end{cases}$$

2. 英版资料中的灯标灯光的最大可见距离

当射程大于该灯标的地理能见距离D_o时,D_M等于D_o;当射程小于D_o时,D_M等于射程。即

$$D_M = \min\{\text{射程}, D_o\}$$

例1-3-2: 某中版海图一灯塔有标注:闪(3)20s 100m 25M,已知测者眼高为16m,求该灯塔的理论最大可见距离D_M。

解: (1)判断灯光强弱,求5m眼高的灯塔地理能见距离D_{o5}:

$$D_{o5} = 2.09(\sqrt{5} + \sqrt{100}) \approx 25.6\text{n mile}$$

D_{o5}的取整值为25,等于射程,该灯为强光灯。

(2)求D_M:

强光灯的D_M等于该灯塔的地理能见距离D_o,即

$$D_M = D_o = 2.09(\sqrt{16} + \sqrt{100}) \approx 29\text{n mile}$$

此计算结果仅为理论值,有可能会出现实际灯光照射不到29n mile的情况。

例1-3-3: 某中版海图一灯塔有标注:闪(3)20s 100m 21M,已知测者眼高为16m,求该灯塔的理论最大可见距离D_M?

解: 因为射程(21M)小于5m眼高的该灯塔地理能见距离(25.6M)的取整值,该灯为弱光灯,所以D_M等于射程,即

$$D_M = 21\text{n mile}$$

例1-3-4: 某英版海图一灯塔灯高49m,额定光力射程25M,已知测者眼高为16m,则能见度为10n mile时该灯塔灯光的最大可见距离D_M是多少?若该灯塔射程是20M,其理论最大可见距离D_M又是多少?

解: (1)求射程为25M时的最大可见距离:

因为灯塔的地理能见距离D_o为

$$D_o = 2.09(\sqrt{16} + \sqrt{49}) \approx 22.99\text{ n mile}$$

它小于射程(25M),所以,该灯塔的D_M等于地理能见距离D_o。即

$$D_M = 22.99\text{n mile}$$

(2)求射程为20M时的最大可见距离:

因为射程(20M)小于该灯塔地理能见距离(22.99M),所以D_M等于射程。即

$$D_M = 20\text{n mile}$$

第四节　船速与航程

一、基本概念

船速(ship speed)是船舶在无风流情况下单位时间内航行的距离,代号 V_E,它的方向与真航向一致。

计程仪航速(speed by log)是计程仪指示的船舶运动速度,通常是指相对计程仪指示的船舶对水运动速度,代号 V_L。

实际航速(speed over ground)是船舶在风流影响后相对于海底的航行速度,简称航速,代号 V_G。

推算航速或计划航速是指在航迹推算中考虑了风流影响推算出的船舶航行速度(speed made good)或计划的(预配风流压后的)船舶航行速度(speed of advance),实用中,它常用 V_G 表示。

航行海区无风流时,上述三者相等;有风、流时,$V_G \neq V_L$;有风无流时,$V_G \approx V_L$。

船舶航行速度的单位是节(knot,kn),1kn = 1n mile/h。

航程(distance run)是给定时间段内船舶航行经过的距离,代号 S,航程的计量单位是海里。在有水流影响的海区,航程分为对水航程和对地航程(或推算航程或计划航程)。例如,某船船速 15kn,水流流速 3kn,当船舶顺流航行 1h,则船舶对地的航程应为 18n mile;而在顶流中航行 1h,船舶对地的航程为 12n mile。但不论是顺流航行还是顶流航行,船舶 1h 相对于水的航程都是 15n mile。因此,船舶对地航程矢量应该是船舶对水航程矢量和水流流程矢量之和,即

$$\overrightarrow{对地航程} = \overrightarrow{对水航程} + \overrightarrow{水流流程}$$

航海上可用推进器转速或计程仪测定船速和航程。

二、用推进器转速 RPM 求船速

1. 推进器转数和滑失比

船舶是由主机带动螺旋桨(propeller,推进器)推水的反作用力使船舶前进的。因此,螺旋桨转速,即每分钟转数(revolutions per minute,RPM)与船速有直接的关系。理论上螺旋桨在固体中每旋转一周所推进的距离叫螺距(pitch)。船舶螺旋桨是在水中推进的,其每旋转一周所推进的距离显然小于螺距,两者的差值,叫做螺旋桨的滑失(slip)。滑失比表征了螺旋桨在液体中旋转一周所推进的距离与螺距相比损失的程度,可用下式表示:

$$滑失比 = \frac{主机理论航程 - 船舶对水航程}{主机理论航程} \times 100\%$$

滑失比是一个变数,它与船舶的航行条件有关,例如风浪、吃水及吃水差、船壳孳生的附生物等。所以,船舶的主机每分钟转数与船速之间的关系也会变化。两者的关系,可通过在测速场(measured distance range)进行实际测定求得。

2. 船速的测定

测速场是专门用于测定船速和计程仪改正率的场所,通常由 2~3 对相互平行的横向叠标(transit beacon)和 1 对纵向叠标或导标(leading beacon)指引的导航线(leading line)即测速线构成(图1-3-6)。测速场一般选择在有适当水深(水深 $h \geqslant$ 满载吃水的 2 倍)、能避风浪、水流较小(或导航线与流向平行)且两端有较开阔的水域。相邻横向叠标的间隔一般具有不同的长度(例如螺头水道测速场为:2 038.1m、1 559.45m 和 3 510.71m 三段),供不同船速的船舶根据需要组合使用。我国《航标表》中载有测速场的资料。

图 1-3-6 测速场构成示意图

船舶测定船速时,应保持一定的主机转速,当船舶沿着导航线通过横向叠标线时分别记下时间。在没有水流影响时,船速(V_E,单位 kn)可按下式计算:

$$V_E = \frac{3600S(\text{m})}{1852t} \quad \text{或} \quad V_E = \frac{3600S(\text{n mile})}{t} \qquad (1\text{-}3\text{-}5)$$

式中:S——测速线长度;

t——船舶在测速线上航行 S 距离所经过的时间(s)。

如有水流影响,应在短时间内往返重复测定多次,按下面的方法计算船速。

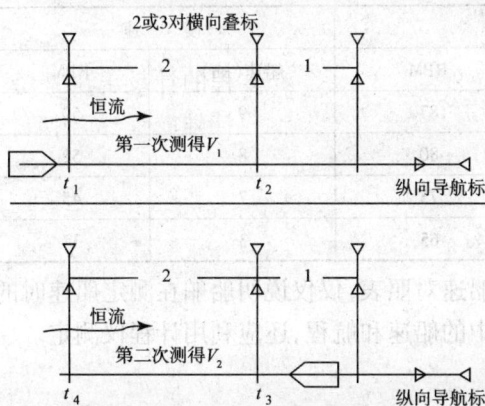

(1)在恒流情况下,应往返航行各一次(图1-3-7),分别记下过横向叠标线的时间 t_1、t_2、t_3、t_4,则 $V_1 = \frac{3600S(\text{m})}{1852 \times (t_2 - t_1)}$,$V_2 = \frac{3600S(\text{m})}{1852 \times (t_4 - t_3)}$。而消除水流影响后的船速 V_E 为:

$$V_E = \frac{1}{2}(V_1 + V_2) \qquad (1\text{-}3\text{-}6)$$

(2)在等加速水流影响下,应往返航行三次,分别求出 V_1、V_2 和 V_3,消除水流影响后的船速为:

$$V_E = \frac{1}{4}(V_1 + 2V_2 + V_3) \qquad (1\text{-}3\text{-}7)$$

(3)在变加速水流影响下,应往返航行四次,求

图 1-3-7 有流时的测定方法

得 V_1、V_2、V_3 和 V_4,消除水流影响后的船速为:

$$V_E = \frac{1}{8}(V_1 + 3V_2 + 3V_3 + V_4) \qquad (1\text{-}3\text{-}8)$$

3. 船速测定的精度

在船速校验线上短时间内往返三次所求船速的标准差 m_v(参看第二篇第二章例2-2-8):

$$m_v = \pm 0.612 \frac{V_E}{t} m_t$$

式中:m_t——在船速校验线上单一航行时间 t 的标准差,m_t 与 t 的单位相同,一般取秒。

如果测速时用秒表计量航行时间,一般其标准差 m_t 不会大于1s。因此,船速为18kn的船舶,可计算得在2n mile 长的船速校验线上往返三次所求船速的标准差 $m_v = \pm 0.03$kn。这样的精度完全满足目前航海上的要求。

例 1-3-5：某轮满载，在螺头水道测速场测速，利用 2 038.1m 和 1 559.45m 的两段共 3 597.55m 长的测速线，以主机 RPM = 120 往返测定三次，用时分别为：6min24s、7min01s 和 6min02s，求该轮船速。

解：(1)测速线 S 共长 3597.55m，求 V_1、V_2、V_3：

$$V_1 = \frac{3600 \times 3597.55}{1852 \times (t_2 - t_1)} = \frac{3600 \times 3597.55}{1852 \times 384} = 18.21\text{kn}$$

同理求得：$V_2 = 16.61\text{kn}$，$V_3 = 19.32\text{kn}$

(2)求该轮船速 V_E：

$$V_E = \frac{1}{4}(V_1 + 2V_2 + V_3)$$

$$= \frac{1}{4}(18.21 + 2 \times 16.61 + 19.32)$$

$$= 17.7\text{kn}$$

当船舶在试航时，进行了不同装载（如满载和空载）情况下的船速测定后，应该列出相应装载情况的推进器转速与船速对照表（表 1-3-2），并将它们置于驾驶台，供日后使用。

(满载)推进器转速与船速对照表   表 1-3-2

全 速		中 速		慢 速	
船速（kn）	RPM	船速（kn）	RPM	船速（kn）	RPM
17	115	13	87	9	59
16	108	12	80	8	52
15	102	11	73	7	45
14	95	10	65	3	37

由于螺旋桨滑失等因素的影响，推进器转速与船速对照表，仅仅说明船舶在测定船速时的情况，在以后只能作为估计船速的参考。船舶航行中的船速和航程，还应利用计程仪测定。

三、用计程仪测定航程

1.船用计程仪

船用计程仪（log）是测定船舶速度和航程的主要仪器。目前根据计程仪能够提供的速度和航程的性质，可以分为相对计程仪（relative log）和绝对计程仪（absolute log）两大类（参见《航海仪器》教材）。

相对计程仪只能显示船舶相对于水的航程和速度，因此它只记录风影响后的船舶航行速度和航程，而不能显示水流影响后的船舶速度和航程的变化。例如船舶抛锚，有 3kn 恒流影响，则相对计程仪上便有每小时约增加 3n mile 的数据显示，因为此时船舶与水之间有相对运动；船舶在无流水域随风漂移时，只要船舶首尾方向对水有移动，相对计程仪便有显示；而无风时船舶随流漂移，相对计程仪便没有显示，因为此时船舶对水没有移动。因此，人们叫相对计程仪是"计风不计流"的计程仪。

绝对计程仪在理论上可以测量船舶相对于海底的航程和航速（当航行海区的水深小于 200m 时），但当水深大于 200m 时，绝对计程仪也只能显示船舶相对于水的航程和速度。

1）电磁计程仪

电磁计程仪（electromagnetic log）是应用电磁感应原理测量船舶瞬时速度和累计航程的一种相对计程仪，一般由传感器（sensor）、放大器和指示器等组成（图1-3-8）。

常用的传感器有平面式和导杆式两种，平面式传感器装在船底并与船底齐平。导杆式传感器是在一根圆柱形导杆的底部安装传感器，并借助一套升降机构，使用时升出船底。传感器内部是铁芯及其绕组，以产生磁场，底部表面装有一对用来检测感应电势的电极。

航速 → 传感器 → 放大器 → 指示器 → 200p/n mile

图1-3-8 相对计程仪的基本组成

当船舶与水流产生相对运动时，两电极间的水流流动就相当于无数根导线切割传感器磁场的磁力线，于是两个电极间便产生与相对运动速度相关的感应电动势。

2）多普勒计程仪

多普勒计程仪（Doppler log）是应用多普勒效应进行测速和累计航程的一种水声导航仪器。浅水时，它可测量船舶相对海底的速度，成为绝对计程仪。多普勒计程仪除了可测前进、后退的速度以外，还可测量船舶横移的速度。

多普勒计程仪一般由换能器（transducer），电子箱和主显示器等组成，如图1-3-9所示。

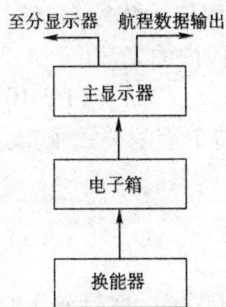

至分显示器 航程数据输出

主显示器

电子箱

换能器

图1-3-9 多普勒计程仪构成

换能器的功能是发射和接收超声波脉冲。为了消除船舶上下颠簸和纵向摇摆引起的垂直方向运动速度所产生的测速误差，目前多普勒计程仪已普遍采用双波束系统，又称一元多普勒计程仪，即发射两个前后对称的超声波波束，一个朝船首方向，另一个朝向船尾。第二种是四波束系统，称为二元多普勒计程仪，即换能器能向前后左右的四个方向发射波束，它除了测量纵向速度外，还能测量横向速度。第三种是六波束系统，称为三元多普勒计程仪，它除在船首部装置四波束的换能器外，还在船尾部安装一对向左右方向发射波束的换能器，它既能测量船舶纵向速度，又能测量船首和船尾的横向速度。

3）声相关计程仪

声相关计程仪（acoustic correlation log）是应用声相关技术处理水声信息来测量船舶航速并累计航程的一种水声导航仪器。它的特点是采用垂直向发射和接收超声波信号，对回波信号的幅度包络进行相关信息处理求得航速。在浅水中，是测量船舶相对于海底速度的绝对计程仪。

声相关计程仪的三个换能器在船底沿纵向等间距安装，中间一个为发射换能器，前后两个为接收换能器。发射换能器向海底发射的超声波，经海底（浅水）或者水层（深水）反射后的回波经相关处理后，求得延时 τ，则航速可由下式得出：

$$V = \frac{1}{2} \cdot \frac{s}{\tau}$$

式中：s——两接收换能器的间距；

V——航速；

τ——延时。

2. 相对计程仪的误差

相对计程仪应该显示准确的船舶对水移动的航程和速度,但是它和任何仪器一样,都会存在误差。因此,必须对计程仪显示的航程或速度数据进行改正,才能得到准确的相对于水的航程和速度。

计程仪误差是用计程仪改正率(percentage of log correction,代号 ΔL)来改正的。ΔL 的表达式为:

$$\Delta L = \frac{S_L - (L_2 - L_1)}{L_2 - L_1} \times 100\% \tag{1-3-9}$$

式中: S_L——准确的船舶相对于水的航程,叫做计程仪航程(distance by log,代号 S_L),在没有水流影响的地区,S_L 就是船舶相对于海底的实际航程 S;

L_1、L_2——计程仪航程 S_L 的始末两次计程仪读数,$L_2 - L_1$ 是它们的读数差。

由式可见,计程仪改正率 ΔL 用百分率表示。当读数差($L_2 - L_1$)等于期间的船舶对水航程 S_L,计程仪没有误差,$\Delta L = 0$;当读数差小于期间的船舶对水航程,计程仪少记了航程,ΔL 为"+";当读数差大于期间的船舶对水航程,计程仪多记了航程,ΔL 为"-"。

航行过程中,船舶的航程可由计程仪累计并显示出来,若要求取某时间段内的计程仪航程 S_L,则要对该时间段内计程仪显示的读数差进行改正。例如,t_1 时刻的计程仪读数为 L_1,航行到 t_2 时刻,计程仪读数为 L_2,已知该计程仪的改正率为 ΔL,则 $t_1 \sim t_2$ 时间段内的 S_L 为

$$S_L = (L_2 - L_1)(1 + \Delta L) \tag{1-3-10}$$

同样,若已知第一个时刻 t_1 的计程仪读数 L_1 和 $t_1 \sim t_2$ 期间的 S_L,可按下面的公式求第二个时刻 t_2 的计程仪读数 L_2:

$$L_2 = L_1 + \frac{S_L}{1 + \Delta L} \tag{1-3-11}$$

例 1-3-6:某船的计程仪改正率 $\Delta L = -10\%$。1000 计程仪读数为 $100'.8$,航行到 1200 时,计程仪读数为 $138'.5$。求 1000 ~ 1200 的 S_L。

解: $S_L = (L_2 - L_1)(1 + \Delta L) = (138.5 - 100.8) \times (1 - 10\%) = 33.93 \text{n mile}$

例 1-3-7:某船的计程仪改正率 $\Delta L = -10\%$。1000 的计程仪读数为 $100'.8$,1000 ~ 1200 间对水航行了 34n mile,求 1200 的计程仪读数 L_2。

解: $L_2 = L_1 + \dfrac{S_L}{1 + \Delta L} = 100'.8 + \dfrac{34}{1 - 10\%} = 138'.6$

3. 计程仪改正率 ΔL 的测定

1)ΔL 的测定方法

ΔL 的测定和船速的测定一样,应该在测速场进行。测定中如果有水流的影响,也应在短时间内往返若干次,并按下列公式求得计程仪改正率 ΔL。

(1)在恒流影响下: $\quad\quad\quad \Delta L = \frac{1}{2}(\Delta L_1 + \Delta L_2) \tag{1-3-12}$

(2)在等加速度水流影响下: $\quad \Delta L = \frac{1}{4}(\Delta L_1 + 2\Delta L_2 + \Delta L_3) \tag{1-3-13}$

(3)在变加速度水流影响下: $\quad \Delta L = \frac{1}{8}(\Delta L_1 + 3\Delta L_2 + 3\Delta L_3 + \Delta L_4) \tag{1-3-14}$

式中，$\Delta L_i(i=1,2,3,4)$按下式计算：

$$\Delta L_i = \frac{S-(L_2-L_1)_i}{(L_2-L_1)_i} \times 100\%$$

其中：　　S——两组横向叠标之间的距离，与 L 的单位同；

$(L_2-L_1)_i$——第 i 次往、返测定时，过两组叠标间的计程仪读数差。

2）ΔL 的测定精度

在船速校验线上短时间内往返三次测定 ΔL 的标准差 $m_{\Delta L}$：

$$m_{\Delta L} = \pm \frac{0.87 m_L}{S} \times 100\%$$

式中：m_L——每一次读取计程仪读数的标准差；

S——测速线的距离。

实践证明，即使在最有利的条件下，测定计程仪改正率的误差仍可能达到 ±0.5%。且计程仪改正率也会受许多因素的影响而发生变化。所以平时应抓住有准确观测船位的机会，对它进行校验或测定。并将测定结果记在计程仪误差记录簿中，作为今后在类似航行条件下的参考。

例 1-3-8：某测速标之间的距离为 2n mile，往返三次测定计程仪改正率 ΔL，第一次计程仪读数分别为 $1'.0$、$3'.3$。第二次计程仪读数分别为 $3'.8$、$5'.7$。第三次计程仪读数分别为 $6'.0$、$8'.4$。求计程仪改正率 ΔL。

解：$\Delta L_1 = \dfrac{S-(L_2-L_1)_1}{(L_2-L_1)_1} \times 100\% = \dfrac{2-(3.3-1.0)}{3.3-1.0} \times 100\% = -13\%$

$\Delta L_2 = \dfrac{S-(L_2-L_1)_2}{(L_2-L_1)_2} \times 100\% = \dfrac{2-(5.7-3.8)}{5.7-3.8} \times 100\% = +5.3\%$

$\Delta L_3 = \dfrac{S-(L_2-L_1)_3}{(L_2-L_1)_3} \times 100\% = \dfrac{2-(8.4-3.6)}{8.4-3.6} \times 100\% = -16.7\%$

$\Delta L = \dfrac{1}{4}\left[(-13\%)+2\times5.3\%+(-16.7\%)\right] = -4.8\%$

绝对计程仪改正率的测定及计算与相对计程仪类似，绝对计程仪改正率 ΔL_a 为：

$$\Delta L_a = \frac{S-(L_2-L_1)}{L_2-L_1} \times 100\%$$

式中：S——船舶相对于海底的实际航程，即两横向叠标间的距离。

由于绝对计程仪记录的是船舶对地航程，因此，在测定改正率时，不必考虑水流的影响。但为了减少测定的随机误差，也可在船速校验线上往返测定若干次，将它们的算术平均值作为计程仪改正率。

船舶航行中若使用的是绝对计程仪，且绝对计程仪改正率 ΔL_a 也是已知的，则可用下式求船舶的实际航程：

$$S = (L_2-L_1)(1+\Delta L_a)$$

式中：L_1、L_2——t_1 和 t_2 时刻的绝对计程仪读数。

船舶航程和航速,还可通过其他多种手段测得,例如,利用高精度的连续定位,利用长距离航行时的显著物标,利用自动雷达标绘仪(Automatic Radar Plotting Aid,ARPA)的导航功能,利用 GPS 定位导航功能等。

习 题

一、问答题

1. 海里是如何定义的?海里的特点是什么?

2. 如何在船速校验线上测定船速和计程仪改正率?

3. 设船速校验线长为 2.2n mile,某船在测速线上测得:$\Delta t_1 = 6min08s$,$L_1 = 150'.8$,$L_2 = 153'.2$;$\Delta t_2 = 5min32s$,$L_1 = 153'.7$,$L_2 = 156'.2$;$\Delta t_3 = 6min14s$,$L_1 = 156'.9$,$L_2 = 159'.3$。求船速 V_E 和计程仪改正率 ΔL。

二、选择题

1. 某船在大洋航行时,发现本船前方一船的桅顶与水天线齐平但不见桅杆本身,用 VHF 通话得知:该船桅高 16m(水面上),已知本船测者眼高 9m,则两船相距约为(　　　)。

　　A. 15'.4　　　　　　B. 7'.0　　　　　　C. 10'.4　　　　　　D. 14'.6

2. 某船航行时发现该船前方有一渔船,隐约能见船名,其桅顶与水天线齐平,得知渔船的主桅高为 4m(水线上),已知本船测者眼高为 16m,则两船相距约为(　　　)。

　　A. 12'.5　　　　　　B. 10'.4　　　　　　C. 4'.2　　　　　　D. 6'.2

3. 航海上,公式 $D_o(n\ mile) = 2.09\sqrt{e} + 2.09\sqrt{H}$ 是用于计算(　　　)。

　　A. 测者能见地平距离　　　　　　　　B. 物标能见地平距离

　　C. 物标地理能见距离　　　　　　　　D. 雷达地理能见距离

4. 将 1n mile 规定为 1852m 后,在航海实践中所产生的误差(　　　)。

　　A. 在赤道附近最小　　　　　　　　　B. 在两极附近最小

　　C. 在纬度 45 附近最小　　　　　　　D. 在纬度 45 附近最大

5. 某轮船速 12kn,顶风顺流航行,流速 2kn,风使船减速 1kn,0600 计程仪读数为 $100'.0$,计程仪改正率 $\Delta L = +10\%$,则 1h 后相对计程仪读数为(　　　)n mile。

　　A. 110.0　　　　　　B. 110.9　　　　　　C. 111.8　　　　　　D. 112.7

6. 无风流情况下测定计程仪改正率 ΔL,已知两组横向测速标之间的距离为 2n mile,若所得计程仪读数差为 2.1n mile,则相应的计程仪改正率为(　　　)。

　　A. +4.8%　　　　　B. −4.8%　　　　　C. +5.0%　　　　　D. −5.0%

7. 在有变加速流存在的船速校验场测定船速 V 时,为了提高测速精度,在短时间内往返重复测定了若干次 V_i,实际的船速计算公式为(　　　)。

　　A. $V = (V_1 + V_2)/2$　　　　　　　B. $V = (V_1 + V_2 + V_3)/3$

　　C. $V = (V_1 + 2V_2 + V_3)/4$　　　　D. $V = (V_1 + 3V_2 + 3V_3 + V_4)/8$

8.某船测定计程仪改正率时,若两组叠标之间的距离为 2.6n mile,计程仪读数 $L_1 = 150'.8, L_2 = 153'.2$,当时无风流影响,则相应的计程仪改正率为(　　)。

　　A. + 7.7%　　　　　　B. − 7.7%　　　　　　C. + 8.3%　　　　　　D. − 8.3%

9.测速标之间的距离为 2n mile,往返三次测定计程仪改正率 ΔL,三次计程仪读数差分别为:$2'.2$、$1'.8$ 和 $2'.3$,则相应的计程仪改正率为(　　)。

　　A. +6%　　　　　　　B. +3%　　　　　　　C. −3%　　　　　　　D. 0

10.中版海图和航标表所标灯塔射程与下列(　　)因素无关。

　　A.灯高　　　　　　　B.灯光强度　　　　　　C.地面曲率　　　　　D.测者实际眼高

11.英版海图和灯标表中所标射程仅与(　　)有关。

　　A.测者有关和灯塔灯高

　　B.灯塔灯高和灯光强度

　　C.灯光强度和气象能见度

　　D.灯塔灯高、灯光强度、地面曲率和地面蒙气差

12.英版海图某灯塔灯质为 FL(2)6s 64m 20M,若测者眼高为9m,则该灯塔灯光的最大可见距离为(　　)。

　　A. 25n mile　　　　　B. 23n mile　　　　　C.24n mile　　　　　D.20n mile

13.英版海图某灯塔灯高 81m,额定光力射程 24M,已知测者眼高为 9m,则能见度良好(10n mile)时该灯塔灯光的最大可见距离是(　　)。

　　A.26.4n mile　　　　B.25.0n mile　　　　C.24.0n mile　　　　D.23.5n mile

第四章　海图

海图(nautical chart)是为航海需要而专门绘制的一种地图,是海洋调查、测绘和研究的主要成果,更是海洋开发利用的重要资料。海图广泛应用于航海、海洋工程建设、海洋调查和科学研究、海洋资源开发、海洋辖区划界以及海洋军事活动之中。海图有两种不同的类型:纸质海图和电子海图,后者又分成光栅航海图(Raster Nautical Charts,RNC)和电子航海图(Electronic Navigational Charts,ENC)。

海图上以缩写和符号绘画出航海所需的资料,如水深和陆标高度,底质、岸形,航海危险,自然的和人工设置的助航标志,水流资料,当地的地磁资料,人工建筑如港口、桥梁等。海图是航海的重要工具之一,航行前拟定计划航线、制订航行计划;航行中进行航迹推算和定位;航行后总结航行经验;发生船舶交通事故后分析事故的原因、判断事故责任等,都离不开海图。所以船舶驾驶员应了解海图特点,熟悉海图上各种航海资料的表示方法,正确地使用和管理海图。

第一节　地图投影及其分类

一、地图投影和比例尺

1.地图的投影变形

地图是地表事物及经纬线在平面上的描绘。地球的表面是不可展曲面,即不可能无破裂、无折叠地将它平展开来。为了得到地球表面的平面图像,必须借助于某种数学法则,按此数学法则将地面的一部分或全部绘画到平面上去,这样的方法叫做地图投影或称为图法。

地面上任意点的位置是用地理坐标即地理经纬度表示的。地图投影主要是将地面的经纬线绘画成平面的经纬线图网。但地球的表面是不可展面,如果将地球面按同一比例缩小后,只能成为地球仪,而不能建立平面图网。若要将地球的表面无破裂、无折叠地展成平面,就必须使地面经纬线有的地方缩小得多一些,有的地方缩小得少一些,也即必须使用不同的缩放比例尺,这就产生了地图的投影变形。

2.海图比例尺

1)局部比例尺

地图的投影变形,使得在同一张海图上,各点的比例尺(scale)可能不相同,有时在同一地点各个不同方向上的比例尺也可能各不相同。地图比例尺的确切定义是:在地面上任意一点

A,在它的某一定方向上有线段 AB,将它投影到地图上,变成图上线段 ab,则该地图在 A 点的 AB 方向上的比例尺 C 是:

$$C = \lim_{AB \to 0} \frac{ab}{AB}$$

这种比例尺叫做局部比例尺(local scale)。它在投影中的变化,可以表明地图投影的变形特点。例如,地图上某一点在各个方向上的局部比例尺都相等,则该地图在这一点上的一个微小的图形能够保持与地面上的原来图形相似,或在这一点上能够保持角度不变形,这在地图投影中叫做正形投影或等角投影(equiangle projection)。相反,如果地图上某点在各个方向上的局部比例尺不相等,则地图在这一点上的微小图形与其原像不相似也不保角,因而不是正形投影或等角投影。

2)海图上标注的比例尺

一般海图上标注的比例尺,称为基准比例尺或普通比例尺(nature scale)。基准比例尺是某点或某条线上的局部比例尺,该点或线称为基准点或基准线,普通比例尺大约是图上各个局部比例尺的平均值。除了一些大比例尺的港口图外,大部分航海图使用某一纬度线的局部比例尺作为其基准比例尺,该纬度称为基准纬度(standard parallel)。例如,图 1-4-14 海图在 34°56′基准纬度上的比例尺为 1:120 000。有时为了便于几张海图联合起来使用,基准纬度可以不在图区内。例如《中国航海图编绘规范》规定,我国的同比例尺成套航行图以制图区域的中纬为基准纬线,其余图以本图中纬为基准纬线。

海图比例尺的表示形式有以下两种。

(1)数字比例尺。用一比若干数字的形式表示的比例尺,叫做数字比例尺(numerous scale)。例如 1:35 000 或 1/35 000,它表示在图上基准点或基准线处,图上一个单位长度等于地面上 35 000 个相同单位的长度。显然,分母越小,比值越大,比例尺也越大。

(2)直线比例尺。用图上单位线段的长度来表示地面上对应的实际长度,叫做直线比例尺。这种比例尺一般绘画在地图的标题栏,或图边适当的地方。

3. 比例尺与图上的作业精度

图上作业的精度与地图比例尺有关。人眼的最高分辨力相当于海图的 0.1mm 长度,如果用削尖的铅笔在图上画一小点,其直径最小也有 0.2mm,这就是图上能够分辨和量出的最小长度。显然,图上长度代表的地面距离与地图比例尺有关。例如在 1:350 000 的地图上,0.1mm 代表基准线上的地面距离是 0.1mm × 350 000 = 35m,说明人眼无法分辨该图上小于 35m 的距离,称此为该图的极限精度。0.2mm 代表基准线上的地面距离是 0.2mm × 350 000 = 70m,说明在该图的基准线上海图作业的最大精度是 70m,即在该图的基准纬度上不可能画出小于 70m 的长度来。而在 1:35 000 的地图上,0.2mm 代表基准线上的地面距离是 0.2mm × 35 000 = 7m,说明在该图上可以画出大于 7m 的长度来。可见,海图比例尺越大,海图作业越精确。

海图比例尺还决定绘画到海图上的资料详尽程度,一般来说,海图比例尺越大,海图资料越详细。因此,在进行海图作业(chart work)时,应根据航区的特点,尽可能地使用较大比例尺的海图,以便能够获得较详细的航海资料和提高海图作业的精度。

二、地图投影的分类

1. 根据地图投影的变形分类

1）等角投影

等角投影又称正形投影，它是图上无限小的局部图像与地面上相对应的地形保持相似的一种投影方法。如图 1-4-1 所示，在等角投影中，地面上一个圆形微元，投影到地图上仍能保持是一个圆；或者说地面上的一个角度 α，投影到地图上后仍能保持其角度不变即仍为 α。但在等角投影中，不能保持其对应的面积成恒定的比例。在等角投影中，从局部来看能够保持其形状相似，但从整体来说地图形状仍然是变形的。例如，在地面上不同地点有两个同样大小的圆形微元，在等角投影的地图上可能被绘画成不同大小的两个圆。从局部比例尺来说，在等角投影中，图上任意点在各个方向上的局部比例尺都相等，但是不同地点的局部比例尺，是随着纬度（或经度）的变动而变化的。

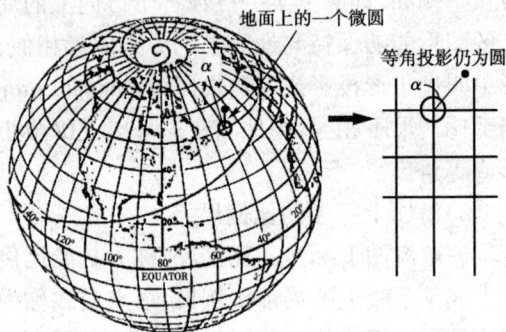

图 1-4-1　等角投影中图上图像与地面形状的对应关系

2）等积投影

等积投影是保持地面上与图上相对应处的面积成恒定比例的一种投影方法。等积投影中，图上同一点在各个方向上的局部比例尺一般不相等，但在不同地点的局部比例尺则是相等的。等角与等积投影是不相容的，即等角与等积在同一投影中是不可能同时被满足的。

3）任意投影

任意投影是指既不等角又不等积的各种投影方法，它是根据某种特殊需要或为了解决某种特定问题而制作地图的投影方法。

2. 根据构制地图图网的方法分类

1）平面投影

平面投影又称方位投影。它是将地面上的经线和纬线直接投射到与地面相切或相割的平面上去的投影方法（图 1-4-2）。方位投影大都是透视投影，即以某一点为视点，将地球上的事物直接投射到投影面上去。平面投影中，平面与地球面的相切点或相割线没有投影变形，而离此点或此线越远变形越大。常用的平面投影的视点位于垂直于投影面的球直径或球直径的延长线上。根据视点位置的不同，可分为：

（1）外射投影：视点在球外（图 1-4-3a）。

（2）极射投影（stereographic projection）：视点在球面（图 1-4-3b），也叫等角方位投影。航海上常用该方法来绘制半球星图。

（3）心射投影（gnomonic projection）：又叫日晷投影，视点在球心（图 1-4-3c）。因为该投影的视点在球心，而地球上的大

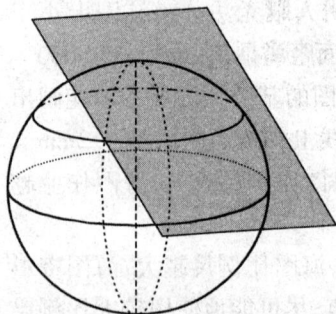

图 1-4-2　平面投影

圆平面都通过球心,因此,大圆弧在心射投影图上被投影成了直线,航海上常用该投影图来绘画大圆航线,心射投影图又称大圆海图。某些大比例尺的港湾图及极区图也有采用心射投影的。

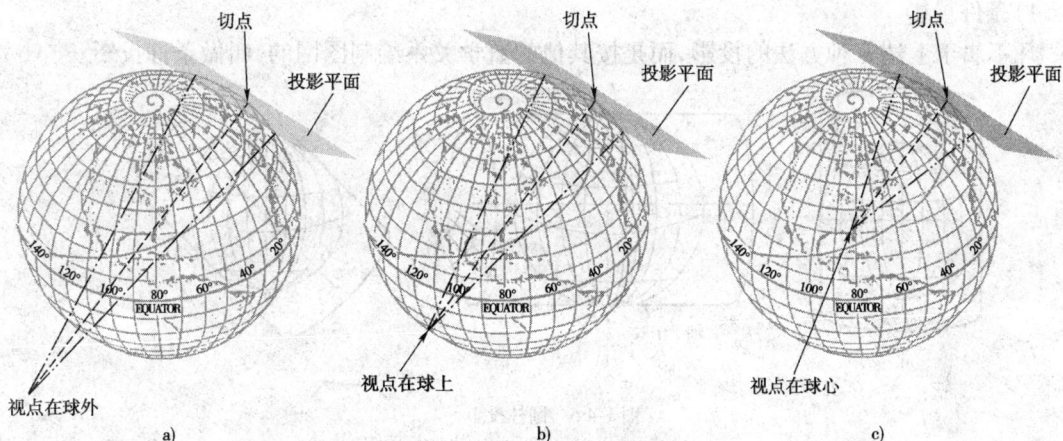

图1-4-3　平面投影的三种方式
a)外射投影;b)极射投影;c)心射投影

　　如果根据投影平面与地球面相切的位置不同,方位投影又可以分为极切投影(投影平面与地极相切)、赤道切投影(投影平面与赤道相切)和任意切投影三种。

　　2)圆锥投影

　　圆锥投影(conical projection)是用圆锥面相切或相割于地面的纬度圈,圆锥轴与地轴重合,并以地心为视点,将地面上的经线和纬线投影到圆锥表面上去,然后沿圆锥母线切开展平,即为圆锥投影图网。圆锥投影中,圆锥面与地球面相切或相割的纬度线没有投影变形,距此纬度线越远变形越大。圆锥投影图上的纬线为同心圆弧,经线为相交于地极的直线。

　　圆锥投影中,若使用一个圆锥,叫做单锥投影(图1-4-4)。如果使用多个相切于不同纬度圈的圆锥进行投影,然后各取其相切处附近的地方,并按中央经线拼凑成图,叫做多锥投影。

　　3)圆柱投影

　　圆柱投影(cylindrical projection)是用一个圆柱套在地球(仪)上,将地面上的经线和纬线投影到圆柱面上去,然后沿圆柱母线切开展平,即成为圆柱投影图网。圆柱投影中,圆柱面与地球面的相切线没有投影变形,距此线越远变形越大。如果圆柱轴与地轴重合,叫做正圆柱投影(图1-4-5a),此投影中,与圆柱相切的赤道无变形,纬度越高变形越大;如果圆柱轴在赤道面上与地轴垂直,叫做横圆柱投影(图1-4-5b),此投影中,与圆柱相切的子午圈(轴子午线)无变形,距此子午圈越远变形越大;如果圆柱轴与地轴斜交,叫做斜圆柱投影(图1-4-5c)。

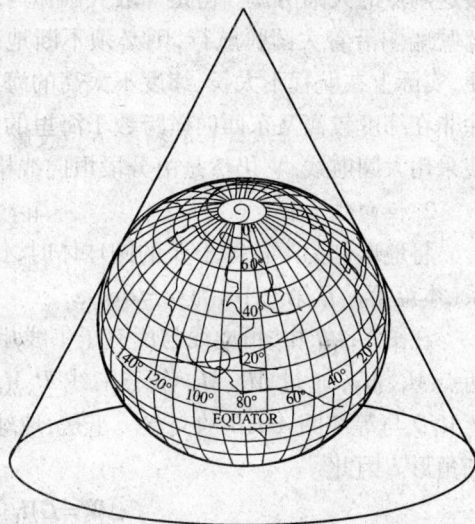

图1-4-4　单圆锥投影

圆柱投影中,等角正圆柱投影又叫墨卡托投影(Mercator projection),它是航海图投影的主要方法。等角横椭圆柱投影又叫高斯投影(Gauss projection),它是大比例尺地图的常用投影方法。

4)条件投影

凡不属于上述三种方法的投影,而是按其他的数学关系绘制图网的,叫做条件投影。

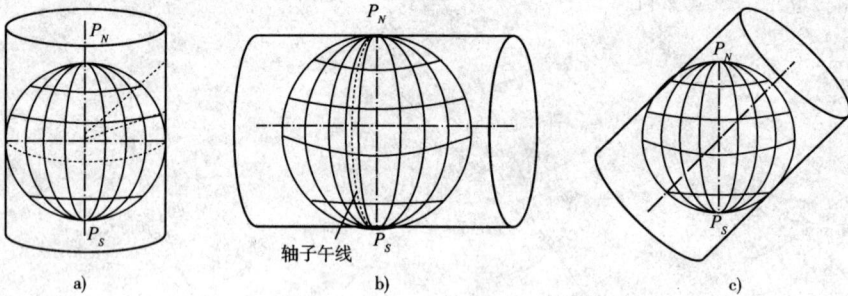

图1-4-5　圆柱投影
a)正圆柱投影;b)横圆柱投影;c)斜圆柱投影

第二节　航海图的常用投影方法

一、恒向线

1.定义

在地球表面上,与子午线的交角保持不变的线,叫做恒向线(rhumb line),如图1-4-6所示。它是船舶按恒定航向航行的理想轨迹。恒向线又称等角航线。

将地球作为圆球体时,地面上两点之间的最短连线,并不是通过这两点的恒向线,而是连接这两点的大圆劣弧。但是一般大圆弧与所有子午线相交成不相等的角度,也就是说,如果要驾驶船舶沿着大圆弧航行,则必须不断地改变航向,这在目前还做不到。为了驾驶船舶的方便,实际上在航程不太长、纬度不太高的海区航行时,一般都采用沿着两点之间的恒向线航行。除非在纬度较高又东西向横跨数千海里的大洋航行中,才考虑是否采用大圆航线航行。但即使采用大圆航线,它仍然是由分段恒向线构成的。

2.恒向线方程

将地球作为半径等于 R 的圆球体时,任意纬度 φ 的等纬圈半径 r 与地球半径 R 之间的关系(本篇第一章第三节)为:$r = R\cos\varphi$。

在图1-4-7中,恒向线与所有子午线相交成等航向角 C,在该恒向线上取彼此非常接近的两点 M_1、M_2,通过 M_1、M_2 作子午线 P_nM_1D、P_nM_2F,过 M_2 作等纬圈 AM_2B,G 点为子午线 P_nM_1D 与等纬圈 AM_2B 的交点。于是,地球圆球面上的三角形微元 M_1M_2G 可看成一平面直角三角形。因此

$$\Delta W = GM_2 = GM_1\tan C = \Delta\varphi\tan C$$

而 ΔW 与其对应的赤道弧长 $\Delta\lambda$ 有关系

$$\Delta W = \Delta\lambda\cos\varphi$$

式中:φ——M_2 点处的纬度。

于是

$$\Delta\lambda = \frac{\Delta W}{\cos\varphi} = \tan C\frac{\Delta\varphi}{\cos\varphi}$$

并写成微分形式

$$d\lambda = \tan C\frac{d\varphi}{\cos\varphi}$$

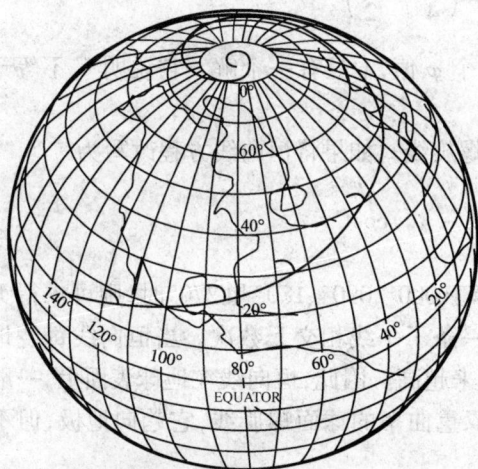

图 1-4-6　地球面上的恒向线

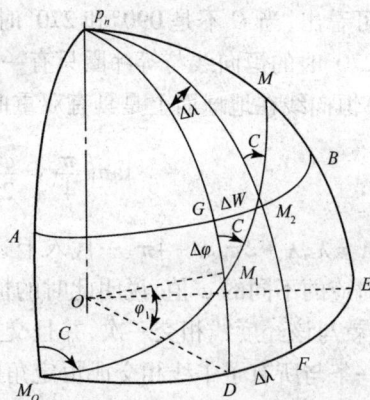

图 1-4-7　恒向线方程的推导

对上式积分,便可求得 $M_1(\varphi_1,\lambda_1)$ 到 $M(\varphi,\lambda)$ 的恒向线方程。即

$$\int_{\lambda_1}^{\lambda}d\lambda = \tan C\int_{\varphi_1}^{\varphi}\frac{d\varphi}{\cos\varphi} = \tan C\int_{\varphi_1}^{\varphi}\frac{d\varphi}{2\sin\left(\frac{\pi}{4}+\frac{\varphi}{2}\right)\cos\left(\frac{\pi}{4}+\frac{\varphi}{2}\right)}$$

$$= \tan C\int_{\varphi_1}^{\varphi}\frac{d\left(\frac{\pi}{2}\right)}{\cos^2\left(\frac{\pi}{4}+\frac{\varphi}{2}\right)\tan\left(\frac{\pi}{4}+\frac{\varphi}{2}\right)} = \tan C\int_{\varphi_1}^{\varphi}\frac{d\left[\tan\left(\frac{\pi}{4}+\frac{\varphi}{2}\right)\right]}{\tan\left(\frac{\pi}{4}+\frac{\varphi}{2}\right)}$$

$$\therefore\quad \lambda - \lambda_1 = \tan C\left[\ln\tan\left(\frac{\pi}{4}+\frac{\varphi}{2}\right) - \ln\tan\left(\frac{\pi}{4}+\frac{\varphi_1}{2}\right)\right] \tag{1-4-1}$$

式中:C——恒向线航向,它是已知参数;

　φ_1、λ_1——恒向线航线起始点的纬度、经度,它们是已知参数;

　φ、λ——恒向线航线上任意点的纬度、经度。

根据恒向线方程,可知恒向线具有以下一些特点:

(1)子午线是恒向线。当航向 C 为 000°或 180°时,$\lambda - \lambda_1 = 0$。说明船舶按 000°或 180°航向航行时,经度没有变化,因此子午线是恒向线。

(2)赤道和纬度圈是恒向线。当航向 C 为 090°或 270°时,$\tan C = \infty$。但 $\lambda - \lambda_1$ 是一个有限值,因此,必有

$$\ln\tan\left(\frac{\pi}{4}+\frac{\varphi}{2}\right)-\ln\tan\left(\frac{\pi}{4}+\frac{\varphi_1}{2}\right)=0$$

从而解得 $\varphi=\varphi_1$。说明船舶按090°或270°航向航行时,纬度没有变化,即赤道和纬度圈是恒向线。

（3）恒向线与等纬圈只有一个交点。如果取恒向线与赤道的交点 $M_0(\varphi_1=0°,\lambda_1=\lambda_0)$ 作为恒向线航线的起始点,则恒向线方程变为

$$\lambda=\lambda_0+\tan C\cdot\ln\tan\left(\frac{\pi}{4}+\frac{\varphi}{2}\right)$$

由上式可看出:当 C 不是090°和270°时,对应于每个 φ 值,λ 只有一个解。它说明 C 不等于090°和270°时的恒向线与等纬圈只有一个交点。

（4）恒向线在地球面上是具有双重曲率的球面螺旋线。如果将恒向线方程改写为

$$\tan\left(\frac{\pi}{4}+\frac{\varphi}{2}\right)=\exp\{(\lambda-\lambda_0)\cos C\}$$

并且取 $\lambda=\lambda、\lambda+2\pi、\lambda+4\pi、\cdots$ 代入上式,当 C 不等于000°、090°、180°和270°时,则可求得无数个相对应的不同的 φ 值,说明此时的恒向线与每一条子午线相交无数次。当恒向线每绕地球一周,就与该经度线相交一次,并且交点的纬度越来越高。因此,恒向线在地球表面上,一般表现为一条与所有子午线相交成恒定角度的、具有双重曲率的球面螺旋线,它趋向地极,但不能到达地极（见图1-4-6）。

同理可以证明,将地球作为椭圆体时,恒向线方程为:

$$\lambda-\lambda_1=\tan C\left[\ln\tan\left(\frac{\pi}{4}+\frac{\varphi}{2}\right)\left(\frac{1-e\sin\varphi}{1+e\sin\varphi}\right)^{\frac{e}{2}}-\ln\tan\left(\frac{\pi}{4}+\frac{\varphi}{2}\right)\left(\frac{1-e\sin\varphi_1}{1+e\sin\varphi_1}\right)^{\frac{e}{2}}\right]$$

$$(1\text{-}4\text{-}2)$$

式中:e——地球偏心率。

在地球椭圆体上,恒向线的上述特点也是成立的。

二、航海图必须具备的条件

1.恒向线在海图上是直线

航海实际中,船舶在一定的时间段内都是按固定航向航行的,其理想轨迹是恒向线,因此,在海图上绘画的船舶航线是恒向线。另外,船舶观测近距离陆标的方位进行定位时,也是在海图上以恒向线近似代替方位位置线的。所以在海图上绘画恒向线是一项经常性的工作。而绘画直线又是最简便的。因此,要求航海图上的恒向线是直线。

2.海图投影的性质是等角的,即正形投影

航海实践中会经常应用到角度问题。例如:船舶航向角,观测物标的方位角等,都要求把地面角度真实地直接地反映到海图上去,最方便的方法是根据所测定的地面角度直接将它们绘画到海图上去。因此,要求海图上的角度与对应的地面角度保持相等,即海图应具有等角投影的性质。

三、航海图的投影方法

1. 墨卡托投影

目前有 95% 以上的航海图是墨卡托投影图,墨卡托投影是由荷兰制图学者格拉德·克列密尔在 1569 年创造的能够满足航海图上述两个要求的投影方法。墨卡托(Mercator)是他的拉丁名字。墨卡托投影是等角正圆柱投影,用这种投影方法绘制的海图叫做墨卡托海图。

在墨卡托投影中,投影性质是等角的,图上的恒向线都是直线。如图 1-4-8 所示,地球上的经纬线经过正圆柱投影到平面上后,它们各自平行、相互垂直。等经差的经度线间隔相等,等纬差间的子午线图长随着纬度的升高而逐渐变长。但这样的图网不能保证是等角正形的。要使投影图等角正形,必须运用数学方法根据等角要求,即图上任意一点在各个方向上的局部比例尺相等,计算出图上各纬度线 φ_1、φ_2、$\cdots$、φ_n 与赤道之间的子午线图长 MP_1、MP_2、$\cdots$、MP_n,根据计算出的 MP 画出的纬度线构成如图 1-4-8 所示的图网,必定是等角正形的。求 MP 的方法如下:

图 1-4-9a)是地球椭圆体的一部分,B 是其上的任意一点,在 B 点取出球面梯形微元 $ABCD$,B 的纬度设为 φ,$\overset{\frown}{BC}$ 与 B 的等纬圈一致,$\overset{\frown}{AD}$ 与 $\varphi + \mathrm{d}\varphi$ 对应的等纬圈一致,$\overset{\frown}{BA}$($\overset{\frown}{CD}$)是 $\mathrm{d}\varphi$ 对应的子午圈弧长,用 $\mathrm{d}s$ 表示。B 的经度设为 λ,$\overset{\frown}{ABE}$ 与 B 的子午圈一致,$\overset{\frown}{DCF}$ 与 $\lambda + \mathrm{d}\lambda$ 的子午圈一致。$\overset{\frown}{BC}$($r\mathrm{d}\lambda$)是 $\mathrm{d}\lambda$ 对应的 φ 纬度圈弧长,$\overset{\frown}{EF}$($a\mathrm{d}\lambda$)是 $\mathrm{d}\lambda$ 对应的赤道弧长。将球面梯形 $ABCD$ 投影到平面图上,变成了矩形 $abcd$(图 1-4-9b),地面上的 B 投影到海图上得 b,bc 是 φ 在图上的纬度线。地面上的子午圈 $\overset{\frown}{ABE}$ 和 $\overset{\frown}{DCF}$ 投影到图上得相互平行的子午线 abe 和 dcf,图上同一 $\mathrm{d}\lambda$ 对应的不同纬度上的纬度线图长相等,即 $bc = ad = ef = a\mathrm{d}\lambda$(正圆柱与赤道相切,$a$ 是赤道半径即投影圆柱半径)。设图上赤道到 b 点的子午线图长 eb 为 MP,ba 是 MP 的增量 $\mathrm{d}MP$。那么,只要求得图上任意纬度线与赤道之间的子午线图长 MP 值,就可以确定纬度线在图上的位置。

由于投影图要求等角正形,因此图上任意一点各个方向上的局部比例尺都必须相等。可以证明,只要任意点的经线和纬线两个相互垂直的主方向上的局部比例尺相等,则该点在其他方向上的局部比例尺也相等。因此,令 b 点的经线和纬线上的局部比例尺相等,即

$$\lim_{BA \to 0} \frac{ba}{BA} = \lim_{BC \to 0} \frac{bc}{BC}$$

则由图上的矩形 $abcd$ 和球面梯形 $ABCD$ 微元的对应元素可得:

$$\frac{\mathrm{d}MP}{\mathrm{d}s} = \frac{a\mathrm{d}\lambda}{r\mathrm{d}\lambda} = \frac{a}{r}$$

$$\therefore \quad \mathrm{d}MP = \frac{a}{r}\mathrm{d}s$$

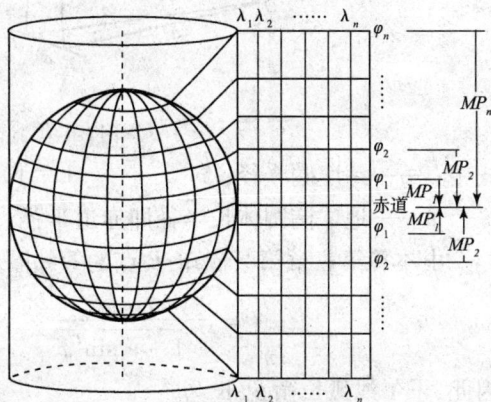

图 1-4-8　地面经纬线与图网的墨卡托投影关系

47

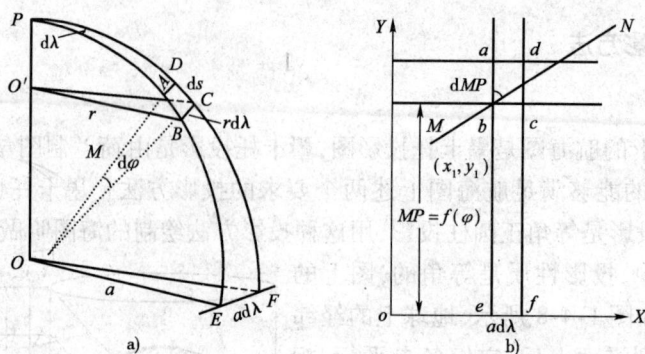

图 1-4-9　地面梯形投影成图上矩形

式中：r——纬度圈半径；

a——地球椭圆体长半径即赤道半径。

由本篇第三章第一节知：B 点的等纬圈半径 r 和椭圆子午圈曲率半径 M 分别为

$$r = \frac{a\cos\varphi}{\sqrt{1 - e^2\sin^2\varphi}} \qquad 和 \qquad M = \frac{a(1 - e^2)}{(1 - e^2\sin^2\varphi)^{3/2}}$$

因此，子午线弧长微元 $\mathrm{d}s$ 为

$$\mathrm{d}s = M\mathrm{d}\varphi = \frac{a(1 - e^2)}{(1 - e^2\sin^2\varphi)^{3/2}}\mathrm{d}\varphi$$

$$\therefore \quad \mathrm{d}MP = \frac{a(1 - e^2)}{(1 - e^2\sin^2\varphi)} \cdot \frac{\mathrm{d}\varphi}{\cos\varphi} = \frac{a(1 - e^2)(\sin^2\varphi + \cos^2\varphi)}{(1 - e^2\sin^2\varphi)} \cdot \frac{\mathrm{d}\varphi}{\cos\varphi}$$

$$= \frac{a(1 - e^2\sin^2\varphi - e^2\cos^2\varphi)}{(1 - e^2\sin^2\varphi)} \cdot \frac{\mathrm{d}\varphi}{\cos\varphi} = \frac{a\mathrm{d}\varphi}{\cos\varphi} - \frac{ae^2\cos\varphi}{(1 - e^2\sin^2\varphi)}\mathrm{d}\varphi$$

为了求出在墨卡托海图上，从赤道到任一纬度（φ）线之间的图长 MP（图 1-4-9b），将上式积分。因为 $\varphi = 0$ 时，$MP = 0$，而 $\varphi = \varphi$ 时，$MP = MP$。所以：

$$MP = \int_0^{MP}\mathrm{d}MP = a\int_0^{\varphi}\frac{\mathrm{d}\varphi}{\cos\varphi} - ae\int_0^{\varphi}\frac{e\cos\varphi\mathrm{d}\varphi}{(1 - e^2\sin^2\varphi)}$$

令 $e\sin\varphi = \sin\theta$，则上式右边第二项的分母变换为

$$1 - e^2\sin^2\varphi = 1 - \sin^2\theta = \cos^2\theta$$

分子为　$e\cos\varphi\mathrm{d}\varphi = \mathrm{d}(e\sin\varphi) = \mathrm{d}(\sin\theta) = \cos\theta\mathrm{d}\theta$

因为 $\varphi = 0$ 时 $\theta = 0$，而 $\varphi = \varphi$ 时，$\theta = \theta$。故有

$$MP = a\int_0^{\varphi}\frac{\mathrm{d}\varphi}{\cos\varphi} - ae\int_0^{\theta}\frac{\cos\theta}{\cos^2\theta}\mathrm{d}\theta = a\ln\tan\left(\frac{\pi}{4} + \frac{\varphi}{2}\right) - ae\ln\tan\left(\frac{\pi}{4} + \frac{\theta}{2}\right)$$

又因为 $\tan\dfrac{\alpha}{2} = \sqrt{\dfrac{1 - \cos\alpha}{1 + \sin\alpha}}$，所以 $\tan\left(\dfrac{\pi}{4} + \dfrac{\theta}{2}\right) = \sqrt{\dfrac{1 + \sin\theta}{1 - \sin\theta}} = \sqrt{\dfrac{1 + e\sin\varphi}{1 - e\sin\varphi}}$，将它代入上式得：

$$MP = a\ln\tan\left(\frac{\pi}{4} + \frac{\varphi}{2}\right) - ae\ln\left(\sqrt{\frac{1 + e\sin\varphi}{1 - e\sin\varphi}}\right)$$

$$= a\ln\tan\left(\frac{\pi}{4} + \frac{\varphi}{2}\right) + a\ln\left(\frac{1 - e\sin\varphi}{1 + e\sin\varphi}\right)^{\frac{e}{2}}$$

$$= a\mathrm{lntan}\left(\frac{\pi}{4} + \frac{\varphi}{2}\right)\left(\frac{1 - e\sin\varphi}{1 + e\sin\varphi}\right)^{\frac{e}{2}} \qquad (\ast)$$

式中:e——地球椭圆体偏心率;

a——赤道半径,也是投影正圆柱的圆半径(图1-4-10)。

若将 a 转换成正圆柱面的 $1'$ 圆弧长度,即投影图上 $1'$ 经度的图长,有

$$1'经度的图长 = a \cdot \mathrm{arc}1'$$

则

$$a = \frac{1}{\mathrm{arc}1'}(1'经度图长)$$

$$= 3437.746\ 8(1'经度图长)$$

将 a 代入式($\ast$),并将自然对数化为常用对数,最后求得墨卡托海图的 MP 公式为:

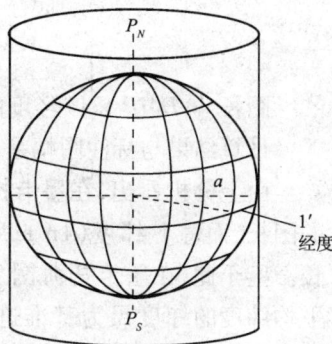

图1-4-10 投影圆柱面即图上 $1'$ 经度的长度

$$MP = 7915.70447\lg\tan\left(\frac{\pi}{4} + \frac{\varphi}{2}\right)\left(\frac{1 - e\sin\varphi}{1 + e\sin\varphi}\right)^{\frac{e}{2}}(1'经度图长) \qquad (1\text{-}4\text{-}3)$$

此式的意义为:如果图上任意纬度线到赤道的子午线图长符合由式(1-4-3)计算的 MP 个 $1'$经度图长,则该图的任意点在各个方向的局部比例尺必然相等,因而该图一定是等角正形的。

由图 1-4-10 可见,任意纬度处的地面 $1'$经度长度投影到圆柱面上后等长。因此,航海上将 $1'$经度的图长称为海图单位。如果 MP 以海图单位表示,则图上任意纬度线到赤道的子午线图长就是 MP 个海图单位,即图上任意纬度线到赤道的子午线图长是图上 $1'$经度图长的 MP 倍,或者说,MP 是任意纬度线到赤道的子午线图长与图上 $1'$经度图长的比值,故称 MP 为纬度渐长率(meridianal parts)。由式可看出,纬度渐长率 MP 仅与纬度 φ 有关。

必须指出,在墨卡托图上,图长并不完全等同于地面距离,同一张图上的 $1'$经度的图长处处相等,但它在赤道上代表地面长度约 1855m(也叫 1 赤道里),而在其他纬度上,它的距离不足 1855m。由此可见,图上 $1'$经度的图长所代表的地面距离并不相同。因而,以 $1'$经度图长为比值的 MP 也不代表地面距离。在墨卡托图上,图长只有以对应纬度处的纬度分(也叫纬度尺)度量时才是地面距离。

在正圆柱投影中,要符合等角正形的要求,必须使任一纬线到赤道的图长,与该图的 $1'$经度的图长之比等于由 MP 公式计算的值。因此,在绘制墨卡托图网时,只要求得图上 $1'$经度的图长,就可以根据 MP 画出相应的纬度线。

例如我国海图 100-104 福州至珠江口的图幅为 97.78×68.28(cm × cm)。该图的图幅经度是从 $112°47'$E 到 $122°55'$E,图幅纬度是从 $20°00'$N 到 $26°32'$N。根据图幅宽度和图幅经度,可以计算出 $1'$经度的图长

$$1'经度的图长 = \frac{图幅宽度}{图幅经差(分)} = \frac{97.78}{122°55' - 112°47'} = 0.1608\mathrm{cm}$$

根据图幅最低和最高纬度计算纬度渐长率,求出其纬度渐长率差(difference of meridianal parts,DMP),由此可求出图幅纬线之间的图长。即海图 $100 - 104$ 的最低(φ_1)和最高纬线

（φ_2）之间的图长为：

$$\varphi_2 \, 26°32'N \qquad\qquad MP_2 \, 1641.88$$

$$\underline{\varphi_1 \, 20°00'N \qquad\qquad MP_1 \, 1217.27}$$

$$DMP \qquad 424.61 \approx 424.6$$

图长 $= DMP \times 1'$ 经度的图长 $= 424.6 \times 0.1608 \approx 68.28\text{cm}$

计算结果与标注图幅是一致的。

由上分析看出，在墨卡托海图上每 $1'$ 经度被投影成相等的图长，而每 $1'$ 纬度（1n mile）被投影成随纬度的升高而渐长。鉴于此，在墨卡托海图上量距离时，应该以所量地区的平均纬度的纬度尺为基准进行度量。如果采用过高或过低的纬度尺，度量值就不代表其实际距离。图 1-4-11 是不同纬度的纬度渐长率及等纬差的纬度渐长率差，由图可见，墨卡托海图上等纬差的子午线图长是随着纬度的升高而逐渐变长的，所以又称墨卡托海图为纬度渐长图。

如果将地球当作圆球体，可用类似的方法推导出纬度渐长率的公式为：

$$MP = 7915.70447 \lg\tan\left(\frac{\pi}{4} + \frac{\varphi}{2}\right) \qquad (1\text{-}4\text{-}4)$$

在墨卡托海图上，除了能保持等角正形外，图上的直线是恒向线。从图 1-4-9b）中看到，图上过 $b(x_1, y_1)$ 点的任意直线 MN，与子午线交角为 C，则直线 MN 的方程为：

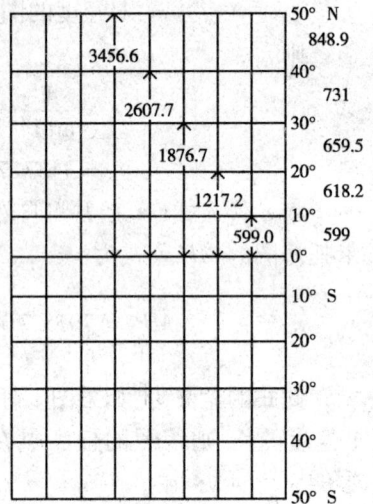

图 1-4-11　等纬差的子午线图长随纬度升高而渐长

$$y - y_1 = (x - x_1)\cot C$$

将 λ 和 φ 替代上式中的 x 和 y。因为：

$$x = a\lambda, \quad y = MP = a\ln\tan\left(\frac{\pi}{4} + \frac{\varphi}{2}\right)\left(\frac{1 - e\sin\varphi}{1 + e\sin\varphi}\right)^{\frac{e}{2}}$$

于是

$$\lambda - \lambda_1 = \tan C\left[\ln\tan\left(\frac{\pi}{4} + \frac{\varphi}{2}\right)\left(\frac{1 - e\sin\varphi}{1 + e\sin\varphi}\right)^{\frac{e}{2}} - \ln\tan\left(\frac{\pi}{4} + \frac{\varphi_1}{2}\right)\left(\frac{1 - e\sin\varphi_1}{1 + e\sin\varphi_1}\right)^{\frac{e}{2}}\right]$$

这就是地球椭圆体上的恒向线方程，由此得到证明，墨卡托海图上的直线是恒向线。因此，墨卡托海图完全符合航海图必须具备的等角正形和恒向线是直线两个条件。

2. 航海图的其他投影方法

在航海图中，有些大比例尺港湾图，可能采用的是高斯投影、心射平面投影及平面图等方法绘制的。

1）高斯投影

我国出版的一部分大比例尺港湾图采用高斯投影的方法绘制。高斯投影又称高斯－克吕格投影，是根据德国数学家高斯所建立的投影，后经德国大地测量学家克吕格把它应用到地球椭球体面上，因而得名。高斯－克吕格投影是等角横椭圆柱投影，椭圆柱轴位于赤道面上，与地轴垂直，椭圆柱面与某子午圈相切，该子午线称为轴子午线或中央子午线（central meridian）。高斯投影与墨卡托投影一样，都能在小范围内与地面形状保持相似，即具有等角正形的投影特点。

如图 1-4-5b）所示，在高斯投影中，轴子午线与椭圆柱面相切，它与墨卡托投影中的赤道一样，不但等角而且等距，没有投影变形。而所有过轴子午圈两极的大圆（与轴子午圈垂直），如墨卡托图网中的子午圈，平行于轴子午线的小圆，类似于墨卡托图网中的纬圈，它们被投影成各自平行，相互垂直，这种图网称为公里线图网。而地面上的经纬线，除了轴子午线和赤道被投影成直线外，其他的均被投影成曲线，而且随着距轴子午线和赤道越远，它们的弯曲程度也越大。

高斯投影图将地球面按经差每隔6°（或3°），即将全球分为60（或120）个狭长投影带。这样，每个投影带的中央子午线没有长度变形，其余区域变形也很小，其最大长度变形（位于投影带内赤道的两端）不超过 1/750。

高斯投影图的特点：

（1）具有等角正形投影的性质；

（2）轴子午线附近长度变形很小，因此它适宜用来描绘经差小而纬差大的狭长地带；

（3）图上极区的变形也较小，因此它也适宜用来描绘高纬度地区的地图；

（4）图上有两种图网：经纬线图网和公里线图网，后者主要用在测量上和军事上。

我国海图中采用高斯投影的是 1∶20 000 以及更大比例尺的港湾图。在这种图上只画出经纬线图网，没有公里线图网。由于港湾图比例尺大、图区小，所以在中纬度以下，经纬线的弯曲甚微，甚至小于测量和制图误差，近似为直线。因此，可以把它们当作墨卡托海图一样使用。

2）平面图

英版大比例尺港湾图大都采用平面图法绘制。它是将小范围内的地面作为平面进行测量和绘制，由于图区小，将地面作为平面产生的图网变形小于制图误差。因此，平面图（plane chart）的特点是图区范围内各点的局部比例尺都相等，可以认为整个地图不存在变形。

3）心射平面投影

在心射平面投影中（详见第四篇第一章），切点及其附近没有或很少有变形，随着与切点的距离增大，变形也越来越大。当采用心射平面投影来绘制切点附近小范围内的大比例尺港湾图，可以认为不存在投影变形。

第三节　墨卡托图网的绘制

一、用纬度渐长率绘制图网

用纬度渐长率绘制图网的基本步骤：

（1）根据图纸大小和图幅经差，计算 1′经度的图长：

$$1' 经度图长 = \frac{图幅宽度}{图幅经差（分）}$$

（2）根据"经差（′）×1′经度的图长"，画出图幅内等间隔的相互平行的经度线。

（3）在图幅底部（北纬）附近画出垂直于经线的最低纬度线，按公式计算出图幅内相邻两纬线(一般与相邻经线的间隔量度相同)间的纬度渐长率差 $DMP = MP_2 - MP_1$。

(4)计算出相邻纬线之间的图长"$DMP \times 1'$经度的图长",据此从最低纬度线开始画出各相互平行的相邻纬度线。

(5)图上经度图尺可按 $1'$ 经度的图长等分画出;纬度图尺最好先以每隔 $10'$ 纬差计算出其相应图长,即按"每隔 $10'$ 纬差的 $DMP \times 1'$ 经度的图长"计算画出 $10'$ 间隔的刻度线、再将此间隔 10 等分画出纬度图尺,以提高图网的精度。

例1-4-1: 以图上 $1°$ 经差 $=6cm$ 的比例尺,绘制一张:$120°E \sim 124°E$、$32°N \sim 36°N$ 范围的墨卡托海图图网。

解:(1)计算 $1'$ 经度的图长:

$$1' 经度的图长 = \frac{6}{60} = 0.1cm$$

(2)每隔 $6cm$ 画出整度经线 $120°E$、$121°E$、$122°E$、$123°E$ 和 $124°E$,它们彼此平行。

(3)在图幅底部附近画出垂直于经线的最低纬度 $32°N$ 线,列表计算整纬度的纬度渐长率 MP、相邻纬线间的纬度渐长率差 DMP 和相邻纬线间的图长($DMP \times 1'$ 经度的图长),如表1-4-1 所示。

表 1-4-1

纬 度 φ	纬度渐长率 MP	纬度渐长率差 DMP	相邻纬线的图长 $DMP \times 1'$经度的图长
$36°$	2304.5		
$35°$	2231.1	73.4	7.34cm
$34°$	2158.6	72.5	7.25cm
$33°$	2087.0	71.6	7.16cm
$32°$	2016.2	70.8	7.08cm
			$\Sigma 28.83cm$

按上述计算结果,画出各整度纬线,并相互平行(见图1-4-12)。

若要绘画经、纬度图尺,可按上述的基本步骤(5)进行。

二、用简易方法绘制图网

实际工作中,当对图网的精度要求不高时,可制作简易墨卡托图网。简易墨卡托图网的作图原理是:将地球作为圆球体,相等经差的纬度圈弧长 ΔW 与赤道弧长 $\Delta \lambda$ 有 $\Delta \lambda = \Delta W \sec\varphi$ 的关系(图1-4-7),说明在简易墨卡托图网上,某纬度 φ 的等纬圈弧长 ΔW 是被放大了 $\sec\varphi$ 倍后,才与相对应的赤道弧长 $\Delta \lambda$ 画成

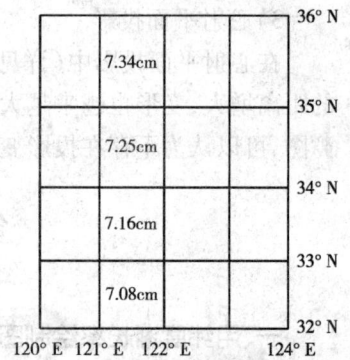

图 1-4-12 用纬度渐长率绘制图网

相等图长的。根据等角投影原理,图上任意一点的经线局部比例尺应与其纬线局部比例尺相等。因此,在简易图网中,φ 处的经线局部比例尺也要放大 $\sec\varphi$ 倍。但是在两条纬线间的经线上各点的纬度是不相同的,其经线放大倍数($\sec\varphi$)是个变数。为了简化作图,在绘制简易墨卡托图网时,用相邻纬线间的平均纬度(φ_m)处的放大倍数($\sec\varphi_m$)近似代替它们之间的经线放大倍数。如果相邻纬线间的纬差不大,纬度也不太高,由此而引起的误差是不大的。

简易墨卡托图网的绘制步骤：

（1）、（2）与纬度渐长率绘制图网步骤的（1）、（2）同；

（3）如图 1-4-13 所示，在经纬线的交点（如 A）处，以纬线为边，画一角度等于相邻纬线间的平均纬度（φ_m），则图中直角三角形（$\triangle AEB$）的斜边等于纬线直角边的 $\sec\varphi_m$ 倍。如果该直角边表示经差 $10'$ 的图长，则斜边就是子午线上纬差 $10'$ 的图长，于是，根据斜边长度可以画出相邻的纬线。用类似的方法可画出其他的纬度线。相邻纬线间的纬度图尺可等分画出。

例 1-4-2：根据例 1-4-1 的条件，绘制一张简易墨卡托图网。

解：如图 1-4-13 所示。

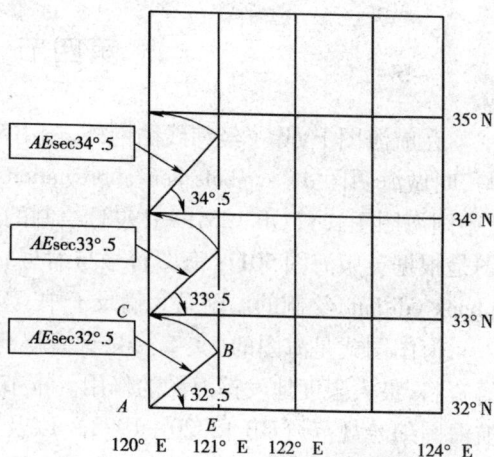

图 1-4-13　简易墨卡托图网的绘制

（1）按例 1 所述的方法，分别画出 120°E、121°E、122°E、123°E 和 124°E 等整度经线；

（2）在图的下端画一垂直于经线的直线，作为 32°N 的纬线；

（3）在 A 点（32°N，120°E）处，以纬线为边作一角等于 32°.5，它与 121°E 经线相交于 B 点，则 AB 等于 1°经差图长的 $\sec 32°.5$ 倍。于是，在 120°E 经线上截取 $AC=AB$，过 C 点作经线的垂直线，它就是 33°N 的纬度线；

（4）用类似的方法，画出 34°、35°、36°N 纬度线。

三、墨卡托海图比例尺的近似计算

将地球当作圆球体时，墨卡托海图基准比例尺的计算步骤为：

（1）求 $1'$ 经差的图长；

（2）求基准纬度（φ）线上 $1'$ 经差的地面长度，即：

$$1'经差的地面长度 = 1852 \times \cos\varphi（m）$$

（3）则该纬度（φ）的基准比例尺近似为：

$$C = \frac{1'经差的图长}{1'经差的地面长}$$

例 1-4-3：由例 1-4-2 的简易墨卡托图网，求 32°N 和 36°N 的基准比例尺。

解：（1）$1'$ 经差的图长 $=0.1\mathrm{cm}$（见例 1-4-1 解）；

（2）求 32°N 和 36°N 的 $1'$ 经差的地面长度：

$$32°N 的 1'经差地长 = 1852 \times \cos 32° = 1570.585\mathrm{m} = 157\,058.5\mathrm{cm}$$

$$36°N 的 1'经差地长 = 1852 \times \cos 36° = 1498.299\mathrm{m} = 149\,829.9\mathrm{cm}$$

（3）求基准比例尺：

$$32°N 的基准比例尺：C = 0.1\mathrm{cm}/157\,058.5\mathrm{cm} = 1/1\,570\,585（32°N）$$

$$36°N 的基准比例尺：C = 0.1\mathrm{cm}/149\,829.9\mathrm{cm} = 1/1\,498\,299（36°N）$$

可见，在同一张墨卡托图上，纬度越低，比例尺越小。由于比例尺与基准纬度有关，因此，比较两张海图的比例尺大小,应以相同基准纬度为基础,否则没有可比性。

第四节　海图识读

在航海图上,除了经纬线图网外,还用符号或缩写绘画出所需的航海资料。这种符号与缩写,叫做海图图式(symbols and abbreviations of chart)。目前我国出版的海图是根据国家标准《中国海图图式》(GB 12319—1998)绘制的,它与国际水道组织的海图图式基本一致。英版海图是根据英版海图5011《海图符号与缩写》(symbols and abbreviations used on admiralty charts)(book edition)绘制的。附录8摘录了中、英版海图的部分图式及若干使用说明。

海图图式是海图的"文字",只有懂得海图图式才能正确、熟练和充分地利用海图上的航海资料,最大限度地发挥海图的作用。本节根据《中国海图图式》(GB 12319—1998)和《中国航海图编绘规范》(GB 12320—1998),以及英版海图5011 Edition 3 对中、英版海图图式及海图概况作一介绍。

一、海图标题栏

海图标题栏(chart legend)如图1-4-14所示,通常刊印在海图内不影响航行的空白处,印有制图和使用的重要说明。其主要内容包括出版机关的徽志,图区的地理位置,图名,比例尺及基准纬线(高斯投影图标注比例尺及中央经线),投影名称,采用的海图坐标系(如 WGS—84),深度、高程计量单位及其基准面,图式版别(如 GB 12319—1998),基本等高距,制图资料说明及注意事项等(参看附录8-10)。现摘要介绍如下:

图1-4-14　中版海图标题栏

1. 图名

图名(chart title)一般能确切地表明图区的地理范围或包括的主要航线。通常给出该海图所属国家或地区、海区(或大的群岛)等。总图图名通常用海洋区域名称命名;航行图一般用图内较重要的海域地名作起讫点来命名或者以地理区域命名;而港湾图图名一般以其表示的港湾、锚地、岛屿、水道等命名或者以起讫地名命名。

2. 基准比例尺(scale of chart)

《中国航海图编绘规范》规定,我国的同比例尺成套航行图以制图区域的中纬度为基准纬线,其余图以本图中纬度为基准纬线。

3. 采用的海图坐标系

目前大部分海图均采用 WGS—84 世界大地坐标系,即可直接在这些海图上绘画 GPS 船位。我国也有采用 1954 年北京坐标系的。

对于中版海图,比例尺大于 1:1 000 000 的图上,注明坐标系的名称;当坐标系不明时可不注,但应在标题附近加注警示性说明,如"本图采用的坐标系与 WGS—84 世界大地坐标系可能存在差异,使用时请注意";1:1 000 000 及更小比例尺的图上,不注坐标系名称及相应说明。

4.深度和高程的单位及其基准面

我国海图上,常标注有:"深度……米……理论最低潮面","高程……米……1985 国家高程基准"。但1:500 000 及更小比例尺图上,只注深度和高度的计量单位,不注深度基准和高程基准的名称和与其有关的说明。

英版米制海图上常注明"Depth in Meters",而英版拓制海图上常注明"Sounding in Fathoms"。

5. 其他(参看附录 8-1A)

除上述内容外,标题栏内往往还标明本图采用的图式版本(如图式采用 GB 12319—1998);注意事项、警告;潮信与潮流资料;差分 GPS 及磁差资料的说明;GPS 船位的坐标改正(非 WGS—84 系列海图)说明等。有的海图上还可能有重要物标的对景图、拓制与米制的换算表和图区测量资料及图幅索引插图等,测量资料插图上标明本图不同区域(用数字或字母标示)的资料测量年份等信息(参看附录 8-10),可用以判断相应区域资料的可靠性。

使用海图时,必须首先熟悉海图标题栏内的一些重要说明。

二、图廓注记(marginal notes)

海图图廓(chart border)是指海图的边界线。在海图图廓四周注记有海图出版情况及其他一些资料(参看附录 8-1A),主要有海图图号,出版者全称,版权说明,坐标系说明,发行者、地址、邮政编码、版次、印数、印刷单位,标准书号、审图号、价格,条形识别码,小改正,图幅尺寸,图廓点经纬度注记,图名(可在内图廓外)。现摘要介绍如下:

1. 海图图号

中版海图图号(chart number)原则上按海区地理顺号和比例尺顺号编号(详见附篇第二章第三节),印在海图的四角。

英版海图图号是按海图的出版先后编号的,分别印在海图的底部右角和顶部左角。

2. 海图坐标系名称

中、英版海图均在顶部图号的右侧和底部图号的左侧印有海图坐标系名称。

3. 发行和出版情况

中版海图在底部的中间标出海图出版机关的全称,其下方为版权信息,另外还有出版者的地址等联系方法、海图价格、条形识别码以及补充的图式符号或其他说明。

英版海图底部的中间印有出版单位、联系方法和版权信息。底部的最左侧给出海图的使用信息(Customer Information),如海图的版本号(Edition Number)、版本日期(Edition Date),2000 年5月以前改版的英版海图在底部右侧印有新版日期(New Edition Date)。

4. 小改正登记栏

中版海图底部的最左侧为小改正登记栏,用以登记自该图出版以来的所有正式小改正的通告号及其年份,以查核该图是否改正到最新状态。

英版海图的小改正登记栏(Notices to Mariners)列在 Customer Information 的右侧。

5. 图幅尺寸

图幅尺寸(dimensions)是海图内廓的尺寸,印在底部的右侧括号中。中版海图和英版米制海图一般以 mm 为单位(如977.2×681.8),某些英版拓制海图以英寸(in)为单位。图幅尺

55

寸可用以检查海图的伸缩变形情况。

6. 其他

1）邻接图

邻接图（adjoining chart）一般印在图边或图内不影响航行的空白处，它指明与本图相邻图的图号，以方便航行中换图。

2）版权所有及使用本图注意事项

英版海图的顶部右侧印有这些信息。

三、海图图式

1. 水深、高程和底质

航海图上，一般以暖色（如黄色）表示陆地，冷色（如蓝色、绿色等）表示水域，且颜色越淡水深越深，白色表示本图范围内的相对深水区域。

1）海图水深（sounding）

海图水面上的数字（某些带括号的及数字下有短划线的除外）是海图水深（图1-4-15），它是海图深度基准面到海底的距离。

（1）海图深度基准面。海图深度基准面也叫海图基准面（Chart Datum，CD）。它是计量海图水深的基准面。

我国沿海采用理论最低潮面（旧称理论深度基准面）；远海及外国海区采用原资料的深度基准；不受潮汐影响的江河采用设计水位。

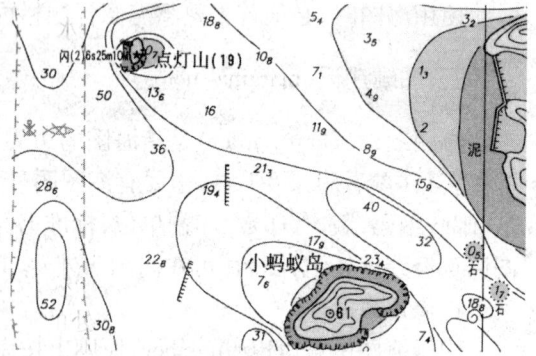

图1-4-15　实际中版海图摘录

英版海图通常采用天文最低潮面（Lowest Astronomical Tide，LAT）（参看附录8-2A）。

CD 的位置通常用平均海面（Mean See Level，MSL）为基准度量，例如，$CD = 240$cm，表示 CD 位于 MSL 之下 240cm 处。而 MSL 是经过长期测量得到的海面高度平均值。

（2）水深注记方法（参看附录8-3A）：

①水深点位置和字体。海图水深数字的整数中心为水深的测量点位置，而相等水深的连线用等深线（depth contours）（见图1-4-15）表示。实测水深一般用斜体字如 12、9_2 等注记，整数 12、9 的中心是测量点位置。凡是直体字如 12、9_2 注记的水深，表示未经精测或该数据采自旧资料或小比例尺海图。但1:500 000 及更小比例尺的海图上，水深全部用斜体字标注。没有水深注记的空白区域，表明没有水深资料。

②注记精度。水深注记的原则一般遵循"舍深取浅"的原则，中版水深注记的化整规定为：浅于31m的水深保留一位小数，第二位小数舍去，如图1-4-15中的15.9m、21.3m、28.6m等；原资料只保留一位小数的，小数按原资料表示；深于31m的水深，注至整米，小数舍去。

英版米制海图的水深浅于21m的标注至0.1m；深于31m的标注至整米，小数舍去；若水深资料足够精确，21～31m间的水深可标注至0.5m。

③水深单位。中版和英版米制海图的水深单位为米，英版拓制海图，若水深小于11fm，用拓和英尺标注，否则用拓。但若水深资料足够精确，在11～15fm之间的水深也用拓和英尺

标注。

（3）若干特殊水深的标注法（图1-4-16）：

①未测到底的水深（no bottom found at depth shown）。用"⊥"表示。如"⊥₁₉₈"表示经198m测深仍未测到底，但测量资料足够的区域不作此类标注。

②未标在测深点上的水深（移位水深，soundings out of position）。对于有些不易标注的水深，可将水深数据用括号或细直线移至测深点的附近标明，如图中编号1所示。有些狭水道的水深只能标在岸上时，用括号表示，编号2所示的是该水道的最浅水深。

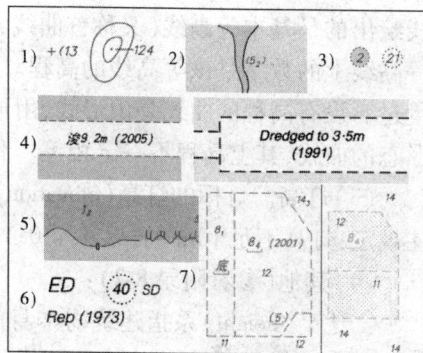

图1-4-16　若干特殊水深的标注法

③特殊水深（isolated soundings）。编号3为孤立水深点或危险物。

④疏浚水深（dredged area）和扫海水深（swept by wire drag）。经过疏浚的航道水深标以"浚（dredged to）"，如编号4。编号7是经扫海的水深及用虚线框出的扫海区域。

⑤用字符表示的水深（如编号6）：

"（疑存）"（existence doubtful，ED）表示对所标水深（或危险物）是否存在有怀疑；

"（疑位）"（position doubtful，PD）表示对所标水深（或危险物）的位置有怀疑；

"（疑深）"（sounding doubtful，SD）表示对所标水深值有怀疑，此处的实际水深可能小于所标值，如编号6对所标的40m水深有怀疑；

"（据报）"（reported，Rep）表示该处的注记未经测量或证实。

2）高程

海图陆上所标数字，以及水上某些带有括号的数字，都是表示该数字附近物标的高程，如图1-4-15中，点灯山高19m、小蚂蚁岛高61m。高程的单位是米，但英版拓制海图的高程单位是英尺。

物标高程是高程基准面至物标测量点的垂直距离，它的起算面和单位，一般在海图标题栏内有说明。

（1）物标的高程基准面（参看附录8-2）：

①中版海图。我国大陆地区的高程基准面，一般采用"1985国家高程基准"，特殊情况下采用当地平均海面MSL；港、澳、台及外国地区采用原资料的高程基准。"1985国家高程基准"是采用青岛验潮站1953年至1979年验潮资料计算确定的，1987年5月经国务院国测发〔1987〕198号文批准。

②英版海图。一般采用平均大潮高潮面（Mean High Water Spring，MHWS）或平均高高潮面（Mean Higher High Water，MHHW）或当地平均海面（Mean Sea Level，MSL）。

（2）山高。山头、岛屿及明礁等的高度（height）是由高程基准面至物标顶部的高度。对于山峰等制高点，在海图上一般用黑色圆点来表示（如图1-4-15中的小蚂蚁岛高），并在其附近明确标有高程。有些经过精确测量的山峰，还在圆点外加套一三角形如△。由于中英版海图的高程基准面不同，同一物标的中版海图所标高程一般要大于英版海图所标的高程。中版海图的高程不足10m的，标注至0.1m，大于10m的，注至整米，小数舍去。

在比例尺大于 1:500 000 图上,一般有等高线(contour lines)(如图 1-4-15 中的小蚂蚁岛)表示陆地地貌,缺乏资料时,也可以用山形线表示。等高线是相等高程的点的连线,用细的实线绘出的是基本等高线(又称首曲线),每隔 4 条基本等高线画一条加粗等高线(称计曲线),等高线上的数字是该等高线的高程。凡用虚线描绘的等高线是草绘曲线,它表示未经精确测量过。没有高程的曲线是山形线,山形线可不闭合(参看附录 8-1C(4.2.1)),它仅仅表示山体形态的曲线,其上高程不一定相等。利用等高线可辨认山形。

(3)灯高。灯标的灯高(elevation)是由 MHWS 起算至灯芯的高度(见附录 8-2)。灯高标注规定:灯高不足 10m 的,标注至 0.1 m,大于 10m 的,注至整米,小数舍去。

(4)其他(参看附录 8-2):

①比高(height)系指建筑物本身的高度。它是自地物、地貌基部地面至建筑物顶端的高度,注意不要与高程相混淆。如灯塔的比高或者称塔高是指灯塔塔底地面至塔顶的高度,不要与灯高混淆。比高在 3m 以下的,标注至 0.1m,3m 以上的,注至整米,小数舍去。

②净空高度(vertical clearance)。在比例尺大于 1:200 000 的中版海图上,标绘有跨越可通航江河、海峡、水道的桥梁、索道、电缆、管道、通信线等架空建筑及其净空高度。净空高度是这些架空建筑的高度表示法,中版海图是由平均大潮高潮面或者江河高水位起算到架空建筑的最低点的高度,注至整米,小数舍去;英版海图上的净空高度起算面,在有些区域可能采用高于 MHWS 的基准面,例如采用天文最高潮面(Highest Astronomical Tide,HAT),如是会在海图的注释中有说明。

③干出高度(drying height)。是由 CD 面起算到干出物标顶端的高度。干出物标系指其顶端位于深度基准面之上、平均大潮高潮面之下的物标(参看附录 8-2)。干出高度标注至 0.1m。

3)底质

底质(quality of bottom)是海底的地质,为选择锚地提供资料。为整洁海图,底质的注记一般遵循"取硬舍软"和"取异舍同"的原则,但"淤泥"注记一般不舍去。我国海图和英版海图标记底质的方法基本相同,如泥(M)、沙(S)、岩(R)等。底质记载的顺序是颜色、形容词、底质种类,如"黑软泥"(black so M)、"黄粗沙"(yellow c S)等,但形容词随比例尺的缩小可舍去,比例尺小于 1:200 000 图上,底质的形容词全部舍去。两种混合底质,先注成分多的,例如:"泥沙"(MS),表示泥多沙少。双层底质,先注记上层,后下层,例如:"沙/泥"(S/M)。常用的底质符号有:

S	Sand	沙	Si	Silt	淤泥	P	Pebbles	小圆石
M	Mud	泥	St	Stones	石头	Cb	Cobbles	圆石子
Cy	Clay	粘土	G	Gravel	碎石	R	Rock	岩石
Co	Coral	珊瑚	Sh	Shells	贝			

常用的形容词有:

f	Fine	细	仅用	bk	Broken	碎	sf	Stiff	硬
m	Medium	中	于沙	sy	Sticky	粘	v	Volcanic	火山
c	Coarse	粗	质底	so	Soft	软	h	Hard	坚硬

底质图式见附录 8-3B。

2. 航行障碍物

海上的航行障碍物包括各种礁石(rocks)、沉船(wrecks)和其他障碍物(obstructions)。各种比例尺图上应准确、详细、明显地表示航行障碍物,并在图幅载负量允许的情况下注记其性质、高度及深度等。

1)礁石

礁石是海中孤立的岩石或珊瑚。它又分为:明礁、干出礁、适淹礁和暗礁等多种。图 1-4-17 是各种礁石与潮面的关系示意图及它们在海图上的图式。

明礁(图中编号 1)(rock which does not cover)是礁石的顶部在 MHWS 之上的礁石,正常情况下它始终高出水面。明礁高度是从高程基准面到礁顶的高度;

干出礁(编号 2)(rock which covers and uncovers)是顶部在 MHWS 之下、CD 之上的礁石,它有时会露出水面,有时被淹没。干出礁高度是 CD 到礁顶的高度;

适淹礁(编号 3)(rock awash at the level of chart datum)是顶部与 CD 持平的礁石,正常情况下不会露出水面;

暗礁(编号 4~6)(underwater rock)是顶部在 CD 之下的礁石,海图上用图式"+"或缩写"R"(英版)和"岩"(中版)表示。暗礁水深是 CD 向下到礁顶的距离。暗礁又分为深度不明的暗礁(编号 4)、已知深度的暗礁(编号 5)和非危险暗礁(编号 6)等种类。中版水深大于 20m、英版水深大于 28m 的暗礁称为非危险暗礁;

珊瑚礁(编号 7)(coral reef,Co)是热带、亚热带海洋中的一种石灰质岩礁。主要由造礁珊瑚所分泌的石灰性物质和遗骸长期聚积而成。生成于大陆、岛屿沿岸和海底山岭顶部水深 40m 以内的浅水区。世界上珊瑚礁多见于太平洋中部和西部、澳大利亚东北岸、印度洋西部以及大西洋西部从百慕大至巴西一带的海区。

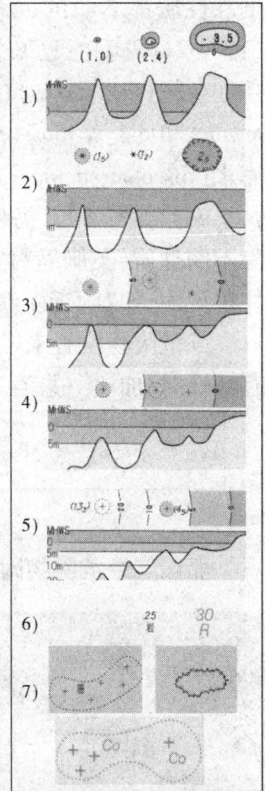

图 1-4-17　礁石图式

凡礁石符号外加点圈者,表示该礁石的水深明显浅于其周围的水深,以期引起航海人员的特别注意,因而此点圈也被称为危险圈。

2)沉船

沉船(英版缩写"Wk",中版"船")的图式如图 1-4-18 所示。中、英版海图上的沉船图式基本相同,有些沉船在图式附近注记有沉船年份和船名。图中的编号 1~4 是大比例尺海图上的图式。沉船分为:船体露出水面(does not cover)的沉船(编号 1);干出(covers and uncovers)沉船(编号 2);已知深度(depth known)的水下沉船(编号 3);深度不明(depth unknown)的水下沉船(编号 4);部分船体或上层建筑露出(高出 CD 面)的沉船(编号 5);仅桅杆(masts)露出(高出 CD 面)的沉船(编号 6);已知最浅深度的沉船(编号 8);经扫海的沉船(编号 9);危险沉船(编号 11);对水面航行无危险沉船(编号 12)等。危险沉船是指中版水深浅于 20m、英版水深浅于 28m 的沉船。编号 7 是未精测但至少有所标水深的沉船;编号 10 是沉船堆;编号

13 是沉船残骸（remains of a wreck）或其他险恶海底（foul area），该图式区域对水面航行无危险，但应避免抛锚。关于上述图式的具体意义见附录8-4B。

3）其他障碍物

其他障碍物的图式如图 1-4-19 所示。主要有：深度和性质都不明的（编号 1）障碍物；已知最浅水深的（编号 2）障碍物；已知性质的障碍物（编号 3）；捕鱼设备如鱼栅（fish stakes）（编号 9）、水下桩（柱）、鱼礁（fish haven）和贝类养殖场（Shellfish Beds）等（编号 6）；变色海水（discoloured water）（编号 7）；海底火山（submarine volcano）（编号 8）。另外，编号 4 是海底至障碍物顶部的高度，编号 5 为障碍物上的扫海深度。除不明性质（英版缩写"Obstn"，中版"碍"）外，障碍物一般以符号或名称表示，有时也用文字注记说明，如"附近多渔栅"等。

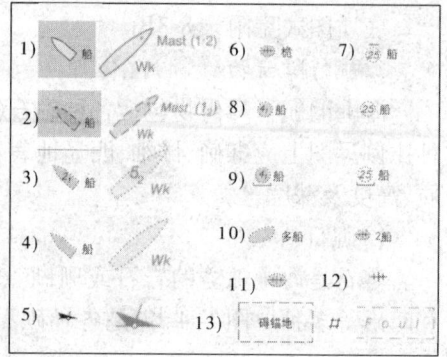

图 1-4-18　沉船图式

凡危险物位置未经准确测量过的，在其图式旁加注"（概位，PA）"；对该危险物是否存在有怀疑时，加注"（疑存，ED）"；对危险物位置有怀疑时，加注"（疑位，PD）"。

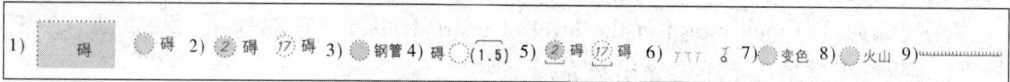

图 1-4-19　其他障碍物图式

船舶航经危险物附近时，应根据其图式判断其含义，运用各种定位、导航和避险方法，确保航行安全。对于疑存、疑位或概位的危险物，则应更加宽让，以确保船舶对它们的避离。

3. 助航标志

助航标志（navigational aids）简称航标，是指供船舶定位、导航或者用于其他专用目的的助航设施，包括视觉航标、无线电导航设施和音响航标。航标一般设置在沿岸及狭窄水域或重要航段或危险水域附近，是引导船舶安全航行的重要设施。根据《中华人民共和国海上交通安全法》第二十三、第二十四条规定：禁止损坏助航标志和导航设施。损坏助航标志或导航设施的，应当立即向主管机关报告，并承担赔偿责任。船舶、设施发现下列情况，应当迅速报告主管机关：①助航标志或导航设施变异、失常；②有妨碍航行安全的障碍物、漂流物；③其他有碍航行安全的异常情况。

1）若干主要航标及其特征

（1）灯塔（light house）。是一种高大而坚固的具有发光装置的塔状建筑物（图 1-4-20）。塔身一般具有明显的形状、结构或颜色特征，其灯光的射程较远。灯塔一般设

图 1-4-20　灯塔

置在显著的海岸、岬角、重要航道附近的陆地或岛屿上,以及港湾入口处。灯塔一般有专人管理,工作可靠,在海图上的位置准确,是船舶理想的定位航标。有的灯塔上还附设有雾号、无线电信号等设施。

(2)灯桩(light beacon)。是一种结构比较简单的柱状(图1-4-21)或铁架结构(图1-4-22)的建筑物,其灯光射程不及灯塔。灯桩一般设置在航道附近的岸边或水中,以及港口防波堤等场所,一般无人看管,也是船舶近距离较好的定位航标。

(3)(灯)立标((light)beacon)。是一种普通的铁质或木质的杆状标(图1-4-23)。立标一般设置在浅水区、水中礁石上,或设在岸上作为叠标或导标(形体可能较大),也可以作为船舶近距离定位的备用航标。作为一般用途的发光立标,其灯光射程不远。

图1-4-21　灯桩

图1-4-22　网状灯桩

图1-4-23　立标

(4)灯船(light vessel)。是一种以锚泊方式系固的船型浮动航标(图1-4-24)。在其甲板高处有发光设备,灯光射程一般较远、较可靠,有的灯船有专人看管。灯船一般设置在周围无显著陆标又不宜设置灯塔的重要航道附近,以引导船舶进出港口。灯船的船身一般涂红色,船体两侧有醒目的白色船名或编号,桅上挂有黑球,供白天识别之用。

(5)(灯)浮标((light)buoy)。是一种以锚泊方式系固的具明显形状的浮动航标(其实物图片可参看附录10),主要的形状有罐形、锥形和球形。它们主要用于指示航道、指示危险物及某些专门用途。

图1-4-24　灯船

(6)无线电航标。是本身具有发射无线电信号能力或具有增强电波反射能力的航标。主要有无线电指向标(radio beacon)、雷达反射器(radar reflector)、雷达航标(radar beacons)及无线电测向和双曲线定位系统的信号发射台等。主要用于船舶定位与导航。

雷达航标(radar beacon)主要有雷达应答标、雷达指向标、雷达反射器等。

①雷达应答标即雷康(racon)。是一种受船舶雷达波的触发后才发射信号供船舶雷达测定其方位和距离的装置。其图式旁标注莫尔斯识别信号及适用的雷达波长,如10cm、3 &10cm,没有标注波长的仅适用于3cm雷达。

②雷达指向标(ramark)。是一种连续发射信号供船舶雷达测定其方位的装置。

③雷达反射器(radar reflector)。是一种金属结构的雷达波强反射体,具有向电波入射方

向反射电波的特性,以增加其被雷达发现的距离。

(7)雾号(fog signals)。是设在航标上的在有雾、雪及其他能见度不良时发出特定音响的雾警设备。雾号主要有雾钟(bell)、雾锣(gong)、雾哨(whistle)、雾角(horn)或低音雾角(diaphone)、雾笛(siren)、爆音雾号(explosive)和雾炮(gun)及莫尔斯码音响等。

2)航标的作用与分类

航标作为引导和帮助航海人员安全航行的辅助设施,其作用主要有:

(1)指示航道。在重要航道附近的岸上或浅水区,用灯桩、立标、灯塔等设置导标、叠标等引导标志,以引导船舶航行在其导航线上。或用灯浮、立标、灯船等标示可航道的界线,以引导船舶航行在其标示的航道内。

(2)供船舶定位。供船舶定位用的航标一般为确知位置的固定航标,如灯塔、灯桩等。

(3)标示危险区。用灯浮、灯桩、立标等标示可航水域附近的危险物或危险区域的地点或范围,如沉船、暗礁、浅滩等,以指示船舶避离危险水域。

(4)其他特殊用途。如标示特定水域或特征,标示锚地、检疫地、施工区、禁区、船舶性能测定场,罗经差测定场、通航分道等。

将航标按设置地、航标形态、用途、技术装置等可分为:

(1)若按航标的设置地分,有沿海航标、河道航标和船闸航标。

①沿海航标。设在沿海和江河口地带。

②河道航标或称内河航标。是设在江河、湖泊、水库航道上的航标,用以标示内河航道的方向、界限和碍航物等。我国的内河航标由航行标志、信号标志和专用标志三大类组成。

③船闸航标。设在船闸河段上,用以标示船闸内外的停船位置,指明进出船闸的引领航道和节制闸前的危险水域,指引船舶安全迅速地通过船闸。

(2)若按航标的设置形态分,有固定航标和浮动航标。

①固定航标。是固定于海底或者陆上的标志,如灯塔、灯桩、立标等。

②浮动航标。是以锚泊方式系固的在水面有一定浮动半径的航标,如灯船、(灯)浮标等。

(3)若按航标的用途分,有导航航标,定位航标,避险航标和专用航标。

(4)若按航标的技术装置分,有发光航标,不发光航标,音响航标和无线电航标。

①发光航标。是具有发光设施的航标,有灯塔、灯桩、灯船、灯浮等,统称为灯标,它们以特定的灯光颜色、发光的节奏和周期作为夜间识别的主要特征。目前使用的灯光颜色主要有白、红、绿、黄4种。

②不发光航标。是不具有发光设施的航标。

③音响航标。是指附设有雾警设备的航标。

④无线电航标。是无线电助航设施的总称。

3)航标的图式

灯塔、灯桩、灯立标、灯浮和灯船等的图式如附录8-6A所示,其中的灯船和蓝比(大型助航浮标,LANBY)图式在中英版海图上略有差异。无线电指向标、无线电定位系统台站、海岸雷达站和雷达航标等的图式均用紫红色圆圈标出,并注以相应的缩写,如:环向(RC),旋向(RW)、雷达(Ra)、雷信(ramark)和雷康(racon)等(参看附录8-8)。图1-4-25展示的是常用的助航标志图式:编号1为浮标图式,自左向右分别为:锥形(conical buoy)、罐形(can)、球形

（spherical）、柱形（pillar）、杆形（spar）、桶形（barrel）、中版 LANBY、英版 LANBY；编号 2 是安装有顶标、雷达反射器等设施的浮标；编号 3 是海岸雷达站（coast radar station）；编号 4 是雷康（radar transponder beacon）（左侧）和装有雷康的浮标（右侧 3 个），它们都有紫色圆标注；编号 5 的上方是雷达反射器（黑色），下方是雷达显著物标（radar-conspicuous feature）（紫色）。

　　4）灯标注记

　　灯标的注记（见图 1-4-25）主要包括灯光节奏、光色、周期、灯高、射程及"平熄（平时熄灭）"、"无（无人看守）"、"渔"等其他说明，有的还标出光弧和其携带的附加装置，如雾号、雷达航标等。

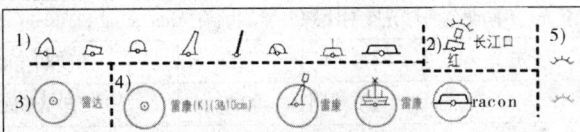

图 1-4-25　常用的航标图式

　　（1）灯质。灯质是指灯标灯光的性质，它是以灯光亮灭的规律（即节奏 phase）和灯光颜色来相互区分的。灯质种类很多，其基本灯质有：定光（fixed，F）、闪光（flashing，Fl）、明暗光（occulting，Oc）、互光（alternating，Al）和莫尔斯灯光（Mo（ ））。各种基本灯质的组合可以形成不同类型的灯质，如：定闪光（FFl）、互闪光（Al. Fl）等。常用的灯质图式及含义如表 1-4-2 所示，灯光的节奏图示参看附录 8-6A。灯光节奏演示参看光盘：\教学课件\灯光节奏演示。

表 1-4-2

灯质分类	图　式		节奏构成说明
	中版	英版	（在每个周期中）
定光 Fixed	定	F	灯光长明不灭（图示见附录 8-6A 的 15.2.1，下同）
明暗（一个周期中，亮光总时间长于熄灭总时间）：常用的有 Single-Occulting、Group-Occulting、Isophase			
明暗光	明暗	Oc	明的时间长于暗的时间（图示 15.2.2）
联明暗光	明暗（n）	Oc（n）	有 n 次明暗，总亮光时间长于总熄灭时间，每个熄灭时间长度相等
混合联明暗	明暗（n+m）	Oc（n+m）	n 次明暗后再 m 次明暗
等明暗光	等明暗	Iso	明暗时间相等（15.2.3）
闪光（暗长明短，明的持续时间一般约 1s）：常用的有 Single-Flashing、(composite) Group-Flashing			
闪光	闪	Fl	只闪一次光，暗的持续时间不少于明的 3 倍（也叫单闪光，图示 15.2.4）
联闪光	闪（n）	Fl（n）	连续闪光 n 次，此后熄灭一段时间，闪光期间亮灭时间相等
混合联闪光	闪（n+m）	Fl（n+m）	联闪 n 次稍后再联闪 m 次，此后熄灭一段时间，如 Fl（2+1）
长闪	长闪	LFl	明的持续时间不少于 2s 的闪光（15.2.5）
快闪光 Quick（中版 60 次/min）；甚快闪 Very quick（中版 120 次/min）；超快闪 Ultra quick			
快闪	快	Q	连续快闪光（英版 50 ~ 79 次/min，通常 50 或 60 次/min）（15.2.6）
联快闪	快（n）	Q（n）	连续快闪光 n 次，此后熄灭一段时间，闪光期间亮灭时间相等
间断快闪	断快	IQ	连续快闪光一段时间后，熄灭一段时间
甚快闪	甚快	VQ	连续甚快闪光（英版 80 ~ 159 次/min，通常 100 或 120 次/min）（15.2.7）
联甚快闪	甚快（n）	VQ（n）	连续甚快闪光 n 次，此后熄灭一段时间，闪光期间亮灭时间相等
间断甚快闪	断甚快	IVQ	连续甚快闪光一段时间后，熄灭一段时间
超快闪	超快	UQ	连续超快闪光（英版 160 次/min 以上，通常 240 ~ 300 次/min）

续上表

灯质分类	图　式		节奏构成说明
	中版	英版	（在每个周期中）
间断超快闪	断超快	IUQ	连续超快闪光一段时间后，熄灭一段时间(15.2.8)
定闪光	定闪	FFl	灯光长明，隔一定时间加亮一次(15.2.10)
互光(不同颜色的灯光交替出现)：常用的有 Alternating-Flashing(15.2.11)			
互光	互	Al	不同颜色的灯光交替出现，长明不灭，如互红白；Al. RW 等
互闪光	互闪	AlFl	不同颜色的闪光交替，如互闪白红，Al. Fl. RW
互联闪光	互闪(n)	AlFl(n)	不同颜色的连续闪光成组出现，重复 n 次，此后熄灭一段时间
互明暗光	互明暗	AlOc	不同颜色的明暗光交替
莫尔斯灯光	莫( )	Mo( )	按莫尔斯电报码节奏发光，如 Mo(K)(15.2.9)

（2）灯光周期（period）。灯光亮灭或颜色交替，自开始到以同样的节奏重复时所经过的时间长度(s)。

（3）灯高（elevation）。平均大潮高潮面至灯芯的高度。

（4）灯光射程（range）。简称射程。我国规定的射程是在晴天黑夜条件下，航海者的眼高为 5m 时所能见到灯光的距离。规范规定：射程注记以海里为单位，10n mile 以内注记到 0.1n mile，超过 10n mile 时只注整海里数，小数舍去。英版资料的射程使用光力能见距离（luminous range）或额定光力能见距离（nominal range）。

（5）灯光颜色（colour）。灯标使用的光色有白光、红光、绿光和黄光。当灯标使用单一白光时，一般不标注灯光颜色；当使用其他单一光色时须标注；当几种光色混合使用时，各个光色须分别标注。

（6）光弧（sector）。船舶从海上看灯标所能看到灯光的方位范围（也称扇形灯）。其方位系指由海上看光源的真方位。光弧范围即扇形区域系指光弧的起始方位顺时针到终止方位的区域，当在不同区域内可见不同光色者，均须分别注明（参看附录 8-6B(15.10.1)）。

4. 其他重要图式

其他常用的重要图式诸如航道、航线、水文等，航海者都应该熟悉。

航道、航线方面的主要图式如图 1-4-26 所示，它们有：导航线（leading line）（编号 2），实线为可航段；有固定导标的推荐航道线（recommended track）（编号 3）；双向航线（two-way track）（编号 5）；单向航线（one-way track）（编号 6）；规定的交通流向（established direction of traffic flow）（编号 7），推荐的交通流向（recommended direction of traffic flow）（编号 8）；警戒界限线（编号 9）；已知最大吃水深度的航道（编号 10 上）和推荐航道线（编号 10 下）；深水航道（编号 11）；警戒区（Precautionary area）（编号 12）；引航站（pilot boarding place）（编号 13），英版图式旁有时标注"引航船名"、"Note"等，若标注"H"，表示引航员由直升机运送；船舶（无线电）报告点（radio reporting points）（编号 14）。

水文图式见图 1-4-27，其中，编号 1 为涨潮流（flood tide stream）；编号 2 为落潮流（ebb tide stream）；编号 3 为

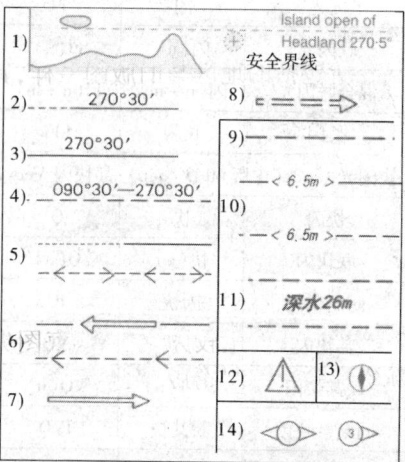

图 1-4-26　航道航线的主要图式

海流（current）（英版已很少使用）；编号 4 为洋流（ocean current）；编号 5 为急流（overfalls）；编号 6 为旋涡（eddies）；编号 7 为回转流。

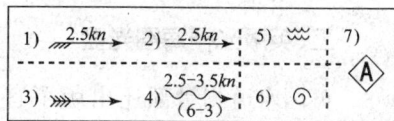

图 1-4-27 常用的水文图式

另外还有各种界限线（various limits）、定线制（routeing measures）、海底电缆（submarine cables）和管线（submarine pipelines）、禁区（restricted area）、军事演习区（military practice area）和锚地（anchorages）等图式可参看附录 8。

5.海图图式符号的位置

面状符号，如"⊕ # ⑯"等，位置在符号中心；形象符号，如"🔨 🚩 ⌂"等，位置在符号底线中心；而有点符号，点的位置即其中心位置；对于未精确测量的位置，用"概位（PA）"表示。

第五节 海图的分类和使用注意事项

一、纸质海图的出版与再版

英版纸质海图的出版，大致有以下几种方式。

1.新图

这是指第一次制版或全部重新制版的海图，包括下列几种：

（1）新图（new chart）。指原先未制作过的海图，或者它的比例尺及包括的海区范围及图号均以全新的面貌出现的海图。原先的英版海图大部分是拓制海图，从 20 世纪 70 年代初期起，英版海图向米制海图（metric chart）转变，称此为 new metric chart。

（2）代替同图号的新图（new chart superseding chart of the same number）。对其旧版进行重制，但图号保持不变。

（3）英国复制的澳大利亚和新西兰海图（UK reproduction of AUS and NZ government chart）。1963 年以后，英国取得澳、新两国政府同意，有权复制该两国政府的海图以逐步替代该地区的原英版海图。

2.新版图（new edition chart）

此种海图是对旧版图重新调制后出版的，大部分采用了新的测量资料。新版图图号、比例尺及所包括的地区与旧版图一样，其新版日期印在海图原有日期的右侧。

3.改版图（large correction chart）

改版图也称大改正海图。内容杂而多的重要改正资料，因不便使用航海通告发布，或不宜由使用者自行改正，但又不准备全部再版，则作部分改版。改版日期印在海图原版日期的右侧，如果该处已印有新版日期，则改版日期印在新版日期之下。

英版海图的出版、新版及作废消息发布于英版《周版》航海通告 Section I。

4.中版海图的再版和添印

当海区发生较大变化，航海图失去现势性且不能用小改正的方法来弥补时，制图单位根据新资料重新编制出版，称航海图的再版或改版。再版图的图号、图名、比例尺及范围一般与原版一致，图上同时注记初版年月及本次再版年月。再版的海图发行后，旧版海图即行作废。

当海图的库存不足需要添印时，添印图注明版次和印次。添印的海图发行后，原来的海图不作废，可以继续使用。

二、英版光栅海图光盘

英国水道测量部还出版了官方电子扫描海图光盘，Admiralty Raster Chart Service，简称ARCS。它是英版纸质海图的数字复制品，目前共出版 11 张光盘，每张光盘含达 350 张海图，光盘编号为 RC1～RC11。其中 RC1～RC10 光盘是分地区的航海图，RC11 光盘是世界范围内的比例尺在 1∶3 500 000 及更小的总图。ARCS 的改正很容易，每周提供一张 update CD 对海图进行自动改正，且后一张 CD 包含了前面的所有改正内容，因此使用时只用最近一张 CD 即可。

三、海图的分类

根据海图作用的不同，可以分为航海图和专用参考图两大类。

1. 航海图

根据《中国航海图编绘规范》（GB 12320—1998），航海图按比例尺及用途不同分为海区总图、航行图和港湾图三种，如表 1-4-3 所示。

表 1-4-3

航海图种类		比例尺区间（万）	特　征
总图	世界海洋总图大洋总图	1∶300 万或更小	概括描绘海区的总貌。图上主要表示海区范围、陆地地貌、港湾、岛屿、海峡、水道、水深、海底地貌、灯塔和地名要素等。海区总图主要供研究海区形势及拟订航行计划使用
	海区总图	可大于 1∶300 万	
航行图	远洋航行图	1∶100～1∶299 万	图上主要表示与航行有关的航道、水深、陆地地貌、显著目标、助航设备、海洋水文和海底地貌地形等要素。航行图主要供船舶在海上航行使用，也可供海洋调查、海洋研究参考使用
	近海航行图	1∶20～1∶99 万	
	沿岸航行图	1∶10～1∶19 万	
港湾图	港口图、港区图、港池图、航道图、狭水道图	1∶10 万或更大	图上主要以表示港湾、锚地为主，详细表示海岸的性质、水深、底质、航行障碍物、助航设备、港湾设施、锚地、港区界限和港务机关等要素，附有潮信表。港湾图主要供船舶进出港湾、避风锚地、停靠驻泊时使用，也可用于码头装卸作业和港湾施工建设等方面

我国海军航海保证部编制出版的中国海区全套各种比例尺系列的标准海图（Standard Navigational Chart）中，大于 1∶300 000 的海图采用非 WGS—84 坐标系，其他比例尺海图采用 WGS—84 坐标。中国沿海及附近海域的海图，采用理论最低潮面，国外地区的部分海图采用所引用资料的深度基准面。高程基准面采用 1985 国家高程基准。海图采用的投影主要有墨卡托投影（中小比例尺图）、高斯投影（国内海区 1∶20 000 及更大比例尺的港湾图）和平面图（国外海区 1∶20 000 及更大比例尺的海图），当制图区域有 60% 以上的地区纬度高于 75°时，采用日晷投影。海图上的注记以中文为主，采用中、英文对照方式。主要地理名称加汉语拼音或相应的拉丁字母说明，说明性内容采用中英文对照，其余只注中文。

2. 专用参考图

一般的专用参考图不作为航迹推算和定位用图，它是为了某种特殊需要而专门制作的海图。如供无线电导航系统定位用的位置线图；为设计大洋航线用的"航路设计图（routeing charts）"、"大圆海图（gnomonic charts）"、"气候图（climatic charts）"等；以及"等磁差曲线图（magnetic variation charts）"和在大洋航行中仅作航迹推算和船舶定位用的"空白定位图（plotting sheets）"。

四、使用海图的注意事项

1. 判别海图的可靠程度

一张海图的可靠程度,可从以下几方面进行判别:

1)资料的测量精度

一张经过详细测量过的海图,水面应无大的空白区。海图水面空白处,表示未经测量,应视为航海危险区;水深点应密集且有规则排列,水深变化有规则。在大比例尺海图上,水深数字应是用斜体字表示的;海图上的等深线、等高线和岸线都应用实线描绘,而不是虚线。

2)测量日期和出版日期

(1)测量日期越近越好。有些较大比例尺的海图上,图上附印一小图标明本图内相应区域的不同测量年份,可予以关注。

(2)海图的出版、新版、改版等日期应是最近的,而不是过时的。即所用的海图上所标注的日期应与现行版的"航海图书目录"中载明的版本日期一致。

3)海图上的资料更新情况

海图既是现行版的,小改正又改正到使用之日,就表明该海图的资料是最新的。

4)海图比例尺

海图比例尺越大,图上的资料记载也越详细,物标、水深点、航标等的位置就越准确,海图作业精度也越高。因此,海图比例尺越大,其可信赖程度就越高。

2. 不能盲目信赖海图

由于测量不充分或其后的地貌、海底等的变迁,海图上标注的内容可能会不准确,特别是资料陈旧的海图,在航行中应经常予以检查。有些图可能存在位置与实际不符等情况。对此,要通过实践来核对,不能盲目地信赖海图。

3. 使用较大比例尺的海图

拟订航线或航行定位时,应尽量使用较大比例尺的海图,因为大比例尺海图上的资料比较完全。此外,当图幅内资料发生较大的变动,需通过海图新版或改版才能加以改正时,往往首先改正大比例尺的海图。

4. 海图应改正到使用之日

按航次需要抽取的海图,应检查是否已改正,每张海图使用前必须按航海通告改正至最新,不可遗漏。海图改正及检查改正是否遗漏的方法见第三篇第三章第三节。

5. 海图作业要清晰、准确

海图作业应用软质铅笔和松质橡皮,铅笔要削尖,书写用力要轻,以免损坏海图。绘画要准确、清楚、细致,航线标注等的位置要适当,要达到准确、迅速、整洁、连续不断。

6. 注意海图坐标系

海图的绘制都基于相应的坐标系(有关内容参见附篇第二章第八节),目前的大部分航海图都基于 WGS—84 坐标系。如果船舶使用了不同坐标系的海图,可能会对作业有影响。例如,航行中要更换海图,前后使用的是不同坐标系的海图,就有可能使同一点在两张海图上的坐标有差异。因此,从安全角度考虑,应选用质量好的同一坐标系的海图。

全球定位系统(GPS)采用的是 WGS—84 世界测地系,当使用的海图坐标系不是

WGS—84 时,用 GPS 船位的经、纬度(若 GPS 未使用大地坐标自动修正功能)直接绘画到海图上去就会产生船位误差。一般情况下,这种误差并不大。若要消除此误差,则需要对 GPS 船位(φ_{GPS},λ_{GPS})进行坐标修正,修正公式为:

$$\varphi_{海图} = \varphi_{GPS} + \Delta\varphi$$
$$\lambda_{海图} = \lambda_{GPS} + \Delta\lambda$$

$$(1\text{-}4\text{-}5)$$

$\Delta\varphi$、$\Delta\lambda$ 数值在海图的标题栏或其附近有标注,例如某海图 NOTE 栏内有以下说明:

SATELLITE—DERIVED POSITIONS

Positions obtained from satellite navigation systems are normally referred to WGS—84 Datum; such positions should be moved 0.09 minutes NORTHWARD and 0.11 minutes WESTWARD to agree with this chart.

这表明,在 GPS 定位仪上读取船位经纬度后,应将纬度向北增加 0′.09,经度向西增加 0′.11,然后在该海图上定位。

7. 其他需注意的地方

航次开始前,应对航线附近的物标、地形、水深、底质、危险物、助航设施及海图上的警告(Cautions)与注意(Notes)等加以详细研究,认真仔细地绘画航线。应按航线使用次序将海图放在海图桌的抽屉内。航次结束后,将海图擦净放归原处。海图作业应保留到航次结束后方可擦去,如有船舶交通事故发生,则应保留到事故处理完毕。

总之,海图是航海的重要工具,事故发生后又是判定事故责任的重要依据,必须十分爱护,妥善管理,正确使用。

第六节　电子海图简介

电子海图将海图信息和其他航海信息在显示屏上显示出来。因此,电子海图是由硬件设备、海图与信息显示模块和海图数据库组成的系统。国际海事组织(IMO)、国际水道组织(IHO)和国际电工委员会(IEC)负责制定电子海图的相关国际标准。一个由 IMO 指定的能代替纸海图的合法电子海图系统叫做电子海图显示与信息系统(Electronic Chart Display and Information System,简称 ECDIS)。

一、电子海图的若干概念

1. 光栅海图和矢量海图

根据 IHO 的特别出版物 S—51(联合国海洋法会议技术手册)2006 年 3 月第四版的定义,电子海图可分为光栅式和矢量式两大类。

1)光栅海图

光栅海图(Raster chart)是纸海图基础上的"扫描海图",可以看作是纸海图的复制品,具有纸海图的同等精度。但扫描海图形成的是单一的数字图像文件,其显示的几何图形(岸线、水深等)与纸海图一一对应,不能描述其详细资料。光栅海图可以被改正,可以与定位传感器(如 GPS)等接口,但使用者不能对光栅海图作询问式操作(如查询某一海图要素特征,或隐去某类海图要素),也不能任意缩放其比例尺。因此有人称光栅海图为"非智能化电子海图"。

2）矢量海图

矢量海图（vector chart）以空间数据和属性数据所组成的矢量数据（vector data）描述海图及相关信息。矢量数据可有多种文件格式，每一种格式按自己的方式保存信息。相似的信息被包含在不同层次中，大多数的矢量海图系统允许航海者使某些层次的信息处于非活动或隐藏状态，使某些层次的信息置于基础层信息之下。在某些情况下，数据信息能依据储存在海图文件中的设置自动被隐藏和显示。

矢量数据的另一重要功能是可查询任意图标的细节，因为一个图标数据的各种信息分层次存放，因而很容易被找到并显示，这意味着航海者可以手动查询不同图标的性质，也可指令系统自动完成这种查询。例如，可以设置系统使航海者只要点击一灯标，就能在显示屏上显示其详细资料。使用者还可以根据需要选择不同层次的信息量（例如只显示小于某一深度的水深），并能设置警戒区、危险区的自动报警，还可查询其他航海信息（如港口设施、潮汐变化、海流矢量等）。在较高的自动化程度下，系统能设计成搜索船舶前方一定距离的影响船舶安全航行的水深、等深线或陆地区域等。

海图矢量数据不仅可通过纸海图或其他纸质航海出版物获得，也可直接从官方水道测量部门的电子海图数据库（electronic chart data base，ECDB）中获得。ECDB 的数据主要来源于两大部分：一是由水道测量部门实际观测到的航海信息经格式转换后的数据，二是根据原先的纸海图或其他纸质航海出版物等资料经数字化后产生的数据。

光栅海图与矢量海图相比，后者比前者具有更多的优点，如表 1-4-4 所示。

表 1-4-4

性能类型	显示纸海图的信息	显示辅助导航信息	设备进行数据交换	进行相关数据操作	数据占有存储容量	图形变换后的失真
光栅海图	可以	不可以	不可以	不可以	大	失真
矢量海图	可以	可以	可以	可以	小	不失真

2.电子航海图和系统电子航海图

1）电子航海图

电子航海图（electronic navigational chart，ENC）是矢量电子海图，其内容、结构和格式符合IHO S-57（3.1 版）标准和规范。数字化海图数据可以像没有边界的海图那样显示，ENC 由它的个别元素（"objects"）构成的数据库编制而成。ENCs 装入 ECDIS 后被转换成系统的内部格式（SENC）。ENCs 依据其比例尺可以作为单一海图也可作为无边界显示的多海图浏览。ENCs 是标准化了的电子海图数据库，由各国官方或官方授权的航道测量部门或者其他的相关政府机构制作和发行。ENC 是应用于 ECDIS 的官方电子海图，不应与商业公司出售的电子海图（Electronic Charts，EC）相混淆。ENC 不仅包含了所有航海安全所需的海图资料，还可能包含纸海图以外的补充资料，如航路指南上被认为对航海安全有用的资料。

2）系统电子航海图

系统电子航海图（system electronic navigational chart，SENC）是 ENC 经过更新、补充并转换成 ECDIS 内部格式后形成的可以在 ECDIS 直接使用的电子海图数据库。如果把 ENC 看成是ECDIS 的基础数据，则 SENC 是 ENC 经更新后的系统数据，因此 SENC 等效于现行版的已改正到最新状态的纸海图。但无论是基础数据还是更新数据，均必须符合 IHO S—57（3.1 版）的标准和规范,从而使不同国家的水道测量机构制作的 ENC 可以在各个符合 IHO 要求的 ECDIS 上准确有效地使用。

ENCs 是基于数字数据而非纸海图的一种新数据概念,其精度比纸海图或光栅航海图 (Raster Nautical Charts,RNCs)高得多,尽管 RNC 也符合使用要求。

航海者应该注意,ECDIS 显示的数据表象和内容与相同或相似的纸海图格式的数据有本质的区别。还应注意,尽管 IHO 的规范要求 ENCs 包含航海出版物中的信息,但目前的 ENCs 并不包含满足 SOLAS 要求的所有这些信息,因此,使用 ENCs 的航海者必须继续使用相关的官方航海出版物。

3. 电子海图显示系统

1)电子海图显示与信息系统

电子海图显示与信息系统(Electronic Chart Display and Information System,ECDIS),是符合 IEC 61174 认证规范的、IMO 认可的使用 ENC 的能合法代替纸海图的电子海图系统,ENC 是唯一可以合法地用于 ECDIS 上的电子海图数据库。目前 IMO 允许 ECDIS 设备工作于两种模式: 一为 ECDIS 模式,使用 ENC;另一是当 ENC 数据没有时,工作于光栅海图显示系统(Raster Chart Display System,RCDS)模式。到 2008 年,IHO 要求所有 ECDIS 产品都能使用 S—57 3.1 版数据格式的 ENCs,但有些制造商仍然在推介其 ECDIS 产品符合 S—57 3.0 数据格式,显然, 这样的产品若不作升级则不符合要求,使用者在购买 ECDIS 产品时必须注意该产品是否能运行最新格式的 ENCs。切记凡不符合国际规范的 ECDIS 产品就不成其为 ECDIS。

ECDIS 的主要组成如图 1-4-28 所示,有主控制器、电子海图数据库 ENC 及其更新、输入输出接口及其设备。主控制器即主计算机,用以完成数据采集、计算、逻辑推理及计算机图形处理等;海图数据库包含海图及其他航海出版物的基础数据 ENC 及其更新数据,它们在系统内形成 SENC 供航海者使用; 传感器/接口单元将计算机与导航传感器(如 GPS、AIS、雷达/ARPA、LORAN、罗经等)及其他信息传感器(如自动舵、计程仪、通信设备等)相连,使 ECDIS 除显示精确的电子海图以外,还显示本船船位、航速、航向及周围目标的有关信息;显示设备包括显示器、打印机及 VDR(voyage data recorder)等,它记录、显示或输出海图各项航行要素的数据、人机对话的内容、告警信息、操作使用 ECDIS 的热键和菜单等。

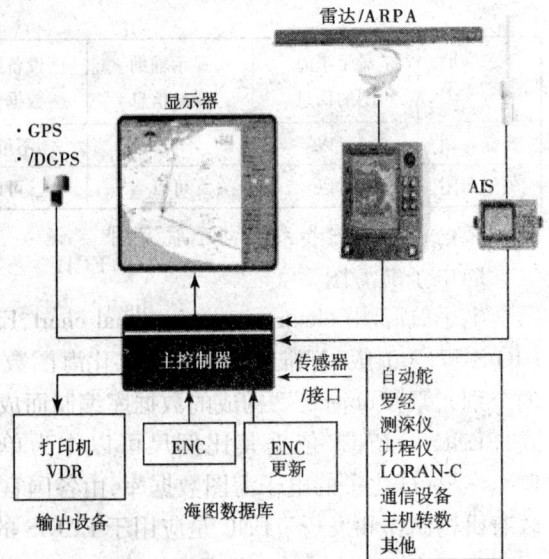

图 1-4-28 ECDIS 的主要组成

2)电子海图系统

电子海图系统(Electronic Chart System,ECS),是用来显示非官方矢量电子海图或光栅电子海图数据库的海图显示系统。

3)光栅海图显示系统

光栅海图显示系统(RCDS),只能显示光栅电子海图数据库的海图显示系统。IMO 的海上安全委员会(MSC)于 1998 年底通过了 RCDS 的性能标准。

综上所述,RCDS 只能显示光栅航海图(RNC),而 ECS 和 ECDIS 主要用来显示矢量海图。就显示界面而言,一个性能完善的 ECS 与 ECDIS 之间并没有本质区别。但 ECS 可以使用非官方、非 S-57 格式的海图数据库,而 ECDIS 必须使用 ENC。

4) RCDS 模式的局限性

由于目前 ENC 还未覆盖全球,光栅海图也有一定市场,因此 IMO 在 ECDIS 的性能标准修正案中规定,ECDIS 设备在得不到相应的矢量电子海图时可以工作于 RCDS 模式。但 RCDS 模式并不具有 ECDIS 的全部功能,故在 RCDS 模式下,应该同时使用相应的最新状态的纸海图。

RCDS 模式具有以下一些局限性:

(1)RCDS 模式下的 RNC 类似于纸海图,是有边界的,不像 ECDIS 的 ENC 没有边界。

(2)不同 RNCs 间的海图坐标系或海图投影可能存在差异。航海者应知道海图坐标系的不同在有些情况下会引起船位偏差。

(3)RNC 应以纸海图的比例尺显示,显示比例过大或过小都会严重降低 RCDS 的显示性能,例如会降低海图影像的清晰度。

(4)其他局限性:RNC 数据若不作设置就不能触发自动报警;海图画面不能被简化或隐去;必须置正 RCDS 显示(chart – up),否则可能影响海图文字和符号的读取;不能询问 RNC 以获得图标的详细信息;除非手动设置,一般不能显示船舶安全等深线或安全水深,不能高亮显示它们;海图数据(包括 ENC)的准确性在狭窄水域(confined waters)可能还不及所用的诸如差分 GNSS(参阅《英版无线电信号表》VOL2)定位系统的准确性,而 ENC 模式的 ECDIS 会检测数据质量,并显示其指标。

4. 关于电子海图的若干国际标准

1) ECDIS 的性能标准与 ECDIS 备份协议

1995 年 11 月,IMO 讨论通过了 ECDIS 的性能标准"IMO Performance Standards for ECDIS(A.817) Functions,performance,discrepancies",1996 年 11 月通过"MSC/67/2 – ADD.1",也就是现在性能标准中的附录 6,即 ECDIS 备份协议。性能标准明确规定,ECDIS 可以作为"1974 SOLAS 公约"所要求的纸海图的等价物,必须具有完全备份能力。换句话说,符合 IMO 性能标准和 ECDIS 备份协议以及 IEC 测试标准的 ECDIS(配以 ENC)可以合法取代纸海图。但 ECS 则不行,即船舶若使用 ECS,须配备同等的纸海图一起使用。

2) IEC 对 ECDIS 硬件设备的检验和测试标准

与 IMO 的 ECDIS 性能标准相呼应,IEC 在"IEC Test Requirements for Type Approval(IEC 61174)"文件中确定了对 ECDIS 硬件设备的检验和测试标准,要求 ECDIS 的硬件设备要通过 IEC 的性能测试,标准规定了设备的工作和性能要求、测试方法和要求的测试结果,其目前的最新版是 2008 年第 3 版。

3) IHO 关于 ECDIS 的海图内容、图标、颜色和显示规范

IHO 在 1996 年 12 月增补了关于 ECDIS 的海图内容、图标、颜色和显示规范(SPECIFICA-TIONS FOR CHART CONTENT AND DISPLAY ASPECTS OF ECDIS),简称 IHO S – 52,目前其

最新版是 2008 年 1 月的 3.4 版,主要内容是 ENC(SENC)的内容和结构、更新、信息显示等的规定。

4)IHO 关于数字化水文数据的转换标准

IHO 的 S-57 是关于数字化水文数据的转换标准(TRANSFER STANDARD for DIGITAL HYDRO-GRAPHIC DATA),它包括 ENC 数据库的性能标准,以及 ENC 的更新概要。2000 年 11 月 IHO 公布了 S—57 的最新版本(Edition 3.1),2007 年 1 月发布了其补篇(Edition 3.1.1),并要求所有的 ECDIS 能够准确使用 S-57 Edition 3.1 数据格式的 ENC,否则必须升级 ECDIS。根据 IMO 要求,S—57 Edition 3.1.1 将一部分新特性加入到了 ENC,包括:群岛间的海上通道(ASL)、环境敏感海域(ESSA)和特别敏感海域(PSSA)。如果船上的 ECDIS 装有 IHO 最新版本的显示图库(PL3.4)则能顺利浏览这些新特性;但若装的是旧版本的显示图库(如 PL3.3 或更早),在显示这些新特性图标时会出现"?",此时能用标准 ECDIS 功能查询其内容;但若是很旧版本的 ECDIS 则完全不显示它们。

5. 电子海图的比例尺

电子海图的最大比例尺反映了电子海图的精度,由纸海图通过数字化处理形成的电子海图的比例尺不能大于原纸海图的比例尺。为了保证显示的海图符合精度要求,IHO 对电子海图的显示范围作了规定。例如,比例尺为 1:100 000 至 1:190 000 的沿岸航行图,最小显示范围为 30′,而比例尺为 1:10 000 的港湾图,最小显示范围为 15′。也就是说,电子海图的显示范围是不能任意缩小的。

英国水道测量部(UKHO)已出版了与其纸海图相一致的光栅海图(Admiralty Raster Chart Service),称为 ARCS 海图,生产了其国内水域和授权的其他水域的 ENCs,ENC 覆盖面依赖于这些政府水道组织(GHOs)所提供的 ENCs。UKHO 将尽力通过多种来源的数据组合提供 AVCS(Admiralty Vector Chart Service)和 ECDIS 服务(ECDIS Service)区域内的所有 ENCs,但提供覆盖所有区域的 ENC 可能尚需时日。有关英版电子海图的覆盖区域及发展情况可参看《英版海图和出版物总目录》。

英国 Transas 公司生产的 TX97 电子海图是较有影响的矢量数字海图。一张 TX97 光盘内有 3500 多幅电子海图。

我国海军航海保证部从 1996 年起也已陆续生产、出版了中国海区范围的数字海图,向国内的部分用户提供 VCF(vector chart format)矢量数字海图,并准备尽快生产和提供符合 IHO S—57标准的数字海图。

二、电子海图的航海功能

1. 海图作业

电子海图通常都与定位设备连接使用,因而使航行自动化的水平得到提高,海图作业被大大简化。海图作业主要是绘制计划航线和自动航迹绘算。

1)计划航线的绘制

在电子海图上只需将计划航线上的所有航路转向点(waypoint)依次输入,即可自动生成计划航线。航线可以是恒向线,也可以是大圆航线。转向点可以是经纬度,也可以是某物标的方位距离。同时可以对航线进行如下的操作:①对计划航线进行调整,如在航线上添加、删除、改变转向点的位置或次序等;②除选用的航线外,还可设计一条备用航线;③可以事先根据船舶吃水设定安全等深线;④可以事先设定禁航区界线或存在特殊条件的地理区域(如通航分道、警戒区等)界线;⑤可以设定航线偏离值;⑥还能报告转向点的资料,如转向点经纬度、到下一转向点的方位距离和整个航线的资料等。

2)自动航迹绘算和跟踪

当 GPS 与电子海图连接后,采用航迹自动显示功能,GPS 船位可自动显示在电子海图上。它是通过每隔一定时间(如 2min),或每隔一定航行距离(如 1n mile),自动在电子海图上标注一个船位点形成船舶航迹。自动船位点的标绘不仅使我们知道船位的经、纬度,还可以使我们知道船与物标、危险物等的相对位置(方位、距离等)和到转向点的方位、距离和时间。自动航迹标绘还可以使我们直接看到船舶偏离计划航线的情况,操船恢复到计划航线的效果等。

2. 异常情况的标示和报警

当发生船舶在所设定的时间和范围内穿越安全等深线、禁航区或特殊地理区域界限、到达转向点和超过偏航设定值、定位信息丢失、定位系统与信息系统选用了不同的大地坐标系等情况时,系统可予以报警或标示。

3. 信息记录

(1)可存储并再现至少前 12h 的航行要素,能每隔 1min 记录本船的航迹(时间、位置、航向、航速)、所使用的官方数据(来源、版本、数据单元及改正情况)等;

(2)可按一定的时间间隔记录整个航行中的航迹和时间标注;

(3)记录的航行信息不可修改。

三、电子海图的改正

电子海图数据库主要存储于磁带、磁盘或光盘。光盘存储容量大,数据不会丢失。存储电子海图数据库的光盘称为电子海图光盘。

1. 电子海图改正的基本要求

(1)ENC 的内容不应该被改变,改正数据应和 ENC 分开储存。

(2)ECDIS 应该能够接受官方按 IHO 标准提供的对 ENC 的改正。这些改正可以被自动地应用于 SENC。无论采用何种方式改正,执行过程不应该干扰使用中的显示。

(3)ECDIS 也应该能够接受手动输入对 ENC 的改正,并在最后接收数据之前,用简单方法校对。显示中,手动输入改正应该区别于 ENC 信息和其官方改正,且不影响显示的清晰度。

(4)ECDIS 应保存一份改正的记录,包括作用于 SENC 的时间。

(5)ECDIS 应允许航海员显示改正,以便审核改正内容,并确认 SENC 中包括了这些改正。

2. 电子海图的改正方法

(1)可根据航海通告,利用系统提供的绘图工具进行手动改正。

(2)将"电子航海通告"磁盘或光盘装入系统进行自动改正。

(3)将改正信息经无线电通信网络传输至系统进行自动改正。

有关英版 ENCs 的更新信息参见第三篇第三章第三节。

四、ECDIS 的发展趋势

目前,ECDIS 的性能标准、海图显示规范、数据标准均已确立,为其普及和合法化铺平了道路。今后要解决的问题是:尽快建立覆盖全球的 ENC 以及海图改正服务网络;扩充 ECDIS 的标准功能,使其具备智能化的特点;集成高精度定位系统、雷达避碰系统、船舶通信系统、车舵控制系统等于一体;可以控制船舶以最经济的方式航行在最优航路上,提高航运效益。

目前,世界上某些海运技术开发公司已将其 ECDIS 同导航系统、ARPA、自动舵等连接在一起,构成了所谓的组合船桥系统,其主要思路是将来自这些航海仪器的信息进行综合处理,向航海人员提供一个集成的信息环境,使其能迅速地做出操船决策。如何让机器代替航海人员完成这项工作,以减小人为因素造成海难事故发生的可能性并且减少船员定额,已成为当今海运界关注的课题。总之,ECDIS 的发展趋势可大体归纳为:整体化趋势;智能化趋势;标准化和法律化趋势;多样化和小型化趋势以及电子海图数据库 ECDB 的商品化趋势。

据了解,到 2007 年底,我国大船东的新建船舶一般都配备了 ECDIS。但目前国际上还未公布船舶强制配备 ECDIS 的规则,其重要理由之一是目前的 ENC 还没有覆盖全球,但目前 IMO 初步计划要求 2012 年 7 月 1 日起新建 500GT 及以上的客船和 3000GT 及以上的油轮强制配备 ECDIS;其他的新建船舶从 2014 年起;现存船舶根据类型和大小的不同从 2014 ~ 2018 年起强制安装 ECDIS,2 年内退出营运的船舶除外。而且国际上现正在研究电子航行系统(E-Navigation),ECDIS 是其主要设备。

习 题

一、问答题

1. 墨卡托海图的图网特点是什么?在使用墨卡托海图时应注意些什么?

2. 等角投影和等积投影的比例尺各有何特点?

3. 如何判别一张海图的可信赖程度?

4. 船上使用的海图一般是如何分类的?

5. 光弧灯和互光灯有何区别?

6. 何为 ECDIS?它与其他电子海图显示系统有何区别?

7. 什么是光栅海图和矢量海图?两者有哪些不同?

8. 什么是 ENC 和 SENC?两者的关系如何?

9. ENC 的改正方法有哪些?

10. 简述航标的主要作用与分类。

二、选择题

1. 下列(　　)不是等角投影的特性。

A. 图上各点局部比例尺相等

B. 地面上一个微分圆,投影到地图上仍能保持是一个圆

C. 地面上某地的一个角度,投影到地图上后仍能保持其角度大小不变

D. 地面上不同地点两个相等的微分圆,投影到地图上可能成为不同大小的两个圆

2. 设 m,n 分别为墨卡托海图上某点经线和纬线方向的局部比例尺,则(　　)。

A. $m > n$　　　　　B. $m < n$　　　　　C. $m = n$　　　　　D. 以上都可能

3. 在地图投影中,等积投影的特性之一是( )。

　A. 图上无限小的局部图像与地面上相应的地形保持相似

　B. 图上任意点的各个方向上的局部比例尺相等

　C. 地面上不同地点两个相等的微分圆,投影到地图上可能成为不同大小的两个圆

　D. 地面上和图上相应处的面积成恒定比例

4. 高斯投影在航海上适宜用来绘制( )。

　A. 经差小、纬差大的狭长区域的海图　　B. 高纬地区海图

　C. 大比例尺港湾图　　　　　　　　　　D. 以上均是

5. 中版海图所标净空高度是指从( )到桥下净空宽度中下梁( )的垂直距离。

　A. 平均大潮高潮面或江河高水位;最高点

　B. 平均高高潮面或当地平均海面;最高点

　C. 平均高高潮面或当地平均海面;最低点

　D. 平均大潮高潮面或江河高水位;最低点

6. 1 赤道里的地面长度约为 1855m,若投影到墨卡托海图上的赤道图长为 1cm,则在同一张图上该地面长度在 60° 纬度线上的图长与下列哪一值最接近( )。

　A. 1cm　　　　　B. 2cm　　　　　C. 1.414cm　　　　　D. 0.5cm

7. 赤道上 1′经度的地面长度约为 1 855m,若投影到墨卡托海图上的赤道图长为 1cm,则在同一张图上的 60° 纬度线上 1′经度的图长与下列哪一值最接近( )。

　A. 1cm　　　　　B. 2cm　　　　　C. 1.414cm　　　　　D. 0.5cm

8. 在同一张墨卡托海图上,设赤道上图长 1cm 代表地面长度约为 1 855m,则在 30° 纬度线上图长 1cm 约代表地面长度( )。

　A. 1855m　　　　B. 1843m　　　　C. 1606m　　　　D. 2141cm

9. 设 A 图的比例尺为 1:750 000(30°N),B 图为 1:1500 000(30°N),已知某一纬度的纬度渐长率 $MP = 904.5$,若 A 图上该纬线到赤道的子午线图长为 $X_A$cm,则 B 图上该纬度线到赤道的子午线图长 X_B 等于( )。

　A. $X_A$cm　　　B. $\frac{1}{2}X_A$cm　　　C. $2X_A$cm　　　D. 不可比较

10. 设有不同基准比例尺的两张墨卡托海图,则两图上同一纬度线到赤道的子午线图长的关系为(MP_φ 为该纬度的纬度渐长率)( )。

　A. 两者相等　　　　　　　　　B. 两者不等

　C. 均为 $MP_\varphi \times 1′$经度的图长　　D. B、C 均准确

11. 已知 A 图上 30°N 纬线到赤道的子午线图长为 1 861.3mm,15°N 纬线上 1′经差的图长为 1mm,B 图上 10°N 纬线上 1′经差的图长为 0.8mm,则 B 图上 30°N 纬线到赤道的子午线图长为( )。

　A. 1 861.3mm　　B. 1 489mm　　C. 2 327mm　　D. 无法计算

12. 已知某墨卡托图上 5°N 纬线到赤道的子午线图长为 596mm,10°N 纬线上 1′经差的图长为 2mm,则 5°N 的纬度渐长线 MP 为( )。

　A. 298mm　　　B. 298　　　C. 596　　　D. 无法计算

13. 某张墨卡托海图比例尺为1:50 000(30°N),若图上北纬60°处有一东西宽2cm的小岛,则该小岛在地面上的实际宽度约为( )。

 A.0.3n mile   B.0.4n mile   C.0.5n mile   D.0.6n mile

14. 英版海图上有图式"★Fl(3) 10s 25m 16M",夜间航经该处的船舶可以( )。

 A. 每隔10s看到3次闪光,相邻闪光间隔约为3.3s
 B. 每隔10s看到3次闪光,相邻闪光间隔约为1s
 C. 每隔30s看到3次闪光,相邻闪光间隔约为10s
 D. 每隔30s看到3次闪光,相邻闪光间隔约为3s

15. 英版某一灯标的灯质为"Al WR",查说明有"040°~125°(85°),165°~215°(50°)",说明在该灯的( )。

 A. 正西方可看到红、白交替的灯光
 B. 正北方可看到红、白交替的灯光
 C. 正东方和正南方均可看到红、白交替的灯光
 D. A、B均准确

16. 灯"AlFl RW"表示( )。

 A. 互光灯,一个周期内红、白交替发光,常明不灭
 B. 闪光灯有红光弧和白光弧
 C. 一个周期内交替闪一次红光和一次白光
 D. 闪白光和闪红光

17. 灯质"Fl RW"表示( )。

 A. 互光灯,红、白交替发光,常明不灭
 B. 光弧灯,有红光弧和白光弧
 C. 互闪光,一个周期内交替闪一次红光和一次白光
 D. 光弧灯,白红交替闪光

18. 海图水面处斜体数字注记的水深数字表示( )。

 A. 干出高度
 B. 深度不准或采自旧水深资料或小比例尺图的水深
 C. 测到一定深度尚未着底的深度
 D. 实测水深或小比例尺海图上所标水深

19. 可信赖程度较高的海图应具备下列( )特性。

①新图或新版图;②新购置图;③现行版图;④比例尺尽可能大;⑤及时进行各项改正。
 A.①~⑤   B.②④   C.③④   D.③~⑤

20. 海图水面处带下划线的数字表示( )。

 A. 干出高度
 B. 深度不准或采自旧水深资料或小比例尺图的水深
 C. 测到一定深度尚未着底的深度
 D. 实测水深或小比例尺海图上所标水深

第五章　浮标制度

第一节　国际浮标制度

一、概述

国际浮标制度(IALA Maritime Buoyage System)也叫国际浮标系统,是国际航标协会(International Association of Lighthouse Authorities,IALA)和各国航标管理部门经过长期、反复协调而逐步形成的。目前世界各国的海区均使用国际浮标制度。

国际航标协会将世界海区分成 A 和 B 两个区域,实行两种浮标制度,在 A 区域实行的浮标制度称为 A 制度(REGION A 或 A 系统);在 B 区域实行的浮标制度称为 B 制度(REGION B 或 B 系统)。B 区域是指日本、韩国和菲律宾以及北、中、南美洲的国家海域,其余的国家和地区为 A 区域。但需要注意的是,一个国家的内陆水域,可能并未使用国际浮标制度,航海者航行在内陆水域时应注意参阅这些地区的《航路指南》。

国际浮标制度对除灯塔、扇形光灯标(光弧灯)、导灯(导标)、叠标、灯船及大型助航标志以外的所有固定和浮动的标志作出了专门的设置规定,即所有国家对它们的设置必须符合本地区的国际浮标制度的规定。

国际浮标制度规定使用的标志形状有罐形、锥形、球形、柱形和杆形共五类。

国际浮标制度规定使用的颜色有白、红、绿、黄四种。红、绿色用于标示可航航道两侧界限的标志及其灯光颜色,黄色用于专用标志及其灯光颜色,除此以外的标志使用白色灯光。

二、国际浮标系统的组成

国际浮标系统共有五类标志(参看光盘:\教学课件\浮标系统):它们是侧面标志、方位标志、孤立危险物标志、安全水域标志和专用标志。

1. 侧面标志

1)侧面标志的定义

侧面标志(Lateral Marks)是依"浮标习惯走向(direction of buoyage)"即"航道走向"配布的,用以标示可航航道的两侧界限;或标示推荐航道;也可以标示特定航道。侧面标志包括航道左侧标、右侧标和推荐航道左侧标、右侧标。

顺着"浮标习惯走向"标示航道左侧(port)的标志称左侧标,标示航道右侧(starboard)的标志称右侧标。船舶顺着浮标习惯走向航行时,应将左侧标置于本船的左舷,右侧标置于本船的右舷。图 1-5-1 是侧面标的配布及海图图式。

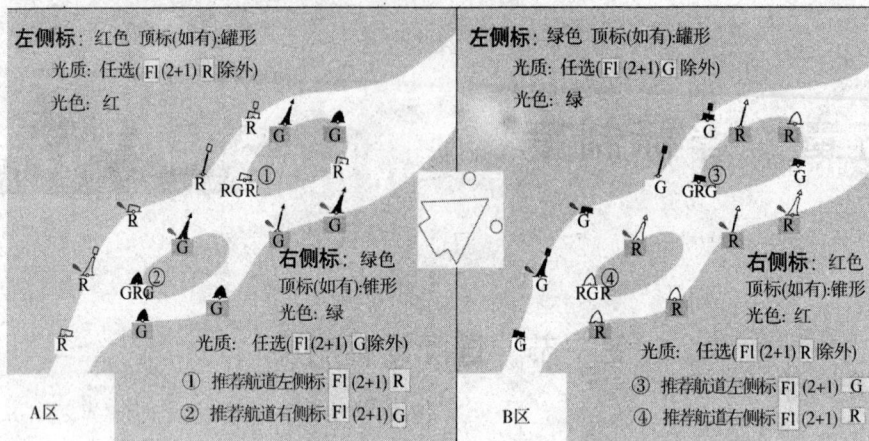

图 1-5-1　侧面标的配布及海图图式

"浮标习惯走向"的规定是：

（1）进口方向，即船舶从海上驶向港口、河道、港湾或其他水道所采用的总走向；或

（2）若在外海、海峡或岛屿之间，按围绕大片陆地的顺时针方向；或

（3）由浮标主管当局确定的方向，并在《航路指南》或海图上用符号 ⇨ 标示。

2）侧面标志的特征

侧面标志的特征如表 1-5-1 所示。

表 1-5-1

浮标名称	浮标形状	顶标（如有）	标身颜色和灯色		灯光节奏
			A 区域	B 区域	
左侧标	罐形、圆柱形或杆形	单个罐形	红色	绿色	除 Fl(2+1) 以外
右侧标	锥形、圆柱形或杆形	单个锥形（尖向上）	绿色	红色	除 Fl(2+1) 以外

A 区域的侧面标志的颜色（标身及灯色）是左红右绿，B 区域的侧面标志为左绿右红。图 1-5-2 是 A 区域的侧面标志实物示意图。

3）推荐航道侧面标

当航道分叉而形成两条航道可到达同一目的地，则其中的主要航道称为推荐航道（preferred channel），另一航道称为支航道（secondary channel）。在航道分叉处可设置推荐航道侧面标，以标明推荐航道的侧面界限，图 1-5-1 中的①、②（A 区域）及③、④（B 区域）是它们的配置及图式。

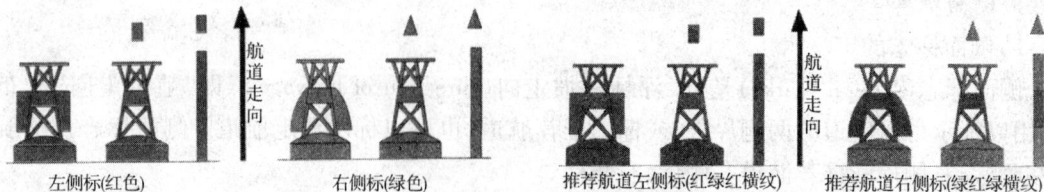

图 1-5-2　A 区域侧面标实物示意图　　　图 1-5-3　A 区域推荐航道侧面标实物示意图

A 区域的推荐航道侧面标的标身颜色如图 1-5-3 所示,B 区域的与之相反。而标志和顶标形状也是左罐右锥。闪光节奏只有一种,为混合联闪 Fl(2 + 1):▲ ▲　　▲　　　▲ ▲　　　▲　,灯光颜色:A 区域左红右绿,B 区域左绿右红。

4)侧面标志的辨识要领

辨识侧面标志的主要依据是标志或顶标的形状及颜色,罐形为左侧标,锥形为右侧标。

5)侧面标志的编号

如果要对侧面标志编号,则应顺着"浮标习惯走向"编排。

2. 方位标志

1)方位标志的定义

方位标志(Cardinal Marks)设在以危险物或危险区为中心的北、东、南、西四个象限内,并相应命名为北方位标、东方位标、南方位标、西方位标。表明在方位标志的同名一侧为可航水域。船舶在北方位标的北方、东方位标的东方、南方位标的南方、西方位标的西方航行是安全的。在设置方位标志时,一般应设置在被标示点(或区域)中心的基点方位上,且保证该标的同名一侧为可航水域。方位标也可设在航道的转弯、分支汇合处或浅滩的终端。图 1-5-4 是方位标志的配置方法、海图图式及实物示意图。

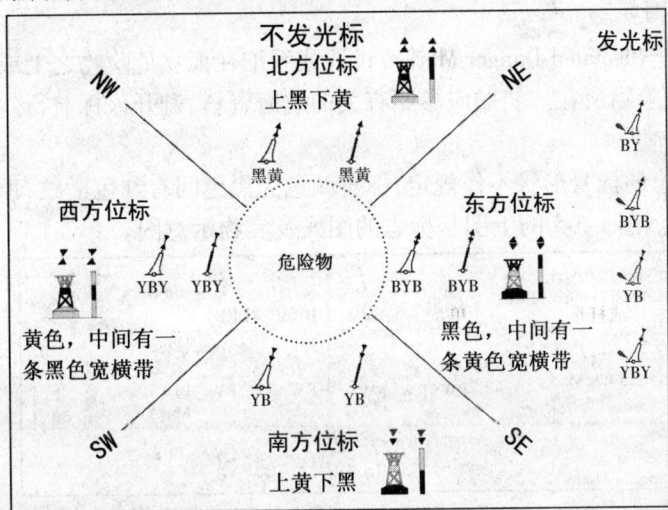

图 1-5-4　方位标示意图及图式

2)方位标志的作用

(1)指明某个区域内最深的水域在标志的同名侧;

(2)指明通过危险物时安全的一侧;

(3)引起对航道中的某些特征如航道弯头、河流汇合处、分支点或浅滩尾端等的注意。

3)方位标志的特征

对方位标志的形状不作规定。方位标志的顶标是垂直的两个黑色圆锥,锥尖指向与标志名称有对应关系:即上(尖均向上)北、下(尖均向下)南;东、西汉字形,即"东"字上下尖,东方位标的二锥也上下尖,"西"字上下平,西方位标的二锥也上下平(图 1-5-4)。

方位标志的标身颜色是黑、黄两色的横纹,而黑色横纹所处的位置与两锥尖的尖头指向相对应。例如:北(南)方位标的两锥尖均向上(下),则标身上(下)方为黑色;东方位标的锥尖相背上下指向,则标身上方和下方均为黑色;西方位标的二锥尖指向中间,则标身中间为黑色。

方位标志每个周期的发光节奏与时钟钟面读数对应如表 1-5-2 所示。

表 1-5-2

北方方位标	VQ 或 Q	
东方位标(对应 3 点钟)	VQ(3)5s 或 Q(3)10s	
南方位标(对应 6 点钟)	VQ(6) + LFl 10s 或 Q(6) + LFl 15s	
西方位标(对应 9 点钟)	VQ(9)10s 或 Q(9)15s	

附录 10-2 所示的是北方位标的照片。

4)方位标志的辨识要领

(1)白天辨识:方位标志的顶标和标身颜色是白天辨认的主要依据,即依据垂直的两个黑色圆锥的锥尖指向或标身的黑、黄色的搭配。

(2)夜间辨识:发光节奏是夜间辨认的主要依据。两个要点:①节奏均为 Q 或 VQ;②与钟面数字对应的发光节奏,南方位标外加一长闪 LFl。

3.孤立危险物标志

1)定义及作用

孤立危险物标志(Isolated Danger Marks)设置或系泊在孤立危险物之上或尽量靠近危险物的地方,标示孤立危险物所在。船舶应参照有关的航海资料,避开该标航行。

2)特征

孤立危险物标志的标身形状不作规定,标身颜色为黑色间有红色横纹,顶标是垂直的两个黑球,灯质为 Fl(2)。图 1-5-5 的上图是标志的图式及实物示意图。

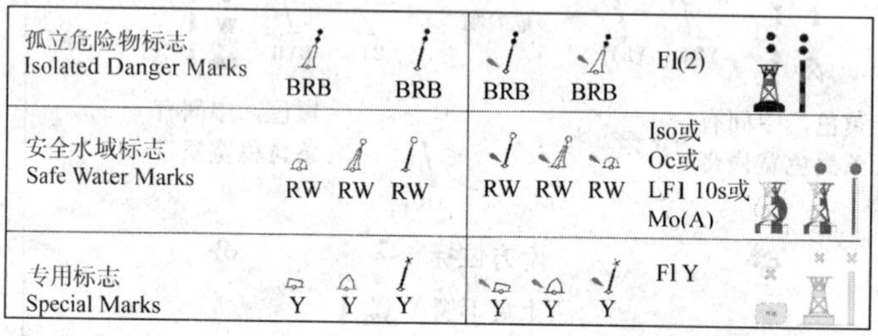

孤立危险物标志 Isolated Danger Marks	BRB	BRB	BRB	BRB	Fl(2)	
安全水域标志 Safe Water Marks	RW RW RW		RW RW RW		Iso或 Oc或 LFl 10s或 Mo(A)	
专用标志 Special Marks	Y Y Y		Y Y Y		Fl Y	

图 1-5-5 孤立危险物、安全水域、专用标志示意图及图式

孤立危险物标志的照片可参看附录 10-3。

3)辨识要领

(1)两个黑球顶标;

(2)联闪白光 2 次。

4.安全水域标志

1)定义及作用

安全水域标志(Safe Water Marks)用以指明在该标志周围均为可航水域。它设置在航道中央或航道的中线上,也可代替方位标志或侧面标志以指示接近陆地。

2)特征

安全水域标志的标身形状较多采用球形浮标,当用圆柱形和杆形时,须使用一红色球形顶标,标身颜色是红白相间的竖纹,作为白天识别该标志的重要特征。图1-5-5的中图是标志的图式及实物示意图。

安全水域标志的灯质有Iso、Oc、LFl或Mo(A)等,它们的示意如表1-5-3所示。

表1-5-3

等明暗	Iso	
明暗	Oc	
长闪	LFl 10s	
莫尔斯(A)	Mo(A)	

安全水域标的照片可参看附录10-4。

3)辨识要领

(1)白天辨识:球形标志(或红色球形顶标)和涂有红白相间竖纹的标身;

(2)夜间辨识:每个周期中持续有2~4s(或以上)的光亮时间(伴有快闪或甚快闪的除外)。

5.专用标志

1)定义及作用

专用标志(Special Marks)主要用于指示某一特定水域或特征,主要包括以下七类:

(1)锚地。船舶停泊及检疫锚地等;

(2)禁航区。军事演习区等;

(3)海上作业区。海洋资料探测、航道测量、水文测验、潜水、打捞、海洋开发、抛泥区、测速场、罗经校正场等;

(4)分道通航。分道通航区、分隔带等,当使用常规助航标志标示分道通航可能造成混淆时可使用;

(5)水中构筑物。电缆、管道、进水口、出水口等;

(6)娱乐区。体育训练区、海上娱乐场等;

(7)水产作业区。水产定置网作业区和养殖场等。

2)特征

专用标志的标身形状不作规定,但不得与助航用的标志相抵触。专用标志使用黄色标身、黄色灯光和单个黄色"×"形顶标(若装有顶标时)。灯质必须区别于方位标志、孤立危险物标志和新危险物标志所规定的灯质。图1-5-5的下图是标志的图式及实物示意图。标志的照片可参看附录10-5。

6.新危险物

新发现的尚未在海图上或航路指南上指明,也未来得及发布航海通告的障碍物定义为新危险物(new dangers)。

航标管理部门如果认为该新危险物严重威胁航行安全,应尽快设置标示它的标志。该标志可以使用方位标志或侧面标志,且必须至少设置一个重复标志,重复标志的全部特征要与它配对的标志相同(图形图像见图1-5-6)。它

图1-5-6　新危险物标志

们的灯光节奏要用 VQ 或 Q,标志上可以装设雷达应答标,其编码为莫尔斯信号"D"(－··),"D"信号在雷达荧光屏上的图像长度是 1n mile。当航标管理部门确认有关新危险物的消息已经充分播告出去后,其重复标志可以撤除。

当船舶看到前方有新危险物标志时,应按所设置的标志类型在其安全的一侧航行,如图 1-5-6 设置的是右侧标,船舶顺着"浮标习惯走向"航行时,应将其置于本船的右舷。

第二节 中国水上助航标志制度

中国水上助航标志制度分为《中国海区水上助航标志》和《中国内河助航标志》。

一、中国海区水上助航标志制度

我国在国际海上浮标制度(REGION A)的基础上,结合我国具体情况,制定了国家标准《中国海区水上助航标志》(GB 4696—99),并已于 2000 年 4 月 1 日付诸实施。该标准适用于设置在中国海区及其港口、通海河口的除灯塔、扇形光灯标(光弧灯)、导灯(导标)、叠标、灯船、大型助航浮标以外的所有浮标和水中固定标志。该标准包括侧面标志、方位标志、孤立危险物标志、安全水域标志和专用标志共五类。它们的性质、设置方法等都遵循国际浮标 A 制度的规定。因此,本教材仅介绍其与 A 制度的若干区别。

1. 与国际浮标 A 制度的若干区别

国际浮标 A 制度与中国海区水上助航标志制度区别如表 1-5-4 所示。

表 1-5-4

项　目	国际浮标制度(REGION A)	中国海区水上助航标志制度
侧面标志的灯光节奏	除 Fl(2 +1)以外	闪 4s;闪(2)6s;闪(3)10s;快
推荐航道侧面标发光周期	Fl(2 +1)	闪(2 +1)6s 或 9s 或 12s
编号方法		按浮标习惯走向连续编号,也可"左双右单"编号
安全水域标志的灯光节奏	Iso、Oc、LFl 10s 或 Mo(A)	等明暗 4s;长闪 10s;莫(A)6s
孤立危险物标志的灯光周期	Fl(2)	闪(2)5s

2. 某些专用标志的特殊规定

我国海区的专用标志的作用和设置与国际浮标(REGION A)的类似。但为了便于识别和使用,各种专用标志在灯架标志板上或标体的明显处漆以特殊标记,其灯光节奏采用莫尔斯信号。附录 9-2E 列出了锚地(anchorage)、禁航区(prohibited area)、海上作业(maritime operations)、分道通航(traffic separation)、水中构筑物(structure in water)、娱乐区(recreation zone)、水产作业(aquatic product operations)等专用标志的莫尔斯灯光节奏及标身上的特殊标记及其颜色。

3. 关于标志编号的规定

(1)在一个区域内设置两座以上的水上助航标志时,为便于识别和管理应进行编号。

(2)标志编号应遵循航道走向的顺序编排。

（3）不同的航道可以分别编号。同一航道的标志号码可按顺序连续编排，也可按左双右单编排。如需区别不同的航道，可在编号前冠以航道名称或地名的汉语拼音的首位字母。

（4）编号一律采用阿拉伯数字，标示在浮体的顶板或灯架的标志板上，数字和字母采用标准粗体字，要求字迹清晰明显。编号的颜色，在红、绿、黑的底色上用白色；在黄、白的底色上用黑色。

（5）航道中标志有增减时，新增标志的号码，可暂用前一座标志的号码并在其后面另加一个数字，例如在 13 与 14 号标志之间增加一个标志时，新增标志的编号即为"13-1"，以此类推；减少标志后其他标志的编号可暂不改动。当标志变动过多使用不便时，应重新编号。

（6）杆形标志可不写编号。

（7）水中固定标志一般不编号，连续设置时，也可编号。

在有编号标志的水道航行，编号是白天识别标志的重要依据。因此，航海人员必须熟悉标志的编号，关心编号或标志的变动情况，正确识别每一航标，以确保航行安全。

二、中国内河助航标志制度

内河航标的主要作用是标示内河航道的方向、界限与碍航物，揭示有关航道信息，为船舶航行指出安全的航道。

1994 年 9 月 1 日开始实施的国家标准《内河助航标志》（GB 5863—93），适用于我国江、河、湖泊、水库通航水域所配布的内河航标。

1. 概述

1）河流左、右岸的确定原则

（1）按水流方向确定河流的上、下游，面向河流下游，左手一侧为左岸，右手一侧为右岸；

（2）对水流方向不明显或各河段流向不同的河流，按下列顺序确定上、下游：

①通往海口的一端为下游；

②通往主要干流的一端为下游；

③河流偏南或偏东的一端为下游；

④以航线两端主要港埠间的主要水流方向确定上、下游。

2）内河航标的颜色

必须区分左、右岸的航标，其颜色是：左岸航标为白色（黑色），右岸为红色；光色是：左岸航标发绿光（白光），右岸发红光。不必区分左、右岸的航标按背景的明暗确定，其颜色是：背景明亮处的航标为红色（黑色）；背景阴暗处的航标为白色。由上可见，标示左、右岸的内河航标的颜色设置，与海区侧面标的颜色是衔接的，即进口方向，均为左红右绿。

2. 内河航标的分类

内河航标按功能分为：航行标志、信号标志、专用标志三类。

1）航行标志

航行标志是标示航道方向、界限和碍航物的标志，包括过河标、沿岸标、导标、过渡导标、首尾导标、侧面标、左右通航标、示位标、泛滥标及桥涵标共十种（参看附录 9-3A）。

（1）过河标。标示跨河航道的起点或终点，指示由对岸驶来的船舶在接近标志时沿着本岸航行；或指示沿本岸驶来的船舶在标志附近转向驶往对岸。也可设在上、下方过河航道在本岸的交点处,指示由对岸驶来的船舶在接近标志时再驶向对岸。

(2)沿岸标。标示沿岸航道所在的岸别,指示船舶继续沿着本岸航行。

(3)导标。由前后两座标志所构成的导线标示航道的方向,指示船舶沿该导线标示的航道航行。

(4)过渡导标。由前后两座标志组成,标示一方为导标标示的导线航道,另一方为沿岸航道或过河航道,指示沿导线驶来的船舶在接近标志时驶入沿岸航道或过河航道;同样也指示由沿岸航道或过河航道驶来的船舶在接近标志时驶入导线标示的航道。

(5)首尾导标。由前后鼎立的三座标志组成的两条导线分别标示上、下方导线标示的航道方向;指示沿导线标示的航道驶来的船舶在接近标志时转向另一条导线标示的航道。

(6)侧面标。设在浅滩、礁石、沉船或其他碍航物靠近航道一侧,标示航道的侧面界限;设在水网地区优良航道两岸时,标示岸形、突嘴或不通航的汊港,指示船舶在航道内航行。

侧面标的形状:为罐形、锥形、柱形、杆形或椭顶装有球形顶标的灯船。用以区分左右侧岸时,左岸一侧为锥形或加装锥形顶标的标志,右岸一侧为罐形或加装罐形顶标的标志。

侧面标的颜色:左岸一侧为白色(黑色),杆形标的标身为白、黑相间横纹,顶标为黑色(白色)。右岸一侧为红色,杆形标的标身为红、白相间横纹,顶标为红色。

侧面标的灯质:左岸一侧为绿色(白色),单闪光或双闪光;右岸一侧为红色,单闪光或双闪光。

同样,内河侧面标的形状和颜色也与海区侧面标衔接,即进口方向,均为左罐右锥,左红右绿。

(7)左右通航标。设在航道中个别河心碍航物或航道分叉处,标示该标两侧都是通航航道。

(8)示位标。设在湖泊、水库、水网地区或其他宽阔水域,标示岛屿、浅滩、礁石及通航河口等的位置,供船舶定位或确定航向。

(9)泛滥标。设在被洪水淹没的河岸或岛屿靠近航道一侧,标示岸线或岛屿的轮廓。

(10)桥涵标。设在通航桥孔迎船一面的桥梁中央,标示船舶通航桥孔的位置。

2)信号标志

信号标志是为航行船舶揭示有关航道信息的标志,包括通行信号标、鸣笛标、界限标、水深信号标、横流标及节制闸标共六种(参看附录9-3B)。

(1)通行信号标。设在上、下行船舶相互不能通视,同向并驶或对驶有危险的狭窄、急弯航道或单孔通航的桥梁、通航建筑物及施工禁航等需通航控制的河段,利用信号控制上行或下行船舶单向顺序通航或禁止通航。

(2)鸣笛标。设在通航控制河段或上、下行船舶不能相互通视的急弯航道的上、下游两端河岸上,指示船舶鸣笛。

(3)界限标。设在通航控制河段的上、下游,标示通航控制河段的上、下界限。设在船闸闸室有效长度的两端时,标示闸室内允许船舶安全停靠的界限。

(4)水深信号标。设在浅滩上、下游靠近航道一侧的河岸上,揭示浅滩航道的最小水深。

(5)横流标。标示航道内有横流,警告船舶注意。

(6)节制闸标。设置在靠近节制闸上游或上、下游一侧的岸上,也可将灯悬挂于节制闸的上游或上、下游水面上空架空线上,标志前方是节制闸,防止船舶误入发生危险。

3)专用标志

专用标志是为标示沿、跨航道的各种建筑物,或为标示特定水域所设置的标志,其主要功能并不是为了助航。专用标志包括管线标及专用标两种(参看附录9-3B)。

(1)管线标。设在需要标示跨河管线(管道、电缆等)的两端或一端岸上或设在跨河管线的上、下游适当距离的两岸或一岸,禁止船舶在敷设水底管线的水域抛锚、拖锚航行或垂放重物,警告船舶驶至架空管线区域时注意采取必要的措施。

(2)专用标。标示锚地、渔场、娱乐区、游泳场、水文测量、水下钻探、疏浚作业等特定水域;或标示取水口、排水口、泵房以及其他航道界限外的水工构筑物。

习 题

一、问答题

1.国际浮标系统所包含的标志类型有哪些?

2.浮标的习惯走向是如何规定的?

3.中国海区水上助航标志制度适用于哪些区域?

4.试述侧面标、方位标和安全水域标各自的作用和特征。

5.新危险物标志是如何设置的?

6.中国海区水上助航标志制度中哪些标志与国际浮标系统的同类标志相比有所不同?

二、选择题

1.下列有关新危险物标示法的说法中,正确的是( )。

A.如危险物特别严重,每个标志应尽快设置重复标志

B.任何重复标志在所有各方面都应该与它配对的标志相同

C.新危险物标志必须装设雷达应答器来标示

D.以上都对

2.IALA 国际海区水上助航标志制度规则中,A 区域和 B 区域标志的区别在于( )。

A.专用标不同   B.侧面标不同   C.方位标不同   D.A + C

3.方位标可用于( )。

A.指明某个区域内最深的水域在该标同名侧

B.指明通过危险物时安全的一侧

C.引起对航道中特征的注意

D.以上均对

4.根据 IALA 浮标制度规则的规定,下列哪些国家属于 A 区域( )。

Ⅰ.日本;Ⅱ.韩国;Ⅲ.菲律宾;Ⅳ.南北美洲;Ⅴ.欧洲;Ⅵ.非洲。

A.Ⅰ～Ⅲ   B.Ⅰ～Ⅳ   C.Ⅳ～Ⅵ   D.Ⅴ～Ⅵ

5.沿海航行,发现某浮标标身为黑红相间横纹,则船舶应( )。

A.避开该标航行   B.靠近该标航行   C.从该标左侧通行   D.从该标右侧通行

6. 某船航行中发现前方有海图标注 $VQ(3)Ss$ BYB，该船应该在该灯标的( )通过是安全的。
   A. 南侧   B. 东侧   C. 西侧   D. 北侧

7. 某船航行中发现前方有海图标注 RW，该船应该在该灯标的( )通过是安全的。
   A. 左侧   B. 右侧   C. 任意一侧   D. 远离该标

8. 某船航行中发现前方有海图标注 RW，该船应该在该灯标的( )通过是安全的。
   A. 左侧   B. 右侧   C. 任意一侧   D. 远离该标

9. 某船航行中发现前方有海图标注 BRB，该船应该( )通过是安全的。
   A. 在其左侧   B. 在其右侧   C. 在其任意一侧 D. 远离该标

10. 某船在某水道航行中发现前方有海图标注 GRG，则前方最可能有( )。
    A. 危险物   B. 有锚地   C. 分叉航道   D. 通航分道

11. 某船在某水道航行中发现前方有海图标注 RGR，则该标在主航道的( )。
    A. 左侧   B. 右侧   C. 两侧   D. 转向侧

12. 某船接近某入口航道，发现海图上有一灯标标志 R，则可判断该灯标( )。
    A. 属于B区域   B. 属于A区域   C. 为左侧标   D. 为专用标志

13. 某船接近某入口航道，发现海图上有一灯标标志，则可判断该灯标( )。
    A. 属于B区域   B. 属于A区域   C. 为左侧标   D. 应远离

14. 某船顺时针绕某岛屿航行，英版海图上有图式，则该船应( )。
    A. 在其外侧通过 B. 在其内侧通过 C. 在其任意一侧通过 D. 无法判断

15. 某二副在英版海图上绘画某岛屿外的计划航线时发现前方有图式，则航线应绘画在该标的( )。
    A. 外侧   B. 内侧   C. 任意一侧   D. 无法判断

16. 某二副在英版海图上绘画某岛屿外的计划航线时，发现岛屿的东侧有图式 YBY $VQ(9)10s$，则航线应绘画在该标的( )。
    A. 外侧   B. 内侧   C. 任意一侧   D. 无法判断

17. 夜间由海上驶近我国沿海某港口，发现前方有一红色混合联闪光灯浮，表明( )。
    A. 该标为推荐航道左侧标，应将其置于本船左侧通过
    B. 该标为推荐航道左侧标，应将其置于本船右侧通过
    C. 该标为推荐航道右侧标，应将其置于本船左侧通过
    D. 该标为推荐航道右侧标，应将其置于本船右侧通过

第六章　天球坐标和天体视运动

第一节　航用天体和天球

一、航用天体

天体(celestial body)是宇宙间日、月、星辰的统称。航海上用于船舶定位和导航的常用天体称为航用天体(navigational celestial body)。航用天体有太阳、月亮和四大行星(金星、火星、土星和木星)以及159颗航用恒星。船舶测定天体进行定位,必须要知道观测时刻的天体地理位置,求出其与观测者之间的相互关系。而这一关系是通过建立一个假想的天球,进而把天球与地球、天体与观测者联系起来,并用球面几何求解它们之间的关系。本章内容可参看光盘:\教学软件\航海天文电子教程及视运动等。

二、天球

1.天球的定义

人们仰望天空,觉得天空像一个空心的半球罩在地面上,日、月、星辰不管其远近都好像镶嵌在这个空心球的球面上。在实用天文学中,将以观测者为中心,无限长为半径的假想空心球面定义为天球(celestial sphere)。而且根据不同需要,可将天球球心取在地球中心或太阳中心,从而得到地心天球和日心天球。

2.天体的投影位置

在《航海学》中使用的是地心天球。天体在地心天球上的位置,可以用投影的方法将天体投射在天球面上,即地球中心与天体的连线延伸线与天球面的交点,是该天体在天球面上的投影位置,称为天体位置;而该连线与地球面的交点是天体在地球面上的投影点,称为天体的地理位置(geographical position)。如图1-6-1所示,B'是空间某一天体,B点是地心O与天体B'的连线延伸线与天球面的交点,是天体B'在天球上的位置;b

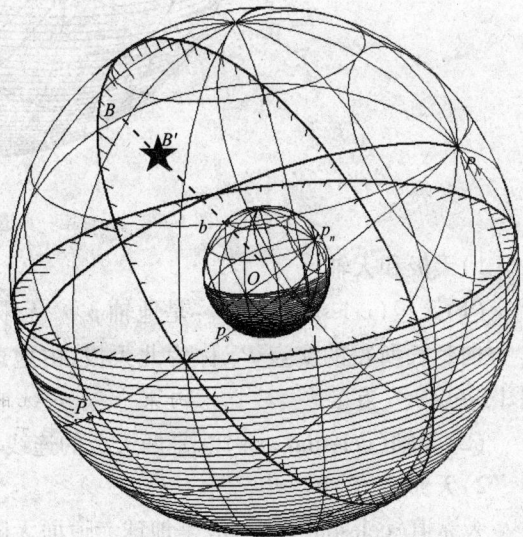

图1-6-1　天球示意图

是该连线与地球面的交点,是天体 B' 的地理位置。对于空中每一天体,都可以求得其在天球上的位置和地球上的地理位置。这样,不论天体离地球的远近如何,都可把它们统一表示在天球面上,而它们的地理位置是与其天球面上的位置一一对应的。

第二节 天球坐标系

天球坐标系是确定天体在天球上的位置的一种坐标系。航海上常用的有天球第一赤道坐标系、天球第二赤道坐标系和地平坐标系等,有时也会用到黄道坐标系。

一、天球第一赤道坐标系

天球第一赤道坐标系(first celestial equator system of coordinates)是与地球上的地理坐标系相对应的一种坐标系(参看光盘:\教学课件\天球坐标视运动)。

1. 天球上的基本点、线、圆和辅助圆

天球第一赤道坐标系的基本点、线、圆和辅助圆如图1-6-2所示。

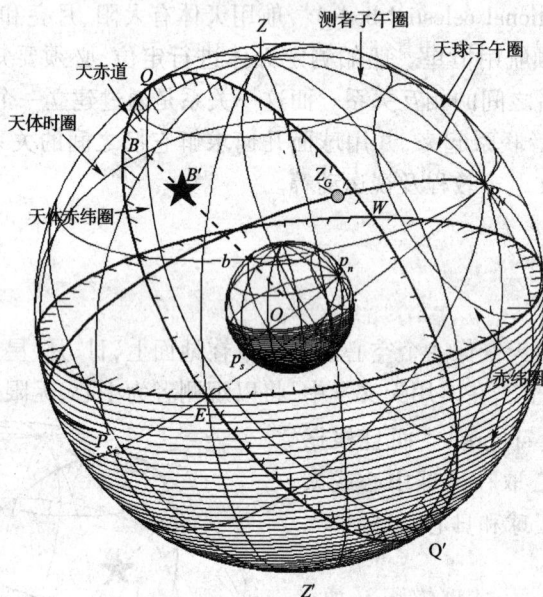

图1-6-2 天球第一赤道坐标系及基本点、线、圆

1)天极和天轴

(1)天极(celestial pole)。是地轴 $p_n p_s$ 无限延伸后与天球所得的两个交点。由地理北极 p_n 方向延长所得的交点 P_N 称为北天极,由地理南极 p_s 方向延长所得的交点 P_S 称为南天极(图1-6-2)。

(2)天轴(celestial axis)。是两天极的连线 $P_N P_S$。

2)天赤道

天赤道(celestial equator)是地球赤道面无限延伸后与天球相截而成的大圆 $QEQ'W$,它是地球赤道在天球上的投影。天轴垂直于天赤道面,天赤道上任意点至天极的球面距离都是

90°。天赤道面将天球分为南、北两个半球。包含北天极 P_N 的半球称为北天半球（north celestial hemisphere）；包含南天极 P_S 的半球称为南天半球（south celestial hemisphere）。

3）天球子午圈

天球子午圈（celestial meridian）是地球子午圈在天球上的投影，是通过天极 P_N、P_S 的大圆。天球子午圈都垂直于天赤道。

测者子午圈是地球上的测者所在的子午圈在天球上的投影。其中 Z 是测者铅垂线向头顶上方延伸与天球的交点，称为测者天顶（zenith）。Z' 是测者铅垂线向下延伸与天球的交点，称为测者的天底（nadir）。测者子午圈平面将天球分为东、西两个半球。测者面北背南，右侧半个天球称为东天半球，左侧半个天球称为西天半球。

测者午圈（upper branch of observer's meridian）是北天极与南天极之间通过测者天顶 Z 的半个子午圈 $P_N Z P_S$。它是测者经度线在天球上的投影。

测者子圈（lower branch of observer's meridian）是包含测者天底 Z' 的半个子午圈 $P_N Z' P_S$。它是与测者经度相差180°的经度线在天球上的投影。

格林午圈（$P_N Z_G P_S$）是格林经度线在天球上的投影，其中 Z_G 为格林尼治天文台的天顶；格林子圈是180°经度线在天球上的投影。

4）天体时圈

天体时圈（hour circle）是北天极与南天极之间通过天体的半个天球子午圈，将它投影到地球上就是天体的地理经度线。天体时圈与天赤道垂直相交。图1-6-2中，天体 B 的时圈为半圆 $P_N B P_S$。

5）天体赤纬圈

赤纬圈（parallel of declination）是与天赤道平行的球面小圆的统称，它又称周日平行圈，可理解为地球上的纬度圈投影而成（地心与纬度圈的连线延长交于天球）。天体所在的赤纬圈称为天体赤纬圈，将它投影到地球上就是天体的地理纬度线。图1-6-2中，过天体 B 的与天赤道平行的球面小圆是天体 B 的赤纬圈。

2.第一赤道坐标系

第一赤道坐标系的基准圈是天赤道和格林午圈或测者午圈，坐标原点是天赤道和格林午圈或测者午圈的交点，纵坐标是赤纬（或极距），横坐标是格林时角或地方时角。

1）天体赤纬

天体赤纬（declination，Dec）是天赤道与天体中心在天体时圈上所夹的大圆弧距，自天赤道起，沿天体时圈向北或向南度量到天体中心，范围为0°～90°，代号 δ。向北度量的为北赤纬，在赤纬度数后命名为 N；向南度量的为南赤纬，赤纬命名为 S。图1-6-3中示，天体 B 的赤纬 $Dec = \text{MB} = 55°\text{N}$。

2）极距

天球上，与测者纬度同名的天极称为仰极（ele-

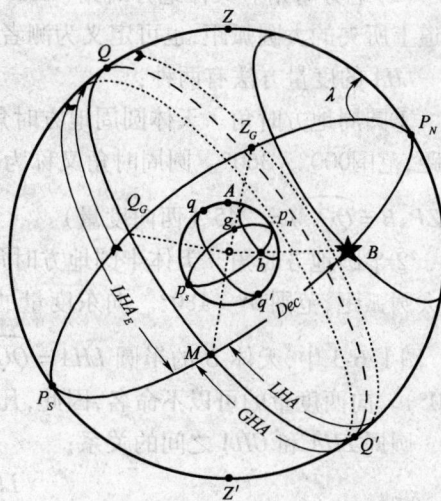

图1-6-3　天体格林时角与赤纬的度量

89

vated pole),异名的天极称为俯极(depressed pole)。

天体极距(polar distance)是自仰极起,沿天体时圈度量到天体中心的弧距,范围0°~180°,代号 p。显然,p 与 Dec 间有关系式:

$$p = \begin{cases} 90° - Dec(当赤纬与测者纬度同名) \\ 90° + Dec(当赤纬与测者纬度异名) \end{cases} \tag{1-6-1}$$

图 1-6-3 中,天体 B 的极距

$$p = \widehat{P_N B} = 90° - Dec = 90° - 55° = 35°$$

若测者在南纬,则天体 B 的极距为 $\widehat{P_S B}$

$$p = \widehat{P_S B} = 90° + 55° = 145°$$

赤纬 Dec 和极距 p 要求精确到 $0'.1$。

3)格林时角和地方时角

(1)格林时角。天体格林时角(Greenwich hour angle, GHA)是从格林午圈沿天赤道向西度量到天体时圈的大圆弧距。格林时角也可定义为在天极处从格林午圈向西度量到天体时圈的球面角。格林时角的计量范围为 000°~360°。图 1-6-3 中,天体 B 的 $GHA =$ 球面角 $\angle P_S P_N B$ $= \widehat{Q_G Q' M} = 310°$(西向度量)。

中版《航海天文历》中按日期刊载了世界时(UT1)整点时刻的太阳、月亮、春分点及四大行星的 GHA 和 Dec(见附录3)。

(2)天体地理位置的求取。如图 1-6-1 所示,天体 B' 与地心的连线与地球面的交点 b 是天体的地理位置,其坐标 (φ_b, λ_b) 与天体的第一赤道坐标符合下列关系式:

$$\varphi_b = Dec$$
$$\lambda_b = \begin{cases} GHA(\text{W}) & 当 GHA < 180° 时 \\ (360° - GHA)(\text{E}) & 当 GHA > 180° 时 \end{cases}$$

(3)地方时角。天体地方时角(local hour angle, LHA),代号 t,是测者午圈与天体时圈在天赤道上所夹的大圆弧距,也可定义为测者午圈和天体时圈在天极处所形成的球面角。

LHA 的度量方法有两种:

①圆周地方时角。天体圆周地方时角是从测者午圈沿天赤道向西度量到天体时圈的大圆弧距,范围 000°~360°。圆周时角又称为西向时角。图 1-6-3 中,天体 B 的圆周 $LHA =$ 球面角 $\angle Z P_N B = \widehat{Q Q' M} = 245°$(西向度量)。

②半圆地方时角。天体半圆地方时角是从测者午圈沿天赤道向东或向西度量到天体时圈的大圆弧距,范围 0°~180°。向东度量的半圆地方时角必须命名,即在地方时角度数后标注 E。图 1-6-3 中,天体 B 的半圆 $LHA = \widehat{Q Q_G M} = 115°$E,即球面角 $\angle Z P_N B = 115°$E(半圆 $LHA < 180°$)。向西度量的可以不命名,因此,凡没有命名的 LHA 都认为是西向时角。

圆周 LHA 和 GHA 之间的关系:

$$LHA = GHA \pm \lambda_W^E \tag{1-6-2}$$

式中:λ——测者经度。

圆周 LHA 和 GHA 符合"东大西小"规律,即东经的 $LHA > GHA$;西经的 $LHA < GHA$,两者相

差测者经度值。

半圆 LHA 与圆周 LHA 之间的关系：

$$
半圆\ LHA = \begin{cases} 圆周\ LHA & 圆周\ LHA \leqslant 180° \\ (360° - 圆周\ LHA)\,E & 圆周\ LHA > 180° \end{cases} \tag{1-6-3}
$$

时角要求精确到 $0'.1$。

例 1-6-1：已知某天体的 $GHA = 298°30'.0$，求 $\lambda = 126°20'.0E$ 处，该天体的半圆 LHA。

解：对于同一天体，东经的 LHA 比 GHA 大，由小求大，因此，该天体的 LHA 等于 GHA 加上 λ。即：

$$
\begin{array}{lll}
& GHA & 298°30'.0 \\
+) & \lambda & 126°20'.0E \\
\hline
& LHA & 424°50'.0（超过\ 360°，应减去\ 360°） \\
& 即 & 64°50'.0（仍为西，可不命名）
\end{array}
$$

例 1-6-2：已知某天体的 $GHA = 298°30'.0$，求 $\lambda = 26°20'.0W$ 处，该天体的半圆 LHA。

解：西经的 LHA 比 GHA 小，由大求小，因此，该天体的 GHA 等于 GHA 减去 λ。即：

$$
\begin{array}{lll}
& GHA & 298°30'.0 \\
-) & \lambda & 26°20'.0W \\
\hline
& LHA & 272°10'.0（圆周时角超过\ 180°，用\ 360°去减） \\
& 即 & 87°50'.0E（方向为东）
\end{array}
$$

例 1-6-3：已知 $\lambda = 120°25'.0E$ 处某天体的圆周 $LHA = 060°10'.0$，求该天体的 GHA。

解：东经的 LHA 大于 GHA，由大求小，因此，该天体的 LHA 减去 λ，可求得 GHA。

$$
\begin{array}{lll}
& LHA & 060°10'.0（不够减，可加上\ 360°） \\
-) & \lambda & 120°25'.0\ E \\
\hline
& GHA & 299°45'.0
\end{array}
$$

二、天球第二赤道坐标系

第二赤道坐标系（second celestial equator system of coordinates）的基本圈、即坐标轴是天赤道和春分点时圈。

太阳周年视运动的轨道面与天球相交的大圆 $\gamma\text{♎}\text{♎}\gamma_0$（图 1-6-17）称为黄道（ecliptic）。黄道与天赤道交于两点，春分点（first point of Aries，γ）是太阳周年视运动中由南天半球进入北天半球时与天赤道的交点。

第二赤道坐标系的纵坐标是赤纬（或极距），横坐标是共轭赤经（或赤经）。

1. 共轭赤经

天体共轭赤经（conjugate right ascension，sidereal hour angle，SHA）是从春分点起，沿着天赤道向西度量到天体时圈的大圆弧距，范围 $000° \sim 360°$。图 1-6-4 中，天体 B 的共轭赤经 $SHA = \overline{\gamma QQ'W} = 285°$。SHA 要求精确到 $0'.1$

2. 赤经

天体赤经（right ascension，RA）是从春分点起，沿天赤道向东度量到天体时圈的大圆弧距，范围 000° ~ 360°，代号 α。赤经也可用时、分、秒表示，即从 00^h 计算到 24^h。图 1-6-4 中，天体 B 的赤经 $RA = \widehat{\gamma Q_G M} = 075°$，也可用 05^{h}00^m（075°/15°）表示。

《航海天文历》中刊载了四大行星的赤经，每 3 天一值。恒星视位置表中刊载了航用恒星的每月月中的共轭赤经、赤经（用 h m 表示）和赤纬值（见附录 3）。RA 要求精确到 0′.1

同一天体的 RA 和 SHA，其度量的起点和终点是相同的，只是度量方向相反，因此两者间的关系是共轭的。即

$$SHA + RA = 360° \qquad (1-6-4)$$

3. 同一天体的 SHA 和 GHA 的关系

因为春分点的格林时角 GHA$^\gamma$ 是从格林午圈沿天赤道向西度量到春分点的弧距，于是同一天体的共轭赤经 SHA 和格林时角 GHA 之间有关系式：

$$GHA = GHA^\gamma + SHA \qquad (1-6-5)$$

图 1-6-4　天体共轭赤经和赤纬的度量

在《航海学》中，常利用这个关系式来求航用恒星的 GHA。

若以春分点的 LHA$^\gamma$ 代替式（1-6-5）中的春分点 GHA$^\gamma$，就可求得天体的地方时角 LHA 和共轭赤经 SHA 的关系：

$$LHA = LHA^\gamma + SHA \qquad (1-6-6)$$

因为天体 $SHA = 360° - RA$，代入上式可得

$$LHA = LHA^\gamma + 360° - RA = LHA^\gamma - RA$$

同理可得

$$GHA = GHA^\gamma - RA \qquad (1-6-7)$$

三、天球地平坐标系

天球地平坐标系（celestial horizon coordinate system）是建立在测者基础上的坐标系，用来表示天体相对于测者的方向和高度关系（参看光盘：\教学课件\天球坐标视运动）。

1. 天球地平坐标系的基本点、线、圈

天球地平坐标系的基本点、线、圆和辅助圆如图 1-6-5 中的标注所示。

1）测者真地平圈

测者真地平圈（celestial horizon）是通过地心的与测者铅垂线（ZZ′连线）垂直的平面与天球相交的大圆 NESW。

测者真地平圈平面将天球平分为上天半球（包含天顶 Z）和下天半球（包含天底 Z′）。

2）方位基点

测者子午圈与真地平圈有两个交点，其中靠近北天极的交点是北点 N（north point），靠近南天极的交点是南点 S（south point）。天赤道或测者东西圈与真地平圈也有两个交点，测者面

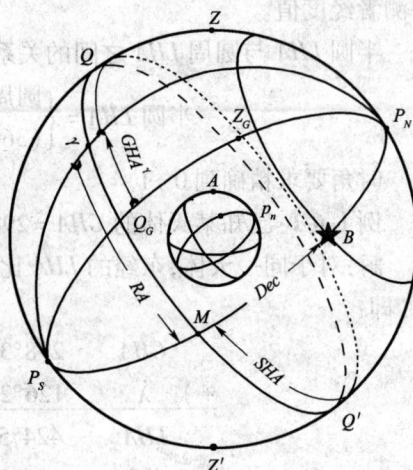

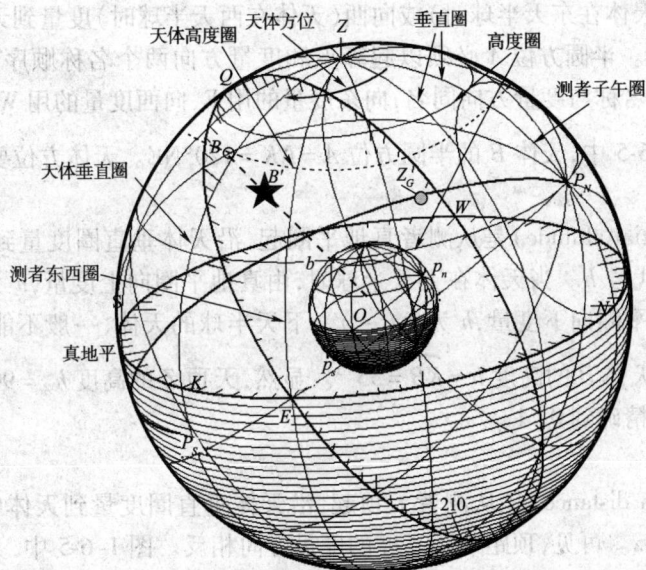

图 1-6-5　天球地平坐标系及基本点、线、圆

北背南,右侧的交点是东点 E(east point),左侧的交点是西点 W(west point)。N、E、S、W 四个点是确定天体方位的基点(cardinal point)。测者子午圈、测者东西圈和真地平圈三者把上天半球分为 NE、NW、SE、SW 四个象限。

2．天球地平坐标系的辅助圈

1)垂直圈

垂直圈(vertical circle)是测者天顶与天底之间的半个大圆的统称,又称地平经圈。通过天体的垂直圈称为天体垂直圈,图 1-6-5 中,天体 B 的垂直圈为 $\overset{\frown}{ZBZ'}$。垂直圈与测者真地平垂直,由此得名。

2)高度圈

高度圈(parallel of altitude)是平行于测者真地平的小圆的统称,又称地平纬圈。图 1-6-5 中,通过天体 B,并与测者真地平圈平行的小圆称为天体 B 的高度圈。

3．天球地平坐标

天球地平坐标系的坐标轴是测者真地平圈和测者子午圈,辅助圈是天体垂直圈和高度圈,横坐标是天体方位,纵坐标是天体高度(或顶距)。

1)天体方位

天体方位(azimuth)是测者子午圈与天体垂直圈在测者天顶处构成的球面角,它也是测者子午圈至天体垂直圈在测者真地平圈上所夹的弧距,代号 A。

天体方位的度量方法有两种:

(1)圆周方位。天体圆周方位是测者天顶处由测者子午圈的 ZP_N 方向,顺时针(东向)度量到天体垂直圈的球面角,或是在测者真地平圈上,由北点起算向东度量到天体垂直圈的大圆弧距,范围 000°~360°。图 1-6-5 中,天体 B 的圆周方位 $A=$ 球面角$\angle NZB=\overset{\frown}{NK}=120°$。

(2)半圆方位。天体半圆方位是在测者真地平圈上,北纬测者由北点 N 起算,南纬测者由南点 S 起算,向东(天体在东天半球时)或向西(天体在西天半球时)度量到天体垂直圈的大圆弧距,范围 $0° \sim 180°$。半圆方位 A 必须以起算点和度量方向两个名称顺序命名,第一名称与测者纬度同名;第二名称与度量方向同名,向东度量的用 E,向西度量的用 W,也即与天体的半圆 LHA 同名。图 1-6-5 中,天体 B 的半圆方位 $A = \overset{\frown}{NK} = 120°NE$。天体方位要求精确到 $0°.1$。

2)天体高度

天体高度(celestial altitude)是从测者真地平圈起,沿天体垂直圈度量到天体中心的大圆弧距,范围 $0 \sim 90$,代号 h。当天体在上天半球时,由真地平圈向上度量,h 为正(+);天体在下天半球时,从真地平圈向下度量,h 为负(-)。下天半球的天体,一般不能被船上的观测者看到。图 1-6-5 中,天体 B 的高度 $h = \overset{\frown}{KB} = 55°$。显然,天顶 Z 的高度 $h_z = 90°$,天底 Z' 的高度 $h_z' = -90°$。h 要求精确到 $0'.1$。

3)天体顶距

天体顶距(zenith distance)是从测者天顶起,沿天体垂直圈度量到天体中心的大圆弧距,范围 $0° \sim 180°$,代号 z。可见,顶距与正高度的度量方向相反。图 1-6-5 中,天体 B 的顶距 $z = \overset{\frown}{ZB} = 35°$。反映在地球面上,$z$ 就是测者与天体地理位置间的球面距离。z 要求精确到 $0'.1$。

因为测者天顶至真地平圈的球面距离等于 $90°$,因此,同一天体的 h 和 z 之代数和等于 $90°$。即

$$h + z = 90°$$

或

$$z = 90° - h$$

在天文定位中,通过观测天体的 h 求得 z,从而求取测者与天体地理位置间的球面距离。

4)仰极高度

仰极高度是从测者真地平圈起,沿测者子午圈到仰极的大圆弧距。图 1-6-5 中,北纬测者的仰极高度

$$h_{P_N} = \overset{\frown}{NP_N}$$

因为

$$\overset{\frown}{NP_N} + \overset{\frown}{P_N Z} = \overset{\frown}{P_N Z} + \overset{\frown}{ZQ} = 90°$$

所以

$$\overset{\frown}{NP_N} = \overset{\frown}{ZQ}$$

即

$$h_{P_N} = \varphi_N$$

同理,南纬测者的仰极高度 $h_{P_S} = \varphi_S$。因此,仰极高度等于测者纬度。

据此,当仰极恰有一天体时,可以测定其高度,从而求得观测者的纬度。航海实践中,北纬测者常常观测北天极附近的北极星的高度求船舶的纬度。

四、天球子午面图和天赤道平面图的绘画

天球子午面图是学习和理解天球概念、天体坐标之间的关系的辅助工具。天体和测者的关系有四种情况:①测者在北纬,天体在东天半球(图 1-6-6);②测者在北纬,天体在西天半球(图 1-6-7);③测者在南纬,天体在东天半球(图 1-6-8);④测者在南纬,天体在西天半球(图 1-6-9)。其作图步骤如图中的序号所示:

①在纸上作圆即子午圈;

②标出天顶(Z)、天底(Z');

③画真地平圈与ZZ'连线垂直;

④根据测者纬度值及 N 或 S 标出仰极(北纬测者为P_N,南纬测者为P_S)和俯极,仰极高度 = 纬度,即图中NP_N(或南纬测者SP_S) = φ。具体为:情况①,P_N标在Z的右侧,E点在纸面的近侧。情况②,P_N标在Z的左侧,W点在纸面的近侧。情况③,P_S标在Z的左侧,E点在纸面的近侧。情况④,P_S标在Z的右侧,W点在纸面的近侧。

⑤真地平上标出 N、S。靠近P_N为 N 点,另一点为 S;

⑥画天赤道QQ'与天轴P_NP_S垂直,交于真地平圈 E、W 两点;

⑦真地平上标出 E、W 点,测者面北,右侧为 E。

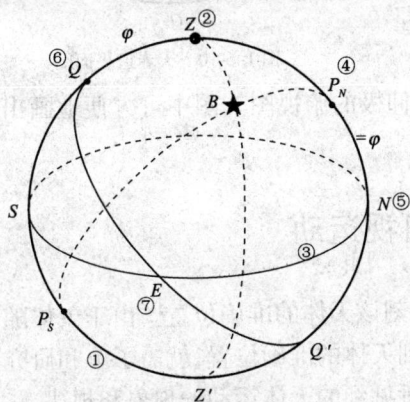

图 1-6-6　测者在北纬、天体在东天半球

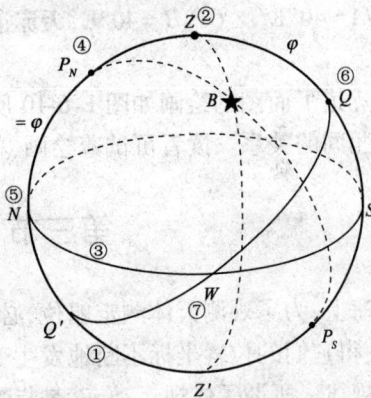

图 1-6-7　测者在北纬、天体在西天半球

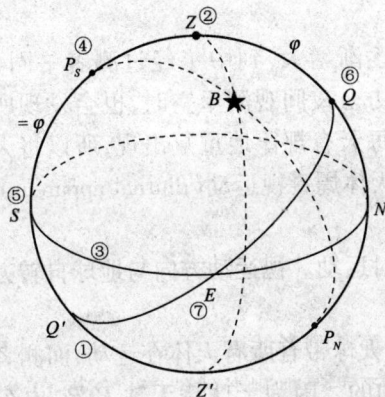

图 1-6-8　测者在南纬、天体在东天半球

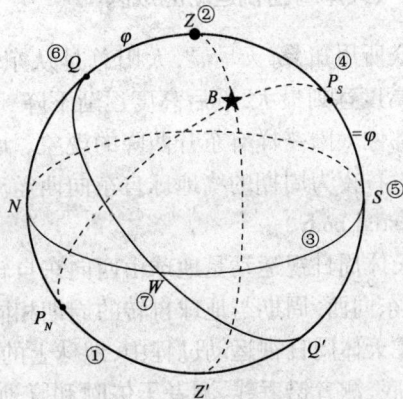

图 1-6-9　测者在南纬、天体在西天半球

至此,天球子午面图已绘画好。在此图上,可根据天体的已知坐标近似求出其未知坐标。

例 1-6-4:测者纬度$\varphi = 40°N$,某天体 B 的半圆地方时角 $LHA = 60°E$(即天体在东天半球),赤纬 $Dec = 50°N$,作图求该天体的高度 h 和半圆方位 A。

解:(1)本例属于情况(1),作如图 1-6-6 所示的天球图;

(2)根据 LHA 和 Dec 在图中标出天体 B。从测者午圈沿天赤道向东约 60°($\angle QP_NP_S = 60°$)、在天赤道之北 50°定出一点,即得天体 B;

(3)近似读出 h 和 A。$h \approx 50°$(真地平之上);$A \approx 55°NE$($\angle NZB = 55°$)。

例 1-6-5:$\varphi = 50°S$,某天体 B 的高度 $h = 58°$,半圆方位 $A = 105°SE$(即天体在东天半球),作图求该天体的 Dec 和半圆 LHA。

解:(1)本例属于情况(3),作如图 1-6-8 所示的天球图;

(2)根据 A 和 h 在图中标出天体 B。从测者子圈(S)沿真地平圈向东约 $105°$($\angle SZZ' = 105°SE$)、在真地平圈之上 $58°$ 定出一点,即得天体 B;

(3)近似读出 Dec 和 LHA。$Dec \approx 35°S$(天赤道之南);$LHA \approx 40°E$($\angle QP_S B = 40°E$,天赤道上自 Q 向东量得)。

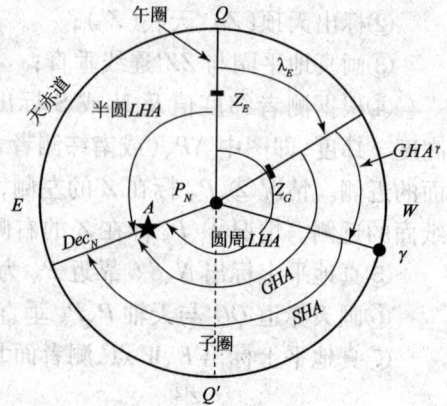

图 1-6-10　天赤道平面图

天赤道平面图的绘画如图 1-6-10 所示,它是测者仰极的俯视图。图中可方便地画出天体各类时角间的关系。读者可试着绘画,在此不赘述。

第三节　天体周日视运动

在海上,为了观测天体测定船位,必须知道测天时刻该天体的准确位置。由于天体随时间运动,使得它们的位置坐标不断地发生变化。为了得到天体的准确位置,就需了解和研究天体运动的规律。所谓天体视运动,就是指测者在地球上所见到的天体运动的现象和规律。

一、天体周日视运动的成因

众所周知,每天早晨,太阳总是从东方升起,高度逐渐增大,到中午经过测者午圈(上中天),高度达到最大,然后高度逐渐下降,于傍晚没于西方。夜间观测星空时,也会发现所有的星体都像太阳一样有东升西降的现象。由于这种运动每天有规律地重复出现,所以将天体这种以一昼夜为周期的绕地球自东向西运动的现象称为天体周日视运动(diurnal apparent motion of celestial body)。

天体周日视运动是地球由西向东自转所产生的相对运动。视运动方向与地球自转方向相反,由东向西,周期与地球自转的周期相同。

在天体周日视运动过程中,地球上的测者看到的是天球带着所有天体在运动,而测者的天顶、天底、测者铅垂线、测者子午圈和真地平圈却是不动的。因为天球绕天轴 $P_N P_S$ 由东向西作周日转动,所以,所有的天体在天球上的运动轨迹是与天轴垂直的赤纬圈,它们被称为天体周日平行圈。如图 1-6-11 所示,天体 B_1 的周日平行圈为 $abeg$,天体 A 的周日平行圈为 $EQWQ'$ 即天赤道。显然,周日平行圈的位置是由天体赤纬的大小和符号所确定的。

二、天体周日视运动现象(参看光盘:\教学软件\天体周日视运动)

天体周日视运动的现象,是随着测者纬度和天体赤纬的不同而不同的。如图 1-6-11 所示,有的天体没有升出(如天体 J),有的天体没有降没(如 D)。有的天体在 NE 象限升出、NW 象限降没(如天体 B、C、K 等),有的天体在 SE 象限升出、SW 象限降没(如 F),而有的天体恰在正东 E 升出、正西 W 降没(如 A)。这些现象的变化实际上取决于测者纬度 φ 与天体赤纬 Dec 两者之间的关系变化。

1. 天体通过特征位置点的条件

1) 天体出没的条件

天体中心通过测者真地平圈的现象称为天体真出没(true rise and set of celestial body)。天体有出没的条件是

$$Dec < 90° - \varphi$$

当天体的赤纬 $Dec > 90° - \varphi$ 时天体不升出(Dec 与 φ 异名)或者不降没(Dec 与 φ 同名)。

当天体的赤纬 $Dec = 90° - \varphi$ 时，天体过 N 点(Dec 为 N 时)或 S 点(Dec 为 S 时)。

图 1-6-12 是北纬测者的天球子午面投影图。图中的平行线是不同赤纬的天体(编号为 1 ~ 6)的周日平行圈在测者子午圈平面上的投影，直径 NES 和 ZEZ' 分别是测者真地平圈和东西圈的投影。图中可见，凡与测者真地平圈相交的天体，都有升出和降没，而它们的 Dec 均落在 $90° - \varphi$ 之内。如图中的 3、4、5 天体，其赤纬位于 $\overparen{Q'N}$ 或 $\overparen{QS}$ 区域内，而 $\overparen{Q'N} = \overparen{QS} = 90° - \varphi$。

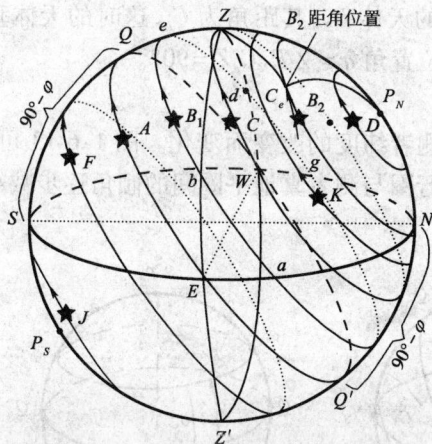

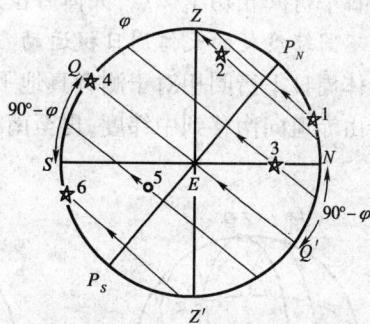

图 1-6-11　不同赤纬的天体周日视运动现象　　　图 1-6-12　天体周日视运动平面图

2) 天体在上天半球通过东西圈(prime vertical)的条件

运行在上天半球的天体周日平行圈若与测者东西圈相交，则该天体过东西圈。图 1-6-12 中，天体 1 不通过东西圈，其赤纬在 $\overparen{ZP_N}$ 区域，即 $Dec > \varphi$。因此，天体在地平上通过东西圈的条件是

$$Dec < \varphi \qquad 且 Dec 与 \varphi 同名$$

3) 天体通过天顶或天底的条件

天体通过天顶、天底的条件是 $Dec = \varphi$。当 Dec 与 φ 同名时过天顶，如天体 2；当 Dec 与 φ 异名时过天底。

4) 天体在上天半球运行所经过的象限

(1) 天体升、没的象限。天球在上天半球分为 NE、SE、SW、NW 四个象限，天体永远在东方

升出,西方降没。天体出没的象限取决于天体的赤纬,当 Dec 为 N 时,天体在 NE 象限升出,NW 象限降没,如图 1-6-12 中的天体 3;Dec 为 S 的天体,在 SE 象限升出,SW 象限降没,如图中的天体 5。而 $Dec=0$ 的天体,在正东 E 点升出,正西 W 点降没,如图中的天体 4。

(2)天体在上天半球运行的象限。当 $Dec<\varphi$,且 Dec 与 φ 同名,天体周日平行圈在上天半球必与测者东西圈相交,该天体便运行于四个象限;当 $Dec>\varphi$,或 Dec 与 φ 异名,天体周日平行圈在上天半球不与测者东西圈相交,则天体运行于两个象限。

例如:图 1-6-12 中的天体 3,Dec 为 N,与 φ 同名且 $Dec<\varphi$,天体在 NE 象限升出,过东圈进入 SE 象限,当到达午圈时,方位正南,过午圈后进入 SW 象限,过西圈,进入 NW 象限,而后降没;

图中的天体 5,Dec 为 S,与 φ 异名,天体在 SE 象限升出,过中天后进入 SW 象限,而后降没;

对于 $Dec>\varphi$,且与 φ 同名的天体,如图中的天体 1,只在 NE、NW 两个象限内运行。

5)天体距角

对于 $Dec>\varphi$,且与 φ 同名的天体,在周日视运动过程中不通过东西圈,故其半圆方位的变化范围不大于 90°。我们把其视运动过程中达到最大方位 A_{max} 时的位置称为天体距角(elongation),距角时天体的位置角 $q=90°$。如图 1-6-11 中的天体 B_2,其距角为 C_e,这时的天体垂直圈与周日平行圈相切于该点,天体方位达到最大,而位置角 $q=\angle P_N C_e Z=90°$。

2. 不同纬度处的天体周日视运动

天体周日平行圈相对于测者真地平圈的倾角随测者纬度的改变而变化。图 1-6-13 可见,当测者由赤道向南移到中纬度,再至南极时,周日平行圈与测者真地平圈间的倾角逐步减小直至 0°。

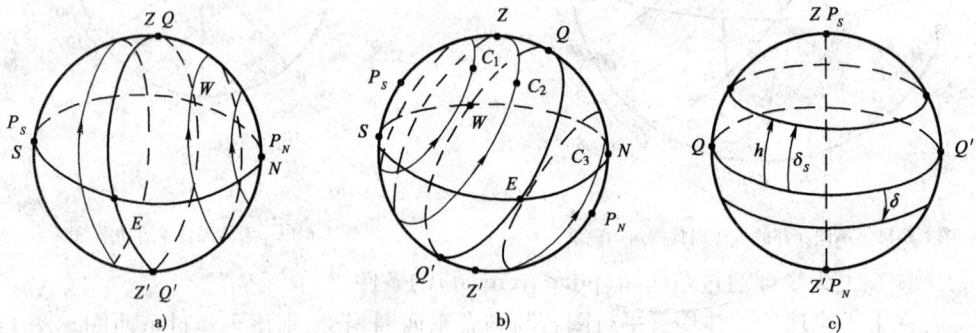

图 1-6-13　不同纬度处天体周日视运动现象
a)赤道上;b)南纬;c)南极

在 $\varphi=0°$(图 1-6-13a),天体周日平行圈垂直于测者真地平圈,并被它平分,所有的天体有出没。对于 $Dec=0°$ 的天体,沿着东西圈(与天赤道重合)运行;其余天体都不通过东西圈。

中纬度地区(图 1-6-13b)的天体周日平行圈与测者真地平圈的倾角为 $90°-\varphi$,天体有无出没等取决于天体的赤纬与测者纬度的关系。

在南极($\varphi=90°S$)(图 1-6-13c),仰极与天顶重合,真地平圈与天赤道重合,赤纬圈与高度圈重合。天体与真地平圈平行地运行,天体高度没有变化,等于 Dec。北赤纬的天体不升出,南赤纬的天体不降没。

因此,处于地极的测者,不存在测者子午圈,没有东西圈,没有 N、E、S、W 点。

3. 天体坐标之间的关系

1)天文三角形(参看光盘:\教学软件\天体周日视运动与天文三角形)

天文三角形(astronomical triangle)是天球上以仰极、天顶和天体为顶点,通过这些顶点的大圆弧为边所围成的几何图形,也称为位置三角形。天球坐标之间可通过天文三角形建立关系。

图 1-6-14a)中,天文三角形的三个顶点是:测者的天顶 Z、仰极 P_N 和天体 B。

天文三角形的三个边是:

测者余纬:$\overparen{P_N Z} = 90° - \varphi$;

天体极距(p):$\overparen{P_N Z} = 90° - Dec$;

天体顶距(z):$\overparen{ZB} = 90° - h$。

天文三角形的三个内角是:

天体半圆方位:$A = \angle P_N ZB$;

天体半圆地方时角:$LHA = \angle ZP_N B$;

天体位置角(position angle)或视差角(parallax angle):$q = \angle ZBP_N$。

2)天体坐标之间的关系及其解算

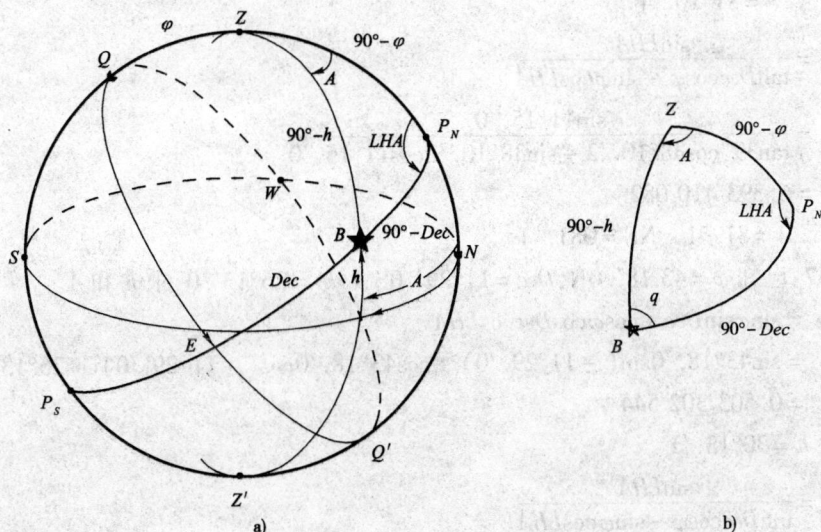

图 1-6-14　天文三角形

a)天文三角形构成;b)天文三角形图示

天文三角形的三个边和三个内角称为天文三角形的六要素。在这六要素中,涉及天体的赤道坐标(Dec,LHA)、地平坐标(h,A)和测者的地理坐标(φ,λ)。我们可通过以下公式解天文三角形求取不同坐标之间的关系:

$$\sin h = \sin\varphi\sin Dec + \cos\varphi\cos Dec \cos LHA \tag{1-6-8}$$

$$\tan A = \frac{\sin LHA}{\tan Dec\cos\varphi - \sin\varphi\cos LHA} \tag{1-6-9}$$

或

$$\cos A = \frac{\sin Dec}{\cos\varphi\cos h} - \tan\varphi\tan h \qquad (1\text{-}6\text{-}10)$$

在便携式(袖珍型)函数计算器上应用上述公式计算时,应注意以下的规则:

(1)测者纬度(φ)和天体半圆地方时角(LHA),恒取"$+$";

(2)天体赤纬(Dec),当与测者纬度同名时取"$+$",异名时取"$-$";

(3)若求得的$\sin h > 0$,h 为正高度($+$),若$\sin h < 0$,h 为负高度($-$);

(4)用式(1-6-9)和式(1-6-10)计算所得是半圆方位。当$\tan A$ 或 $\cos A$ 为负("$-$")值时,A 应为大于90°的角度。因此,当用反正切函数($\tan^{-1}$)求 A 角时,若 $\tan A < 0$,计算器上显示的反正切函数 $\tan^{-1}$ 值是绝对值小于90°的负角度,应加上180°才得半圆方位;而反余弦函数值会直接显示大于90°的半圆方位。半圆方位必须命名,第一名称与测者纬度同名,第二名称与天体半圆 LHA 同名,即天体在东天半球,命名为 E,天体在西天半球,命名为 W。最后应换算成圆周方位。

例1-6-6:已知$\varphi = 38°10'.2N$,$Dec = 39°00'.0N$,$LHA = 11°15'.0E$,求h 和 A。

解:$\sin h = \sin\varphi\sin Dec + \cos\varphi\cos Dec\cos LHA$

$\qquad = \sin38°10'.2\sin39°00'.0 + \cos38°10'.2\cos39°00'.0\cos11°15'.0$

$\qquad = 0.988\ 155\ 323$

$\qquad \therefore h = 81°10'.4$

$\qquad \tan A = \dfrac{\sin LHA}{\tan Dec\cos\varphi - \sin\varphi\cos LHA}$

$\qquad\qquad = \dfrac{\sin11°15'.0}{\tan39°\cos38°10'.2 - \sin38°10'.2\cos11°15'.0}$

$\qquad\qquad = 6.393\ 410\ 082$

$\qquad \therefore A = 81.°1 \quad NE = 081.°1$

例1-6-7:已知$\varphi = 43°18'.0N$,$Dec = 11°29'.0S$,$LHA = 26°13'.0$,求h 和 A。

解:$\sin h = \sin\varphi\sin Dec + \cos\varphi\cos Dec\cos LHA$

$\qquad = \sin43°18'.0\sin(-11°29'.0) + \cos43°18'.0\cos(-11°29'.0)\cos26°13'.0$

$\qquad = 0.503\ 302\ 544$

$\qquad h = 30°13'.1$

$\qquad \tan A = \dfrac{\sin LHA}{\tan Dec\cos\varphi - \sin\varphi\cos LHA}$

$\qquad\qquad = \dfrac{\sin26°13'.0}{\tan(-11°29'.0)\cos43°18'.0 - \sin43°18'.0\cos26°13'.0}$

$\qquad\qquad = -0.578\ 899\ 621$

$\qquad A = -30.°1 + 180° = 149.°9NW = 210.°1$

3)天体在若干特殊点的坐标关系

(1)天体上中天。天体在周日视运动中到达测者午圈称天体上中天(upper transit),如图1-6-15 中的天体★。此时,天体的半圆 $LHA = 0°$,天体的中天高度 H 达到最大。天体的半圆方位 A 和位置角 q 视天体与测者的位置关系而定。当天体 $Dec < \varphi$($\varphi = 0°$除外)或与φ异名时,

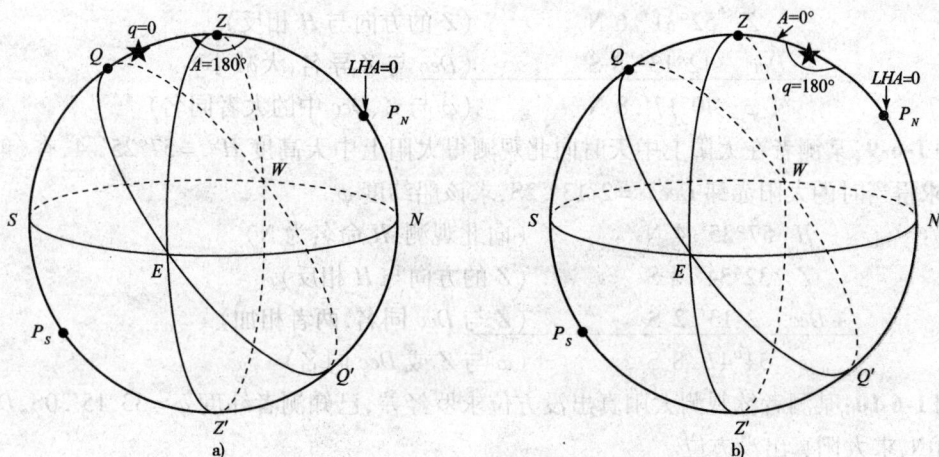

图 1-6-15　天体上中天时的天文三角形的三个内角
a)天体赤纬小于测者纬度或异名；b)天体赤纬大于测者纬度且同名

$A=180°$，位置角 $q=0°$（图 1-6-15a）；当 $Dec>\varphi$ 且同名或者 $\varphi=0°$ 时，$A=0°$，位置角 $q=180°$（图 1-6-15b）。

通过解天文三角形可求得天体上中天顶距 $Z(90°-H)$、天体赤纬 Dec 和测者纬度 φ 三者之间的关系。因为 $H=90°-Z$，所以 $\sin H=\sin(90°-Z)=\cos Z$。

根据 $\sin h=\sin\varphi\sin Dec+\cos\varphi\cos Dec\cos LHA$，当天体上中天时，$LHA=0°$，式变为

$$\cos Z=\sin\varphi\sin Dec+\cos\varphi\cos Dec=\cos(\varphi-Dec)$$

于是得 $$\varphi=Z\pm Dec \tag{1-6-11}$$

式(1-6-11)表明，天体上中天时，可观测其高度 H 求观测者纬度 φ。航海实践中，经常利用观测太阳的上中天高度 H 求船舶纬度（详见第二篇第四章）。

（2）天体过东西圈。如图 1-6-16 所示，天体 B 位于东西圈时，天体半圆方位 $A=90°$，构成球面直角三角形。根据球面直角三角形的边角函数关系（见附篇第一章第二节），有

$$\sin h=\sin Dec\csc\varphi$$
$$\cos h=\cos Dec\sin LHA$$

（3）天体真出没。天体真出没时，$h=0°$，根据天体方位的计算公式

$$\cos A=\frac{\sin Dec}{\cos h\cos\varphi}-\tan h\tan\varphi$$

得 $$\cos A=\frac{\sin Dec}{\cos\varphi} \tag{1-6-12}$$

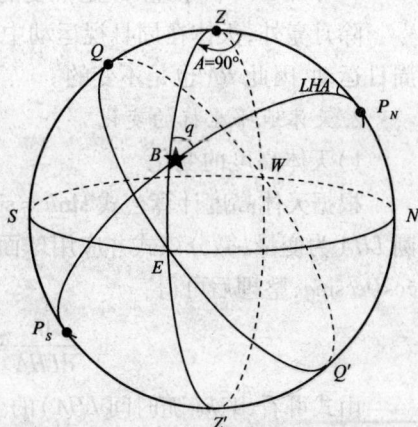

图 1-6-16　天体过东西圈

此式在观测太阳真出没方位求罗经差时经常用到。

例1-6-8：某测者在太阳上中天时向南（S）观测得太阳上中天高度 $H^\circ=37°28'.4$，查《航海天文历》求得当时的太阳 $Dec^\circ=12°13'.8S$，求该船纬度 φ。

解：　　　　　　H　$37°28'.4$ S　　　　　（向南观测，H 命名为 S）

$$Z \quad 52°31'.6 \, N \qquad (Z \text{ 的方向与 } H \text{ 相反})$$
$$- Dec \quad 12°13'.8 \, S \qquad (Dec \text{ 与 } Z \text{ 异名，大减小})$$
$$\varphi \quad 40°17'.8 \, N \qquad (\varphi \text{ 与 } Z \text{、} Dec \text{ 中的大者同名})$$

例 1-6-9: 某测者在太阳上中天时向北观测得太阳上中天高度 $H^\circ = 57°25'.4$，查《航海天文历》求得当时的太阳赤纬 $Dec^\circ = 2°13'.2S$，求该船纬度 φ。

$$\textbf{解:} \qquad H \quad 57°25'.4 \, N \qquad (\text{向北观测}，H \text{ 命名为 } N)$$
$$Z \quad 32°34'.6 \, S \qquad (Z \text{ 的方向与 } H \text{ 相反})$$
$$+ Dec \quad 2°13'.2 \, S \qquad (Z \text{ 与 } Dec \text{ 同名，两者相加})$$
$$\varphi \quad 34°47'.8 \, S \qquad (\varphi \text{ 与 } Z \text{ 或 } Dec \text{ 同名})$$

例 1-6-10: 某测者欲观测太阳真出没方位求罗经差，已知测者纬度 $\varphi = 33°15'.0S$，$Dec^\circ = 3°56'.0N$，求太阳真出没方位。

$$\textbf{解:} \quad \cos A = \frac{\sin Dec}{\cos \varphi} = \frac{\sin(-3°56'.0)}{\cos 33°15'.0} = -0.820242 \quad (\varphi \text{ 取正}，Dec \text{ 与 } \varphi \text{ 异名取负})$$

$$\therefore \quad A = 94°.7^{SE}_{SW} \quad (\text{第一名称与 } \varphi \text{ 同名；第二名称升出为 } E，\text{降没为 } W)$$

即：太阳真出方位为 $94°.7SE = 085°.3$，真没方位为 $94°.7SW = 274°.7$。

三、周日视运动中天体坐标的变化

假定：①测者位置不动；②不计天体自行；③天球周日旋转是匀速的。

1. 天体赤道坐标的变化

1）时角 LHA 是匀速变化的

若忽略地球自转的不均匀性，则天球是匀速转动的，天体的 LHA 也是匀速变化的。

2）赤纬 Dec 和赤经 RA 是不变的

除月亮外，天体在周日视运动中的 Dec 近似认为是不变的。天体与春分点随天球作同步周日运动，因此 RA 也是不变的。

2. 天体地平坐标的变化

1）天体高度的变化

根据天体高度计算公式 $\sin h = \sin \varphi \sin Dec + \cos \varphi \cos Dec \cos LHA$，以 Dec 和 φ 为常量，h 和半圆 LHA 为变量，微分该式并应用球面三角形的正弦公式 $\cos Dec \sin LHA = \sin A \cos h$ 和 $\cos \varphi \sin A = \cos Dec \sin q$，整理后可得：

$$\frac{dh}{dLHA} = -\cos \varphi \sin A = -\cos Dec \sin q \tag{1-6-13}$$

由式可看出，h（随时间 LHA）的变化率取决于 φ 和 A，或者取决于 Dec 和位置角 q。

(1) 天体上中天时（$\sin A = 0$）高度变化最慢，测者位于地极时，天体高度是不变的。

(2) 天体过东西圈（$Dec < \varphi$ 且同名的天体）时（$\sin A = 1$），其高度变化率最快，且 φ 越低，高度变化率越快。

(3) 天体距角（$Dec > \varphi$ 且同名）时（$\sin q = 1$），高度变化率最快，且 Dec 越小，高度变化率越快。

2）天体方位的变化

根据天体方位计算公式 $cotA = tanDeccos\varphi cscLHA - sin\varphi cotLHA$，以半圆 A 和半圆 LHA 为变量对式微分，并应用球面三角形的五联公式和正弦公式整理后可得：

$$\frac{dA}{dLHA} = -cosDeccosqsech = -(sinh - tanhcos\varphi cosA) \tag{1-6-14}$$

由式可看出，当 Dec 一定时，天体方位的变化率与天体 h 和 q 有关；当 φ 一定时、天体方位的变化率与天体 h 和 A 有关。

（1）当天体上中天时，有 $q = 180°$ 或 $0°$，$A = 0°$ 或 $180°$，都有最大的方位变化率，且 h 越高，方位变化率越大。因此，在航海实践中，常常测定中天前后的太阳进行移线定位，以便在短时间内获得较好的太阳方位差。

（2）天体真出没或者天体过东西圈时，方位变化率均为 $-sin\varphi$，此时，φ 越低，方位变化率越小。

（3）天体在真出没与东西圈之间存在方位变化率最慢点。当天体介于真出没与东西圈之间时，$h \neq 0°$，半圆方位 $A < 90°$，因此，此间的天体总可以到达这么一个位置，其对应的 h 和 A 能使 $-(sinh - tanhcos\varphi cosA)$ 达到最小（$\neq 0$）。基于此，在天体真出没或低高度时测其方位求罗经差是比较合适的。

（4）天体在距角，$q = 90°$，方位变化率为 0。

（5）方位变化率与测者纬度的关系：

当 $\varphi = 90°$ 时，有 $dA = -dLHA$，即天体的 A 与 LHA 一样，都是匀速变化的。

当 $\varphi = 0°$ 时，$dA/dLHA = tanhcosA$。在天体真出没时，$h = 0°$，有 $dA/dLHA = 0$；天体上中天时，$dA/dLHA = tanH$，即天体上中天高度 H 越高，$dA/dLHA$ 越大。由此可见，测者在赤道附近，天体方位的变化是很不均匀的，有时变化很快，有时长时间内完全不变。这些结论，在低纬度地区也基本成立。

第四节　太阳周年视运动

假定我们在每天夜间的同一时刻（即在同一太阳位置）对星空作长时间的观测，一定会发现一个有趣的现象，那就是各恒星之间的相对位置没有变化，但整个星空却在自东向西变动，即第一天看到的星空在第二天的同一平太阳时刻观察时已不在原位，而是向西略有移动。我们看到原来在西方的星座逐日西移下沉，而原来看不到的东方星座却在升起，并逐日西移，一年后星空又恢复到原来的位置。因为各恒星之间的相对位置并无变化，只能说明太阳的位置在星空中向东移动，一年后太阳又回到了开始所在的星座。一年四季星空的这种逐渐变化，反映了太阳在恒星间自西向东慢慢移动，一年绕天球转了一圈。从地球上看到的太阳这种以一年为周期的运动，称为太阳的周年视运动（annual apparent motion of the sun）（参看光盘：\教学软件\太阳周年视运动及航海天文电子教程）。

一、太阳周年视运动的成因

地球除了绕地轴自转外，同时沿着椭圆轨道绕太阳作自西向东的公转，太阳 S 位于该椭圆的一个焦点上（图 1-6-17a）。地球公转时，地轴始终保持与轨道面成约 $66°33'$ 的倾角（不考虑摄动)。地球与太阳间的距离在不断地变化着,约在每年的 1 月 3 日前后,地球到达近日点(perihelion);7 月 4 日前后,地球到达远日点(aphelion);地球上的人们并不感觉到地球的公转,直观地感到太阳在星空即天球上向东移动。

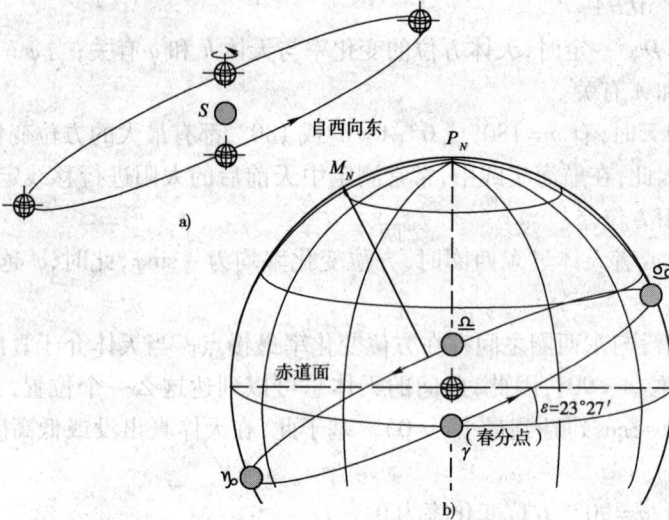

图 1-6-17 太阳周年视运动

图 1-6-17a)是地球绕太阳作自西向东的公转运动轨道图,将地球上的测者看到的太阳投影到天球上,相应地得到由 γ、♋、♎、♑ 点所连成的一个大圆,此为太阳自西向东作周年视运动的轨迹,称为黄道(图 1-6-17b)。

黄道的极称为黄极(ecliptic pole),靠近北天极的黄极称为北黄极 M_N,另一个黄极称为南黄极 M_S。由于地球公转中,地轴与地球公转轨道面的倾角为 66°33′,因此,黄极与天极间,即黄道与天赤道间的夹角约为 23°27′,这个夹角称为黄赤交角(obliquity of the ecliptic),并用 ε 表示。黄道与天赤道交于两点,太阳由南天半球进入北天半球的交点称为春分点(first point of Aries,γ),另一交点称为秋分点(first point of Libra,♎)。在黄道上,春分点和秋分点之间的两个中间点称为至点,位于北天半球的是夏至点(first point of Cancer,♋),位于南天半球的是冬至点(first point of Copricornus,♑)。

在古代,人们早已注意到太阳的周年视运动,并发现每隔一个月,太阳经过一个星座,一年刚好经过 12 个星座(现已有所变化)。这些星座分布在黄道南、北各宽约 8°的黄道带(zodiac)。在黄道带内,从春分点起,每隔 30°为一宫,称为黄道十二宫(zodiac signs)。每宫冠以星座名称,并有专用的符号。相关内容参见附篇第六章。

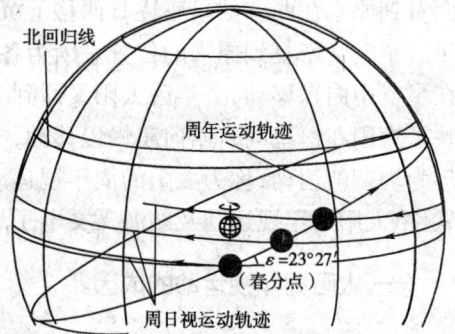

图 1-6-18 太阳视运动轨迹

二、太阳周年视运动的规律

1. 太阳周日和周年视运动的合成运动

太阳在天球上的视运动是太阳周日和周年视运动的合成运动。如图 1-6-18 所示,太阳周日平行圈在周年视运动影响下,是沿着螺旋曲线运行的,即太阳周日平行圈的赤纬在周日视运动中是变化的。但是螺旋线的变化范围不超过太阳赤纬在一年中的变化范围,即23°27′N~23°27′S。最北的太阳周日平行圈称为北回归线(tropic of cancer),最南的称为南回归线(tropic of capricorn)。

2. 太阳在黄道上的运动周期

1)恒星年

恒星年是太阳在黄道上运行完整一周(360°),即太阳中心连续两次通过同一颗恒星的黄经圈的时间间隔。

2)回归年

回归年(tropical year)是太阳中心连续两次通过春分点的时间间隔。根据测量

$$1 \text{回归年} = 365.2422 \text{日}$$

春分点在天球上并不是不动的,而是每年以50″.278(1997年)的速率在黄道上向西移动(参见附篇第五章)。因此,回归年要比恒星年短约20min(地球绕太阳公转1°≈24h,公转50″.278≈20min)。历法中使用的是回归年。

3. 一年内太阳赤道坐标的变化

由于太阳沿着黄道作周年运动,而赤经是在天赤道上度量的,黄道与天赤道有23°27′的交角,为了研究太阳周年运动中赤经、赤纬的变化,引用黄道坐标系。

1)黄道坐标系简介

黄道坐标系(ecliptic coordinates system)的基本点是黄极(M_N,M_S),基本线是黄轴,基本圈是黄道和春分点黄经圈。黄经圈(circle of celestial longitude)是南、北黄极之间半个大圈的统称。黄经圈是黄道坐标系的辅助圈。坐标原点是春分点γ。黄道坐标系的横坐标是黄经(celestial longitude),纵坐标是黄纬(celestial latitude)。

如图1-6-19所示,天体黄经是由春分点起,沿黄道向东度量到天体(B)黄经圈的弧距,范围000°~360°,并用λ表示。黄纬是由黄道沿天体黄经圈度量到天体中心的弧距,范围0°~90°,并用β表示。自黄道向北度量的称北黄纬($β_N$),向南度量的称南黄纬($β_S$)。太阳在周年视运动中,$β^\odot = 0°$,$λ^\odot = 000°~360°$。

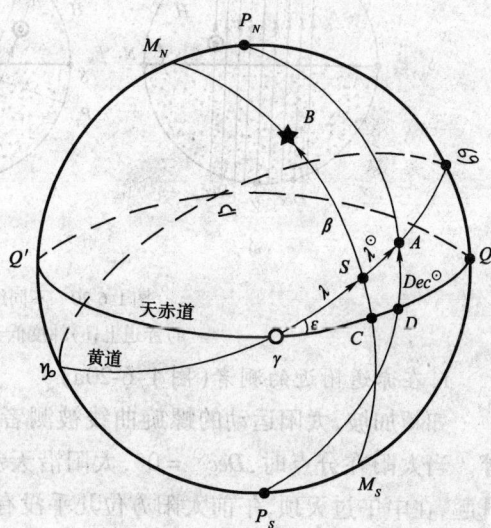

图1-6-19　黄道坐标系

2)太阳赤经和赤纬的变化

由于地球公转的轨道是椭圆,太阳位于椭圆的一个焦点上。根据开普勒定律,太阳在黄道上的视运动即黄经的日变化量是不均匀的,在近日点附近为最快,黄经的日变化量约为61′.2;在远日点附近最慢,黄经的日变化量约为57′.2,平均约为1°。以此可求得太阳赤经的日变化量$ΔRA$为53′.8~66′.6,太阳赤纬的日变化量$ΔDec = 0°.4\cos RA$,即在0~0°.4间。

4. 一年四季

太阳周年视运动中,其赤经和赤纬都在周期性的发生变化,使太阳光对地面的照射角度及

时间长度也不断变化,从而引起地面气温的升降变化,由此形成了天文春、夏、秋、冬四季。

太阳赤纬 $Dec^{\odot}$ 的符号和大小与地方纬度 φ 的关系是天文四季的标志。表 1-6-1 给出了太阳的位置变化与一年四季的关系。

表 1-6-1

日 期	黄道上的点	赤经 $RA^{\odot}$	赤纬 $Dec^{\odot}$	北 半 球		
				太阳光照射角	日照时间	季 节
3 月 21 日	春分点	000°	0°	由小变大	开始增长	天文春季开始
6 月 22 日	夏至点	090°	23°27′N	直射地面	最长	天文夏季开始
9 月 23 日	秋分点	180°	0°	由大变小	开始缩短	天文秋季开始
12 月 22 日	冬至点	270°	23°27′S	斜射地面	最短	天文冬季开始

三、太阳在不同纬度处的视运动现象(参看光盘:\教学软件\航海天文电子教程)

太阳周日和周年视运动的合成运动,使太阳在天球上沿着螺旋曲线运动,其范围在 23°27′N(北回归线)与 23°27′S(南回归线)之间(图 1-6-20)。下面按不同区域进行简要分析:

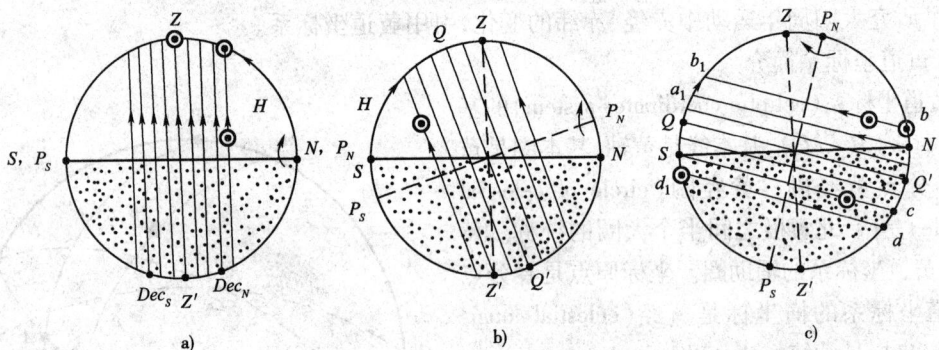

图 1-6-20 不同纬度处的太阳视运动现象
a)赤道上;b)纬度低于回归线;c)纬度高于回归线

1. 在赤道附近的测者(图 1-6-20a)

如新加坡,太阳运动的螺旋曲线被测者真地平近似等分。因此,白天与夜间长度近似等。当太阳在分点时,$Dec^{\odot}=0°$,太阳沿天赤道运行,它与测者东西圈几乎重合,太阳从正东升起,在中午过天顶,午前太阳方位几乎没有变化,近似为正东,午后太阳方位近似为正西,也几乎没有变化,在中午太阳方位刹那间改变约 180°。当太阳不在分点时,太阳周日运动中运行于两个象限,$Dec^{\odot}$ 为 N 时,太阳从 NE 象限升出,NW 象限降没;$Dec^{\odot}$ 为 S 时,太阳从 SE 象限升出,SW 象限降没。当太阳到达至点时,回归线是其周日平行圈,$Dec^{\odot}=23°27′$,此时,太阳上中天高度 $H=66°33′$,它将是该区域一年中最小的太阳中天高度。

2. 对于回归带内的测者(图 1-6-20b)

如我国的海南岛,由于该地区的纬度 $\varphi \leqslant 23°27′$,因此,太阳在一年内有两次通过测者天顶,而对于在南、北回归线上的测者,太阳只有一次通过天顶。当太阳的 $Dec^{\odot} < \varphi$ 且与 φ 同名时,太阳周日运动中会过东西圈,运行于四个象限,例如当 $Dec^{\odot}$ 为 N 时,太阳从 NE 象限升出,

逐渐升高,通过东圈,进入 SE 象限,中天后进入 SW 象限,高度逐渐降低,通过西圈,进入 NW 象限,后降没。当 $Dec^{\odot}>\varphi$ 或与 φ 异名时,太阳周日运动中将不过东西圈,运行于两个象限。回归带内的测者看到的太阳方位变化是十分不均匀的,在中天附近,方位变化很快,而东西圈附近,方位变化却很慢。

3. 在温带地区($23°27'<\varphi<66°33'$)

如上海,太阳有升出和降没,一年中白天(或夜间)的持续时间相差很大,且 $Dec^{\odot}$ 与 φ 相差越大,这种差别也越大。由于 $\varphi>Dec^{\odot}$,太阳没有机会通过天顶。当 $Dec^{\odot}$ 与 φ 同名时,太阳周日运动中会过东西圈,运行于四个象限。该地区的太阳上中天高度在一年内变化约 $2Dec^{\odot}_{max}=46°54'$。

4. 在极区($66°33'<\varphi\leqslant90°$)

可以观测到太阳不降没(极昼)和不升出(极夜)的现象。

当 $Dec^{\odot}\geqslant90°-\varphi$ 且与 φ 同名时,太阳周日视运动轨迹保持在真地平之上(如图 1-6-20c 中的 Na_1、bb_1),出现极昼(Polar day)现象;$Dec^{\odot}$ 与 φ 异名时,太阳周日视运动轨迹保持在真地平下(图中的 cs 和 dd_1),出现极夜(Polar night)。在极地,极昼和极夜约可持续半年。在北极,3 月 21 日至 9 月 23 日是极昼,9 月 23 日至第二年的 3 月 21 日是极夜;在南极则相反。

第五节　月亮视运动简介

月球(Moon)是地球唯一的天然卫星。月球和地球组成月地系,它们共同绕着月地质量中心(位于月地中心连线上,离地球中心的距离约等于 0.73 地球半径)运转。由于地球上的人们感觉不到地球绕月地质心的运转,因此,将月地系的运动说成为月亮绕地球公转。月亮绕月地质心的运行轨道也是椭圆,月地质心位于该椭圆的一个焦点上(参看光盘:\教学软件\进动岁差)。

一、月亮视运动现象

1. 月亮运行轨道——白道

月亮沿椭圆轨道绕地球公转,人们从地球上望去,见到月亮在以恒星为背景的星空中移动,一个月移动一周。月亮在星空中移动的轨迹投影在天球上,称为白道(Moon's path)(图1-6-21)。白道与黄道的夹角 ω 称为黄白交角(obliquity of the Moon's path, ω),平均为 5°09′。白道与黄道有两个交点,其中月亮由黄道以南进入黄道以北的交点称为升交点(ascending node, Ω),月亮由黄道以北进入黄道以南的交点称为降交点(descending node, $\mho$),它们的连线称为交点线。由于太阳和行星的引力影响,月亮轨道会产生摄动,引起交点线沿着黄道向西以每年 19°21′ 的速度移动,约 18.6 年在黄道上运行一周。

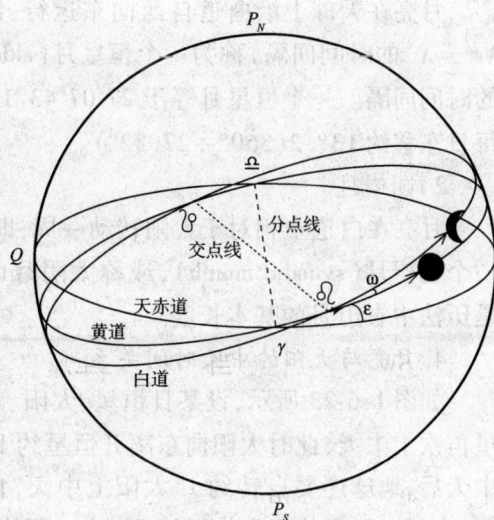

图 1-6-21　月球视运行轨道

2. 月亮赤纬 Dec^{D} 的变化

由于月亮轨道与黄道的交点不停地向西移动，引起了白道与天赤道的交点不断地变化，白赤交角 i 也随着发生变化，因此使得以 18.6 年为周期的每一个恒星月内，月亮的赤纬最大值都不相同。如图 1-6-22a)，当升交点 ☊ 和春分点 γ 重合时，白道在黄赤交角 ε 之外，白赤交角 i 最大，即 $i = ε + ω = 23°27' + 5°09' = 28°36'$。在这种情况下，一个恒星月内的最大 Dec^{D} 约是 28°36′N 和 28°36′S。当降交点 ☋ 和 γ 重合时，见图 1-6-22b)，白道在黄赤交角之内，白赤交角最小，即 $i = ε - ω = 18°18'$。在这种情况下，一个恒星月内的最大 Dec^{D} 约是 18°18′N 和 18°18′S。其余月份，最大 Dec^{D} 在 18°18′ 和 28°36′ 间变动。因此，月亮赤纬每日变化较大且不均匀，有时可达 6° 以上，其周日视运动轨迹也不再认为是周日平行圈，而是一条螺旋曲线。

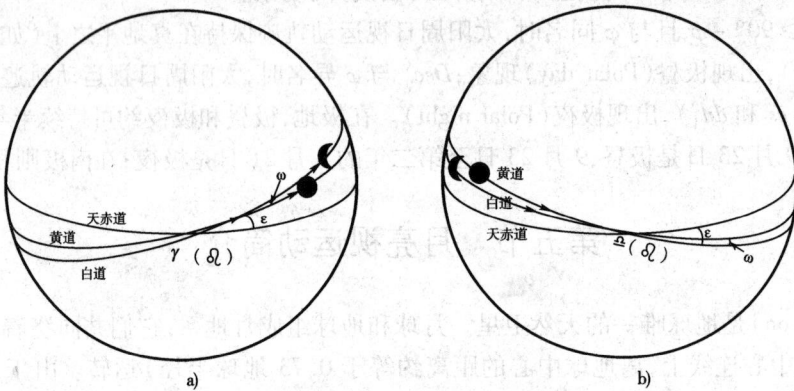

图 1-6-22　月亮赤纬变化示意图
a) 白道在黄、亦交角之外；b) 白道在黄、赤交角之内

3. 月亮运行周期

1) 恒星月

月亮在天球上沿白道自西向东运行，以恒星为参照，在天球上转动一周（即连续两次 $λ^{D} = λ^{*}$ 的时间间隔）称为一个恒星月（sidereal month），即月亮沿白道运行完整一周（360°）的时间间隔。一个恒星月等于 $27^{d}07^{h}43^{m}12^{s} ≈ 27.32^{d}$，月亮在它的轨道上相对于恒星平均每日东移约 $13°.2(360° ÷ 27.32^{d})$。

2) 朔望月

月亮在白道上相对于太阳转动一周，即月亮和太阳相邻两次黄经相等的间隔时间称为一个朔望月（synodic month），或称太阴月（lunar month），它等于 $29^{d}12^{h}44^{m}03^{s} ≈ 29.53^{d}$，这是历法中农历月的基本长度。

4. 月亮与太阳的中天时间关系

如图 1-6-23 所示，设某日恒星、太阳、月亮同时位于 Z 测者的午圈，地球自转一周后，恒星再次上中天，此时太阳向东离开恒星约 1°，月亮向东离开恒星约 13°.2，即在恒星再次上中天后，地球还要自转约 1° 太阳上中天，自转约 13°.2 月亮上中天。因此，月亮相对于太阳，中天时间平均每天推迟约 50min。但由于月亮赤经的日变化量是不均匀的，因此，月亮中天每日实际推迟时间在 37 ~ 65min 之间。

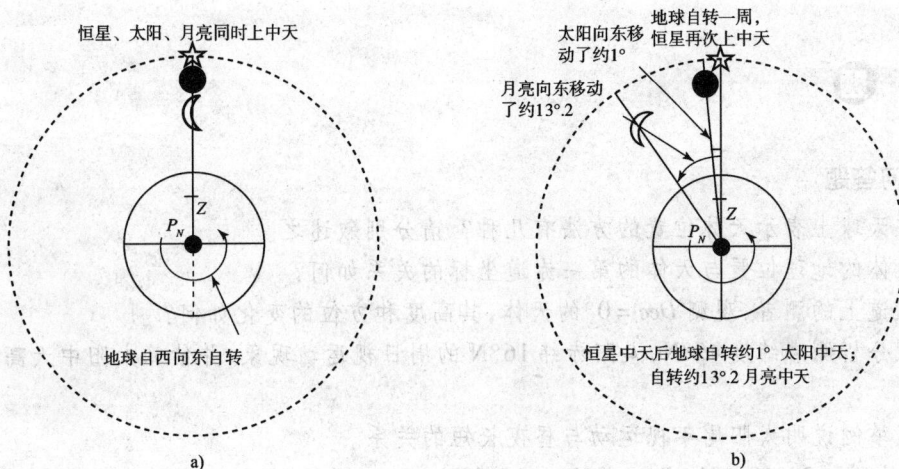

图 1-6-23　月亮、太阳、恒星的中天时间关系

二、月相和月龄

1. 月相

地球上的测者所见月球亮面呈现的不同圆缺形状称为月相(phase of the Moon)（参看光盘:\教学软件\月相）。

如图 1-6-24 所示, P_n 表示地球北极, L_1、L_2 等表示月亮绕地球运行的不同位置。太阳的位置假设在图的右方很远的地方,太阳的光线几乎是平行的。月球的亮面永远是朝向太阳的,从地球上所能看到的只是朝向地球的那半面。因此,对月亮的不同位置 L_1、L_2 等,从地球上看到它们的月相如图1-6-24的中圈所示,并归纳见表1-6-2。

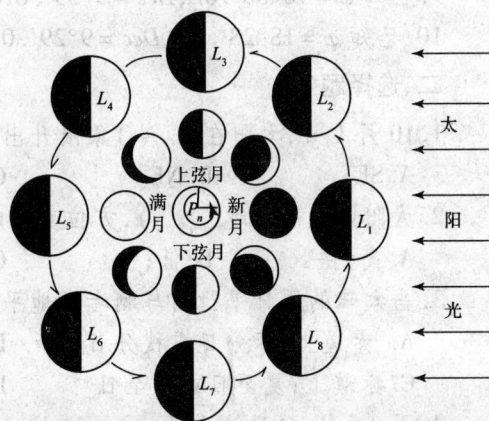

图 1-6-24　月相

表 1-6-2

农　历　日	黄　　经	月相、亮面	升　　出	上　中　天
初一	$\lambda_{\mathbb{D}} = \lambda_{\odot}$	新月(朔)	早上	12^h
初七、八	$\lambda_{\mathbb{D}} = \lambda_{\odot} + 90°$	上弦、西半面	中午前后	傍晚
十五	$\lambda_{\mathbb{D}} = \lambda_{\odot} + 180°$	满月(望)	傍晚	0^h
廿二、廿三	$\lambda_{\mathbb{D}} = \lambda_{\odot} + 270°$	下弦、东半面	半夜	早上

2. 月龄

从最近的新月起,计算到某时刻止所经过的日数称为月龄(age of the Moon)。它是自 0 至 29.5 的一个数字。

我国的阴历日期是月龄的近似数。知道了月龄便可以知道月相,也可以近似计算月亮的中天时间。月亮的中天时间与潮汐有密切的关系。

习 题

一、问答题

1. 在天球上表示天体位置的方法有几种？请分别叙述之。

2. 天体的地理位置与天体的第一赤道坐标的关系如何？

3. 赤道上的测者,观测 $Dec = 0°$ 的天体,其高度和方位的变化如何？

4. 试分析测者纬度45°N,太阳赤纬16°N的周日视运动现象,并估算太阳中天高度及出没象限。

5. 试举例说明太阳周年视运动与昼夜长短的关系。

6. 已知 $\varphi = 28°18'.0N, Dec = 9°29'.0S, LHA = 36°13'.0$,求 h 和 A。

7. 已知 $\varphi = 38°18'.0S, Dec = 7°39'.0S, LHA = 26°13'.0E$,求 h 和 A。

8. 已知 $\varphi = 35°38'.0N, Dec = 69°29'.0N, LHA = 116°13'.0E$,求 h 和 A。

9. 已知 $\varphi = 18°08'.0S, Dec = 9°59'.0N, LHA = 46°18'.0$,求 h 和 A。

10. 已知 $\varphi = 18°28'.0S, Dec = 9°29'.0N, LHA = 6°13'.0$,求 h 和 A。

二、选择题

1. 10月1日,太阳在(　　)象限升出。

   A. SE　　　　　　B. NE　　　　　　C. E　　　　　　D. 以上均可能

2. 太阳中天高度越(　　),方位变化越(　　)。

   A. 高;快　　　　B. 低;快　　　　C. 以上均对　　　D. 以上均错

3. 当太阳的周日平行圈与测者真地平圈重合时,测者位于(　　)并且是在(　　)。

   A. 赤道上;春分日或秋分日　　　　B. 两极;夏至日或冬至日

   C. 赤道上;夏至日或冬至日　　　　D. 两极;春分日或秋分日

4. 下列(　　)说法正确。

   A. 天体过东西圈必有距角　　　　B. 天体有距角必过东西圈

   C. 天体有距角不一定过东西圈　　D. 天体过东西圈必无距角,反之亦然

5. 秋分时,北纬30°的地方比赤道上的日照时间(　　)。

   A. 长　　　　　　B. 短　　　　　　C. 相等　　　　　D. 以上均可

6. "夏季星空"是以赤经等于(　　)为中心线展开的星空。

   A. 0°　　　　　　B. 90°　　　　　　C. 180°　　　　　D. 270°

7. 天球上的南点或北点是(　　)的交点。

   A. 测者子午圈和天赤道　　　　　B. 天赤道和测者真地平圈

   C. 测者子午圈和测者真地平圈　　D. 天体周日平行圈和测者真地平圈

8. 当两个天体同时上中天时,它们什么坐标相同(　　)。

   A. 赤纬相同　　B. 赤经相同　　C. 高度相同　　D. 方位相同

9. 已知天体赤纬等于40°N,测者纬度等于60°N,该天体在周日视运动中(　　)。

   A. 永不升出　　　　　　　　　　B. 永不降没

C. 升出时间大于降没时间   D. 降没时间大于升出时间

10. 下列天体坐标值不受周日视运动影响的是( )。

    A. 时角,赤纬   B. 方位,赤纬

    C. 共轭赤径,赤纬   D. 高度,赤纬

11. 在周日视运动中,当天体赤纬等于0°时,天体将出于( ),没于( )。

    A. 正东;正西   B. 东南;西南   C. 东北;西北   D. 正南;正北

12. 已知春分点格林时角330°,天狼星赤经330°,测者经度30°E,则天狼星地方时角是

( )。

    A. 30°E   B. 30°W   C. 90°E   D. 90°W

13. 某测者经度为100°E,晚上恰有一颗星体在其头顶上方,此时该星的格林时角约为

( )。

    A. 260°   B. 100°   C. 000°   D. 060°

14. 太阳周年视运动的方向是( )。

    A. 自东向西   B. 自西向东   C. 自北向南   D. 自南向北

15. 当测者移动时,天球上的哪个圈也随测者移动( )。

    A. 天体时圈   B. 天体垂直圈   C. 春分点时圈   D. 天体赤纬圈

16. 当天体( ),其方位变化最快。

    A. 中天时   B. 距角时   C. 真出时   D. 真没时

第七章 时间

第一节 时间系统简介

一、概述

时间是物质存在和运动的客观形式,建立时间单位必须以物质的运动为依据。选取的物质运动形式不同,就会有不同的时间系统。时间可以根据某一均匀的、周期性的自然现象所持续的固定长度,作为时间测量的单位来进行计量。若将该现象发生的某瞬间作为时间计量的起点,就得出了时刻。

早期当人们把地球自转看作均匀运动时,就以地球自转作为时间计量的基准,以真太阳(或春分点)连续两次上中天的间隔时间叫做一个真太阳日(或恒星日)。由于真太阳运动复杂,因而真太阳时不均匀。1895年纽康引入了假想的参考点——平太阳,定义了平太阳时。1928年国际天文学会正式将格林尼治平太阳时命名为世界时。从此以地球自转为基准的时间计量系统的世界时被全世界统一使用。由于地球自转速度不均匀,导致用其测得的时间不均匀。1960年起,人们开始以地球公转运动为基准来量度时间,用历书时系统代替世界时。历书时的秒长规定为太阳某特定位置(1900年初)时整回归年长度的$1/31\,556\,925.974\,7$,并以此为起始历元。随着科技的发展,历书时的精度已不能满足需要,1967年后,历书时被原子时取代。原子时的时间单位在目前来说是最精确的,但原子时不能确定时刻。

综上所述,到目前为止,所采用的时间计量系统可归纳为三类:

(1)建立在地球自转运动基础上的时间计量系统——恒星时和世界时;

(2)建立在地球公转运动基础上的时间计量系统——历书时;

(3)建立在原子能级跃迁频率基础上的时间计量系统——原子时和协调世界时。

这三类时间计量系统中,原子时是目前基本的时间计量系统。在航海实践中,主要采用世界时系统。

二、世界时系统

世界时(Universal Time,UT)系统是以地球自转为基础的时间计量系统,即以地球自转周期作为时间计量单位。地球上的人们无法直接测量地球的自转周期,但是,可以选择地球以外的一点作为参照点。地球自转周期的测量,依据所选的参照点的不同,得到的时间计量单位的长度也不同。

恒星时(sidereal time):以春分点为参照点得到的时间计量单位;

视时(apparent time):以视太阳为参照点得到的时间计量单位;

平时(mean time)或世界时(universal time,UT,GMT):以平太阳为参照点得到的时间计量单位。

人们从长期的观测实践中发现,地球自转的速率非但不均匀,而且相当复杂。其中包含不规则的周期性变化,从而导致以地球的自转周期作为时间的计量单位也是不均匀的。

另外,地球在自转的过程中还存在极移现象,极移使地球上各点的经纬度发生变化,导致世界各地天文台测得的世界时之间存在微小的差别。

因此,1955年第九届国际天文学协会决定自1956年起,对直接观测到的世界时作极移和地球自转季节性变化的两项改正。这样,世界时 UT 又分为三类:

(1)UT0:直接由天文观测得到的世界时。由于极移的影响,使世界各地的天文台测得的 UT0 有微小的差别,因而不能作为统一的时间标准;

(2)UT1:UT0 经极移改正后得出的世界时,这是真正反映地球自转的统一时间,也是天文航海所使用的世界时;

(3)UT2:UT1 经过季节改正后得出的世界时,这是1972年以前国际公认的时间标准。

但是,UT2 仍然还受地球自转速率的长期变化和不规则变化的影响,所以 UT2 还是不均匀的。

三、原子时系统

由上可知,对于精密计时,世界时系统并不稳定也不均匀。原子是由一个原子核和若干围绕原子核运动的电子所组成。电子分布在对应不同能量的轨道上绕原子核旋转,原子内部的稳定性比地球自转的稳定性要高得多。原子能量的大小取决于原子核、电子以及电子之间相互作用的状态。量子力学表明,原子能量只能取某些特定的间断的数值,例如 E_1、E_2、E_3 等,与这些能量值对应的状态称为原子的能级。最低的能 E_1 级称为基态能级,其余的能级称为激发态能级。当原子因某种原因改变其内部相互作用时,它就从一个能级跃迁到另一能级上去,同时释放或吸收电磁能量的频率,称此为能级跃迁频率。原子能级跃迁频率极为稳定。人们正是利用原子的这一特性,制造了原子钟,提出了原子时(atomic time)系统。原子时系统是建立在原子能级跃迁频率基础上的时间系统。

1. 原子时

1967年10月第13届国际度量衡会议规定:以铯(Cs133)原子基态超精细能级跃迁的电磁振荡9 192 631 770周所经历的时间长度定义为原子时1s。由这种时间单位积累起来的时间称为原子时(atomic time,AT)。

原子时的起始历元为1958年1月1日世界时(UT2)0时。由全世界大约100台原子钟用各种方法进行比对,再由国际时间局(BIH)进行数据处理,求出统一的原子时,称为国际原子时(international atomic time,ITA)。

2. 协调世界时

原子时比世界时精确、稳定,能够满足许多现代科学技术部门的要求。但是世界时系统与昼夜保持稳定关系的特点,也不是原子时所能替代的。原子时自1958年起到2006年1月1

日止,已超前世界时33s,随着时间的推移,两者差别将越来越大。所以把原子时直接应用于日常的生活、工作,也会产生问题。为了兼顾在实际应用中既需要有稳定的频率和均匀的时间,又需要世界时(UT1)的时刻,因而在原子时(AT)与世界时之间进行协调,得出另一种称为协调世界时(UTC)的时间计量系统。

协调世界时(coordinated universal time,UTC)是以原子时秒作为计量时间的单位,而在时刻上则要求与世界时(UT1)之差保持在 ±0.9s 之内。因此,UTC 是受 UT1 制约的原子时。

3. 协调世界时的跳秒调整

UTC 在时刻上与 UT1 保持在 ±0.9s 的误差之内,是通过跳秒调整来实现的。1971 年国际无线电咨询委员会所制定的 UTC 的实施要点是:

(1)UTC 从 1972 年 1 月 1 日世界时 0^h 开始实施;

(2)UTC 必须通过跳秒调整来实现其时刻上与 UT1 之差保持在 ±0.9s 之内的要求。跳秒每次调整 1 整秒,称为闰秒。凡是增加 1s,即时刻推迟 1s,称为正闰秒(又称正跳秒)。减少 1s 的,称为负闰秒(又称负跳秒);

(3)实施跳秒调整的时间,在每年的 6 月 30 日或者 12 月 31 日世界时的最后一秒上进行。3 月 31 日和 9 月 30 日的最后一秒作为跳秒调整的候补选用日期,而且如有必要,每个月末的最后一秒钟都可实施跳秒调整。

一个正闰秒在 $23^h59^m60^s$ 结束时的后一秒才是次日的 $00^h00^m00^s$;而一个负闰秒在 $23^h59^m58^s$ 后面的一秒就是次日的 $00^h00^m00^s$。

UTC 的跳秒调整由国际时间局根据天文测时的情况作出决定,并提前 2 个月通知各天文台。

跳秒调整的预告刊登在英版《周版》航海通告(Admiralty Notices to Mariners)的第Ⅵ部分,即改正《英版无线电信号表》(Admiralty List of Radio Signals)第二卷的无线电时号部分。

由于 UTC 与 UT1 的偏差保持在 ±0.9s 之内,因此,如果所要求的时间精度允许忽略这一偏差,就可以把 UTC 近似当作 UT1。因此,在航海测天定位时,驾驶员常常把 GPS 导航仪指示的 UTC 近似当作 UT1 使用。

第二节　恒　星　时

一、恒星日

日是以地球自转运动为基础的时间单位,地球自转反映为各天体在天球上作自东向西的周日视运动。天体在周日视运动中,同一天体(参考点)在同一子午圈上连续两次同名中天(上中天或下中天)的时间间隔称为一日。因此,以不同的参考天体来计量地球自转周期,就会得到不同长度的日。若以太阳为参考点,得到太阳日;以月亮为参考点,得到太阴日(参见附篇第六章第二节)。

恒星日以春分点为参考点,即春分点在周日视运动中连续两次上中天的时间间隔称为一恒星日(Sidereal day)。即

1 恒星日 = 地球自转 1 周 360°所经历的时间间隔 = 24 恒星小时(24h = 360°)。

1 恒星小时 = 60 恒星分钟(60min = 15°)。

1 恒星分钟 = 60 恒星秒(60s = 15')。

二、地方恒星时和格林恒星时

一个恒星日中,春分点由测者午圈起(0 点)向西运行所经历的时间间隔称为恒星时(Sidereal time,ST)。恒星时可以用时间(h、m、s)或角度(°、'、")单位度量。例如:

$$ST = 08^h44^m16^s = 131°04'.0 = LHA^\gamma$$

显然,不同地方的测者具有不同的恒星时,以某地午圈起算的恒星时称为地方恒星时(local sidereal time,LST)。而以格林午圈起算的恒星时称为格林恒星时(Greenwich sidereal time,GST),代号 S_G。

三、恒星时和春分点时角的关系

春分点圆周地方时角 LHA^γ 和地方恒星时 LST 都是由测者午圈起向西度量到春分点,因此,两者在数值上相等,即 $LST = LHA^\gamma$。同理,春分点格林时角 GHA^γ 和格林恒星时 GST 在数值上也相等,即 $GST = GHA^\gamma$。

第三节　视时和平时

一、太阳日和视(太阳)时

太阳的周日视运动产生昼夜现象。自古以来人们习惯于按照昼夜的交替来安排生活和生产活动,因此,根据太阳的周日视运动计量时间对于日常生活是极其适宜的。

1. 太阳日

太阳日(solar day)是太阳在周日视运动中连续两次下中天的时间间隔,把太阳下中天作为太阳日的起始点。即

1 太阳日 = 太阳周日视运动 1 周 = 地球自转360° + DRA°(赤经日变化)所经历的时间长度。将 1 太阳日等分为时、分、秒,便得

1 太阳日 = 24 太阳小时(24h) = 360°(太阳周日视运动 1 周)。

1 太阳小时 = 60 太阳分钟(60min) = 15°(太阳周日视运动 15°)。

1 太阳分钟 = 60 太阳秒(60s) = 15'。

2. 视(太阳)时

太阳由测者子圈起向西运行所经历的时间长度称为视太阳时(solar time),简称视时(apparent time),并用 $T^\odot$ 表示。

3. 视时与太阳的地方时角

根据天体地方时角的定义,太阳由测者午圈起向西运行所经历的弧距称为太阳的圆周地方时角 $LHA^\odot$。因此,$T^\odot$ 与 $LHA^\odot$ 间有关系式:

$$T^\odot = LHA^\odot \pm 12h(180°) \tag{1-7-1}$$

如图 1-7-1 所示,某时太阳的时圈为 $P_N SA$,视时 $T^\odot$ 用弧距 $\overset{\frown}{Q'A}$ 度量。而此时太阳的地方时

角为 $\overset{\frown}{QQ'A}$。

4. 太阳日不等长

太阳周年视运动中，由于太阳运动的不均匀性和黄赤交角 ε 的影响，太阳赤经的每日变化量 $DRA^{\odot}$ 是不均匀的，最大的日变量 $DRA^{\odot}=66'.6$，而最小的 $DRA^{\odot}=53'.8$。表明最长和最短的太阳日相差约为 $12'.8\times4s=51.2s$。作为一种时间单位，长短必须固定。由此可见，把长度变化的太阳日作为时间单位是不适宜的。

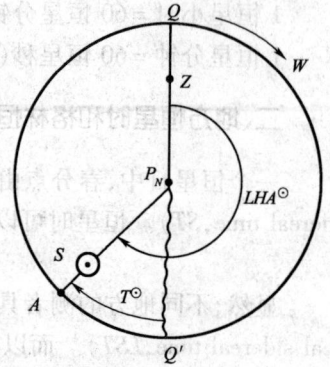

二、平太阳日和平(太阳)时

图 1-7-1　视时与太阳地方时角

1. 平太阳和平太阳日

平太阳 $\oplus$(mean sun)是一个假想的天体，它在天赤道上自西向东作等速周年视运动，其运动速度等于视太阳的平均速度。因此，平太阳每天的赤经变化量 $DRA^{\oplus}$ 为：

$$DRA^{\oplus}=\frac{24h}{365.2422}=3\min56.56s=59'.14$$

平太阳日(mean solar day)是平太阳在周日视运动中连续两次下中天的时间间隔，把平太阳下中天作为平太阳日的起始时刻 0 点。显然，平太阳日是等长的。即

1 平太阳日 = 平太阳周日视运动 1 周的时间长度

= 地球自转 $(360°+59'.14)$ 的时间

= 1 恒星日 $+3\min56.56s$

同样

1 平太阳日 = 24 平太阳小时(24h) = 360°(平太阳周日视运动 1 周)。

1 平太阳小时 = 60 平太阳分钟(60min) = 15°。

1 平太阳分钟 = 60 平太阳秒(60s) = 15'。

直至 1960 年，平太阳秒还是标准秒，现在的标准秒是原子时秒。在《航海学》中是用平太阳时、分、秒为时间计量单位的。

2. 平(太阳)时

平太阳由测者子圈起向西运行所经历的时间长度称为平太阳时(mean solar time)。平太阳时简称平时(mean time)，代号 T。平时由起始历元(参见附篇第六章第二节)起累计日期，因此，平时的表示须标明日期，例如 $T=15^h03^m45^s$ (2008-05-17)。

3. 平时 T 和平太阳圆周地方时角 $LHA^{\oplus}$ 的关系

平时 T 是从测者子圈起算的，$LHA^{\oplus}$ 是从测者午圈起算的，因此

$$T=LHA^{\oplus}\pm12h(180°) \tag{1-7-2}$$

即平太阳时在数值上等于平太阳圆周地方时角加减 12h。

三、时差

综上所述，$DRA^{\oplus}$ 是太阳赤经的日变量 $DRA^{\odot}$ 的平均值，因此，$DRA^{\odot}$ 有时小于 $DRA^{\oplus}$，有时大于 $DRA^{\oplus}$。即在太阳周年视运动中，视太阳在某些时间段内落后于平太阳，某些时间段内又

超前于平太阳,相应地,视时 $T^{\odot}$ 与平时 T 就有差异。

时差(equation of time,ET)是视时 $T^{\odot}$ 减去平时 T 的差值,代号 η,即

$$ET = T^{\odot} - T \qquad (1\text{-}7\text{-}3)$$

如果视太阳落后于平太阳,$T^{\odot} < T$,则 ET 为" –"(图 1-7-2);如果视太阳超前于平太阳,$T^{\odot} > T$,则 ET 为" +"(图 1-7-3)。图 1-7-4 是一年中的时差变化曲线图。从图中看出,一年中有四天时差等于零,有四天达到极值,但时差最大不超过 17min,因此平太阳时也能与视太阳的昼夜交替保持良好的关系。

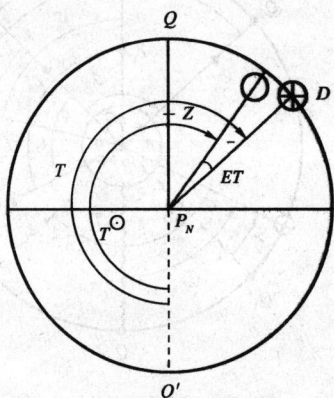

图 1-7-2　视太阳落后于平太阳

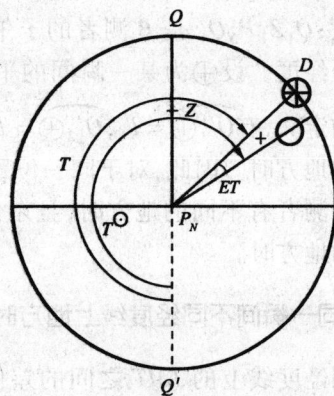

图 1-7-3　视太阳超前于平太阳

根据时间和时角的关系,可得

$$ET = LHA^{\odot} - LHA^{\oplus} \qquad (1\text{-}7\text{-}4)$$

根据赤经的关系,可得

$$ET = RA^{\oplus} - RA^{\odot} \qquad (1\text{-}7\text{-}5)$$

利用视时和平时的关系可以解决以下的问题:

1)根据已知的平时 T 求太阳时角

由式(1-7-4)得

$$LHA^{\odot} = LHA^{\oplus} + ET$$

又因为 $LHA^{\oplus} = T \pm 12^{h}$,因此

$$LHA^{\odot} = T \pm 12^{h} + ET$$

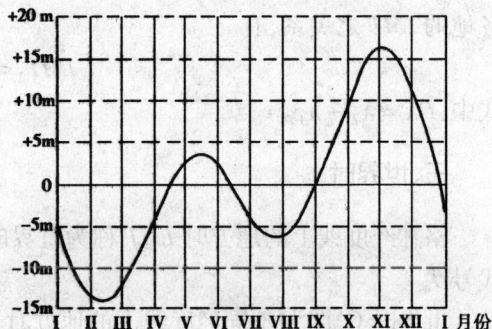

图 1-7-4　时差变化曲线图

其中,时差 ET 由《航海天文历》的天体位置表右页右下角的时差栏查得(参见附录3)。

2)求太阳中天平时 T

由式(1-7-3)得

$$T = T^{\odot} - ET \qquad (1\text{-}7\text{-}6)$$

因为太阳上中天时,$LHA^{\odot} = 0°$,$T^{\odot} = 12^{h}$,所以

$$T = 12^{h} - ET$$

例如:2006 年 3 月 20 日查得时差 ET $= -7^{m}39^{s}$(见附录3),因此,当天太阳在 $T = 12^{h} - (-7^{m}39^{s}) = 12^{h}07^{m}39^{s}$ 上中天。

第四节　地方时和世界时

一、地方平时

以某地测者为基准计量的平太阳时称为地方平时（local mean time，LMT），简称地方时。

如图1-7-5所示，QZ_GP_NQ'是格林子午圈，Z_G为格林天顶；$Q_2Z_AP_NQ'_2$是A测者的子午圈，Z_A为天顶，λ_E是其东经经度；$Q_1Z_BP_NQ_1$是B测者的子午圈，Z_B为天顶，λ_W是其西经经度。设⊕为某一瞬间的平太阳位置，根据平太阳时的定义，有$\overparen{Q'_1\oplus}=T_1$，$\overparen{Q'_2\oplus}=T_2$，它们分别是测者$B$和$A$的地方时。因此，对于同一位置的平太阳⊕，不同经度线的测者有不同的地方时，且东侧测者的地方时大于西侧的地方时。

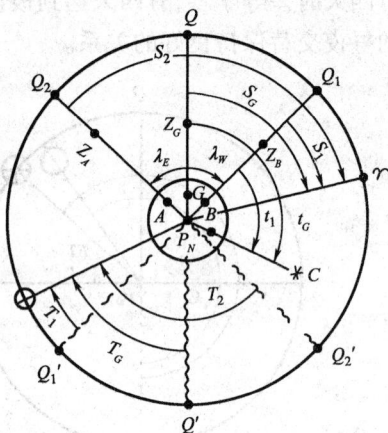

二、同一瞬间不同经度线上地方时之间的关系

不同经度线上的LMT之间的差值等于它们的经差$D\lambda$，且符合"东大西小"规律。由图1-7-5显见，A测者位于B测者之东，A测者的LMT（图中用T_2表示）大于B测者的LMT（T_1），两者相差$D\lambda$。因此，各地的LMT之关系，有

图1-7-5　不同经度的地方时之关系

$$LMT_2 = LMT_1 \pm D\lambda_W^E \tag{1-7-7}$$

式中：$D\lambda = \lambda_2 - \lambda_1$。

三、世界时

格林经度线上的地方时LMT称为世界时（universal time，UT；Greenwich mean time，GMT），代号T_G。

世界时GMT与不同经度线上的地方时LMT有如下关系（图1-7-5）：

$$LMT = GMT \pm \lambda_W^E \tag{1-7-8}$$

或者

$$GMT = LMT \mp \lambda_W^E \tag{1-7-9}$$

而天体圆周地方时角LHA和格林时角GHA之间的关系有（见图1-7-5的天体C）：

$$LHA = GHA \pm \lambda_W^E \tag{1-7-10}$$

它们同样符合"东大西小"的规律。

例1-7-1：已知2005年5月15日，$\lambda=131°27'.5E$的LMT为$06^h18^m20^s$，求GMT。

解：（1）$\lambda=131°27'.5E/15°=8h45min50s\ E$

$$
\begin{array}{lllll}
2) & LMT & 06^h & 18^m & 20^s & （5月15日） \\
-) & \lambda & 8 & 45 & 50 & E \\
\hline
& GMT & 21^h & 32^m & 30^s & （5月14日）
\end{array}
$$

四、不同经度线的地方时之间的换算

由某一经度线的时间求另一经度线的时间,可以按式(1-7-7)计算,也可以采用"通过格林经度线"转换的方法,把已知经度线 λ_1 的时间 LMT_1 先换算到 GMT,然后再将 GMT 转换至所求经度线 λ_2 的 LMT_2。

例 1-7-2: 已知 2005 年 5 月 15 日,$\lambda_1 = 131°27'.5E$ 的 LMT_1 为 $06^h18^m20^s$,求 $\lambda_2 = 61°43'.0$E 的 LMT_2。

解:

LMT_1	06^h	18^m	20^s	(5 月 15 日)
$-)\ \lambda_1$	8	45	50 E	($131°27'.5E/15°$)
GMT	21	32	30	(5 月 14 日)
$+)\ \lambda_2$	4	06	52 E	($61°43.0/15°$)
LMT_2	01^h	39^m	22^s	(5 月 15 日)

第五节 区时、法定时和船时

一、区时

在同一平太阳位置,不同经度线上的地方时是不相同的。在社会生活中,若大家都用自己的地方时显然是行不通的。1884 年,国际天文学会提出了时区制的建议,即把全球划分为 25 个时区,每个时区均以本区中央经度线的地方时作为全区使用的统一时间,称为区时。

1. 时区的划分

如图 1-7-6 所示,以 0°经度线为中线,向东向西各取经度 7°30′,共 15°划成一个时区(time zone),称为零时区(0),0°经度线是零时区的中央经度线,也称零时区中线。从零时区的东边界线开始,向东每隔经度 15°划一个时区,共划成十二个东时区,依次为东 1 区、东 2 区……直到东 12 区;同样地,从零时区的西边界线开始,向西每隔 15°划成西 1 区、西 2 区……直到西 12 区。

2. 时区号

每个时区都有编号,称为时区号(zone discription,ZD),简称区号。东时区的区号为"−",西时区的区号为"+"。在上述 25 个时区中,东 12 区和西 12 区各跨经度 7°30′,180°经度线是这两个时区共用的时区中线。于是,各时区的时区中线离本区的边界线的经差为 7°30′,相邻时区中线的经差都等于 15°。零时区的中线经度是 0°,东 1 区的中线经度是 15°E,西 1 区的中线经度是 15°W,以此类推。由此可见,各时区中线经度是其时区号的 15 倍。即

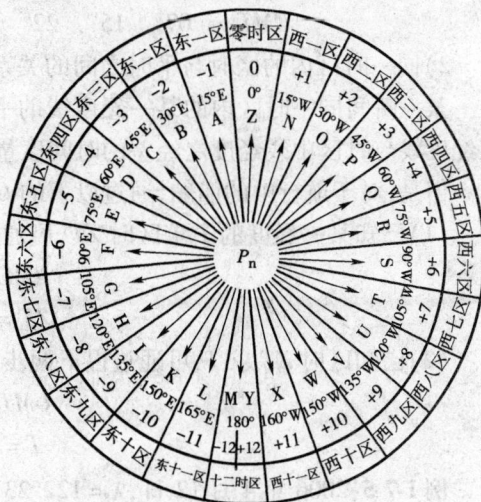

图 1-7-6 时区划分示意图

$$时区中线经度\ \lambda_w^E = 时区号数(\mp) \times 15 \tag{1-7-11}$$

欲知某经度所属时区,可用下法判断:凡是经度 λ 被 15 除后,如果余数小于 $7°30'$,所得的商数就是该经度所在时区的号数;如果余数大于 $7°30'$,则商数加 1(不考虑符号),才等于时区号数。

例 1-7-3:求大连($\lambda = 121°39'E$)和北京($\lambda = 116°28'E$)的时区?

解:$\dfrac{121°39'}{15°} = 8 \cdots\cdots 1°39'$,余数 $< 7°30'$,大连属于东 8 区,$ZD = -8$

$\dfrac{116°28'}{15°} = 7 \cdots\cdots 11°28'$,余数 $> 7°30'$,北京也属于东 8(7 + 1)区,$ZD = -8$

某地时区也可按下面的方法求得:把该地经度 λ 转换成时间度量单位,则凑整到整小时数就是所求的时区。例如:大连 $\lambda = 121°39'E = 8^h06^m36^sE \approx 8^h$,所以大连为东 8 区($-8$);北京 $\lambda = 116°28'E = 7^h45^m52^sE \approx 8^h$,即 $ZD = -8$。

3. 区时

区时(zone time, ZT)是时区中线的地方时。ZT 应注明地点或区号及日期。例如:ZT $10^h12^m15^s(-8)2008-05-09$。零时区的区时是 $0°$ 经度线的地方时,也是世界时 GMT。

区时是时区中线的平时,因而也具有地方性,具有"东大西小"的特征。又因各时区中线经度都是 $15°$ 整数倍,因此在同一平太阳位置,相邻时区的区时相差 1h,而且东边时区的区时大。

1)区时与世界时之间的关系

因为时区号 ZD 本身有正、负号,所以区时与世界时之间的关系为:

$$GMT = ZT + ZD \tag{1-7-12}$$

或
$$ZT = GMT - ZD$$

例 1-7-4:已知 $ZT = 16^h15^m22^s(-9)2008-07-08$,求世界时。

解:

	ZT	16^h	15^m	22^s	(7 月 8 日)
+)	ZD	-9			
	GMT	07^h	15^m	22^s	(7 月 8 日)

2)同一时区内的区时与平时之间的关系

某一瞬间同一时区内的某一经度线的平时 T 和区时 ZT,符合"东大西小"规律,两者相差该经度线与时区中线经度之经差的时间度量值。

但是,对于航行中的船舶,通过以下的 GMT 换算法或通过图解法可方便地进行计算。

(1)已知某一经度的 T 求区时 ZT,可通过以下两步转换,即:

$$GMT = T \mp \lambda_w^E$$
$$ZT = GMT - ZD \tag{1-7-13}$$

(2)已知区时 ZT 求 T,可通过以下两步转换,即:

$$GMT = ZT + ZD$$
$$T = GMT \pm \lambda_w^E$$

例 1-7-5:2006 年 4 月 12 日,$\lambda = 122°23'E$ 的 $T = 21^h04^m36^s$,求对应的 ZT。

解:(1)通过 GMT 换算:

①将经度化成时间单位求出时区号

$$\lambda = 122°23'E = 8^h09^m32^sE, \quad \therefore ZD = -8。$$

②通过 GMT 求 ZT

$$
\begin{array}{llll}
\lambda=122°23'E\text{的}T & 21^h04^m36^s & （4月12日）\\
-)\quad\lambda & 80932\text{ E} \\
\hline
GMT & 12^h55^m04^s & （4月12日）\\
-)\quad ZD & -8 \\
\hline
\lambda=122°23'E\text{的}ZT & 20^h55^m04^s & （4月12日）
\end{array}
$$

（2）通过图解法求解：

如图 1-7-7 所示,已知 $122°23'E$ 在中央经线 $120°E$ 的东侧,所以,区时 ZT 小,$122°23'E$ 的地方时 $T(21^h04^m36^s)$ 大,两者相差 $D\lambda = 2°23'$ $= 9min32s$,由此求得

$$ZT = 21^h04^m36^s - 9min32s = 20^h55^m04^s$$

例 1-7-6:2006 年 3 月 4 日 $ZT = 18^h21^m00^s$,推算经度 $\lambda = 109°12'$ E,求该经度的 T。

解:（1）将经度化成时间单位：

$$\lambda = 109°12'E = 7^h16^m48^sE, \quad \therefore ZD = -7$$

（2）由 GMT 转换成 T：

$$
\begin{array}{llll}
ZT & 18^h & 21^m & 00^s & （3月4日）\\
+)\quad ZD & -7 \\
\hline
GMT & 11^h & 21^m & 00^s & （3月4日）\\
+)\quad \lambda & 7^h & 16^m & 48^s & \text{E} \\
\hline
T & 18^h & 37^m & 48^s & （3月4日）
\end{array}
$$

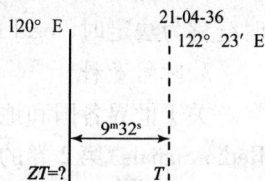

图 1-7-7 图解法求区时

4. 日界线

$180°$经度线是东 12 区和西 12 区的公共时区中线,也是它们的时区边界线。东、西 12 区的区时是相同的,但日期相差 1 天。东 12 区比西 12 区的日期大 1 天。所以,$180°$经度线称为日期变更线或日界线(date line)。

$180°$经度线虽然在太平洋中间,但也穿过一些国家与群岛,为了把同一群岛或行政区划在同一时区内,国际上规定的日界线并不完全与 $180°$ 经线一致,而是根据国界和行政区有若干曲折。国际日期变更线(international date line)的具体走向可查阅图号为 5006 的英版世界时区图。

二、法定时

1. 标准时

标准时(standard time)是由国家或地区的政府以法律规定的某一经度线的地方时作为本国或本地区使用的统一时间。

标准时并不简单地等于区时,如我国横跨五个时区(东 5 区到东 9 区),为了便于处理国

家的事务,基本上规定以东 8 区时作为全国统一的标准时间,称为北京标准时,它实际上是 120°E 经度线的地方时。又如朝鲜处于东 8 区和东 9 区内,他们规定以东 9 区区时作为全国统一的标准时间。有些国家不用时区制时间,而是以本国的首都或适中地点所在经度的地方时作为全国统一的标准时。因此,这些国家的标准时与世界时的差值就可能不是整小时数。

2. 夏令时

有些国家,在夏季为了节约照明用电,在法律上还规定将本国的标准时提前 1h 或 0.5h,这种时间称为日光节约时(day light saving time),或称夏令时(summer time)。夏季过后又恢复原来的标准时。

由于各国和地区使用的时间制度都是以法律形式公布并执行的,因此,标准时和日光节约时统称为法定时(legal time)。

3. 时间资料

关于世界各国和地区执行的时间制度资料,可以查阅英版无线电信号表(Admiralty List of Radio Signals)第 2 卷的法定时(Legal time)部分。

三、船时

1. 船时

船上的时钟(船钟)指示的时间称为船时(ship's mean time,SMT),船时精确到分钟。实用中船时用小时和分钟所组成的 4 位数表示,并注明日期,例如 SMT 0830(2008-08-25)。

当船舶在大洋航行时,船时指示船舶所在的区时,故有时也用 ZT 表示。当船舶进入领海或港区时,船时应指示所属国家或地区的法定时。

2. 拨钟

船舶在大洋中航行跨越时区边界线,需要拨钟,以使船时与航行地的区时一致。当船舶向东航行进入相邻时区,应拨钟使船时增加 1h;反之向西航行,使船时减 1h。但东 12 区和西 12 区共用 180°时区中线,因此,它们的区时相同。船舶由东 12 区进入西 12 区,或由西 12 区进入东 12 区通过 180°经线,不需要拨钟,但日期应改变一天。船舶向东航行穿过 180°经度线,即由东 12 区进入西 12 区,日期应减去 1 天;反之,船舶向西航行穿过 180°线,日期应增加 1 天。

船上的具体拨钟方法由船长决定,一般有两种方法:一是一次拨钟 1h,在夜间的三副班进行。另一种是将 1h 平均分配成三个班次拨钟,即夜间的三副、二副、大副班各拨 20min。但不管采用何种方法,均须在航海日志中做好记载。

习 题

一、问答题

1. 日是如何定义的? 请分别叙述恒星日、太阳日和平太阳日。

2. 视时和平时之间的关系和各自的特征如何? 时差有何特点?

3. 若已知某日的时差,如何求该日太阳的中天区时和地方时角?

4. 试述世界时和区时,地方时和区时,区时和地方时的相互关系。

二、选择题

1. 一个平太阳日等于天球旋转(　　)经历的时间间隔。

　　A. $360°$　　　　B. $360°+53'.8$　　　C. $360°+66'.6$　　　D. $360°+59'.14$

2. 从测者子圈起算的时间是(　　)。

　　A. 世界时　　　B. 恒星时　　　　　　C. 地方时　　　　　　D. 区时

3. 时差等于 $-6min$，太阳上中天时，视时等于(　　)；平时等于(　　)。

　　A. 1206;1154　　　　　　　　　B. 1200;1206

　　C. 1200;1154　　　　　　　　　D. 1206;1206

4. 已知太阳在某地上中天的时差等于 $-2min15s$，则该天太阳上中天的平时为(　　)。

　　A. $12^h02^m15^s$　　B. $11^h58^m45^s$　　　　C. $11^h57^m45^s$　　　　D. $11^h02^m45^s$

5. 天文航海上所采用的对时信号是(　　)。

　　A. UT0　　　　B. UT1　　　　　　C. UT2　　　　　　　D. UTC

6. 同一时刻不同时区的区时相差(　　)。

　　A. 两地的纬差　　　　　　　　B. 两地的经差

　　C. 两时区中线经度之差　　　　D. 测者的经度

7. 已知某地经度为 $72°W$，太阳在该地上中天，此时的时差为 $+8$，则太阳在该地上中天的区时为(　　)。

　　A. 1140　　　　B. 1148　　　　　　C. 1200　　　　　　　D. 1204

8. 已知测者经度 Long. $=30°42'.0W$ 所在时区的区时 $ZT=22^h50^m48^s$(2月11日)，则该地的地方时 $LMT=($　　$)$。

　　A. $22^h48^m00^s$(2月11日)　　　　B. $22^h50^m48^s$(2月11日)

　　C. $22^h51^m00^s$(2月12日)　　　　D. $23^h50^m48^s$(2月11日)

9. 经度 $\lambda=112$ E 的地方时 $LMT=11^h28^m00^s$，此刻该时区的区时 $ZT=($　　$)$。

　　A. $11^h00^m00^s$　　B. $11^h28^m00^s$　　　C. $11^h56^m00^s$　　　　D. $12^h00^m00^s$

10. 8 月 8 日，区时 $ZT=1600(+8)$，此刻世界时 $=($　　$)$。

　　A. 0000(9 日)　　　　　　　　B. 0000(8 日)

　　C. 0800(7 日)　　　　　　　　D. 1200(8 日)

11. 船舶向东航行进入相邻时区船钟一般应(　　)。

　　A. 拨快 1 小时　　　　　　　　B. 拨慢 1 小时

　　C. 不拨　　　　　　　　　　　D. 指示世界时

12. 产生时差的原因是(　　)。

　　A. 地球自转　　　　　　　　　B. 太阳周日视运动

　　C. 地球自转的速度不均匀　　　D. 地球公转的速度不均匀

13. 一年中时差最大值不超过(　　)。

　　A. 4min　　　B. 8min　　　　　C. 14min　　　　　　D. 17min

14. 协调世界时是受(　　)制约的原子时系统。

　　A. UT0　　　B. UT1　　　　　　C. UT2　　　　　　　D. 恒星时

第二篇

船 舶 定 位

第一章　航迹推算

船舶在海上，要确保其安全地按预定的航线航行，就必须在任何时候都要知道船位所在。船舶确定船位的方法，一般可以分为航迹推算和观测定位两类。

观测定位(Fixing position)是利用航海仪器，观测确知位置的物标，再根据观测结果，定出观测时刻的船位。根据所观测物标的性质和观测手段的不同，目前航海上常用的观测定位方法，分为陆标定位、天文定位和电子定位三类。

航迹推算(Dead reckoning)是航行中推算得船舶航行轨迹和船位的最基本的方法。它是根据船舶的航向、航程和风流资料，在不借助于外界导航物标的条件下，从已知的推算起始点开始，推算出有一定精度的船舶航迹和船位。而推算船位是天文定位和电子定位的基础。

航迹推算有以下两种方法：

(1)航迹绘算法(Track plotting)，即海图作业法(Chart work)。它是根据航行和风流等要素直接在海图上画出推算航迹和船位；

(2)航迹计算法(Track calculation)。它是运用数学计算的方法计算出推算航迹和船位的数据，然后画到海图上。

对于航迹推算的有关规定为：航迹推算应在船舶驶出领航水域或港界，定速航行后立即开始。推算起始点必须是准确的观测船位。航迹推算在整个航行过程中不得无故中断，直至驶入目的港领航水域或接近港界有物标可供导航时，方可终止。航迹推算的起点、终点应记入航海日志。在狭水道或渔区航行有时可中断推算，但是应该将中止点和复始点在海图上画出并记入航海日志。

推算船位在沿岸水流影响显著的航区应该每小时进行一次；在其他航区，一般每2h或4h进行一次。

对于观测定位的有关规定为：沿岸航行，船速在15kn以下，每半小时定位一次，接近危险地区或船速在15kn以上，均应适当缩短定位时间间隔；能见度不良情况下，应充分使用雷达进行定位；远离海岸航行，应充分利用天测等定位方法。天测定位，在正常情况下，每昼夜至少有三个天测船位(晨、昏和上午或下午太阳位置线间或与中天船位纬度间的移线船位各一个)；接近浅滩、礁石和水深变化显著地区，应进行测深。

有关"常用船位名称、代号和符号表"见附录13。

第一节　航　迹　绘　算

一、若干概念

1.计划航迹线和实际航迹线

计划航(迹)线(intended track)是预先设计并绘画在海图上的船舶计划要航行的理想轨

迹。计划航线的前进方向,叫做计划航(迹)向(Course of advance, CA),它是真北线顺时针与计划航线的夹角。计划航线的里程叫计划航程(S)。船舶开航前必须要在海图上设计好并画出计划航线,计算出或直接从海图上量出计划航向 CA 和计划航程 S,作好航线标注及航线附近的其他必要标注。船舶航行中,当受到风流影响或者操舵不稳等因素的影响,船舶航行轨迹往往与 TC 线不一致(图 2-1-1)。船舶实际航行的轨迹叫做实际航迹线,简称航迹线(track)。航迹线与计划航线一般也不一致,驾驶员应通过航迹推算和观测定位的方法,注意观察船舶的航行轨迹,使其尽量保持在计划航线上。

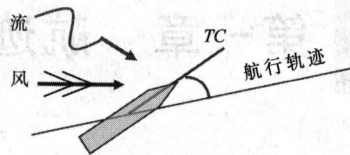

图 2-1-1　船舶航行轨迹

2. 推算航迹线和推算船位

推算航(迹)线(estimated track)是船舶航行过程中,通过航迹推算法推算出的船舶航行轨迹。其前进方向叫推算航(迹)向(estimated course, CG),它是真北线顺时针至推算航线的夹角。船舶在推算航线上的航行里程叫推算航程。推算船位(estimated position, EP)是通过航迹推算法确定的船位。而不计风流,仅以计程仪航程在真航向线(或者计划航线)上截取的船位叫积算船位(dead reckoning position, DR)。

3. 航迹绘算法要解决的问题

航迹绘算法简单、直观,主要解决以下两类问题:

1)根据船舶航行时的真航向(已知 TC)、计程仪航程和航行中掌握的风流要素,在海图上作图画出受风流影响后的推算航迹和推算船位;

2)预配风流压差求出应驶的 TC(预求 TC)。即在海图上根据计划航线和事先掌握的风流要素,作图求出使船舶能保持在计划航线上的应驶的 TC 及此后航行过程中的推算船位。这是驾驶员应重点要做好的工作。

二、航迹绘算方法

1. 无风流情况下的航迹绘算

无风流是指航行海区没有风流,或风流对船舶航行影响甚微,船舶航迹偏离 TC 线的角度不超过 1°。

1)无风流时的船舶航行轨迹

图 2-1-2 中,无风流时,船舶只要按 $TC = CA$ 航行,将真航向 TC 换算到可以在罗经上执行的罗航向 $CC(= TC - \Delta C)$ 或陀罗航向 $GC(= TC - \Delta G)$,只要罗经差是准确的,又没有其他航行误差,则船舶航行轨迹与 TC 延长线即计划航线一致,即无风流时 $TC = CA$。而船舶航程 S 和对水航程即相对计程仪航程 S_L 也是一致的,即 $S = S_L$。

2)无风流的推算船位

如图 2-1-3 所示,在计划航线上从推算起始点截取计程仪航程 S_L(或 $V_L \cdot t$)求取积算船位 DR,并作好船位标注。

2. 有风流情况下的航迹绘算

1)风对船舶航行的影响

(1)风和风向。风会影响船舶的航行轨迹,其影响程度与风舷角、风力及船速等多种因素有关。风向是指风的来向,风舷角(Q_W)是视风向与船首线的夹角。船上观测到的风是视风,它是真风与船风的合成风。船风是船舶自身运动所产生的相对风,其风向与 TC 一致。真风、船风和视风之间的关系如图 2-1-4a)所示。

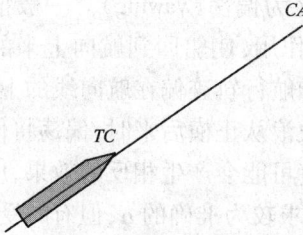

图 2-1-2　无风流航行轨迹　　　图 2-1-3　无风流的航迹推算

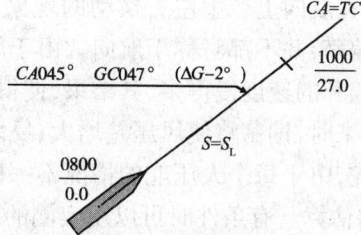

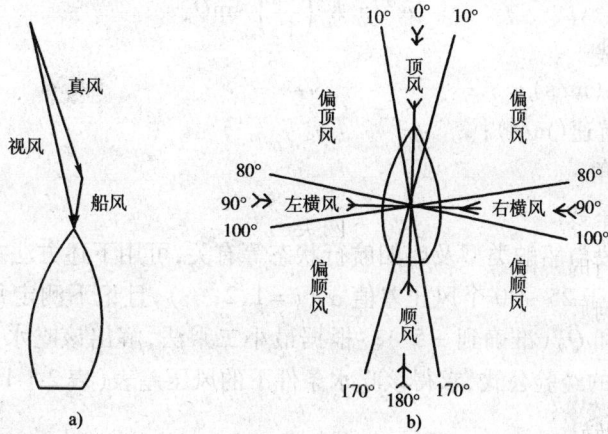

图 2-1-4　视风向

视风与船首向的关系见图 2-1-4b)。当风舷角 Q_W 小于 10°时,叫做顶风;当 Q_W 大于 170°时,叫做顺风;当 Q_W 在 80°~100°之间时,叫横风;当 Q_W 在 10°~80°之间时,叫偏顶风;当 Q_W 在 100°~170°之间时,叫做偏顺风。

(2)风压差。船舶受风影响后的航行轨迹偏开真航向线的角度称为风压差角(Leeway angle,α),简称风压差,用 α 表示(图 2-1-5)。图中可见,$CG(CA) = TC + \alpha$,船舶左舷受风,α 为"+";右舷受风,α 为"-"。

风对船舶的影响无法用风的矢量表示。由于水的阻力,船舶向下风漂移的速度远小于风速,漂移的方向也不一定与风向平行。因此,实用中 α 的大小,是根据风舷角、风力及船舶载重和船速等因素,依据一定经验来估计的。

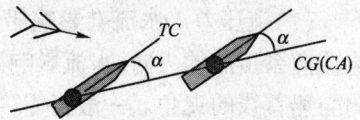

图 2-1-5　船舶受风影响后的航行轨迹

(3)影响风压差大小的因素。风压差 α 的大小与下列因素有关:

①风舷角:横风时,风压差值最大,顶风或顺风时,风压差几乎为零;

②风速:风速越大,风压差越大;

③船速:船速越大,风压差越小;

④船体情况：当轻载，吃水浅，或船体受风面积大，风压差也大，反之就小。此外，平底船的风压差要比尖底船的大。

船舶在风浪中航行，会产生船舶偏荡，风压差就可能不易掌握。波浪在很大程度上会降低船速，还会使船舶在航向上产生左右摆动的现象，称之为偏荡（yawing）。一般情况下，波浪对航行船舶产生的偏荡，并不都对称于航向。由于舵的作用，使船舶回到航向上来的速度，要比波浪使船从航向上偏开的速度慢得多，其结果，使得船舶航行轨迹偏在航向线的上风侧。实践证明，波浪从正横前来时，偏荡将使风压差增大；反之，波浪从正横后来时，偏荡将使风压差减小。但若使用手动操舵，由于每个人压舵的情况不一样，有可能会产生相反的效果，应予以注意。

（4）风压差的估算。有条件时可以用实测的方法求较为准确的 α，但有时受条件限制而无法实际测定。为此，当风压差不大于 $10° \sim 15°$ 时，可按下面的经验公式估算 α：

$$\alpha° = K° \left(\frac{V_W}{V_L} \right)^2 \sin Q_W \qquad (2\text{-}1\text{-}1)$$

式中：V_W——视风速（m/s）；

V_L——计程仪航速（m/s）；

Q_W——视风舷角；

$K°$——风压差系数。

风压差系数一般与船舶类型及船舶航行状态等有关，可用下述方法求得：船舶在相同的吃水条件下，测得不少于 $25 \sim 30$ 个风压差值 $\alpha_i (i = 1, 2, \cdots)$，且记下测定每一 α_i 时的 V_W（速度准确到 0.1kn）、V_L 和 Q_W（准确到 $\pm 5°$）。根据最小二乘法，解出该吃水条件下的风压差系数 K，并将 K 代入上面的经验公式，求得该吃水条件下的风压差表（表 2-1-1），供日后在相同的航行条件下参考。

××轮风压差表（船速 ××kn）　　　　　表 2-1-1

风力	4级		5级		6级		7级		8级	
$Q_W(°)$	满载	空载	满载	空载	满载	空载	满载	空载	满载	空载
0	0	0	0	0	0	0	0	0	0	0
20	0.8	2.2	1.3	3.4	1.9	5.0	2.7	6.9	3.6	9.2
……										

2）流对船舶航行的影响

（1）流压差。水流会影响船舶的航行轨迹，其影响程度与流舷角、流速、船速等有关。水流流向系指流的去向，水流影响下的漂浮物的运动矢量等于水流矢量。流舷角（Q_C）是水流流向与船首线的夹角。一般将 Q_C 小于 10° 时，叫做顺流；Q_C 大于 170° 时，叫做顶流或逆流；Q_C 在 80° ~ 100° 之间的流叫横流。

船舶受流影响后的航行轨迹偏开所驶的真航向线的角度被称为流压差角（Drift angle，β），简称流压差，用 β 表示（图 2-1-6）。图中可见，$CG(CA) = TC + \beta$，船舶左舷受流，β 为"+"；右舷受流，β 为"-"。航迹绘算中，β 可以通过作图求得，也可通过计算如图 2-1-7 所示的水流三角形解得。图中，

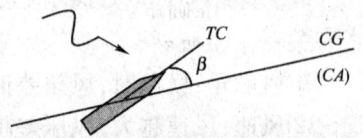

图 2-1-6　受流影响后的航行轨迹

推算航迹 CG 线（TC 和流的合成矢量）与 TC 线之间的夹角为 β。

（2）航海上常见的水流。航海上经常遇到的水流有：海流（current）、潮流（tidal stream）和风海流（wind current），海图上的海流和潮流图式如图 1-4-27 所示。

①海流。海流（current in restricted waters）和洋流（ocean current）是由于相邻海区之间海水长期存在温度、密度或气压的不同，或长期受定向风的作用，而产生的海水水平方向的流动。它们在一段较长的时间内保持流向、流速几乎不变，故又称恒流。

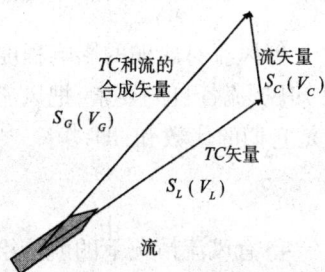

图 2-1-7　TC 矢量和水流矢量的合成

海图上表示恒流的图式有 〰〰〰 2.5–3.5kn 和 ⋙⟶ 两种，后一图式在中版海图及英版的引进海图上为海流图式。箭头的方向表示流向，其上的数字（若有）是平均流速。

在大洋航行时，主要考虑洋流对船舶航行的影响。虽然大洋中洋流的流速并不大，一般约为 1kn 左右，但大洋航行时间较长，固定的水流影响累积起来就会很可观，有条件时应利用它。

②潮流。潮流是由于潮汐而形成的海水周期性的水平流动。在受潮汐影响较明显的区域（如通海江河、近海等）航行，主要考虑潮流的影响。关于潮汐、潮流及其推算参见第三篇第一章。

潮流分为往复流和回转流两种（图式见图 1-4-27）。往复流的流向、流速大致随潮汐周期而往复变化。在通海江河口外的海图上，常会看到回转流的资料。回转流的流向、流速在 360° 范围内不断地变化着，详见图 3-1-20 及其介绍。因此，实际航迹推算中，常常用矢量合成法求取某段时间里的平均流向和流速。例如各时间段的流向、流速如表 2-1-2 所示，若要求取 0800～1200 的合成流向和流程，可在航海图的向位圈上作期间每小时的潮流矢量多边形（图 2-1-8），图中 0800 位于向位圈中心，各小时的潮流流向、流速如图上的相应矢量所示。由此求得 0800～1200 的合成流向为 073°、合成流程为 3.7n mile（合成流速为3.7/4kn）。

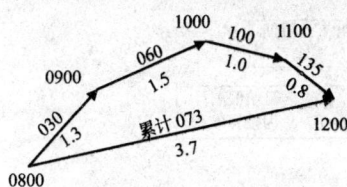

图 2-1-8　图解法求平均流

表 2-1-2

0800～0900	030°	1.3kn	0900～1000	060°	1.5kn
1000～1100	100°	1.0kn	1100～1200	135°	0.8kn

③风海流。风海流又称风生流，它是海水表层在一定的时间内受定向风的作用而产生的水流，它一般在风作用一段时间后才产生，风停后它还会持续一段时间才消失。

风海流除与风力、风向有关外，还与地球自转的偏向力及地形、海底地貌等有关，比较复杂，目前尚难准确掌握。

3）风流对船舶航行的合影响

船舶受风、流共同影响后的航行轨迹是风流合影响的结果，它偏开 TC 线的角度被称为风流合压差角（leeway and drift angle，γ），简称风流压差，用 γ 表示。此时的 CG（CA）和 TC 的关系为：

$$CG(CA) = TC + \gamma \begin{cases} \text{合成影响作用于左舷,即船舶向右偏开} TC \text{线,} \gamma \text{为} + \\ \text{合成影响作用于右舷,即船舶向左偏开} TC \text{线,} \gamma \text{为} - \end{cases} \quad (2\text{-}1\text{-}2)$$

但风流对船舶的影响程度是无法准确区分的,为了求解问题的方便,航迹绘算中往往假定已知风、流各自的要素,把风流分开考虑,分步作图求出 α 和 β,如图2-1-9和图2-1-10所示,而 γ 是它们的代数和,即

$$\gamma = \alpha + \beta \quad (2\text{-}1\text{-}3)$$

4)有风流情况下的航迹绘算方法(参看光盘:\教学课件\航迹绘算及视频航迹推算)

分两种情况:

(1)已知 TC:船舶在开航前未掌握风流资料,认为海区无风流,将 CA 作为 TC 航行(图2-1-9 中①)。航行中发现有风流影响,驾驶员可以按图2-1-9 所示的方法和所标序号的步骤绘算出航行期间的船舶推算航迹线和推算船位,以判断船舶偏离计划航线的程度。

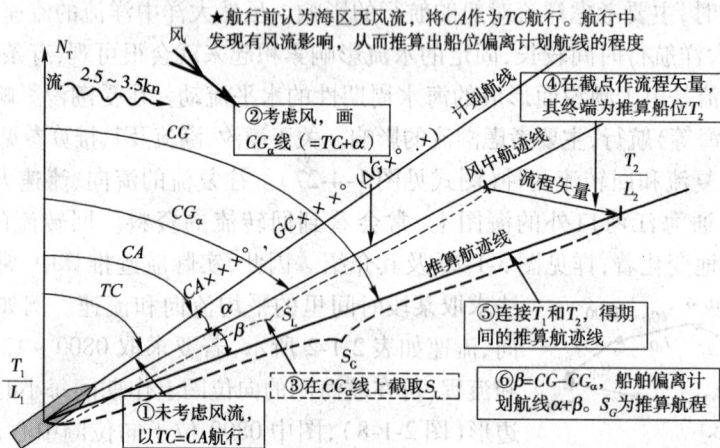

图 2-1-9　将 CA 作为 TC 航行的航迹绘算法

已知 TC、风、流等资料进行航迹推算时,遵循"先风后流"原则。即先画出风中航迹线($CG_\alpha = TC + \alpha$),注意 α 的正负号(图中步骤②);再在 CG_α 线上量取 S_L($= (L_2 - L_1)(1 + \Delta L)$)(步骤③)后,作流程矢量及画出推算船位(步骤④)和推算航迹线(步骤⑤),量出推算航迹向和求出 β($= CG - CG_\alpha$)(步骤⑥),以指导此后的航行。注意,已知 TC 的水流三角形是航程三角形,它的各边要素为 S_L、S_C(流程)、S_G(推算航程)。

但如果航行期间只有风的影响,则图中的 β 为0,风中航迹线与推算航迹线一致,S_G 与 S_L 一致;如果航行期间只有流的影响,则图中的 α 为0,风中航迹线与真航向线一致。

(2)预求 TC,即求预配风流压后的 TC:船舶在开航前已掌握了海区的风流资料,或在航行中受到风流影响,为了使船舶在受风流影响后仍然能行驶在 CA 线上,就应根据 CA 和风流资料,求出预配风流压差 γ 后的 TC,船舶便按所求的 TC 航行。如果预配 γ 准确,则可使船舶航行在 CA 线上。预配 γ 求 TC 的方法和步骤如图2-1-10所示。

求预配 γ 的 TC,遵循"先流后风"原则。即在 CA 线的推算起点先作水流三角形求出 β 及风中航迹线($CA_\alpha = CA - \beta$)(图中步骤①、②),注意 β 的正负号,然后再预配 α 求出 TC($TC =$

$CA_a - \alpha$）（步骤③），并作好航线标注。当船舶按 TC 航行到 T_2，根据计程仪航程 S_L（$=(L_2 - L_1)(1 + \Delta L)$）求得推算船位后，作好船位标注（步骤④）。

注意：求预配 γ 的 TC，所作水流三角形是速度三角形，它的各边要素为 V_L、V_C（流速）、V_G（推算航速）。作图中，为了减小误差也可将水流三角形的各边放大 n 倍，如 nV_C、nV_L 等。

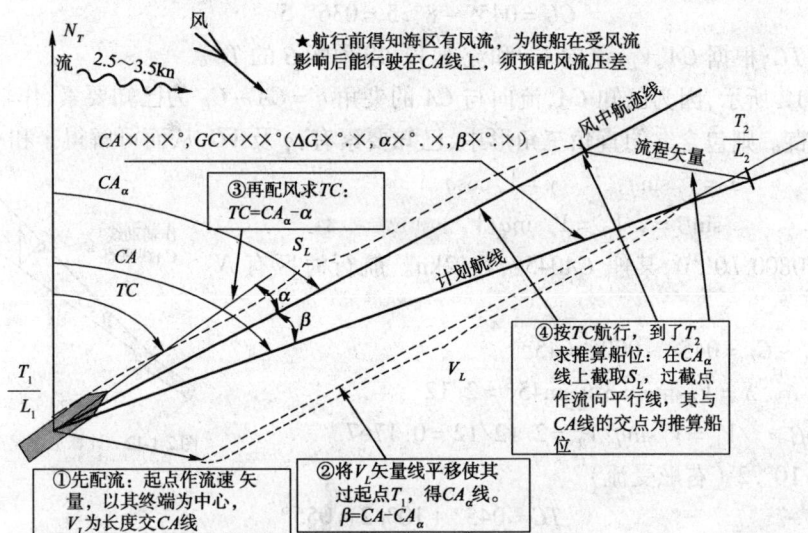

图 2-1-10　预配风流压的航迹绘算法

但如果航行期间只有风的影响，则图中的 β 为 0，风中航迹线与计划航线一致，S_G 与 S_L 一致，只要由 CA 预配 α 即可求得 TC；如果航行期间只有流的影响，则图中的 α 为 0，风中航迹线与真航向线一致，只要作出水流三角形预配 β 即可求得 TC，预求 TC 的绘算例参看光盘\教学课件\视频航迹推算。

5）解析法求 β

为了避免作图误差，避免在海图上画水流三角形，影响海图的清晰性，可以采用解析法求解水流三角形。

（1）已知 TC（或风中推算航迹 CG_α），S_L（或 V_L），流向 C_C 和流程 S_C（或 V_C），求 β 和 CG。

图 2-1-11 中，因为已知 TC（CG_α），流向与 TC 的夹角 $q = TC$（CG_α）~ C_C 为已知要素，作辅助线与已知的 TC（CG_α）线垂直，构成一包含流舷角 q 的直角三角形，设其三条边为 x、y、S_C。则三角形中，已知要素有：q 及 S_C，从而可解得 x 和 y 如下：

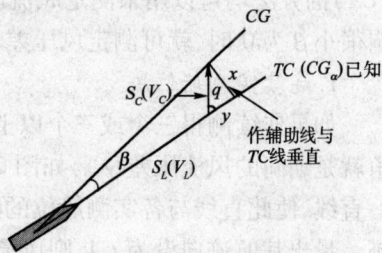

图 2-1-11　已知 TC 时计算 β 的辅助作图

$$x = S_C \sin q, \qquad y = S_C \cos q$$

而
$$\tan\beta = x/(y + S_L) = S_C \sin q/(S_C \cos q + S_L)$$

据此求出 β，并根据船舶受流的舷侧确定其符号。

例 2-1-1：0800 $L0'.0$，某船 $TC045°$，$V_L12$kn。航行海区有北流 3kn，求 CG。

解：本题仅知速度矢量，以速度矢量代入上式求解

$$q = TC \sim C_C = 045° \sim 000° = 45°$$

133

$$x = V_C \sin q = 3 \times \sin 45° = 2.12$$
$$y = V_C \cos q = 3 \times \cos 45° = 2.12$$

则 $\tan\beta = x/(y + V_L) = V_C \sin q/(V_C \cos q + V_L) = 2.12/(2.12 + 12) = 0.15$

$$\beta = -8°.5 \text{（右舷受流）}$$
$$CG = 045° - 8°.5 = 036°.5$$

（2）预求 TC，根据 CA，V_L，流向 C_C 和流速 V_C，求预配 β 的 TC。

如图 2-1-12 所示，因为已知 CA，流向与 CA 的夹角 $q = CA \sim C_C$ 为已知要素，作辅助线与已知的 CA 线垂直。则包含 q 的直角三角形中，已知要素有：q 及 VC，从而可解得 x 和 y 如下：

$$x = V_C \sin q, \qquad y = V_C \cos q$$

而 $\qquad \sin\beta = x/V_L = V_C \sin q/V_L$

例 2-1-2：0800 L0′.0，某船 CA 045°，V_L 12kn。航行海区有 N 流 3kn，求 TC。

解：$q = C_A \sim C_C = 045° \sim 000° = 45°$

$$X = V_C \sin q = 3 \times \sin 45° = 2.12$$
$$\sin\beta = x/V_L = V_C \sin q/V_L = 2.12/12 = 0.1767$$

则：$\beta = -10°.2 \text{（右舷受流）}$

$$TC = 045° + 10°.2 = 055°$$

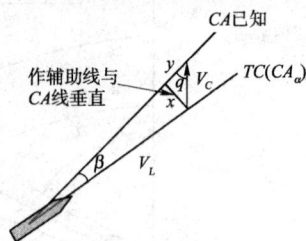
图 2-1-12 计算法预配 β 的辅助作图

必须注意，风流压差的采用或者改变，均由船长决定，或者由驾驶员根据船长的指示进行。由于风流资料一般掌握不准，船舶按预配风流压差的 TC 航行，也不能保证航行在计划航线上，因此，船舶驾驶员在航行中应不断地测定船位和实际航迹，发现航迹有较大偏离时，应及时报告船长，以便及时地修正预配的风流压差值，调整真航向。

三、风流压差的测定方法

海上航行，只要准确掌握罗经差，TC 总是已知的。因此，任何一种能测得实际航迹向 CG（CA）的方法均可以用来测定风流压差 γ（ $= CG(CA) - TC$）。而 $\gamma = \alpha + \beta$，当 β 已知或水流影响很小 β 为 0 时，就可测定风压差 α。常用的测定航迹向的方法有：

1. 连续实测船位法

如果连续测得三个或三个以上的船位，可用平差方法画出航迹直线，它与真航向之间的夹角就是期间的风流压差 γ。如图 2-1-13 所示，船舶按 TC 航行，短时间内测定了 4 个船位。作一直线，使此直线与各实测船位的距离的平方和为最小，则此直线就是平差方法得到的实际航迹。量出其航迹向设为 CA，则风流压差 $\gamma = CA - TC$。

2. 雷达观测法

如图 2-1-14 所示，置雷达于"首向上"显示方式，利用它观测某一孤立的固定点状物标，航行中其回波点为 a_1、a_2、a_3、…，调节电子方位线，使其与各回波的连线平行，则电子方位线与船首线的夹角为 γ，如图 2-1-14，γ 为 $+5°$。

3. 叠标导航法

如果船舶在航行时保持在某叠标连线的延长线（称为叠标线）上，则叠标线就是船舶航行的航迹，而船舶的 TC 线与叠标线之间的夹角就是风流压差 γ（图 2-1-15）。

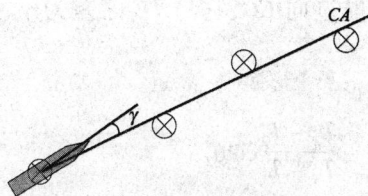

图 2-1-13　连续实测船位法求 γ

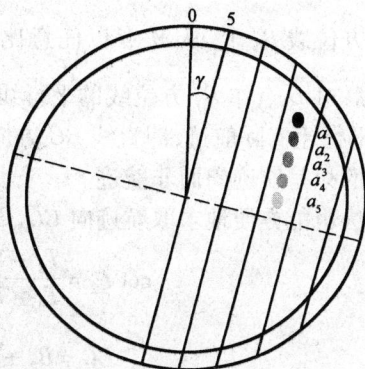

图 2-1-14　雷达观测法求 γ

4. 正横方位和最近距离方位法

如图 2-1-16 所示,物标的正横方位 $TB_\perp$ 由下式求得:

$$TB_\perp = TC \pm 90° \begin{cases} 右正横为 " + " \\ 左正横为 " - " \end{cases}$$

$\gamma=TB(CA)-TC$

图 2-1-15　叠标法求 γ

而最近距离的方位 TB_{CPA}

$$TB_{CPA} = CA \pm 90° \begin{cases} 右舷物标为 " + " \\ 左舷物标为 " - " \end{cases}$$

所以,风流压差 γ

$$\gamma = CA - TC = (CA \pm 90°) - (TC \pm 90°) = TB_{CPA} - TB_\perp$$

由于 $TB = CB + \Delta C = GB + \Delta G$,所以 γ 也可根据下式求得,即

$$\gamma = CB_{CPA} - CB_\perp = GB_{CPA} - GB_\perp$$

获取物标最近距离的方位 TB_{CPA} 的做法是:在到达最近点之前,就开始不断地用雷达观测并记下该物标的距离和方位,然后从这些观测值中找出最近距离所对应的方位即为 TB_{CPA}。

5. 单物标三方位求航迹向

如果船舶定向恒速航行,风流影响也不变时,如图 2-1-17 所示,在不同时刻 T_1、T_2 和 T_3 观测同一物标 M,得到三个方位 B_1、B_2 和 B_3,并从 M 画出三条方位线。则可按下述方法作图求得观测期间的航迹向 CG 和 γ。

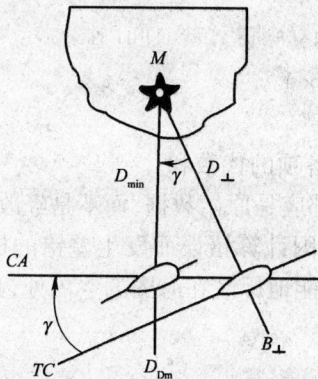

图 2-1-16　正横方位和最近距离法求 γ

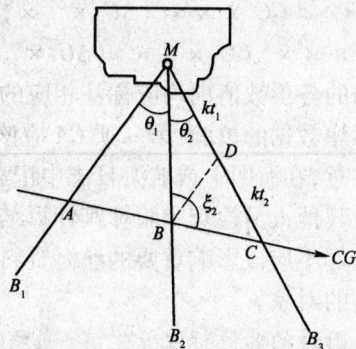

图 2-1-17　单物标三方位求航迹向

在第三方位线 B_3 上，从 M 点以任意比例尺取 $\dfrac{MD}{DC}=\dfrac{kt_1}{kt_2}$（$k$ 为比例系数，$t_1=T_2-T_1$，$t_2=T_3-T_2$），然后过 D 点作 B_1 方位线的平行线，交 B_2 方位线于 B 点，用直线连接 B 和 C 点，则直线 BC 一定平行于实际航迹，即直线 BC 方向就是航迹向 CG，它与 TC 之差为 γ。但单物标三方位法求出的只是航迹向而非航迹。

用解析法也能方便地求取航迹向 CG，即

$$\cot\xi_2=\frac{T_2-T_1}{T_3-T_1}\cot\theta_1-\frac{T_3-T_2}{T_3-T_1}\cot\theta_2$$

而

$$CG=B_2\pm\xi_2\begin{cases}\text{物标在左舷}\\\text{物标在右舷}\end{cases}。$$

若物标 M 选用水中漂流物，也可用此法，但所求的 CG 是风中航迹向，由此可求得 $\alpha(=CG-TC)$。因为水流对船舶和漂流物的影响是等效的。

6. 尾迹流法

尾迹流是船舶航行留下的水花轨迹。由于水流对船舶及其尾迹流的影响是等效的，故尾迹流可以视为船舶在风中的航迹，因此可以测定尾迹流与船首尾线的夹角，方便地求得风压差 α 的近似值。

四、航迹绘算中的标注

1. 船位标注

推算船位的符号为"—+—"（与计划航线（或推算航线）垂直的短划），船位标注用分式表示，上为 4 位数时间，下为计程仪读数。

2. 航线标注

航线标注一般是在开航前，在海图上绘画好计划航线后进行的，有时在航行过程中根据当时情况可能作些修改。在航行中，只要能引起标注中的任意一项有改变，就要在相关航线段重新进行航线标注。航线标注可沿着 CA 线，也可标于航线附近的空白处（应与纬度线平行），并用线条指明被标注的航线段（图 2-1-10）。

无风流情况下的航线标注为（以用陀螺罗经航行为例）：

$CA\times\times\times° \; GC\times\times\times°(\Delta G\times°.\times)$

预配风流压差后的航线标注为：

$CA\times\times\times° \; GC\times\times\times°(\Delta G\times°.\times,\alpha\times°.\times,\beta\times°.\times)$

或 $CA\times\times\times° \; GC\times\times\times°(\Delta G\times°.\times,\gamma\times°.\times)$

括号内的各项数值前均应标注相应的"＋"或"－"。

航线标注数据的校验：第一项 CA 应该等于其后各项的代数和。

应当注意，在海图上或航海日志中记载的数据，都应是原始数据，而不是经改正后的数值。这是为了让其他人员检查和验算其计算结果，以减少因计算错误而发生差错的机会。海图上的所有标注都不应该影响重要的航海资料，故应尽可能地标注在海图的空白处，必要时可用线条指明标注的对象。

3. 航线附近的其他标注

除了航线和船位标注外，在航线附近还可以标注以下内容：当整个航线涉及多张海图时，

在每张海图的航线起始处标以"上接×××(海图号)",航线尾部标以"下接×××",以方便驾驶员航行中换图和核对;对需要特别提请注意的内容,诸如航线的转向点(代号 A/C)或航线附近的危险物等,可使用醒目符号加以圈注;船长认为有必要在某些航段需要提醒驾驶员要做的重要事项,可在相应航段以简短文字明示,如船舶报告点的报告事项,进港或到达引航地之前的通知机舱备车、换油,某些复杂航段叫船长等。同样,标注时以不影响航线附近的海图清晰度为原则。

第二节 航迹计算

航迹计算法是根据起航点的经、纬度,航向和航程以及风流资料,运用数学计算的方法,求得到达点的经、纬度或航迹的方法。

航迹计算不仅是自动导航的基础,而且能避免在小比例尺海图上进行海图作业引起的绘图误差;在不便于海图作业的场合,航迹计算能代替海图作业;航线的起、讫点不在同一张海图上时,可用航迹计算法方便地计算航线的航向、航程等。但是,航迹计算法仅是海图作业的补充,用航迹计算法求得的推算船位必须要画到海图上去,以便指导船舶航行。

一、计算公式

这里我们只讨论恒向线航线的航迹计算,即恒向线航法(rhumb line sailing)。如图 2-1-18 所示,恒向线航线的起点为 $A(\varphi_1, \lambda_1)$,终点为 $B(\varphi_2, \lambda_2)$,航向角为 C,航程为 S。则 A 与 B 之间的位置关系为:

$$\varphi_2 = \varphi_1 + D\varphi$$

$$\lambda_2 = \lambda_1 + D\lambda$$

因此,航迹计算的根本问题是如何根据航向 C、航程 S,计算出纬差 $D\varphi$ 和经差 $D\lambda$,或者当已知起、终点的经纬度后,如何求得其间的恒向线航向和航程。目前常用的计算方法有中分纬度航法和墨卡托航法。

1. 中分纬度航法

1)计算公式

由图 2-1-18 可知,A 点是航迹推算的起始点船位,B 点是到达点船位,AB 是恒向线,S 为航程。恒向线 AB 与每一椭圆子午线都相交成航向角 C,将恒向线航程 S 等分为 n 段,每一段的长度为 dS,过每一分点作经度线和纬度线,可得 n 个近似的小球面直角三角形,如果 n 充分大,这些三角形可以认为是平面直角三角形,且各三角形全等。各全等直角三角形中,子午线上的直角边边长是恒向线航程 dS 的南北分量,用 $d\varphi$ 表示;纬度线上的直角边边长是 dS 的东西分量,

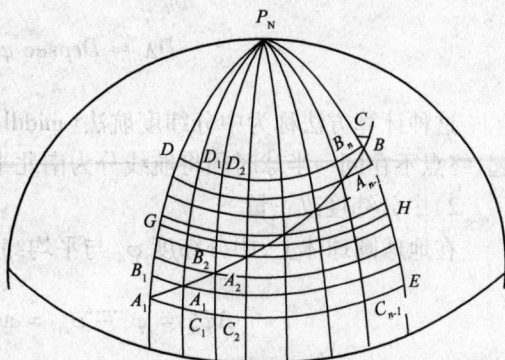

图 2-1-18 中分纬度计算法

137

用 dDep 表示。于是从微量直角三角形可得：

$$d\varphi = \cos C dS$$

$$dDep = \sin C dS$$

积分之

$$\int_{\varphi_1}^{\varphi_2} d\varphi = \int_0^S \cos C ds$$

$$\int_0^{Dep} dDep = \int_0^S \sin C ds$$

可得恒向线航程 S 的南北分量即纬差 $D\varphi$：

$$D\varphi = \varphi_2 - \varphi_1 = S\cos C \tag{2-1-4}$$

恒向线航程 S 的东西分量即东西距 Dep：

$$Dep = S\sin C \tag{2-1-5}$$

但是我们需要的是经差 $D\lambda$。如图 2-1-18 所示，$\overparen{AE}$是恒向线航线（航程为 S）起、终点经度线所夹的最低纬度圈弧长，而 $\overparen{DB}$是最高纬度圈弧长，显然，恒向线航程 S 的东西距 Dep 有 $\overparen{AE} > Dep > \overparen{DB}$。因此，一定可以在 $\overparen{AE}$ 与 $\overparen{DB}$ 之间找到一条纬度圈弧长 $\overparen{GH}$，它正好等于恒向线航程 S 的东西距 Dep，则 $\overparen{GH}$所在的纬度称为中分纬度 φ_n（middle latitude）。把地球作为圆球体时，根据纬度圈弧长（GH）与其对应的经差 $D\lambda$ 之间的关系，有：

$$D\lambda = \overparen{GH}\sec\varphi_n = Dep\sec \varphi_n = S\sin C\sec\varphi_n \tag{2-1-6}$$

显见，当航线的起、终点位于同一纬度 φ 时，恒向线航程 S 的东西距 Dep 就是起、终点间的纬度圈弧长，因而有 $D\lambda = Dep\sec\varphi = S\sec\varphi$。

当航线的起、终点不在同一纬度时，中分纬度 φ_n 一般不易求得。但当航线的平均纬度不太高和航程不太大时，中分纬度 φ_n 与航程起、终点之间的平均纬度 φ_m（mean latitude）相差不大。所以在一般情况下可以近似用平均纬度 φ_m 代替中分纬度 φ_n 来求经差，即

$$D\lambda \approx Dep\sec \varphi_m = Dep\sec \frac{\varphi_1 + \varphi_2}{2} \tag{2-1-7}$$

这种计算方法称为中分纬度航法（middle latitude sailing）。其特点是计算方便，但当航线起、终点不在同一半球时须将航线分为南北半球分别计算。

2）中分纬度改正量

在地球圆球体上，中分纬度 φ_n 与平均纬度 φ_m 间的差值称为中分纬度改正量 $\Delta\varphi_n$：

$$\Delta\varphi_n = \varphi_n - \varphi_m = \arccos\left(\frac{D\varphi}{DMP}\right) - \left(\frac{\varphi_1 + \varphi_2}{2}\right)$$

式中：DMP——起、终点间的纬度渐长率差，即 $DMP = MP_B - MP_A$。

根据上式可计算编制出中分纬度改正量表（表 2-1-3），于是，中分纬度可由平均纬度 φ_m 加上从表中查得的中分纬度改正量求得，即 $\varphi_n = \varphi_m + \Delta\varphi_n$。

地球圆球体上的中分纬度改正量$(\varphi_n - \varphi_m)$表（单位：$(')$，恒为正值）　　　　表 2-1-3

平均纬度	纬差 $D\varphi$													
φ_m	2°	4°	6°	8°	10°	11°	12°	13°	14°	15°	16°	17°	18°	19°	20°
10°	1	4	9	16	27	31	37	43	45	57	64	72	81	88	98
15°	1	3	7	12	19	22	27	31	36	41	47	52	59	65	72
20°	1	3	6	10	16	18	22	22	29	34	38	43	56	54	59
25°	0	2	5	8	14	16	19	22	26	30	34	38	43	48	53
30°	0	2	5	8	13	15	18	21	25	28	32	36	41	45	50
35°	1	2	4	8	13	15	18	21	24	28	32	36	40	45	49
						……						……			

2. 墨卡托航法

求经差的另一种方法可用墨卡托航法（mercator sailing）。它所求经差的精度要高于中分纬度法，且当航线起、终点不在同一半球时可一样计算。图 2-1-19 是墨卡托海图上的航线三角形，其边长的单位是经差分，即海图单位。由图可得 $\tan C = \dfrac{D\lambda}{DMP}$

$$\therefore \ D\lambda = DMP\tan C \tag{2-1-8}$$

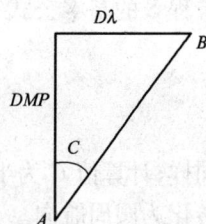
图 2-1-19　航线三角形

二、单航向的航迹计算方法

起始点与到达点间使用同一个航向的航迹计算称为单一航向的航迹计算，可用中分纬度航法或墨卡托航法计算。

1. 中分纬度航法

当已知推算起始点(φ_1, λ_1)和航向 C 及航程 S 时，利用中分纬度航法计算到达点(φ_2, λ_2)的基本公式有：

$$\begin{cases} \text{纬差} \ D\varphi = S\cos C, \varphi_2 = \varphi_1 + D\varphi \\ \text{中分纬度} \ \varphi_n \approx \varphi_m = \dfrac{1}{2}(\varphi_1 + \varphi_2) \\ \text{东西距} \ Dep = S\sin C \\ \text{经差} \ D\lambda = Dep\sec\varphi_n \approx Dep\sec\varphi_m, \lambda_2 = \lambda_1 + D\lambda \end{cases} \tag{2-1-9}$$

当已知推算起始点(φ_1, λ_1)和到达点(φ_2, λ_2)时，利用中分纬度航法求航向 C 和航程 S 的基本公式有：

$$\begin{cases} D\varphi = \varphi_2 - \varphi_1, \varphi_n \approx \varphi_m = \dfrac{1}{2}(\varphi_1 + \varphi_2) \\ D\lambda = \lambda_2 - \lambda_1, Dep = D\lambda\cos\varphi_n \approx D\lambda\cos\varphi_m \\ C = \arctan\left(\dfrac{|Dep|}{|D\varphi|}\right); S = \sqrt{D\varphi^2 + Dep^2} = D\varphi\sec C = Dep\csc C \end{cases} \tag{2-1-10}$$

式中:计算值 C 为半圆航向,需命名,第一名称与 $D\varphi$ 同名,第二名称与 Dep 同名,然后将半圆航向转化为圆周航向。

中分纬度航法是建立在地球圆球体上的,它适用于同一半球且纬度不太高和航程不太长的场合。当平均纬度较高和航程较大时,为了求得较为精确的计算结果,应利用中分纬度 φ_n 进行计算,或利用墨卡托航法进行计算。

2. 墨卡托航法

当已知推算起始点 (φ_1, λ_1) 和航向 C 及航程 S 时,利用墨卡托航法计算到达点 (φ_2, λ_2) 的基本公式有:

$$\begin{cases} D\varphi = S\cos C, \varphi_2 = \varphi_1 + D\varphi \\ \text{求纬度渐长率:} MP_2 \text{ 和 } MP_1, DMP = MP_2 - MP_1 \\ D\lambda = DMP\tan C, \lambda_2 = \lambda_1 + D\lambda \end{cases} \qquad (2\text{-}1\text{-}11)$$

当已知推算起始点 (φ_1, λ_1) 和到达点 (φ_2, λ_2) 时,利用墨卡托航法计算计划航迹向 C 和航程 S 的基本公式有:

$$\begin{cases} D\varphi = \varphi_2 - \varphi_1, D\lambda = \lambda_2 - \lambda_1, DMP = MP_2 - MP_1 \\ C = \arctan\left(\dfrac{|D\lambda|}{|DMP|}\right), S = D\varphi\sec C \end{cases} \qquad (2\text{-}1\text{-}12)$$

同样,计算值 C 为半圆航向,需命名,第一名称与 $D\varphi$ 或 DMP 同名,第二名称与 $D\lambda$ 同名,然后转化为圆周航向。

例 2-1-3: 某船由 $42°32'N$、$58°51'W$ 出发,按航向 $146°$ 航行 $175.6n\ mile$,求到达点经纬度。

解法 1: 利用中分纬度航法

纬差 $\qquad D\varphi = S\cos C = 175'.6\cos146 = -145'.6 = 2°25'.6S$

∴ 到达点纬度 $\qquad \varphi_2 = \varphi_1 + D\varphi = 42°\ 32'N + 2°\ 25'.6S = 40\ 06'.4N$

中分纬度 $\qquad \varphi_n \approx \varphi_m = \dfrac{1}{2}(\varphi_1 + \varphi_2) = 41°19'.2N$

东西距 $\qquad Dep = S\sin C = 175'.6\sin146° = +98'.2E$

经差 $\qquad D\lambda \approx Dep\sec\varphi_m = 98'.2\sec41°19'.2 = +130'.8 = 2°10'.8E$

∴ 到达点经度 $\qquad \lambda_2 = \lambda_1 + D\lambda = 58°51'W + 2°10'.8E = 56°40'.2W$

解法 2: 利用墨卡托航法

求纬差 $D\varphi$ 和到达点纬度 φ_2 的方法同解法 1。根据公式用袖珍计算器计算,得到达点和起始点的纬度渐长率 MP(可查表,见附录 1):

$$\varphi_2 = 40°06'.4N \qquad MP_2 = 2\ 616'.2$$
$$\varphi_1 = 42°32'.0N \qquad MP_1 = 2\ 809'.4$$

纬度渐长率差 $\qquad DMP = MP_2 - MP_1 = -193'.2 = 193'.2S$

经差 $\qquad D\lambda = DMP\tan C = (-193'.2)\tan146° = +130'.3 = 2\ 10'.3E$

∴ 到达点经度 $\qquad \lambda_2 = \lambda_1 + D\lambda = 58\ 51'W + 2°10'.3E = 56°40'.7W$

解法 1 与解法 2 相比,所求经差仅相差 $0'.5$,这说明当平均纬度不高,航程又不大时,中分纬度航法的计算结果是令人满意的。

例 2-1-4: 某轮从亚西尔角外海($12°10'N$,$51°\ 00'E$)航行到米尼科伊岛灯塔之南 $5n\ mile$

处(8°06′N,73°00′E),求航向和航程。

解法1:利用中分纬度航法

纬差　　　　　　　$D\varphi = \varphi_2 - \varphi_1 = 8°06′N - 12°10′N = 4°04′S = 244′.0S$

中分纬度　　　　　$\varphi_n \approx \varphi_m = \frac{1}{2}(\varphi_1 + \varphi_2) = 10°08′N$

经差　　　　$D\lambda = \lambda_2 - \lambda_1 = 73°00′E - 51°00′E = 22°00′E = 1\ 320′E$

东西距　　　　　　$Dep \approx D\lambda\cos\varphi_m = 1320′\cos10°08′ = 1\ 299′.4E$

∴ 计划航迹向 $C = \arctan\left(\left|\dfrac{Dep}{D\varphi}\right|\right) = \arctan\left(\dfrac{1\ 299′.4E}{244′S}\right)$

$= 79.3649SE = 100°.6351 \approx 100°.6$

航程　　　　　$S = D\varphi\sec C = (-244′.0)\sec100°.6351 = 1322′.1$

解法2:利用墨卡托航法

根据纬度渐长率公式计算或查《航海表》,得到达点和起始点的纬度渐长率 MP:

$$\varphi_2 = 8°06′N \qquad MP_2 = 484′.4$$

$$\varphi_1 = 12°10′N \qquad MP_1 = 730′.7$$

纬度渐长率差　　　　$DMP = -246′.3 = 246′.3S$

经差　　　　　　　　$D\lambda = \lambda_2 - \lambda_1 = 1\ 320′E$

∴ 航向　　　$C = \arctan\left(\left|\dfrac{D\lambda}{DMP}\right|\right) = \arctan\left(\dfrac{1320E}{246.3S}\right) = 79°.4307SE$

$$= 100°.5693 \approx 100°.6$$

航程　　　　　$S = D\varphi\sec C = (-244′)\sec100°.5693 = 1\ 330′.2$

比较两种算法,由于航程较大,因此,由中分纬度航法所求得的航程与墨卡托航法所求的相差 8.1n mile。

例2-1-5:某船欲从4°35′S、170°30′.5E 处航行到达 2°37′N、176°29′.5W,求航向和航程。

解:因为航线跨越赤道,一般采用墨卡托航法解算

$\varphi_2\ 2°37′N$ 　　　$MP_2\ 156.0\ N$ 　　　$\lambda_2\ 176°29.5W$

$\varphi_1\ 4°35′S$ 　　　$MP_1\ 273.5\ S$ 　　　$\lambda_1\ 170°30.5E$

$D\varphi\ 7°12′N$ 　　　$DMP\ 429.5\ N$ 　　　$D\lambda\ 347°00.0W = 13°00′.0E = 780′.0E$

$\tan C = \dfrac{|D\lambda|}{|DMP|} = \dfrac{780′E}{429.5N}$ 　　　$\therefore C = 61°.2NE = 061°.2 \approx 061°$

$S = D\varphi\sec C = 432′\sec061°.2$

$= 896′.7$

三、多航向的航迹计算方法

如果起、终点之间有两个或两个以上的航向,如图 2-1-20,设从 $A(\varphi_A,\lambda_A)$ 按 C_1、S_1、C_2、S_2、C_3、S_3、C_4、S_4 航行到 B。求取 A、B 之间的位置关系及 A 到 B 的航向和直航程的计算法叫做多航向航迹计算。事实上,如图,

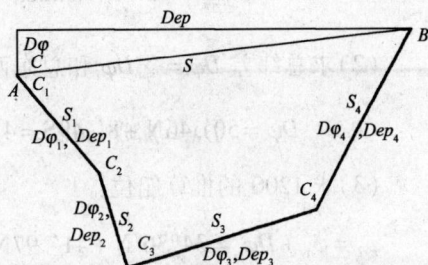

图 2-1-20　多航向的航迹计算

用直线连接整个航线的起点 A 和终点 B,则直线 AB 就是起、终点之间的直航线,其航向 C 就是直航向,其长度就是直航程。图中可见,若把每一段航线看成一个矢量,则各段航线的矢量和就是 AB 矢量。因此,多航向航迹计算的方法和步骤如下:

(1)根据各段航线的 C_i 和 S_i 分别计算出相应的纬差 $D\varphi_i$ 和东西距 Dep_i;

(2)求出总纬差 $D\varphi = \sum_1^n D\varphi_i$ 和总东西距 $Dep = \sum_1^n Dep_i$;

(3)求到达点的纬度 φ_B,即 $\varphi_B = \varphi_A + D\varphi$;

(4)根据"总东西距 Dep"和起、讫点的平均纬度,计算出"总经差 $D\lambda$",$D\lambda = Dep\sec\frac{\varphi_A + \varphi_B}{2}$;

(5)求到达点的经度 λ_B,即 $\lambda_B = \lambda_A + D\lambda$。

直航向 C 和直航程 S 的计算与单航向的计算相同,即

$$直航向\ C = \arctan\left(\frac{|Dep|}{|D\varphi|}\right)$$

直航向 C 的命名根据"总纬差"和"总东西距"的方向确定,然后将 C 化为圆周航向。

$$直航程\ S = \sqrt{D\varphi^2 + Dep^2}$$

多航向的航迹计算法也可用于风流中的航迹计算。

1. 有流时的航迹计算

如图 2-1-21 所示,真航向线的航向和航程为 C_1 和 S_1,而把水流矢量看作一个航向 C_2 和航程 S_2,再用多航向的航迹计算法计算。

例 2-1-6:某船 V_L20kn,$\Delta L = 0\%$。0800 $L_1$123′.5,船位 34°36′N,118°57′E,按 310°航行,航区有 3kn 的 SW 流。1200 $L_2$202′.0,$\Delta L = 0\%$。求 1200 的推算船位。

解:(1)求 $D\varphi_i$ 和东西距 Dep_i:

$$D\varphi_C = (202'.0 - 123'.5) \times \cos310° = 50'.46N$$

$$Dep_C = (202'.0 - 123'.5) \times \sin310° = -60'.13 = 60'.13W$$

$$D\varphi_流 = 12'.0 \times \cos225° = -8'.49 = 8'.49S$$

$$Dep_流 = 12'.0 \times \sin225° = -8'.49 = 8'.49W$$

(2)求总纬差 $D\varphi = \sum_1^n D\varphi_i$ 和总东西距 $Dep = \sum_1^n Dep_i$:

$$D\varphi = 50'.46N + 8'.49S = 41'.97N,Dep = 60'.13W + 8'.49W = 68'.62W$$

(3)求 1200 的推算船位:

$$\varphi_2 = \varphi_1 + D\varphi = 34°36'N + 41'.97N = 35°17'.97N = 35°18'N,\varphi_m = 34°57'N$$

$$D\lambda = Dep\sec\varphi_m = 68'.62 \times \sec34°57' = 83'.72W = 1°23'.72W$$

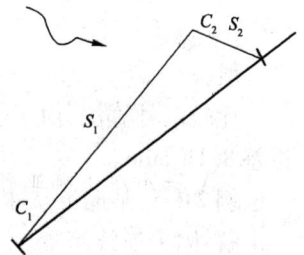

图 2-1-21　有流时的航迹计算

$\lambda_2 = \lambda_1 + D\lambda = 118°57'E + 1°72'.32W = 117°33'.28E = 117°33'.3E$

2. 有风时的航迹计算

有风时的航迹计算，等同于单航向的计算，只是用 $TC + \alpha$ 代替计算公式中的 C，用 S_L 代替 S 即可。

习　题

一、问答题

1. 已知 TC 和预求 TC 时的有风有流航迹绘算的方法有何不同？

2. 何谓中分纬度和中分纬度改正量？

3. 某轮 $CC065°$，航区磁差 $5°W$，磁罗经自差 $3°E$。已知 0745 船位 $32°10'N,122°35'E$，当时有 SE 风 5 级（α 取 $3°$），V_L18kn，水流 $335°、4kn$。用航迹计算法求 1800 推算船位、推算航迹向 CG、流压差 β 和航速 V_G。

4. 影响风压差大小的因素有哪些？

5. 航行中求风流压差的方法有哪些？

二、选择题

1. 可中止航迹推算的水域和情况是（　　　）。
   ①狭窄水道；②频繁使用车、舵时；③来往船舶较多时；④大洋航行时。
   A. ①②　　　　　　　B. ②③　　　　　　　C. ③④　　　　　　　D. ①~④

2. 在一般情况下，推算船位（　　　）。
   A. 在沿岸水流显著地区航行，每 2h 推算一次
   B. 在远离海岸地区航行，每 2 或 4h 推算一次
   C. 在能测得无线电船位时，可不推算
   D. 在狭水道航行时，每 30min 推算一次

3. 以下说法正确的是（　　　）。
   A. 无风无流时，相对计程仪航程应在计划航线上截取
   B. 无风无流时，绝对计程仪航程应在计划航线上截取
   C. 无风无流时，相对计程仪航程应在真航向线上截取
   D. 以上都对

4. 某轮在有流无风的水域航行，流向西南，如图 2-1-22 所示，灯塔 L 最近时的 S_L 为（　　　）。

图 2-1-22　选择题题 4 图

   A. FA　　　　　　　B. FB　　　　　　　C. FC　　　　　　　D. FD

5. 某轮 $CA120°$，船速 15kn，流向正南，流速 3kn。则该轮应驶的 TC 为（　　　）。
   A. 129°　　　　　　　B. 111°　　　　　　　C. 130°　　　　　　　D. 110°

6. 某轮 0600 时 $L_1 = 0'.0$，船速 10kn，计程仪改正率为零，TC 090°，东风 3 级，东流 2kn，1000 时 $L_2 = 39'.0$，则该轮推算航程 S_G 为（　　　）。

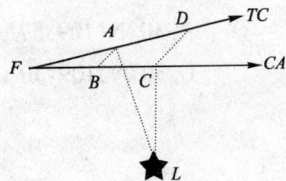

A.48n mile B.47n mile C.40n mile D.39n mile

7.某轮 $CA092°$,航区内 N 流,流压差 3°,N 风 5 级,取风压差 2°,在船的左前方有一小岛,则到该岛的正横方位是( )。

  A.183°   B.181°   C.003°   D.001°

8.某纬度圈上有一线段,用经度 1′长度为单位量取其长度,所得数值为( ),用该纬度处纬度 1′长度为单位量取其长度,所得数值为( )。

  A.经差;东西距 B.东西距;经差 C.经差;纬差 D.东西距;实际距离

9.墨卡托航法最可能出现较大误差是在( )。

  A.低纬度海区 B.中纬度海区 C.高纬度海区 D.与纬度无关

10.某轮用某叠标导航,叠标方位为 358°,当罗航向为 183°时航行于叠标线上,罗经差 $-2°$,则风流压差为( )。

  A.$-3°$ B.$+3°$ C.$-7°$ D.$+7°$

11.以下能测出风压差而不能用于测定风流合压差的方法为( )。

  A.连续定位法 B.单物标三方位法 C.雷达观测法 D.尾迹流法

12.航向 090°,受北风、北流影响,则风压差 α 和流压差 β 为( )。

  A.$\alpha>0,\beta>0$ B.$\alpha<0,\beta<0$ C.$\alpha>0,\beta<0$ D.$\alpha<0,\beta>0$

13.某船 TC 082°,V_L10kn,测得某灯塔最小距离方位 000°,若海区有南流 2kn,则风压差应为( )。

  A.$+8°$ B.$-8°$ C.$+3°.5$ D.$-3°.5$

14.某轮 CA 005°,当时有西流,流压差 10°,西风 5 级,α 取 3°,$\Delta G-1°$,问需要采取什么陀螺航向才能使船舶航行在计划航迹线上( )?

  A.358°   B.018°   C.012°   D.013°

15.有风有流航行时,航迹绘算求得的流压差是( )。

  A.风中航迹线与航向线的夹角   B.风中航迹线与推算航迹线的夹角

  C.风中航迹线与计划航迹线的夹角 D.B 或 C

16.某轮从 0°,100°20′E 起航,向北航行 1800n mile 后,转向 090°航行 500n mile。则到达点船位是( )。

  A.30°N,109°57′.4E   B. 30°N,90°42′.6E

  C.30°N,109°30′.7E   D.30°N,90°40′.6E

第二章　船位误差的分析方法

第一节　观测误差及其分类

观测是人们认识世界的基本方法之一。但是,任何一种测量或观测,都不可避免地存在误差。船舶在海上航行,驾驶员通过观测的方法来确定船舶位置,都会存在误差。驾驶员必须了解误差的性质,懂得分析和处理误差的方法,对船位的误差作出准确的估计,寻求引起船位误差的主要原因,采取提高船位精度的措施,确保航行安全。

一、观测误差

1. 观测的分类

1) 直接观测和间接观测

观测按其方式可分为直接观测和间接观测。直接观测是指对某一对象进行直接观测,从而得到直接观测结果,如测量桌面的长或宽。间接观测是指对某一对象无法进行直接观测时,通过测量其相关的量,从而通过某种函数关系的运算求得该对象的观测结果,如测量矩形桌面的面积,可通过测量其长和宽间接求得。

2) 等精度观测和非等精度观测

按观测条件可将观测分为等精度观测和非等精度观测。等精度观测是指在相同观测条件下(如同一个人使用同一种观测仪器,在相同环境下观测等)对某一对象进行观测。显然,这样的观测对各次观测结果具有同等的信赖程度,即各个观测值被认为具有同等的精度。非等精度观测是指在并不相同的观测条件下对某一对象进行观测。如不同的人对某个对象进行观测,同一个人使用不同的观测仪器,观测的环境或者条件发生了变化等。显然,这样的观测对各次观测结果不能给予同等的信赖程度,或认为各个观测值具有不同的精度。

所以,观测可分为:等精度直接观测,等精度间接观测,非等精度直接观测和非等精度间接观测。本教材主要讨论等精度观测结果的误差或精度问题。

2. 误差

设 U 为某量的真值,对其进行观测得到观测值 U_0,则真误差 Δ

$$\Delta = U_0 - U$$

由于实际测量中被观测对象的真值往往是未知的,因而真误差 Δ 一般也是未知的。

例:平面三角形内角之和等于 $180°$(真值已知),若某人测量一平面三角形内角的和为 $180°01'.0$,则该人测量该三角形的真误差

$$\Delta = U_0 - U = 180°01'.0 - 180° = +1'.0$$

3. 改正量

改正量(C)与Δ在数值上相等,符号相反。即

$$C = U - U_0$$
$$U = U_0 + C$$

4. 误差产生的原因

了解观测误差产生的原因是为了指导人们改进观测的方法,减少观测误差。误差产生的主要原因有:

(1)仪器误差:任何测量仪器的精密度均有一定的限度;

(2)方法误差:测量方法和数据处理方法上存在一定的局限性;

(3)个人误差:观测者感觉器官的鉴别力有一定的局限性,技术熟练程度上也有差别;

(4)环境影响:航海上,观测环境的温度、湿度、气压、风力、大气折光和能见度等都会对观测结果产生影响;

(5)异常差错:人为过失、仪器紊乱、环境异常、方法错误等。

除异常差错外,观测误差源于观测条件和方法的不完善,产生于观测和处理的过程中。

二、观测误差的分类及处理

观测误差按其性质可分为系统误差、随机误差和粗差。

1. 粗差

粗差(gross error)是异常差错,不是不可避免的。它是观测中的人为过失或错误(如认错物标、看错读数等)、或者测量仪器的工作紊乱,或者外界环境的反常现象引起的误差。观测中的粗差是不允许存在的,一般可用检验或重复观测的方法来发现和消除粗差。在对观测结果的数据处理过程中应将含有粗差的观测结果剔除。

2. 系统误差

对于每一次观测,若观测结果中均含有固定不变的误差或者有规律变化的误差,则这样的误差叫系统误差(systematic error),它又称固定误差。观测用的仪器误差属于系统误差,如不法水果商使用动了手脚的量具出售其水果,每次出售的水果都缺失相同比例的份额,使用经过剪接修补的皮尺丈量长度,每次丈量的结果都偏长或偏短同一长度。另外,测者的习惯误差也属于系统误差。

消除系统误差的方法主要有:

(1)了解系统误差的规律,并设法事先将它求出或测出来,然后在以后测量中加以改正消除。例如:假定某测量身高的仪器有固定的1cm误差,则在测量身高时将每次的测量值修正1cm即得准确身高。

(2)若无法直接求得系统误差,则可采用适当的测量方法和步骤,将系统误差的影响消除掉。

3. 随机误差

随机误差(random error)旧称偶然误差。在相同的观测条件下对某一对象进行多次重复

观测中,若观测结果中误差的大小和符号的变化是随机的,则这样的误差叫随机误差。就个别的随机误差而言是无法知道其大小和符号的,即个别的随机误差没有任何规律可循,但就随机误差的总体而言却服从以下的统计分布特征:

(1)对称性:绝对值相等的正误差和负误差出现的概率是相等的,即随机误差的均值(数学期望)等于零,即 $\lim\limits_{n \to \infty} \dfrac{\Delta_1 + \Delta_1 + \cdots + \Delta_n}{n} = 0$;

(2)单峰性:绝对值小的误差出现的概率比绝对值大的误差出现的概率大;

(3)有界性:随机误差不会超过某一值。

随机误差的概率分布一般服从正态分布(高斯分布),它的概率分布密度函数为:

$$f(\Delta) = \frac{1}{m\sqrt{2\pi}} e^{-\left(\frac{\Delta}{m\sqrt{2}}\right)^2}$$

式中:Δ——随机误差值;

　　　m——随机误差的标准差(standard error),旧称均方误差。它是衡量随机误差的尺度,也叫单一观测的标准差。标准差 m 的理论计算公式为:

$$m = \pm\sqrt{\frac{\sum \Delta_i^2}{n}} = \pm\sqrt{\frac{[\Delta\Delta]}{n}} \tag{2-2-1}$$

式中,$\Delta_i (i = 1, \cdots, n)$ 是假设对某一已知真值的对象进行了 n 次等精度观测后得到的 n 个真误差,$[\quad]$ 是高斯求和符号。

分析 $f(\Delta)$ 式可知:

(1)$f(\Delta)$ 为偶函数,曲线对称于纵轴(图 2-2-1a)。它说明绝对值相等的正负误差出现的概率是相等的。当 $\Delta = 0$ 时,$f(\Delta)$ 有极大值 $\dfrac{1}{\sqrt{2\pi}m}$,$f(\Delta)$ 随着 $|\Delta|$ 的增大而下降,开始陡急,逐渐趋于平缓,其拐点的横坐标定义为随机误差的标准差 $\pm m$。当 $\Delta = \pm m$ 时,$f(\Delta) = \dfrac{1}{m\sqrt{2\pi e}}$。当 $\Delta \to \pm\infty$ 时,曲线渐近于横轴。由图可见,绝对值小的误差出现的概率比绝对值大的误差出现的概率大。

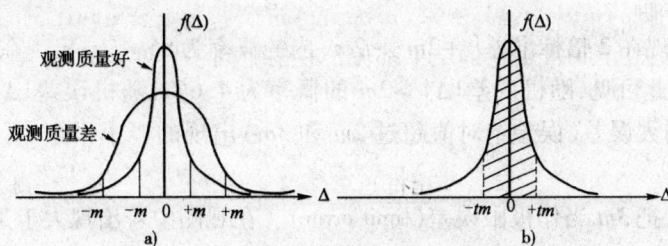

图 2-2-1　随机误差的概率分布

(2)标准差 m 的大小决定了曲线的峰值和形状,反映了观测误差的大小。m 小,曲线的峰值高,形状窄,表示观测中绝对值小的误差多,说明观测质量高。反之,m 大,曲线的峰值低,形状宽,表示观测中绝对值大的误差增多,说明观测质量差。因此,m 是衡量观测质量的尺度。

4. 随机误差的标准差 m

对于单次观测来说，观测的具体误差是不可能知道的，因而，衡量观测值的精度是用标准差 m 及其概率来表示的。

我国和世界上许多国家都规定采用标准差 m 作为观测精度的衡量标准，是因为它比其他参数（如误差的算术平均值、误差绝对值的算术平均值等）更具有以下的突出优点：

（1）m 能反映误差的本质。由式（2-2-1）知，m 不可能为0，因为绝对不含误差的观测是不存在的；

（2）m 与 Δ_i 的符号无关。事实上，在评价观测精度时 Δ_i 的符号是没有意义的；

（3）较大误差的影响更能明显地反映出来。式（2-2-1）中的 Δ_i^2 放大了大误差的影响；

（4）m 较稳定。在观测次数足够多的情况下，任意多一次或少一次观测，几乎不影响 m 的变化；

（5）m 的大小表明了误差的集中程度。m 是随机误差概率分布曲线拐点的横坐标，具有确定的概率。

观测误差 Δ 出现在 $\pm tm$ 内的概率 P（图2-2-1b 的阴影部分的面积）可由下式计算：

$$P\left(-tm \leqslant \Delta \leqslant +tm\right) = \int_{-tm}^{+tm} \frac{1}{m\sqrt{2\pi}} e^{-\left(\frac{\Delta}{m\sqrt{2}}\right)^2} d\Delta$$

令 $\Delta = tm$，则 $d\Delta = mdt$ 代入右式并整理可得（推导见附篇第八章）：

$$P\left(-tm \leqslant \Delta \leqslant +tm\right) = \sqrt{\frac{2}{\pi}}\left(t - \frac{t^3}{6} + \frac{t^5}{40} - \frac{t^7}{336} + \cdots\right)$$

用不同的 t 值代入计算，可得随机误差概率表2-2-1。

随机误差概率表 表 2-2-1

tm	$0.5m$	$0.6745m$	$1.0m$	$1.5m$	$2.0m$	$2.5m$	$3.0m$	$3.5m$
P	38.3%	50.0%	68.3%	86.6%	95.4%	98.8%	99.7%	99.9%

由表知，$t = 1$ 时是随机误差 Δ 出现在标准差 m 内的概率，其值为 $P\left(-m \leqslant \Delta \leqslant +m\right) = 68.3\%$。它说明在观测中，实际观测误差不超过标准差 m 的可能性有 68.3%，或者说 68.3% 的随机误差分布在 $[+m, -m]$ 这个范围内。因此在航海实践中，用标准差 m 作为衡量观测误差大小的尺度。

随机误差 Δ 出现在2倍标准差 $[+2m, -2m]$ 内的概率为 95.4%；出现在3倍标准差内的概率为 99.7%。由此可见，随机误差 $|\Delta| > 2m$ 的概率为 4.6%；随机误差 $|\Delta| > 3m$ 的概率为 0.3%。它们都说明大误差（误差绝对值超过 $2m$ 和 $3m$）出现的概率很小，所以说随机误差有一定界限。

在航海实践中，把 $3m$ 当作极限误差（limit error）。在观测中若出现大于 $3m$ 的误差则被视为粗差，其观测值应剔除。在要求较高的观测中，也有把 $2m$ 作为极限误差的，把大于 $2m$ 误差的观测值剔除，以确保观测结果的准确性。

在英美日等国家常用概率等于50%的误差来衡量观测精度。概率等于50%的误差称为概率误差 ρ（probable error），或称中央误差。由表可见，概率误差 ρ 与标准差 m 的关系为：$\rho = 0.6745m$。

第二节　观测值的标准差及其传播规律

一、单一观测标准差

若某测者对自己观测某对象的标准差并不了解,通常做法是先对该对象进行 n 次等精度观测,并对这 n 次观测结果进行处理后求出标准差 m,则该 m 就作为以后在类似条件下的单一观测的标准差。

1. 已知真值情况下的标准差 m 的计算

设观测对象的真值为 X,某测者对其进行了 n 次等精度观测,得观测值为

$$l_1, l_2 \cdots, l_n$$

则 n 次观测的真误差 Δ 分别为:

$$\Delta_1 = l_1 - X$$
$$\Delta_2 = l_2 - X$$
$$\cdots\cdots$$
$$\Delta_n = l_n - X$$

则标准差 m 可用下式计算:

$$m = \pm \sqrt{\frac{\sum_{i=1}^{n} \Delta_i^2}{n}} = \pm \sqrt{\frac{[\Delta\Delta]}{n}}$$

例 2-2-1: 某测者用测角仪对某三角形内角观测了 6 次,数据见表 2-2-2。求单一观测标准差 m。

解: 各次观测值及对应的真误差 Δ_i 如表 2-2-2 所示。

$$m = \pm \sqrt{\frac{[\Delta\Delta]}{n}}$$

$$= \pm \sqrt{\frac{1'.3^2 + (-0'.7)^2 + (-0'.2)^2 + 0'.6^2 + 0'.1^2 + (-1'.1)^2}{6}}$$

$$= \pm \sqrt{\frac{3.8}{6}} = \pm 0'.796$$

表 2-2-2

观　测　值	Δ	观　测　值	Δ
180°01′.3	+1′.3	180°00′.6	+0′.6
179°59′.3	−0′.7	180°00′.1	+0′.1
179°59′.8	−0′.2	179°58′.9	−1′.1

该测者以后在类似条件下的每一次测角误差被认为是 $\pm 0'.796$。

例 2-2-2: 设讲台的实际长度为 100cm,A、B 两人用同一皮尺各度量 7 次,数据见表 2-2-3,问谁测量得准确些?

表 2-2-3

A 测量值 l_i	Δ_i	Δ_i^2	B 测量值 l_i	Δ_i	Δ_i^2
100.8	0.8	0.64	100.2	0.2	0.04
101.1	1.1	1.21	99.7	-0.3	0.09
98.7	-1.3	1.69	98.9	-1.1	1.21
99.4	-0.6	0.36	101.0	1.0	1.0
100.1	0.1	0.01	100.5	0.5	0.25
99.5	-0.5	0.25	99.7	-0.3	0.09
99.8	-0.2	0.04	99.6	-0.4	0.16
Σ		4.2			2.84

解：

$$m_A = \pm\sqrt{\frac{\sum \Delta_i^2}{n}} = \sqrt{\frac{4.2}{7}} = \sqrt{0.6} = \pm 0.775$$

$$m_B = \pm\sqrt{\frac{\sum \Delta_i^2}{n}} = \sqrt{\frac{2.84}{7}} = \sqrt{0.406} = \pm 0.637$$

因为 $m_B < m_A$，所以 B 测量得准确些。

2. 未知真值情况下的标准差 m 的求取

由于真值 X 在实际观测中一般无法得到，所以 $m = \pm\sqrt{\frac{[\Delta\Delta]}{n}}$ 只是理论计算公式。当未知真值 X 时，可利用下面的白塞尔（Bessel）公式求单一观测标准差（证明见附篇第八章）：

$$m = \pm\sqrt{\frac{[vv]}{n-1}} \qquad (2-2-2)$$

式中：$v_i = l_i - L (i = 1,2,\cdots,n)$ 称为残差；

L 是观测值的算术平均值，它也是真值 X 的最概率值（most probable value）。即

$$L = \frac{[l]}{n} = \frac{l_1 + l_2 + l_3 + \cdots + l_n}{n}$$

例 2-2-3：设某人用皮尺测量某讲台长度 7 次，数据见表 2-2-4，求该讲台的最概率长度 L 和单一观测的标准差 m，该讲台的实际长度是多少？

表 2-2-4

测量值 l_i	v_i	v_i^2	测量值 l_i	v_i	v_i^2
100.8	0.89	0.792	100.1	0.19	0.036
101.1	1.19	1.416	99.5	-0.41	0.168
98.7	-1.21	1.464	99.8	-0.21	0.044
99.4	-0.51	0.260	$L = 99.91$	Σ	4.180

解：（1）求该讲台的最概率长度 L（见表 2-2-4）：

$$L = \frac{[l]}{n} = 99.91 \text{cm}$$

（2）求单一观测的标准差 m：

$$m = \pm \sqrt{\frac{[vv]}{n-1}} = \pm \sqrt{\frac{4.18}{7-1}} = \pm 0.835\text{cm}$$

（3）讲台的实际长度：

68.3% 的概率为 $99.91 \pm 0.835\text{cm}$，95.4% 的概率为 $99.91 \pm 1.670\text{cm}$，99.7% 的概率为 $99.91 \pm 2.505\text{cm}$。

二、随机误差的传播规律

在实际工作中，有的物理量是要通过观测与其有函数关系的其他量后计算求得。这样，每一个观测值的误差必定会影响到所求的函数的误差。

观测值标准差与函数标准差之间的关系符合以下的误差传播规律。

设函数

$$Z = f(x, y, \cdots, t)$$

其中 $x, y, \cdots, t$ 为独立的直接观测量，它们的标准差分别为 $m_x, m_y, \cdots, m_t$，则函数 Z 的标准差 m_z 为（证明见附篇第八章）：

$$m_z^2 = \left(\frac{\partial f}{\partial x}\right)^2 m_x^2 + \left(\frac{\partial f}{\partial y}\right)^2 m_y^2 + \cdots + \left(\frac{\partial f}{\partial t}\right)^2 m_t^2$$

即函数标准差的平方等于该函数每个自变量的偏导数与相应自变量标准差乘积的平方和。

1. 和差函数的标准差

设　　　　　　$Z_1 = X + Y$，$Z_2 = X - Y$，X、Y 的标准差分别为 m_x 和 m_y。

则有　　　　　　$m_{Z_1}^2 = m_x^2 + m_y^2$，$m_{Z_2}^2 = m_x^2 + m_y^2$　　　　　　　　（2-2-3）

由此可看出，在和、差运算中，观测值的误差对所求和函数和差函数的影响是相同的。

例 2-2-4：有一根约 3m 长的线段，用 2m 长的皮尺度量 2 次，第一段量得 $1.95 \pm 0.08\text{m}$，第二段量得 $1.06 \pm 0.05\text{m}$，求此线段的长度。

解：（1）求线段的最概率值 Z：

$$Z = 1.95 + 1.06 = 3.01\text{m}$$

（2）求线段的标准差 m_Z：

$$m_Z^2 = 0.08^2 + 0.05^2 = 0.0089\text{m}^2$$
$$m_Z = \pm 0.094\text{m}$$

（3）此线段的长度为：

$$3.01 \pm 0.094\text{m}（68.3\% \text{ 的概率}）$$

例 2-2-5：测得某根线段的长为 $3.0 \pm 0.094\text{m}$，现剪去一段，量得该段长为 $1.95 \pm 0.08\text{m}$，求剩余线段的长度。

解：（1）求剩余线段的最概率值 Z：

$$Z = 3.0 - 1.95 = 1.05\text{m}$$

（2）求剩余线段的标准差 m_Z：

$$m_Z^2 = 0.094^2 + 0.08^2 = 0.0152\text{m}^2$$
$$m_Z = \pm 0.123\text{m}$$

（3）剩余线段的长度为：

$$1.05 \pm 0.123 \text{m}(68.3\% \text{ 的概率})$$

2. 倍数函数的标准差

设 Z 为独立自变量 X 的倍数函数，即

$$Z = aX，X \text{ 的标准差为 } m_x$$

其中 a 为常数，则

$$m_Z^{\ 2} = a^2 m_x^2 \text{ 或 } m_Z = am_x \tag{2-2-4}$$

例 2-2-6：有一根对折线条，某人量得其长为 $150 \pm 0.06 \text{cm}$，求此线段的总长度？

解：线段的长度为 $150 \times 2 = 300 \pm 0.12 \text{cm}(68.3\% \text{ 的概率})$

例 2-2-7：欲测一小圆台的台面面积，测得其半径为 25cm，观测标准差 $m_r = \pm 0.1 \text{cm}$，求圆台面积 A 及其标准差 m_A。

解：（1）求圆台面积 A：

$$A = \pi r^2 = 1963.5 \text{cm}^2$$

（2）求圆台面积的标准差 m_A：

$$dA = 2\pi r dr \qquad 则 \qquad m_A^{\ 2} = (2\pi r)^2 m_r^2$$

所以 $\qquad m_A = \pm 2\pi r m_r = \pm 2\pi \times 25 \times 0.1 = \pm 15.71 \text{cm}^2$

例 2-2-8：在等加速水流影响下，在船速校验线上短时间内往返航行三次，分别求出 V_1、V_2 和 V_3，则消除水流影响后的船速为 $V_E = \dfrac{1}{4}(V_1 + 2V_2 + V_3)$，试求 V_E 的标准差 m_v。

解：（1）求 V_1、V_2 和 V_3 的标准差 m_1、m_2、m_3：

因为在短时间内测定，各速度可认为是等精度的，即 $m_1 = m_2 = m_3 = m$。根据 $V = \dfrac{S}{t}$，求 V 对 t 的导数（S 是常数）得：

$$dV = -\frac{S}{t^2}dt，因此，m = \pm \frac{S}{t^2}m_t = \pm \frac{V}{t}m_t。得 m_1 = m_2 = m_3 = m = \pm \frac{V}{t}m_t$$

（2）求 $V_E = \dfrac{1}{4}(V_1 + 2V_2 + V_3)$ 的标准差 m_v：

根据误差传播定律，有 $m_v^2 = \dfrac{1}{16}(m_1^2 + 4m_2^2 + m_3^2) = \dfrac{6V^2}{16t^2}m_t^2$。

由此得 $m_v = \pm \sqrt{\dfrac{6}{16}}\dfrac{V}{t}m_t = \pm 0.162 \dfrac{V}{t}m_t$。

此乃船舶在船速校验线上往返航行三次的测速误差。

3. 求最概率值（算术平均值）的标准差 M

观测值的算术平均值是指在相同的观测条件下，即等精度观测条件下对某一对象进行 n 次独立观测，得到 n 个独立观测值 $l_1, l_2, \cdots, l_n$ 然后求出它们的平均值。即

$$L = \frac{l_1 + l_2 + \cdots + l_n}{n}$$

因为是等精度观测，各个观测值的标准差被认为是相等的，均为 m。根据误差传播规律，算术平均值 L（最概率值）的标准差 M（或记作 m_L）由下式求得：

$$M^2 = \frac{1}{n^2}(m^2 + m^2 + \cdots + m^2) = \frac{m^2}{n}$$

即

$$M = \frac{m}{\sqrt{n}} = \pm\sqrt{\frac{[vv]}{n(n-1)}} \qquad (2\text{-}2\text{-}5)$$

结论:算术平均值的标准差等于单一观测标准差 m 的 $\frac{1}{\sqrt{n}}$。也就是说,理论上算术平均值的精度比单一观测值的精度提高了 $\sqrt{n}$ 倍。所以对同一个量进行重复观测,不但可以发现粗差,而且可以提高观测结果的精度。但当重复观测次数太多,即 n 较大时,会增加观测者的眼疲劳,观测就不再是等精度的了。所以,从实际出发,一般以 2～3 次重复观测取其平均值为宜。

例 2-2-9: 有一根线段,某人用皮尺度量 3 次,得观测值:1.95m,2.01m,1.99m,若该测者的单一观测标准差为 ±0.03m,求此线段的长度及其标准差。

解:(1)求线段的最概率值 L:

$$L = (1.95 + 2.01 + 1.99)/3 = 1.983\text{m}$$

(2)求线段的标准差 M:

$$M = \frac{m}{\sqrt{n}} = \frac{\pm 0.03}{\sqrt{3}} \pm 0.017\,3\text{m} \qquad (68.3\% 的概率)$$

第三节　凑整误差

所谓凑整误差是指在数值运算或读取数字时根据四舍五入的原则进行数值凑整而引起的误差。任一根据四舍五入原则得到的数值都含有凑整误差。例如,设整数 7 是凑整得到的数值,则该值可能是由 7.1～7.4 舍去尾数得到,或者由 6.5～6.9 进位得到。由此可知,整数 7 是含有误差 ±0.1～0.5 的数。这里以准确到个位为例来计算凑整误差的标准差 m。

以个位为例,凑整误差的可能值见表 2-2-5。

表 2-2-5

凑整误差 Δ 的可能范围	凑整误差 Δ 的平均值	凑整误差 Δ 的可能范围	凑整误差 Δ 的平均值
$-0.5 \sim -0.4$	$\Delta_1 = -0.45$	$0.0 \sim +0.1$	$\Delta_6 = +0.05$
$-0.4 \sim -0.3$	$\Delta_2 = -0.35$	$+0.1 \sim +0.2$	$\Delta_7 = +0.15$
$-0.3 \sim -0.2$	$\Delta_3 = -0.25$	$+0.2 \sim +0.3$	$\Delta_8 = +0.25$
$-0.2 \sim -0.1$	$\Delta_4 = -0.15$	$+0.3 \sim +0.4$	$\Delta_9 = +0.35$
$-0.1 \sim 0.0$	$\Delta_5 = -0.05$	$+0.4 \sim +0.5$	$\Delta_{10} = +0.45$

根据标准差定义,凑整误差的标准差为

$$m = \pm\sqrt{\frac{[vv]}{10}} = \pm\sqrt{\frac{0.825}{10}} = 0.287 \approx \pm 0.3$$

因此,若四舍五入凑整到 10^k($k = 0, \pm 1, \pm 2, \cdots$),则凑整误差的标准差

$$m = \pm 0.3 \times 10^{k} \qquad (2\text{-}2\text{-}6)$$

而凑整最大误差 $= \pm 0.5 \times 10^{k}$。

例 2-2-10：求用 3.14,3.142,3.1416 表示 π 的标准差 m。

解：根据凑整误差的标准差,3.14 的标准差为 ± 0.003;3.142 的标准差为 ± 0.0003; 3.1416 的标准差为 ± 0.00003。

第四节　航迹推算误差

一、船位误差概念

在航迹推算中,由于真航向和计程仪航程及风流资料中存在着不可避免的误差,因此,推算船位显然是不同于真船位的。推算船位与真船位之间的差异叫做推算船位误差。

如果船舶在航行中,同一时刻观测两个导航参数,得到两条船位线,则它们的交点便是观测船位。与推算船位一样,由于导航参数中,存在不可避免的观测误差,因此,观测船位显然也是不同于真船位的。观测船位与真船位之间的差异叫做观测船位误差。

船位误差也分为船位的系统误差和随机误差,船位系统误差在理论上是可知的,而船位随机误差常用船位标准差来衡量。

以推算船位或观测船位为中心,船位标准差为半径的圆称为船位标准差圆(standard error circle),所以船位标准差又称圆误差或半径误差,用 ρ 或 M 表示。

二、推算船位的误差

1. 推算船位标准差

推算船位的误差可由航迹推算的航向误差和航程误差求得。如图 2-2-2 所示,A 是航迹推算的起始点,假定 CA 线是没有误差的航迹线,$S = AB$ 是实际航程,则 B 是实际船位。但若推算航向有标准差 $\pm m_{CA}$,推算航程有标准差 $\pm m_S$,则推算船位便偏离 B,称此偏离为推算船位误差,其大小用推算船位标准差 ρ 衡量,即

$$\rho = \sqrt{m_{横}^2 + m_{纵}^2} = \sqrt{S^2 m_{CA}^2 + m_S^2}$$

式中：$m_{横}$——推算船位在 B 点的横向误差,如图中的 BM_1、BM_2,其大小为 $\pm S m_{CA}$;

$m_{纵}$——推算船位在 B 点的纵向误差,如图中的 Ba、Bb,其大小为 $\pm m_S$。

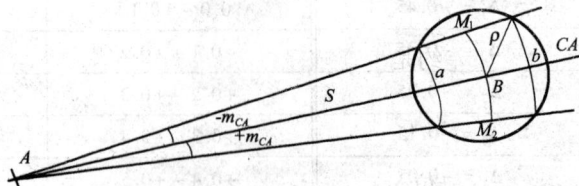

图 2-2-2　航迹推算的误差分布

理论上,以实际船位 B 为中心,标准差 ρ 为半径所作的圆,叫做推算船位标准差圆,推算船位落在该圆内的概率是 63.2% ~ 68.3%。在实际航迹推算中,实际船位并不知道,而 B 点是按航迹推算方法推算出的含有误差的推算船位,则以 B 为中心,ρ 为半径的推算船位标准差圆

反映了实际船位在圆内出现的概率为 63.2% ~ 68.3% 。

2. 影响推算船位精度的因素

1) 无风流时

无风流时, $TC = CA$, 影响航向误差的因素有:

$$m_{CA} = m_{TC} = \pm \sqrt{m_o^2 + m_{\Delta C}^2 + m_t^2 + m_D^2}$$

式中: m_o——从罗经上读取航向的标准差, 约为 $\pm 0°.3$;

$m_{\Delta C}$——罗经差的标准差, 一般为 $\pm 0°.5$, 当某船的罗经差存在误差时, 其对该船航向的影响属于系统误差, 是主要误差;

m_t——由于操舵不稳产生在航向上的标准差, 约为 $\pm 0°.5$;

m_D——在海图上绘画航线的标准差, 约 $\pm 0°.2$ 。

将这些数值代入上式, 可计算得 m_{CA} 大约是 $\pm 0°.8$, 一般取 $\pm 1°$ 。

影响航程误差的因素有: 读取计程仪读数的误差 m_L、计程仪改正率的误差 $m_{\Delta L}$ 和在海图上量取航程的误差。同样, 当计程仪改正率存在误差, 其对航程的影响属于系统误差, 是影响航程的主要误差。而 m_L 和在海图上量取航程的误差都很小, 可以忽略不计。在船速校验线上往返 3 次测定 ΔL 的标准差 $m_{\Delta L}$ 为 $\pm 0.5\%$ ~ $\pm 1.0\%$ 。

2) 有风流时

有风流情况下, 除上述因素外, 还有风压差的误差 m_α ($\pm 1°.5$), 水流流向的误差 m_{Cc} ($\pm 20°$)、流速的误差 m_{Vc} ($\pm 0.2\text{kn}$) 等因素, 它们都会影响 m_{CA} 和 m_S 。

3. 推算船位的误差

1) 无风流时

在一般情况下, 无风流的航向标准差约为 $m_{TC} \approx \pm 1°$ 时, 推算船位的横向误差 $m_{横}$ 为:

$$m_{横} = \frac{m°_{TC}}{57°.3} S_L = \pm 1.74 S_L\%$$

即航向误差引起的船位横向误差, 大约为推算航程的 1.74% 。

若计程仪改正率的标准差 $m_{\Delta L}$ 取 $\pm 1\%$, 则推算船位的纵向误差 $m_{纵}$ 为:

$$m_{纵} = m_S = S_L m_{\Delta L} = \pm 1 S_L\%$$

即航程误差引起的船位纵向误差, 大约为推算航程的 1% 。

综合航向和航程误差, 无风流的推算船位标准差为:

$$\rho = \sqrt{(1.74 S_L\%)^2 + (S_L\%)^2} \approx 2 S_L\% \tag{2-2-7}$$

可见, 无风流时的推算船位标准差约是推算航程的 2% 。

2) 有风流时 (具体分析参看附篇第三章)

(1) 有风无流时。假定真航向标准差 $m_{TC} = \pm 1°$, 风压差的标准差 $m_\alpha = \pm 1°.5$, 计程仪改正率的标准差 $m_{\Delta L} = 1\%$, 则推算船位标准差为:

$$\rho_\alpha = \sqrt{m_{横}^2 + m_{纵}^2} = 3.3 S_L\% \tag{2-2-8}$$

即有风时的推算船位标准差大约是推算航程 S_L 的 3% 。但如果风压差估计不准确, 则推算船位的误差将会增大。

（2）有流无风时。根据经验，流向标准差一般为 $m_{Cc} = \pm 20°$，流速标准差为 $m_{Vc} = \pm 0.2\text{kn}$。当取船速为 16kn，流速为 2.5kn 时，推算船位的标准差为：

$$\rho_B = (4\% ~ 6\%)S_L \tag{2-2-9}$$

由此可见，有水流影响时推算船位误差较大，它约等于无风流情况下推算船位误差的 2～3 倍，且当船速低于 16kn，流速大于 2.5kn 时，此误差都将增大。所以，在目前水流资料还不够准确的情况下，为确保航行安全，应尽量缩短航迹推算的间隔时间。为此，必须利用各种航海手段，经常测定准确船位，以便缩小推算误差。

（3）风流共同影响时。风流中推算船位的标准差为：

$$\rho_\gamma = (5\% ~ 7\%)S_L \tag{2-2-10}$$

以上各种情况下的推算船位误差是在推算航程为 100n mile 的情况下计算的，当推算航程超过 100n mile 时，由于操舵等随机误差的作用，实际的推算船位误差要小于上述的理论计算值。

4. 推算船位的累积误差

如图 2-2-3 所示，设 ρ_1 是 T_0 到 T_1 航段的推算船位标准差，ρ_2 是 T_1 到 T_2 航段的推算船位标准差，根据误差传播规律，T_2 的推算船位标准差是 $\rho = \sqrt{\rho_1^2 + \rho_2^2}$，$\rho_3$ 是 T_2 到 T_3 航段的推算船位标准差，则 T_3 的推算船位标准差是 $\rho = \sqrt{\rho_1^2 + \rho_2^2 + \rho_3^2}$，以此类推，可得 T_n 的推算船位标准差等于此前 n 个航段的各推算船位标准差的平方和的根。即

$$\rho = \sqrt{\rho_1^2 + \rho_2^2 + \cdots + \rho_n^2} \tag{2-2-11}$$

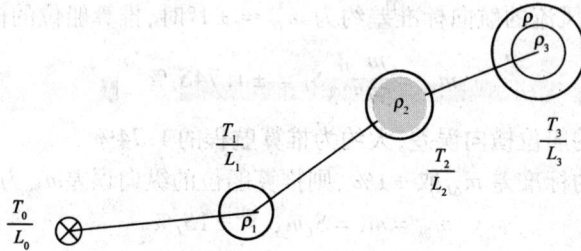

图 2-2-3　推算船位的累积误差

三、概率航迹区

当推算船位有标准差 ρ 时，在船舶继续航行过程中，实际船位最可能存在的区域称为"概率航迹区"。它由两部分组成，一是以 ρ 为半径的推算船位标准差圆的航行轨迹区，二是航行过程中航向误差 m_C 引起的船位偏差区域（图 2-2-4）。概率航迹区覆盖真船位的概率约为 2/3。

在下列情况下船舶驾驶员应该具有概率航迹区的概念：

（1）远航归来，接近海岸、海峡、航海危险物和禁区时；

（2）当能见度不良，船舶航行在危险物附近时。

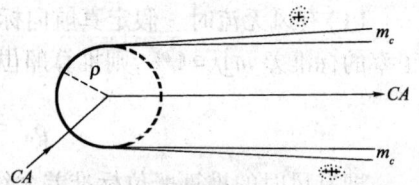

图 2-2-4　概率航迹区

根据航海上"应该永远设想本船处于最不利的航行条件下"的习惯,驾驶员应把船位设想在前进方向上的概率航迹区内最可能引起航行危险的一点上,甚至不排除实际船位处于比概率航迹区更接近危险的区域。

第五节　船位线和观测船位

船舶在海上的位置虽然可以用推算的方法求得,但由于人们对用于推算的各种数据和资料不可能掌握得十分确切,例如,罗经差和计程仪误差可能发生变化,流的资料可能与实际情况不符,风对船舶的影响也可能估计不准确以及操舵、船舶倾斜引起船舶偏航等因素,都会影响推算船位的准确性。而且,推算船位的误差是随着航程的增加而增大的。因此,仅仅以推算船位来检验船舶是否处于安全位置,显然是很不可靠的。

为了确保航行安全,船舶驾驶员必须随时掌握本船在海上较为可靠的船位。因此,必须利用一切可能的条件,在适当的时间间隔中用观测的方法测定准确的船位。测定船位的方法很多,有利用陆标的陆标定位方法,利用各种无线电定位系统的电子定位方法,还有利用天体的天文定位方法。

观测定位,都是要用某种仪器观测已知位置的目标的导航参数,从而求得船舶与目标之间的相互关系,在海图上画出反映船舶所在的位置线和船位,这样的船位叫观测船位。

一、位置线和船位线

参数值相等的点的轨迹在数学上称为等值线。在航海上,海图上的等深线是水深相等的点的轨迹;等高线是物标的高程相等的点的轨迹;等磁差曲线是磁差相等的点的轨迹。显然它们都是等值线。当船舶测量物标的参数(如单物标的方位、距离、某两物标的方位差和距离差等)得到一观测值,在海图上画出符合该观测值的点的轨迹,显然也是等值线,该等值线在航海上被称为船舶位置线(简称位置线),常用缩写 Lop(line of position)表示。

1. 航海上常用的船舶位置线及其在海图上的形式

目前航海上常用的船舶位置线是方位位置线和距离位置线:

1) 方位位置线

(1) 近距离的船舶方位位置线。当船上测者用陀螺罗经复示器(或标准罗经)观测某一已知海图位置的固定物标 M,得到该物标的陀螺方位 GB(或 CB),若陀螺差 ΔG(或 ΔC)没有误差,经 ΔG(或 ΔC)修正后便得到真方位 TB($= GB + \Delta G$),TB 是大圆方位。但如果船与被测物标在视距范围内,地面各点的真北线相互平行,TB 的等值线即为恒向线,因而可在墨卡托海图上用直线画出 TB 的等值线,如图 2-2-5 所示,当船舶观测 M 物标得 $TB = 310°$,则在海图上从 M 点按 $TB310°$ 的反方向(310°±180°)画出直线 KK_1K_2M,此乃观测时刻的船舶方位位置线。显然,如果船舶位于射线 KM 上且距离物标 M 不远时,船舶观测物标 M 的真方位必然为310°;如果船位不在射线 KM 上,则观测物标 M 的真方位必然不等于310°。如果从固定物标 M 观测船舶,由于是近距离,所得的真方位与船舶观测物标 M 所得的

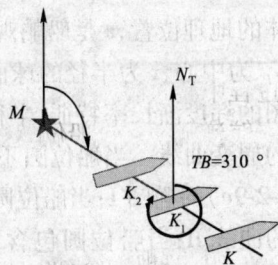

图 2-2-5　近距方位位置线

真方位相差180°。因此,近距离时,船舶方位位置线是恒向线。

(2)远距离的船舶方位位置线。如果船与被测物标相隔很远,地面曲率不能忽略,情况就大不一样,此时就不能用恒向线方位代替大圆方位 TB。远距情况下,由船舶观测物标 M 得到的 TB 和由物标 M 观测船舶所得到的 TB 相差一般不是180°(船舶和物标均在赤道上或同一子午线上除外)。因此,由船舶观测物标 M 得到的船舶位置线和由物标 M 观测船舶得到的船舶位置线的形式也不一样。

①岸测船的船舶方位位置线是大圆弧。设一测者位于固定物标 M 点,观测运动着的船舶 P 的真方位是 α,则观测时刻的船舶方位位置线是由 M 画出的与过 M 的子午线 $P_N M$ 相交成所测方位角 α 的大圆弧 MPP_1P_2(图2-2-6),此乃观测时刻的船舶位置线。因为只有船舶在该大圆弧上,从 M 点观测船舶的 TB 为 α。

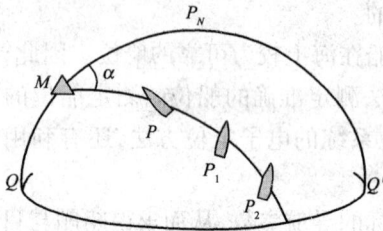

图2-2-6 远距岸测船方位位置线

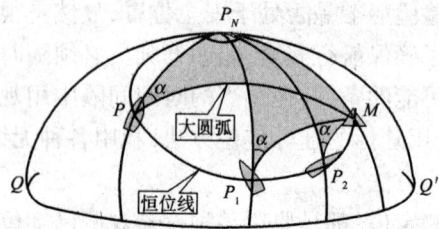

图2-2-7 远距船测岸方位位置线

②船测岸的船舶方位位置线是恒位线。设船上观测者测得固定物标 M 的方位是 α,则船舶方位位置线是一条通过近地极 P_N、船位 P 和物标 M 的恒位线(line of equal bearing)(图2-2-7),即 $P_NPP_1P_2M$。因为当船舶在此恒位线上时,如图中的 P、P_1、P_2,观测 M 的大圆方位相等,均为 α。即恒位线是与某一固定物标保持恒定大圆方位的点的轨迹。

2)距离位置线

(1)近距离的船舶距离位置线。设船舶观测视距内物标 M 得到距离 D,由于近距离,船与物标间的球面近似为平面,所以,在海图上以被测物标 M 为中心,所测距离 D 为半径作圆,船舶便在此圆周上,因为在该圆周上的任意一点,到物标 M 的距离都等于 D;不在该圆周上的点,到 M 的距离都不等于 D。称此圆周为船舶距离位置线(图2-2-8)。

(2)远距离的船舶距离位置线。对远距离物标观测距离,船舶的距离位置线是以物标为中心、所测距离为球面半径的球面小圆(图2-2-9a)。显然,观测时刻船位在这个球面小圆上,因此,这个小圆称为船位圆(circle of position)。天文船位圆就属于这一种,图中的 G_P 是天体的地理位置,z 是船舶观测到的距天体地理位置的距离(称顶距),以

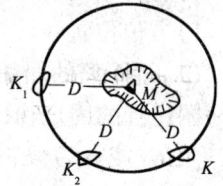

图2-2-8 近距距离位置线

G_P 为中心、z 为半径的球面小圆就是天文船位圆。如果将这样的圆画到海图上,由于墨卡托海图的纬度渐长率特征,半径较大的船位圆在墨卡托海图上的形式不再是圆,而是一条形状复杂的周变曲线。当船位圆不包含近地极时(图2-2-9b 的圆 I),其在墨卡托海图上的形状如图2-2-9c)的椭圆 I;当船位圆通过近地极时(图2-2-9b 的圆 II),其在海图上的形状为图2-2-9c)的曲线 II;当船位圆包含近地极时(图2-2-9b 的圆 III),其在海图上的形状为图2-2-9c)的曲线 III。

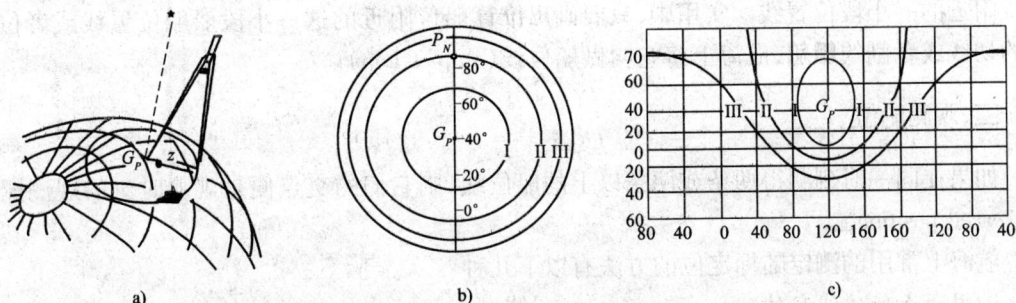

图 2-2-9 远距距离位置线

a)球面距离圆;b)距离圆与地极之关系;c)墨卡托海图上的位置线形式

除上述类型的船舶位置线外,航海上也会用到下面的两类位置线:

(1)水平角位置线。船舶水平角位置线,也叫方位差位置线,是船上测者观测岸上两个确知位置的固定物标之间的水平角 α 或者方位差($TB_1 \sim TB_2$)得到的船舶位置线。位置线的形式是船与该两物标所构成的三角形外接圆的一部分圆弧(图 2-2-10)。由于这种位置线作图麻烦,一般航海上极少使用。

(2)距离差位置线。船舶距离差位置线即双曲线位置线,是船上测者观测两个确知位置的固定物标(例如无线电信号台站)的距离差 ΔD 得到的船舶位置线。其形式是如图 2-2-11 所示的以该两物标为焦点的(球面)双曲线。图中,$\Delta D = 0$ 的等值线称为中线,M_1 和 M_2 的连线称为基线,基线向 M_1 和 M_2 外侧延伸的线称为基线延伸线。

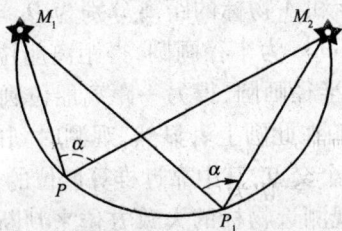

图 2-2-10 水平角位置线

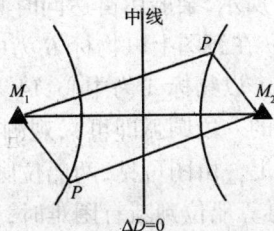

图 2-2-11 双曲线位置线

2.船舶位置线的特点

对航行船舶来说,船舶位置线具有如下两个特点:

(1)时间性:即只有在观测时刻,船舶位于该位置线上;

(2)绝对性:即在位置线上的所有的点都必然符合同一观测值;反之,不在该位置线上的点必然不具有该观测值。

很明显,在某一时刻测得一条位置线,只能说明该时刻的观测者在此位置线上,但无法确定位于哪一点。所以,利用一条位置线是不能确定船位的,要想确定船位,必须同时测得两条或两条以上的位置线,它们的交点便是观测船位。

3.船位线

若将球面上的位置线完整地绘画在墨卡托海图上,其形状一般都比较复杂,难度也相当大,而且在航海实践中也没有必要将位置线完整地绘画出来。对船舶定位真正有用的,仅仅是船位附近的一小段位置线。实用中,只要画出推算船位附近的这一小段船舶位置线或者位置线的切线或者割线即可,航海上将它叫做船位线(ship's Lop)。

二、观测船位

如果在同一时刻测得两条或两条以上的船位线,则它们的交点便是观测时刻的观测船位(observed position)。

航海上常用的测定陆标定位的方法有以下几种:

1. 用两条船位线定位

1) 观测两个物标的方位定位

如图 2-2-12 所示,某船 1000 用陀螺罗经同时测得日庄礁灯标 $GB272°.5$,七星礁灯标 $GB036°$,陀螺差为 $+1°.5$。船舶测得两个物标的陀螺方位后,应该改正陀螺差 ΔG 后求取对应的两物标的真方位 $TB(=GB+\Delta G)$,才能在海图上从物标按 $TB±180°$ 画出观测位置线。即日庄礁灯标 $TB=272°.5+1°.5=274°$,七星礁灯标 $TB=036°+1°.5=037°.5$。从日庄礁灯标画出 $274°-180°$ 线便得到 $274°$ 的方位船位线,在此船位线上观测日庄礁灯标的 TB 均为 $274°$。以相同的方法,从七星礁灯标画出 $037°.5+180°$ 线,得到 $037°.5$ 的方位船位线,在此船位线上观测七星礁灯标的 TB 均为 $037°.5$。显然,由于对两物标进行了同时观测,所以观测时刻的船位既在日庄礁灯标的船位线上,又在七星礁灯标的船位线上,则它们的交点便是 1000 的观测船位。注意在画方位船位线时,只要画出它们在推算船位附近的一段方位线即可。

2) 观测两个物标的距离定位

如图 2-2-13 所示,某船用雷达同时测得 B 物标和 A 物标的距离分别为 $D_B=5.6n$ mile 和 $D_A=14.8n$ mile。在海图上以物标 B 为中心,5.6n mile 为半径画圆,得距离船位圆,观测时刻的船舶在此圆上。以物标 A 为中心,14.8n mile 为半径画圆,得另一距离船位圆(只要画出其在推算船位附近的一段圆弧即可),观测时刻的船舶在此圆上。显然,观测时刻的船位在 A、B 两船位圆的交点上。由图可见,两船位圆相交有两个交点,其中靠近推算船位的一个交点为观测船位,但若用推算船位判断有困难时,可用罗经观测近物标的大致方位来判断,图中近物标 B 的方位约为 $040°$。

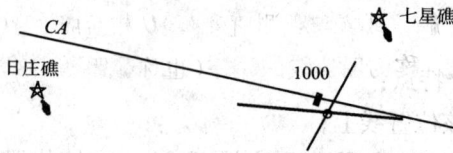

图 2-2-12 两方位船位

图 2-2-13 两距离船位

3) 观测同一个物标的方位、距离定位

如图 2-2-14 所示,某船 0800,计程仪读数 $325'.0$,用雷达同时测得某一灯标的 $GB051°.8(\Delta G=-1°.5)$,距离 $D=7.6n$ mile。在海图上从灯标按 $TB050°.3±180°$ 画出方位船位线。再以灯标为中心,7.6n mile 为半径画圆,得距离船位圆。显然,观测时刻的船舶既在此方位船位线上,又在距离船位圆上,因此,它们的交点是

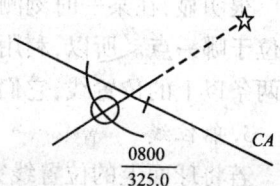

图 2-2-14 单物标距离方位船位

160

0800 的观测船位。

除此之外,也可用某一物标的方位和另一物标的距离确定船位。

2. 用三条船位线定位

1) 三条船位线定位的优点

两条方位船位线相交只有一个交点,因此,只能以它作为观测船位。其优点是定位简易方便,但缺点是可能不易发现观测差错。因此,航海上只要有机会,经常测定三个物标来确定船位,观测三物标定位常常能有效地发现观测过程中可能存在的错误。

2) 船位误差三角形

由于观测中的合理误差及观测不同物标的时间差异,三条船位线往往会交成一个小三角形,称之为船位误差三角形。关于有船位误差三角形时的船位确定方法将在后面讨论。图2-2-15是某船锚泊时测定三个灯塔的方位得到的观测船位。

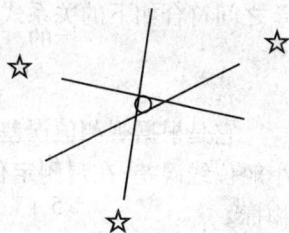

常用的三条船位线的类型可以是测定三个物标的方位得到的三条方位船位线,可以是测定三个物标的距离得到的三条距离船位线,可以是测定三个星体的高度得到的三条天文船位线,也可以是2~3个物标的方位船位线和距离船位线的有效配合。

图 2-2-15　三方位船位

第六节　船位线的误差

一、船位线梯度的概念

综上所述,船舶观测定位的基本步骤是:观测物标的导航参数(如方位、距离、高度等),将它们转换成能绘画在海图上的船位线,同一时刻的两条或者两条以上的船位线相交得到观测船位。由于在导航参数观测值中不可避免地存在观测的系统误差和随机误差,因此,根据有误差的观测值所画出的船位线和观测船位也一定存在误差。位置线梯度就是表征观测值误差与船位线误差之间的数量和方向关系。而评价观测船位的精度并把它控制在合理的范围内是船舶驾驶员的一项重要任务和日常工作。

如图 2-2-16 所示,船位线 I 与真值 U 相适应,船位线 I' 与观测值 $U + \Delta U$ 相适应。ΔU 是观测值的增量或误差,由 ΔU 引起的位置线的位移 Δn 称为船位线的误差(也称截距)。则

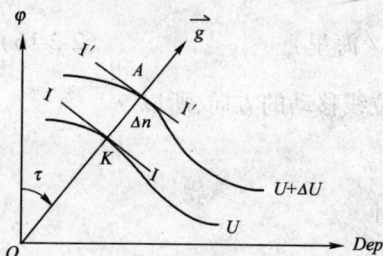

$$\vec{g} = \lim_{\Delta n \to 0} \frac{\Delta U}{\Delta n} = \frac{\mathrm{d}U}{\mathrm{d}n}$$

叫做船位线的梯度(gradient),$\vec{g}$ 是个矢量,其大小(模)等于船位线法线上的方向导数,即

$$g = \left| \frac{\mathrm{d}U}{\mathrm{d}n} \right| = \lim_{\Delta n \to 0} \left| \frac{\Delta U}{\Delta n} \right| \qquad (2\text{-}2\text{-}12)$$

图 2-2-16　位置线梯度

而梯度的方向是沿着船位线的法线、并且指向观测值增加($+\Delta U$)时引起的船位线移动的方向,用梯度的方向角 τ 表示,即真北(N_T)与船位线法线之间的夹角。

在航海上常用下面的近似公式计算船位线梯度模：

$$g = \left| \frac{\Delta U}{\Delta n} \right| \tag{2-2-13}$$

由上可见：梯度的方向是观测值含有正误差时的船位线移动的方向；梯度模是观测值误差与其引起的船位线误差之比。

二、船位线误差的基本公式

当观测值误差 ΔU 和船位线误差 Δn 都不大时，根据式（2-2-13），船位线误差与观测值误差之间符合如下的关系式：

$$\Delta n = \frac{\Delta U}{g} \tag{2-2-14}$$

它是根据观测值误差求船位线误差的最基本公式。由式可直观地得到如下结论：若要减小船位线误差，在观测定位时，应设法减小观测值误差 ΔU，同时，要选测船位线梯度 g 大的物标。

三、航海上常用位置线的梯度

我们只讨论近距离情况下的船位线梯度。

1. 船舶方位位置线的梯度 $\overrightarrow{g_B}$

1）船测岸方位位置线的梯度

如图 2-2-17 所示，运动着的船舶 K，观测岸上已知坐标的物标 M 的方位，假定 M 的实际方位为 B，则可在海图上画出对应 B 的实际方位船位线 KM。若观测中含有误差 $+\Delta B$，即观测方位为 $B+\Delta B$，在海图上画出的是对应 $B+\Delta B$ 的有误差的方位船位线 K_1M。因此，在船位 K 处，方位增量 ΔB 产生了方位船位线的位移 Δn，Δn 的大小为：

$$\Delta n = KK_1 \approx D \cdot \Delta B = \frac{\Delta B°}{57°.3} D$$

式中：D——船至物标的距离。

根据梯度定义，方位船位线的梯度模：

$$g_B = \frac{\Delta B}{\Delta n} = \frac{\Delta B}{D \cdot \Delta B} = \frac{1}{D}（弧度／海里）\tag{2-2-15}$$

或

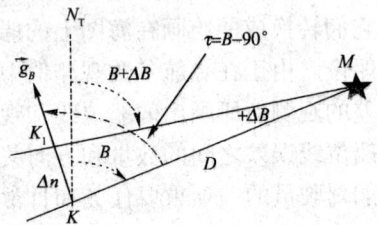

图 2-2-17　方位位置线梯度

$$g_B = \frac{\Delta B}{\Delta n} = \frac{57°.3 \Delta B}{D \cdot \Delta B} = \frac{57°.3}{D}（度／海里）\tag{2-2-16}$$

方位船位线梯度的方向 τ，指向观测方位增加时方位船位线移动的方向，所以

$$\tau = B - 90°$$

式中：B——船测岸上物标的方位。

2）岸测船方位位置线的梯度

岸上观测者观测船舶方位的方式，在航海实际中使用不多，故此不作详述。岸测船方位船位线的梯度模与船测岸的相同，但由于近距离时岸测船的方位 B 与船测岸的方位正好相反，所以岸测船方位位置线梯度的方向 τ 为：

$$\tau = (B + 180°) - 90° = B + 90°$$

式中:B——岸上测者观测船舶的方位。

2. 距离位置线梯度 g_D

如图 2-2-18 所示,运动着的船舶 K,观测岸上已知坐标的物标 M 的距离,假定实际距离为 D,则实际距离位置线是以物标 M 为圆心,D 为半径的圆弧。若观测中含有误差 $+\Delta D$,则对应的距离位置线是以 M 为圆心,$D + \Delta D$ 为半径的圆弧,在船位 K 处,距离增量 ΔD 产生了距离位置线的位移 $\Delta n = \Delta D$。所以,距离位置线梯度的模:

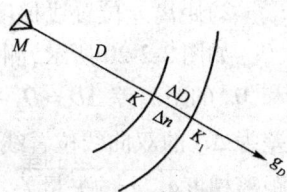

图 2-2-18　距离位置线梯度

$$g_D = \frac{\Delta D}{\Delta n} = 1 \tag{2-2-17}$$

因为当 $\Delta D > 0$ 时,它引起的距离位置线背离物标移动,所以距离位置线的梯度方向是背离物标的,即:

$$\tau = B \pm 180°$$

式中:B——船测岸的方位。

3. 水平角位置线和距离差位置线的梯度

1)水平角位置线梯度 g_α

在矢量计算中有证明:两个函数的代数和的梯度,等于这两个函数梯度的矢量和。因此,水平角即方位差位置线的梯度,应该等于该两个物标的方位位置线梯度的矢量差。

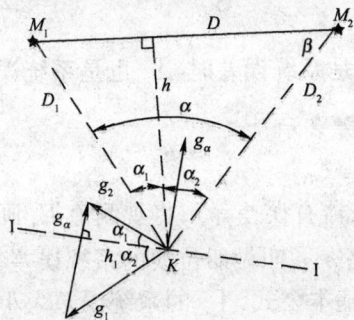

图 2-2-19　水平角位置线梯度

如图 2-2-19 所示,在推算船位 K 处分别作出两物标方位位置线的梯度 $\vec{g_1}$ 和 $\vec{g_2}$,而水平角位置线梯度 $\vec{g_\alpha}$ 为:

$$\vec{g_\alpha} = \vec{g_2} - \vec{g_1}$$

因为 $g_1 = \frac{1}{D_1}$,$g_2 = \frac{1}{D_2}$,所以

$$g_\alpha = \sqrt{g_1^2 + g_2^2 - 2g_1 g_2 \cos\alpha}$$
$$= \frac{1}{D_1 D_2}\sqrt{D_1 + D_2 - 2D_1 D_2 \cos\alpha} = \frac{D}{D_1 D_2} \tag{2-2-18}$$

式中:D——是两物标之间的距离。

在三角形 $M_1 M_2 K$ 中,设 $M_1 M_2 (= D)$ 的高为 h。根据正弦定律可以得到:

$$\frac{\sin\alpha}{D} = \frac{\sin\beta}{D_1}$$

所以

$$D = \frac{\sin\alpha}{\sin\beta} \cdot D_1$$

代入式(2-2-18)得到:

$$g_\alpha = \frac{1}{D_2} \cdot \frac{\sin\alpha}{\sin\beta} = \frac{\sin\alpha}{h} \tag{2-2-19}$$

水平角位置线梯度的方向为:

$$\tau = TB_1 + a_2$$

$$\cos\alpha_2 = \frac{h}{D_2}$$

2）距离差位置线梯度 $g_{\Delta D}$

如图 2-2-20 所示，测者 K 测得位置坐标已知的物标 M_1 和 M_2 的距离差 $\Delta D = D_2 - D_1$，得到以 M_1、M_2 为焦点的、距离差为 ΔD 的双曲线位置线。显然距离差位置线梯度 $\overrightarrow{g_{\Delta D}}$ 为两个距离梯度 $\overrightarrow{g_2}$、$\overrightarrow{g_1}$ 的矢量差。即

$$\overrightarrow{g_{\Delta D}} = \overrightarrow{g_2} - \overrightarrow{g_1}$$

由于距离梯度 $g_2 = g_1 = 1$，梯度矢量三角形为一等腰三角形，所以

$$g_{\Delta D} = 2\sin\frac{\gamma}{2} \qquad (2\text{-}2\text{-}20)$$

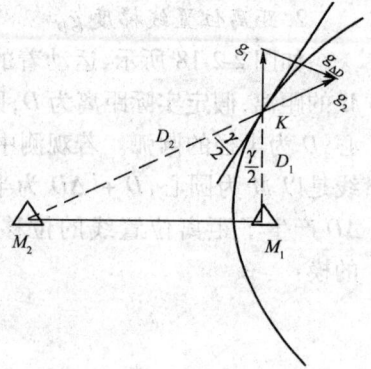

图 2-2-20 距离差位置线梯度

式中：γ——基线 $M_1 M_2$ 对测者 K 的张角。即 $\gamma = \angle M_1 K M_2$。

因为双曲线在 K 点的切线，是张角 $M_1 K M_2$ 的平分线，所以距离差位置线梯度的方向：

$$\tau = \frac{1}{2}(B_1 + B_2) \pm 90°$$

式中：B_1、B_2——物标 M_1、M_2 的方位。

距离差位置线的梯度方向始终背离基线中垂线。

四、船位线的误差

根据船位线误差的基本公式 $\Delta n = \dfrac{\Delta U}{g}$，当观测值误差 ΔU 是系统误差时，Δn 也是系统误差；当 ΔU 是随机误差时，Δn 也是随机误差，而随机误差用标准差表示。

1. 船位线的系统误差

设有导航参数观测值 U_0，含有系统误差 Δ（如观测用的仪器有误差等），将观测值 U_0 画在海图上得船位线 I_0，I_0 叫做观测船位线，它也含有系统误差 ε，ε 叫做船位线的系统误差。下面讨论船位线系统误差的大小和方向。根据船位线误差的基本公式，I_0 的系统误差大小 ε 为：

$$\varepsilon = \frac{\Delta}{g} \qquad (2\text{-}2\text{-}21)$$

而消除了系统误差后的准确船位线 I 与观测船位线 I_0 的方向关系则与船位线的梯度方向有关。

如图 2-2-21 所示，设 I 是真船位线，I_0 是含有系统误差的观测船位线，$\overrightarrow{g}$ 是它们的梯度，ε 是船位线的系统误差。则真船位线 I 与误差船位线 I_0 的关系见图 a）。但实际定位工作中，在海图上绘画的是观测船位线 I_0，因此，I_0 与真船位线 I 的关系见图 b）。即若 I_0 含有 $+\varepsilon$，消除了 $+\varepsilon$ 后的 I 在 I_0 的背离梯度

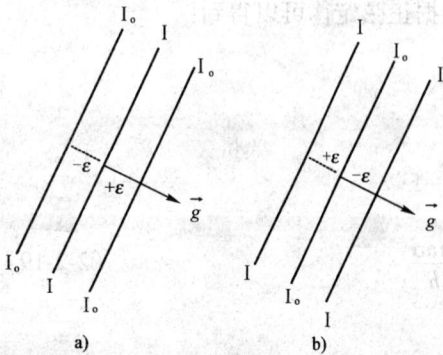

图 2-2-21 船位线的系统误差

方向上,若 $\mathrm{I}_。$ 含有 $-\varepsilon$,则消除了 $-\varepsilon$ 后的 I 在 $\mathrm{I}_。$ 的梯度方向上。

2. 船位线的标准差

假设观测值 $U_。$ 中存在随机误差(如观测、读数、作图等过程中的随机误差),则根据有误差的 $U_。$ 画在海图上的船位线 $\mathrm{I}_。$ 也含有随机误差。作为船舶驾驶员,应充分估计观测值的标准差,了解观测船位线 $\mathrm{I}_。$ 的标准差及实际船位线落在某个范围内的概率(图2-2-22)。

船位线标准差常用标准差带描述。当观测值 $U_。$ 存在标准差 $\pm m$ 时,观测船位线 $\mathrm{I}_。$ 也含有标准差 $\pm E$。根据船位线误差的基本公式,观测船位线 $\mathrm{I}_。$ 的标准差 E 为:

$$E = \frac{\pm m}{g} \qquad (2\text{-}2\text{-}22)$$

如图2-2-22所示,以观测船位线 $\mathrm{I}_。$ 为中线,沿着其梯度的正反方向各平行画出与 $\mathrm{I}_。$ 相距 E 的船位线,则这两条船位线之间的区域称为船位线 $\mathrm{I}_。$ 的标准差带(图中的长划虚线范围内)。实际船位线在标准差带内的概率,或者说标准差带覆盖真船位线的概率等于 68.3%。因此,船位线标准差带越窄,观测船位线的精

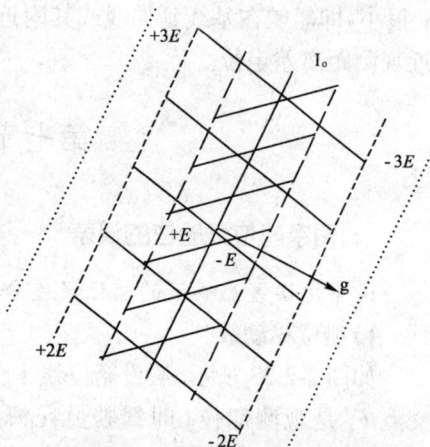

图2-2-22　船位线的随机误差

度越高。而以 $\mathrm{I}_。$ 为中线,$\pm 2E$ 构成的区域称为2倍标准差带(图中的短划虚线范围内),实际船位线在2倍标准差带内的概率等于95.4%。以 $\mathrm{I}_。$ 为中线,$\pm 3E$ 构成的区域称为3倍标准差带(图中的点线范围内),3倍标准差带也称极限误差带,实际船位线在极限误差带内的概率等于99.7%。

3. 航海上常用位置线的误差

根据船位线误差的基本公式 $\Delta n = \dfrac{\Delta U}{g}$,可得航海上常用位置线的误差计算公式见表 2-2-6。

表2-2-6

	观测值误差	位置线误差
方位位置线的误差	$\pm m_B$——方位观测值的标准差	$E = \dfrac{\pm m_B}{g_B} = \dfrac{\pm m_B^°}{57°.3}D$
	Δ_B——方位观测值的系统误差	$\varepsilon = \dfrac{\Delta_B}{g_B} = \dfrac{\Delta_B^° \cdot D}{57°.3}$
距离位置线的误差	$\pm m_D$——以%表示的观测距离的标准差	$E = \dfrac{\pm m_D \cdot D}{g_D} = \pm m_D^° \cdot D$
	Δ_D——以%表示的观测距离的系统误差	$\varepsilon = \dfrac{\Delta_D \cdot D}{g_D} = \Delta_D \cdot D$
距离差位置线的误差 (γ 是船舶对两物标连线 (基线)的张角)	$\pm m_{\Delta D}$——距离差观测值的标准差	$E = \dfrac{\pm m_{\Delta D}}{g_{\Delta D}} = \dfrac{\pm m_{\Delta D}}{2\sin \dfrac{\gamma}{2}}$
	$\Delta_{\Delta D}$——距离差观测值的系统误差	$\varepsilon = \dfrac{\Delta_{\Delta D}}{g_{\Delta D}} = \dfrac{\Delta_{\Delta D}}{2\sin \dfrac{\gamma}{2}}$

由表可见,对于方位和距离位置线,其误差大小与观测值的误差及船距被测物标的距离 D 有关,当有同样的观测误差时,船舶距被测物标越近,位置线的误差就越小。

对于距离差船位线,其误差不仅与距离差观测值的误差有关,还与两物标基线的张角 γ 有关。当距离差观测值的误差一定时,$\gamma = 180°$,即船舶在基线上时,船位线的误差最小;当 γ 很小,即船舶在基线延伸线或其附近时,船位线的误差最大,因此,不宜在基线延伸线或其附近观测距离差定位。

第七节 观测船位的误差

一、两条船位线船位的误差

1. 系统误差影响下的船位误差分析

1)船位移动线

如图 2-2-23 所示,假设船位线 I_0、II_0 是两条含有系统误差 ε_1、ε_2 的观测船位线,它们的交点 F_0 是观测船位(即驾驶员在海图上根据观测值画出的船位)。$\vec{g_1}$、$\vec{g_2}$ 是船位线 I_0、II_0 的梯度,θ 是梯度的夹角也定义为船位线的夹角。I、II 是两条消除了系统误差 ε_1、ε_2 后的准确船位线,它们的交点 F 是真船位(不考虑随机误差)。显见,F 的轨迹完全由两船位线的系统误差 ε_1、ε_2 的大小和符号所确定。因此,我们把 F_0F 的连线及其延长线称为船位移动线,利用它分析船位系统误差就变得较为直观简明。

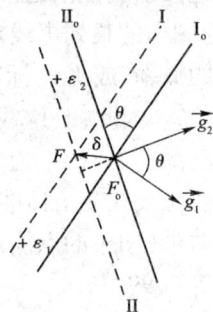

2)观测船位与真船位之间的方向判定

(1)船位线含有同号系统误差时:

图 2-2-23 同号正系统误差

①观测船位线均含有正的系统误差。如图 2-2-23 所示,假设船位线 I_0、II_0 含有的是 $+\varepsilon_1$ 和 $+\varepsilon_2$,$\theta < 90°$,则消除系统误差后的准确船位线 I 将背离 $\vec{g_1}$,与 I_0 的间距为 ε_1。同理,消除系统误差后的准确船位线 II 将背离 $\vec{g_2}$,与 II_0 的间距为 ε_2。I、II 的交点 F 是真船位,即船位移动线 F_0F 背离梯度夹角方向,或者说观测船位在真船位的向着梯度夹角方向上。

②观测船位线均含有负的系统误差。假设船位线 I_0、II_0 含有的是 $-\varepsilon_1$ 和 $-\varepsilon_1$,如图 2-2-24 所示,$\theta < 90°$,则 F_0F 向着梯度夹角方向。

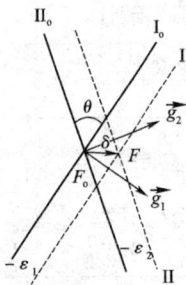

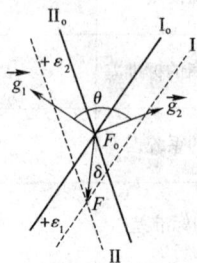

特别地,上述两种情况中,当观测值的系统误差相等,船位线的梯度模也相等时,即两船位线具有相等的系统误差时(如用同一仪器观测等距离的两个物标),船位移动线与梯度夹角的平分线一致。

以上讨论的是 $\theta < 90°$ 的情况。当 $\theta > 90°$ 时,船位移动线 F_0F 仍然位于梯度夹角方向,但同号误差引起的船位系统误差 δ 将明显增大,如图 2-2-25 所示。航海上观测定位时,绝

图 2-2-24 同号负系统误差 图 2-2-25 $\theta > 90°$ 的船位误差

大部分使用同一仪器观测同一类型的船位线,因此,船位线的系统误差一般是同号的,为了减小船位系统误差 δ,有条件时应选测梯度夹角 $\theta < 90°$ 的两物标定位。

(2)船位线含有异号系统误差时。假设船位线 I_o 和 II_o 含有的是 $+\varepsilon_1$ 和 $-\varepsilon_2$,或者含有的是 $-\varepsilon_1$ 和 $+\varepsilon_2$,则船位移动线 F_oF 与梯度夹角方向垂直。

特别地,当船位线的梯度模相等,观测值系统误差的大小也相等时,即船位线具有异号等量的系统误差时,船位移动线与梯度夹角的平分线垂直。

3)船位系统误差的大小

(1)一般情况的船位系统误差:图 2-2-26 是综合以上所有情况后作出的。为了分析问题的方便,设 I、II 是真船位线,它们的交点 O 是真船位;A、C 是当船位线含有同号系统误差时的观测船位,$OA(OC)$ 是船位系统误差,以 δ_1 表示;B、D 是当船位线含有异号系统误差时的观测船位,$OB(OD)$ 是船位系统误差,以 δ_2 表示;V_1、V_2 是两位置线的向量误差。则在以 V_1、V_2 为边的平行四边形中,有:

$$\delta_1 = OA(OC) = \sqrt{V_1^2 + V_2^2 - 2V_1V_2\cos\theta}$$

$$\delta_2 = OB(OD) = \sqrt{V_1^2 + V_2^2 + 2V_1V_2\cos\theta}$$

以及

$$V_1 = \frac{\varepsilon_2}{\sin\theta} = \frac{\Delta_1}{g_1\sin\theta}$$

图 2-2-26 船位系统误差

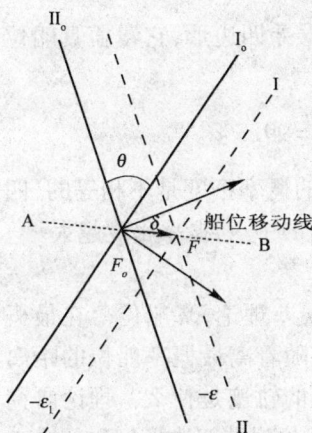

$$V_2 = \frac{\varepsilon_2}{\sin\theta} = \frac{\Delta_2}{g_2\sin\theta}$$

代入整理后,可得船位系统误差 δ 的计算公式如下:

$$\delta = \frac{1}{\sin\theta}\sqrt{\varepsilon_1^2 + \varepsilon_2^2 - 2\varepsilon_1\varepsilon_2\cos\theta} \tag{2-2-23}$$

这里:θ 为船位线梯度矢量的夹角,式(2-2-23)是计算船位系统误差 δ 的基本公式,计算中注意各参数的正负号。

由式可看出,当 $\theta < 90°$ 时,若两船位线系统误差同号,根号内有减项,船位系统误差较小;若两船位线系统误差异号,$\varepsilon_1\varepsilon_2 < 0$,根号内各项相加,船位系统误差较大。当 $\theta > 90°$ 时,$\cos\theta < 0$,情况与上述正好相反。

(2)两船位线系统误差相等时的船位系统误差。特殊地,当观测值的系统误差相等,船位线梯度的模也相等,即 $\Delta_1 = \Delta_2 = \Delta$,$g_1 = g_2 = g$ 时,船位线的系统误差也相等 $\varepsilon_1 = \varepsilon_2 = \varepsilon$。则式(2-2-23)可简化为:

$$\delta = \varepsilon\sec\frac{\theta}{2} = \frac{\Delta}{g}\sec\frac{\theta}{2} \tag{2-2-24}$$

此时,船位移动线 F_oF 在梯度夹角的平分线上,真船位与观测船位的间距为 δ,如图2-2-27所示。天文船位线就属于这种情况。用同一仪器观测等距离的两物标定位也属于这种情况。式(2-2-24)表

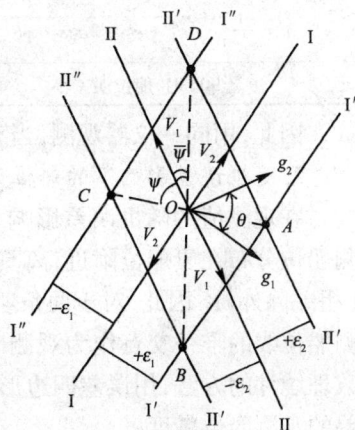

图 2-2-27 位置线系统误差相等

明，当 $\theta = 0°$ 时，观测船位的系统误差最小，当 $\theta = 180°$ 时，观测船位的系统误差为最大。现归纳见表 2-2-7。

表 2-2-7

ε_1 与 ε_2 同号时的 F_oF 走向及船位系统误差 δ			ε_1 与 ε_2 异号时的 F_oF 走向及 δ	
ε_1 与 ε_2 均大于 0	ε_1 与 ε_2 均小于 0	$\varepsilon_1 = \varepsilon_2 = \varepsilon$		ε_1 与 ε_2 等量
F_oF 背离梯度夹角	F_oF 指向梯度夹角	F_oF 在梯度角平分线上	垂直于梯度角	垂直于梯度角平分线
$\delta = \dfrac{1}{\sin\theta}\sqrt{\varepsilon_1^2 + \varepsilon_2^2 - 2\varepsilon_1\varepsilon_2\cos\theta}$		$\delta = \varepsilon\sec\dfrac{\theta}{2}$	δ 计算式同最左侧	$\delta = \varepsilon\csc\dfrac{\theta}{2}$
$\theta < 90°$ 时，船位误差小	$\theta = 0°$ 时，船位误差小		$\theta > 90°$ 误差小	$\theta = 180°$ 时，误差小

因此，用同一仪器观测，当有条件选择物标时，应该选测夹角不大于 90° 的两物标定位。

2. 随机误差影响下的船位误差分析

在观测值的随机误差影响下，观测船位的分布是随机散布的（图 2-2-28）。而且，多数观测船位分布在真船位附近，离真船位远的观测船位较少，且离真船位的距离也不会任意地远（粗差除外）。因此，对于两条船位线定位，在一般情况下，将这两条观测船位线的唯一交点作为观测时的最概率船位。同时，根据概率论和数理统计的方法，用误差四边形、误差椭圆和误差圆来评定含有随机误差的观测船位精度。

图 2-2-28　随机误差船位分布

1）船位误差四边形

两条观测船位线的标准差带相交而形成的四边形，称为船位标准差四边形，也称船位误差四边形，如图 2-2-29 中的 $ABCD$。因为船位线的标准差带覆盖真船位的概率等于 68.27%，根据概率乘法定理，船位误差四边形覆盖真船位的概率是两船位线标准差带覆盖真船位概率的乘积，即：

$$P = P_1 \cdot P_2 = 68.27\% \times 68.27\% = 46.6\%$$

两条观测船位线的 2 倍标准差带相交而形成的四边形，称为 2 倍船位误差四边形。它覆盖真船位的概率为：

$$P = 95.45\% \times 95.45\% = 91.1\%$$

而 3 倍船位误差四边形，也称极限误差四边形，它覆盖真船位的概率为：

$$P = 99.73\% \times 99.73\% = 99.5\%$$

船位误差四边形周界上出现真船位的概率密度是不相等的，四边形的顶点处的概率密度小，越靠近四边的中点，概率密度越大。

图 2-2-29　船位误差四边形

2）船位误差椭圆

（1）船位误差椭圆是船位出现等概率密度的轨迹。根据船位误差理论，真船位落在最概率船位点的概率密度最大，而落在其他点的概率密度，一般来讲，将随着离最概率船位的距离增大而减小。那么，真船位落在最概率船位附近具有相等概率密度的轨迹是什么？理论研究证明它是一个椭圆。航海上，称此椭圆为船位误差椭圆，它内切于船位误差四边形四边的中点（图 2-2-30）。

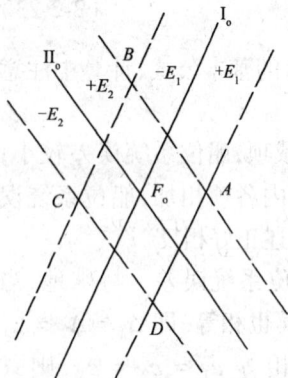

船位误差椭圆的方程为：

$$\frac{x^2}{(ak)^2} + \frac{y^2}{(bk)^2} = 1$$

式中：ak——误差椭圆的长半径；

$\quad\quad bk$——误差椭圆的短半径。

误差理论证明，船位在误差椭圆内的概率 P 为：

$$P = 1 - e^{-\frac{k^2}{2}}$$

当 $k = 1$ 时，叫做标准差椭圆（Standard error ellipse）。由上式可计算得真船位落在标准差椭圆内

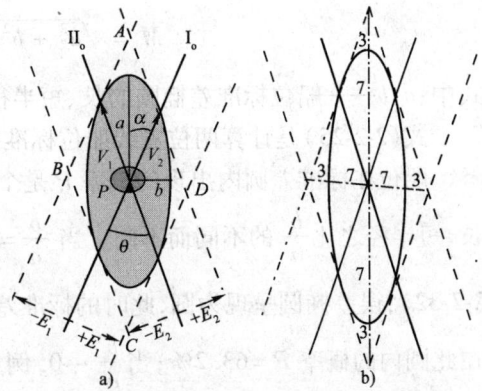

图 2-2-30　船位误差椭圆

的概率 $P = 39.4\%$；当 $k = 2$ 时，称为 2 倍误差椭圆，是内切于 2 倍误差四边形的船位误差椭圆，真船位落在该椭圆内的概率 $P = 86.5\%$；当 $k = 3$ 时，叫做 3 倍误差椭圆，也叫极限误差椭圆（Limit error ellipse），真船位落在极限误差椭圆内的概率 $P = 98.9\%$。

（2）两船位线锐夹角方向会出现较大的船位误差。船位误差椭圆的边界是船位出现等概率密度的轨迹，所以它确切地表明了船位随机误差的特性，即在椭圆的长半径 a 方向上船位误差最大，在短半径 b 方向上船位误差最小。误差椭圆的长半径是在船位线锐夹角区域内，且靠近精度较高的那条船位线，也就是说，使用两船位线定位，其锐夹角方向上会出现较大的船位误差，钝夹角方向上的船位误差较小。在航行水域不宽余的区域航行，我们可以运用船位误差的这个特性，有意识地选测使两船位线的锐夹角（误差椭圆的长半径）方向与航线一致的物标进行定位，这样做对航行安全是有利的。

若两条船位线的精度相等 $E_1 = E_2 = E$，船位误差椭圆的长半径位于船位线锐夹角平分线上。若两条船位线的精度相等且相互正交，此时的船位误差椭圆将以圆的形式出现，即 $a = b = E$，它内切于正方误差四边形，船位在各个方向上的误差相等。

（3）船位误差椭圆的绘画。在海图上绘画确切的船位误差椭圆是困难的，但可以近似作图（图 2-2-30b）。方法如下：

①画出观测船位，根据两船位线的标准差作出船位误差四边形；

②作出误差四边形的两个对角线，并在对角线"半径"上以 3∶7 的比例作分点，边界一侧是

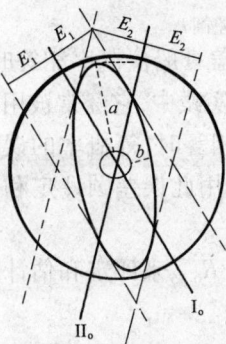

图 2-2-31　船位误差圆

3，另一侧即船位线交点一侧为 7。这样得到了误差四边形与两船位线的四个交点及两个对角线上的四个分点共 8 个点；

③用光滑曲线连接这 8 个点，便得到近似的船位误差椭圆。

3）船位误差圆

要准确地画出船位误差椭圆并不方便，因此，航海上往往用误差圆来表示观测船位的误差。以观测船位为中心，船位的标准差 M 为半径的圆称为船位标准差圆，或称为船位标准差。

当已知两船位线的标准差 E_1 和 E_2 后，观测船位的标准差 M（图2-2-31）为：

$$M = \sqrt{a^2 + b^2} \text{ 或 } M = \frac{1}{\sin\theta}\sqrt{E_1^2 + E_2^2} \tag{2-2-25}$$

式中：a、b——船位标准差椭圆的长、短半径。

式(2-2-25)是计算两位置线船位标准差的基本公式。

船位在标准差圆内出现的概率 P 是个变数，即 $P = 63.2\% \sim 68.3\%$，它随对应的误差椭圆长、短半径之比 $\frac{b}{a}$ 的不同而不同。当 $\frac{b}{a} = 1$，例如两船位线垂直且船位线的标准差相等时(图 2-2-32)，误差椭圆呈现为圆，此时的标准差圆最小，其半径为 $\sqrt{2}E$，表明船位误差小，真船位落在此圆内的概率 $P = 63.2\%$；当 $\frac{b}{a} \to 0$，例如：两船位线的交角非常小(图 2-2-33a)，或者两船位线的标准差相差非常悬殊(图 2-2-33b)，即椭圆很扁时，此时标准差圆很大，表明船位误差也大，真船位落在此圆内的概率 $P \to 68.3\%$。

4）三种描述船位随机误差图形的比较

（1）船位误差椭圆。用船位误差椭圆描述船位随机误差最适宜，这是因为它不仅确切地反映出船位误差的方向性，而且在三种误差图形面积相同的条件下，误差椭圆覆盖真船位的概率为最大。但是，它的作图较复杂，因而在航海实践中得不到普及使用。

（2）船位误差四边形。船位误差四边形作图简单，也能近似反映船位误差的方向性。在船位线的交角较小，或者误差椭圆较扁时，如图 2-2-33 的情况，相等面积的误差四边形和误差椭圆覆盖真船位的概率相差不大，用此误差四边形来评定和估计船位误差也较适宜。但当两船位线接近垂直且船位线的标准差也接近相等即误差椭圆趋近于圆时，在覆盖真船位概率相等时，误差四边形的面积为最大，以此四边形来评定和估计船位误差显然是不适宜的。

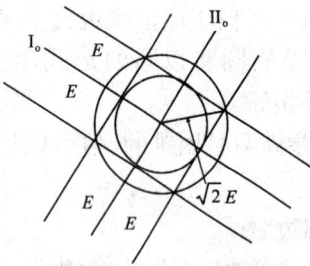

图 2-2-32　小误差圆　　　　　　　　　　图 2-2-33　大误差圆

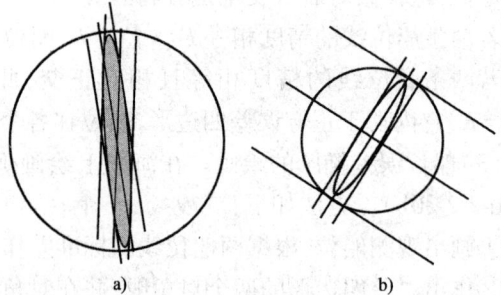

（3）船位误差圆。船位误差圆不能反映船位误差的方向性，且在覆盖真船位概率相等时，圆的面积通常是最大的。但是，它的计算和作图都较简单。因此在航海实践中，它经常被用来评定和估计船位误差。特别在当两船位线垂直且船位线的标准差接近相等时，等概率的误差四边形的面积大于误差圆面积，而此时的误差圆确接近误差椭圆，因此，用此误差圆评定和估计船位误差尤其合适(如图 2-2-32 的情况)。

国际海事组织(IMO)建议，用覆盖真船位的概率等于 95% 的误差圆 $R_{0.95}$ 来评定和估计船位误差的准确度。船位误差理论证明：

$$R_{0.95} \approx 2M \tag{2-2-26}$$

二、三条船位线船位的误差处理方法

如果同时测得三条船位线,由于每条船位线不可避免地存在误差,因此三条船位线通常相交成一个小三角形,叫做船位误差三角形(Cock hat)。

1. 系统误差影响下的船位误差处理

这里只讨论观测值系统误差相等的情况。

1)一般情况的处理方法

船位误差三角形 ABC 是由同一时刻的观测船位线 Ⅰ、Ⅱ、Ⅲ相交而成的(图2-2-34)。若观测值的系统误差相等,即 $\Delta_1 = \Delta_2 = \Delta_3 = \Delta$,于是船位线 Ⅰ、Ⅱ、Ⅲ的系统误差分别为

$$\varepsilon_1 = \frac{\Delta}{g_1} , \varepsilon_2 = \frac{\Delta}{g_2} , \varepsilon_3 = \frac{\Delta}{g_3}$$

式中:g_1、g_2、g_3——船位线 Ⅰ、Ⅱ、Ⅲ的梯度。

根据船位线的系统误差定义,消除了船位线系统误差后的船位(图2-2-34 中的 O),与观测船位线Ⅰ、Ⅱ、Ⅲ之间的距离应该分别等于 ε_1、ε_2、ε_3。

由"两条船位线船位的误差分析"知,消除了船位线系统误差后的船位在过船位线交点的船位移动线上。因此,只要在船位误差三角形的任意顶点处,根据两船位线的系统误差的大小和方向及船位线梯度,作出船位移动线,则任意两顶点的船位移动线的交点就是消除了系统误差后的船位,图2-2-34 中,AO、BO、CO 是三个交点的船位移动平均线。

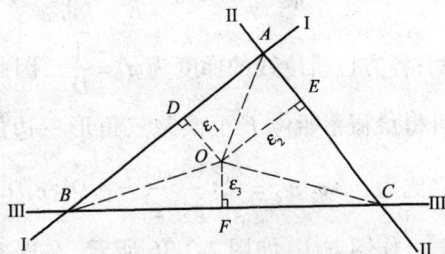

图 2-2-34　船位误差三角形的处理

2)特殊情况的处理方法

特殊情况是指观测值的系统误差相等,三条船位线的梯度模也相等,即 $\Delta_1 = \Delta_2 = \Delta_3 = \Delta$,$g_1 = g_2 = g_3 = g$,三条船位线的系统误差都相等 $\varepsilon_1 = \varepsilon_2 = \varepsilon_3 = \varepsilon$。此时,船位移动线位于两船位线交点的梯度夹角平分线上。因此,只要在三角形的顶点处作梯度夹角平分线,则任意两平分线的交点就是消除了系统误差 ε 后的船位。因为三条船位线的系统误差都相等,所以消除了系统误差后的船位一定与各船位线等距,即在船位误差三角形的内心或旁心上。当被观测的三个物标的方位分布大于180°时,船位是在三角形的内心上(图2-2-35a)。当被观测的三个物标的方位分布小于180°时,船位是在三角形的旁心上(图2-2-35b)。

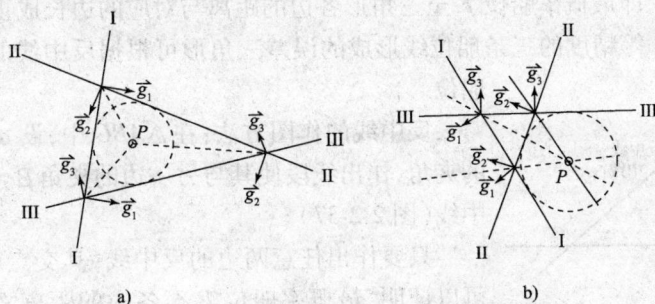

a)　　　　　　　　　　　　b)

图 2-2-35　三条船位线系统误差相等的三角形的处理

a)三物标方位分布大于180°;b)三物标方位分布小于180°

2. 随机误差影响下的船位误差处理

1）三条不等精度船位线的最概率船位作图法

在陆标定位中，尽管观测值一般是等精度的，然而由于船与各被观测物标的距离一般不等，因此，在海图上作出的各船位线一般不是等精度的。设由不等精度的三条船位线构成一船位误差三角形 ABC，其三边的边长分别为 c_1、c_2 和 c_3，F 是最概率船位，它至三边的距离为 v_1、v_2、v_3。船位误差理论可以证明：最概率船位距各边的距离与各对应边长有如下关系：

$$v_1 : v_2 : v_3 = \frac{c_1}{p_1} : \frac{c_2}{p_2} : \frac{c_3}{p_3} \tag{2-2-27}$$

式中：p_1、p_2、p_3——各船位线权，据此关系可作图求得最概率船位。

由船位误差理论知，船位线权 p 与船位线标准差 E 的关系为 $p_i = \dfrac{\mu^2}{E_i^2}$，其中 μ 是比例系数，因为观测是等精度的，所以取 $\mu = m$，则 $p_i = \dfrac{m^2}{E_i^2} = g_i^2$。若以三方位定位为例，各方位船位线的梯度为 $g_i = \dfrac{1}{D_i}$，因此，由式（2-2-27）可得最概率船位 F 至误差三角形三边的距离 v_1、v_2、v_3 之比为：$v_1 : v_2 : v_3 = \dfrac{c_1}{g_1^2} : \dfrac{c_2}{g_2^2} : \dfrac{c_3}{g_3^2} = c_1 D_1^2 : c_2 D_2^2 : c_3 D_3^2$

作图方法：如图 2-2-36 所示，在误差三角形任一顶点（如 A）的外侧，作船位线 Ⅰ、Ⅱ 的平行线 Ⅰ′、Ⅱ′，使 Ⅰ′、Ⅱ′ 与 Ⅰ、Ⅱ 的间距分别为 $O_1 D = k c_1 D_1^2$，$O_1 E = k c_2 D_2^2$，其中 k 是为方便作图而选取的比例常数。显然，连接 A、O_1 的直线上的任意一点至船位线 Ⅰ、Ⅱ 的距离

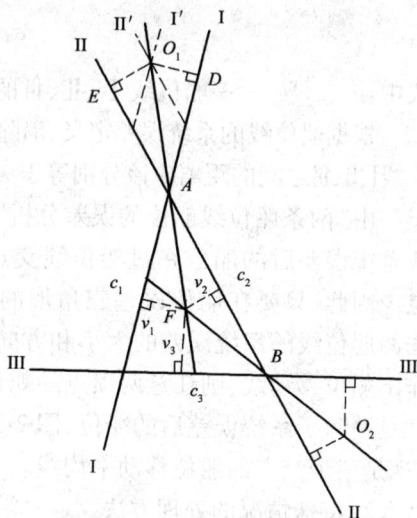

图 2-2-36　作图求消除系统误差后的船位

之比恒等于 $v_1 : v_2$。用同样的方法过顶点 B 作直线 BO_2，使直线 BO_2 上任意一点至船位线 Ⅱ、Ⅲ 的距离之比等于 $v_2 : v_3$。于是，直线 AO_1 与 BO_2 的交点 F 便是最概率船位。

2）三条等精度船位线的最概率船位作图法

当各船位线等精度时，$p_1 = p_2 = p_3 = 1$，式（2-2-27）变为 $v_1 : v_2 : v_3 = c_1 : c_2 : c_3$。

这时的最概率船位可通过边距比法和反中线法作图求得。

（1）边距比法。即最概率船位 F 至三角形各边的距离与对应的边长成正比。

（2）反中线法。等精度的三条船位线形成的误差三角形可根据反中线的交点求得最概率船位。

反中线的作图方法：在 $\triangle ABC$ 中，设 α 是中线与相邻边的夹角，作出线段使其与另一边的夹角 $\beta = \alpha$，称此线段为反中线（图 2-2-37）。

只要作出任意两边的反中线，其交点就是最概率船位。可以证明，最概率船位 P 至各边的距离之比等于对应的边长之比 $v_1 : v_2 : v_3 = c_1 : c_2 : c_3$。

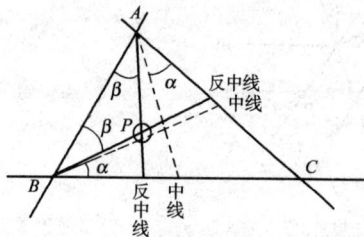

图 2-2-37　反中线法求等精度位置线的船位

3）最概率船位的船位标准差 M

三条船位线的最概率船位的标准差 M 的公式为：

$$M = \sqrt{\frac{E_1^2E_2^2 + E_2^2E_3^2 + E_1^2E_3^2}{E_1^2\sin^2\theta_{2,3} + E_2^2\sin^2\theta_{1,3} + E_3^2\sin^2\theta_{2,1}}} \qquad (2\text{-}2\text{-}28)$$

式中：E_1、E_2、E_3——三条船位线的标准差；

　　　$\theta_{i,j}$——两两位置线的夹角。

陆标定位中，$E_1 = m_1D_1$，$E_2 = m_2D_2$，$E_3 = m_3D_3$，在同一类型的位置线中，观测值标准差一般相等，即 $m_1 = m_2 = m_3 = m$ ，此时，上式可写成：

$$M = m\sqrt{\frac{D_1^2D_2^2 + D_2^2D_3^2 + D_3^2D_1^2}{D_3^2\sin^2\theta_{1,2} + D_1^2\sin^2\theta_{3,2} + D_2^2\sin^2\theta_{1,3}}} \qquad (2\text{-}2\text{-}29)$$

特殊地，若三条船位线的标准差也是相等的，即 $E_1 = E_2 = E_3 = E$，则最概率船位的标准差 M 变为：

$$M = \sqrt{\frac{E_1^2E_2^2 + E_2^2E_3^2 + E_1^2E_3^2}{E_1^2\sin^2\theta_{2,3} + E_2^2\sin^2\theta_{1,3} + E_3^2\sin^2\theta_{2,1}}} = E\sqrt{\frac{3}{\sin^2\theta_{2,3} + \sin^2\theta_{1,3} + \sin^2\theta_{2,1}}}$$

航海上常用的定位类型中，三条船位线为等精度即船位线的标准差相等的情况有：

（1）在相同条件下观测三天体定位（见本篇第四章）。

（2）利用陆标的三物标方位定位或距离定位时，须同时满足①观测三个物标是在短时间内相同条件下进行的，此时认为观测值是等精度的，②船与三个物标等距离，此时三条船位线的梯度模相等。若这两个条件不同时满足，三条船位线一般不是等精度的。

习　题

一、问答题

1. 什么是等精度观测和非等精度观测？

2. 试述观测误差的种类和特点。

3. 试述标准差的意义。某次观测的实际误差与标准差的关系如何？

4. 试分析无风流航迹推算的误差。

5. 什么是概率航迹区？在航海实践中有何实际意义？

6. 试述船位线标准差带的意义。实际船位线与观测船位线（仅随机误差）间有何关系？

7. 用误差椭圆、误差圆和误差四边形来评定船位误差的优缺点和它们各自的应用场合。

8. 如图 2-2-38 所示，物标方位圈 AM 是大圆弧，TB_A 是 A 船测 M 的大圆方位，TB_M 是 M 测 A 船的大圆方位。问：（1）若船在 AM 大圆弧上，但不在 A 点，由船观测 M 的 TB 与 TB_A 是否相等？为什么？（2）从 M 点观测在 AM 大圆弧上的船舶的 TB 与 TB_M 是

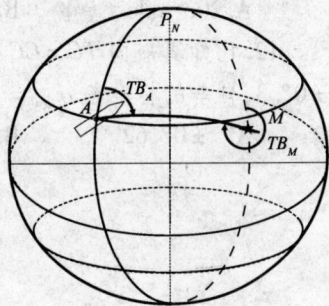

图 2-2-38　问答题题 8 图

否相等？为什么？

二、选择题

1. 在相同条件下,对某一物标进行重复观测,对每次观测的信赖程度均相同,这样的观测称为( )。

　　A. 直接观测　　　　B. 间接观测　　　　C. 等精度观测　　　　D. 非等精度观测

2. 观测某物标的罗方位为130°.5,则该方位的最大凑整误差为( )。

　　A. ±0°.5　　　　B. ±0°.05　　　　C. ±0°.3　　　　D. ±0°.03

3. 观测某物标的罗方位为231°.5,则该方位的凑整标准差为( )。

　　A. ±0°.5　　　　B. ±0°.05　　　　C. ±0°.3　　　　D. ±0°.03

4. 用同一磁罗经在相同的观测条件下观测陆标三方位定位,则( )。

　　A. 三条方位船位线是等精度的　　　　　　B. 三条方位船位线是非等精度的

　　C. 方位观测值是等精度的　　　　　　　　D. 以上均错

5. 如果将船位误差出现概率相等的各点连接起来,应该是一个( )。

　　A. 四边形　　　　B. 三角形　　　　C. 圆　　　　D. 椭圆

6. 两条相互垂直的位置线的标准差都等于1n mile,则实际船位在以观察船位为圆心, 1.4n mile为半径的圆内的概率为( )。

　　A.39.4%　　　　B.63.2%　　　　C.68.3%　　　　D.63.2% ~ 68.3%

7. 两条相互垂直的位置线的标准差都等于3n mile,则实际船位位于以观测船位为圆心, 3n mile 为半径的圆内的概率为( )。

　　A.63.2%　　　　B.68.3%　　　　C.63.2% ~68.3%　　　　D.39.4%

8. 可以用标准差作为衡量尺度的误差是( )。

　　A. 系统误差　　　　B. 随机误差　　　　C. 粗差　　　　D. 凑整误差

9. 在概率一定的情况下,船位误差椭圆的面积越( ),船位精度越( )。

　　A. 大;高　　　　B. 小;低　　　　C. 小;高　　　　D. 以上均错

10. 因推算航向误差引起的船位误差,在无风流情况下约为推算航程的( )。

　　A.3.7%　　　　B.1.7%　　　　C.2.7%　　　　D.0.7%

11. 一般认为推算航程100n mile,无风流推算船位的误差为2n mile,如果推算航程为1000n mile 时,则推算船位标准差应为( )。

　　A.20n mile　　　　B. 大于20n mile　　　　C. 小于20n mile　　　　D. 不能确定

12. 已知真航向 $TC = CC + Var + dev$,罗航向的标准差 $\sigma_{CC} = \pm 0°.5$,磁差的标准差 $\sigma_{Var} = \pm 0°.3$,自差的标准差 $\sigma_{dev} = \pm 0°.2$,真航向的二倍标准差约为( )。

　　A. ±0°.62　　　　B. ±1°.23　　　　C. ±1°.0　　　　D. ±2°.0

第三章　陆标定位

陆标(landmark)是指海图上标有确切位置的可供船舶目视观测或者雷达观测的,能用以导航和定位的物标的统称,如灯塔、山头、岛屿、立标及其他可供定位、导航的显著物标。陆标定位(fixing by landmark)就是测定船舶与陆标之间的某一种位置上的相对关系(如方位、距离等),从而根据已知物标的位置和观测值求得本船位置的方法与过程。陆标定位主要有方位定位、距离定位、方位距离定位和移线定位等方法。在离岸不太远的海域航行时,陆标定位是一种简单、可靠的定位方法。用陆标定位方法得到的船位也叫陆测船位,海图作业时,陆测船位的符号为"⊙",代号 TF。

为了确保在海上准确地进行陆标定位,要求船舶驾驶员必须掌握识别物标的方法,熟练地运用各种定位手段。但是,任何一种测量或观测,都不可避免地存在误差。因此,即使是观测船位,也会存在一定的误差,驾驶员的任务不仅仅是要测定船位,还应懂得如何提高观测质量,并能合理地估计所测船位的精度,以及掌握提高观测精度的一般知识和方法,有效地使用能提高船位精度的定位方法。

本章讨论的是利用陆标测定船位的一般原理、方法以及估计所测船位的精度和提高观测船位精度的方法。

第一节　方位定位

方位定位是利用罗经或雷达观测两个或两个以上陆标的方位测定船位的方法,它又称为方位交叉定位(fixing by cross bearings)。由于其观测方法简单,需时较短、海图作业又较容易,因而是有陆标可见时的最基本和最常用的定位方法之一。有关方位定位的录像可参看光盘:\航海视频\三方位定位。

一、两方位定位

1.定位方法

用罗经或雷达同时观测两个物标的方位后,将它们换算为真方位,并在海图上从各被测物标画出方位位置线。则它们的交点 F 即为观测时刻的观测船位(图 2-3-1)。

2.两方位定位的船位误差

1)船位的系统误差

如图 2-3-1 所示,设船舶距 A、B 物标的距离分别为 D_1 和 D_2,位置线的交角为 θ。当用同一罗经观测两物标方位时,如罗经差有误差,则在两观测值中存在等量同号的系统误差 Δ_B。

则两方位位置线的系统误差分别为：

$$\varepsilon_1 = \frac{\Delta^{\circ}_B \cdot D_1}{57^{\circ}.3}, \varepsilon_2 = \frac{\Delta^{\circ}_B \cdot D_2}{57^{\circ}.3}$$

而观测船位的系统误差 δ 为：

$$\delta = \frac{1}{\sin\theta} \sqrt{\varepsilon_1^2 + \varepsilon_2^2 - 2\varepsilon_1\varepsilon_2\cos\theta}$$

$$= \frac{\Delta^{\circ}_B}{57^{\circ}.3\sin\theta} \sqrt{D_1^2 + D_2^2 - 2D_1 D_2\cos\theta} = \frac{\Delta^{\circ}_B d}{57^{\circ}.3\sin\theta}$$

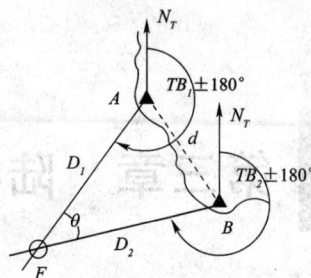

图 2-3-1　两方位定位方法

(2-3-1)

式中：d——两物标的间距，可在海图上量得；

Δ_B——方位观测值的系统误差，即罗经差的误差。

由式可见，当考虑系统误差时，若其他条件相当，可选测 $\theta < 90^{\circ}$ 的两物标，以减小 d，从而减小船位系统误差。

2）船位的标准差

若方位观测值的标准差为 m_B，则两方位位置线的标准差分别为：

$$E_1 = m_B D_1 = \frac{m^{\circ}_B}{57^{\circ}.3} D_1, E_2 = m_B D_2 = \frac{m^{\circ}_B}{57^{\circ}.3} D_2$$

而观测船位的标准差 M 为：

$$M = \frac{1}{\sin\theta} \sqrt{E_1^2 + E_2^2} = \frac{m^{\circ}_B}{57^{\circ}.3\sin\theta} \sqrt{D_1^2 + D_2^2}$$

(2-3-2)

实际船位落在以观测船位为中心，M 为半径的船位标准差圆内的概率是 63.2% ~ 68.3%。

由上可见，观测船位的精度与方位观测值的标准差 m_B、船舶距两物标的距离 D_1、D_2 及位置线的交角 θ 等有关。

例 2-3-1：有 A、B 两物标，A 物标距船约 12n mile，B 物标距船约 7n mile，某船驾驶员用同一罗经测得它们的真方位分别为 $TB_A = 045^{\circ}$，$TB_B = 115^{\circ}$，问：（1）若罗经差的误差有 $+1^{\circ}.5$，求观测船位及其误差。（2）若罗经差是准确的，但观测方位的标准差为 $\pm 0^{\circ}.8$，求观测船位及其误差。

解：（1）罗经差的误差是系统误差，因此，两物标方位船位线的系统误差分别为：

$$\varepsilon_A = \frac{\Delta^{\circ} \cdot D_A}{57^{\circ}.3} = \frac{+1^{\circ}.5 \times 12}{57^{\circ}.3} = +0.31\text{n mile}$$

$$\varepsilon_B = \frac{\Delta^{\circ} \cdot D_B}{57^{\circ}.3} = \frac{+1^{\circ}.5 \times 7}{57^{\circ}.3} = +0.18\text{n mile}$$

有系统误差的船位线和消除了系统误差后的船位线如图 2-3-2a）所示。图中，I_A、I_B 是有系统误差的观测船位线，它们的交点 F_0 是含有系统误差的观测船位；图中的虚线是消除了系统误差的船位线（系统误差为"+"），它们的交点 F 是准确船位（若考虑随机误差为最概率船位）。因此，观测船位的系统误差 δ 为 $F_0 F$。即

$$\delta = \frac{1^{\circ}.5}{57^{\circ}.3\sin70^{\circ}} \sqrt{12^2 + 7^2 - 2 \times 7 \times 12\cos70^{\circ}} = 0.32\text{n mile}$$

（2）两船位线的标准差分别为：

$$E_A = \frac{\pm m° \cdot D_A}{57°.3} = \frac{\pm 0°.8 \times 12}{57°.3} = \pm 0.17 \text{n mile}$$

$$E_B = \frac{\pm m° \cdot D_B}{57°.3} = \frac{\pm 0°.8 \times 7}{57°.3} = \pm 0.1 \text{n mile}$$

船位线的随机误差如图 2-3-2b）所示。图中，I_A、I_B 是有随机误差的船位线，它们的交点 F_o 是含有随机误差的观测船位（最概率船位）；图中的虚线构成的带是相应船位线的标准差带。而船位标准差 M 为：

$$M = \frac{1}{\sin\theta}\sqrt{E_A^2 + E_B^2}$$

$$= \frac{1}{\sin 70°}\sqrt{0.17^2 + 0.1^2} = 0.21 \text{n mile}$$

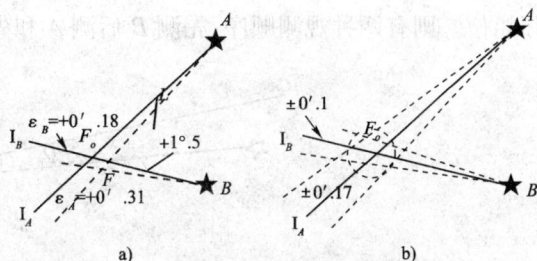

图 2-3-2 例 2-3-1 的图
a）方位定位的系统误差；b）方位定位的随机误差

在海图上以 F_o 为圆心，0.21n mile 为半径作圆，得船位标准差圆，实际船位在此圆内的概率为 63.2% ~68.3%。

3.物标的选择和观测顺序

两方位定位，只能得到两条方位船位线，它们的唯一交点就是观测时刻的观测船位。为了提高两方位定位的精度，除了注意尽量减少观测误差和尽可能同时观测外，还应该注意下述几个方面：

1）物标的选择

海图上所标示的各种物标，其精确程度并不相同。在观测定位前，若物标选择得合适，可以大大减少船位误差。因此，在选择物标时应注意：

（1）物标选择正确。要选择显著的、经过精测的、容易辨认的且有显著观测点的物标。如灯塔、有尖峰或峭壁的孤岛以及海图上标有"△"符号的山峰等。这样既便于将物标同海图对照辨认，又可以保证观测点的海图位置准确。在无精测的物标可供观测时，应选择以实线绘出等高线的山头和选择较高、较陡的山头，而不应采用等高线是以虚线或影线画出的或较低、较平坦的山头。

（2）选择近距物标。由船位线误差公式 $E = m_B D$ 可知，当有同样大小的方位观测值误差 m_B 时，船距离物标越远，方位观测值误差引起的船位线误差 E 将越大。因此，有条件时，要选测近距物标的方位。

（3）选择交角较好的物标。由船位误差公式 $M = \frac{1}{\sin\theta}\sqrt{E_1^2 + E_2^2}$ 可知，当两船位线误差确定后，船位误差 M 仅与两方位线间的夹角 θ 有关。因此，用两物标方位定位时，两方位线间的夹角最好在 90°左右，至少应大于 30°而小于 150°，考虑到系统误差，以 30°~90°为宜。

2）观测顺序

观测定位时，理论上要求两条位置线同时测定，但实际上很难做到，对两物标不能同时观测，所画的船位就会产生误差，而且两条位置线的观测间隔时间越长，船位误差越大。为了减少船舶航行中不同时刻观测所产生的定位误差，除正确使用观测仪器，提高观测速度外，正确地掌握两物标的观测顺序,也能在一定程度上减小观测船位的误差。

如图 2-3-3 所示,A、B 为两个将被观测的物标,A 处于船舶的正横附近,B 处于船舶的首尾线方向附近,Q_A、Q_B 分别为它们的近似舷角。设 M_1、M_2 为第一次观测和第二次观测时刻的实际船位。则有两种观测顺序:先测 B 后测 A 和先测 A 后测 B。

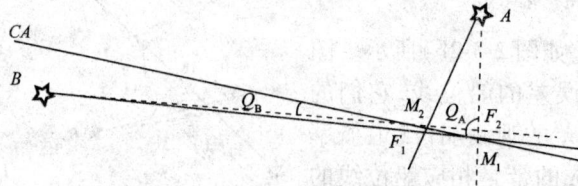

图 2-3-3 观测顺序与船位误差

(1)先测 B 后测 A。设当船舶位于 M_1 时,用罗经先观测 B 的方位得 M_1B 方位船位线,后测 A 的方位时,船舶已航行到了 M_2 点,得 M_2A 方位船位线。此两船位线的交点 F_1(图中两粗实线的交点)是观测船位。因为船舶驾驶员习惯上是以第二次观测时刻作为定位的时间,所以,F_1 与第二次观测时刻的实际船位 M_2 之间的距离 F_1M_2 就是由于先测 B 后测 A 引起的船位误差。

(2)先测 A 后测 B。若先测 A 后测 B,则得到 M_1A 与 M_2B 的方位船位线(图中两细虚线)。它们的交点 F_2 是观测船位。图中可见,以第二次观测时刻确定船位时,F_2M_2 是由于先测 A 后测 B 引起的船位误差,显见,F_2M_2 明显大于 F_1M_2。

因此,若以第二次观测时刻确定船位,应先测船舶的首尾线附近的物标方位,即方位变化慢的 B 物标,后测正横附近的方位变化快的 A 物标。

但若需要以第一次观测时刻确定船位,则观测顺序应相反。

但在夜间或物标不易被观测时,以先难后易、缩短两次观测的间隔时间等为原则,应该先观测比较难测的灯标,如闪光的、灯光周期长的、光力弱的灯标;后测比较容易测的灯标,如定光的、灯光周期短的,光力强的灯标。

二、三方位定位

1. 三方位定位及其精度

两方位定位的方法虽然简单,但无论是否认错物标,海图上的物标位置是否准确,观测方位是否有误,在一般情况下两条方位船位线总会相交于一点,因而两方位定位有时不易发现可能存在的差错。因此在条件许可时,应尽可能同时观测三个物标的方位进行定位。

三方位定位,是利用视界内可用于定位的三个物标,同时测定它们的方位,画出它们的三条方位船位线,三条方位船位线的交点(或小三角形经处理后)就是观测时刻的三方位船位。

三方位定位的精度可根据式(2-2-29)计算。由式可见,为了减小三方位观测船位的误差,应尽量选择较近的物标和选择相邻两个物标的方位夹角在 120°(或 60°)左右,而不宜选用夹角小于 30°或大于 150°的物标。

2. 船位误差三角形的处理

在大比例尺海图上,三条方位位置线一般都会形成一船位误差三角形。

1）随机误差三角形及其处理

（1）小随机误差三角形的处理。如果在大比例尺航海图上所得的船位误差三角形每边都不超过 5mm，一般可以认为它是由于位置线中存在着合理的随机误差引起的，此时可以认为船位在误差三角形内靠近大角短边处（图 2-3-4a）。根据这一原则，如果船位误差三角形近似为等边三角形，船位可选在三角形的中心点；如果误差三角形呈现为等腰三角形，船位可选在底边中央附近（图 b 和图 c）；如果误差三角形近似为直角三角形，船位可选在直角附近（图 d）。但实际定位中，除了随机误差之外，可能还有系统误差的影响，真正的船位并不一定在误差三角形之内，它也可能在误差三角形之外。

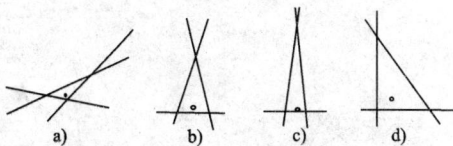

图 2-3-4　小随机误差三角形的处理

（2）大随机误差三角形的处理。如果船位误差三角形较大，应在短时间内进行重复观测，重新定位，若该误差三角形是由于粗差所造成（例如认错物标、读错方位等），一般在重复观测中可发现和纠正，变为合理的小误差三角形。而如果在短时间内重复观测后，船位误差三角形的大小、形状几乎不变或有规律变化，则可认为误差三角形主要是由于观测中的系统误差所造成，可按系统误差处理。但若三角形虽未能显著缩小，但其大小、形状变化却无规律，当确认不存在粗差时，可以认为误差三角形主要是由于观测中存在较大的随机误差造成的。这时最好采用其他有效的定位方法来核对，判断最概率船位。当前方有危险物时，应该把船位设想在三角形中最可能引起航行危险的一点，也即观测船位的确定应考虑使船舶安全航行最有利。如图 2-3-5a）所示，a 点对安全最有威胁，设想 a 为观测船位，可及时采取措施安全避开沉船；图 b）中，设想 b 为观测船位，则实际船位不管在 a 点或是 c 点，船舶都能在实际通过沉船后安全转向，对船舶安全航行最有利。

2）系统误差三角形及其处理

（1）作图法求观测船位。若误差三角形主要是由于观测中的系统误差所造成（例如罗经差中存在着误差）。这时，可将所使用的罗经差向同一方向作 2°～4° 的变动，然后重新在海图上作图，并将所得到的新误差三角形和原误差三角形的各对应顶点用直线连接，则各连线的交点即为观测时刻的消除了系统误差后的船位。如图 2-3-6 所示，设 △abc 为三方位定位时所得的原误差三角形，而 △$a_1b_1c_1$ 则是将罗经差同方向作 2°～4° 变动后，重新作图得到的新误差三角形，用直线（理论上应为圆弧，见图 2-3-8）通过该两三角形相对应的顶点 aa_1、bb_1、cc_1，则三线的交点（或小三角形的中心）即认为是消除了系统误差后的船位（最概率船位）。

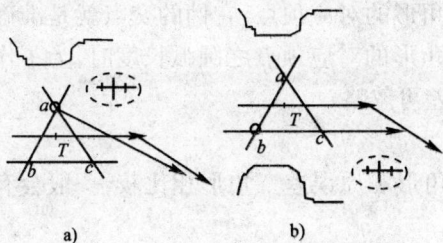

图 2-3-5　附近有危险的船位处理

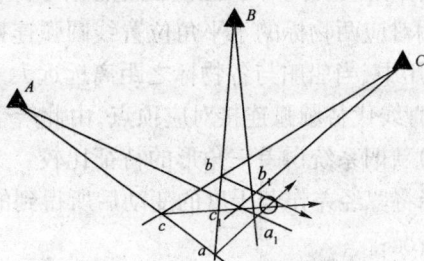

图 2-3-6　系统误差三角形的作图处理

（2）粗略估算求观测船位。如图 2-3-7 所示，对于系统误差三角形，当三物标的方位分布大于 $180°$ 时（图 a），消除了系统误差后的船位一般在三角形内；当三物标的方位分布小于 $180°$ 时（图 b），船位一般在三角形外且在中间物标对应的位置线外侧。

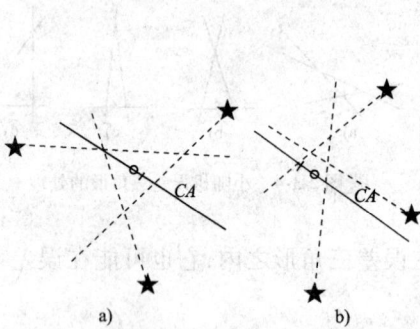

图 2-3-7　一般系统误差三角形的简单处理

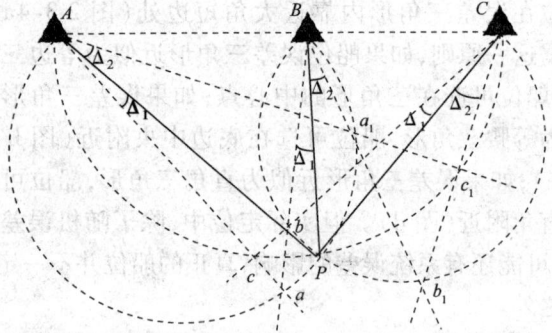

图 2-3-8　作图法处理系统误差三角形的原理图

（3）利用准确船位求实际的罗经差。因为系统误差三角形主要由罗经差的误差所造成，于是在海图上从消除了系统误差后的船位量出任一被测物标的 TB_i，则 TB_i 与所测的罗方位 CB_i 之差为实际的罗经差 $\Delta C = TB_i - CB_i$。为了消除操作过程中的随机误差，一般可量出三个物标的真方位，求出三个 ΔC，并以它们的平均值作为实际的罗经差。即

$$\Delta C_i = TB_i - CB_i \qquad (i=1,2,3), \qquad \Delta C = \frac{\Delta C_1 + \Delta C_2 + \Delta C_3}{3}$$

（4）作图法求船位的原理。图 2-3-8 是这一方法的原理图。设图中 P 点是没有系统误差的三方位位置线的交点，是准确船位。假定罗经差有 Δ_1 的系统误差时，各含有 Δ_1 的三条方位位置线相交成三角形 abc。假定罗经差有 Δ_2 的系统误差时，各含有 Δ_2 的三条方位位置线相交成三角形 $a_1b_1c_1$。我们知道，含有同一误差的两方位之差与两方位本身的误差无关。例如，设两准确方位为 X、Y，含有相等误差 Δ，则 X、Y 的方位差与含有误差的两方位差相等，即 $X-Y=(X+\Delta)-(Y+\Delta)$，这说明方位差与两方位的系统误差无关。由此原理可知，图中，A、B 物标的方位差即水平角 $AaB = APB = Aa_1B$，根据水平角圆弧位置线的特征，aPa_1 在同一圆弧上；B、C 物标的水平角 $BbC = BPC = Bb_1C$，因此，bPb_1 在同一圆弧上；A、C 物标的水平角 $AcC = APC = Ac_1C$，因此，cPc_1 在同一圆弧上。由此得出如下结论，两含有系统误差的三角形的对应顶点和准确船位 P 一定在同一个水平角位置线圆弧上。因此，当出现含有系统误差的三角形后，只要向同方向改变同一罗经差值重新作图，将得到另一个系统误差三角形（也可能会交于一点），用对应两物标的水平角位置线圆弧连接两三角形的对应顶点，它们的交点就是准确船位 P。实用中，当船舶与各物标之距离远远大于两三角形的对应顶点之圆弧长度时，为了作图方便，用直线代替圆弧连接对应顶点，由此产生的误差可忽略。

3）新旧系统误差三角形的特征比较

当将罗经差作若干度的变动后所得到的新三角形和原误差三角形相比较，一般会有如下四种情况：

（1）新三角形变大了，说明罗经差的变动与原有的罗经差误差同向，等效于增大了原系统误差；

（2）新三角形缩小了，说明罗经差的变动等效于减小了原系统误差，即变动方向与原系统误差反向，但变动数值偏小；

（3）新三角形消失了，说明变动的罗经差正好抵消了原系统误差，即与原系统误差等量反向；

（4）新三角形倒置了，如图2-3-8所示，说明罗经差的变动与原有的系统误差反向，且变动数值大于原系统误差。

三、船位差

1. 定义

同一时刻的推算船位到观测船位的方向和距离，叫做船位差（position difference）或叫位差，代号为 ΔP。

在海图作业时，进行观测定位的同时，必须在海图上画出对应时刻的推算船位。系统地比较、分析同一时刻的推算船位和观测船位之间的差异，对总结经验、提高航海技术、保证航行安全，是十分重要的。

2. 船位差的处理

在一般情况下，观测船位的精度要高于推算船位，但航海者也常常用推算船位来检查观测船位中是否存在着粗差。因此，当船位差 ΔP 不大时，一般不作处理，继续按计划航线进行航迹推算（图2-3-9）。当船位差较大时，切不可以主观臆断是何者准确，而应该重复观测定位，分析检查推算和定位中可能存在的问题并纠正之，若之后的船位差仍然较大，又觉得按原计划航线继续航行已不合适，并且此前的一系列观测船位也比较可靠，经船长同意后，可进行船位转移。即从最后的观测船位重新画出新的计划航线，以此观测船位作为新的推算起点。并在海图上从对应时刻的推算船位画一曲折线连接观测船位（图2-3-9）。同时，应该将船位差 ΔP 的方向和距离记入航海日志中。如图例的 ΔP:045°—8′.5。

特别是在大洋航行中长期进行航迹推算后，当船舶接近海岸测得第一个陆标船位时，对船位差 ΔP 必须进行分析，以确认观测船位。

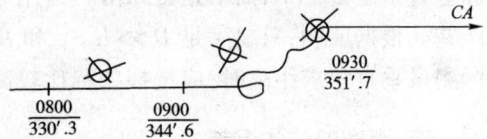

图 2-3-9　船位差与船位转移

第二节　距离定位

距离定位（fixing by distances）是同时观测两个或两个以上的陆标与船舶之间的距离进行定位的一种方法。当观测者同时测得两个或两个以上的陆标距离，在海图上以被测物标为圆心、所测距离为半径画出两条或两条以上的距离位置线，它们的交点就是观测船位。

航海上，测定船舶与陆标之间距离的主要仪器有六分仪和雷达。这里只讨论用六分仪测定物标垂直角求距离的方法。

一、测物标的垂直角求距离

利用六分仪测定物标的垂直角（vertical angle）求距离时，必须知道物标在水面以上的实际高度，一般在有潮汐的海区，均应将海图上所标的物标高程修正到当时水面以上的高度。如

图 2-3-10 所示，M 是所测物标的顶点，$MB = H$ 是物标在水面上的实际高度。若测者的视点在海平面上 A 点，用六分仪测得物标 M 的垂直角为 $\angle MAB = \alpha$。从直角三角形 MAB 中可以得到测者到物标垂足 B 之间的距离：

$$D = AB = H\cot\alpha$$

若高度 H 以米为单位，距离 D 以海里为单位，则上式可写为：

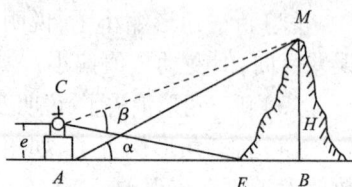

图 2-3-10　测垂直角求距离

$$D(\text{n mile}) = \frac{H(\text{m})}{1852}\cot\alpha$$

一般海上观测物标的垂直角 α 都比较小，如果用角分为单位来表示 α 的角度，则可认为：

$$\tan\alpha = \alpha'\text{arc}1' = \frac{\alpha'}{3438} \tag{2-3-3}$$

因此，上式又可写为：

$$D(\text{n mile}) = \frac{3438}{1852} \times \frac{H(\text{m})}{\alpha'} \approx \frac{13}{7} \times \frac{H(\text{m})}{\alpha'} \approx 1.856\frac{H(\text{m})}{\alpha'} \tag{2-3-4}$$

在推导上述公式时，忽略了地面蒙气差和地面曲率，并假定测者眼高 e 等于零，以及物标顶点的垂足在岸水线上。但实际上测者眼高 e 不可能等于零，物标顶点的垂足（如图 2-3-10 中的 B）一般也不会位于岸水线 E 点，即物标的被观测面有坡度。因此，测者实际观测到的物标垂直角是 $\angle MCE$，而不是 $\angle MAB$。当用 $\angle MCE$ 代替 $\angle MAB$，按上述公式求出的距离 D 存在误差。根据证明，只要满足 $D \gg H > e$ 和 $H > BE$ 的条件，D 的误差将小于 $3e$。因此，在选择物标测量垂直角求距离时，应选择物标比较高、被观测面陡、垂足在测者能见地平内的物标。

二、距离船位的误差

1. 船位的系统误差

如图 2-3-11 所示，设船舶距 A、B 物标的距离分别为 D_1 和 D_2，两位置线的交角（方位差）为 θ，用同一仪器观测两物标的距离，其观测系统误差为 Δ_D，并用百分率表示，则距离观测值的系统误差分别为 $\Delta_D \cdot D_1$ 和 $\Delta_D \cdot D_2$。由于距离船位线梯度 $g_D = 1$，所以两船位线的系统误差分别为：

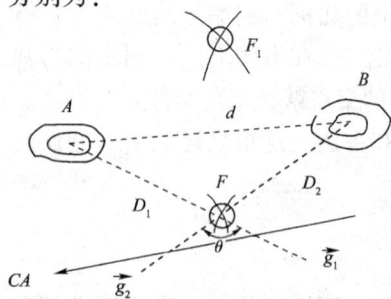

图 2-3-11　两距离定位方法

$$\varepsilon_1 = \Delta_D \cdot D_1, \varepsilon_2 = \Delta_D \cdot D_2$$

两距离船位的系统误差 δ 为：

$$\delta = \frac{1}{\sin\theta}\sqrt{\varepsilon_1^2 + \varepsilon_2^2 - 2\varepsilon_1\varepsilon_2\cos\theta}$$

$$= \frac{\Delta_D}{\sin\theta}\sqrt{D_1^2 + D_2^2 - 2D_1D_2\cos\theta} = \frac{\Delta_D \cdot d}{\sin\theta} \tag{2-3-5}$$

式中：d——两物标的间距，可在海图上量得。

由式可见，仅考虑系统误差时，若其他条件相当，可选测 $\theta < 90°$ 的两物标。

2.船位的标准差

若以百分率表示的距离观测标准差为 m_D ,则距离位置线的标准差分别为:

$$E_1 = m_D \cdot D_1, \ E_2 = m_D \cdot D_2$$

而船位标准差 M 为

$$M = \frac{1}{\sin\theta}\sqrt{E_1^2 + E_2^2} = \frac{m_D}{\sin\theta}\sqrt{D_1^2 + D_2^2} \tag{2-3-6}$$

实际船位落在以观测船位为中心,M 为半径的船位标准差圆内的概率是 63.2% ~ 68.3% 。

由此可见,两物标距离定位时,为了提高观测船位的精度,应该注意:

(1)尽可能选择近距离的物标;

(2)尽可能选择两条位置线的交角 θ 接近 90° 的物标,而不应该小于 30° 或大于 150°;

(3)先观测距离变化慢的,即正横附近的物标,后观测距离变化快的,即船舶首尾线附近的物标,以减少因不能同时观测而产生的船位误差。

例 2-3-2:某船按 CA250° 航行,1000 用雷达测得 A 物标 13.1n mile,B 物标 12.8n mile。设距离观测标准差为 ±1.3% ,求 1000 的观测船位及其标准差。

解:(1)求观测船位:

根据两物标的距离在海图上画出距离位置线,它们有两个交点 F 和 F_1(图 2-3-11),靠近推算船位的 F 为观测船位。

(2)求船位线标准差:

①
$$E_1 = m_D D_1 = \pm 1.3\% \times 13.1 = \pm 0.17\text{n mile}$$
$$E_2 = m_D D_2 = \pm 1.3\% \times 12.8 = \pm 0.17\text{n mile}$$

②求船位标准差:

从海图的观测船位处量得 A 物标的 TB 为 305°,B 物标的 TB 为 062°,故 $\theta = 305° \sim 062° = 117°$

$$M = \frac{1}{\sin\theta}\sqrt{E_1^2 + E_2^2} = \frac{1}{\sin 117°}\sqrt{0.17^2 + 0.17^2} = 0.27\text{n mile}$$

或
$$M = \frac{m_D}{\sin\theta}\sqrt{D_1^2 + D_2^2} = \frac{1.3\%}{\sin 117°}\sqrt{13.1^2 + 12.8^2} = 0.27\text{n mile}$$

③在海图上以 F 为圆心,0.27n mile 为半径作圆,即船位标准差圆。

第三节　单物标方位、距离定位

一、方位距离定位

在航海实践中,由于航行条件错综复杂,往往需要驾驶员综合利用各种不同性质的船位线来确定船位,而且这样做往往也带来很大的方便和优点。本节仅介绍利用单物标的方位和距离进行定位。这是航海上常用的定位方法之一。

同时观测某一物标的方位和距离,可以得到同一时刻的方位船位线和距离船位线,它们的唯一交点就是观测时刻的船位 F(图 2-3-12)。

观测同一物标的方位和距离定位(fixing by bearing and distance),一般有雷达方位距离定位,灯塔的灯光初显或初隐距离方位定位,以及垂直角距离方位定位等。

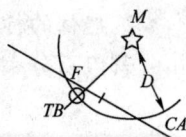

图 2-3-12 方位距离定位

单物标方位距离定位的最大优点在于:位置线的交角 θ 始终等于 $90°$。因此,单物标方位距离定位的船位误差完全取决于观测方位和观测距离的精度,以及船与物标的远近。其缺点是物标的辨认错误或其他粗差,与其他的定位方法相比,更不易被发现。

二、方位距离定位的误差

1. 船位的系统误差

如图 2-3-12 所示,设船舶测得 M 物标的距离为 D,方位为 TB,两位置线的交角为 $\theta = 90°$。以百分率表示的距离观测值的系统误差为 Δ_D,方位观测值的系统误差为 Δ_B。则距离位置线和方位位置线的系统误差分别为:

$$\varepsilon_D = \Delta_D \cdot D, \varepsilon_B = \frac{\Delta°_B \cdot D}{57°.3}$$

而船位的系统误差为:

$$\delta = \frac{1}{\sin\theta}\sqrt{\varepsilon_1^2 + \varepsilon_2^2 - 2\varepsilon_1\varepsilon_2\cos\theta} = \sqrt{\varepsilon_D^2 + \varepsilon_B^2} \tag{2-3-7}$$

2. 船位的标准差

若以百分率表示的距离观测标准差为 m_D,方位观测的标准差为 m_B。则距离位置线和方位位置线的标准差分别为:

$$E_D = m_D \cdot D, E_B = \frac{m°_B \cdot D}{57°.3}$$

而船位标准差为:

$$M = \frac{1}{\sin\theta}\sqrt{E_D^2 + E_B^2} = D\sqrt{m_D^2 + \left(\frac{m°_B}{57°.3}\right)^2} \tag{2-3-8}$$

实际船位落在以观测船位为中心,M 为半径的船位标准差圆内的概率是 63.2% ~ 68.3%。

由此可见,单物标方位距离定位时,仍然应选择近距离的物标。而方位和距离的观测顺序,当物标在船舶首尾线附近时,物标方位变化慢距离变化快,应先测方位后测距离;当物标在正横附近时,其方位变化快距离变化慢,应先测距离后测方位。

例2-3-3:某船0800,用雷达同时测得某一灯标 M 的真方位 $TB050°.3$,距离 $D = 17.6$n mile。假定方位观测值的系统误差为 $-1°.1$,距离观测系统误差为 $+0.9\%$,试求:(1)0800 的观测船位;(2)船位系统误差;(3)消除系统误差后的船位。

解:(1)画观测船位:

在海图上从灯标按 $050°.3 \pm 180°$ 画出方位位置线 $Ⅰ_o$。再以灯标为中心,17.6n mile 为半径画圆,得距离船位圆 $Ⅱ_o$。$Ⅰ_o$ 和 $Ⅱ_o$ 的交点 F_o 就是 0800 的观测船位(图 2-3-13)。

（2）求船位系统误差：

$$\varepsilon_D = \Delta_D \cdot D = +0.9\% \times 17.6 = +0.16 \text{n mile}$$

$$\varepsilon_B = \frac{\Delta_B^\circ \cdot D}{57^\circ.3} = \frac{-1^\circ.1 \times 17.6}{57^\circ.3} = -0.34 \text{n mile}$$

$$\delta = \sqrt{\varepsilon_D^2 + \varepsilon_B^2} = \sqrt{0.16^2 + (-0.34)^2} = 0.38 \text{n mile}$$

图 2-3-13　方位距离定位误差

船位系统误差的方向如图 2-3-13 所示。

（3）求消除了系统误差后的船位：

按 $\varepsilon_D = +0.16 \text{n mile}$，$\varepsilon_B = -0.34 \text{n mile}$ 作出消除了系统误差后的船位线 I 和 II，它们的交点 F 就是 0800 的船位（图 2-3-13），该船位在观测船位的北侧，两者相距即船位系统误差$\delta = 0.38 \text{n mile}$。

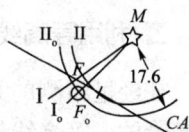

第四节　陆标的识别方法

陆标定位，正确识别陆标是第一位的。

孤立的或形状特殊的物标是比较容易识别的。沿岸的灯塔，夜间可以根据灯质识别；白天则可以根据设置灯塔的山头、岛屿以及灯塔的形状、结构、颜色等特点进行识别。然而对于形状、高度等无显著差异的连绵山头，识别它们就有一定的困难。且从船上看山头的山形和大小是随着船与物标之间的方向与距离的变化而不同的。

这里介绍几种常用的识别方法。

一、利用对景图识别

对于重要的山头，例如位于海口、江河口附近或大洋航线转向点附近的山头，常在航路指南或较大比例尺海图上附有它们的照片或草绘图，称为对景图，并在其下方注明能从海上看到图示山形的方位和距离，当船舶航行在该方位和距离附近时，可看到与对景图非常接近的实际山形，以便辨认物标。图 2-3-14 是伊良湖水道的对景图，上图是在水道的南方 9.25n mile 向北看（方位 350°）所见到的山形；下图是在水道的东方 18n mile 向西看（方位 276°）所见到的山形。

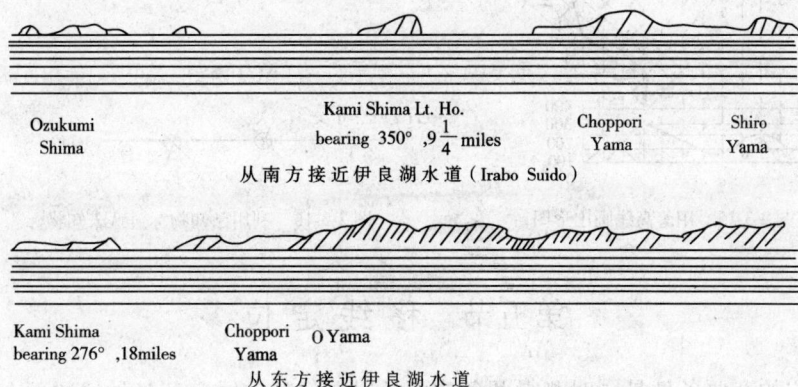

Ozukumi Shima　　　　Kami Shima Lt. Ho.
bearing 350° , 9$\frac{1}{4}$ miles　　Choppori Yama　　Shiro Yama

从南方接近伊良湖水道（Irabo Suido）

Kami Shima
bearing 276° , 18miles　　Choppori Yama　　O Yama

从东方接近伊良湖水道

图 2-3-14　对景图

二、利用等高线识别

在经过精测的大比例尺（大于1∶150 000的沿岸航行图和港湾图）海图上，山形是用等高线描绘的。等高线越密，表明山形越陡，等高线越疏，山形越平坦。因此，可根据不同层次的等高线判断出山、岛的形状。也可根据等高线画出山形草图，以帮助识别物标。图2-3-15是依据小岛的等高线画出的山形图，当船舶航行在岛的南方时可画出a图的山形（方位000°），航行在岛的东南方时可画出b图的山形（方位315°）。

三、利用准确的船位识别（参看光盘∶\教学课件\定位）

在取得准确船位数据（例如用罗经观测已知物标的方位时，用雷达观测已知物标的距离时或读取GPS的船位数据时）的同时，立刻用罗经（或雷达）观测欲辨认的未知物标的方位或距离。则可在海图上画出观测船位后，从观测船位处画出所测的未知物标的参数，则该参数线一般会通过该未知物标。例如，用罗经首先观测两三个已知物标的方位，同时立刻测出前方未知物标的方位。在海图上先根据已知物标的方位定出船位，然后从船位画出所测的未知物标的真方位 TB，一般此 TB 线会通过某一未知物标（若海图上有该物标）。但若无法确认，可在第二次定位时重复这一过程，则从前后两个船位画出的 TB 线的交点基本就是欲确认的未知物标（图2-3-16）。当用GPS定位时，可由两人配合进行，在一人读取GPS船位数据的同时，另一人立刻观测某未知物标参数。用这一方法，在船舶航行中，可在海图上补画某些显著的但海图上并没有的重要物标。例如，海上的石油钻井平台，沿岸或港口附近的高大建筑物、烟囱等，它们将是船舶以后航经该地区时很好的定位参考物标。具体做法如图2-3-16所示，设 C 为具有明显特征的海图上未标注的物标，在测定船位 F_1 的同时，观测 C 的真方位 TB_1，在海图上画出观测船位 F_1 后，从 F_1 处画出 TB_1 方位线；待测定船位 F_2 时，再次观测 C 的真方位 TB_2，从 F_2 画出 TB_2 方位线；同样的方法，从 F_3 画出 TB_3 方位线。则 TB_1、TB_2 和 TB_3 方位线的交点，就是 C 物标在海图上的位置。然后在其旁注明名称、特征，供今后使用。但利用此法时，注意应在 TB_i 之间的交角大于30°时进行观测。

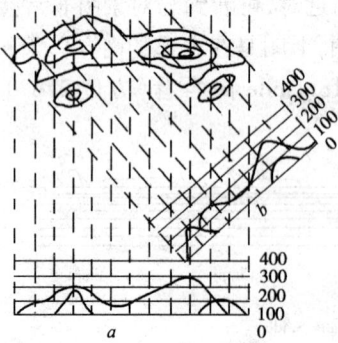

图2-3-15　用等高线画山形图

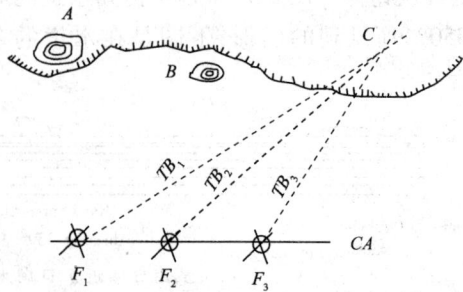

图2-3-16　利用已知物标辨认未知物标

第五节　移线定位

观测定位的充要条件是同时测得两条或两条以上的船位线。若某种情况下在同一时刻只能测得一条位置线，就不能得到观测船位。但如果把不同时刻观测的位置线处理到同一时刻，就能得到观测船位。移线定位(running fixing)就是把不同时刻观测的位置线处理到同一时刻后求得船位的一种定位方法。

一、船位线转移原理和转移方法

1.船位线转移原理

船位线的必然性和时间性决定了船位线是可以根据船舶的实际航行轨迹和实际航程从一个时间转移到另一个时间上去的。这种转移后的船位线称为转移船位线(transferred position line)。

如图 2-3-17 所示,设船舶在 T_1 时刻测得某灯塔方位,得方位船位线 P。设 T_1 后船舶的实际航行轨迹为 CA,船舶按 CA 航行到 T_2 时刻,实际航程为 S,则不管 T_1 时刻的船位在 P 线上的哪一点,船舶均按 CA 航行了 S 航程。因此,P 线上任意一点的移动轨迹必然与 CA 平行,等距离移动。也即船位线 P 按 CA 方向移动了 S 距离到达 P',则 P' 就是 T_2 时刻的船位线,因它是由

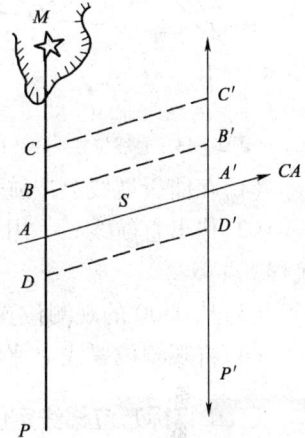

图 2-3-17 船位线转移原理

P 线转移得到的船位线,故称为转移船位线,它同样具有船位线的一切特性——时间性和必然性。但在海图上画转移船位线时,须加画箭头。

但必须注意,实际航行中并不知道船舶的实际航迹和实际航程,因此,在位置线转移过程中,是以推算航迹和推算航程近似代替实际航迹和实际航程的,即船位线 P 是按推算航迹向移动了 $T_1 \sim T_2$ 的推算航程后得船位线 P' 的。

2.单航向的船位线转移方法(参看光盘:\教学课件\定位)

1)直线船位线的转移方法

如图 2-3-18 所示,设 T_1 时刻测得 M 物标的方位船位线为 P,航行到 T_2,试将 T_1 的 P 船位线转移到 T_2 时刻。方法如下,首先在海图上从 T_1 推算船位根据航迹绘算方法作出推算航迹(设为 CA)和 T_2 时刻的推算船位,用两脚规量出两推算船位之间的推算航程设为 S_c(见图示),然后从船位线 P 与 CA 的交点 A,沿着 CA 线截取 S_c 得 A' 点。此时,平行移动船位线 P,使其通过 A',得 P' 线,此为 T_2 时刻的转移船位线。根据船位线特性,T_2 时刻的船位在 P' 线上。

2)圆弧船位线的转移方法

圆弧船位线的转移原理与直线的相同,即将圆弧沿着推算航迹向平行移动推算航程 S。但平行移动圆弧并不方便,一般是采用转移圆心的方法(图 2-3-19),即以圆弧船位线的圆心 M 为起始点,从 M 画出推算航迹线的平行线,在其上截取推算航程 S,得 M' 点。以 M' 点为圆心,以圆弧船位线的半径为半径,画出新的圆弧,即为转移后的船位线(图 2-3-19)。

3.多航向的船位线转移方法

若船位线转移过程中发生过航向的改变,则应运用多航向的船位线转移方法进行船位线转移。多航向的船位线转移关键是将多航向转换成单航向,然后利用单航向的方法转移船位线。(参看光盘:\教学课件\定位)

如图 2-3-20 所示,某船在 0800 测得 M 方位线 P,此后经几次改向,欲把 0800 的 P 位置线转移到 1000。转移方法如下:

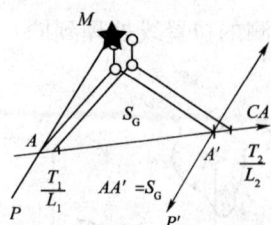

图 2-3-18　直线位置线的转移　　图 2-3-19　圆弧位置线的转移　　图 2-3-20　多航向的位置线转移

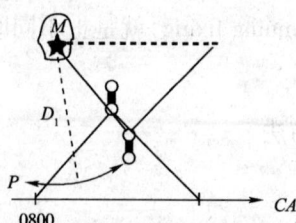

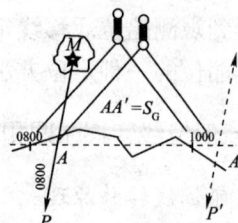

（1）在曲折航线上按航迹推算方法作出转移前后即 0800 和 1000 的推算船位；

（2）作出直航线——用直线连接两推算船位，量出直航程——直航线上两推算船位间的航程 S_G；

（3）从 0800 的观测位置线 P 与直航线的交点 A 起沿直航线截取 S_G 得 A'；

（4）将观测位置线 P 平行移到 A' 便得 1000 的转移位置线 P'。

二、单物标方位移线定位及其精度

1. 移线船位

如果在某一时刻只能得到一条船位线，则可将前一时刻的船位线转移到后一时刻上去，则转移船位线与后一时刻的船位线的交点称为移线船位（running fix）。陆测移线船位的符号为"$\boxtimes$"，代号 RF。

如图 2-3-21 所示，如果视界内只有一个物标 M，且只能观测其方位，则船舶可在不同时刻观测物标 M 的方位，得到不同时刻的两条方位船位线 P_1 和 P_2。并将前一时刻的方位船位线 P_1 转移到后一时刻上去，则转移船位线与后一时刻的船位线 P_2 的交点 F，叫做方位移线船位。

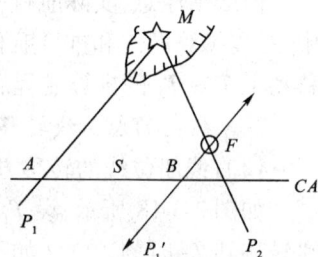

图 2-3-21　方位移线船位

2. 方位移线船位的标准差

移线船位的精度取决于 T_1 和 T_2 时刻各自的观测船位线的标准差 E_1 和 E_2，两船位线的交角 θ 以及位置线转移过程中的推算船位的标准差 ρ。设 m_B 为方位观测值的标准差，D_1 和 D_2 分别为 T_1 和 T_2 时刻船与物标的距离。则有

$$E_1 = \frac{m^\circ_B D_1}{57^\circ.3}, E_2 = \frac{m^\circ_B D_2}{57^\circ.3}, E'_1 = \sqrt{E_1^2 + \rho^2}$$

E'_1 是转移船位线的标准差，则移线船位的标准差 M 为：

$$M = \frac{\sqrt{E'^2_1 + E_2^2}}{\sin\theta} = \frac{1}{\sin\theta}\sqrt{E_2^2 + E_1^2 + \rho^2} \tag{2-3-9}$$

应该注意，若船位线转移过程中，船舶受到风、流等影响，则在求 T_2 时刻的推算船位时，必须使用风流中的航迹推算方法，此时的推算船位标准差 ρ 也是考虑风、流等影响后的标准差。

为了提高单物标方位移线定位的精度，由标准差公式可知：

（1）要减小观测船位线的标准差 E_1 和 E_2，必须既要减小方位观测误差，又要选择近距离物标观测。

（2）要减小转移过程中的推算船位的标准差 ρ，就必须既要认真推算，又要尽量缩短推算时间，即缩短转移船位线的时间间隔。

（3）应该使两条方位线的交角 θ 大于 $30°$，接近 $90°$。

上述的（2）和（3）的要求是相互制约的。要求缩短转移船位线的时间间隔，船位线的交角 θ 一般就不会大；若要使船位线的交角 θ 接近 $90°$，则船位线转移的时间间隔要延长，推算船位的误差就变大。可以同时兼顾上述两点要求的方法是：一是单物标两方位移线定位最好选择在物标正横前后，物标距离比较近，方位变化又比较快的时候进行。二是在测得第一条方位船位线后，待物标的方位变化超过 $30°$ 后就可进行第二次观测，并进行移线定位。

（4）当有水流影响时，ρ 的大小主要取决于流的影响，因此，转移与流向接近平行的船位线能在一定程度上缩小由于水流资料的掌握不准引起的移线误差。

三、特殊方位移线定位

特殊方位移线定位是指在无风流情况下，利用某些特殊条件使单物标方位移线定位转化为单物标方位距离定位，以简化移线过程。

如图 2-3-22 所示，船舶航行中在不同时刻两次观测同一物标 M 的舷角分别为 α 和 β。如果两次观测时间内的船舶计程仪航程为 S_L，则船舶在第二次观测方位时到物标的距离 D 和物标正横时船到物标的距离 $D_\perp$ 可由下面的公式求得，即

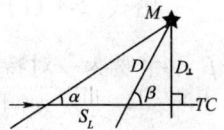
图 2-3-22 特殊方位移线定位

$$D = \frac{S_L \sin\alpha}{\sin(\beta - \alpha)} \tag{2-3-10}$$

$$D_\perp = \frac{S_L \sin\alpha \sin\beta}{\sin(\beta - \alpha)} = \frac{S_L}{\cot\alpha - \cot\beta} \tag{2-3-11}$$

当 α 和 β 符合某种特殊关系时，使 D 和 $D_\perp$ 能方便的求得。这样，第二次观测物标舷角时的船位，可以在第二次观测的方位船位线上，从物标量取 D 得到；物标正横时的船位，可以在物标的正横方位线上，从物标量取 $D_\perp$ 得到。

航海上常用的特殊方位移线定位法，主要有以下几种：

1. 四点方位（four points bearing）法

若控制物标的观测时间，使物标的第一个舷角 α 等于 4 个罗经点，即 $\alpha = 45°$，而第二次观测的物标舷角 β 等于 $90°$，这时显然有 $D_\perp = S_L$，即物标的正横距离 $D_\perp$ 等于两次观测之间的计程仪航程 S_L。实际应用时，可以在驾驶台某固定位置 A，事先选定使 AB 连线与船首线相交成

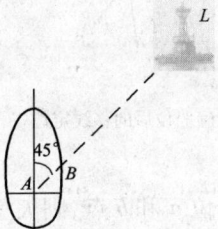
图 2-3-23 四点方位法

$45°$角的船舶舷墙上的某固定设备 B（如羊角、铃圈等）。如图 2-3-23 所示，在航行中，测者在 A 点观看物标（如灯浮）L 与所选择的 B 处于一直线时，物标舷角等于 $45°$，此时记下时间和计程仪读数 L_1，等到 L 正横时再记下时间和计程仪读数 L_2，则 L 物标正横时船与 L 的距离 $D_\perp$ 等于两次观测间的 S_L（$(L_2 - L_1) \times (1 + \Delta_L)$）。此时，只要在海图上画出物标的正横方位线（$TC \pm 90°$），并从物标 L 量取 S_L 即得移线船位。如果经常使用这一方法，还可提高驾驶员对物标正横距离的估计能力。

2. 倍角法

由式（2-3-10）和式（2-3-11）知，当 $\beta = 2\alpha$，即第二次观测物标的舷角 β 等于第一个舷角 α 的 2 倍时，有：

$$D = \frac{S_L \sin\alpha}{\sin(\beta - \alpha)} = \frac{S_L \sin\alpha}{\sin(2\alpha - \alpha)} = S_L$$

$$D_\perp = \frac{S_L \sin\alpha \sin\beta}{\sin(\beta - \alpha)} = \frac{S_L \sin\alpha \sin\beta}{\sin(2\alpha - \alpha)} = S_L \sin\beta$$

例如，$\alpha = 30°$，$\beta = 60°$，则第二次观测物标时船与物标 L 之间的距离 D 等于两次观测期间的计程仪航程 S_L。因此，第二次观测时刻的船位，可以在第二方位（$TB = TC \pm \beta$）位置线上，从物标 L 量取 S_L 得到。物标正横时的船位，可以在物标正横方位线上，从物标量取正横距离 $D_\perp = S_L \sin\beta$ 得到。

3. 特殊角法

由式（2-3-11）知，当 $\dfrac{1}{\cot\alpha - \cot\beta} = 1$ 时，必有 $D_\perp = S_L$，航海上将符合此关系式的 $\alpha = 26°.5$、$\beta = 45°$ 称为一对特殊角，利用该特殊角能方便地确定正横船位，即当第一次观测物标的舷角为 $26°.5$，第二次观测物标的舷角为 $45°$ 时，$D_\perp = S_L$。又因为 $\beta = 45°$，所以第二次观测到物标正横之间的航程与物标正横距离相等，也等于 S_L。因此，使用这一对特殊角可以在物标正横前预知物标的正横距离，同时又可以用四点方位法检查和验证物标的正横距离。

上述的特殊方位移线定位都是在无风流的情况下进行的，否则，由于风流的影响将会产生误差。

四、有准确船位后的单物标方位移线定位

如图 2-3-24 所示，假如船舶在 T_0 时刻获得准确船位 F，并以恒定的航向和航速航行，又在 T_1 和 T_2 时刻测得视界内唯一物标 M 的两条方位船位线 P_1 和 P_2，则可以利用准确船位和两条方位船位线求出水流影响后的比较可靠的移线船位和实际航迹线。

其最简单的作图方法如图所示：从船位 F 画一任意直线，一般可画风中航迹线 CA_α（$= TC + \alpha$）或 TC 线（若风的影响忽略不计时）。设 CA_α 线与第一方位线 P_1 相交于 A，量出 FA 的长度，并在 FA 方向上截取 B 点，使 $AB : FA = (T_2 - T_1) : (T_1 - T_0)$。然后过 B 点作方位线 P_1 的平行线，它就是方位线 P_1 转移到 T_2 时刻的船位线，它与方位船位线 P_2 的交点 F_2 就是受流影响后的移线船位。用直线连接 FF_2，因为 F 是准确船位，所以直线 FF_2 就是 T_0 到 T_2 期间的实际航迹线，它与方位船位线 P_1 的交点 F_1，就是 T_1 时刻的移线船位（参看光盘：\教学课件\定位）。

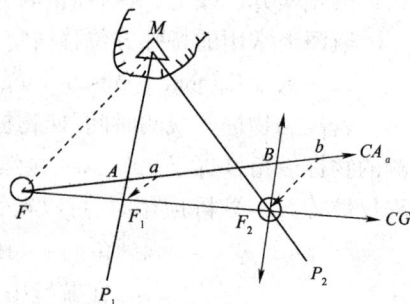

图 2-3-24　有准确船位后的移线定位

如果在风中航迹线 FAB 上，按航迹推算法求得 T_1 和 T_2 时刻的推算船位 a 和 b 点，则矢量 $\overrightarrow{aF_1}$ 和 $\overrightarrow{bF_2}$ 就是 T_0 到 T_1 时刻和 T_0 到 T_2 时刻的平均流向和流程，而平均流速 V_c 为

$$V_c = \frac{aF_1}{T_1 - T_0} = \frac{bF_2}{T_2 - T_0}$$

$(2\text{-}3\text{-}12)$

习　题

一、问答题

1. 如何提高陆标两方位、两距离定位的精度？

2. 辨认物标有哪几种方法？试述各辨认方法。

3. 利用陆标两方位或两距离定位时，观测的顺序有何要求？白天和夜间有何区别？

4. 陆标三方位定位出现误差三角形后如何处理？

5. 已知陆标三方位定位出现误差三角形的原因是罗经差的误差，请作图说明求准确船位及求准确罗经差的方法。

6. 如何用四点方位法进行移线定位？

7. 如何用特殊角法进行移线定位？

8. 某船 0800, $TC095°$，用雷达测灯塔 A 的舷角 $50°$ 左，距离 20n mile，0900 测灯塔 A 的 $TB000°$，0930 再测灯塔 A 的 $TB330°$，作图求 0930 的移线船位。

9. 如何进行距离位置线的转移，作图说明。

10. 有 A、B 两物标，A 物标距船约 6 n mile，B 物标距船约 9 n mile，某船驾驶员用陀螺罗经测得它们的 $GB_A = 055°$，$GB_B = 115°$，$\Delta G + 2°.5$。求：(1)若陀螺差的误差有 $-1°$，求观测船位及其误差。(2)若陀螺差准确，但观测方位的标准差为 $\pm 0°.5$，求观测船位及其误差。并作示意图。

11. 某船按 $CA025°$ 航行，某时用雷达测得 A、B 物标均为 9.1n mile。设距离观测标准差为 $\pm 1.1\%$，在海图上从观测船位处量得 A、B 物标的 $TB_A = 323°$ 和 $TB_B = 053°$。求观测船位、船位标准差及真船位在标准差圆内的概率，并作示意图。

二、选择题

1. 陆标定位时，在以下物标中，首先选用的应是（　　）。

A. 灯塔　　　　　　　　B. 灯浮　　　　　　　　C. 岬角　　　　　　　　D. 山峰

2. 陆标定位时，在以下物标中，首先选用的应是（　　）。

A. 树木茂盛的大岛　　B. 显著岬角　　　　　　C. 平坦小岛　　　　　　D. 灯浮

3. 某船夜间航行，航向 002°，海图上在航线右正横附近距本船约 7.0n mile 处有一灯塔标注，查灯标表得该灯塔的备注栏：W220°~320°(100°)，该船驾驶员欲用右舷罗经观测该灯塔却未能找到该灯塔，是因为（　　）。

A. 灯塔已不发光　　　　　　　　　　　B. 灯塔距船太远

C. 灯塔是弱光灯　　　　　　　　　　　D. 本船不在该灯塔的光弧范围内

4. 在海图对景图下标有"方位180°，14n mile"，表明对景图上的山形是（　　）。

A. 从该物标的南方 14n mile 所看到的形状

B. 从该物标的北方 14n mile 所看到的形状

C. 从本船向南 14n mile 所看到的形状

D. 从本船向北 14n mile 所看到的形状

5. 当发现船位差较大时,应该(　　)。

A. 认为航迹推算中存在较大误差　　　　B. 认为观测定位中有粗差

C. 认为观测与推算都有较大误差　　　　D. 报告船长查明原因

6. 某船航行中发现观测船位与推算船位相差甚大,在海图上的船位转移如图所示:⊗—↑N,则应将下列哪种符号和数据记入航海日志(　　)。

A. ΔP:135° ~ 10′.0　　　　　　　B. ΔP:315° ~ 10′.0

C. ΔB:135° ~ 10′.0　　　　　　　D. ΔB:315° ~ 10′.0

7. 根据我国海图作业规则的要求,(　　)船位差,必须进行分析,作出记录。

A. 开航后的第一个　　　　　　　　　B. 每天中午的

C. 接近海岸的第一个　　　　　　　　D. 每天 0800 的

8. 某轮 CC = 184°,测得灯塔 CB = 229°,如使第二次观测该灯塔时,能正好使船舶与该灯塔的距离等于两次观测之间的距离,则第二次观测该灯塔的 CB 应为(　　)。

A. 274°　　　　B. 268°　　　　C. 083°　　　　D. 052°

9. 某轮 TC265°,测得某灯塔 TB291°.5,航行 12n mile 后,又测得该灯塔 TB310°,试问船与该灯塔正横时距离为(　　)。

A. 10n mile　　　B. 12n mile　　　C. 15n mile　　　D. 13.2n mile

10. 某船 ΔL = −6%,0800L = 100′,TC = 352°,测得某灯塔真方位 014.5,0830L = 108′.0,再测得该灯塔 TB = 037°,风流很小,忽略不计,则该灯塔正横距离等于(　　)。

A. 8′.5　　　B. 5′.3　　　C. 7′.5　　　D. 6′.0

11. 无风流条件下移线定位时,第一次观测物标的舷角为(　　),第二次观测物标的舷角为(　　),则两次观测之间的航程即为该物标的正横距离。

Ⅰ. 26°.5,45°;　Ⅱ. 45°,90°;　Ⅲ. 22°.5,45°。

A. Ⅰ,Ⅱ　　　B. Ⅰ,Ⅲ　　　C. Ⅱ,Ⅲ　　　D. Ⅰ,Ⅱ,Ⅲ

12. 某船 CA = 342°,ΔL = −6%,1000L = 150′,测得某灯塔真方位 004.5,1030L = 158′.0,再测得该灯塔 TB = 027°,风流很小,忽略不计,则该灯塔的最近距离等于(　　)。

A. 8′.5　　　B. 5′.3　　　C. 7′.5　　　D. 6′.0

13. 在两方位定位中,若其他条件都一样,则位置线交角为 30° 的船位误差是交角为 60° 的船位误差的(　　)。

A. 0.5 倍　　　B. 1 倍　　　C. 1.41 倍　　　D. 1.73 倍

14. 在两方位定位中,若 D = 3′,D = 4′,θ = 30°,而观测方位的标准差 m 为 ±2°,则船位的标准差 M 约为(　　)n mile。

A. 1/2　　　B. 1/6　　　C. 1/4　　　D. 1/3

15. 两陆标方位定位时,应先测方位变化慢的,后测方位变化快的物标,它是建立在(　　)。

A. 观测的难、易程度

B. 定位时间是以第一次观测时刻为准

C. 定位时间是以第二次观测时刻为准

D. 与观测方位时刻无关

16. 在实际航海中,移线定位的两条方位线较合适的夹角应为(　　)。

　A. 30°～60°　　　　B. 60°～90°　　　　C. 90°～120°　　　　D. 20°～30°

17. 转移船位线的标准差是(　　)。

　A. 与移线前的船位线的标准差 E 一样　　B. 转移时间内的推算船位标准差圆半径 ρ

　C. $E+\rho$　　　　　　　　　　　　　　D. $\pm\sqrt{E^2+\rho^2}$

18. 三方位定位中由罗经差的误差产生一船位误差三角形,三物标的方位分布大于180°且各物标与推算船位的距离相等,则消除了罗经差的误差后的船位在(　　)。

　A. 三角形内　　　　　　　　　　　　　B. 三角形内近短边大角处

　C. 三角形的内心　　　　　　　　　　　D. A、B、C 均准确

19. 在已判定误差三角形是由观测方位的系统误差造成之后,采用每条方位变动相应角度重新作图。如果新三角形倒置了,则说明所变角度(　　)。

　A. 缩小了原系统误差　　　　　　　　　B. 增大了原系统误差

　C. 正好消除了原系统误差　　　　　　　D. 太大,产生了与原误差反向的系统误差

20. 在已判定误差三角形是由观测方位的系统误差造成之后,采用每条方位变动相应角度重新作图。如果新三角形变大了,则说明所变角度(　　)。

　A. 缩小了原系统误差　　　　　　　　　B. 增大了原系统误差

　C. 正好消除了原系统误差　　　　　　　D. 太大,产生了与原误差反向的系统误差

第四章 天文定位

第一节 天文定位的基本概念

由陆标距离定位知,当同时测得已知海图位置的两个(或以上)陆上物标的距离后,在海图上以该两物标为中心、所测距离为半径分别作圆,便得观测时刻的距离观测船位。

天文定位的基本原理与陆标距离定位相似。当船舶观测得到某一天体的高度后(图2-4-1中天体在水天线上的仰角),求出观测时刻的该天体的地理位置(图2-4-2中的b),以及该天体的真高度h_t(天体在测者真地平上的仰角,图2-4-2中的BOM)和真顶距($z=90°-h_t$,图2-4-2中的ZOB),则以该天体的地理位置b为圆心,真顶距z为球面半径(图2-4-2中的Ab)所作的球面圆AA_1A_2就是观测时刻的天文船位圆,观测时刻的船舶就在这一天文船位圆上(不计观测误差)。因为只要船舶在此圆上,如图中的A、A_1或A_2,观测天体B的真高度都等于h_t,所以,天文船位圆也叫等高度圈。这样,当同时观测两个或两个以上的天体高度,可得两个或两个以上的天体真顶距,由此可作出两个或两个以上的天文船位圆,它们靠近

图 2-4-1 观测天体高度

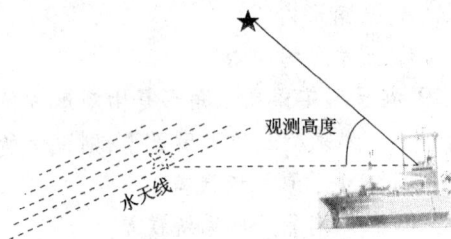

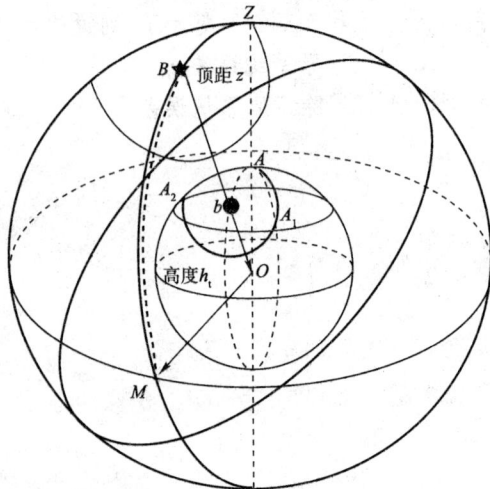

图 2-4-2 地球面上的天文船位圆

推算船位的交点便是观测时刻的天测船位。海图作业时,天测船位的符号为"◎",代号AF。

因此,天文定位的关键问题是求天体真顶距(天文船位圆半径)以及观测时刻的天体地理位置(天文船位圆圆心)。

第二节 天体高度的观测与天体真高度

由上可知,天文定位的主要任务是:

(1)观测天体高度;

（2）求观测天体高度时的世界时；

（3）求观测时刻的天体位置；

（4）求天体真高度（真顶距 z）；

（5）在海图上画天文船位线。

一、航海六分仪（参见光盘：教学课件\视频六分仪）

航海六分仪是一种测角仪器，航海上通常用六分仪来测量天体与测者水天线之间的夹角（图 2-4-1），称此夹角为天体观测高度。

1. 航海六分仪的主要组成部分

航海六分仪（marine sextent）由架体、光学系统和测角读数装置等三部分组成。如图 2-4-3 所示，光学系统包括望远镜、动镜、定镜和滤光片等；测角读数装置有刻度弧、指标杆、鼓轮和游标等；这些部件全部装在架体上，并通过指标杆将光学系统和测角装置联结成一整体。

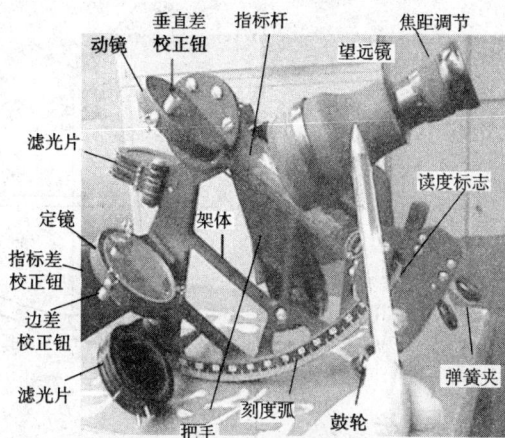

图 2-4-3　航海六分仪

（1）望远镜：用于放大物标的单筒正影望远镜。观测前应根据测者视力调整焦距。

（2）刻度弧：位于架体下端，刻有整度读数的圆弧。由 0° 向左为正角度；0° 向右为负角度。负角度主要用于测定六分仪的误差。

（3）指标杆：以刻度弧圆心为转动中心，可沿着刻度弧移动的杆状半径。半径末端有度数标志，用以读取测角的度数。

（4）动镜：是位于刻度弧中心并垂直于刻度弧平面的、与指标杆同步转动的反射平面镜。它把被观测物标的光线反射到定镜。

（5）定镜：是位于望远镜前方、垂直于刻度弧平面、固定不动的、一半为透视镜、一半为反射镜的平面镜。望远镜视野中心对准定镜中心。测者通过透镜可直接看到望远镜前方的物标，同时在反射镜部分又可看到由动镜反射的另一物标（如天体）的影像。望远镜光轴与定镜平面的交角约固定为 75°。

（6）弹簧夹和鼓轮：装在指标杆末端的随指标杆移动的制动夹。捏紧弹簧夹，可使其背面的正切螺丝与刻度弧下端齿槽脱开，从而使指标杆带动鼓轮沿刻度弧自由移动。当松开弹簧夹后，正切螺丝便与刻度弧齿槽相啮合，指标杆就不能自由移动了，除非转动装在正切螺丝末端的鼓轮，正切螺丝随之转动，则螺纹沿着齿槽移动，指标杆随之移动。所以捏紧弹簧夹头，用以粗调指标杆位置，转动鼓轮则是微调指标杆位置。鼓轮转动一周，度数指标沿刻度弧移动 1 小格，即 1°。在鼓轮上均匀地刻着 60 格，每格代表 1'。鼓轮旁边的游标尺上的第一道刻线是分数指标，测角的分数值是根据分数指标读取的。

（7）游标尺：是装在鼓轮右侧的一把环形短尺，用来读取测角分的小数。

（8）滤光片：在定镜和动镜前各有一组深浅不一的有色玻璃片，称为滤光片，选择不同的滤光片或它们的组合可调节物标或反射影像的亮度。

2. 航海六分仪的测角原理

六分仪是一种测量两物标间夹角的仪器。用六分仪观测天体高度,就是测定天体与水天线之间的垂直角,如图2-4-4中的∠SOH。观测时,应垂直拿六分仪,望远镜(位于O点)朝向水天线,水天线的光线透过定镜B的透镜射向测者眼睛;移动指标杆,调整动镜A的位置,使天体(S)光线经动镜和定镜两次反射后也射向测者眼睛,这时测者在定镜上同时看到水天线和天体的反射影像;转动鼓轮使天体反射影像与水天线相切,这时从六分仪上读取的读数就是天体与水天线之间的夹角∠SOH。其测角原理如下(图2-4-4):

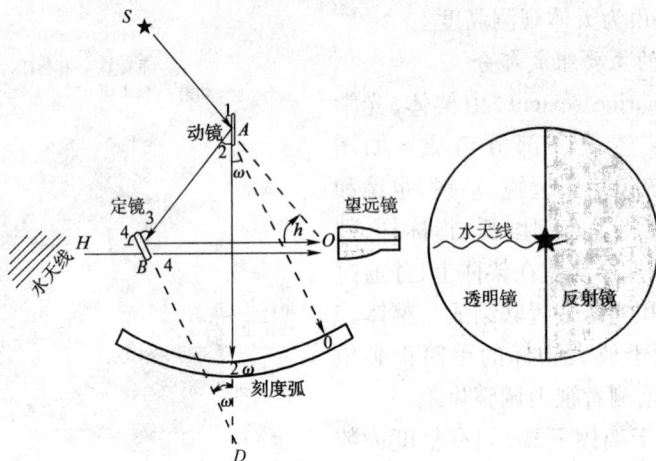

图2-4-4　六分仪的测角原理图

根据平面镜的反射定律,∠1 = ∠2,∠3 = ∠4

$$\therefore \quad \angle OAB = 2\angle 2, \angle HBA = 2\angle 3$$

根据"三角形外角等于不相邻两内角之和"的原理,在ΔABO中:

$$h = \angle HBA - \angle OAB = 2\angle 3 - 2\angle 2 = 2(\angle 3 - \angle 2)$$

同理,在ΔABD中,有

$$\omega = \angle 3 - \angle 2$$

所以

$$h = 2\omega$$

上式中,ω是动镜与定镜间的夹角。由此可见,当测者从望远镜中看到定镜上的天体反射影像与水天线相切时,天体高度h等于定镜与动镜夹角ω的2倍。

为了读出2ω的读数,设置一圆心与动镜的转动中心(即指标杆转轴)重合的圆弧刻度弧。在$\omega = 0$即指标杆移到与定镜面平行时的刻度弧上,刻上数字0,称为0位置。此后,当指标杆离开0°达ω角时,在刻度弧上刻上2ω的数字。这样,刻度弧上的数值就与2ω一一对应,观测天体高度时,可直接从刻度弧上读取所测的角度。

3. 六分仪测角读数的读法

在六分仪的刻度弧上,刻有整度读数(图2-4-5)。由0°向左0° ~ 140°为正角度,称为主弧;0°向右约5°为负角度,称为余弧。六分仪的完整测角读数需从三处读取:从刻度弧上读取整度数;从鼓轮上读取分数;从游标尺上读取分的小数。

1)正角度的读法

图 2-4-5　六分仪的测角读数

如图 2-4-5 左图所示的六分仪测角读数为：

从刻度弧读取的度数	2°（度数标的右侧刻度）
从鼓轮读取的分数	53′
从游标尺读取的分的小数	0.6（游标尺与鼓轮对齐的刻度是 0.6）
则六分仪测角读数为	2°53′.6

2）负角度的读法

刻度弧 0° 右侧为负角刻度，向右负值增加。而分和分的小数，用 60′ 减去从鼓轮和游标尺上按正角读法读出的读数才能得到。如图 2-4-5 右图所示，鼓轮和游标尺的读数为 21′.6，其正确值为 $-(60'-21'.6)=-38'.4$。所以，图上正确的六分仪测角读数为：$-0°38'.4$。

4. 航海六分仪的检查和校正

六分仪的测角原理要求入射和反射光线均应与刻度弧平面平行。这就要求动镜镜面和定镜镜面均应与刻度弧平面相垂直；要求指标杆转轴中心与刻度弧圆心相重合；要求动镜、定镜和滤光片等平面镜的前后镜面互相平行；要求动镜和定镜平行时的指标杆指标正好指零等等。这就规定了六分仪结构上和工艺上的精准要求，否则将引起测角误差。六分仪的测角误差主要有六个，其中有三个误差是可以校正的，三个误差是无法校正的。

可以校正的误差有：

动镜差：动镜镜面不垂直于刻度弧平面引起的测角误差；

定镜差：定镜镜面不垂直于刻度弧平面引起的测角误差；

零位置差（观测远物标时与指标差同）：动镜和定镜平面平行时，指标不指 0° 的误差。

不可校正的误差有：

偏心差：指标杆转轴中心与刻度弧圆心不重合；

棱性差：各种平面镜镜片的前后镜面不平行；

刻度差：刻度弧上的刻度有误差。

1）器差

偏心差、棱性差和刻度差等不能校正的误差对测角的综合影响称为器差（instrument error），代号 s。器差由工厂测定，并载入六分仪证书，供观测时改正六分仪测角读数用。六分仪证书一般贴在六分仪箱盖内，六分仪器差的样式见表 2-4-1。

六 分 仪 器 差 表   表 2-4-1

测角 c	0°	10°	20°	30°	40°	50°	60°	70°	80°	90°	100°	110°	120°
器差 s	0	+10″	+5″	−3″	−3″	−5″	−10″	−12″	−10″	−5″	−5″	0	+10″

六分仪器差的大小反映了六分仪的质量,将器差小于40″的六分仪列为甲级;器差在40″～2′之间的列为乙级;器差大于2′的,不宜用于航海测天。

2)动镜差的检查与校正

动镜差又称垂直差(perpendicular error),可利用刻度弧进行检查。检查的方法是:把指标杆移到35°左右,右手平拿六分仪,刻度弧朝外,眼睛从动镜的侧前方望去,能同时看到动镜里外两段刻度弧(图2-4-6)。若从动镜中看到的刻度弧影像与动镜外直接看到的刻度弧衔接成一整体,如图2-4-6所示的那样,表明动镜是垂直于刻度弧平面的,无需校正;若两者上下错开,不相衔接,如图2-4-7所示,表明动镜有倾斜,应加以校正。校正的方法:用专用扳手慢慢转动动镜背面的校正螺丝,直到镜内外的两段刻度弧衔接成一整体为止。动镜常因震动等影响而发生倾斜,因此每次使用六分仪前均应检查,如有垂直差,必须校正。

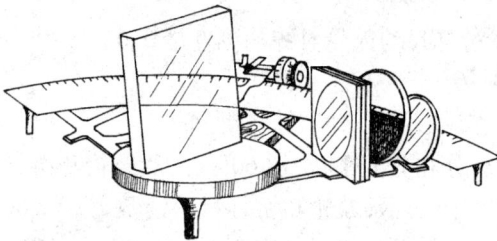

图 2-4-6 动镜面垂直于刻度弧平面

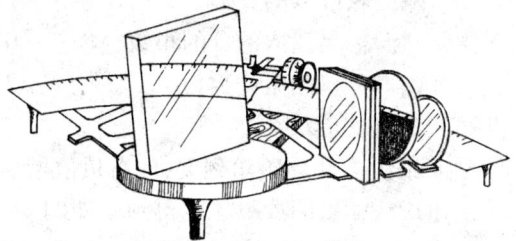

图 2-4-7 动镜面不垂直于刻度弧平面

3)定镜差的检查与校正

定镜差又称边差(side error),它的检查应在动镜差已被校正的基础上进行。检查的方法为:右手正拿六分仪,指标杆移到0°,调整好望远镜的焦距,望远镜对准被测天体(白天用太阳,夜间用亮度适中的恒星)。若边差不是很大,在定镜上可以同时看到这个天体的真像(在左侧的透镜中)和反射影像(在右侧的反射镜中),如图2-4-8所示。观测时来回转动鼓轮,使天体反射影像上下移动(如箭头所示),注意察看它与真像有无左右错开的现象。如果反射影像正好通过真像(图2-4-8a),表明定镜垂直于刻度弧平面,无需校正;若天体反射影像与真像左右错开(图2-4-8b),表明定镜有倾斜,必须进行校正。校正的方法:转动鼓轮把天体反射影像与真像拉平(图2-4-8b),然后用专用扳手慢慢地转动定镜背面上方即远离架体的那颗螺钉,直到两者重合为止。

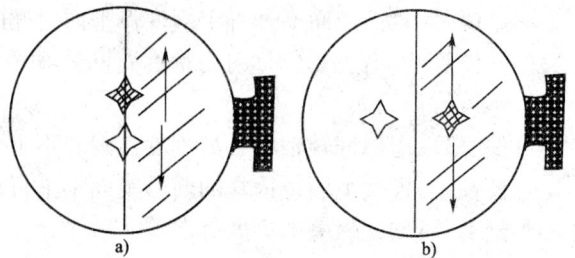

利用恒星校正边差比用太阳或其他物体校正来得准确,但应调节望远镜焦距使

图 2-4-8 边差的检查
a)无边差;b)有边差

星体清晰。若用太阳校正边差,要选配好滤光片,使太阳既有足够的亮度,又不刺眼。最好用不同颜色的滤光片,使太阳反射影像与真像的颜色不一样。

定镜也常因震动等影响而倾斜,每次使用前均应检查,如有边差,必须校正。

4)零位置差、视差和指标差

(1)零位置差。动镜和定镜平行时的读数 m_0 与 $0°$ 之差称为零位置差(zero position error),用 i_0 表示。即

$$i_0 = 0° - m_0$$

读数 m_0 在主弧,i_0 为"$-$";反之,m_0 在余弧,i_0 为"$+$"。

对于无穷远处的物标,它射向定镜和动镜的光线是平行的,因此,当动镜与定镜平行时该物标的直射影像和反射影像是重合的。此时 $\omega = 0°$,$2\omega = 0°$,所以两镜平行时指标杆所指的位置是真正的零位置,工厂制造时刻度弧上 $0°$ 刻度也是这样刻的。但是由于震动等原因,使定镜的位置及其稳定性发生变化,两镜平行时的指标杆不再指 $0°$ 了。

(2)六分仪视差。对于近距离物标,它射向定镜和动镜的光线是不平行的,它们之间的夹角称为六分仪视差(parallax of sextent)。因此在两镜平行时,物标的反射影像与真像也是不重合的。

视差角实际上是动镜和定镜中心在物标处所张的角。当物标处于无穷远时,视差等于零;当物标不太远时,视差随物标的距离而变化。因为六分仪的最小读数是 $0'.1$,所以,凡是能产生 $0'.1$ 以上视差的物标称为近距物标,以此计算,$1n$ mile 以内的物标可认为是近物标。

(3)指标差。物标的反射影像与真像重合时的读数 m 和 $0°$ 之差被称为指标差(index error),代号 i。即

$$i = 0° - m \tag{2-4-1}$$

读数 m 在主弧,m 为"$+$",则 i 为"$-$";反之,m 在余弧,m 为"$-$",i 为"$+$"。

指标差本身包含零位置差和视差。但如果被测物标的距离大于 $1n$ mile,视差可忽略,指标差等于零位置差。

综上所述,指标差是不同于零位置差的,它不仅取决于定镜的位置及其稳定性,而且还取决于被观测物标的远近,所以,在用六分仪测角前必须测定指标差。当测定远物标时,可以利用天体测定指标差。如果被测物标较近,则应利用被测物标的反射影像与它的真像相重合的方法确定指标差。

六分仪所测的角度应该是将六分仪测角读数经指标差 i 和器差 s 修正后求得。即

六分仪所测角度 = 六分仪测角读数 $+ (i + s)$

5)指标差的测定和缩小

指标差的测定应在校正垂直差和边差之后进行。一般在每次观测物标夹角时最好都测定指标差。测定的方法视白天、夜间及观测对象的不同而不同,通常有下列四种。

(1)用岸上物标。这是在观测近物标的夹角时使用。在被测物标上选一个明显可见的基准点或边,把指标杆移到 $0°$,望远镜对准该点或边,将它的反射影像与真像置于定镜的反射镜(右半镜)与透镜(左半镜)的连接处,转动鼓轮使反射影像与真像重合,读取六分仪读数 m,则指标差 $i = -m$。

(2)用水天线(图2-4-9)。当观测岸上远物标时可用此法。观测过程基本上与上述的相同,但六分仪必须竖握且保持垂直。望远镜对准水天线,转动鼓轮使定镜中的水天线反射影像与其真像上下平齐,衔接成一直线,读取六分仪读数 m,则指标差 $i = -m$。

(3)用星体。观测星体高度时,可利用星体测定指标差。所选星体的亮度要适中,高度不

宜太高,望远镜对准星体,转动鼓轮使定镜中的星体反射影与其真像重合,读取六分仪读数 m,则指标差 $i = -m$。

(4)用太阳。观测太阳高度时,可利用太阳测定指标差。由于太阳是个圆面,两个圆面不易准确重合,因而改用圆相切的方法。

操作时,将六分仪的指标杆及鼓轮刻度均置于0,调节好滤光片,望远镜对准太阳,找到太阳的真像及反射影像,将其置于定镜中线,调节鼓轮,使太阳反射影像上下移动分别与真像上切和下切,并分别读取相切时的读数。如图2-4-10所示,设反射影像上切时的读数为 m_1(一般为负值),下切时的读数为 m_2,其平均值为 $m = \dfrac{m_1 + m_2}{2}$,则指标差 $i = -m$。

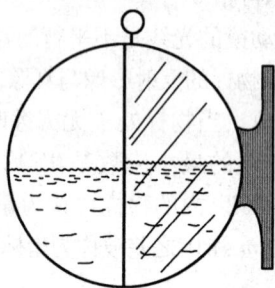

图 2-4-9　测水天线

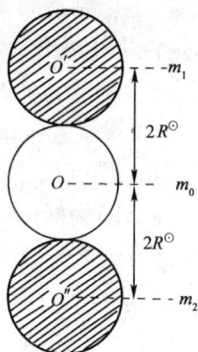

图 2-4-10　测太阳

用太阳测指标差的优点是可以检查观测的质量。从图2-4-10中可以看出,太阳准确相切时,其上、下切的反射影像中心之间距为太阳视半径 $R^\odot$ 的4倍,而六分仪测到的太阳视半径 R 为:

$$R = \frac{|m_2 - m_1|}{4} \qquad (2\text{-}4\text{-}2)$$

如果测量准确,观测半径 R 与当天的太阳视半径 $R^\odot$ 应相等或相差不超过 $0'.2$,所求的指标差可靠;若 R 与 $R^\odot$ 相差超过 $0'.2$,则应重测。R 与 $R^\odot$ 中,若观测半径 R 大,说明观测中两个太阳影像没有相切到;如果 R 小,说明相切时有重叠。而太阳视半径 $R^\odot$ 可从《航海天文历》中根据日期查得。

对于指标差,只要数据准确,其值稍大些对测角的准确性不会有影响。但若指标差过大,会引起观测的不便。故当指标差超过 $6'$ 时,就应当缩小它。缩小的方法是:将指标杆移到 $0°00'.0$,通过望远镜观测一远物标,例如水天线或星体,用专用扳手调整定镜背面下方即靠近架体的那颗螺钉,直到反射影像与真像重合为止。调整了指标差,定镜的垂直状态可能受到影响。因此,还得重新检查边差,并予以校正。校正定镜又会影响指标差,所以又要重新测定指标差。边差是必须消除的,而指标差只要缩小到 $6'$ 以内就行了。

例 2-4-1:2006年3月20日,用太阳测定指标差,上切读数 $m_1 = -33'.8$,下切读数 $m_2 = +30'.2$,求指标差。

解:(1)判断观测的有效性:

$$R = \frac{|m_2 - m_1|}{4} = \frac{|30.2 + 33.8|}{4} = 16'.0$$

查《航海天文历》(见附录3),当日太阳视半径 $R^\odot = 16'.1$,R 与 $R^\odot$ 相差 $0'.1$,说明观测

有效。

（2）求指标差：

$$i = -\frac{m_1 + m_2}{2} = -\frac{-33'.8 + 30'.2}{2} = +1'.8$$

5. 航海六分仪的维护和保管

航海六分仪是一种精密的光学仪器，在使用和保管时都应十分当心，勿使其受到损伤，以保持其良好的测角精度。

（1）平时应将六分仪放在六分仪箱内，关好箱盖。箱子放在离开热源、不易受震、干燥和箱子能被固定的地方。

（2）不允许随便拆卸六分仪。取用时只能拿把手或架体，轻拿轻放，不能抓其他部位，否则会损伤精密度。使用中，暂时搁下六分仪时，应使架体上的三只支脚朝下，不得反放。用毕将六分仪放回箱子时，应先将六分仪上的所有部件归回原位。若箱盖合不上，不能硬合，应找出合不上的原因并排除后再盖好。

（3）使用或校正六分仪时，转动有关部件的动作要轻巧，若遇部件转动不灵活，要细心检查，排除故障，切勿硬拉硬转。移动指标杆，弹簧夹要捏紧，勿使正切螺钉牙纹与刻度弧的齿弧相撞击。勿将六分仪在烈日下曝晒，勿被雨淋。每次用毕，应用专用擦镜头的软纸将镜面和镜头擦干净。

（4）若六分仪箱子是放在有空调的舱室内，在夏天使用前应先把六分仪箱子拿出室外，于通风处放一段时间，以适应室外的环境。

二、用六分仪观测天体高度的方法

1. 观测前的准备工作

（1）事先估计观测的时间，并选好欲观测的天体。例如准备在晨光或昏影时间测星，则应事先查《航海天文历》计算当天的民用晨光始或民用昏影终的时间，并用索星卡选择好当天晨光或昏影时高度、方位合适的可供观测的星体。

（2）若舱室内外温度相差较大，应提前半小时左右，将六分仪箱子放到室外遮阴的通风处，使六分仪逐渐适应环境的温度。

（3）准备好观测记录簿、铅笔等。

（4）按预定的观测时间、推算测天时的天文钟差。

（5）若需用秒表记时，则应将秒表发条上好，并检查秒表启动、停止、归零等情况。

（6）检查、校正六分仪动镜、定镜，调整好望远镜焦距，测太阳时选配好滤光片（选用一片比选两片好）。

（7）测定六分仪指标差，记下观测值。若是在昏影中测量，则应抓住水天线还看得清楚的时机，先测星体高度，然后再测指标差。

完成上述工作后，准备步骤基本就绪。

2. 观测天体高度的要领

根据定义，天体高度是天体中心和真地平圈在天体垂直圈上所夹的大圆弧距，也即天体在测者真地平以上的高度，如图 2-4-2 中的 $\angle BOM$。

测者真地平平面是看不见的。在海上观测，用水天线代替测者真地平平面。用六分仪测出天体和水天线在天体垂直圈上的弧距（图 2-4-1），所以六分仪刻度弧的平面必须与天体垂直圈平面一致。这就是说观测天体高度时，六分仪应处于垂直位置（刻度弧平面与水平面垂直），并与天体的方位一致。观测星体高度时，将星体的反射影像拉到水天线，使其与水天线重合，这样便测出星体中心的高度。观测太阳、月亮时，由于观测对象是一圆面，看圆面中心与水天线重合，没有看圆面边缘与水天线相切准确。因此，常常观测太阳、月亮反射影像的下边缘或上边缘与水天线相切的高度，此时测得的高度称为下边高度或上边高度。观测天体高度的过程可分为三步：首先将天体的反射影像往下拉到水天线附近；接着使天体的反射影像在天体垂直圈上与水天线重合或相切；最后记下准确重合或相切的时刻并读取六分仪的高度读数。下面依次叙述各步骤的操作要领。

1）把天体的反射影像拉到水天线附近

有两种常用的操作方法：

（1）第一种操作方法：将指标杆移到 0°，竖拿六分仪，望远镜对准观测的天体调整好焦距。若测太阳，应选配滤光片。由于望远镜的视野有限，可微睁左眼协助搜索，直到被观测的天体出现在望远镜的视野内。这时在定镜右半侧反射镜中看到的便是要观测的天体的反射影像。然后，左手捏紧指标杆的弹簧夹，右手慢慢地转动六分仪架体，使望远镜逐渐朝向水天线，而左手则平稳地调整指标杆，保持天体的反射影像在望远镜视野中，直到同时看到天体反射影像和水天线（左侧透镜中）为止。若测太阳，则在望远镜光轴转到水天线附近时，移开定镜前的深色滤光片或改用浅色的。接着转动鼓轮，调整天体反射影像的位置。若天体在上升，把天体反射影像拉到水天线下面一点；若天体在下降，则把天体反射影像拉到水天线上面一点。若观测太阳（或月亮），则是以准备观测的上边缘或下边缘为基准，来调整它的反射影像的位置。通常是测太阳的下边高度，上午观测，太阳高度在上升，把它的下边缘与水天线重叠稍许，重叠部分看起来像个白点；下午观测，太阳高度在下降，则把它的下边缘拉到水天线的上方，略微离开一点，两者的间隙像是段黑线。在白点消失或黑线断开的瞬间，就是太阳下边缘与水天线准确相切的时刻。

（2）第二种操作方法：如果是观测星体，则可事先用星球仪或索星卡求出观测时刻的天体概略高度和方位。观测前，调节指标杆使其指向此高度，然后将望远镜朝向天体方位方向的水天线，以六分仪垂线为轴线，沿水天线左右来回搜索，直到被观测的星体反射影像出现在望远镜视野内。然后，转动鼓轮，调整星体反射影像，使其中心与水天线相切，记下相切时间。

2）摇摆六分仪，找天体垂直圈，等待相切

测量高度时，要求六分仪刻度弧平面与天体垂直圈重合，即要求六分仪刻度弧平面垂直于水天线，而且与天体的方位一致。找天体垂直圈的方法是：以望远镜光轴为轴，左右摇摆六分仪，则在望远镜视野中看到天体的反射影像也作弧线状的摆动，如图 2-4-11 所示。弧线的最低点是天体垂直圈的方向，测者应转动身体，调整六分仪望远镜的方向，使弧线的最低点处于望远镜视野中央，这样六分仪的方向和天体方位一致，即六分仪处于垂直位置了。在等待相切的过程中，由于天体方位不断变化，天体垂直圈也随之改变，天体反射影像摆动弧线的最低点也随之在水天线上移动。因此应继续摆动六分仪，让天体反射影像继续划出弧线，测者继续调整望远镜方向，以保持弧线最低点处于望远镜视野中央。随着天体反射

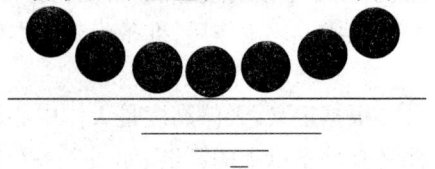

图 2-4-11　摆动六分仪找切点

影像逐渐接近水天线,摆幅也应随之减小,等待天体反射影像在视野中央弧线最低点与水天线准确相切。

摆动六分仪的要领是:开始的摆幅要大些,找出包含最低点的那段弧线,横移六分仪,将最低点置于望远镜视野中央,最后微摆等待相切(参看光盘:\教学课件\定位)。

在观测中天附近的天体时,由于此时的天体高度变化很慢,而方位变化却很快,因此,不宜采用等待相切的方法,应改为在摆动六分仪的同时,调整鼓轮将反射影像拉到与水天线相切。

3)记下准确相切的时间

当天体反射影像与水天线刚好相切时(图2-4-11中的中间影像位置),立即启动秒表(或者按停事先启动的秒表),以便确定测天时的世界时。因为天体高度是随时间而改变的,记时不准确的结果与相切不准确一样会产生观测高度的误差。

3. 观测天体高度的注意事项

为了提高观测高度的精度,除掌握上述的观测要领外,在观测中还应注意下列事项。

(1)要使所看到的天体反射影像和水天线的轮廓最为清晰。要做到这一点,应调整好望远镜的焦距,使它与测者的视力相适应;选配合适的滤光片,使天体反射影像与水天线的光线柔和而适中。太亮刺眼,过暗则轮廓不清,都是不适宜的。滤光片以黄、绿色为好,忌用红色的。在海面有霾的情况下,在定镜前加上淡黄光的滤光片,有助于看清水天线。

(2)观测位置要合适。观测位置要选在避风、避震,视野宽阔,而且天体方向上没有热气流通过的地方。视线不良时,应选低处观测,因为眼高低,看到的水天线较近且比较清楚。风浪大时,水天线呈锯齿状,在高处观测,水天线较远而显得平滑些,也可以减小因船体摇摆使测者眼高发生变化而引起的误差。

(3)注意辨认真假水天线。当海天有薄雾或临近有两种不同颜色海水交汇的海面时,在海面上往往呈现一条或多条阴影与水天线相混淆。或者在太阳下方有云层,阳光透过云块空隙照射在海面上,出现多条亮线,也容易错认水天线。这时,先用双筒望远镜仔细地沿着水天线清晰部分环视到被测天体的下方,能够辨认出最远的一条是真水天线。在水天线附近有低云时,则应注意不要把云边误认为水天线。

(4)掌握六分仪的技术质量状况。六分仪经长期使用后,由于磨损,正切螺钉与刻度弧齿弧之间出现空隙,在向一个方向转动鼓轮之后,再倒过来反转鼓轮,指标杆却不随鼓轮的倒转作相应的移动,而有一个死程,这种现象称为空回。故当使用旧六分仪测指标差和天体高度时,应向同一个方向转动鼓轮,以避免或减小空回的影响。

三、求天体真高度

1. 影响观测高度的因素

天体反射影与水天线相切时从六分仪上读取的角度称六分仪高度读数 h_s,它经指标差 i、器差 s 改正后得到天体观测高度 h_s'(图2-4-12中的 $\angle FAB'$),它是天体视方向与水天线之间的垂直角。测天定位中我们需要的是天体真高度 h_t(true altitude,图中的 $\angle SOH$),它与 h_s' 存在着如图2-4-12中所展示的四个差别,即蒙气差 ρ、眼高差 d、视差 p 和半径差 SD(若测定的是天体边缘的高度),因此,必须将 h_s' 改正这些误差后才能得到天体真高度。由观测高度 h_s' 求真高度 h_t 的过程称为高度改正。下面分别讨论这些误差及其改正。

1）蒙气差

（1）定义。天体的入射光线受地球周围大气层的折射作用而发生弯曲，使天体的视方向比真方向抬高了一个角度ρ（图2-4-12中的$\angle FAf$）。天体的视方向与真方向之间的夹角称为蒙气差（refraction），用ρ表示。蒙气差使观测高度增大，在求天体真高度时应从观测高度中减去蒙气差，所以蒙气差的符号恒为"−"。

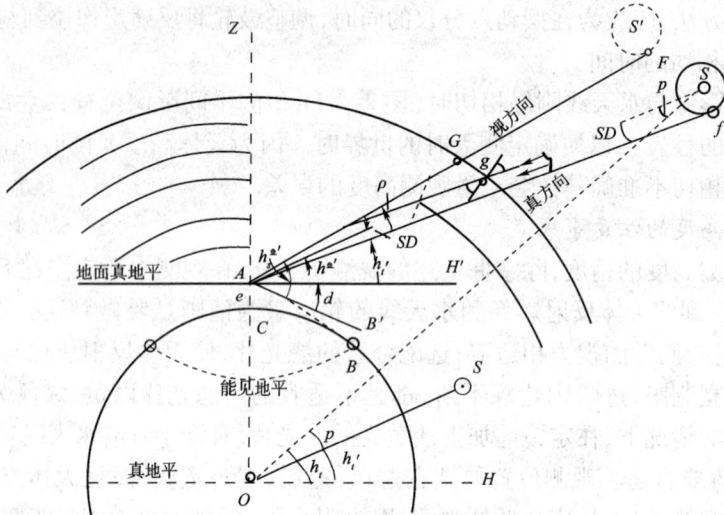

图2-4-12　根据观测高度求真高度原理图

（2）特点。蒙气差主要随天体的地面高度$h_t{}'$（图2-4-12中的$\angle FAH'$）而变。$h_t{}'$大，蒙气差小；$h_t{}'$小，蒙气差大。大气状态对蒙气差的影响较小，当$h_t{}'$超过30°时，气温、气压的变化对蒙气差的影响可忽略不计。

所以，考虑蒙气差的影响，测天定位中，要求观测高度大于30°的天体，避免观测小于10°的天体。

2）眼高差

（1）定义。如图2-4-13所示，设测者眼睛在A点观测天体的高度，O是地心，OA为测者的铅垂线；AC称为测者眼高e；AH'为测者的地面真地平。在海上观测天体高度时，是用水天线代替地面真地平的。图中，AB'方向是水天线的视方向。水天线的视方向与地面真地平（AH'）的夹角称为眼高差（dip），又称海地平俯角，用d表示。由图可见，眼高差（d）使观测高度增大，求天体真高度时从观测高度中减去眼高差。所以，眼高差（d）恒为"−"。

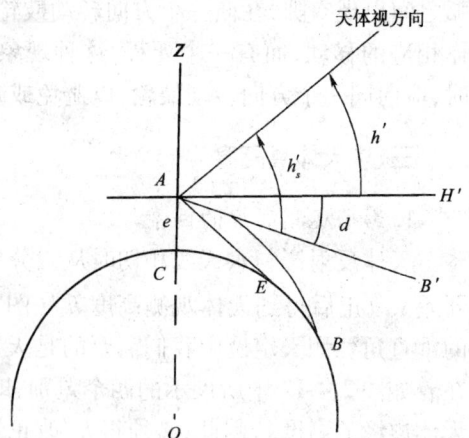

（2）特点。眼高差值随眼高而变化，两者间的关系（参看第一篇第三章第二节）为：

$$d' = 1.'77\sqrt{e} \qquad (2\text{-}4\text{-}3)$$

式中：e——眼高，以米为单位；

d——眼高差，以角度分为单位。

图2-4-13　眼高差

此式是根据平均地面蒙气差计算得到的。当观测时的大气状态与大气平均状态有差异时，会使实际眼高差与按公式计算的值不一致，有时相差很大。特别是当气温与水温相差较大时，实际眼高差与计算值之间会有较大差别。当水温比气温低得多时，实际眼高差比计算值小；水温比气温高得多时，实际眼高差比计算值大。因此，由于大气状态的异常引起的眼高差的误差，常常是影响真高度的主要系统误差。

天体观测高度 h_s' 经眼高差改正后，得到相对于地面真地平以上的高度，称此为天体地面高度 h_t'（图 2-4-12 中的 $\angle FAH'$）。

3）天体视差

（1）定义。六分仪观测高度 h_s' 改正眼高差和蒙气差后得到的高度称为天体的地面高度 h_t'（图 2-4-12 中的 $\angle FAH'$）。而我们需要的是从测者真地平起算的天体真高度 h_t。

从图 2-4-14 中可看出，天体真高度 $\angle BOH = \angle BLH'$，而 $\angle BLH'$ 是 $\triangle ABL$ 的外角，根据三角形的外角等于其不相邻的两内角之和，有

$$h_t = h_t' + p$$

p 是天体光线射向地面测者 A 和地心 O 之间的夹角，称为天体视差（parallax）。由此可见，必须将地面高度加上天体视差 p 后，才得天体真高度，故天体视差 p 的符号恒为"＋"。

（2）特点。天体视差 p 与天体地面高度 h_t' 及天体与地心的间距有关。间距越远，视差 p 越小，恒星的视差可以忽略不计。天体高度 h_t' 越低，视差 p 越大。当天体地面高度为 0 时，其视差最大，称为地平视差 p_0。月亮离地球最近，地平视差最大时达 61'.5，金星、火星的地平视差最大分别可达 0'.6、0'.4；木星和土星的地平视差已经小到可以忽略不计。太阳的地平视差基本上是一常数，等于 0'.15。所以，实际上需要改正天体视差的是太阳、月亮、金星和火星四个天体。

在《航海天文历》的天体位置表中，对于太阳、金星和火星的地平视差每三天给出一个，按日期即可从表中查得。当查得地平视差 p_0 后，可查"高度补充改正表"或按下式求观测时的天体视差 p：

$$p = p_0 \cos h_t' \tag{2-4-4}$$

4）半径差

半径差（semi-diameter）又称天体视半径，它是由地球表面所看到的天体半径角（图 2-4-12 中的 $\angle SAf$），用 SD 表示。如图 2-4-15 所示，在观测太阳下边缘的高度或上边缘的高度时，与太阳中心的高度 $h^\odot$ 相差一个地面视半径 SD。显然，若观测的是太阳下边缘的高度 $h^\underline{\odot}$，天体中心高度 $h^\odot = h^\underline{\odot} + SD$；若观测的是太阳上边缘的高度 $h^\overline{\odot}$，天体中心高度 $h^\odot = h^\overline{\odot} - SD$。

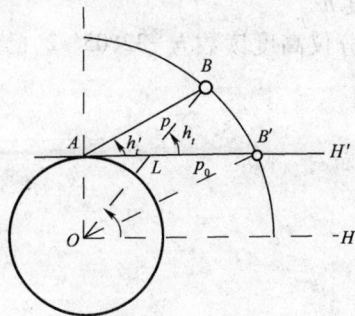

图 2-4-14　天体视差　　　　　图 2-4-15　天体半径差

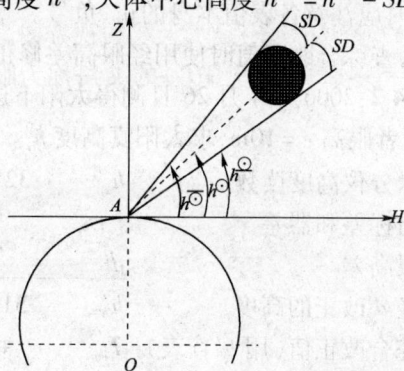

在《航海天文历》中，给出了太阳的地心视半径。但地面视半径和地心视半径相差很小，

因此可用表中的视半径代替地面视半径使用。

2. 天体真高度的计算公式

综上所述,把六分仪测得的天体高度读数 h_s 修正到天体真高度 h_t 的过程如下式:

$$h_t = h_s + (i + s) - d - \rho + p \pm SD \tag{2-4-5}$$

式中: $i + s$ ——指标差 i 和器差 s 的代数和, s 可从器差表查取;

d, ρ ——可计算或查表,恒为负值,代入上式时取绝对值;

p ——恒为正,只有太阳、月亮、金星和火星有此改正;

SD ——若观测天体中心, $SD = 0$;若观测天体下边缘, SD 取正值;观测上边缘, SD 取负值,实际中,只有太阳、月亮有 SD 改正。

3. 查表求太阳真高度

若将式(2-4-5)改写成

$$h_t = h_s^\odot + (i + s) + (-d) + (-\rho + 0'.15\cos h' + 16') + (SD - 16')$$

并把后三大项制成三个表,便可方便地查表求太阳真高度。

我国编制的《B-105 天体高度方位表》和《航海天文历》附表中均刊有"太阳、星体高度改正表"(见附录2),它有如下几个分表:

(1)"太阳、星体高度综合改正表(T_{cor})":列于左侧,共有两栏,左栏为太阳综合改正表(表值 $T_{cor} = -\rho + 0'.15\cos h' + 16'$),右栏为星体综合改正($T_{cor} = -\rho$)表即蒙气差表。它们的查表引数为改正眼高差后的高度 h' ,查表时需内插。

(2)"眼高差表($-d$)":列于右侧,查表引数是测者眼高(m),不需内插。

(3)"太阳日期高度补充改正表(A_{cor})":列于中上方,查表引数为日期,需作简单内插。当观测的是太阳下边时,使用"$\odot$"栏的数据(表值 $\odot A_{cor} = SD - 16'$);若观测的是太阳上边,则使用"$\overline{\odot}$"栏的数据(表值 $\overline{\odot} A_{cor} = -(SD - 16') - 32'$)。

(4)"行星高度补充改正表(表值 $A_{cor} = p_0 \cos h_t'$)":列于中下方,查表引数为行星的地平视差 p_0 和高度 h_t' 。

以上各表的表值均以角度分"'"为单位。利用上述三表改正太阳下边观测高度求真高度的公式为:

$$h_t = h_s^\odot + (i + s) + (眼高差) + (T_{cor}) + (\odot A_{cor}) \tag{2-4-6}$$

应用此式时应注意各表值本身的正、负号。

注意,查综合改正值时使用经眼高差修正后的高度 h' 。

例 2-4-2:2006 年 4 月 26 日测得太阳下边缘的六分仪高度读数 $h_s^\odot 32°05'.2$,已知 $i + s = -1'.2$,测者眼高 $e = 10\text{m}$,求太阳真高度 h_t 。

解:六分仪高度读数 $h_s^\odot$ 32°05'.2

指标差和器差 $i + s$ -1'.2

眼高差 $\underline{d}$ $\underline{-5'.6}$

经 d 改正的高度 h' 31°58'.4

综合改正值(用 h' 查表) T_{cor} +14'.6

补充改正 A_{cor} -0'.1

太阳真高度 h_t 32°12'.9

若观测太阳上边缘的高度,则求太阳真高度的公式为:

$$h_t = h_s^{\overline{\odot}} + (i+s) + (-d) + (-\rho + 0'.15\cos h' + 16') + (-SD + 16' - 32')$$

$$即\ h_t = h_s^{\overline{\odot}} + (i+s) + (眼高差) + (T_{cor}) + (\overline{\odot}A_{cor}) \qquad (2\text{-}4\text{-}7\text{a})$$

但如果只有"太阳下边缘高度补充改正"表而没有"上边缘高度补充改正"表,可用"太阳下边缘高度补充改正"表的数据按下式计算:

$$h_t = h_s^{\overline{\odot}} + (i+s) + (-d) + (-\rho + 0'.15\cos h' + 16') - (SD - 16') - 32'$$

$$即\ h_t = h_s^{\overline{\odot}} + (i+s) + (眼高差) + (T_{cor}) - (\underline{\odot}A_{cor}) - 32' \qquad (2\text{-}4\text{-}7\text{b})$$

使用时应注意各表值本身的正、负号。

例2-4-3:2006年8月4日,测得太阳上边缘的六分仪高度读数 $h_s^{\overline{\odot}} 51°40'.6$, $i+s = +1'.4$,测者眼高 $e = 12.6\text{m}$,求太阳真高度 h_t。

解:(1)直接查上边"$\overline{\odot}$"补充改正表:

六分仪上边高度读数	$h_s^{\overline{\odot}}$	$51°40'.6$
指标差和器差	$i+s$	$+1'.4$
眼高差	d	$-6'.3$
经 d 改正的高度	h'	$51°35'.7$
综合改正值	T_{cor}	$+15'.3$
上边补充改正表值	A_{cor}	$-31'.8$
太阳真高度	h_t	$51°19'.2$

(2)用太阳下边"$\underline{\odot}$"补充改正表:

$h_s^{\overline{\odot}}$	$51°40'.6$
$i+s$	$+1'.4$
d	$-6'.3$
h'	$51°35'.7$
T_{cor}	$+15'.3$
下边改正值 A_{cor}	$-(\quad -0'.2)$
(固定值32')	$-32'.0$
h_t	$51°19'.2$

4. 查表求星体真高度

1)金星(♀)、火星(♂)的真高度计算公式

由于星体观测的是中心的高度,所以高度改正中没有半径差改正。即

$$h_t^{♀♂} = h_s^{♀♂} + (i+s) - d - \rho + p \qquad (2\text{-}4\text{-}8)$$

式中:$p = p_0 \cos h_t'$,地平视差 p_0 可在《航海天文历》中查取。若利用"高度改正表",公式为:

$$h_t^{♀♂} = h_s^{♀♂} + (i+s) + (眼高差) + (星体总改正) + (行星补充改正 A_{cor}) \qquad (2\text{-}4\text{-}9)$$

2)其他星体的真高度公式

除金星、火星以外的其他航用星体距地球都很遥远,视差极小,可忽略不计,所以:

$$h_t^* = h_s^* + (i+s) - d - \rho \qquad (2\text{-}4\text{-}10)$$

若利用"高度改正表",公式为:

$$h_t^* = h_s^* + (i + s) + (眼高差) + (星体总改正) \qquad (2\text{-}4\text{-}11)$$

例 2-4-4：2006 年 6 月 12 日，测得天琴座 α（织女一）星的六分仪高度读数 h_s^* 56°11′.2，$i + s = -3′.1$，测者眼高 $e = 11\text{m}$，求该星体的真高度 h_t^*。

解：织女一六分仪高度读数　　　h_s^*　　56°11′.2

　　指标差和器差　　　　　　　$i + s$　　 $-3′.1$

　　眼高差　　　　　　　　　　d　　 $\underline{\quad -5′.8\quad}$

　　经 d 改正的高度　　　　　　h'　　56°02′.3

　　星体总改正（用 h' 查表）　　ρ　　 $\underline{\quad -0′.7\quad}$

　　织女一真高度　　　　　　　h_t^*　　56°01′.6

例 2-4-5：2006 年 6 月 22 日，测得金星六分仪高度读数 $h_s^{♀}$ 35°41′.0，$i + s = +0′.8$，测者眼高 $e = 10\text{m}$，求金星真高度 $h_t^{♀}$。

解：从 2006 年《航海天文历》天体位置表（附录 3）查得 6 月 22 日金星地平视差 $p_0 = 0′.1$。

金星六分仪高度读数　　　$h_s^{♀}$　　35°41′.0

指标差和器差　　　　　　$i + s$　　 $+0′.8$

眼高差　　　　　　　　　d　　 $\underline{\quad -5′.6\quad}$

经 d 改正的高度　　　　　h'　　35°36′.2

星体总改正　　　　　　　ρ　　 $-1′.3$

行星高度补充改正　　　　A_{cor}　　 $\underline{\quad +0′.1\quad}$

金星真高度　　　　　　　$h_t^{♀}$　　35°35′.0

第三节　求观测时刻的天体位置

一、求观测时刻的世界时

天体位置是随时间变化的，要确定观测时刻天体的准确位置，首先要求出观测天体时的准确世界时（UT1），即测天世界时。

1. 天文钟

船舶在海上观测天体定位常常用天文钟（chronometer）进行观测计时。天文钟是一种构造精细、走时准确的计时仪器，它指示世界时 UT1。目前船上使用的天文钟主要是石英天文钟，机械天文钟已渐趋淘汰。天文钟的使用与保养中应注意：①防震、防潮、防磁和保温；②保持正常电压，否则应更换电池；③定时测定天文钟钟差和天文钟日差，并记入天文钟日差记录簿。

船上的日常工作、生活是根据船钟指示的船时来安排的，它们的时间是 UTC。另外，船上的导航仪器如罗兰 C、GPS 等都可以显示时间，它们均指示 UTC 时刻。GPS 时间是一个独立的时间系统，美国海军天文台定期调整其与 UTC 同步。这些导航仪器在显示有效船位后所显示的时间均可用于观测天体计时，其与准确的 UT1 相差一般不大于 0.9s，测天定位时可忽略不计。

2. 天文钟钟差（chronometer error，CE）

天文钟应指示世界时 UT1（GMT）时刻，其钟面刻度为 12h 制。从天文钟上读取的时间称为天文钟时间(chronometer time, CT)。尽管天文钟走时准确,还是不可避免地会存在误差。世界时 GMT 与天文钟时间 CT 之差称为天文钟钟差 CE,即:

$$CE = GMT - CT \qquad (2\text{-}4\text{-}12)$$

式中:若 CE 为"$-$",说明天文钟"快";CE 为"$+$",说明天文钟"慢"。

3. 无线电对时

钟差 CE 是通过无线电对时信号测定的。世界各国均设有专门播发无线电对时信号的授时台,它们的位置、呼号、工作频率、播发时间、信号性质以及播发格式等可以从英版《无线电信号表》第二卷或我国《航海天文历》附表中查得。详细介绍可参阅附篇的有关内容。

4. 钟差的测定

钟差可以根据授时台所发的无线电时间信号来测定,这就是对钟。钟差随时间而变,所以测定钟差后应注明测定的日期和时间。

任意时刻的钟差有两个部分:对钟时的钟差和此后的日差累积。因此,利用无线电对时信号对钟时,既要记下当时的钟差,也要求出日差。并记入天文钟日差记录簿,如表 2-4-2 所示。

天文钟日差记录簿　钟号 2458

表 2-4-2

2005		对时时刻		钟　　差	日　差	授时台	气　温	备　注
月	日	世界时	钟　　时					
5	1	$03^h\ 00^m\ 00^s$	$02^h\ 58^m\ 40^s$	$+1^m\ 20^s$		上海	24℃	
5	2	03　00　00	02　58　36	$+1^m\ 24^s$	$+4^s$	上海	23℃	
5	3	03　00　00	02　58　32	$+1^m\ 28^s$	$+4^s$	上海	24℃	
…	…			……	……	……	……	

表中,日差(daily rate,或 chromometer rate)是天文钟钟差的每天变化量。即

$$日差 = \frac{本次所测钟差 - 上次所测钟差}{两次测定钟差相隔的天数} \qquad (2\text{-}4\text{-}13)$$

对钟应每天进行,每次对钟后,均应算出当天的日差。日差的大小及稳定性是天文钟质量好坏的重要标志,日差小而稳定,说明天文钟工作良好;反之,质量就差。若日差出现急剧变化,该天文钟不宜使用。

测天时的钟差可由下式推算:

测天时钟差 = 最近测定的钟差 + 日差×对钟至测天时的天数

例 2-4-6:2005 年 5 月 3 日世界时 $03^h00^m00^s$(东 8 区 ZT 1100)对时测定 2458 号天文钟钟差 $+1^m28^s$,日差 $+4^s$,求 5 月 4 日东 8 区 ZT 0430(测星时刻),2458 号天文钟的钟差。

解:

测天时间	04^h30^m	(5 月 4 日)
$-$)对钟时间	11^h00^m	(5 月 3 日)
	17^h30^m	
相隔天数	$0^d.73$	
$\times$)日差	$+4^s$	
日差改正量	$+2^s.9$	
$+$)测定钟差	$+1^m28^s$	
测天时钟差	$+1^m30^s.9$	

5. 求测天世界时

1）利用天文钟求测天世界时

利用天文钟求测天世界时 GMT，只要确定测天时的天文钟钟时 CT 和测天时的钟差 CE 即可。即

$$GMT = CT + CE \qquad (2\text{-}4\text{-}14)$$

但由于一般天文钟钟面只表示 $0 \sim 12^h$，因此，单从钟面有时看不出世界时是上午还是下午，因而需要根据船时 ZT 先求出近似世界时 GMT'，再与钟时比较，以确定世界时上、下午和日期。

例 2-4-7：2005 年 6 月 23 日 ZT 0445（–8）进行星体高度观测。测天时的天文钟钟时 CT $08^h48^m17^s$，钟差 CE -03^m12^s，求测天世界时 GMT。

解： （1）求近似世界时：

	船时 ZT	0445	（6 月 23 日）
+）	时区号 ZD	–8	
	近似世界时 GMT'	2045	（6 月 22 日）

由近似世界时 GMT' 知，测天世界时为下午，日期是 6 月 22 日。

（2）求测天世界时：

	测天钟时 CT	$20^h48^m17^s$	（6 月 22 日，由 $08^h48^m17^s + 12^h$ 得）
+）	测天钟差 CE	$- 3^m12^s$	
	测天世界时 GMT	$20^h45^m05^s$	（6 月 22 日）

由于天文钟不准随便搬动，测天时不能直接看到天文钟指示的时刻，测天时的天文钟钟时 CT 是利用秒表间接获得的，方法有两种：

一种是测天前，先看准天文钟时间（一般选在整分即秒针指 0 时刻）启动秒表，记下启动秒表的天文钟时间 CT'，然后带着走动的秒表去测天。当六分仪观测的天体影像刚好与水天线相切时，立即按停秒表，记下秒表时 WT（watch time），则：

$$CT = CT' + WT \qquad (2\text{-}4\text{-}15)$$

另一种方法是带着不走动的秒表去测天，当六分仪观测的天体影像刚好与水天线相切时，立即启动秒表，然后回到海图室，看准天文钟时间按停秒表，记下按停秒表时刻的天文钟时间 CT'' 和秒表时 WT。则

$$CT = CT'' - WT \qquad (2\text{-}4\text{-}16)$$

后一种方法的 WT 一般较小，是商船上常用的方法。

例 2-4-8：2005 年 6 月 21 日 ZT 0700（–8）对时测定 2458 号天文钟钟差 $+5^m06^s$，日差 $+2^s.8$。6 月 21 日 ZT 1300（–8）测太阳。按停秒表时该天文钟钟时是 $04^h57^m00^s$，秒表时 WT 00^m27^s，求测太阳世界时。

解： （1）求测太阳时的钟差：

	测天时	ZT	1300	（6 月 21 日）
–）	对钟时	ZT	0700	（6 月 21 日）
	相隔天数		0600	$= 0^d.25$

$$\begin{array}{llr}\times) & \text{日差} & +2^s.8 \\ \hline & \text{累积日差} & +0^s.7 \\ +) & \text{测定钟差} & +5^m06^s \\ \hline & \text{测天时钟差} \quad CE & +5^m06^s.7 \approx +5^m07^s \end{array}$$

（2）求近似世界时 GMT：

$$\begin{array}{lll} ZT & 1300 & \text{（6 月 21 日）} \\ +) \quad ZD & -8 \\ \hline GMT' & 0500 & \text{（6 月 21 日）} \end{array}$$

（3）求测天世界时 GMT：

$$\begin{array}{llll} \text{停表钟时} & CT'' & 04^h57^m00^s & \text{（6 月 21 日）} \\ -) \quad \text{秒表时} & WT & 27 \\ \hline \text{测天钟时} & CT & 04^h56^m33^s \\ +) \quad \text{测天钟差} & CE & +5 \quad 07 \\ \hline \text{测天世界时} & GMT & 05^h01^m40^s & \text{（6 月 21 日）} \end{array}$$

2）利用卫星导航仪求测天世界时

GPS 导航仪显示的是协调世界时（UTC）。航海测天需要的是世界时 UT1，两者之差不超过 0.9s，故可利用 GPS 导航仪时间近似代替天文钟时间。

测天时，同样是利用秒表间接获得测天世界时，其方法与上述的利用天文钟的方法相同。测天世界时的求法也相同，所不同的是 GPS 导航仪不存在"钟差"问题。

二、查《航海天文历》求天体位置

1.《航海天文历》简介

所有天体的位置坐标都是随时间而变化的，利用《航海天文历》或电子计算机的计算程序可以求得某一世界时（UT1）时刻的天体位置坐标。

《航海天文历》（nautical almanac）载有各主要航用天体整点世界时的格林时角 GHA 和赤纬 Dec，各海运国家均有出版，我国由南京紫金山天文台编算，中国人民解放军海军航海保证部出版，它分为《航海天文历》和《附表》，供航海测天定位及计算日月出没时刻等用，所载数据的精度与六分仪观测所能达到的精度相适应。《航海天文历》每年出版，当年使用，太阳和恒星的位置求算也可跨年使用（其方法可参阅《航海天文历》中的使用说明），《附表》可长期使用。现以 2006 年中版《航海天文历》为例作一介绍。

《航海天文历》包括"天象纪要"、"中天时刻图"、"天体位置"表、"太阳出没、晨光昏影和月亮出没时刻"表、"恒星视位置"表及其活页、"北极星高度求纬度"表、"北极星方位角"表等（见附录3）。

"天象纪要"载有：节气、月相、日月食、金星和木星的合、留和金星大距等。"四星纪要"载有：每月金、火、木、土四星可以被看见的大概时间和所在的星座及每月月中的星等（magnitude）（见附录3.1）。"中天时刻图"载有：太阳以及水、金、火、木、土五星的中天时刻曲线，并可查出它们的赤经或共轭赤经的近似值。所列时刻除中天时刻图系地方平时外，均为北京标准时。

《航海天文历》的"天体位置"表在每两页上列出三天的数据，分为左页（双页）和右页（单页）。每页表头印有日期、积日、星期及农历日期（附录3.2）。

左页载有：太阳、金星、火星、木星和土星的整点世界时的格林时角和赤纬，精度为$0'.1$。太阳及行星的每小时时角超差（$\overline{\Delta}$）和赤纬差数（Δ），每天列一值。太阳半径每三天列一值，在太阳栏表首。

右页载有下列数据：（1）整点世界时的春分点格林时角，月亮的格林时角和赤纬，以及月亮每小时的时角超差和赤纬差数。（2）太阳出没和晨光昏影表，载有在$0°$经线上南纬$56°$至北纬$70°$地方的太阳出没和航海晨光昏影和民用晨光昏影的地方平时，精度为$1\min$。太阳出没时刻每天列出，晨光始、昏影终时刻三天共用一值。符号"▢"表示太阳不落，"▮"表示太阳不出，"▨"表示整夜有微光。（3）月亮出没表，载有在$0°$经线上南纬$56°$至北纬$70°$地方的月亮出没的地方平时，精度为$1\min$。为了便于内插，除每天列一数据外，还列出前一天数据。"▢"表示月亮不落，"▮"表示月亮不出，"－－"表示当天没有月出或月没。（4）在右下侧表中载有：太阳和行星的中天时刻、视差及行星赤经，每三天列一值；时差每天一值；每天月亮上、下中天时刻，"－－"表示当天没有上中天或下中天；月亮的半径和视差每半天（世界时0^h、12^h）列一值。

"恒星视位置"表（见附录3.3），载有159颗较亮恒星的星号、星名、专名、赤经、共轭赤经、赤纬、星等等项，按赤经增加的次序排列。所列赤经为一年平均值，共轭赤经和赤纬为每月月中的值。航海上常用的44颗恒星，另列一表，印成活页，以便使用。

"北极星高度求纬度"表，刊有第一、第二、第三改正值，精度为$0'.1$。"北极星方位角"表，纬度使用范围为北纬$0°$至$60°$，精度为$0'.1$。

《航海天文历附表》（见附录4）主要包括："时角、赤纬内插表"。在每页表的左部从00^m01^s至59^m60^s，每隔$1s$列一时角基本变量，其中太阳和行星共用一栏。在表的右部，列有$\overline{\Delta}$或Δ所对应的订正值。此外还载有"日、月出没和晨光昏影时间内插表"，"行星、月亮中天时刻内插表"以及"无线电时号"和"星图"等。

2. 求恒星的地方时角LHA^*和赤纬Dec^*

求天体的LHA，必须先求其格林时角GHA，而恒星的$LHA^* = LHA^\gamma + SHA$。春分点格林时角GHA^γ可直接查《航海天文历》得到，恒星的共轭赤经SHA和赤纬Dec查《航海天文历》中的"恒星视位置表"。

1）求GHA^γ和LHA^γ

（1）求GHA^γ。GHA^γ载于《航海天文历》位置表右页，按整点的世界时（UT栏）列出。因此，某一世界时的GHA^γ为：

$$GHA^\gamma = t_T^\gamma + \Delta t^\gamma \qquad (2\text{-}4\text{-}17)$$

式中：t_T^γ——表中的整点UT的春分点格林时角，可直接查表；

Δt^γ——不足1小时的ΔUT的春分点时角改变量，可按相邻整点的GHA^γ内插求得。

因为相邻整点即每小时的时角改变量为$15°02'.5$，所以ΔUT的时角变化量Δt^γ为：

$$\Delta t^\gamma = 15°02'.5 \times \Delta UT^h \qquad (2\text{-}4\text{-}18)$$

Δt^γ可以按式（2-4-18）计算，也可按分、秒为引数查《航海天文历附表》的"时角、赤纬内插表"的春分点一栏（见附录4）求得。

(2)求 LHA^γ：

$$LHA^\gamma = GHA^\gamma \pm \lambda^E_W \qquad (2\text{-}4\text{-}19)$$

例 2-4-9：2006 年 6 月 23 日船时 SMT 0553（ -8 ）， $\lambda = 123°50'.2E$ ，天文钟钟时 $CT\ 09^h52^m47^s$ ，钟差 $CE\ +28^s$ ，求春分点地方时角 LHA^γ ？（天体位置表见附录 3.2）

解：

SMT	05 53	（6 月 23 日）	CT	$21^h52^m47^s$	（6 月 22 日）
$+)ZD$	-8		$CE\ +)$	$+28$	
GMT'	21 53	（6 月 22 日）	GMT	$21^h53^m15^s$	（6 月 22 日）

查天体位置表右页（6 月 22 日）21^h	t^γ_T 225°54'.0
按式（2-4-18）计算 53min15s 的变化量	$+)\Delta t^\gamma$ 13°20'.9
春分点 $21^h53^m15^s$ 的格林时角	GHA^γ 239°14'.9
测者经度	$+)\lambda$ 123°50'.2 E
春分点地方时角	LHA^γ 363°05'.1 → 003°05'.1

2）求恒星的地方时角 LHA^* 和赤纬 Dec^*

$$LHA^* = LHA^\gamma + SHA \qquad (2\text{-}4\text{-}20)$$

按星名和日期查"恒星视位置"表，得恒星的共轭赤经 SHA 和赤纬 Dec ，每一星体对应两行数据，上行 SHA ，下行 Dec 。

例 2-4-10：2006 年 6 月 23 日，SMT 1850，λ 121°30'.0E。观测大角星（牧夫座 α）的 $CT\ 10^h50^m38^s$ ，$CE\ +1^m48^s$ 。求该星的半圆地方时角 LHA 和赤纬 Dec 。

解：（天体位置表见附录 3.2 及 3.3）

SMT	1850	（6 月 23 日）	CT	$10^h50^m38^s$	（6 月 23 日）
ZD	-8		CE	$+1^m48^s$	
GMT'	1050	（6 月 23 日）	GMT	$10^h52^m26^s$	（6 月 23 日）

查天体位置表（6 月 23 日）10^h	t^γ_T	061°26'.1
52min26s 的变化量 Δt	$+)\Delta t^\gamma$	13°08'.7
$10^h52^m26^s$ 春分点格林时角	GHA^γ	074°14'.8
测者经度	λ	121°30'.0E
春分点地方时角	LHA^γ	195°44'.8
查恒星视位置表，大角星 SHA 、Dec	SHA	146°00'.4 Dec 19°08'.9N
大角星半圆地方时角	LHA	341°45'.2 → 18°14'.8E

3. 求太阳、行星的地方时角和赤纬

1）太阳、行星的地方时角

根据观测太阳或行星的日期和世界时 GMT 从《航海天文历》左页天体位置表中查得太阳或行星（金星、火星、木星和土星）的整点格林时角值 t_T 、$\overline{\Delta}$ 以及整点赤纬 δ_T 和 Δ 值，并注意 Δ 的" $+$ 、 $-$ "号。

对应世界时 GMT 的太阳或行星的格林时角 GHA 有三部分组成，即

$$GHA = t_T + \Delta t_1 + \Delta t_2 \qquad (2\text{-}4\text{-}21)$$

t_T 是表列的整点世界时的格林时角。

因为相邻整点的格林时角之差 $= 14°59'.0 + \overline{\Delta}$ ，其中，14°59'.0 叫做每小时的时角基本改

变量，$\overline{\Delta}$ 称为时角超差（excess of hour angle），是相邻整点的时角实际变化量超出基本变化量 $14°59'.0$ 的部分，因此 $\overline{\Delta} \geqslant 0$，它们是为了制表和查表的方便而人为设计的量。综合为：

$$\Delta t_1 = 14°59'.0 \times \Delta UT^h \tag{2-4-22}$$

$$\Delta t_2 = \overline{\Delta} \times \Delta UT^h \tag{2-4-23}$$

在天体位置表中，太阳、行星的超差 $\overline{\Delta}$ 是每页中间日期的计算值，列于每日格林时角的最后一行。

Δt_1 和 Δt_2 也可从《航海天文历附表》中以分、秒及 ΔUT 为引数查得，Δt_1 由"太阳行星"栏查取，Δt_2 由"$\overline{\Delta}$ 或 Δ 订正值"栏查取（参见附录4）。

太阳或行星的地方时角 LHA 为

$$LHA = GHA \pm \lambda_W^E \tag{2-4-24}$$

2）太阳、行星的赤纬

太阳、行星的赤纬，同样可以通过查表求得。即

$$Dec = \delta_T + \Delta \cdot \Delta UT^h \tag{2-4-25}$$

式中：δ_T—— 整点世界时的天体赤纬，由《航海天文历》查得；

Δ——赤纬差数，即相邻整点的赤纬差值，带有"＋"、"－"号。对于太阳和行星，Δ 值列在每日赤纬的最后一行。

例 2-4-11：2006 年 3 月 19 日船时 SMT 1430，$\lambda 160°26'W$，观测太阳时启动秒表，按停秒表时天文钟钟时 $CT\ 01^h35^m00^s$，CE 快 45^s，$WT\ 2^m48^s$。求太阳的半圆地方时角 LHA 和赤纬 Dec。（天体位置表见附录3）

解：

SMT	1430	（3 月 19 日）
ZD	+11	
GMT′	0130	（3 月 20 日）

CT	$01^h35^m00^s$	（3 月 20 日）
CE	-45^s	
WT	-2^m48^s	
GMT	$01^h31^m27^s$	（3 月 20 日）

查天体位置表左页，　　（3 月 20 日）

01^h 的格林时角和赤纬	t_T	$193°05'.4$	$\overline{\Delta}+1.2$	δ_T	$0°17'.2S$	$\Delta-1'.0$
31min27s 的基本变量 Δt_1	Δt_1	$7°51'.2$		$\Delta\delta$	$-0'.5$	
31min27s 的时角超差 Δt_2	Δt_2	$0'.6$				
$01^h31^m27^s$ 的格林时角和赤纬	GHT	$200°57'.2$		Dec	$0°16'.7S$	
测者经度	$-）\lambda$	$160°26'.0W$				
$01^h31^m27^s$ 的太阳地方时角	LHA	$040°31'.2 \rightarrow$ 半圆地方时角 $40°31'.2$				

第四节　求天文船位线

以上介绍了天文船位圆的圆心（格林时角 GHA 和赤纬 Dec）和半径（真顶距 $= 90°$ - 真高度）的求取方法，即天文船位圆的基本要素已经求得。本节介绍根据天文船位圆在海图上作出天文船位线的方法。而天文船位是同一时刻的（同时观测或通过移线的方法处理到同一时刻）这些船位线的交点。

从理论上讲，在已知天文船位圆的圆心和半径的条件下，就可以在地球面上或墨卡托海图

上画天文船位圆，但是，在实际操作中是无法作图求出天文船位圆的。因为一般情况下天文船位圆的半径很大，如天体的真高度为50°，则天文船位圆的半径为40° = 2400n mile，显然不可能有如此大的航海图供作图用。如果使用小比例尺海图，除精度不能满足要求外，如此大的天文船位圆绘画到墨卡托海图上已不再是圆，而是一条复杂的用一般的作图方法根本无法作出的"周变曲线"了（参看图2-2-9）。况且，定位所需的船位线只是推算船位附近的一段圆弧。目前航海上一般是用"高度差法"来绘画推算船位附近的一段天文船位线的。

一、高度差法画天文船位线

高度差法（altitude difference method）又称截距法（intercept method）是1875年由一名法国航海家首先提出的，它是目前航海上将天文船位圆转化为天文船位线的主要作图方法。

1. 高度差法的原理

我们知道，天体高度可以根据 $\sinh = \sin\varphi\sin Dec + \cos\varphi\cos Dec\cos(GHA \pm \lambda_W^E)$ 计算，称为计算高度，用 h_c 表示，也可以用六分仪测定，将测得的高度经一系列修正后得到真高度 h_t。对于同一时刻的同一个天体，h_c 的大小由公式中的 φ, λ（推算船位）决定，h_t 的大小由观测时的位置决定。如图2-4-16所示，设 S 为某一时刻的天体位置，符号" + "是推算船位 C（或选择船位）的标志，N_T 为推算船位处的真北方向；h_c 为计算高度，$z_c = 90° - h_c$ 是计算顶距，即计算天文船位圆的半径。h_t 为真高度，$z_t = 90° - h_t$ 为真顶距，即观测天文船位圆的半径；A_c 是推算船位处的天体计算方位，近似指向天体，船位圆与 A_c 垂直；过" + "的球面圆是以 S 为圆心 z_c 为半径的计算船位圆，而另一球面圆是以 S 为圆心 z_t 为半径的观测船位圆。显然，两个圆是同心圆，间距为：

$$z_c - z_t = (90° - h_c) - (90° - h_t) = h_t - h_c = Dh$$

称 Dh 为高度差或截距。由此可见，海图上的推算船位" + "是已知的，观测船位圆与计算船位圆的间距 $Dh(= h_t - h_c)$ 也是可求的，且船位圆与圆半径方向垂直，即与天体方位垂直，因此，根据推算船位" + "、Dh 以及天体方位就能作出观测船位圆。而观测船位圆与计算船位圆的相互位置关系有以下三种：

（1）当观测船位圆通过推算船位" + "时，如图2-4-16(a)，必有 $z_c = z_t$，即 $h_c = h_t$，$Dh = h_t - h_c = 0$，观测船位圆与计算船位圆重合，由此可在海图上过推算船位" + "作出与天体方位 Ac 垂直的线段近似作为观测船位圆（图2-4-17a）；

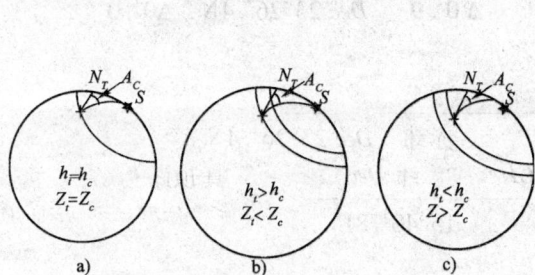

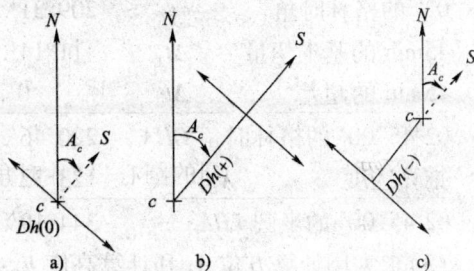

图2-4-16　高度差法求天文船位线原理图　　　　图2-4-17　作图求天文船位线

（2）当观测船位圆位于"＋"之内时，如图 2-4-16b）所示，必有 $z_c > z_t$，即 $h_c < h_t$，$Dh = h_t - h_c > 0$，观测船位圆在计算船位圆之内，且两船位圆相距 Dh，此时，在海图上以推算船位"＋"为基准点，沿着 A_c 的方向（向天体方向）截取 Dh 的距离得一截点，过截点作出与 A_c 方向垂直的线段近似作为观测船位圆（图 2-4-17b）；

（3）当观测船位圆位于"＋"之外时，如图 2-4-16c）所示，必有 $z_c < z_t$，即 $h_c > h_t$，$Dh = h_t - h_c < 0$，观测船位圆在计算船位圆之外，且两船位圆相距 Dh，因此，以推算船位"＋"为基准点，沿着 A_c 的反方向（背离天体方向）截取 Dh 的距离得一截点，过截点作出与 A_c 方向垂直的线段近似作为观测船位圆（图 2-4-17c）。

因此，绘画天文船位线的关键问题是：①确定作图点"＋"，一般用推算船位，也可有条件的任选一点（称之为选择船位）；②求天体真高度 h_t；③根据作图点经纬度计算出观测时刻的天体计算高度 h_c 和计算方位 A_c，从而求出 $Dh(= h_t - h_c)$；④在海图上画出船位线。

2.天文船位线作图举例

天文船位线的三要素：

（1）作图点"＋"（推算船位或选择船位）；

（2）天体计算方位 A_c；

（3）高度差 $Dh = h_t - h_c$。

例 2-4-12：2006 年 6 月 22 日船时 1045 推算船位 32°03′.7N，123°32′.4E，$CA045°$，$V_G15$kn。测得太阳下边缘的六分仪高度读数 $h_s^{\odot}73°31′.9$，停表时天文钟时间 $CT \ 02^h45^m12^s$，秒表读数 $WT = 10s$，钟差 CE 快 2s，眼高 $e = 16$m，$i + s = +2′.0$。求太阳船位线。

解：（1）求世界时 GMT：

区时	ZT	1045	（6 月 22 日）
区号	ZD	-8	
近似世界时		0245	（6 月 22 日）
天文钟钟时	CT	$02^h45^m12^s$	（6 月 22 日）
秒表读数	WT	-10	
天文钟钟差	CE	-2	
测天世界时	GMT	$02^h45^m00^s$	（6 月 22 日）

（2）求太阳地方时角 LHA 和 Dec：

查《航海天文历》（见附录 3）得

02^h 的格林时角	t_T	209°31′.9	$\overline{\Delta} 0′.9$	$Dec\ 23°26′.4$N	$\Delta 0′.0$
45min 的基本变量	Δt_1	11°14′.2			
45min 的超差	Δt_2	0′.7			
$02^h45^m00^s$ 的格林时角 GHA		220°46′.8		赤纬 $Dec\ 23°26′.4$N	
推算经度	λ_c	123°32′.4E			
$02^h45^m00^s$ 的半圆 LHA		344°19′.2→		15°40′.8E	

（3）求太阳计算方位 A_c 和计算高度 h_c：

天体高度和方位的计算实质上是解天文三角形。其计算公式和计算方法参看第一篇第六章第三节。天体高度和方位的计算除利用函数计算器直接按公式计算外，还可使用现代导航仪(自动罗兰 C 和 GPS 导航仪)或数据驾驶台系统(data bridge system)的大圆航线计算功能进行计算。

例 2-4-11 的计算参数为:推算纬度 φ32°03′.7N,赤纬 Dec23°26′.4N,半圆 LHA 15°40′.8E

$\sin h_c = \sin\varphi_c \sin Dec + \cos\varphi_c \cos Dec \cos LHA$

$\qquad = \sin 32°03′.7 \sin 23°26′.4 + \cos 32°03′.7 \cos 23°26′.4 \cos 15°40′.8$

$\qquad = 0.959\,764\,464 \qquad\qquad h_c = 73°41′.5$

$\tan A_c = \dfrac{\sin LHA}{\tan Dec \cos\varphi_c - \sin\varphi_c \cos LHA}$

$\qquad = \dfrac{\sin 15°40′.8}{\tan 23°26′.4 \cos 32°03′.7 - \sin 32°03′.7 \cos 15°40′.8} = -1.881\,558\,34$

$A_c = -62°.01 + 180° = 117°.99 \text{NE} = 118°$

(4)求太阳真高度 h_t 及高度差 Dh:

六分仪读数	$h_s^{\odot}$	73°31′.9
指标差与器差	$i+s$	+2′.0
眼高差	d	−7′.1
总改正	T_{cor}	+15′.8
附加改正	A_{cor}	−0′.2
真高度	h_t	73°42′.4
计算高度	h_c	73°41′.5
高度差	Dh	+0′.9

(5)画位置线:

位置线要素:

作图点(推算船位):32°03′.7N,123°32′.4E,

$A_C = 118°$

$Dh = +0′.9$

$Dh > 0$,以推算船位为基准向着天体画船位线,如图 2-4-18 所示。

二、高度差法的有限任意性

1. 天文船位线的近似性

1)船位线方向的近似性

以北半球测者为例,如图 2-4-19 所示,在墨卡托海图上,天体大圆方位线是凸向近极的曲

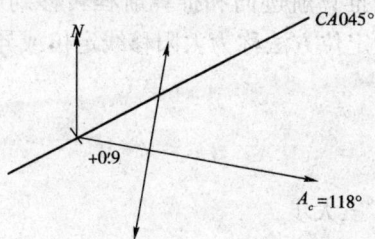

图 2-4-18　太阳船位线

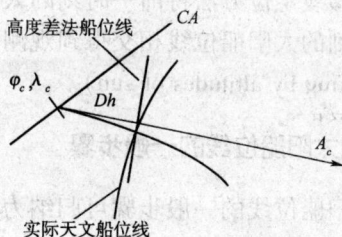

图 2-4-19　天文船位线的误差

线,实际天文船位线与天体大圆方位线垂直。但在高度差法作图中,用天体大圆方位线的恒向线切线代替,所画的船位线与恒向线切线垂直,因此,高度差法船位线是近似的。另外,当天体实际方位与计算方位 A_c 不一致时,高度差法船位线的近似程度更差。但当推算船位与实际船位相差不大时,高度差法船位线的方向近似程度主要取决于 Dh 的大小。Dh 越小,近似程度越好。

2)用切线代替圆弧船位线的近似性

即使在 $Dh = 0$ 的情况下,用切线代替船位圆的近似程度主要取决于天文船位圆的曲率半径——天体真顶距 z_t。z_t 越小,即天体真高度 h_t 越高,近似程度越差。因此,考虑采用高度差法画船位线这一因素,要求观测不高于 $70°$ 的天体,但若观测高度太低的天体,受蒙气差变化的影响较大,综合考虑,要求观测高度在 $15° \sim 70°$、最好在 $30° \sim 70°$ 之间的天体。

2. 选择计算点的有限任意性

当用表册计算时,为了查表时减少内插,常常需要选择某一特殊点的经纬度以使查表用到的引数凑成与表册整度或整半度的引数一致,该特殊点叫做选择(作图)点,选择点的不同,使由此计算的船位线的精度也不同。可以证明,假定选择点与实际船位相差不大,当计算所得的 Dh 不大于 30n mile 时,由选择不同的作图点所引起的船位线误差是在允许范围之内的,这意味着 Dh 不大于 30n mile 时,作图点可任意选择。这就是选择作图点的有限任意性。

目前的航海中,用计算器或计算机计算非常方便,为了避免由于选择作图点的不适当而引起较大的 Dh,应使用推算船位作为计算点(作图点)。但如果在求得天文观测船位后发现其偏离作图点(或推算船位)大于 30n mile,则应以该观测船位作为新的作图点重新计算船位线要素和作图,以提高天文观测船位的精度。

第五节　白昼测天定位

白昼测天定位的主要方法有:利用不同时间观测的太阳船位线进行移线定位;在特定的条件下,可以"同时"观测太阳和金星、太阳和月亮定位;有时也可利用太阳特大高度定位等。从实用出发,本教材仅介绍太阳的移线定位。关于"同时"观测太阳和金星、太阳特大高度定位的介绍可参阅附篇的有关内容。

由定位原理知道,当在同一时刻测得两条或两条以上的船位线,其交点便是观测船位。一般情况下,在白天只能见到太阳,因此观测一次太阳高度,只能求得一条太阳船位线。为了求得满足一定精度的观测船位,必须在第一次观测太阳高度后间隔一段时间(一般不超过 2h),待太阳的方位变化超过 $30°$ 后,再观测一次太阳高度,求得第二条太阳船位线。然后根据陆标定位中的移线定位方法将前一时刻的太阳船位线按推算航迹向和推算航程转移到后一时刻,与后一时刻的太阳船位线相交得到观测船位。这种定位方法称为太阳移线定位或异时观测太阳定位(fixing by altitudes of sun)。

一、求太阳船位线的一般步骤

求太阳船位线的一般步骤可归纳为"测、算、画"三大步:

1. 观测并计时

(1)观测前先检查和校正六分仪,并测定其指标差。

（2）观测太阳高度，使太阳反射影的下边缘与水天线相切。相切时，启动秒表。

（3）回到海图室，比对秒表和天文钟，记下秒表读数和天文钟时间。天文钟时间减去秒表读数就是太阳下边缘与水天线相切时的天文钟时间。

（4）记下六分仪高度读数、航向、计程仪读数和眼高，并从海图上量取观测时推算船位的经、纬度。

2. 计算

1）求观测时刻的准确世界时 GMT

$$GMT = 停秒表时天文钟时间 - 秒表读数 + 测天时钟差$$

2）求太阳的计算高度 h_c 和方位 A_c

（1）求太阳的地方时角 LHA 和赤纬 Dec：

①按世界时查《航海天文历》得格林时角 GHA 和赤纬 Dec；

②根据推算船位（λ_c, φ_c）或者选择点经度求地方时角：$LHA = GHA \pm \lambda_W^E$。

（2）将 φ_c, Dec, LHA 代入高度和方位计算公式求计算高度 h_c 和方位 A_c，并将计算方位化成圆周方位。

3）求太阳的真高度 h_t

4）求高度差 Dh

$$Dh = h_t - h_c$$

3. 画船位线

过作图点（φ_c, λ_c）作 A_c 线，则 A_c 方向即太阳的地理位置方向。在 A_c 线上从作图点向着太阳（$Dh > 0$）或背离太阳（$Dh < 0$）截取 Dh 长度得一截点，过此截点作 A_c 线的垂线，即得太阳船位线。

二、测太阳中天高度求纬度

航海上，常常观测太阳上中天的高度求得特殊的太阳船位线——船位纬度线，甚是方便。

1. 太阳中天高度求纬度原理

根据

$$\sin h = \sin\varphi\sin Dec + \cos\varphi\cos Dec\cos LHA$$

上中天时，$LHA = 0$，则

$$\sin H = \sin\varphi\sin Dec + \cos\varphi\cos Dec = \cos(\varphi - Dec)$$

以 $H = 90° - Z$ 代入，简化为

$$\cos Z = \cos(\varphi - Dec)$$

$$Z = \varphi - Dec \text{ 或 } Z = Dec - \varphi$$

综合为

$$\varphi = Z \pm Dec \tag{2-4-26}$$

应用中，若 Z 与 Dec 同名，$\varphi = Z + Dec$。若 Z 与 Dec 异名，大值减小值，φ 与大者同名。

注意：H 依观测的朝向命名方向，向南观测以 S 命名，向北观测以 N 命名，但若发现观测高度大于 $90°$，应反向观测。Z 的命名与 H 的命名相反。

2. 观测太阳中天高度求纬度的工作程序

1）观测前的准备工作

由于测者必须在太阳上中天时观测其高度,因此必须预先求得太阳上中天的区时(准确到分钟即可)。并事先做好六分仪的检查、校正和指标差的测定工作。

2)观测

在太阳上中天前几分钟就应开始观测,由于太阳在中天附近,方位变化很快,因此测者应随太阳方位的变化要不断地在地平方向上调整六分仪的朝向,并微调鼓轮使太阳反射影像的摆动弧线低点始终与水天线相切,且使切点始终保持在望远镜视野的中央。当到达太阳中天时刻,停止观测,记下六分仪高度读数和当时的计程仪读数。当船舶锚泊或东西向航行时,可在太阳升到最高点即在微调鼓轮中发现反射影像不再升高的瞬间测下其高度。

3)计算

(1)计算太阳的真高度 H_t 和真顶距 Z;

(2)按太阳中天区时求近似世界时,并从《航海天文历》中查取该时的太阳赤纬 Dec;

(3)根据公式 $\varphi = Z \pm Dec$ 计算观测纬度 φ_o。

4)画船位线

在海图的推算船位附近作出一段 φ_o 纬度线即得中天船位线。

3. 求太阳中天区时

严格地说,太阳中天高度应在太阳经过测者午圈的瞬间进行观测,但实用中可以有前后1分钟的误差。当船舶不在航行(如锚泊时)或 CA 为090°或270°航行时,可在太阳升到最高点的瞬间测下其高度。但非东西向航行的高速运动船舶,尤其是接近南北向航行的船舶,由于测者天顶与太阳的持续相对接近或远离,使太阳中天时不一定是最高点。当测者天顶与太阳相对接近时,中天发生在最高点之前;反之,当两者远离时,中天发生在最高点之后。因此,运动的船舶应根据太阳中天区时测定中天高度。求太阳中天区时的步骤如下:

1)从《航海天文历》中查当天太阳中天的平时(T)

《航海天文历》列有太阳每日中天的时刻,所列时刻是太阳在格林午圈上的平时。由于一天之内太阳在各地的中天时刻相差很小,因此可将表列时刻当作任意经度线上太阳中天的平时(T)。

2)预求太阳中天时的推算经度 λ_c

当查得太阳中天平时 T 后,必须要求出太阳中天时的经度,才能求得太阳中天的准确区时 ZT。但太阳中天 ZT 并不知道,实用中先以 $ZT1200$ 代替,以此求取推算经度 λ_c 近似作为太阳中天时的经度。而 $ZT1200$ 的 λ_c 可按航迹计算法求取,也可用航迹绘算法直接从海图上量取。

3)计算太阳中天的区时

当已知1200的 λ_c 和太阳中天平时 T 后,就可用图解法或计算法求太阳中天区时 ZT。计算法可以通过世界时转换,即 $ZT = T \mp \lambda_{cW}^{E} - ZD$。也可以用以下公式计算:

$$ZT = T \mp D\lambda_W^E \qquad (2\text{-}4\text{-}27)$$

式中:$D\lambda$——λ_c 与时区中线经度 $\lambda_{中线}$ 之间的经差,即 $D\lambda = \lambda_c - \lambda_{中线}$。

需要注意的是,若以此求得的太阳中天区时与1200相差较大,在最不利的情况下(船舶东西向航行且当天的时差又较大时),中天区时会产生不超过1.5min的误差,由此引起的观测

纬度误差不超过 ±1′。但若需要求较高精度的中天时间,可用逐次逼近法,根据第一次求得的中天区时再求推算经度 λ'_c,然后以 $D\lambda = \lambda'_c - \lambda_{中线}$ 计算较为准确的 ZT。

图解法求 ZT 如图 2-4-20a)所示,太阳由东向西视运动,因而时间东大西小,根据太阳中天时的推算经度 λ_c 与 $\lambda_{中线}$ 之间的相互位置求出 $D\lambda$ 对应的时间差 ΔT,再根据"东大西小"特征确定时区中线上的平时即区时 ZT。

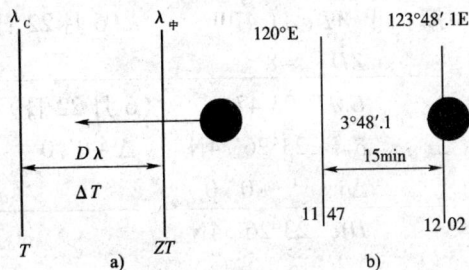

图 2-4-20　求太阳中天区时

例 2-4-13:2006 年 6 月 22 日船时 1045 推算船位:32°07′.7N,123°32′.4E,$CA045°$,V_C15kn。拟观测太阳中天高度求纬度,试求太阳中天区时。

解:(1)求 ZT1200 的推算经度:

求 1045～1200 的推算航程:$S_C = V_C\Delta t = 15 \times (12^h - 10^h45^m) = 18′.75$

推算航程对应的纬差:$D\varphi = S_C\cos CA = 18′.75\cos 045° = +13′.3 = 13′.3N$

东西距:$Dep = S_C\sin CA = 18′.75\sin CA = +13′.26 = 13′.3E$

则 ZT1200 的推算纬度为:$\varphi_c = 32°07′.7N + 13′.3N = 32°21′.0N$,经差:$D\lambda = Dep\sec\varphi_m = 15′.7E$。

1200 的推算经度:$\lambda_c = 123°32′.4E + 15′.7E = 123°48′.1E$。

(2)求中天区时(从《航海天文历》(附录 3)查得太阳中天平时 1202):

用计算法求:

①通过世界时转换

太阳中天平时	T	$12^h 02^m$	（6 月 22 日）
ZT1200 推算经度	$-)\ \lambda_c$	8　15 E	
太阳中天世界时	GMT	3　47	（6 月 22 日）
区号	$-)\ ZD$	-8	
太阳中天区时	ZT	11　47	（6 月 22 日）

或者

②根据 1200 的推算经度与时区中线经度的经差 $D\lambda$ 计算

太阳中天平时	T	$12^h 02^m$	（6 月 22 日）
经差	$-D\lambda$	15min	（123°48′.1E－120°E＝3°48′.1E＝15min）
太阳中天区时	ZT	11　47	（6 月 22 日）

用图解法求:

如图 2-4-20b)所示,1200 的推算经度 123°48′.1E 在时区中线 120°E 的东面,故前者时间大,后者小,相差 3°48′.1＝15min,也即当 123°48′.1E 经度线上太阳中天时,其平时为 12^h02^m,而 120°E 的平时即区时为 11^h47^m。

例 2-4-14:2006 年 6 月 22 日船时 1147,推算船位:32°21′.0N,123°48′.1E,$CA045°$,V_C15kn。向南测得太阳中天下边缘六分仪高度读数 $h_s^\ominus 80°52′.3$,眼高 $e = 16m$,$i + s = +2′.0$。求观测纬度 φ_o。

221

解：

ZT	11 47	（6月22日）	$h_s^{\odot}$	80°52′.3S	
ZD	−8		$i+s$	+2′.0	
GMT'	03 47	（6月22日）	d	−7′.1	
δ_T	23°26′.4N	Δ +0′.0	T_{cor}	+15′.8	
$\Delta\delta$	+0′.0		A_{cor}	−0′.2	
Dec	23°26′.4N		H_t	81°02′.8S	
			Z_t	8°57′.2N	
			Dec	23°26′.4N	
			φ_o	32°23′.6N	

三、太阳移线定位

太阳移线定位的方法与方位移线定位相同,有差别的是,太阳移线定位不但可直接移动船位线,也可移动作图点(类似于距离位置线的移线)。海图作业时,太阳移线船位即天测移线船位的符号在天测船位的移线位置线上加箭头,即"⊠",代号 RF。

例 2-4-15：某年 3 月 30 日,ZT 0910 $L_1 = 99′.0$,某船推算船位：$\varphi_{c1} 30°00′.0N$,$\lambda_{c1} 123°30′.0W$,$CA070°$,$V19kn$,$\Delta L = 0\%$,$e = 15.5m$。测得太阳高度读数 $h_s^{\odot} 38°17′.1$,$CT 05^h12^m40^s$,CE −1min21s,$WT = -25s$,$i+s = +2′.2$。$ZT 1030$ $L_2 = 124′.3$,改驶 $CA015°$,预求太阳中天区时(中天 T 为 1205)。太阳中天时,$L_3 = 159′.0$,向南测得太阳中天高度读数 $h_s^{\odot} 62°52′.9$,求太阳中天时的移线船位(航海天文历数据见图 2-4-21)。

3月 29,30,31 日			
世界时	太阳		16′.0
	格林时角	赤 纬	
3月30日 17	073 51.6	03 46.5	
18	088 51.8	N03 47.5	
19	103 52.0	03 48.4	
20	118 52.2	03 49.4	
21	133 52.4	03 50.4	
22	148 52.6	03 51.3	
23	163 52.7	03 52.3	
$\overline{\Delta}$ 1.2		Δ +1.0	

图 2-4-21 天文历摘录

解：(1)求 0910 的太阳船位线：

ZT	0910	（3月30日）	CT	$17^h12^m40^s$	（3月30日）
ZD	+8		CE	−1 21	
GMT'	1710	（3月30日）	WT	−25	
			GMT	17 10 54	（3月30日）
t_T	073°51′.6	$\overline{\Delta}$ +1′.2	δ_T	3°46′.5N	Δ +1′.0
Δt_1	2°43′.3		$\Delta\delta$ +	0′.2	
Δt_2	0′.2				
GHA	076°35′.1		Dec	3°46′.7N	
λ_{c1}	123°30′.0W		φ_{c1}	30°00′.0N	
LHA	46°54′.9E				

$$\sin h_c = \sin\varphi_{c1}\sin Dec + \cos\varphi_{c1}\cos Dec\cos LHA$$
$$= \sin30°\sin3°46′.7 + \cos30°\cos3°46′.7\cos46°54′.9$$
$$= 0.623\ 229\ 37$$
$$h_c = 38°33°.1$$
$$\cos A_c = \frac{\sin Dec}{\cos\varphi_{c1}\cos h_c} - \tan\varphi_{c1}\tan h_c = -0.362\ 809\ 01$$

$$A_c = 111°.3NE = 111°.3$$

$h_s^\odot$	$38°17'.1$
$i + s$	$+ 2'.2$
d	$- 6'.9$
T_{cor}	$+ 14'.9$
A_{cor}	$- 0'.0$
h_t	$38°27'.3$
h_c	$38°33'.1$
Dh	$- 5'.8$

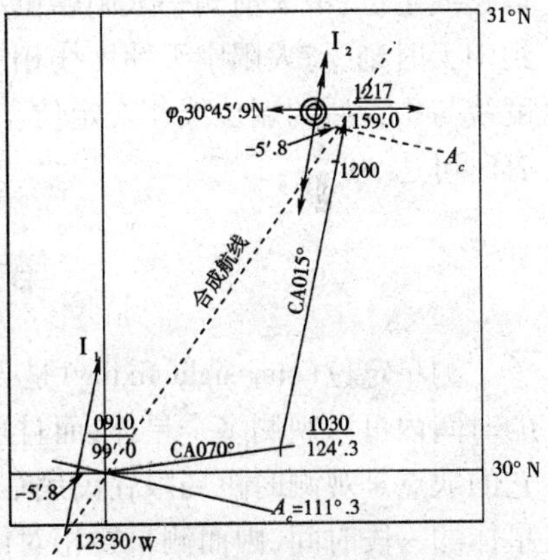

画出 0910 的船位线,船位线要素:作图点:0910 的推算船位 30°00'.0N,123°30'.0W,$A_c = 111°.3$,$Dh - 5'.8$。作图方法见图 2-4-22,过作图点作 111°.3 线,在作图点的背离太阳一侧截取 5'.8 得一截点,过此截点作 A_c 线的垂线,即得 0910 的太阳船位线(图中的位置线 I$_1$)。

(2)预求太阳中天区时:

①在海图上画出 1200 的推算船位,量出其经、纬度:$\varphi'_c = 30°36'.2N,\lambda'_c = 122°53'.9W$。

②求中天区时:

$T_{中天}$	12 05	(3 月 30 日)
$+ \lambda'_c$	8 12W	
GMT	20 17	(3 月 30 日)
$- ZD$	$+8$	
ZT	12 17	(3 月 30 日)

图 2-4-22 太阳中天移线船位

(3)ZT1217 向南测得太阳中天高度读数 $H_s^\odot 62°52'.9$,求太阳中天纬度 φ_0:

$h_s^\odot$	$62°52'.9S$	求中天赤纬		
$i + s$	$+ 2'.2$	δ_T	$3°49'.4N$	$+1'.0$
d	$- 6'.9$	$\Delta\delta$	$+ 0'.3$	
T_{cor}	$+ 15'.6$	Dec	$3°49'.7N$	
A_{cor}	$0'.0$			
H_t	$63°03'.8S$			
Z	$26°56'.2N$			
Dec	$3°49'.7N$			
φ_0	$30°45'.9N$			

(4)求中天 ZT1217 的推算船位,在推算船位附近画出中天纬度线 φ_0。

(5)求中天 ZT1217 的移线船位:

将 0910 船位线转移到中天时刻 1217,它与 φ_0 的交点就是 1217 的移线船位。移线的方法有两种(参照陆标移线定位方法):一是如图所示的在合成航线上按直航线移线方法移线,二是转移作图点(参照陆标距离船位线移线方法),即以中天推算船位作为转移船位线的作图

223

点。由该作图点画出 A_c,截取 $Dh - 5'.8$ 作转移船位线 I$_2$(图 2-4-22),I$_2$ 与 φ_0 线的交点便是中天船位,由海图上量得:$\varphi_0 30°45'.9N$,$\lambda_0 122°57'.6W$。

四、太阳移线定位的时机

根据本篇第三章第五节的移线定位精度分析,为了提高太阳移线定位精度,应兼顾船位线交角和移线的时间间隔这一矛盾。一般要求,若太阳方位在 2h 内能有 30° 以上的变化,就是合适的移线定位时机。

太阳移线定位的最佳时机在太阳中天前后,太阳中天前后方位变化很快,且中天高度越高方位变化越快,间隔较短的时间,便可得到较合适的方位差角。因此,通常采用如下的方法进行移线定位:中天前测一太阳船位线,中天时又测得中天纬度线,然后将前一太阳船位线转移到中天时刻,与太阳中天纬度线相交得到移线船位。中天后再测一太阳船位线,并转移中天纬度线与中天后的船位线相交定位。这样,移线的间隔时间不长,位置线的交角却在 30° 以上,有时可达 90°。

第六节　晨昏测星定位

测星定位(star sight fixing)是天文定位的重要方法之一。测星定位的优点在于能在很短的时间内可以观测多个星体,而且可以优选星体间的方位差以获得可靠的、精度较高的船位。它的缺点是观测时机局限在民用晨光昏影(civil twilight)前后既能看见水天线又可看到较亮星体的一段时间,因而测星要相对困难些。

测星求船位线的方法与测太阳求船位线的基本相同,但星体的特殊性决定了在测、算、画的过程中,有其特殊的地方。

一、晨光昏影时间

测星定位必须在既看见星体,水天线又清晰的情况下进行。若采用普通六分仪,只有在晨光昏影的一段时间,确切地讲是在太阳真高度处于 $-9° \sim -3°$ 期间,才能观测星体的高度。在纬度不太高的海区,这段时间间隔只有 $20 \sim 40min$。因此,要求驾驶员在这段时间到来之前做好观测前的准备,以免失去良机。为此首先需要了解晨光昏影的概念及其时间的计算。

1. 晨光昏影(twilight)

1)太阳视出没(visible sunrising or sunsetting)

太阳上边缘与水天线相切时称为太阳的视出(发生在东方)或视没(发生在西方)(图 2-4-23)。这时太阳的真高度约为 $-50'$。

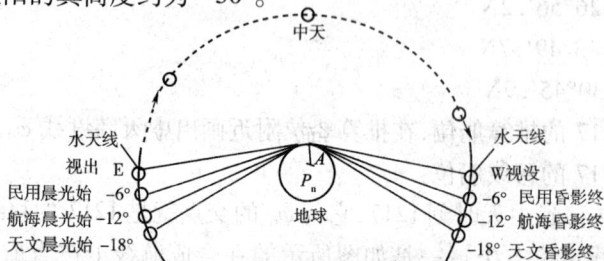

图 2-4-23　晨光昏影与太阳位置示意图

2）晨光（morning twilight）和昏影（evening twilight）

天空显露微光到日出这段时间称黎明，天文学上称为晨光；日没后到天黑这段时间称为黄昏，天文学称为昏影。晨光和昏影总称为晨光昏影或称晨昏朦影。

（1）民用晨光昏影。太阳视出没到太阳中心在真地平下6°的这段时间称为民用晨光昏影时间。黎明时，当太阳真高度为−6°时刻称为民用晨光始，傍晚，太阳真高度降至−6°时刻称为民用昏影终。

在民用晨光昏影时间，正常天气情况下，岸上物标明显可辨，水天线清晰可见。黎明时，较暗的星体逐渐消失；傍晚时明亮的星体开始出现。

（2）航海晨光昏影（nautical twilight）。太阳中心处于真地平下6°到12°这段时间称为航海晨光昏影时间。黎明时，太阳真高度为−12°时刻称为航海晨光始；傍晚时，太阳真高度为−12°时称为航海昏影终。

航海晨光昏影期间，岸上物标已模糊不清，水天线仍隐约可见，天空可见到较多的星体。

（3）天文晨光昏影（astronomical twilight）。太阳中心处于真地平下12°到18°这段时间称为天文晨光昏影时间。这时水天线模糊不清，不宜定位。

所以，通常只能在民用晨光始，和民用昏影终前后的一段时间，即太阳真高度在−9°～−3°之间的一段时间是观测星体定位的适宜时机。

2. 太阳视出没和晨光昏影区时的查算

《航海天文历》中，通常按日期给出南纬56°到北纬70°的日出没和民用、航海晨光始和昏影终的格林地方平时。其中日出没，每天给出。晨光始昏影终每三天给出一次。表列的纬度间隔为：0°～30°，间隔10°；30°～50°，间隔5°；50°以上，间隔2°。

实际使用时，φ低于60°的海区可把格林日出没、晨光昏影地方平时，当作任一经线的地方平时，再将地方平时换算成区时。

二、星座与星等概述

晴朗的夜空，繁星点点。人们用肉眼看到的星星，除了太阳系内的行星和流星及彗星之外，整个天空中的星星都是恒星。恒星是由灼热气体所组成并能自己产生能量发光的球状和类球状天体，气体通过自身引力聚集成星球。由于它们的位置看上去亘古不变，古人因此称之为"恒星"，此名沿用至今。

测星定位中，星体是空中航标，只有认识星体才能利用《航海天文历》确定它们的视位置，用来定位导航。空中恒星无穷无尽，可用于航海的亦有200多颗。从这繁杂的星空中认星是很不容易的，因此，学会认星和选星是测星定位的必备条件。航海上可利用索星卡或不同季节的星图（相关内容可参阅附篇）认星。

1. 星座（constellation）

公元前3000年左右，迦尔底人开始将一些较亮的星联成图，并根据其图形形态结合神话内容给予命名，直到公元2世纪希腊天文学家才将北天星座大体确定。随着航海事业的发展，17世纪勾画出了南天星座。我国亦是最早绘制星图的国家，我们的祖先根据太阳视运动的黄道带（zodiac），赤经每隔30°划分为一宫，共分为黄道十二宫（zodiacal Signs）（表2-4-3）。我国及其他国家的《航海天文历》中的四星纪要仍用黄道十二宫来表示航用行星的概略位置。

1928 年,国际天文学会议才确定将全天空划分为 88 个星座(北半球 29 个,南半球 47 个,黄道 12 个)。其实,所谓星座就是将星空按恒星的排列划分成若干区域,以方便认星和给星体命名(相关内容可参阅附篇)。

2. 星名(star name)

每个星座中所属的恒星名称采用星座名加上希腊字母,如猎户座 α 星。星座中超过 24 颗星的,用星座名加编号来命名,如天鹅座 61 星(61 cygni)。希腊字母是根据命名时感觉到的星体亮度确定的,α 为该星座最亮的、β 次之,以此类推。编号是根据这些星在该星座内赤经的顺序确定的。

黄道十二宫符号   表 2-4-3

宫 序	宫 名	英文名	宫 序	宫 名	英文名
1	白羊座	Aries	7	天秤座	Libra
2	金牛座	Taurus	8	天蝎座	Scorpio
3	双子座	Gemini	9	人马座	Sagittarius
4	巨蟹座	Cancer	10	摩羯座	Capricornus
5	狮子座	Leo	11	宝瓶座	Aquarius
6	室女座	Virgo	12	双鱼座	pisces

对于较亮的星,通常还给出专名。如天鹰座 α 星(α aquilae)的专名为河鼓二(altair),俗称牛郎星。

目前,我国《航海天文历》中载有包括北极星在内的 159 颗恒星,其中列出专名的有 82 颗。

3. 星等(magnitude)

用来区别星体视亮度强弱的等级称为星等。它最初由古希腊天文学家托勒梅将所见星分为六等,其中六等星人眼刚好看见。随着天文技术的发展,国际上明确规定,一等星的亮度是六等星的 100 倍,星等亮度之间成等比级数,即每增加一个星等,亮度要增加 $\sqrt[5]{100} \approx 2.512$ 倍。这样,织女星(vega)为 0.1 等,最亮的恒星天狼星(sirius)的星等为 -1.6,最亮的行星金星(venus)的平均星等为 -3.8,月亮在满月时的星等平均值为 -12.6,太阳星等为 -26.8。星等中正值越大,星越暗;负值绝对值越大,星越亮。

为了分类及绘制星图方便,通常把星等 -0.5 到 +0.5 的星称为零等星,0.6 到 1.5 的称为一等星,其余类推。其中星等从 -1.6 到 3.7 的恒星称为航用恒星。《航海天文历》中刊载了 159 颗航用恒星(navigational stars)的坐标值。测星定位中常用亮于 2.5 等的恒星,共约 60 颗,其中零等星 8 颗,一等星 12 颗,二等星 46 颗;最常用的只有 20 余颗。

三、测星定位

比起太阳移线定位来说,测星定位的优点之一在于短时间内可以测定多颗星体,画出多条船位线,经过适当处理后直接定出船位。

1. 星体船位线

观测星体定位,除了恒星外,还可利用行星。利用星体求船位线的方法与太阳的测、算、画过程一样。但观测和计算略有不同。

1)观测前的准备

(1)事先算好当天近似的民用晨光始或昏影终时间。

(2)利用索星卡预选晨昏时最适宜观测的星组,记下星名及其观测时的大致高度和方位。为防止天气原因而测不到预选的星体,可多选几组,或多选几颗备用星。亦可根据前几天的观测经验选星。

若拟用两星定位,最好选择方位差接近90°的星组;若拟用三星定位,最好选择相邻星体的方位差接近120°,但至少三星的分布要大于180°;若拟用四星定位,最好选择相邻星体的方位差接近90°,但若在60°以上(或90°以下)也较有利。

(3)检查和校正好六分仪误差,并利用星体测定指标差。

2)测星

(1)测星时用六分仪将星体反射影像拉到水天线附近,然后逐渐调正到"微摆等相切",使反射影像的中心与水天线相切。在将影像下拉的过程中,由于星光较弱,容易"丢失",最好将影像先放在定镜的右半部使其清楚些,容易拉下,待摇摆相切时,再将影像放在视野中央(定镜中央)。

(2)相切时要记下星名及观测时间、六分仪读数,以免混淆。同时亦应记下船时、航向、航速及推算船位。

(3)一般先测东方的星。因为晨光时东方天空先亮,水天线先显现,星体消失得早;而昏影时东方星体先出现,水天线先消隐。

(4)晨光时先测较暗的星(先消失),后测亮星(消失得晚);昏影时先测亮星(先出现)后测暗星(较晚才能看到);亮度相同时先测正横附近的星,后测近首尾方向的星。当天空多云时,要抓住机会,先测可见的星,争取测到至少两颗交角较好的星体。

3)计算

(1)求各星观测时的世界时及所测星体的位置 GHA、Dec 和地方时角 LHA。

(2)求各星体的计算高度和方位。

(3)求各星体的真高度。

(4)求各高度差。

4)画星体船位线

根据作图点、各计算方位 A_C 和高度差 Dh 画出各星体船位线,将不同时刻的船位线处理到同一时刻后,各船位线的交点就是观测时刻的船位。

5)画星体船位线举例

(1)恒星船位线:

例 2-4-16:2006 年 6 月 22 日,ZT 1914(-8),φ_c35°12′.0N,λ_c122°24′.6E,CA002°,V_C18 kn,测得织女一 $h_s^* = 32°47′.7$,CT 11^{h}15^{m}08^s,CE $-2s$,WT 30s,$i + s$ $-2′.5$,e15m,求观测船位线。

解:①求测天世界时:

区时	ZT	19 14	(6 月 22 日)
区号	ZD	-8	
近似世界时	GMT'	11 14	(6 月 22 日)

天文钟钟时	CT	$11^h15^m08^s$	（6月22日）
秒表读数	WT	-30	
天文钟钟差	CE	-2	
测天世界时	GMT	11 14 36	（6月22日）

②求织女一的地方时角和赤纬（数据见附录3）：

11^h 的春分点格林时角	t_T^γ	$079°29'.4$	
14min36s 的时角改变量	Δt	$3°39'.6$	
$11^h14^m36^s$ 的春分点格林时角	GHA^γ	$083°09'.0$	
织女一共轭赤经和赤纬	SHA $080°42'.2$		Dec $38°47'.2N$
织女一格林时角	GHA $163°51'.2$		
推算（或选择）船位经、纬度	λ_c $122°24'.6E$		φ_c $35°12'.0N$
织女一半圆地方时角	LHA $286°15'.8 \rightarrow$		$73°44'.2E$

③求计算高度和计算方位：

计算高度 $\sin h_c = \sin\varphi_c \sin Dec + \cos\varphi_c \cos Dec \cos LHA$

$$= \sin35°12'\sin38°47'.2 + \cos35°12'\cos38°47'.2\cos73°44'.2$$

$$= 0.539\ 51$$

$$h_c = 32°39'.0$$

计算方位

$$\cot A_c = \frac{\tan Dec \cos\varphi_c}{\sin LHA} - \frac{\sin\varphi_c}{\tan LHA} = \frac{\tan38°47'.2\cos35°12'}{\sin73°44'.2} - \frac{\sin35°12'}{\tan73°44'.2} = 0.515\ 92$$

$$\tan A_c = \frac{1}{\cot A_c} = 1.938\ 29$$

$$A_c = 62.°71NE = 062.°7$$

④求真高度及高度差：

六分仪读数	h_S	$32°47'.7$
指标差与器差	$i+s$	$-2'.5$
眼高差	d	$-6'.8$
总改正	T_{cor}	$-1'.6$
真高度	h_t	$32°36'.8$
计算高度	h_c	$32°39'.0$
高度差	Dh	$-2'.2$

⑤画船位线：

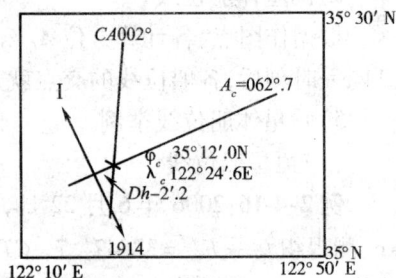

图 2-4-24 织女一船位线

船位线要素：作图点 φ_c $35°12'.0N$，$\lambda_c122°24'.6E$，高度差 $Dh -2'.2$，计算方位 A_c $062°.7$。根据船位线要素作图（图2-4-24）。

（2）行星船位线。航海上可用于定位的行星只有四颗，且不一定每天都能观测到，要了解当天可观测的行星，应事先查找航海天文历的四星纪要（见附录3）。要辨认它们，可借助其亮度和光色：

金星:是天空中最亮的星,呈辉青色。星等从 –3.0 ~ –4.4。金星是内行星,它与太阳的最大角距不超过47°,从地球上观测,它总是在太阳附近的方向上,日出前三小时内出现在东方天空或日没后三小时内见于西方天空。当金星与太阳的角距较小时,被太阳光淹没,无法观测。当金星与太阳的角距较大时,白天有时也能被观测到(参看附篇第四章)。

木星:亮度仅次于金星,呈银白色,星等从 –1.5 ~ –2.4。

火星:亮度仅次于金星和木星,呈红黄色,星等从 +1.5 ~ –2.4。当火星离地球近时,其亮度可超过最亮的恒星天狼星,离地球远时,亮度相当于一等星。

土星:是四颗行星中距地球最远、也是最暗的一颗,呈纯黄色,星等从 +0.8 ~ +0.3。

例 2-4-17:2006 年 3 月 23 日,查 2006 年四星纪要(见附录 3.1)知,3 月的金星是晨星,星等 –4.5,即晨光时可以观测。$ZT\,0530$,$\varphi_c 8°12'.0N$,$\lambda_c 123°24'.6E$,$CA017°$,$V_C 16kn$,测得金星 $h_s^\circ = 30°10'.7$,$CT\,09^h31^m08^s$,$CE\ -2s$,$WT\,30s$,$i+s\ -2.5$,$e\,15m$,求金星船位线。

解:①求测天世界时:

区时	ZT	05 30	(3 月 23 日)
区号	ZD	–8	
近似世界时	GMT'	21 30	(3 月 22 日)
天文钟钟时	CT	$21^h31^m08^s$	(3 月 22 日)
秒表读数	WT	–30	
天文钟钟差	CE	–2	
测天世界时	GMT	21 30 36	(3 月 22 日)

②求金星的地方时角和赤纬(见附录 3.2):

21^h 的金星格林时角	t_T	177°45'.9	$\overline{\Delta}1'.0$	赤纬 δ_T	14°12'.4S Δ –0'.4
30min36s 的时角基本变量	Δt_1	7°38'.5		赤纬改变量 $\Delta\delta$	–0'.2
30min36s 的时角超差	Δt_2	0'.6			

$10^h00^m36^s$ 的格林时角	GHA	185°25'.0	赤纬 Dec 14°12'.2S
	λ_c	123°24'.6E	φ_c 8°12'.0N
	LHA	308°49'.6 →	51°10'.4 E

③求金星的计算高度和计算方位:

$$\sin h_c = \sin\varphi_c \sin Dec + \cos\varphi_c \cos Dec \cos LHA$$
$$= \sin 8°12'.0 \sin(-14°12'.2) + \cos 8°12'.0 \cos(-14°12'.2)\cos 51°10'.4$$
$$= 0.566\ 55$$
$$h_c = 34°30'.6$$

$$\tan A_c = \frac{\sin LHA}{\tan Dec\cos\varphi - \sin\varphi\cos LHA}$$

$$= \frac{\sin 51°10'.4}{\tan(-14°12'.2)\cos 8°12'.0 - \sin 8°12'.0\cos 51°10'.4} = -2.292\ 18$$

$$A_c = -66°.43 + 180° = 113°.57NE = 113°.6$$

④求真高度及高度差:

$$
\begin{array}{ll}
H_s\,^{\varphi} & 34°40'.1 \\
i+s & +\ 2'.2 \\
d & -\ 6'.9 \\
T_{cor} & -\ 1'.4 \\
A_{cor} & +\ 0'.2 \\
h_t & 34°34'.2 \\
h_c & 34°30'.6 \\
Dh & +\ 3'.6
\end{array}
$$

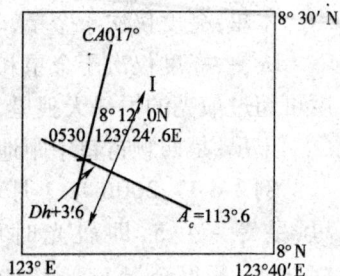

⑤画船位线:

船位线要素:作图点;0530 的推算船位 8°12'.0N,123°24'.6E,$A_c=113°.6$,$Dh+3'.6$。作图方法见图 2-4-25。

图 2-4-25 金星船位线

2.北极星高度求纬度

我们已经知道,仰极的高度等于测者的纬度。如果在天极上正好有一颗恒星,那么只要测得它的高度,经高度改正求得其真高度,就可得到测者的观测纬度。在图 2-4-26a)中,$\varphi = QZ = NP_N = h_{P_N}$。事实上,没有一颗较亮的恒星刚好在北天极或南天极上,但在北天极附近却有一颗较亮的二等星——小熊座 α 星,因为它靠近北天极,故称它为北极星。根据 2006 年资料,北极星的坐标为:赤纬 Dec 在 89°17'.3 ~ 89°18'N 之间,共轭赤经 SHA 在 319°02'.4 ~ 320°38'.2N 之间。由于北极星的极距 $p < 1°$,因此周日视运动的轨迹是球面半径小于 1° 的赤纬圈。对于位于北半球中低纬度的测者,北极星的方位接近真北,变动很小。其高度接近北天极的高度,且变动也慢。因此,北半球中纬度的测者,可以观测北极星的高度,通过改正其与北天极之间的高度差值,求取观测纬度,得到一条纬度线。在测星定位中,常常把这条纬度线作为一条较可信的船位线。

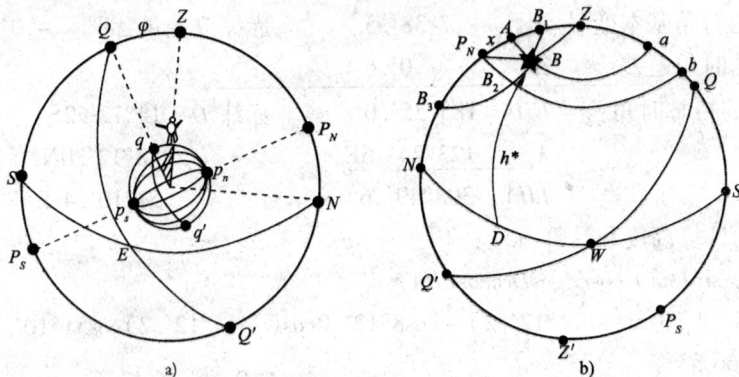

图 2-4-26 北极星高度求纬度原理图

1)北极星高度求纬度的原理

如图 2-4-26b)所示,Z 是北纬某测者天顶,P_N 是北天极(仰极),QZ 是测者纬度(φ_N),B 是北极星在任意时刻的位置。$B_1BB_2B_3$ 是北极星的赤纬圈,P_NB 是北极星的极距,ZBD 是北极星垂直圈,P_NB_2b 是北天极的高度圈,ABa 是北极星的高度圈。由图可见:

北天极高度 $h_{P_N} = NP_N$

北极星高度 $h^* = DB = NA$

则观测纬度

$$\varphi_N = NP_N = h^* - x \tag{2-4-28}$$

式中：$x = P_N A$ 是任意时刻北极星高度和北天极高度之间的差量，也是北极星高度与纬度的改正值，由于北极星运动时位置会改变，所以改正值 x 也会变化，有时为正，有时为负。

当北极星上中天时，图 2-4-26b）中的 B_1 位置，x 为负值，即 $\varphi_N = NP_N = h_{B1} - x = h^* - x$；当北极星下中天时，图 2-4-26b）中的 B_3 位置，x 为正值，即 $\varphi_N = NP_N = h_{B3} + x = h^* + x$；如果北极星正好位于北天极的高度平行圈，图 2-4-26b）中的 B_2 位置，x 为 0，即 $\varphi_N = NP_N = h^*$。

由式（2-4-28）可知，如果求得北极星的真高度 h^*，又能求得北极星高度与北天极高度的改正值（x），则测者纬度（亦即北天极高度 h_{P_N}）也就确定了。而北极星高度与北天极高度的改正值可以查《航海天文历》中的"北极星高度求纬度"表求得（见附录 3）。表中列出构成 x 的三项改正值Ⅰ、Ⅱ、Ⅲ。

Ⅰ——第一改正值，查表的引数是春分点地方时角 LHA^γ。第一改正值是将球面上的小 $\triangle P_N BA$ 当作平面三角形处理后计算出的改正量。第一改正值有"＋"有"－"。

Ⅱ——第二改正值，查表引数是春分点地方时角 LHA^γ 和北极星高度 h^*。第二改正值将从平面三角形得出的改正值改正为相当于由球面三角形解出的，是对第一改正量的补充改正，其改正值恒为正值。

Ⅲ——第三改正值，查表的引数是春分点地方时角 LHA^γ 和日期。第三改正值可以理解为将根据北极星的年平均位置（平均极距 p_0 和平均共轭赤经 SHA_0）解出的改正值改为以当天的极距 p 和当天的共轭赤经 SHA 解出的改正值。也是对第一改正量的补充改正。因此

$$\varphi_0 = h_t^* + Ⅰ + Ⅱ + Ⅲ \tag{2-4-29}$$

2）算例

例 2-4-18：2006 年 6 月 22 日 SMT 1833，φ_c36°11′.0N，λ_c122°43′.0E，测得北极星的高度 h_s^*35°44′.0，CT 10^{h}33^{m}25^s，CE 快 25s，WT －23s，$i+s$ －1′.0，e11.6m。求观测纬度。

解：

SMT	18 33	（6 月 22 日）	h_s^*	35°44′.0	
ZD	－8		$i+s$	－1′.0	
GMT'	10 33	（6 月 22 日）	d	－6′.0	
CT	10^{h}33^{m}25^s	（6 月 22 日）	T_{cor}	－1′.3	
WT	－ 23		h_t	35°35′.7	
CE	－ 25		Ⅰ	＋ 36′.9	
GMT	10^{h}32^{m}37^s	（6 月 22 日）	Ⅱ	＋ 0′.0	
t_T^γ	060°26′.9		Ⅲ	＋ 0′.7	
Δt^γ	8°10′.6		φ_0	36°13′.3N	
GHA^γ	068°37′.5				
λ_c	122°43′.0E				
LHA^γ	191°20′.5				

这里需要指出的是，只有在北极星上中天和下中天时，其方位才是真北，观测其高度得到

的船位线才是纬度线。当北极星不在中天时,其方位不是真北,船位线也不是纬度线。但若在北纬0°~60°地区内观测,北极星方位偏离真北最大不超过2°,所以,在实际工作中近似将北极星船位线作为纬度线。

当使用英版《布朗航海天文历》(Brown's Nautical Almanac)中的"北极星表"(polaris tables)时,为了使北极星高度求纬度的表列改正值 a_1、a_2、a_3 均为正值,在第一改正值中人为地加上1°,因此用英版《布朗航海天文历》求观测纬度的公式为:

$$\varphi_o = h_t^* + a_1 + a_2 + a_3 - 1°$$

3. 恒星船位及异时船位线的处理

晨光昏影期间,可以在短时间内观测两个或两个以上的星体高度,得到两条或两条以上的星体船位线进行定位。但由于船舶在航行中,不能同时测得两个或两个以上的星体高度,因此必须将不同时刻的船位线订正到同一时刻上去。操作方法有2种:

1)移线法

如太阳移线定位那样,根据观测的时间间隔、推算航迹向和推算航程,将前一时刻的星体船位线转移到后一时刻,与后一时刻的星体船位线相交定出后一时刻的观测船位。由于这样的移线间隔时间 t 一般较短,因此实用中可近似在 CA 线上以 $V_L \cdot t$ 截取航程进行移线。

2)异顶差法(altitude correction for zenith difference)

从另一种角度看,航行中的船舶在不同时刻即不同位置上观测的船位线,相当于测者在不同的天顶进行的观测。因此,要确定某个时刻的船位,就需要把不同时刻的天顶订正到同一天顶上去,此法称为异顶差修正。

异顶差修正是将原位置线的高度差 Dh 修正一个高度差的改正量 Δh。使其成为对应于新的天顶的高度差 Dh_1。即

$$Dh_1 = Dh + \Delta h \tag{2-4-30}$$

其中:
$$\Delta h = S\cos(CA - A_c) \tag{2-4-31}$$

然后,从作图点在天体方位 A_c 线上以 Dh_1 为截距,就可画出对应于同一天顶的船位线。

由式可看出,Δh 是有符号的,其正负号由式中的 S 和余弦的符号决定。当用后一测星时刻作为船位时间,S 取"+";反之,当以前一测星时刻作为船位时间,S 取"−"。而余弦的符号由($CA \sim A_c$)的象限确定。

总之,对于不同时刻的星体船位线,必须用转移船位线或用改正异顶差的方法,将它们订正到同一时刻求得观测船位。

四、认星

1. 利用星空图认星

星空图(参看附篇第六章附图6-1)是根据从地面仰望天空的情况绘制的,因而认星时应举起星图,图面朝下,南北方向对好,才与星空一致。而且,夜间所见星体的多寡,与测者纬度有关,赤道附近,看到的星体最多。对于航海测星定位来说,是在晨光昏影期间,那时只能看到寥寥数颗星体,星空并没有像星图上所描绘的那么清晰,星座间的关系也看不见。航海上使用星图,主要是要了解测星时间段内会出现哪些亮星,通过星图熟悉当时的亮星之间有何种特殊的几何图形,以便根据这样的图形在晨光昏影期间辨认它们。

另外,地球自转使同一地方的星空也在变化。因此,晨光昏影期间的星空,应根据观测日期和时间来确定。以春分日晚间为例,0 点即午夜时,测者午圈两侧是赤经为 12h 附近的星空,即春季星空;但到了第二天的 6 点,测者午圈两侧是赤经为 18h 附近的星空,即夏季星空;而傍晚 18 点在测者午圈附近是赤经为 06h 的冬季星空。当船舶航行区域的晨光昏影时间早于 6 点和晚于 18 点时,在春季的昏影期间测星定位,应将春季星空和冬季星空综合起来;而在晨光期间测星定位,应将春季星空和夏季星空综合起来。其他季节以此类推,见表 2-4-4。

各季不同时间段的星空关系 　　　　　　　　　　　　　　　表 2-4-4

日期(太阳赤经)	6 点所见星空(中线赤经)	0 点星空(中线赤经)	18 点星空(中线赤经)
春分日(00h)	夏季(18h)	春季(12h)	冬季(06h)
夏至日(06h)	秋季(00h)	夏季(18h)	春季(12h)
秋分日(12h)	冬季(06h)	秋季(00h)	夏季(18h)
冬至日(18h)	春季(12h)	冬季(06h)	秋季(00h)

表 2-4-5 列出了常用的 19 颗最亮恒星及其位置,并给出相应季节中间日期的午夜 0h 所能看到的大致区域,以帮助使用者举一反三,辨认它们。观测者根据午夜 0h 所见星体的区域,结合表 2-4-4,就能判断出晨光、昏影测星时有哪些亮星出现,再根据星图确定它们大致的区域。例如,天狼星、老人星、五车二等亮星均在冬季星空的中线附近,凡是测星时间段(约 6 点前、18 点后)能见到冬季星空的,均能看到它们。从表 2-4-4 可见,秋季的晨光、春季的昏影均能看到这些星体。

常用的亮星 　　　　　　　　　　　　　　　　　　　表 2-4-5

星名(星座)	赤经/赤纬	星 等	所属星空	可见区域和(不宜定位区域)
天狼星(大犬 α)	06h45m/16°43′S	-1.6	冬季	冬至日午夜中天附近偏东
老人(船底 α)	06h24m/52°42′S	-0.9	冬季	冬至日中天附近(10°N 以北)
织女一(天琴 α)	18h37m/38°47′N	0.1	夏季	夏至日午夜中天附近偏东
五车二(御夫 α)	05h17m/46°00′N	0.2	冬季	冬至日午夜中天附近偏西
参宿四(猎户 α)	05h55m/07°24′N	0.1 ~1.2	冬季	冬至日午夜中天
大角(牧夫 α)	14h16m/19°09′N	0.2	春季	春分日午夜见于东天
南门二(半人马 α)	14h40m/60°51′S	0.3,1.7	春季	春分日午夜见于东天
参宿七(猎户 β)	05h15m/08°11′S	0.3	冬季	冬至日午夜中天附近偏西
南河三(小犬 α)	07h40m/05°12′N	0.5	冬季	冬至日午夜见于东天
水委一(波江 α)	01h38m/57°12′S	0.6	秋季	秋分日午夜见于东天(北纬)
马腹一(半人马 β)	14h04m/60°24′S	0.9	春季	春分日午夜见于东天(北纬)
河鼓二(牛郎)(天鹰 α)	19h51m/08°53′N	0.9	夏季	夏至日午夜见于东天
毕宿五(金牛 α)	04h36m/16°31′N	1.1	冬季	冬至日午夜见于西天
心宿二(天蝎 α)	16h30m/26°27′S	1.2	夏季	夏至日午夜见于西天
角宿一(室女 α)	13h26m/11°12′S	1.2	春季	春分日午夜见于东天
北河三(双子 β)	07h46m/28°00′N	1.2	冬季	冬至日午夜见于东天
北落师门(南鱼 α)	22h58m/29°35′S	1.3	秋季	秋分日午夜见于西天
天津四(天鹅 α)	20h42m/45°18′N	1.3	夏季	夏至日见于东天(20°S 以南)
轩辕十四(狮子 α)	10h09m/11°56′N	1.3	春季	春分日午夜见于西天

2. 利用索星卡认星和选星(参看光盘:\教学课件\视频索星卡)

借助索星卡(star finder)辨认星体,是航海上的常用方法。此外,晨光昏影时间较短,为了不失测星时机,应预先做好观测前的准备工作。其中主要的一项工作是预先列出在晨光或昏影时间适宜观测的星体组及各星体的大概高度和方位,这叫做"选星"(selection of stars)。使用索星卡可方便快捷地选择观测的星组。索星卡种类很多,现以国产"TS-74型"索星卡为例介绍其使用方法。

1)索星卡的结构

索星卡是由两块星图底板和若干张用于不同纬度的透明地平坐标网片所组成。见附录12。

(1)星图底板。星图底板是天球的投影图,该图是按极方位等距投影(azimuthal equidistant projection)原理投影而成的,一块是以北天极 N 为中心,另一块是以南天极 S 为中心,分别供北半球和南半球的观测者使用。每一星图底板上都印有天赤道(以天极为中心)和黄道(偏心圆),黄道上标有表示视太阳位置的日期;底板边缘有两圈读数,内圈是赤经读数,外圈是平太阳的日期刻度。

每一块底板上根据恒星的赤经和赤纬值标出了一等星和主要的二等星以及部分三等星,天赤道之内的恒星是与底板天极同名半球的恒星,而天赤道之外的恒星是与天极异名半球的恒星。

由于行星的赤经和赤纬不像恒星那样几乎固定不变,因此不能把四颗航用行星固定在星图底板上。但行星有时很亮,是观测的良好目标。因此,实用中常把可观测的行星临时标绘在底板上,以便辨认和选择。具体标绘方法将在后面介绍。

(2)透明地平坐标网片。地平坐标网片有 13 张,供 0°~60°纬度范围内的测者选择使用,每张网片标有一个纬度值,它们是 0°N(S)、5°N(S)、10°N(S)、15°N(S)、…、60°N(S)等,同一张网片南北纬通用。地平坐标网有一系列的高度和方位曲线构成,符号"十"表示测者的天顶,以其为中心的环形封闭曲线是高度圈,最外圈表示测者真地平圈,高度圈上分别标注了正、反两种高度读数,供南北纬测者使用。径向曲线是方位圈,曲线与真地平圈的交点处标有方位度数,其内圈数字供北纬测者读取方位;外圈数字供南纬测者读取方位。0°~180°方位范围表示东天半球,180°~360°方位范围表示西天半球。

在透明网片的真地平圈外侧还印有 -6°和 -12°高度线,用于确定民用和航海晨光始或昏影终即太阳的真高度为 -6°和 -12°时的星空。

每一张透明网片上开有一与测者子午线一致的长约 4cm 的狭长孔,两侧标有南北 30°以内的赤纬刻度,而标有线划刻度的一侧边缘与网片中心及网片边缘的 0 时刻度成一线,用于标绘行星的位置。透明网片的边缘则印有表示地方平时的时间刻度。

2)利用索星卡认星

认星即确认天空的星名,当测得一颗星体的高度后,必须要确认其星名。认星的方法及步骤为:选星图底板→选网片→定星空→根据观测星体的高度和方位从索星卡上确认星名,或者根据索星卡上的星名及其显示的高度和方位值对照天空辨认。现分别介绍如下:

(1)选底板。测者在北纬,选用北天半球星图底板;在南纬,用南天半球星图底板。

(2)选网片。根据测者推算纬度,选取最接近推算纬度的透明网片,将北纬(或南纬)的那一面正放在同名天极的星图底板上。例如测者在北纬 35°时,使透明图网片右边印有"35°N"

的一面朝上(此时左边的"35°S"在反面)。

(3)定星空。可用如下三种方法确定测星时的星空:

①黄道日期法(-6°高度线法)。TS-74型索星卡的底板上绘有黄道及日期,日期表示了该日视太阳的位置。透明网片上的-6°和-12°的高度线表示真地平下6°和12°的位置。如果是在晨光昏影时认星,可转动透明网片,使-6°线恰好通过某日日期。但必须注意,在晨光时测星,使用东侧的-6°线;在昏影时测星,使用西侧的-6°线。这时地平圈内的星图就是该日民用晨光或昏影时所看到的星空。

②春分点地方时角法。按照测星时间,求出春分点地方时角。转动透明图网片,使网片的子午线箭头(12时)对准星图底板上的赤经读数等于春分点地方时角值的刻度。此时透明图网上地平圈以内就是测星时的星空。

③地方平时法。根据观测时刻和测者经度计算该时的地方平时。在透明图网片边缘的时间刻度上找到该地方平时的刻线,转动透明网片,使该刻线与底板上当天平太阳日期刻线对齐,则地平圈内的星空便是当时星空。

(4)认星名。当星空确定后,当时地平圈内的可见星体在网片上所处的高度和方位就是当时在天空中所见的星体高度和方位,观测者可用罗经大致观测被测星体的方位,结合观测得到的高度,便可确认被测星体的星名。

例2-4-19:2006年3月21日晨光,$ZT0510(-11)$,$\varphi_c35°40'.0N$,$\lambda_c171°20'.0E$,测得某恒星高度$h_s47°10'.2$,用罗经测得其方位角A约为118°。问该星何名。

解法1:用春分点地方时角法

(1)求当时春分点地方时角:

ZT	05 10	(3月21日)	t_T^γ		088°.1
ZD	-11		Δt^γ		2°.5
GMT	18 10	(3月20日)	GHA^γ		090°.6
			λ_c		171°.3
			$LHA^\gamma \approx$		261°.9

(2)定星空:

选取$\varphi=35°N$的透明图网片套在北天半球星图底板上,转动透明图网片,使其子午圈箭头对准星图底板上$LHA^\gamma=261°.9$的刻度上,即可得到当时星空。

(3)查星名:

根据所测的恒星高度47°和方位118°,查得星名为河鼓二。

解法2:用地方平时法

(1)算出当时地方时LMT:

ZT	05 10	(3月21日)
$D\lambda$	25 E	
LMT	05 35	(3月21日)

(2)定星空:

将透明图网外缘地方平时0535与底板外缘的3月21日对准,即得当时星空。

(3)认星名:

在该星空中,查得方位118°,高度47°的位置附近是河鼓二。

解法3:黄道日期法

黄道日期法定星空最简便,读者可参阅例4自己试试。在晨光昏影选星和认星时,建议采用黄道日期法来定星空。

3.利用索星卡选星

在观测前,先将索星卡定出观测时刻的星空,然后根据选星要求选择适合于观测的星组。其步骤如下:

1)将可供观测的行星标绘在星图底板上

星图底板上的恒星坐标是它们的赤经和赤纬,因此,若要将可供观测的行星标画在星图底板上,只要求出该行星当天欲观测时刻的赤经和赤纬即可。具体方法如下:

(1)查阅《航海天文历》中的四星纪要,选出可以观测的行星。

(2)按预计观测的近似世界时从《航海天文历》位置表求出该行星的赤纬和赤经。

(3)将其标在底板上:由于透明网片上的狭长孔与0时刻度成一线,因此,只要转动透明网片,使狭长孔方向即网片边缘的0时刻线对准星图底板上内圈的行星赤经读数,就表明狭长孔的方向与行星赤经一致,此时,可在狭长孔内标有线划刻度的一侧按行星的赤纬用铅笔标在底板上,则该点即为观测时的行星在天球上的位置。

2)根据测者的推算纬度和观测时间定星空

一般多在民用晨光始或昏影终前后测星,故可用"−6°高度线"方法定星空。即将黄道上的日期置于−6°线上(晨光用东侧,昏影用西侧)。

3)根据选星的要求选择合适的观测星组

选星的基本要求是:

(1)选择较明亮的星体。

(2)选择高度在30°(至少15°)~70°之间的星体。

(3)所选星体的方位分布要合适。

根据以上要求选出适宜于观测的星组以及备用星体,并记下星名及其概略的高度和方位,以便从星空中辨认和测定它们。

例2-4-20:2006年3月21日 ZT 0514(−8),φ_c35°12′.0N,λ_c122°46′.0E,CA182°,试求观测星组。

解:(1)从《航海天文历》"四星纪要"中查知3月金星为晨星,星等−4.5。

(2)由"天体位置表"查知金星位于:Dec14°.5S,RA315°.6,并标于星图底板。

(3)定星空:在星图底板黄道上找到3月21日,并将东侧−6°线与其相交。

(4)选星:根据选星原则可选出多组。如可选:大角(h44°,A264°),天津四(h52°,A058°),河鼓二(h49°,A120°),心宿二(h29°,A196°)。

第七节　影响天文船位误差的因素

影响天测船位误差的主要因素有(详见附篇第三章):

1. 高度差法引起的船位线误差

其主要表现有:

(1)截点 K 的位置不正确,它不在船位圆上;

(2)所画船位线的方向有误差;

(3)船位线直线与船位圆曲线的差别。

2. 测、算、画引起的船位线误差

主要是指观测高度中的观测和改正误差、计算高度和计算方位中的误差以及船位线作图中的误差。

1)观测高度的系统误差

(1)六分仪指标差和器差的剩余误差;

(2)眼高差的误差;

(3)蒙气差的误差;

(4)个人误差(personal error);

2)高度差中的随机误差

高度差中的随机误差主要来自观测高度。

观测高度中随机误差的大小主要取决于水天线的清晰程度、观测时的海况、观测处的避风情况以及测者的观测经验与水平。

据统计资料分析,在中纬地区,对于一个有经验的驾驶员来说:

白昼观测太阳的单一观测标准差 m_h 约为 $±0'.3 \sim ±1'.0$,平均为 $±0'.7$;

晨昏观测星体的单一观测标准差 m_h 约为 $±0'.5 \sim ±2'.0$,平均为 $±1'.2$。如果不考虑昼夜差别,可以认为天体单一观测的标准差约为 $±1'.0$。

习 题

一、问答题

1. 如何读取六分仪读数?

2. 什么是六分仪的边差和垂直差? 如何检查和校正六分仪的边差和垂直差?

3. 什么是六分仪的指标差? 如何测定和缩小六分仪的指标差?

4. 简述观测天体高度的步骤和注意事项。

5. 简述观测天体高度前的准备工作和观测要领。

6. 2006 年 3 月 22 日测得太阳下边的六分仪高度读数为 $32°05'.2, i+s = -1'.2, e = 10m$,求太阳真高度。

7. 2006 年 10 月 16 日测得太阳上边的六分仪高度读数为 $51°40'.6, i+s = +1'.4, e = 12.6m$,求太阳真高度。

8. 2006 年 6 月 21 日测得织女一的六分仪高度读数为 $56°11'.2, i+s = -3'.1, e = 11m$,求织女一的真高度。

9. 2006 年 3 月 20 日测得金星的六分仪高度读数为 $35°41'.0, i+s = +0'.8, e = 10m$,求真

高度。

10. 2006 年 6 月 21 日 1914,*CA*182°,推算船位:35°12′.0N,122°46′.0E,欲测星定位,请用索星卡选择星组。要求:(1)将可测行星标在底板上,(2)根据测者的纬度和观测时间定星空,(3)选三到四颗星体。

11. 2006 年 9 月 14 日 1802,*CA*082°,推算船位:35°40′.0N,171°20′.0E,测得某恒星高度为 56°10′.2,方位 130°。求该星体名称,并叙述辨认该星的步骤。

12. 影响天文定位误差的因素有哪些?

13. 试述晨光、昏影的概念。

14. 太阳在什么位置范围内是测星定位的最佳时机? 当有多颗星体可供观测且天空时有浮云飘过,试述观测星体的顺序。

二、选择题

1. 校正六分仪的顺序为(   )。

①垂直差;②边差;③缩小指标差;④测定指标差。

    A. ①②③②④   B. ①②③①④   C. ④①②③   D. ①②③④

2. 将六分仪指标杆放在 0°00′.0,观测某一星体,发现星体的直射影像与反射影像上下错开,则该六分仪最有可能存在(   )。

    A. 指标差   B. 垂直差   C. 边差   D. 半径差

3. 利用太阳测定指标差时,得两次相切的读数分别为 −34′.1 和 30′.5,则六分仪指标差为(   )。

    A. −1′.8   B. +1′.8   C. −0′.9   D. +0′.9

4. 天文船位圆的半径是(   )。

    A. 余纬   B. 极距   C. 真顶距   D. 真高度

5. 如果不同位置上的测者同时观测同一天体的高度相等,则这些测者应在同一(   )上。

    A. 高度圈   B. 等高度圈   C. 高度平行圈   D. 周日平行圈

6. 如果计算点在天文船位圆之内,则高度差 *Dh*(   )。

    A. 大于 0   B. 小于 0   C. 等于 0   D. 以上均可能

7. 已知太阳中天高度 $H = 65°38′S$,太阳赤纬 $Dec = 10°23′N$,则测者纬度应为(   )。

    A. 13°59′N   B. 34°45′S   C. 13°59′S   D. 34°45′N

8. 观测天体定位,最好应选测高度在(   )度的天体。

    A. 0 ~ 30   B. 15 ~ 70   C. 30 ~ 70   D. 15 ~ 45

9. 一般观测天体求船位线应避免观测高度较低的天体,其主要原因是(   )。

    A. 光线折射不正常   B. 水平夹角太小

    C. 修正眼高差不准确   D. 视差影响太大

10. 在天体高度改正中,与天体高度和距离均有关的改正量是(   )。

    A. 蒙气差   B. 眼高差   C. 半径差   D. 视差

11. 太阳移线定位时,为了消除航迹向的误差所引起的移线误差,应(   )。

    A. 提高船速

B.缩短两次观测时间间隔

C.提高推算精度,有条件时待太阳位于船正横方向时做第一次观测

D.提高推算精度,有条件时待太阳位于船首尾方向时做第一次观测

12.在《航海天文历》中,查得太阳格林时角的 $\Delta=0'.8$,表示(　　)。

　　A.太阳格林时角每小时变化 $0'.8$　　　　B.太阳格林时角每小时变化 $14°59'.8$

　　C.太阳格林时角每小时变化 $15°00'.8$　　D.太阳赤纬每小时变化 $0'.8$

13.在《航海天文历》中查得世界时1200时的太阳格林时角是 $002°30'$,则该日的时差约等于(　　)。

　　A. $-10min00s$　　　B. $+10min00s$　　　C. $-2min30s$　　　D. $+2min30s$

14.对有视差的天体来讲,当天体(　　)时其视差为零。

　　A.真出　　　　　　　B.视出　　　　　　　C.过东西圈　　　　　D.过天顶

15.已知测者纬度 $30°30'.0N$,天体赤纬 $5°20'.0S$,天体地方时角 $18°23'.5E$,天体的计算高度等于(　　),半圆计算方位等于(　　)。

　　A. $58°34'.9;136°.5NE$　　　　　　　　B. $50°04'.6;150°.7NE$

　　C. $59°27'.5;141°.8NE$　　　　　　　　D. $40°03'.0;152°.1NW$

16.测者纬度 $30°N$,3月21日,太阳真出时的位置角等于(　　)。

　　A. $30°$　　　　　　　B. $45°$　　　　　　　C. $60°$　　　　　　　D. $90°$

17.南纬航行,昏影时测得西方某星体,计算得其半圆方位值为 $95°$,则圆周方位为(　　)。

　　A. $095°$　　　　　　B. $075°$　　　　　　C. $265°$　　　　　　D. $275°$

18.在等精度条件下,只考虑随机误差,当两天体的方位差角大于 $90°$ 时,在(　　)方向上船位误差大。

　　A.两船位线锐交角的角平分线　　　　　B.两船位线交角的钝角角平分线

　　C.两天体的平均方位线　　　　　　　　D. A 或 C

19.测两天体定位,若仅考虑指标差的影响,则应选测方位分布(　　)的天体。

　　A. $<90°$　　　　　　B. $>90°$　　　　　　C. $=90°$　　　　　　D.以上均对

20.三天体定位,如果船位误差三角形的各边均在 2n mile 以内,一般认为该误差三角形是由(　　)引起的,最概率船位一定在误差三角形(　　),靠近(　　)。

　　A.系统误差;之外;中标船位线的外侧　　B.随机误差;之内;短边大角

　　C.随机误差;之外;外切圆的圆心　　　　D.系统误差;之内;内切圆的圆心

21.三天体定位,若三天体的方位分别为 $010°$、$070°$、$135°$,由于系统误差的影响,船位误差三角形较大,消除了系统误差的船位在误差三角形(　　)。

　　A.之内,内切圆的圆心　　　　　　　　B.之外,旁切圆的圆心

　　C.之外,反中线的交点　　　　　　　　D.之内,靠近短边大角

22.当时角赤纬无误差,仅纬度有误差时,在天体方位角等于(　　)时,计算高度误差最小。

　　A. $0°$　　　　　　　　B. $45°$　　　　　　　C. $90°$　　　　　　　D. $135°$

23.天赤道与真地平之间的夹角(　　),可供观测的天体就(　　)。

A.越小;越多 B.越小;越少 C.越大;越少 D.为零;最多

24.当测者眼高为9m时,若有1m误差,可引起眼高差的误差为( )。

  A.1′.0   B.0′.6   C.0′.3   D.0′.1

25.在每年的( ),整夜所见的星空是以赤径090°为中心的那一部分星空。

  A.3月21日 B.6月22日 C.9月23日 D.12月22日

26.晨昏测星定位的有利时机是太阳的真高度介于( )的时间段。

  A. −6°~0° B. −9°~ −3° C. −12°~ −6° D. −12°~0°

27.观测星体高度时通常应考虑先后顺序,晨光时一般应先测( )的天体,昏影时一般应先测( )的天体。

  A.东天;西天 B.东天;东天 C.西天;东天 D.西天;西天

第五章　罗经差的测定

船舶的航行安全与船舶航向及测定船位的精度有很大的关系。船舶航向或测定物标方位的精度,当使用陀螺罗经时,主要取决于陀罗差的精度;当使用磁罗经时,在很大程度上取决于磁罗经自差的准确性。因此,应该在海上航行中,利用每一个测定罗经差的机会来测定陀罗差 ΔG 和磁罗经差 ΔC。对于磁罗经,另应定期在罗经校正场对其进行校正,并求出其剩余自差,绘制剩余自差曲线或自差表。由于自差 $Dev = \Delta C - Var$, Var 可由航海图上的磁差资料求得,所以,测得了磁罗经差 ΔC 就很容易地求得自差。对于陀螺罗经,测定陀罗差 ΔG 不仅是为了掌握 ΔG 的大小,更是为了了解陀螺罗经的工作情况。船舶航行中,要求至少在一昼夜中不得少于二次测定 ΔG 和 ΔC。即在日出和日没前后利用太阳真出没或低高度的方位各测定一次 ΔG 和 ΔC。当在转向后测定 ΔC 时,注意须在转向后 3～4min、待船磁稳定后进行。另外,由于 Dev 是随着航向的变化而变化的,ΔC 也随航向的变化而变化,因此,在测定 ΔC 时,必须同时记录测定时刻的罗航向 CC。

测定 ΔG 和 ΔC 的基本原理是,因为 $\Delta C = TB - CB = TC - CC$, $\Delta G = TB - GB = TC - GC$,而 CC 可从磁罗经上读得,GC 可从陀螺罗经上读得,因此,只要设法获得同一时刻的真航向 TC,就能求得当时该航向上的 ΔC 和 ΔG。同样,用罗经观测物标方位时,可得到该物标的 CB(用磁罗经时)或 GB(用陀螺罗经时),此时,只要设法获得该时刻该物标的真方位 TB,就能求得当时该航向上的 ΔC 或 ΔG。也就是说,测定 ΔC 和 ΔG 的根本问题是求得观测罗经读数时刻的 TC 或 TB。航海上所有的罗经差测定方法,都是求 TC 或 TB 的方法。换言之,任何一种能求得观测时刻的 TC 或 TB 的方法,都是可用的罗经差测定方法。例如:本船的 TC 已知时,被测物标的 TB 已知(如观测叠标)时,本船的准确位置已知(如有准确观测船位等)且视界内有海图所载的可观测目标时,都是良好的罗经差测定方法。本章以测定磁罗经差为例,介绍目前航海上常用的罗经差测定方法,这些方法大多也适用于陀罗差的测定。

第一节　利用陆标测定罗经差

一、利用叠标测定罗经差

如果在航行海区设有专用的叠标(图 2-5-1),该叠标的真方位 TB 可以在航海图上得到,则利用叠标测定罗经差是一种准确的测定方法(但自选叠标时须注意其灵敏度)。只要船舶按一定的航向在过叠标线时观测叠标的 CB 或 GB,则该航向上的 ΔC 和自差 Dev 或 ΔG 可以按下面公式计算:

$$\Delta C = TB - CB \text{ 和 } Dev = \Delta C - Var, \Delta G = TB - GB$$

例 2-5-1：某船 2004 年 8 月 20 日 1430 航行于磁差资料为 3°30′.0E(1994)6′.0W 的海图罗经花附近，$CC098°$，测得某叠标的罗方位 $CB = 340°$，海图上的叠标方位线为 338°。求罗经自差 Dev。

解：(1) 求 ΔC：

$$\Delta C = TB - CB = 338° - 340° = -2°$$

(2) 求 Var：

$$Var = 3°30′.0E + (2004 - 1994) \times 6′.0W = 2°30′.0E = 2°.5E$$

(3) 求 CC 等于 098° 时的 Dev：

$$Dev = \Delta C - Var = -2° - 2°.5 = 4°.5W$$

二、利用远方物标的方位测定罗经差

当没有适当的叠标用来测定罗经差时，可以利用远方的显著物标，但在不知道准确船位时此法仅可用于测定 ΔC。利用远方物标测定 ΔC，应在 4 个基点罗航向和 4 个隅点罗航向上分别测定该物标的 8 个罗方位 CB_i(图 2-5-2)，若船舶改变航向形成的旋回圈与物标距离相比小得多，可以认为各个航向上的物标磁方位相同为 MB，则 8 个航向上有 $MB - CB_i = Dev_i$，等号两边分别求和得 $8MB - \sum CB_i = \sum Dev_i$。根据磁罗经自差原理，有 $\dfrac{\sum_{i=1}^{8} Dev_i}{8} = 0$，因此，可整理出物标磁方位 MB 的计算式如下：

$$MB = \frac{\sum_{i=1}^{8} CB_i}{8} \tag{2-5-1}$$

求得 MB 后，4 个基点和 4 个隅点航向上的自差 Dev_i 和罗经差 ΔC_i 即可求得：

$$Dev_i = MB - CB_i \text{ 和 } \Delta C_i = Var + Dev_i$$

但在观测物标的 8 个罗方位时，船舶一般不在该物标的同一方位上，使罗经差的测定产生了误差。为了减小误差，观测时应控制旋回圈的大小。若要求测定自差的误差不大于 0°.25，则测定物标时的船舶旋回圈中心离物标的距离 D 与旋回圈半径 r 应满足以下不等式：

$$D \geqslant \frac{r}{\sin 0°.25} \approx \frac{60r}{0.25} = 240r \tag{2-5-2}$$

三、利用准确船位测定罗经差

当有准确船位时，例如可得 GPS 船位、罗兰 C 船位或消除了系统误差后的船位(图 2-5-3)等，

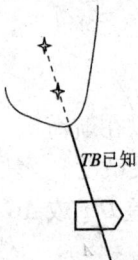

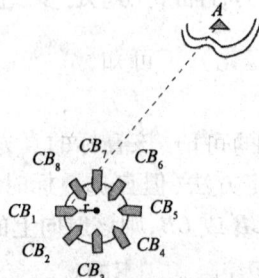

图 2-5-1　测叠标方位　　　　图 2-5-2　在八个航向上测物标方位　　图 2-5-3　用准确船位测罗经差

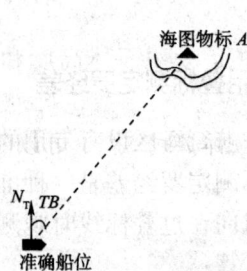

可在读取船位数据的同时测定某显著物标的陀罗方位 GB 或罗方位 CB,从航行图上由准确船位量出被观测物标的真方位 TB,或利用 GPS 导航仪或罗兰 C 导航仪根据准确船位和物标的经纬度计算出被测物标的真方位 TB,则

$$\Delta C = TB - CB, \Delta G = TB - GB$$

利用准确船位测定罗经差的精度主要取决于船位的精度和船与物标的间距,因为船舶在物标方位线的垂线方向的偏差 $\Delta n = \Delta B \cdot D$,因此,船与物标的间距 D 越远,同样的船位误差 Δn 引起的罗经差的误差(引起方位误差 ΔB)就越小。

例 2-5-2:某船利用 A、B、C 三物标方位定位,所测罗方位分别为: $CB_A = 345°.3$,$CB_B = 004°.5$,$CB_C = 045°.3$。设在海图上经系统误差处理后画出观测船位在 F 点,并从 F 量得三物标的真方位分别为: $TB_A = 342°$,$TB_B = 001°.3$,$TB_C = 042°$,求该罗经的实际 ΔC。

解:(1)求 ΔC_i:

$\Delta C_1 = TB_A - CB_A = 342° - 345°.3 = -3°.3$

$\Delta C_2 = TB_B - CB_B = 001°.3 - 004°.5 = -3°.2$

$\Delta C_3 = TB_C - CB_C = 042° - 045°.3 = -3°.3$

(2)求 ΔC:

$$\Delta C = \frac{\Delta C_1 + \Delta C_2 + \Delta C_3}{3} = \frac{-3.3 + (-3.2) + (-3.3)}{3} = -3°.3\mathrm{W}$$

第二节　利用天体测定罗经差

用天文方法测定罗经差,就是用磁罗经观测太阳或星体的罗方位 CB 或用陀螺罗经观测太阳或星体的陀螺方位 GB。天体真方位 TB 是真船位处以真北为基准的天体方位,但实际上真船位并不知道,天体真方位 TB 也不知道,实际应用中是用推算船位代替真船位计算或查表求取观测时刻天体的计算方位 A_C,以 A_C 代替真方位 TB 求 $\Delta C(\Delta G)$,即

$$\Delta C = A_C - C_B, \Delta G = A_C - GB$$

按此求得的罗经差会有误差,但当推算船位与真船位相差不远时,此误差可以忽略不计。

一、低高度太阳方位求罗经差

观测低高度太阳方位求罗经差是海上用天文方法测定罗经差的最基本的方法。所谓低高度,一般是指太阳高度低于 $15°$,最大不要超过 $30°$。

1. 测定罗经差的原理

由天体视运动中天体高度和方位的变化分析可知,低高度天体的方位变化率较慢,一般容易观测其方位。另外,观测低高度天体方位,不仅可以减小罗经的可能倾斜而产生的观测误差,还可以减小推算船位误差引起的天体计算方位的误差。

当罗经倾斜方向与天体方位垂直时,罗经倾斜引起的观测方位误差为最大。如图 2-5-4,罗经水平时对应的天顶为

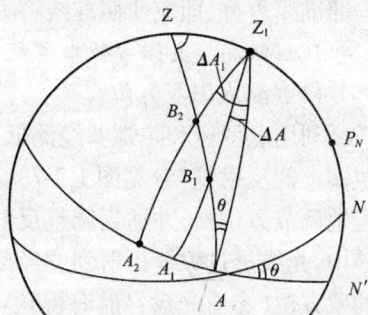

图 2-5-4　罗经倾斜引起测方位误差

Z，天体 B_1 的方位为 NA。当罗经倾斜 θ 角时对应的天顶为 Z_1，天体 B_1 的方位被误测为 $N'A_1$，产生方位误差 $\Delta A(= AA_1)$。

在球面三角形 Z_1B_1A 中，由于 θ 和 ΔA 都是小角度，有 $B_1A_1 \approx B_1A = h$，由球面三角形正弦公式可得：

$$\frac{\sin\Delta A}{\sin\theta} = \frac{\sin B_1A}{\sin Z_1B_1} = \frac{\sin h}{\cos h} = \tan h$$

所以，当 θ 不大时，近似有 $\qquad\qquad \Delta A = \theta\tan h \qquad\qquad\qquad$ (2-5-3)

上式表明，天体高度越低，由罗经倾斜 θ 角引起的方位误差越小。

从图 2-5-4 也可直观地得出这一结论。若 B_1、B_2 天体在同一垂直圈上，它们的方位都是 NA。罗经倾斜 θ 角时，天体 B_1、B_2 的罗方位分别被误测为 $N'A_1$、$N'A_2$。显见，由于天体 B_2 的高度大于天体 B_1 的高度，当罗经倾斜 θ 时，天体 B_2 的方位误差 $\Delta A_1(= AA_2)$ 大于 B_1 的方位误差 $\Delta A(= AA_1)$。

天体真方位 TB 是计算求得的，即 $TB = A_C$，它的误差与推算船位的精度有关。根据天体方位 A_C 的计算公式

$$\cot A_C = \tan Dec\cos\varphi\csc(GHA \pm \lambda) - \sin\varphi\cot(GHA \pm \lambda) \qquad (2\text{-}5\text{-}4)$$

若测者的位置 φ、λ 有误差时，根据误差传播规律可导得计算方位的标准差 m_{Ac} 为

$$m_{Ac} = \pm \sqrt{\tan^2 h\sin^2 A_c \cdot m_\varphi^2 + \cos^2 q\cos^2 Dec\sec^2 h \cdot m_\lambda^2} \qquad (2\text{-}5\text{-}5)$$

由式可以看出，天体高度 h 越低，推算船位的误差（m_φ，m_λ）对天体方位误差（m_{Ac}）的影响越小。

综上所述，用天文方法测定罗经差时，应观测低高度天体的方位，通常是选择高度小于 $15°$ 的天体较为合适。显然，太阳真出没（$h_t^{\circ} = 0°$）无疑是测定罗经差的最有利时机。

2. 观测要领

由于测定罗经差的精度取决于罗方位观测值和计算方位的精度。为了提高罗经差的精度，观测时必须注意以下方面：

(1)测定罗经差时，应尽量保持罗经水平。在罗经的方位圈上附有水平仪，观测时应使水泡位于其中间位置。特别是当船舶摇摆剧烈时，更应予以注意。

(2)观测天体罗方位时，为了避免粗差，减弱随机误差影响，可以连续观测 3 次罗方位，取它们的平均值作为中间观测时刻的罗方位。罗方位读数应准确到 $0°.2$，观测时间应取至 $0.1\min$ 以内。

(3)观测星体方位时，应使星体和方位圈的照准线重叠；观测太阳方位时，应使太阳中心与照准线重叠，即应使照准线将太阳圆面左右平分。

3. 测低高度太阳方位求罗经差的工作程序

1）观测太阳罗方位

利用磁罗经和陀螺罗经测低高度太阳方位时，可以直接目测太阳，但太阳稍高时也可用方位圈上的反射镜（参见图 1-2-7）。使用反射镜时，应使方位圈上的反射镜面对准太阳，然后慢慢地调节方位圈，并适当调整反射镜的角度，直到使太阳光线正好反射到反射镜对面的棱镜隙缝中，光线透过隙缝折射到罗经刻度盘上，形成了一条细太阳光线，光线所照的度数就是太阳的罗方位（参看光盘：\航海视频\用反射镜测太阳方位）。

直接目测太阳时，注意调节方位圈使瞄准孔、照准线与太阳中心成一线，此时从照准线下

方的棱镜中读出太阳的罗方位 CB 或陀罗方位 GB。当太阳光较强时也可使用照准线外侧的有色反射镜(参见图 1-2-7)。当使用带有望远镜的方位仪时(参见图 1-2-6),观测前应选好滤色片使太阳光线强弱适当,调好望远镜的焦距使太阳景象清晰。然后适当调正方位仪的反射镜,并慢慢转动方位仪,直到太阳影像圆面正好位于望远镜视野中间,并被照准线左右平分时读取方位读数。一般来说,利用方位圈直接观测太阳比用反射镜观测既方便且读数也准确。

但不论用哪种方法,观测低高度太阳方位时都要记下观测的时间。

2)计算真方位

太阳的真方位可按式(2-5-4)计算。为便于使用函数计算器计算,公式可改写为

$$\tan A_c = \frac{\sin(GHA \pm \lambda_{\mathrm{W}}^{\mathrm{E}})}{\tan Dec\cos\varphi - \sin\varphi\cos(GHA \pm \lambda_{\mathrm{W}}^{\mathrm{E}})} \tag{2-5-6}$$

式中:Dec、GHA——太阳的赤纬和格林时角,它们可以根据观测时间查《航海天文历》求得;

φ、λ——观测时刻的推算船位纬度和经度,若用 GPS 船位,计算所得的 A_c 更接近太阳真方位。

例 2-5-3:2006 年 6 月 22 日 ZT1612 船位:$\varphi_c 27°15'.0N$,$\lambda_c 122°10'.5E$,测得太阳罗方位 $CB283°$,求罗经差 ΔC。

解:

ZT	16	12	(6 月 22 日)	t_T	$299°31'.1$ $+0'.9$	δ_T	$23°26'.2N$ $+0'.0$
ZD	-8			Δt_1	$2°59'.8$	$\Delta\delta$	$0'.0$
GMT	08	12	(6 月 22 日)	Δt_2	$0'.2$		
				GHA	$302°31'.1$	Dec	$23°26'.2N$
				λ_c	$122°10'.5E$	φ_c	$27°15'.0N$
				LHA	$424°41'.6 \to 64°41'.6(W)$		

$$\tan A_c = \frac{\sin 64°41'.6}{\tan 23°26'.2\cos 27°15'.0 - \sin 27°15'.0\cos 64°41'.6} = 4.765\,95$$

$A_c = 78°.15NW = 281°.85$

$$\therefore \quad \begin{array}{ll} TB & 281°.9 \\ -) \quad CB & 283° \\ \hline \Delta C & -1°.1 = 1°.1W \end{array}$$

二、太阳真出没方位求罗经差

在周日视运动中,太阳中心位于测者真地平圈,叫做太阳真出或真没(true sunrise and sunset)。天体真出、没时,可根据下式计算真出、没时的天体方位,即

$$\cos A = \frac{\sin Dec}{\cos\varphi} \tag{2-5-7}$$

由于太阳一天的赤纬变化很小,因此在测太阳真出、没方位时可不记观测时间,只需根据测者的推算纬度 φ 和当天太阳的平均赤纬便可简便而迅速地求得罗经差,当处于春分和秋分日(3 月 21 日和 9 月 23 日)时,太阳真出时 $A=090°$,真没时 $A=270°$,求罗经差特别简便。

太阳真出、没时,$h_t^\circ = 0°$。虽然测者不能看到真地平,但由于测者一般具有一定的眼高,加上蒙气差等的影响,使得太阳真出、没时其下边缘位于水天线之上。因此,可以根据太阳下

边缘的视高度 $h_o^\circledcirc$ 来判断太阳的真出和真没。

根据求太阳真高度公式,并令真高度为零,则

$$h_t^\circledcirc = h_o^\circledcirc - \rho - d + SD + p_o = 0°$$

若取高度为 0 时的平均蒙气差 $\rho = -30'$,按一般情况取眼高为 16m,眼高差 $d = -7'.0$,平均半径差 $SD = 16'$,地平视差较小忽略不计,代入上式得:

$$0° = h_o^\circledcirc - 30' - 7' + 16'$$

$$h_o^\circledcirc = +30' + 7' - 16' \approx 21'$$

此式表明,当太阳下边缘和水天线之间的距离大约等于 $21'$,即太阳直径的 $\frac{2}{3}$ 时(图 2-5-5),太阳的真高度 $h_t^\circ = 0°$,该时就是太阳真出、没的时刻。所以,观测罗方位时,必须待太阳下边缘在水天线之上约为 $\frac{2}{3}$ 太阳直径时进行。

图 2-5-5　太阳真出、没位置示意图

太阳真出、没时,因太阳很接近水天线,观测方法与观测地面物标相同,其观测要领与观测低高度太阳方位相同。

例 2-5-4:2006 年 3 月 20 日 $ZT1800$,船位: φ_c 33°25'.3N,λ_c 122°36'.2E,测得太阳真没陀罗方位 $GB267°.5$,求陀罗差 ΔG。

解:根据 2006 年 3 月 20 日世界时 10^h 查《航海天文历》(附录 3.2)得太阳赤纬 $Dec = 0°.08'.3S$,于是

$$\cos A = \frac{\sin(-0°.08'.3)}{\cos 33°25'.3} = -0.002\,89$$

$$A = 90°.2NW = 269°.8$$

$$\therefore \quad TB = 269°.8$$

$$-) \quad GB = 267°.5$$

$$\Delta G = +2°.3 = 2°.3E$$

图 2-5-5 是太阳视出没,真出没和低高度视位置与水天线之关系示意图。

三、北极星方位求罗经差

北极星的位置很靠近北天极,极距很小,不超过 1°,所以,它的周日平行圈是一个很小的圆。对于北半球低纬地区的测者,在一昼夜之内,北极星的方位变化不超过 2°。因此,有可能以北极星近似地指北,辨认方向,同时也为利用北极星求罗经差提供了有利条件。

由于北极星靠近北天极,使得利用北极星方位求罗经差的方法较利用低高度天体方位求罗经差要简捷得多。

如图 2-5-6 所示,五角星(X)表示北极星在天球上的位置,p 为它的极距,由天文三角形 $P_N XZ$ 可得:

$$\frac{\sin A}{\sin p} = \frac{\sin LHA}{\sin(90° - h)}$$

$$\sin A = \sin p \sin LHA \sec h$$

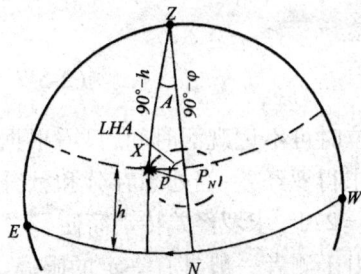

图 2-5-6　北极星方位求罗经差原理图

由于 p 和半圆方位 A 都是小量,故有 $\sin p = p°\text{arc}1°$,$\sin A = A°\text{arc}1°$,而北极星高度又近似等于测者纬度 φ,因此:

$$A°\text{arc}1° = p°\text{arc}1°\sin LHA\sec\varphi$$

$$A° = \frac{p'}{60'}\sin LHA\sec\varphi$$

已知 $LHA = LHA^\gamma - RA$,$p = 90° - Dec$,为计算方便,北极星的赤经 RA 和赤纬 Dec 可取年平均值 RA_0 和 Dec_0 代入,则上式可改写成:

$$A° = \frac{(90° - Dec_0)'}{60'}\sin(LHA^\gamma - RA_0)\sec\varphi \tag{2-5-8}$$

式(2-5-8)表明,北极星方位 A 只需根据 LHA^γ 和 φ 便可求得。为了简化计算,在中、英版的《航海天文历》中都编有"北极星方位角"表。当测得北极星罗方位后,记下观测时间(准确至分钟即可),按该时间查算出春分点地方时角 LHA^γ,然后以 LHA^γ 和 φ_c 为引数,便可从"北极星方位角"表中直接查得北极星的真方位。由于表列方位之间的差值很小,所以一般无需内插或简单内插即可。

我国《航海天文历》中,"北极星方位角"表的方位是按半圆法命名的。凡用表左侧的 LHA^γ 引数查表时,所得方位命名为 NW;用右侧的 LHA^γ 引数查表时,方位为 NE。在英版航海天文历中,北极星方位是按圆周法给出的。

例 2-5-5:2006 年 6 月 22 日,ZT 1833 推算船位:φ_c 36°01′.0N,λ_c 122°43′.0E,测得北极星陀螺方位 GB 001°.0,求陀螺差 ΔG。

解:

ZT	18 33(6 月 22 日)	t_T^γ	060°26′.9
ZD	−8	Δt^γ	8°16′.4
GMT	10 33(6 月 22 日)	GHA^γ	068°43′.3
		λ_c	122°43′.0 E
		LHA^γ	191°26′.3

根据表列引数 $\varphi_T = 35°\text{N}$、$t_T^\gamma = 190°$ 查北极星方位表,得

$A_c = 0°.4\text{NW} = 359°.6$(用表的左侧 LHA^γ,半圆方位命名为 NW)

GB	001°.0
ΔG	−1°.4 = 1°.4W

第三节　比对航向法测定罗经差

船舶在同一航向航行较长时间或转向后,经常需要利用比对磁罗经航向 CC 和陀螺罗经航向 GC 的方法来检验陀螺罗经的工作情况,同时当已知一类罗经的误差数据时,也可求得另一类罗经的误差数据。因为 $TC = GC + \Delta G = CC + \Delta C$,所以,当陀螺差 ΔG 准确已知时,磁罗经差 ΔC 可由下式求得:

$$\Delta C = GC + \Delta G - CC \tag{2-5-9}$$

同样,当磁罗经差 ΔC 准确已知时,陀罗差 ΔG 可由下式求得:

$$\Delta G = CC + \Delta C - GC \qquad (2\text{-}5\text{-}10)$$

例 2-5-6: 某船 2005 年 3 月 21 日 1830 航行于磁差资料为 $3°30'.0W(1994)6'.0W$ 的海图罗经花附近,同时读取了陀罗航向和罗航向,数据分别为: $GC030°$, $CC030°$。已知本船的陀罗差 $\Delta G = +1°$,求罗经自差 δ。

解: (1) 求 ΔC:

$$\Delta C = GC + \Delta G - CC = 030° + 1° - 030° = +1°$$

(2) 求 Var:

$$Var = 3°30'.0W + (2005 - 1994) \times 6'.0W = 4°36'.0W = 4°.6W$$

(3) 求 δ:

$$\delta = \Delta C - Var = +1° - (-4°.6) = 5°.6E$$

例 2-5-7: 某船陀罗航向 $GC = 039°$,磁罗经航向 $CC = 043°$,已知该航向上的罗差自差 $Dev = 3°E$,航行海区磁差 $Var = 8°W$。求陀罗差 ΔG。

解:
$$\Delta G = CC + \Delta C - GC = 043° + (8°W + 3°E) - 039° = -1°$$

习 题

一、问答题

1. 为何要观测低高度天体方位求罗经差?

2. 简述观测低高度太阳求罗经差的注意事项和过程。

3. 试述利用函数计算器计算天体方位的运算规则。

4. 2006 年 3 月 21 日 ZT0755,船位: $\varphi_c 30°12'.0N$, $\lambda_c 122°32'E$,测得太阳罗方位 $CB104°.5$,求罗经差。

5. 2006 年 3 月 22 日 ZT1738,推算船位 $31°30'N$, $121°30'.0E$。观测低高度太阳罗方位 $CB265°$。求罗经差。

6. 2006 年 3 月 21 日 ZT0600,船位经度为 $121°30'.0$,纬度为 $31°30'.0$。观测太阳真出罗方位 $CB092°$。求罗经差。

7. 2006 年 9 月 23 日 ZT1800,船位经度为 $121°30'.0$,纬度为 $30°30'.0$。观测太阳真没罗方位 $CB272°$。求太阳真方位和罗经差。

二、选择题

1. 天体高度为 $45°$,罗经面倾斜( )可引起观测方位最大产生 $2°$ 的误差。

    A. $1°$ B. $2°$ C. $3°$ D. $4°$

2. 船舶在航行中,应经常测定罗经差和自差,应该( )。

    A. 每天尽可能测定一次   B. 每天尽可能早晚各测一次

    C. 长航线改向后尽可能测定一次   D. B 和 C 都要求

3.观测天体低高度方位求罗经差时,当推算船位误差不超过(   ),天体高度不超过35°时,天体计算方位可以代替天体真方位。

    A. 10′   B. 20′   C. 30′   D. 60′

4.当太阳的真高度等于0°时称为(   )。

    A. 太阳的视出没   B. 太阳的真出没

    C. A 和 B 都错   D. A 和 B 都对

5.已知测者纬度等于30°N,3月21日测得太阳真没罗方位等于92°NW,则罗经差为(   )。

    A. +2°   B. -2°   C. +1°   D. -1°

第六章 电子定位

第一节 电子定位系统概述

船舶在海上,除了用陆标定位和天文定位方法外,还可以利用各种电子定位系统测定船位。电子定位的最大优点是不受能见度的影响,无论是在白天和晚上,都可以测定船位。

商船上使用过的电子定位系统的种类很多,有无线电测向系统、雷达、罗兰 A、C 系统、台卡系统、奥米加系统和卫星导航系统等。

无线电测向系统是由无线电发射源(岸台或 VHF 信号)和测向仪构成的。设在岸上的供船舶测向的无线电发射台叫做无线电指向标(radio beacon),也称无线电信标,船舶测向仪可以测定无线电指向标发射的无线电信号来确定发射源的方位。

罗兰、台卡、奥米加系统同属于双曲线系统,其原理是利用接收机测定岸上的两个固定电台的无线电信号到达船舶的时间差或相位差,从而求出船舶与该两个固定台间的距离差,得到距离差双曲线位置线。其中,罗兰 A 系统测定的是时间差;罗兰 C 系统是粗测时间差、精测相位差;而台卡和奥米加系统则测定相位差。

卫星导航系统包括美国先前的子午仪卫星导航系统(Transit),即海军导航卫星系统(Navy Navigation Satellite System, NNSS)和目前使用的导航星全球定位系统(Navistar Global Positioning System, GPS)、苏联的 GLONASS(GLObal NAvigation Satellite System)以及欧洲在研的伽利略系统(GALILEO)。

雷达(radio direction and range, radar)是集信号发射与接收为一体的定位导航系统。它是利用雷达发射的电波碰到物标会被反射回来的特性以及雷达天线的定向作用来发现物标,并测定其距离和方位。雷达除用于定位外,还用于探测水面物标、预警碰撞危险、导航等。

上述系统中,罗兰 A 和奥米加系统早已被淘汰;台卡系统未有很好的发展;无线电测向系统作为船舶使用的定位手段已不再应用。目前船上使用最多的是雷达和 GPS 卫星导航系统。下面简要介绍罗兰 C、GPS 导航系统及雷达定位的基本原理、定位方法及其局限性,若要进一步了解它们的内容可参阅《航海仪器》教材、《英版无线电信号表》第二卷(Admiralty List of Radio Signals, vol 2)及其他相关书籍。

第二节 罗兰 C 定位

一、罗兰 C 定位系统概述

罗兰 C 是低频、远程、脉冲 – 相位测距差双曲线定位导航系统。系统由一个主台与 2 ~ 4 个副台(W、X、Y 和 Z 副台)组成一个台链(station chain)。船舶利用罗兰 C 接收机测定主、副台的脉冲信号到达船舶的时(间)差 Δt(time difference)来确定船舶至主、副台的距离差 ΔD,从而确定船舶的双曲线位置线。即:

$$\Delta t = t_s - t_m$$
$$\Delta D = D_s - D_m = C \cdot \Delta t$$

式中:t_m、t_s——主、副台脉冲信号传播至接收机天线所需的时间;

$\quad D_m$、D_s——船舶至主、副台的距离;

$\quad C$——电波传播速度。

如果同一时刻测得两个台对的时差值,就能得到两条距离差位置线,它们的交点便是观测时刻的罗兰船位。在航行图上,罗兰 C 船位的符号为"□",代号 LF。

20 世纪 80 年代后期,我国也设置了罗兰 C 台链,并投入了使用。

罗兰 C 定位系统的基本性能:

(1)罗兰 C 的工作频率为 100kHz,属低频波段,电波传播的稳定性好,并采取了长基线(主、副台间的连线)措施,增大了有效作用距离。罗兰 C 地波的有效作用距离白天可达 1200n mile,夜间可达 700n mile。由于基线长,改善了双曲线位置线的散度,较大区域内的位置线交角也较好。

(2)罗兰 C 是先用脉冲包络粗测时差,再用载波相位精测时差,罗兰 C 的地波时差测定精度约为 ±0.1μs。

(3)罗兰 C 采用相位编码和相位检测技术,增强了罗兰 C 信号的抗干扰性,提高了接收机的自动化程度,接收机能自动识别主、副台信号,自动检测地波时差。若有坐标转换装置,则能自动显示船位的经、纬度。因此,接收机的操作简单、方便。

二、罗兰 C 定位及其精度

若罗兰 C 接收机有坐标转换装置,则接收机直接显示船位经纬度,定位非常方便。若罗兰 C 接收机没有坐标转换装置,则接收机测定的是罗兰 C 台对的时差值。罗兰 C 测定时差的方式有 4 种:①测定主副台的地波时差(T_G);②测定主副台的天波时差(T_S);③测定主台的地波信号与副台的天波信号的时差(T_{GS});④测定主台的天波信号与副台的地波信号的时差(T_{SG})。若接收机测定的是时差,就需要利用罗兰 C 海图或者罗兰 C 表确定船位。

1. 利用罗兰 C 海图定位

罗兰 C 海图是将罗兰 C 双曲线位置线投影在墨卡托海图上构制成的。图上用不同颜色绘有各罗兰 C 台对的位置线,每条位置线都标有对应的罗兰 C 台对的识别符号和对应的时差值。

因为罗兰海图和表册的位置线数据是根据主副台的地波时差(T_G)编制的,所以,当测定的不是地波时差时,必须将其换算成地波时差值才能定位。换算方法如下:

$$T_G = T_S + S.W.C \qquad 当测定的是 T_S 时$$
$$T_G = T_{GS} + S.W.C_{GS} \qquad 当测定的是 T_{GS} 时 \qquad (2\text{-}6\text{-}1)$$
$$T_G = T_{SG} + S.W.C_{SG} \qquad 当测定的是 T_{SG} 时$$

式中:S.W.C(sky wave correction)——称为(一般)天波改正量;

S.W.C$_{GS}$、S.W.C$_{SG}$——称为特殊天波改正量。

S.W.C 有"+"有"–",其符号由船舶至主、副台的距离 D_m、D_s 确定。设副台的天波延迟量(天波信号滞后于地波到达船舶的时间)为 β,主台的天波延迟量为 α,则

$$S.W.C = T_G - T_S = T_G - [(t_s + \beta) - (t_m + \alpha)] = \alpha - \beta$$

式中:t_s、t_m——地波信号从副台、主台传播到船舶所需的时间。

由于天波延迟量的大小与船舶距发射台的距离成反比,由上式可知 S.W.C 的符号具有如下特点:

$$S.W.C = \alpha - \beta = \begin{cases} >0 & (当 D_s > D_m 时) \\ =0 & (当 D_s = D_m 时) \\ <0 & (当 D_s < D_m 时) \end{cases}$$

而 S.W.C$_{GS}$ 恒为"–"($\alpha = 0$)、S.W.C$_{SG}$ 恒为"+"($\beta = 0$)。

天波改正量在白天(daytime)和夜间(nighttime)是不同的。在罗兰 C 海图的经、纬线交点处列有该处的天波改正量。例如在我国长江口附近,31°N 纬线与 123°E 经线处,记载着 SS3(即 9970 台链)三个台对 W、X、Y 的天波改正量为:

$$SS3 - W + 01D$$
$$SS3 - W + 02N$$
$$SS3 - X + 01D$$
$$SS3 - X + 01N$$
$$SS3 - YSG + 39D$$
$$SS3 - YSG + 56N$$

其中 W 台对的 S.W.C 在白天为 +1μs,夜间为 +2μs;X 台对的 S.W.C 在白天和夜间均为 +1μs。YSG 表示 Y 台对的 S.W.C$_{SG}$,其在白天为 +39μs,夜间为 +56μs。当船舶不在经、纬线交点处时,可用线性内插法求出船位处的天波改正量。

当利用罗兰 C 海图定位时,若所测得的时差值与海图位置线的时差数据不一致,可进行线性内插求出与观测时差值相适应的船位线。

例 2-6-1:某船 1130 的推算船位:$\varphi_c 25°20'N$,$\lambda_c 38°37'E$,利用罗兰 C 测得天波时差:$T_S = SL4 - X12523.3μs$,$T_S = SL4 - Y30362.5μs$,利用罗兰 C 海图(图 2-6-1)求 1130 的观测船位。

解:利用罗兰 C 海图按线性内插求得推算船位 C 处的天波改正量:X 台对为 – 0.3μs,Y 台对为 – 0.5μs(图 2-6-1)。于是,将天波时差换算为地波时差。即

$T_S = SL4 - X\ 12523.3$	$T_S = SL4 - Y\ 30462.5$
SWC $\quad\quad -0.3$	SWC $\quad\quad -0.5$
$T_G = SL4 - X\ 12523.0$	$T_G = SL4 - Y\ 30462.0$

在罗兰 C 海图上,在推算船位附近查找与 SL4 – Y30462μs 相邻的 SL4 – Y30460μs 和 30470μs

位置线。由于此两位置线的间隔为 $10\mu s$,用一具有 10 等分刻度(如刻度 $0\sim10$)的三角尺在推算船位的一侧置于这两条位置线之间,调节尺与位置线之间的角度(图 2-6-2),使刻度"0"与 $30460\mu s$ 位置线一致,刻度"10"与 $30470\mu s$ 一致,则刻度"2"便与 $30462\mu s$ 位置线一致,设刻度"2"为 A 点。再将三角尺移到推算船位的另一侧,用同样的方法作得 B 点,则 AB 的连线便是 SL4 – Y$30462\mu s$ 的船位线。同理可求得 SL4 – X$12523\mu s$ 的船位线。则两船位线的交点即为 1130 的罗兰 C 船位。

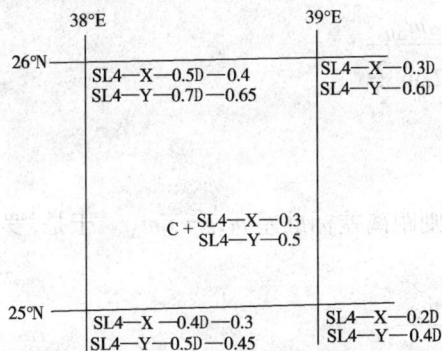

图 2-6-1　罗兰 C 海图的天波改正量　　　　图 2-6-2　罗兰 C 海图上画船位线

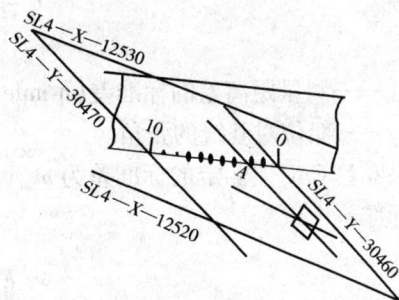

2.利用罗兰 C 表定位(可参见表册上的说明)

3.罗兰 C 定位的精度

罗兰 C 定位精度主要与测定时差的误差和船与罗兰 C 发射台的相对位置有关。如果使用罗兰 C 海图或表,则计算和作图误差也将影响船位的精度,其中,用罗兰 C 表册定位的精度比用罗兰 C 海图定位的精度高。

影响罗兰 C 船位线精度的因素有:

1)测定时差的误差

主要包括主、副台的同步误差、电波传播误差、包周差和天波改正量误差。

(1)同步误差。在同一罗兰 C 台链中,主、副台应按规定的格式同步发射自己的信号,如有差异,便产生同步误差。罗兰 C 台链主、副台一天之内的同步误差一般为 $0.03\sim0.06\mu s$,因此可以忽略不计。但当发射台之间失去同步时,接收机上的主台信号(第 9 脉冲)会闪烁或左右跳动。对于自动罗兰 C 接收机,其岸台故障标记会闪烁。

(2)电波传播误差。因为罗兰 C 海图和表册上的位置线是根据罗兰 C 信号在海上的平均传播速度计算的。当发射台与船舶接收机之间夹有陆上和海上两种传播路径时,信号以不同的传播速度在其表面传播,因此实际测得的时差值与罗兰 C 海图和表册上的理论值不同,它们之间的差值称为二次相位因子(secondary phase factor)。这项误差一般不超过 $3\mu s$。因此在选择台对时,应尽量避免接收途径陆地的信号。

(3)包周差。罗兰 C 信号在传播过程中,其包络常会变形,扰乱载波相位和脉冲包络之间的精确关系,在测量时差时可能产生 $1\sim2\mu s$ 的误差,称为包周差(envelope to cycle difference)。该项误差的大小与接收机的性能有关,还与电波传播介质有关。在最坏的情况下,接收机可能跟踪错误周波而产生 10、20 或 $30\mu s$ 的误差。

(4)天波改正误差。当使用天波定位时,由于罗兰 C 海图和表册上给出的天波改正量是根据白天电离层高度 73km、夜间高度 91km 计算的。实际上电离层高度随太阳黑子活动、季节和时间等因素变化，因此即使进行了天波改正，仍可能存在较大的误差。通常认为该项误差为 $1 \sim 1.5 \mu s$ 左右。在日出、没前后 1h，电离层高度变化剧烈，该项误差将更大，所以应避免在这段时间测定时差。

2）船舶与发射台相对位置对船位线精度的影响

由位置线理论知，距离差位置线的标准差 E 为：

$$E = \frac{\Delta u}{g} = \frac{m_{\Delta D}}{2\sin\frac{\gamma}{2}}$$

式中：$m_{\Delta D}$——测量距离差的标准差（n mile）；

γ——船位对基线的张角。

如果罗兰 C 时差测定的标准差为 $m_{\Delta t}（\mu s）$，则距离差标准差 $m_{\Delta D} = Cm_{\Delta t}$。于是，罗兰 C 船位线的标准差

$$E = \frac{Cm_{\Delta t}}{2\sin\frac{\gamma}{2}}$$

式中：C——电波传播速度。

以 $C = 3 \times 10^8$ m/s 代入上式，得以海里（n mile）为单位的标准差

$$E = \frac{3 \times 10^8}{2 \times 1852} m_{\Delta t} \csc\frac{\gamma}{2} = 0.08 m_{\Delta t} \csc\frac{\gamma}{2} \qquad (2\text{-}6\text{-}2)$$

由式（2-6-2）看出，当有相同的时差观测误差时，船位越接近基线，所测船位线的精度越高，而在基线延伸线附近，所测船位线的精度较低。因此，应避免在基线延伸线附近测量该台对。

罗兰 C 定位的精度不仅与罗兰 C 船位线的精度有关，而且还与船位线的交角有关。罗兰 C 船位的标准差 M 可按下式计算：

$$M = \frac{1}{\sin\theta}\sqrt{E_1^2 + E_2^2} \qquad (2\text{-}6\text{-}3)$$

式中：θ——船位线交角；

E_1、E_2——两船位线的标准差。

一般情况下，测定地波时差时，有 50% 的误差小于 $0.1\mu s$；测定天波时差时，有 50% 的误差小于 $1 \sim 1.5\mu s$。使用地波测定船位的精度可达几十米到 0.25n mile；天波定位的精度也可达 $1 \sim 2n$ mile。

第三节　GPS　定　位

GPS 是美国于 1973 年开始研制的导航星全球定位系统，是美国研制的第二代卫星导航系统。

GPS 是一种能提供全球、全天候、高精度、连续、近于实时的定位与导航系统。

本节将介绍 GPS 系统测定位置的原理，GPS 接收机定位的精度和导航功能。

一、GPS 系统设置

GPS 系统能向近地空间和地面上任何地点的 GPS 用户连续地提供非常精确的三维位置、速度和系统时间等信息。

GPS 系统由导航卫星网、地面站和用户设备（GPS 接收机）组成。GPS 导航卫星在轨 24 颗，平均分布在 6 个轨道平面内，如图 2-6-3 所示。各轨道接近于圆形，相对于赤道面的倾角 55°，轨道高度约为 20183km，运行周期约 12h（717.98 min），卫星每天提前约 4min 经过同一地点。全球任何地方的观测者，在地平线 7.5°以上至少可以看到 4 颗卫星，在地平线以上至少可以观测到 5 颗卫星。

GPS 导航卫星采用 L 频段的 L_1 频率（1575.42 MHz）和 L_2 频率（1227.6MHz）发射调制着导航电文的信号。为了提高抗干扰和保密性能，L_1 信号用 P 码（或 Y 码）和 C/A 码调制，L_2 信号只用 P 码（或 Y 码）调制。P 码即精确码，它是供美军或特许用户的保密码，定位精度高。因为编制 P 码的方程式已经公开，所以将来可能用 Y 码代替 P 码。C/A 码即粗测码，它供一般用户使用。自美国停止人为干扰后，C/A 码的定位精度已从 100m 提高到了 25m 。

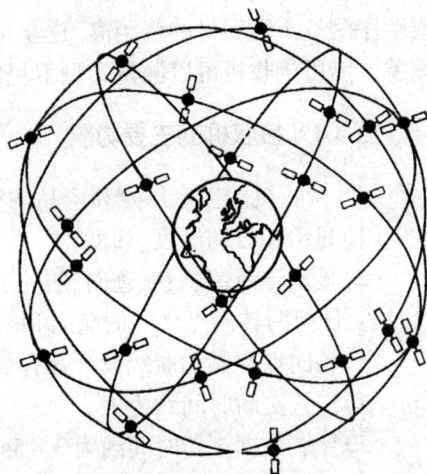

图 2-6-3　GPS 卫星轨道

二、GPS 定位原理

GPS 系统是一种测距定位系统。GPS 接收机接收卫星发布的信号，根据星历表信息可以求得每颗卫星发射信号时的位置。接收机测量卫星信号传播的时间间隔以求取接收机与卫星间的距离，但此时间间隔中包含着时钟误差、信号传播延迟等影响，所以用此时间间隔乘以光速求得的是接收机与卫星间的伪距离 $\overline{R}_i$，即

$$\overline{R}_i = R_i + C\Delta t_{A_i} + C(\Delta t_u - \Delta t_{S_i}) \tag{2-6-4}$$

式中：$\overline{R}_i$——接收机至第 i 颗卫星的伪距离，$i = 1,2,3,4$；

R_i——接收机至第 i 颗卫星的真距离；

C——光速；

Δt_{A_i}——卫星信号的传播延时和其他误差。它可以用双频测量法校正，或利用导航电文中的改正参数，根据传播延迟模型估算得到；

Δt_{S_i}——卫星时钟与 GPS 系统母钟的时间偏差，其改正参数可从导航电文中获得；

Δt_u——接收机时钟与 GPS 系统母钟的时间偏差。

由于

$$R_i = \sqrt{(X_{S_i} - x)^2 + (Y_{S_i} - y)^2 + (Z_{S_i} - z)^2} \tag{2-6-5}$$

式中：X_{S_i}、Y_{S_i}、Z_{S_i}——卫星的位置坐标，它由导航电文计算求得；

　　　　　x、y、z——接收机天线的位置坐标。

因此

$$\overline{R}_i = \sqrt{(X_{S_i} - x)^2 + (Y_{S_i} - y)^2 + (Z_{S_i} - z)^2} + C\Delta t_{A_i} + C(\Delta t_u - \Delta t_{S_i}) \qquad (2\text{-}6\text{-}6)$$

上式中,只有接收机天线的位置坐标 x、y、z 和接收机时钟误差 Δt_u 为未知数,所以,需要同时或顺序测量 4 颗卫星的伪距离,建立 4 个方程式,才能求得接收机的三维位置和接收机的时钟偏差。船用接收机可以测量 3 颗卫星的伪距离,确定船位的经、纬度和接收机的时钟偏差。

三、GPS 接收机的主要功能

GPS 接收机的生产厂家和产品的型号很多,归纳其主要的功能如下:

(1)显示船位的经度、纬度;

(2)显示导航信息:航迹向、航速、至转向点的恒向线或大圆的航向和距离以及所需的航行时间、任何两转向点之间的航向和航程、流向和流速等;

(3)转向点存储和航线设计及存储;

(4)位置更新时间约为 1s;

(5)导航数据更新时间约为 3~5s;

(6)报警:偏航、锚位监视、到达转向点、接收机故障等;

(7)设置参数:HDOP 、二维(2D)定位,三维(3D)定位等;

(8)变换使用大地坐标系,如 WGS – 84、TOKYO、NAD72 等;

(9)卫星信息:卫星号、方位、仰角、卫星工作状态、被跟踪卫星的信噪比;

(10)星座预报。

四、GPS 系统定位的精度

GPS 系统定位的精度是和伪距离的测量误差及接收机与所测卫星位置之间的几何图形有关,即 GPS 船位的标准差取决于伪距离测量的标准差和几何精度因子 GDOP(geometric dilution of precision)。

1. 伪距离的测量误差

1)卫星星历误差

卫星轨道参数主要由卫星速度和地球重力场决定。地球形状的不规则,地球质量分布的不均匀,地球内部的活动等都会产生星历误差。此外,卫星还受太阳、月亮重力场和太阳的光压作用的影响。这些作用力的不规则性也产生星历误差。

2)卫星时钟误差

GPS 系统是通过比较卫星时钟和用户时钟的时间来测量距离的,卫星时钟误差将直接影响测距的精度。卫星时钟要求与地面站的母钟时间同步,但即使是原子钟,也会产生漂移。规则的漂移可以通过测定,根据其漂移规律加以校正。由热噪声、闪烁噪声、老化起伏及温度、磁场、振动等环境引起的随机漂移将产生时钟误差。

接收机通过接收到的导航电文中的卫星时钟偏差改正后,时钟的剩余误差将非常小,而且与星历误差相联系。两者合在一起,其等效伪距离测量的标准差约为 ±1.5 m 。

3)大气层传播延时

卫星发射的电波要穿过电离层、对流层才能到达地面。L 频段电波在电离层中传播速度大于在真空中的。当 L 频段电波垂直穿过电离层时,夜间产生的延时约为 10ns,白天因太阳使电离层电子浓度增加,附加延时可增至 50ns。在低仰角时,电波穿过电离层的路径增长,附加延时比垂直穿过电离层时增加 3 倍。路径不同、时间不同,附加延时也不同。

为了改正电离层附加延时,可采用双频接收法。对精度要求不高的、只接收 C/A 码的单频道民用接收机,可采用模型改正法进行改正。这是一种固定改正,精度不高。

电波在对流层中传播的速度比真空中慢。低仰角时,通过对流层的路径增长,附加延时也大。路径越长,对流层参数变化的范围越大,电波衰减和噪声干扰的影响也越大。所以,仰角低于 5°的卫星不宜用于定位。

大气传播延时的等效测距标准差为 ±2.4 ~ ±5.2 m 。

4）设备误差

卫星发射设备和用户接收设备的电路延时,将产生固定的和随机的测距误差。接收机的硬件和软件处理信号所引起的噪声,会在距离测量中产生误差。

5）多路径误差

由于所接收的信号从一个以上的传播路径传来,使信号特性发生变化而产生测距误差。这种误差与用户位置及反射面的自然特性有关。表 2-6-1 给出了 GPS 系统伪距测量误差的估算值。

表 2-6-1

误　差　源	等效测距标准差（m）	误　差　源	等效测距标准差（m）
卫星星历和时钟误差	±1.5	接收机噪声和分辨误差	±1.5
大气层传播延时误差	±1.4 ~ 5.2	多路径误差	±1.2 ~ 2.7
卫星设备误差	±1	综合影响的标准差	±3.6 ~ 6.3

2. 几何精度因子

假设距离测量的标准差为 m_r,由此而产生的 GPS 用户三维位置的标准 m_p 为

$$m_p = \pm \sqrt{m_x^2 + m_y^2 + m_r^2} \qquad (2\text{-}6\text{-}7)$$

式中:m_x、m_y、m_z 分别为 GPS 用户三维位置坐标 x、y、z 的标准差。

用户三维位置精度因子 PDOP(Position DOP)定义为

$$\text{PDOP} = \frac{m_p}{m_r} \qquad (2\text{-}6\text{-}8)$$

即三维位置精度因子表示用户三维位置的标准差(m_p)是测距标准差(m_r)的多少倍,而且该数值是由用户与所测卫星位置间的几何图形所决定。如果以用户位置为中心作一单位球,连接用户和所测的 4 颗卫星的距离矢量与单位球相交,得所测 4 颗卫星的单位距离矢量,并形成一个多面体(图 2-6-4,图 2-6-5)。理论上证明:三维位置精度因子与这个多面体的体积 V 成反比。即

$$\text{PDOP} \propto \frac{1}{V} \qquad (2\text{-}6\text{-}9)$$

多面体体积大(图 2-6-5),则 PDOP 小,三维位置精度高,反之(图 2-6-4),三维位置精度低。当一颗卫星位于用户天顶,其余 3 颗卫星相隔 120°,而且它仰角在 5°以上时,多面体的体

积为最大(图 2-6-5)。用这样的 4 颗卫星测定用户的三维位置最为有利。

图 2-6-4　PDOP 大,船位误差大

图 2-6-5　PDOP 小,船位误差小

几何精度因子还包括下列参数:

水平位置(二维)精度因子 HDOP(horizontal DOP),即

$$HDOP = \frac{\sqrt{m_x^2 + m_y^2}}{m_r} \tag{2-6-10}$$

垂直方向精度因子 VDOP(vertical DOP),即

$$VDOP = \frac{m_z}{m_r} \tag{2-6-11}$$

接收机时钟偏差精度因子 TDOP(time DOP),即

$$TDOP = \frac{m_t}{m_r} \tag{2-6-12}$$

式中:m_t——等效于接收机时钟误差的距离标准差。

至于几何精度因子 GDOP 是一种综合度量值,它表示卫星位置与用户间几何图形和接收机的时钟误差对观测位置精度的综合影响。即

$$GDOP = \sqrt{(PDOP)^2 + (TDOP)^2} \tag{2-6-13}$$

GDOP 的数值越小,表明所选卫星的几何图形配置越好,用它们来测定的用户位置和接收机时钟的精度也越高。接收机的选星原则是选择 4 颗(或 3 颗)仰角满足 5°～85°的要求,且构成的空间几何图形能使几何精度因子 GDOP(HDOP)值最小的一组卫星(图 2-6-5)作为最佳选择。船用 GPS 接收机通常会自动选择 4 颗位置最佳的卫星进行测距定位,其设置 HDOP 的门限值为 10。

3. 大地坐标系不同而引起的位置误差

GPS 船位还存在测地坐标系不同而引起的位置误差。美国的 GPS 系统使用 WGS－84 大地测量坐标系,它与世界主要海运国家绘制海图所用的大地测量坐标系不尽相同,因此把 GPS 船位直接标绘在不同坐标系的海图上将产生位置误差。所以,在要求高精度定位时,需要进行坐标修正,若接收机有大地坐标系的自动转换功能,则应用此功能可避免这一误差。海图作业时,GPS 船位符号为"☆",代号 SF。

五、差分 GPS

GPS 的标准定位服务模式(Standard Positioning Service,SPS)下,对于单频接收机,其水平位置精度有 95%,为 33m。该定位精度难以满足高要求,例如,现在许多港口要求把在港口和受限水域的海上导航的定位误差限制在 8～20m,要实现这个目标,就要设法消除或减弱采用 CA 码而产生的各种误差的影响。最简单的方法是把 GPS 基准接收机放置在精测过的位置上,计算出 GPS 位置和精测位置之间的坐标差(经度、纬度和测地高度)或视距内所有卫星的伪距差,并把这些改正值发送给用户,这些改正值称为 DGPS 改正。用户 GPS 接收机正常工作的同时,也接收基准站的 DGPS 改正,对其观测值进行精密修正,再用修正过的数据进行定位,如图 2-6-6 所示。由于 DGPS 改正能将诸如卫星时钟偏差、星历表误差、电离层折射误差和对流层折射误差等公共误差部分消除,从而能提高定位精度,实时定位精度可以达到 10m 以内。

目前世界上利用原有的无线电指向标播发 DGPS 改正信息,我国也已在海岸线上安装了 20 座 DGPS 基准台,构成中国沿海无线电指向标/DGPS 台链,信号覆盖中国沿海海域。据测试,在离基准台 150n mile 的范围内,亚米级导航型接收机的定位精度优于 5m。

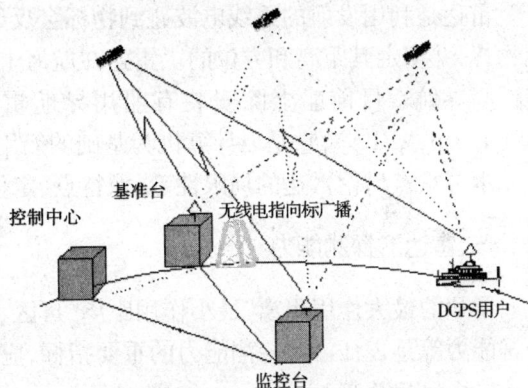

图 2-6-6　差分 GPS 原理图

关于世界范围内的无线电指向标与 DGPS 改正信息的资料参阅《英版无线电信号表》VOL.2。我国沿海的 DGPS 改正信息参阅《航标表》。

六、GLONASS 和 GALILEO 简介

1. GLONASS

GLONASS 类似于 GPS,全称为 GLObal Navigation Satellite System,是苏联军事当局于 1982 年 10 月开始建立,计划有 24 颗卫星分布于 3 根轨道,轨道高度 19100km,周期 11h15min,轨道倾角 64°.8,系统工作于 L 波段的 2 个载波频率,系统采用 PZ90 坐标系。原计划该系统于 1996 年 1 月进入全面工作,但到 2008 年底,该系统仅有 17 颗卫星在轨,14 颗卫星工作,其中 1 颗卫星仅工作于 L1 波段。要了解其详情可登录 www.glonass-ianc.rsa.ru。

2. GPS 和 GLONASS 的组合使用

GLONASS 的 3 轨道对 GPS 的 6 轨道以及两者不同的轨道倾角,可发挥 GLONASS 的高纬度优势和 GPS 的中纬度优势。有能力使用这两个系统的接收机可以提供两者的最佳配合,一个系统可以弥补另一个系统在特殊纬度上的一些限制。另外,GLONASS 不仅增加了可见卫星数目,而且能在高纬地区提供比 GPS 单系统有更高地平高度的卫星。要了解其详情可登录 http://www.bipm.org/en/scientific/tai。

3. GALILEO

GALILEO,全名"Europe's global satellite navigation system",是由 European Commission 于

1999 年提出的新一代卫星导航系统,它能给所有用户提供达数米的定位精度,高于目前的 GPS 标准定位服务模式的精度。该系统计划用 30 颗卫星(27 颗工作,3 颗备用)位于 3 根圆形地球轨道,高度 23616km,轨道倾角 56°,这将给全球提供很好的覆盖面,即使纬度达 75°也能有效定位。要了解其详情可登录 http://europa. eu/dgs/energy_transport/galileo/index_en. htm。

第四节　雷达定位与导航

雷达是利用发射的无线电波碰到物标会反射回来的特性以及天线的定向作用来发现和探测物标,并测定其距离和方位的。雷达在航海上的主要用途有,探测水面物标、预警碰撞危险、定位与导航。目前船上除安装有船用导航雷达外,还有自动雷达标绘仪(automatic radar plotting aid,ARPA),它是以计算机为基础的船用避碰雷达。

本节重点讨论雷达的局限性、影像特点、定位与导航的方法及其精度问题。

一、雷达的探测能力

雷达的最大作用距离、最小作用距离、盲区、发现物标距离、雷达波的异常传播以及雷达的分辨能力等是表征雷达探测能力的重要指标,应予关注。

1. 雷达的作用距离

1)最大作用距离

在标准大气条件下,雷达的能见地平距离为:

$$D_h(\text{n mile}) = 2.23\sqrt{h(\text{m})}$$

雷达的最大作用距离即理论上发现物标的最远距离为:

$$D_o(\text{n mile}) = 2.23(\sqrt{h(\text{m})} + \sqrt{H(\text{m})})$$

式中:h——雷达天线在海面上的高度;

H——物标在海面上的高度。

2)最小作用距离

最小作用距离是指雷达能够发现物标的最近距离。理论上的最小作用距离为:

$$D_{\min}(\text{m}) = \frac{1}{2}C \cdot \tau$$

式中:C——电波传播速度(300m/μs);

τ——脉冲宽度(μs)。

当考虑荧光屏的光点直径、收发开关的恢复时间等因素后,最小作用距离约为(0.8 ~ 0.9)$C \cdot \tau$。但实际的最小作用距离还与雷达的盲区有关。

3)盲区

盲区是在雷达天线下方、雷达波扫射不到而不能显示物标影像的区域。盲区的半径 r 为:

$$r = h\cot\frac{\beta}{2} \tag{2-6-14}$$

式中:h——雷达天线离海面的高度(m);

β——雷达波的垂直波束宽度。

实际盲区,特别是船首方向的盲区可能还要大些。船舶应当测定实际盲区,测定时可用拖轮从船首驶离直至荧光屏上首次出现拖轮的回波,这时拖轮与船舶之间的距离就是盲区的半径。盲区的半径与吃水有关,测定盲区时要记录当时的吃水。因此,雷达的最小作用距离是 $(0.8 \sim 0.9)C \cdot \tau$ 和盲区两者中较大者。

2. 雷达物标发现距离

处在雷达最小作用距离和最大作用距离间的物标能否被雷达探测到,还与物标本身的性状、当时的气象条件等有关。

1)一般物标

(1)浮标。浮标形体矮小,近乎圆形的立面对雷达波有散射作用,并非是良好的雷达物标,其探测距离约为 6 ~ 0.5n mile 不等。

(2)船舶。船舶的雷达图像为点状回波,其探测距离取决于船舶在水面以上的形体大小、电磁波的入射角及暴露于雷达波束照射范围内的结构和材料。通常,正横方向的回波强度大于首尾向的,大船的强于小船的,空载船的强于满载船的,钢铁结构的船强于木质的或玻璃钢的船。假定本船的雷达天线高度为 15m,则探测他船的最大距离大致为:小木船:0.5 ~ 4n mile;救生艇:≤2n mile;渔船:3 ~ 9n mile;拖船、驳船:≤7n mile;1000 t、10000 t 和 50000 t 的钢铁船大约分别为:6 ~ 10n mile、10 ~ 16n mile 和 16 ~ 20n mile。

(3)冰山。冰山是雷达波的不良反射体,其探测距离与其在水面以上的形体大小、电磁波的入射角等有关。根据冰区航行的经验:大冰山(高出水面 12 ~ 15m 者)雷达可在 12n mile 上发现它;中冰山(高出水面 3 ~ 6m 者)可在 9n mile 上发现它;小冰山(高出水面 2 ~ 3m)可在 3n mile 上发现它;而浮冰可在 2n mile 上发现它。但斜坡较大的冰山其被发现的距离会大幅减小。

(4)岸线。只有那些在能见地平以内的较陡岸线,其显示的图像轮廓才会与海图上的岸线基本一致,才有观测价值。

(5)小岛、悬崖峭壁等。近距且陡峭的小岛以及视角合适的悬崖峭壁一般是良好的观测物标。

(6)陆上山峰。山峰在海图上的位置一般较明确,但在雷达荧光屏上确是较大的回波影像,一般较难准确确定山峰的观测点,其回波边缘在海图上的位置可能也不易确定。但若有迎面很陡峭的山头,即使不很高,也可选用,在工作中可从海图上的山形等高线来判断物标的陡峭程度。

2)雷达航标

雷达航标是为了增强对雷达波的反射能力,是使得雷达能有效而方便地识别物标的一种装置。雷达航标有雷达反射器、雷达指向标和雷达应答标等。

(1)雷达反射器(radar reflector)。是由金属板组成的多面体,安装在浮标、灯船和灯塔上,以增加它们被雷达发现的距离。

(2)雷达指向标(ramark)又称雷达信标。是设置在固定地点的专供雷达接收的无线电发射台,定期连续地发射具有一定频带的信号。船舶雷达接收到这些信号后,便在荧光屏上出现自荧屏中心出发的具有莫尔斯编码的亮线信号,船舶可测定该信号的方位。由于在指向标的整个水平波束宽度内形成回波,因此其信号在荧光屏上呈现为一狭小的扇形。

（3）雷达应答标（racon，雷康）。包括接收、发射、天线和电源的整套装置。若船舶的雷达波长与雷康的工作波长相同，则雷康接收船舶雷达所发射的讯问脉冲后，以最短的延迟发射莫尔斯编码应答信号。船舶雷达接收到该信号后，在荧光屏上显示该编码信号。船舶可测定雷康回波的方位和距离进行定位和导航。图 2-6-7 是雷达接收到雷康（Z）信号后的显示图像。由于雷康使用间断性工作方式，故雷达荧光屏上的雷康信号不一定在每个扫描周期中都有显示。船舶可调整活动距标圈与编码信号线内端（近荧光屏中心）相切测距，调整电子方位线通过信号线测其方位，即可得到 racon 的方位距离值用于定位。但需注意的是，测定信号内端所得距离比实际距离略大（约 70m），为避免此误差，当装有 racon 的航标回波可见时（图 2-6-7），可直接测量之。

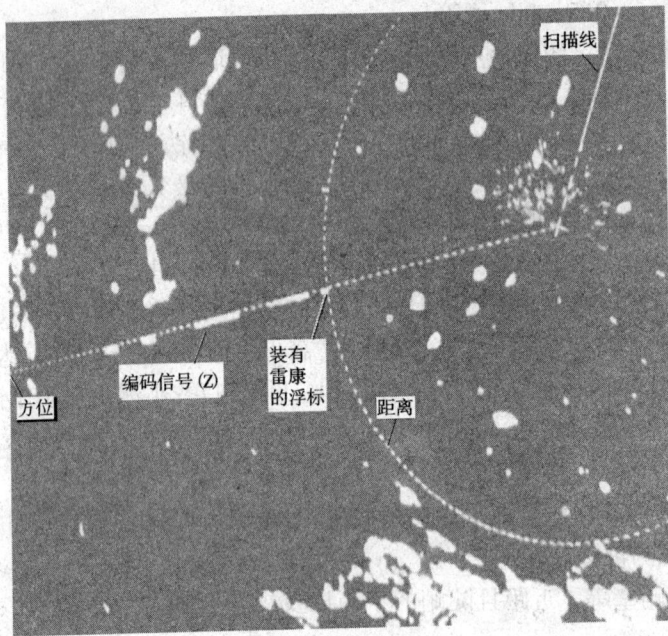

扫描线

编码信号（Z）

方位

装有雷康的浮标

距离

图 2-6-7　雷康编码信号的雷达图像

有关雷达指向标和雷康的工作波长和信号编码等资料可在《英版无线电信号表》第 2 卷中查取。

（4）搜救雷达应答器（SART，search and rescue radar transponder）。是另一种被动式的有源雷达指向标，是 SOLAS 公约规定的所有从事国际航行的船舶必须配备的搜救用雷达应答器。在海难发生时，它能指示携带它的遇难船舶或救生艇的位置，是搜救工作中的寻位装置。雷达应答器可以放在驾驶台内，也可装在船舷或救生艇上，或者由落水者携带。一旦发生海难，可手动或自动启动，或直接抛入水中自动启动。启动后，应答器立即进入待命状态。当收到救助船 X 波段雷达脉冲信号后，应答器约经 $0.5\mu s$ 的延迟发射 X 波段的应答信号。于是在搜救船的雷达显示器上出现一串间距相等的 12 个光点，总长度约 8n mile。从第一亮点到屏幕中心的距离，搜救船可测出其与应答器之间的距离，连同一连串光点的方位，便可得知应答器的确切位置。

3. 雷达波的异常传播

非标准的气象条件会导致雷达波的异常折射。

1) 分折射

在冬季,当有冷空气移到温度较高的水面,气温随高度的升高而激烈下降,常会产生分折射现象。分折射使雷达能见地平距离减少。

2) 过折射

夏季,干燥暖空气移到水温较低的水面时常会发生过折射现象。过折射使雷达能见地平距离增加,有时可达 1.3 ~ 1.5 倍。

4. 雷达的分辨能力

1) 方位分辨能力

在同一距离上的两个物标能被雷达分辨出的最小方位差称为雷达方位分辨能力。当与船等距的两物标的方位差小于等于雷达波束宽度时,该两物标在雷达荧光屏上便不能分开显示。

2) 距离分辨能力

在同一方位上的两个相邻物标能被雷达分辨出的最小间距称为雷达距离分辨能力。理论上,当同一方位上的两物标的间距小于等于 $\frac{1}{2}C \cdot \tau$(实际约为 $(0.8 \sim 0.9)C \cdot \tau$)时,该两物标在雷达荧光屏上便不能分开显示。

二、雷达影像的特点

1. 物标影像的失真

由于雷达本身的性能和所观测地点的地形特点的影响,使得在雷达荧光屏上出现的物标影像常与海图上的物标图形不一致。

1) 物标影像的放大失真

除荧光屏上回波光点直径(d)引起失真外,主要有:

(1) 角向失真(方位失真)。物标影像的放大失真是由雷达水平波束宽度 α、雷达波的脉冲宽度(脉冲持续时间)τ 和荧光屏上回波光点的大小(直径 d)所引起的。

由于雷达水平波束有一定的宽度,使荧光屏上显示的物标影像比实际的要宽,物标影像向左右两侧各展宽了 $\alpha/2$(图2-6-8)。因此,如果观测影像的边缘方位,应在左边缘方位读数上加 $\alpha/2$,在右边缘方位读数上减 $\alpha/2$,当然还应考虑因光点大小所引起的影像展宽 $d/2$。

(2) 径向失真(距离失真)。由于雷达脉冲波具有一定的宽度 τ,当脉冲前沿与物标接触时,荧光屏上便产生回波。随着光点沿径向外侧扫描,回波也随之向外延伸。在此期间,雷达波实际传播了 τ 时间或 $C\tau$ 距离(C 为光速),但在荧光屏上显示的是单程距离,所以回波影像将延伸 $C\tau/2$。

2) 岸线影像的形状失真

由于雷达方位分辨力和距离分辨力的影响,使得雷达影像不能将地形的微小特征显示出来,只能显示地形的大概轮

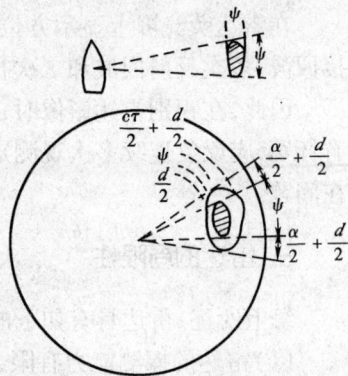

图2-6-8　雷达回波的方位和距离失真

廓,加上雷达影像的放大失真,甚至雷达影像将分别孤立的间距近的物标连成一片而无法分辨。

陡峭的岸壁对雷达波的反射能力强,低平的海岸和沙滩因反射能力弱而不易显示影像,因此荧光屏上的海岸线影像并非是实际海岸线。

在高大物标后面的低矮物标,雷达波往往被遮蔽而扫射不到,因而也不可能有显示。同时,远距离物标的低矮部分,也由于地面曲率的影响而扫射不到,因此只能显示远距物标的较高部分的影像。

2. 阴影扇形

在雷达波的传播方向上,如有船舶的建筑物或设备(如烟囱、桅杆等),则它们的回波将在荧光屏上形成一个阴影扇形,使这些建筑物后方的物标不能被发现(图 2-6-9)。航行中的船舶可通过改向来发现阴影扇形内的物标。

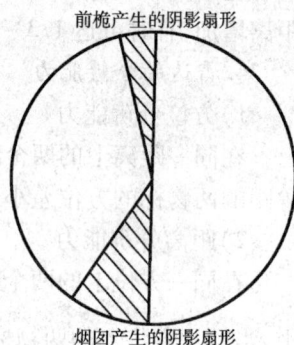

前桅产生的阴影扇形

烟囱产生的阴影扇形

图 2-6-9 阴影扇形

3. 干扰回波

1)气象干扰回波

当有降雨、雪、雹和浓雾,甚至接近海面的低空积云时,雷达波的一部分能量被大气中的水分所吸收,减少了雷达发现物标的距离。另一方面,它们的回波也常在荧光屏上出现,呈现为疏松的棉絮状一片的光点。可以调整"雨雪抑制"来减小它们的影响,但也会影响和削弱雷达物标影像的显示。但当遇到热带暴雨时,其回波较强,此时要辨别出物标的回波是有困难的。

2)海浪干扰回波

当海面有较大波浪时,荧光屏中心附近会出现一片时隐时现的光点,称为海浪回波。一般波峰前的反射较波峰后的反射为强,因此,海浪回波在多数情况下出现在上风的方向,形成椭圆状的一片。海浪回波对发现近距离的低矮小物标(如小船、浮标等)有影响,若使用"海浪抑制",则也将削弱近距离物标影像的回波。

3)他船雷达干扰回波

当附近有其他船舶的雷达工作时,本船雷达的荧光屏上将出现由小光点连成的曲线或螺旋形线的干扰回波。

4. 假回波

在雷达荧光屏上显示方位距离错误的物标影像,称为假回波。假回波主要有旁瓣回波、间接回波、多次反射回波和二次行程回波等。

因此,在识别雷达影像时,应采用多个影像的方位距离相互比对的方法加以比较辨认。如有怀疑,应反复连续多次观测定位,用所测船位连线是否合理来判断所测雷达物标影像是否存在问题。

三、雷达的局限性

综上所述,雷达具有如下的局限性,在使用中应充分注意,不能盲目依赖它。

(1)雷达的探测能力有限,受最大、最小作用距离、物标反射电波能力等的限制;

(2)雷达只能显示物标平面图像的方位和距离,而不能显示其实际形状以及高度、厚度、

水下深度等,不能显示物标后方的低矮物标;

(3)有时会丢失所跟踪的目标,例如,受分辨力的限制,当两船在接近到雷达不能分辨它们后又分开时,雷达便不能区分前后两个回波与两船的对应关系;

(4)观测数据受技术条件限制而产生误差,如图像"肥胖"、距标圈的误差等引起方位、距离的观测有误差;

(5)对操作者的操作技能有一定要求,否则也会产生误差,如最佳状态的调整、真假回波的识别等;

(6)只能显示船舶的当前位置,不能显示船舶轨迹及未来状态。

四、雷达定位与导航

1. 雷达的显示方式

雷达最常见的显示方式有:北向上显示和首向上显示。

1)北向上显示

北向上显示,也叫方位显示,是将陀螺罗经接入雷达,雷达荧光屏的方位刻度盘 0°对应陀螺北、船首标志线指向陀螺航向的显示方式。该显示方式下,船舶航向改变时,荧光屏上的船首标志线随航向的改变而同步改变,而物标回波则不随之变动。北向上显示下,观测物标读到的方向读数是物标的陀螺方位。

2)首向上显示

首向上显示,也称舷角显示,是将船首标志线指向固定刻度盘 0°的显示方式。该显示方式下,船舶航向改变时,荧光屏上的船首标志线不随之改变,而物标回波则随之变动,使物标回波变得不清晰。首向上显示下观测物标读到的方向读数是物标的舷角。

2. 雷达测距

影响测距误差的因素有:

(1)扫描起始时间与天线发射脉冲时间不同步。

(2)物标测量点的误差:这是由于雷达观测物标影像的位置与海图物标位置不一致而产生的误差。例如:海岸线在视距外,误将内陆较高部分的回波当成海岸回波;低平海岸的近边回波太弱而不能显示;潮汐的影响等都会造成这种误差。物标影像测量点的误差是雷达测定距离时可能存在的最大误差。因此,为了减小误差,应尽可能选用雷达视距内陡峭的孤立小物标。

(3)距标误差:这是雷达固定距标和活动距标本身存在的固定误差。这项误差可利用位置确知的物标距离和它的雷达距离相比较而获得。另外,扫描锯齿波的非线性使固定距标圈的间距不等会造成测距内插误差。

(4)观测雷达距离的随机误差。

操作技术不良也会引起测距误差,因此操作中应注意:尽量选用 X 波段的雷达;扫描亮度、增益、抗干扰等调节适当,聚焦钮要调节清晰;量程选用要适当,不能过大,使被测物标的回波位于荧光屏的 2/3 屏半径附近;应在回波清晰时测量,测量点选准,考虑回波边缘与海图的物标相应位置是否准确对应;当不能同时测量几个物标时要考虑物标的测量顺序,先测正横方向、后测首尾方向。

IMO 的雷达性能标准规定,利用固定距标和活动距标测距的误差不能超过所用量程最大距离的 1.5% 或者 70m 中的较大者。

在测定物标距离的航海实践中,雷达测距的精度是较高的。对于一般熟练的操作者,在正常情况下,用雷达活动距标测距的标准差约为量程的 ±1.5%;固定距标测距的标准差约为量程的 ±2.5%。

3. 雷达测方位

影响测方位误差的因素有:

(1)水平波束宽度及波束形状不对称引起的方位误差。对于非点状物标,雷达影像比实际影像向左右侧各扩大了半个水平波束宽度。在测定物标影像左右侧的方位时,将产生方位误差,同时光点直径也会产生误差;

(2)中心偏移误差:如果扫描中心没有正确地调整到荧光屏的几何中心,则用机械方位标尺测定方位时将产生扫描中心偏移误差,使用机械方位标尺时可能会产生视差。当使用电子方位线测定方位时,则不存在该项误差;

(3)扫描线与天线的不同步而产生的方位误差;

(4)船首标志误差;

(5)船舶摇晃引起的观测方位误差;

(6)陀罗差(ΔG)的误差;

(7)观测的随机误差。

IMO 的雷达性能标准规定,测量位于显示器边缘的物标回波方位,误差应小于或等于 ±1°,船首标志线误差不应大于 ±1°,船首标志线宽度不大于 ±0°.5。

综上所述,雷达测定方位受多种因素影响,一般情况下,用雷达测方位的精度低于用陀罗经测方位的精度。一般认为雷达测点状孤立物标的方位有 ±1° 的误差。而测定非点状物标,采用北向上显示方式时,约有 ±2° 的误差;采用首向上显示方式时,约有 ±4° 的误差。

4. 雷达定位

1)物标选择

雷达定位的关键是物标影像的识别和回波测量点的选择,要正确识别影像和选择正确的回波测量点都是有困难的,需要积累实践经验。

(1)应选择回波图像稳定、清晰、回波位置能与海图位置精确对应的物标,如装有雷达航标的物标、灯塔、孤立近距小岛、岩石、岬角、突堤及孤立易认的航标等;

(2)应选近而可靠、不易搞错的物标;

(3)应选用交角合适的多物标定位。当物标十分可靠,且确认无误时才可用单物标方位距离定位。

2)定位方法

在海上利用雷达定位的方法有:雷达距离定位、雷达方位定位、雷达距离方位定位和雷达距离、罗经方位定位。海图作业时,雷达船位的符号为"Δ",代号 RF。

(1)雷达距离定位。雷达的测距精度较高,雷达距离定位是船舶最常用的定位方法。用三物标距离定位,可获得很高的定位精度。但如果无适当的三物标,可选回波影像清晰、方位差接近 90° 或大于 30° 小于 150° 的两物标。测定雷达距离时,应考虑到雷达影像失真的特点,使用活动距标。当不能同时观测时,注意观测顺序,先正横,后首尾。

（2）雷达方位定位。利用雷达方位定位，应尽量用北向上显示方式，注意船首线标志是否与陀罗航向一致。若用首向上方式，不要在回波不稳定时观测。观测方位时最好使用电子方位线。对于孤立物标的点状回波，应测定其中心的方位；若测岬角等物标的回波边缘方位，应改正水平波束宽度引起的方位误差。当用雷达测舷角时应同时记下观测时的船首向；如果测定的是雷达方位应注意改正陀罗差。当不能同时观测时，注意观测顺序，先首尾方向，后正横方向。

（3）雷达距离方位定位。对于孤立、显著的单物标，位置确认无误，可以同时测定其距离和方位定位。对于点状物标，应测影像中心的方位和距离。如果是有一定长度的小岛，也无明显的观测点，可测小岛两侧的方位和小岛内缘的距离来定位（图 2-6-10）。

（4）雷达距离和陀罗经方位定位。如果能观测得到物标的罗经目测方位和该物标的雷达距离，则可以得到精度较高的观测船位。

3）雷达定位的精度比较

仅就雷达定位的方式考虑，其精度高低的顺序大致如下：

（1）雷达测定三个显著、孤立点状物标的距离定位；

（2）两物标距离和一物标方位定位；

（3）两物标距离定位；

（4）两物标方位和一物标距离定位；

（5）单物标方位距离定位；

（6）三方位定位和两方位定位；

5. 雷达导航

1）导航

在沿岸或狭水道航行，一般利用雷达导航既方便也直观。沿岸航行，可利用雷达连续定位的方法，保持船舶在计划航向上。狭水道航行，一般不具备连续定位的条件，但可以事先设计好各种导航线或避险线进行导航和避险。

（1）平行线导航。使用平行线导航，应选择离航线近、显著易认、海图上位置准确的物标，量取该物标与计划航线的最小距离（设为 D_{min}）。调整雷达至北向上相对运动显示方式，活动距标调到 D_{min}，调整电子方位线（或机械方位标尺）与物标一侧的活动距标圈相切且平行于计划航线，如图 2-6-11 所示。航行中调节航向使物标回波始终沿着电子方位线移动，可确保船舶航行在计划航线上。

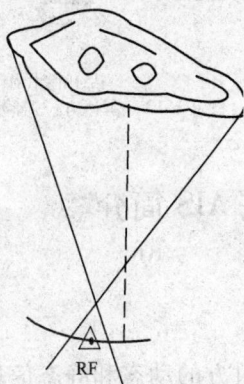

图 2-6-10　雷达测距和测方位点　　　　图 2-6-11　雷达平行线导航

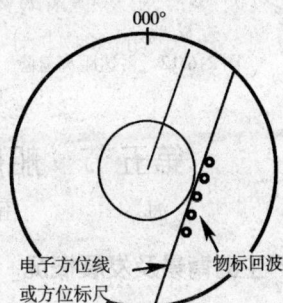

（2）雷达距离叠标导航。利用雷达测定两物标影像的距离差等于零的位置线,这时船位将在两物标连线的中垂线上。只要不断用活动距标圈通过两物标影像,可判断船舶是否偏离距离叠标导航线(详见第四篇第三章"狭水道航行")。

2）避险

在能见度不良情况下通过转向点多、障碍物多的复杂水道时,常可利用雷达避险线进行导航。

（1）距离避险线法。当所选避险物标和危险物的连线与计划航线垂直或接近垂直时,可采用距离避险线避险。

首先确定距离避险线,它由各危险点的安全距离的切线组成,如图 2-6-12 中的虚线。图中的实线为船舶的计划航线。航行时将方位标尺与计划航线平行(北向上显示方式),且与定出安全距离的活动距标相切,当避险物标和危险物处于航线的同一侧时,操纵船舶保持避险物标回波处在与活动距标圈相切的方位线的外侧即可安全避离危险物。

（2）方位避险法。当所选的避险物标与危险物的连线与计划航线平行或接近平行时,可采用方位避险线避险。

先在海图上求得避险物标和危险物的方位避险线及方位,如图 2-6-13 所示。航行中,将雷达显示器上的方位标尺置于该避险方位平行,计划航线与方位避险线之间的距离可由活动距标确定。随时操纵船舶使避险物标的回波始终处于避险方位线的安全一侧。

（3）平行线避险。利用平行线可以导航,同样可以避险。如图 2-6-11 所示,只要选择好避险物标,根据避险要求将 D_{min} 设置为避险距离,此时与活动距标圈相切的电子方位线便是避险线,航行中,始终保持避险物标的回波处于电子方位线的安全一侧即可。

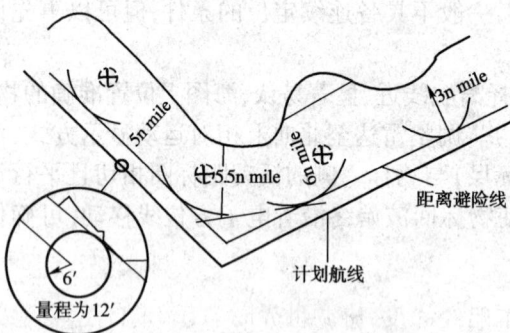

图 2-6-12　雷达距离避险

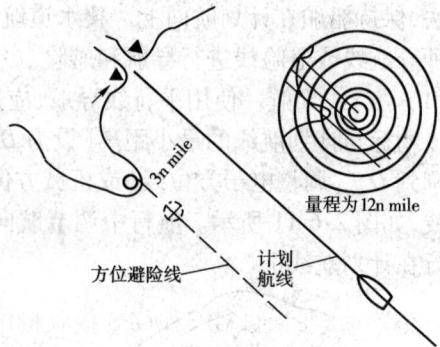

图 2-6-13　雷达方位避险

第五节　船舶自动识别系统 AIS 简介

一、AIS 产生的背景及发展概况

要保证船舶交通的安全和高效率,船舶之间相互了解对方的动态和静态信息是必不可少的。雷达曾是船舶用以掌握其他船舶的动、静态信息的主要手段。但雷达不能识别船名,无法知晓他船的操船意图。甚高频无线电话（VHF）是沟通和了解对方船舶的信息和操船意图的有效工具，但其使用效率也不高，有时因设备操作和语言交流上的问题而不能及时沟通。因此船舶的自动识别一直是影响船舶航行安全、船舶交通管理和航海技术发展的重要因素。船舶自动识别系统（automatic identification system，AIS）正是能自动识别船舶的新型助航设备。国际航标协会（International Association of Lighthouse Authorities，IALA）于1980年设置了VTS（vessel traffic service system）委员会，该委员会以"关于船舶的识别、跟踪的调查研究"为课题，从80年代后半期开始研究。在IMO（国际海事组织：International Maritime Organizations）、IALA、ITU（国际电信联盟：International Telecommunications union）、IEC（国际电工委员会：International Electronic Committee）等的努力下，从1992年开始研讨，经过约9年时间，正式发布了AIS的性能标准、技术特性、测试标准、操作指南等。

AIS的功能有：①识别船只；②协助追踪目标；③简化信息交流；④提供其他辅助信息以避免碰撞发生。

AIS能加强船舶间避碰的措施，增强ARPA雷达、船舶交通管理系统、船舶报告等的功能；在电子海图上显示所有船舶可视化的航向、航线、船名等信息；改进了海事通信的功能，提供了一种与通过AIS识别的船舶进行语音和文本通信的方法；增强了船舶的全局意识，使航海界进入了数字时代。

关于船舶安装AIS的要求，已经列入SOLAS公约船舶修正案的第五章（也称"新五章"）。根据新五章规定，目前的所有船舶都必须安装AIS设备。

在国际电信联盟咨询委员会无线电分委会（ITU－R）1997年召开的国际无线电通信研讨会上，指定了两个海上VHF通信频率给AIS，各个地区也可规定其他的海上VHF通信频率给AIS用。ITU－R制定了VHF的国际标准，并于1998年7月通过。标准规定：87B频道（161.975MHz）和88B频道（162.025MHz）为AIS全球专用频道。

二、AIS的组成

典型的AIS系统包含一个VHF发射机，两台VHF、TDMA接收机，一台VHF、DSC接收机。AIS可以同时在两个频率上交替进行。主管部门也可以指配AIS的区域性使用频率。

AIS主要由数据收集模块、信息处理模块、通信模块及信息显示模块等构成。

1. 数据收集模块及传感器

该模块接收来自GPS/DGPS接收机的本船经纬度，协调世界时UTC，来自陀螺罗经的本船航向，来自计程仪的本船航速等信号，将它们转换为数字信号并输入信息处理器。

本模块还包括手动输入查询数据的装置，检查收、发数据错误的装置及机内自检。

手动输入的信息有：

本船的静态信息数据：本船的船名和呼号；IMO统一配置的本船识别码（Maritime Mobile Service Identities，MMSI）；船长和船宽；船舶类型；GPS天线在船舶上的位置；船载货物类型；航行状态（锚泊或航行）等。

另可从动态数据库中查询他船的动态数据。

2. 信息处理模块

信息处理模块包含信息处理机和中央控制器，是整个系统的核心，用以存储本船识别码、船名、呼号、船型等静态信息与船舶吃水、危险货类、航线等航行相关的信息;处理、存储本船动态信息;将存储的本船最新航行数据及必要的静态信息与航行相关的其他信息进行编码后送发射机;对接收来自周围其他船舶的航行数据进行解码并存储解码后的数据;将本船和其他船的航行数据等信息送显示器显示。信息处理器中包括船舶静、动态数据库及对信息的处理、管理控制、显示等相关的软件。为使广播式 AIS 系统具有可靠、有序的信息通信,要求各船舶 AIS 设备时间同步而避免内部干扰,通常用于同步的参考时间采用 GPS 的 UTC,也可采用与 UTC 相关的时间源。

3. 通信模块

由信息处理机控制,在不同 AIS 设备之间通信,用于自动发射本船航行信息和接收其他船舶的航行信息。

4. 信息显示模块

用于显示各种数据和状态信息,监视系统运行状况。实际应用的信息显示器可以与雷达、ARPA 及电子海图显示器一体化。信息显示器将会出现多种多样的显示方式。

三、AIS 的信息内容

1. 静态信息

IMO 识别编码(若无可不发);IMO 的船舶唯一识别码(MMSI);呼号及船名;船长和船宽;船舶类型;定位仪天线在船上的位置(离船首距离和中心线左右距离)。

2. 动态信息

船位(纬度:1/10000 纬度,经度:1/10000 经度)及其精度标示和完好性状态;协调世界时 UTC(日期由 GPS 接收设备产生);真航向(1/10 度);对地航速(1/10kn);船首向(0°~359°);航行状态(航行、抛锚等,由手动输入);转向速率(若无可不发)。

外接的传感器所提供的其他信息。

3. 与航次有关的信息

船舶吃水;危险货物(种类)按管理当局要求;目的港及估计到达时间(船长估计)。

可选项有(基本电文中无此数据区):航路计划(航路点)。

4. 与安全有关的短电文

包括:船舶静态和动态信息;航次相关的信息;安全相关电文(重要的航行警告或重要的气象警告等与安全相关的信息);安全信息(根据需要)。

5. AIS 船舶报告

1)船舶报告种类

报告种类很多,主要有:船位报告、基地台报告、信道管理等 13 种。

船位报告中包含:信息识别码(6 比特);用户识别码(30 比特,MMSI 码):航行状态(2 比特,0 = 在航行中;1 = 锚泊;2 = 未受指令;3 = 灵活性受限制);经度(28 比特,1/10000 度。±180°,东为" + ",西为" - ",最小单位为 0.1852m);纬度(27 比特,1/10000 度,±90°,北为" + ",南为" - ")等字段,总共用 168 比特表示。

2)船舶报告频度

船位报告的频度如表 2-6-2 所示。

表 2-6-2

船舶航行状态	报告间隔	船舶航行状态	报告间隔
抛锚船	3 min	船速 14～23 kn 且改变航向	2 s
船速 0～14 kn	12 s	船速 >23 kn	3 s
船速 0～14 kn 且改变航向	4 s	船速 >23 kn 且改变航向	2 s
船速 14～23 kn	6 s		

船舶静态信息及与航程有关的信息,每 6min 更新一次或按要求(自动反应,无需用户操作)更新。

四、AIS 的功能

AIS 的目的是实现在一定范围内所有安装无线电应答器的船舶之间都能相互"看得见"。船舶之间"看得见",意味着不需人为介入便能够连续交换重要的航行数据。其中最重要的数据包括船名、船籍、船位、船速、航向等。只有当这些信息可自动、连续地传送给所有船舶,AIS 才可称为自动识别系统。

由 AIS 的组成可见,如果每一艘船都安装上 AIS,船舶会遇时就可把本船的航行信息发射出去,并接收周围其他船舶发来的航行信息,这会给海岸和港湾的船舶管理及海上船舶的航行和避让带来以下方便:

(1)较好解决 VTS 中存在的船舶自动识别问题。目前的 VTS 操作员收到船舶用 VHF 报告的船位后,需要从显示屏上寻找到该船的目标回波,通过手动键入船舶的船名标志信息。

(2)满足船舶避碰通信过程中对船舶识别的需要。目前船舶避碰过程中使用的无线电通信设备是 VHF,由于环境或语言上的原因,往往不能有效地使两船达成避碰协议。

(3)为船舶航行提供新的观测手段。雷达是目前船舶使用的主要观测设备,但它仅能提供船位和速度等信息,且易受天气、海况和地形影响。AIS 能提供包括船位、船速、航行状态、船名、呼号、船长和吃水等船舶的动态和静态信息,且不易受到大气和海况干扰。

(4)将海上通信带入到计算机数字通信的网络时代。AIS 实现了船桥计算机之间的动态联网,利用它可以进行船舶间以及船岸间的数字电文传输,不仅提高了效率,也解决了某些海上通信方式中的语言障碍。

(5)为航海技术的发展提供新的平台。利用 AIS 在船舶间以及船岸间建立的计算机网络和提供的信息,可以开发更多的新的应用,以进一步研究解决船舶信息交换、操纵、避碰、控制和监视等领域存在的问题,推动航海技术的发展。

AIS 集导航、通信和"观测"功能于一体,因此它广泛适用于海上航行的各种类型和不同大小的船舶,对提高海上船舶的技术装备水平起到很大作用。

五、AIS 的工作方式

在 VTS 和 ARPA 雷达上直接标识目标需要解决的问题有:高精度的定位手段、船舶全球唯一的编码 MMSI 码、自控时分多址联接(SOTDMA)技术及电子海图等。而这些技术现已全部实现。

高精度的定位手段:全球卫星定位系统(民用 GPS)的定位已经可以保证优于 10m 的精度

271

（实测可达3m精度），符合了AIS的定位要求。

船舶全球的唯一编码MMSI码（又叫船舶识别号）：每一艘船舶从开始建造到船舶使用结束解体，给予一个全球唯一的MMSI码。IMO于1987年就通过了推广应用MMSI码的决议。

SOTDMA技术是通过数据打包链接的技术，AIS技术标准规定，每分钟划分为4500个时间段，每个时间段可发布一条不长于256比特的信息，长于256比特的信息增加时间段。每艘船舶会通过询问（自动）选择一个与他船不发生冲突的时间段和对应的时间段来发布本船的信息。在统一的VHF的频道上，AIS范围内任何船舶都能自行互不干扰地发送报告和接受全部船舶（岸站）的报告，这就是SOTDMA的技术核心。AIS系统（在同一区域）能同时容纳200～300艘船舶，当系统超载时，只有距离很远的目标才会被放弃，以保证作为AIS船对船运行主要对象的近距离目标的优先权。

AIS是一种工作在VHF频段、采用SOTDMA现代通讯技术的广播式自动报告系统。国际上对船舶自动识别系统主要提出过两种工作方式：甚高频（VHF）/数字选择呼叫（DSC）方式和广播方式。

1. 甚高频（VHF）/数字选择呼叫（DSC）方式

数字选择呼叫（DSC）是一种能与指定的船舶建立通信联络，并能使该船舶电台知道有另外一个电台欲与其进行通信的一种自动呼叫系统。

甚高频（VHF）/数字选择呼叫（DSC）是指利用检错编码技术并由工作在甚高频（VHF）海上通信频带的船舶电台进行数字选择呼叫的系统。

其基本原理是：如果地面控制站（例如VTS中心）进行询问，就将有关信息通报给岸上的接收站和其他的船舶。

2. 广播方式

广播方式的识别系统，可以利用从导航卫星得到的准确的时间信息来同步不同船舶的航行信息的发送。为了实现分时通信，把时间分成一个个小时间段（称为时隙（timeslot）），每分钟建立2250个时隙（系统的设计为每分钟4500时隙），一个时隙可以传输256bit。每个AIS站的船位报告装入一个时隙，一个时隙发送一艘船舶的航行信息。这样，可以有效地利用无线电频道，能使每一艘船的AIS设备在各自相应时隙内发送本船航行信息，在其他时隙内接收他船的航行信息。

六、海岸AIS网络

海岸AIS网包括AIS船台，AIS岸基台和网管软件。

AIS船台即AIS船舶应答器遵从ITU的全球AIS标准，其主要功能有：

（1）在VHF范围内自动识别船只；

（2）预测准确的相遇点；

（3）预测船只最近交汇距离；

（4）识别岛屿后面或港湾内航道的船只；

（5）近乎实时地接收其他船只有关转向率、航向及航速的资料；

（6）通过数据链作短文通讯（短消息）。

网管软件是专为AIS基站接收机设计的配置软件，收发机可通过串联的PC机进行简单配置,配置软件安装在 PC 上。通过该软件,一些诸如频率、传输速率、通信端口设置和接收机识别码等参数可方便地被改变。

应答器的三个主要部件是:1 个 GPS 接收机,1 个 VHF 收发信机和 1 台计算机。简单地说,GPS 接收机提供精确的定位和导航数据,计算机将这些信息与船舶速度、名称、呼号、类型、对地航向等数据封装在一起并通过 VHF 收发信机的一条数字数据链路向外广播。所有在 VHF 覆盖范围内的配有 AIS 应答器的船舶均可以接收到这一消息,解开数据包并在电子海图系统(ECS)或 ECDIS 上获得其他船舶的船位、船舶速度、名称、呼号、类型、对地航向等数据。这就意味着在 VHF 覆盖范围内的所有船舶都可在 ECS 上被自动标绘。

AIS 地面网络基于 INTERNET 网络。网络系统能管理所有参与者间的通信,如船、岸间的通信,移动船舶间的通信,即使他们之间的距离可能超出 VHF 的作用范围。系统可以处理信息路由并能够将信息排队直至接收方进入系统的覆盖范围,克服了在 VHF 无线电通信覆盖范围之外的船舶通信的限制。通过网络管理达到信息流的收集、控制和分配,并采取网络安全管理措施,使网络可以在任何地方、国内或国际之间进行。系统所提供的标准接口(如 HTTP,Java)使得应用开发商可以方便地与其他系统相连。应用部门只需关心应用本身,而由网络系统来管理通信。

由于 AIS 网络的地面信息路由使用的是 IP 协议,这就使得系统在与现有基础设施集成时非常灵活。系统可安装成 Intranet 或使用 Internet,系统还可被安装成基于 Internet 的虚拟专用网(VPN),选用何者取决于对安全性的要求。

网络管理中心对所有参加的船舶、基站之间的路由处理和信息排队,决定从原发地到目的地数据路由和信息直至接收方到网络的排列。网络设有用户授权,对偶过滤,按使用者要求选择信息,广播 VTS 的船舶交通管理信息给船舶 AIS 终端。并能进行信息的统计和计费、网络的安全控制及使用权限设置等。

AIS 网络的基础结构是 IP 网络,IP 线路是 AIS 陆上信息传输的线路,几乎与现在的所有网络标准兼用,以现存的网络系统为基础,可以提高 AIS 网的扩展能力和降低成本。

七、AIS 的应用

1. 基于 AIS 的新型船舶避碰专家系统

长期以来,人们对船舶自动避碰问题进行了许多的研究。各种研究的基本思路都是要建立知识库,用以存储由雷达检测的相遇船动态数据、避碰规则、船长经验、专家解析、本船与来船的操纵性、运动状态等数据。根据分析相遇船和本船的态势以及本船运动状态,查询知识库并得到避碰方案,或由推理将相关数据、信息有机地综合成专家系统,经过学习、推理,自动给出避碰方案并实施之。

在自动避碰系统的研究中,有一个条件始终未曾解决,那就是:具有能向相遇船通报本船的避让操作意图,接收并对相遇船的避让操船措施作出相应处理的功能,而没有这种功能,就不能做到"知己知彼",就构不成一个完整的避让方案。

由于 AIS 能够自动、连续提供包括船位、航向、航速、航行状态、船名、呼号、船长和吃水等大量的船舶动、静态信息,并且不受气象和海况的干扰,具有可靠的通信设施。因此,可望基于 AIS 信息的实用的自动避碰专家系统不久将会面世。

2. AIS 在船舶交通管理中的应用

目前的 VTS 是基于雷达跟踪目标获取船舶动态信息的船舶交通管理系统,而 AIS 是基于 GPS 定位,通过无线电数据通信获取船舶动态信息和其他信息的自动识别船舶的系统。在 VTS 台站增设 AIS,扩大了自动识别船舶的覆盖范围,能得到全面的船舶信息,进一步提高了 VTS 的能力,充分发挥船舶交通管理的作用。

AIS 站可以向 VTS 提供其所辖水域内船舶详细、精确的信息,并自动显示在 VTS 显示屏上。这样,VTS 操作人员能很方便地了解航行辖区中每一个目标的动态、航行趋势等。在有危险的情况下,还可通过 AIS 发出安全警告信号。因此,在 AIS 运用到 VTS 后,将具有下列优点:VTS 对船舶的管理更为准确及时;克服和弥补了雷达在雾天和恶劣天气等条件下的不足;给船舶引航提供了便利,可进行实时查询,应答和跟踪;用户可通过计算机网络查询 VTS 中 AIS 信息数据库,便于船队管理。

AIS 在船舶交通管理系统的应用如下:

(1)自动显示船舶识别码、静态的和航次有关的信息;

(2)改善在海浪和恶劣气象条件下的目标自动跟踪;

(3)几乎实时地获得转向率、航向、对地航速和船舶尺度等信息。

3. 基于无线局域网络(LAN)技术的 AIS 将实现资源共享

若以数字选择呼叫(DSC)技术为基础方式的 AIS 作为第一代,以时分多址(TDMA)技术为基础方式的 AIS 作为第二代,则未来基于无线局域网络(LAN)技术的 AIS 将成为第三代。

无线局域网络是指以无线信道作为传输媒质的计算机局域网络。装有 AIS 的船舶以无线方式连入一个计算机网络,作为网络的一个点,不仅能和其他装有 AIS 的船舶之间实现资源共享,还会得到有线网络系统的支持而具备多种功能。

4. AIS 与 IBS、ECDIS 等技术集成 21 世纪新型船舶导航系统

综合船桥系统(Integrated Bridge System,IBS)由各种传感器和控制信息及数据组成。今后将 AIS 的数据信息加入 IBS 中,成为其中的一个模块,使其更趋完善,并为实现具有手动智能型的综合船桥系统打下新的基础。

电子海图显示和信息系统(Electronic Chart Display and Information System,ECDIS)也是一种助航系统。将 AIS 的数据信息加入 ECDIS 或 ECS 中,可使船舶在航行中对电子海图上的其他船舶的信息一目了然,当任何船舶进入 VHF 作用范围内,就有可能在 ECDIS 或 ECS 上显示出来。同样的信息在 VTS 也可以显示出来。举例说,附近的船舶如果改变航向,就可以很快地被侦测到。

长期以来,船舶驾驶台上各种导航仪器或系统“各自为政”,“谁也代替不了谁”,驾驶员手里的证书也越来越多。20 世纪 70 年代出现的“综合船桥系统”(IBS),设计者已意识到“综合”的重要性,但其基本构想仍然局限在各种设备各自独立,通过各自的接口将传感信息综合到系统中去,在 IMO 的有关条文中,甚至还强调不得影响原设备的工作。这种“系统集成”的结果,又“综合”出一种新系统,仍然使驾驶台内的设备有增无减。在我们考虑 21 世纪船舶导航系统时,应当认真考虑是保留以往的“系统集成”,还是选择“技术集成”。所谓“技术集成”,是指将分散应用到各种系统中的各种导航技术及提供的各种信息集成到一个新的导航系统中,这无疑是我们应有的选择。

5. AIS 可实现电子航标

由于航标设在流动的水中,受水流的影响有一定的漂移半径,为此,航槽只好相应加宽。在 AIS 系统情况下就不同了,电子航标的位置是不受水流的影响而移动的,在同样的安全系数的情况下,可以降低对航槽开挖宽度的要求,从而降低航槽建设成本。

浮标是容易漂移的航标,一旦漂移,容易造成船舶搁浅。在 AIS 系统下可完全改变这一状况。由于 AIS 状态下的电子航标是不会移位的,因浮标漂移而造成船舶搁浅的因素也就不存在。如果在 AIS 系统情况下仍需要现行的实物航标的话,只要在现行灯标体上安置一台 AIS 设备就能解决。当航标发生移位时,移位航标上的 AIS 设备就能把移动了的位置报告出来并报警,对航行安全是非常有好处的。目前沉船标的设置周期较长,沉船标显示的信息也比较少。在 AIS 系统情况下,在船舶沉没到沉船标抛设期间,管理部门可以设电子沉船标,电子沉船标不仅可以包含一个具体坐标位置,还可以包含一个具体的警告区域(面积),并备注有相关信息和危急等级的综合信息。当某种原因引起沉船移位时,沉船标也必须相应移动,这要花费较大的人力和物力。而在 AIS 系统情况下只要轻轻点击鼠标就能完成沉船标的位置改变。

6. AIS 将改变航行警告的形式

现行的部分航行警告、航行通告的内容,如超大型船舶的长距离拖带、沉船等,有可能会被全新的 AIS 系统的船舶告知方法所取代。目前超大型船舶的长距离拖带,除了航行许可的审批外,还需要对超大型船舶长距离拖带的特殊性以及何时出发,何时到达(或经过)某地等需要他船协助避让的事项发布航行警告,以便接收到该航行警告的船舶可估计相遇时间而主动协助避让。AIS 实施以后,超大型船舶的长距离拖带的航行警告将被 AIS 标识有超大型船舶特殊信号的显示界面所取代。根据需要,这种超大型船舶特殊信号接近到一定的距离时可被设置为报警,提醒操纵者重视,其效果远比现行发布航行警告好得多。还有诸如像大风警报,抢险救助等方面的航行警告,也可能会与现行的做法有较大的区别,其结果会大大提高工作效率和方便用户。

7. AIS 在搜寻和救助工作中的应用

如果所有的搜救船舶都装备了 AIS,海上搜救协调中心可以迅速地确定哪艘船距救助地点最近,以便在最短的时间赶到。遇险船上若有 AIS 工作,则该船就能显示在救助船和救助中心显示器上。在整个搜救期间,所有船舶将被跟踪和标绘,搜救中心能及时地监测、协调和指挥,使搜救的工作更有效。

八、AIS 与 VTS、ARPA、船舶报告的关系

VTS、ARPA 和船舶报告是港口管理、船舶、搜救组织获取一定区域内船舶信息的工具,分别用于船舶管理、避碰、搜救定位的目的。从信息角度来讲,信息越多越好;从精度角度来讲,精度越高越好;从范围角度来讲,区域越广越好。

从信息精度来看,AIS 船位信息精度比 VTS、ARPA 高,比船舶报告高出更多。从区域范围来看,AIS 区域范围比 VTS、ARPA 大许多,比船舶报告小一些,但可通过其他方法解决。从成本效果上来看,在达到相同效果的前提下,AIS 与 VTS、ARPA、船舶报告相比成本最低且效果最好。有许多功能,VTS、ARPA、船舶报告是无法办到的,只有 AIS 能办到。它们的比较见表 2-6-3。

AIS 与 VTS、ARPA、船舶报告的主要技术数据比较　　　　表 2-6-3

	VTS 的岸基雷达	ARPA 的船基雷达	船舶报告的报告	AIS
报告频率/ 工作性质	1 次/3s(扫描)	1 次/3s(扫描)	1 次/日(报告)	1 次/2~6s(广播)
经度纬度 的描述	/	/	×××××N××××× E/(14 个字符)	纬度(27 比特); 经度(28 比特)
位置的 最小单位	/	/	为"'"(≈1852m)	为(1/10000)' (≈0.1852m)
显示精度/ 允许误差	≈30m,与岸站至 目标的距离有关	≈30m,与船站至 目标的距离有关	允许误差 2h 的航程	≈3m,与定位手段有关
时效	准实时(延期 6 个 扫描,18s)	准实时(延期 6 个 扫描,18s)	非实时推算	实时(延期<1/1000s)
基站 工作范围	岸基雷达 5n mile 范围	船基雷达 5n mile 范围	/	船、岸基雷达 20n mile 范围
主要技术研 制(成熟)时间	30 年前成熟至今 有少量的变化	20 年前成熟至今 有少量变化	40 年前成熟至今 无大的变化	在完善中
备注	雷达波为直线传播	雷达波为直线传播	报告范围与 通信手段有关	AIS 波可非直线传播

习　题

问答题

1. GPS 的导航功能有哪些? 航行中如何选择船位实时监控显示模式?

2. GPS 接收机通常选用卫星的仰角范围是多少? 为什么?

3. 雷达的影像失真有哪些? 如何减小它们对定位精度的影响?

4. 使用雷达的局限性有哪些?

5. 什么叫雷达的方位分辨力和距离分辨力?

6. 影响雷达定位精度的因素有哪些?

7. 雷达干扰有哪些? 如何识别和抑制它们?

8. AIS 的基本功能有哪些?

9. 简述 AIS 的基本组成及其作用。

10. AIS 发布的信息包含哪些内容?

11. 简述 AIS 的应用。

第三篇

航海图书资料

第一章 潮汐与潮汐推算

潮汐学是研究海洋、大气和地球潮汐现象的一门科学。本书从航海实际应用出发，阐明海洋潮汐的现象、成因、利用《潮汐表》推算潮汐的知识和方法，以及潮汐在航海中的应用。

第一节 潮汐的基本成因与潮汐不等

一、潮汐现象

海面在周期性外力作用下产生的周期性升降运动称为潮汐（tide），并将白天的海面上升称为潮，夜间的海面上升称为汐。海面上升的过程称为涨潮（rising tide 或 flood tide），下降的过程称为落潮（falling tide 或 ebb tide），在一个涨落周期中，海面到达最高点时，称为高潮（high water，HW），到达最低点时，称为低潮（low water，LW）。伴随海面周期性的升降运动而产生的海水周期性的水平方向流动称为潮流（tidal stream）。

一个周期中的海面升降、即海水的涨落并不是均匀的，高潮过后，海面缓慢下降，降到高、低潮的中间时刻附近，下降得最快，然后又减慢，直到发生低潮为止。低潮前后的一段时间，海面处于停止状态，称为"停潮（stand tide）"，停潮的中间时刻称为"低潮时（time of low water，简记 T_{LW}）"；高潮前后的一段时间，海面处于停止状态，称为"平潮（slack tide）"，平潮的中间时刻称为"高潮时（time of high water，简记 T_{HW}）"。

从低潮时到高潮时的时间间隔叫"涨潮时间（duration of rise）"，从高潮时到低潮时的时间间隔叫"落潮时间（duration of fall）"。图 3-1-1 是潮汐现象示意图。

潮汐与航海的关系非常密切，潮汐的变化可能会直接影响到船舶航行计划的实施和航海安全。浅水海湾或者港口（如我国的上海港和广州黄埔港），载重量大的船舶，要等候潮水才能进出港口。此外，顺着潮流航行，就能加快航速，节约时间和燃料；反之则航速变慢，航行时间和燃油消耗都将增加。在沿岸航行中，潮流还能使船舶偏离航线，处理不好就容易发生事故，船舶靠离泊时，也常常利用有利的潮流。

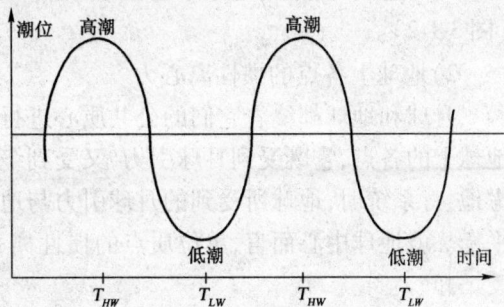

图 3-1-1 潮汐现象示意图

二、潮汐的基本成因

潮汐是由天体的引潮力产生的。天体的引力与地球惯性离心力的合力称为引潮力。对潮汐影响大的是月球和太阳的引潮力，其中月球引潮力是产生潮汐的主要力量。即月球对地面海水的引力，以及地球绕地(球)、月(球)公共质心进行平动运动所产生的惯性离心力是形成潮汐的主要原动力。本节只讨论月球引潮力，为方便讨论，提出两点假设：

(1)整个地球被等深的大洋所覆盖，所有自然地理因素对潮汐不起作用；

(2)海水没有摩擦力和惯性力，外力使海水在任何时刻都处于平衡状态。

1.月球的引力

在地球和月球的引力系统中，按万有引力定律，月球与地球之间的引力与地、月两球的质量成正比，与它们之间距离的平方成反比。若以 m_M 表示月球质量，m_E 表示地球质量，R 表示地球与月球中心间的距离，则地球和月球之间的引力 f 为：

$$f = k\frac{m_M \cdot m_E}{R^2} \tag{3-1-1}$$

式中：k——万有引力系数。

设月球中心至地球上任一点的距离为 r，则地球表面任意点处，单位质量的海水所受的月球引力 f_p 为：

$$f_p = k\frac{m_M}{r^2} \tag{3-1-2}$$

由此可见，对于地球上各点来说，其所受月球引力的大小和方向均不相同，即不同地点的水质点所受到的月球引力的大小，是随着该点与月球中心的距离 r 的不同而不同的，离月球近的水质点受力大，离月球远的则受力小，引力的方向均指向月球中心(图3-1-4)。

2.惯性离心力

1)地、月系统的公共质心

由式(3-1-1)看出，地、月之间具有相同的相互吸引力，但地、月系统能维系平衡，是由于它们绕着其共同质心运动的结果。由质心计算公式可计算出，地、月系统的公共质心(G)位于地、月中心(M)的连线上，距离地球中心(E)约 0.73 倍的地球平均半径处(图3-1-2)。

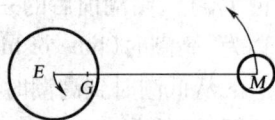

图3-1-2　月地系统

2)地球上各点的惯性离心力

月球和地球都绕着它们的公共质心进行平动运动，周期为一个太阴月，约 27.3 日。对于地球上的各点，它既受到月球引力，又受到绕公共质心运动产生的惯性离心力的作用。当只考虑地、月系统时，地球所受到的月球引力与地球绕公共质心的平动运动产生的惯性离心力近似平衡。就地球中心而言，单位质点的惯性离心力 f_E 与该质点的月球引力的大小相等、方向相反。即

$$f_E = k\frac{m_M}{R^2}$$

下面考察地球表面的水质点受到的地月平动运动所产生的惯性离心力。

图 3-1-3 是地球绕公共质心一个周期的运动示意图(参看光盘:\教学课件\潮汐)。当地球中心在 E_1 位置时,月球中心便在 M_1 的方向上。同样地,随着月球和地球的相对运动,E_2 与 M_2 对应,E_3 与 M_3 对应,E_4 与 M_4 对应。总之,地球中心 E 是以地、月系统的公共质心 G 为中心,以 $GE = 0.73R$ 为半径作圆周运动。

当地心 E 绕公共质心 G 作圆周运动时,由于地球自转周期与其绕公共质心的运动周期相比可以忽略,因而,在月地系统绕其公共质心的运动中,地球上任意两点的联线始终保持着平行运动。地球绕公共质心的运动状态类似于自行车踏脚板的运动,自行车踏脚板在被踩踏的过程中,踏脚板始终是平行运动的,即踏脚板上的任意平行线段在运动过程中始终保持着平行状态。同样地,当地球绕公共质心的运动中,地球中心 E 以公共质心 G 为中心作运动时,地球表面上任意一点 A 也在绕其自己的中心 G' 保持与地心 E 同步运动。

如图 3-1-3 所示,A 是地球面上的任意一点,当地球中心绕 G 运动一周时,对应地,A 也相应地由 A_1 运动到 A_2、A_3、A_4,且始终保持 $E_1A_1 // E_2A_2 // E_3A_3 // E_4A_4 // GG'$,即地球上任意线段的空间方向始终保持不变。因此,地球表面上任意一点 A 的圆周运动半径 AG' 与地心 E 绕 G 作圆周运动的半径 EG 相同,且运动的角速度也相同。所以,A 点所受到的惯性离心力必定与 E 点的惯性离心力大小相等,方向相同,即相互平行。它们都背离自己的圆周运动中心,即背离月球方向。

3. 月球引潮力及月潮椭圆体

1)月球引潮力

月球引潮力是月球引力和地球绕公共质心进行平动运动所产生的惯性离心力的合力,地球上的任意点均会受到引潮力的作用。

图 3-1-4 是地球上各点的月球引潮力的大小和方向示意图。在地球中心,引力与离心力大小相等,方向相反,处于力的平衡状态,引潮力等于零。在其他各点处,引力和离心力不会相互抵消,从而产生了引潮力。

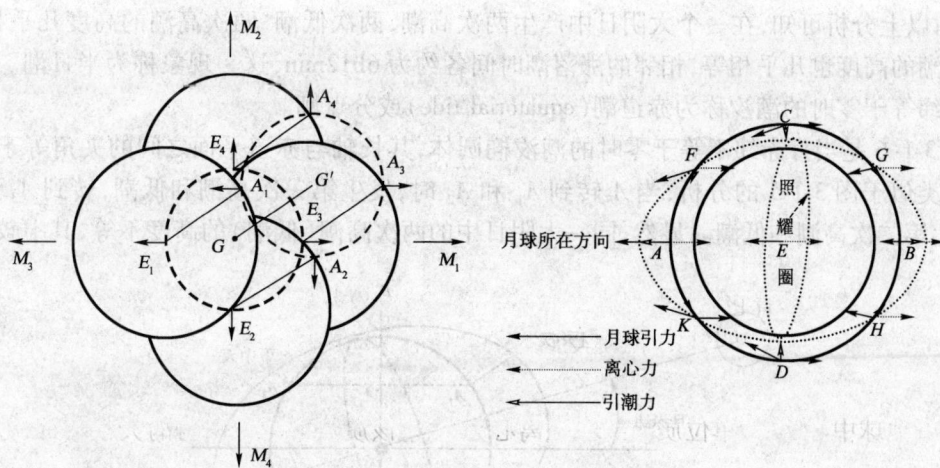

图 3-1-3　地球平动运动

图 3-1-4　月球引潮力

2)月潮椭圆体与潮汐

月潮椭圆体是在假设地球表面全被等深海水所覆盖时,受月球引潮力的作用海面达到新的平衡状态时形成的椭圆体,其长轴与月地联线一致(图 3-1-4中的点线椭圆体)。

同一地点的潮汐是在引潮力和地球自转的共同作用下形成的。图 3-1-5 是假设月球赤纬等于零的月潮椭圆体,椭圆体的长轴位于月地连线上与地轴垂直。p_n 为地理北极,测者 A 位于任意纬度,A_1、A_2、A_3、A_4 分别表示地球表面上任意一点 A 在地球相对于月球自转一周中的四个特殊位置。在地球自转中,当月球位于 M_1,A 位于 A_1 时,月球处于上中天,A 处于月潮椭圆体的长轴,该地的海面相对上升到最高位置,形成高潮;地球自转时,月球在绕公共质心公转,当地球相对于月球自转过 90°即月球公转到 M_2,A 转到了 A_2,A 处于月潮椭圆体的短轴,该地的海面相对下降到最低位置,产生低潮;当地球相对于月球转过 180°,即月球公转到 M_3,A 到 A_3 时,月球处于该地的下中天,A 处于月潮椭圆体的长轴,海面又上升到最高位置,即发生了第二次高潮;同理,当 A 自转到 A_4 时,该地的海面再次下降到最低,发生了第二次低潮。月球连续两次上(下)中天的间隔时间,称为一个太阴日,平均约为24h50min。由此可见,由于月球引潮力和地球自转的共同作用,使同一地点的海面发生周期性的升降现象,从而形成了潮汐。

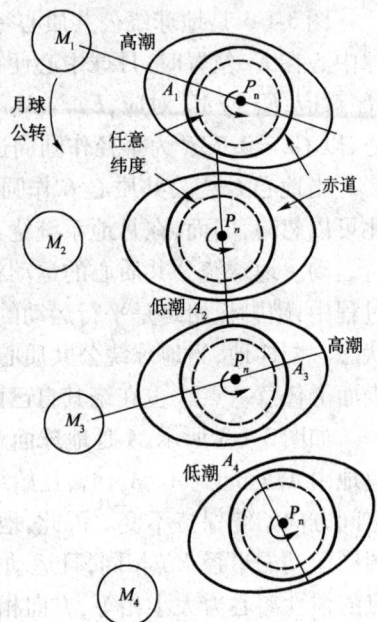

图 3-1-5 潮汐产生原理图

三、潮汐不等

1.潮汐的周日不等

潮汐周日不等产生的主要原因是月赤纬不等于零以及测者的纬度不等于零。当月赤纬为 0°时,由以上分析可知,在一个太阴日中产生两次高潮,两次低潮,两次高潮的高度几乎相等,两次低潮的高度也几乎相等,相邻的涨落潮时间各约为 6h12min,这一现象称为半日潮。我们把月赤纬等于零时的潮汐称为赤道潮(equatorial tide)或分点潮。

图 3-1-6 是当月赤纬不等于零时的潮汐椭圆体,其长轴与赤道平面之间的夹角等于月球赤纬。类似于图 3-1-5 的分析,当 A 转到 A_1 和 A_2 时,发生第一次高潮和低潮,转到 A_3 和 A_4 时,发生第二次高潮和低潮。显然,同一太阴日中的两次高潮(低潮)的高度不等,其中较高的

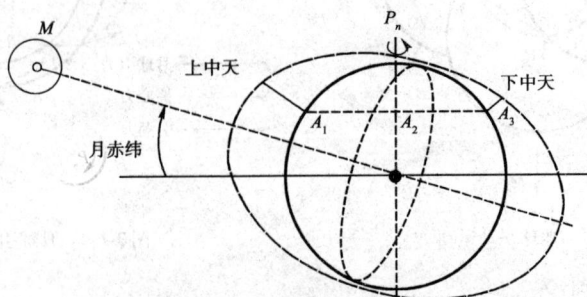

图 3-1-6 潮汐周日不等原理图

一次高潮叫高高潮（higher high water，HHW），较低的一次高潮叫低高潮（lower high water，LHW），而两次低潮中较高的一次叫高低潮（higher low water，HLW），较低的一次叫低低潮（lower low water，LLW）。而且间隔时间 $A_1A_2 \neq A_2A_3$，即相邻的高、低潮（或低、高潮）之间的间隔时间（涨、落潮时间）也不等。

潮汐周日不等的显著程度随着月球赤纬的增大和测者纬度的升高而加剧。当测者纬度很高，月亮赤纬又较大时，一个太阴日中，相邻的低高潮和高低潮的高度可能相差无几，从而形成一天只有一次高潮、一次低潮，这一现象称为日潮。当月赤纬达到最大时，潮汐周日不等现象最为显著。月赤纬最大时的潮汐称为回归潮（tropical tide）。图 3-1-7 是潮汐周日不等示意图。

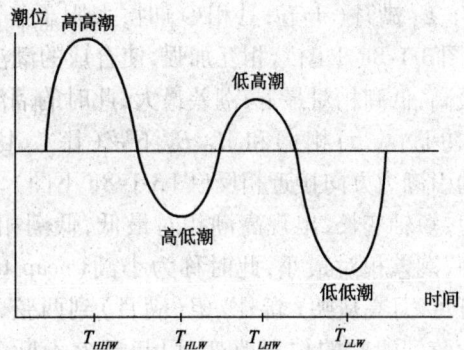

图 3-1-7　潮汐周日不等现象

2. 潮汐的半月不等

月亮引潮力和太阳引潮力的共同作用以及月亮和太阳的相对位置的变化产生了潮汐的半月不等。由于月球引潮力要比太阳引潮力约大 2.17 倍，对于潮汐现象而言，主要与月球的引潮力有关。但太阳的引潮力同样会产生太阳潮汐椭圆体（图 3-1-8a），且太阳两次上（下）中天的时间间隔为一个太阴日，即 24h。当太阳的赤纬不等于零时，也会发生太阳潮汐的周日不等现象。因而，太阳潮的存在增加了潮汐现象的复杂性。由于月球、太阳和地球在空间周期性地改变着它们的相对位置（图 3-1-8b），因而发生了潮汐半月不等现象。

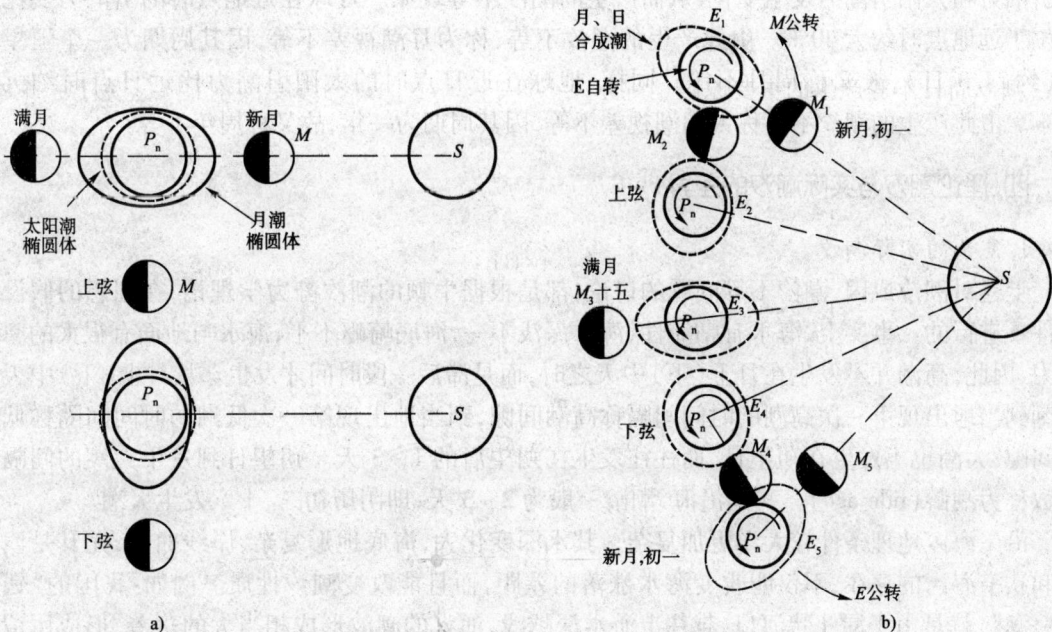

图 3-1-8　潮汐半月不等原理图

图 3-1-8a)是月亮和太阳子午面一致时和垂直时的两潮汐椭圆体关系示意图。图3-1-8b)是太阳、月球和地球运动及合成潮的变化示意图。地球 E 如图所示的绕太阳 S 公转,月球 M 绕地月公共质心公转,p_nS 为太阳子午面,p_nM 为月亮子午面。在一个朔望月中,地、月相对于太阳的相对位置变化,引起潮汐也不断发生变化。当月、地处在 M_1、E_1 新月(初一,月相●)或 M_3、E_3 满月(十五,月相○)时,太阳子午面和月亮子午面一致,它们的引潮力方向接近相同(图3-1-8a 上图),相互加强,使合成的潮汐椭圆体的长轴更长,短轴更短,从而出现高潮相对最高,低潮相对最低,潮差最大,此时的潮汐称为大潮(spring tide)。而当月球处于 M_2、E_2 上弦(初七、八,月相☽)和 M_4、E_4 下弦(廿二、廿三,月相☾)时,太阳和月亮的子午面相互垂直,它们的引潮力方向接近相反(图3-1-8a 下图),被相互抵消一部分,使合成的潮汐椭圆体的长轴变短、短轴变长,出现高潮相对最低,低潮相对最高,潮差相对最小,此时称为小潮(neap tide)。可见,月亮从朔(新月)望(满月)到两弦,又从两弦到朔望的位置改变,引起潮差不断变化。从新月到上弦,潮差逐渐变小,从上弦到满月则逐渐变大,从满月到下弦,从下弦到新月又产生同样的变化(图 3-1-9)。这样以半个朔望月(约14.5 日)为周期的潮汐变化,称为潮汐的半月不等(semi menstrual inequality of tide)。

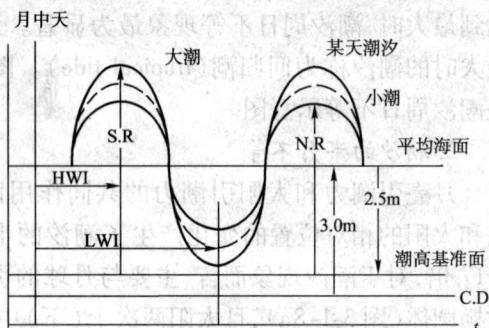

图 3-1-9 潮汐半月不等现象

3. 潮汐的视差不等

潮汐的视差不等(parallax inequality of tide)是由于月球和太阳与地球间的距离变化,使月球引潮力和太阳引潮力发生变化,从而产生的潮汐不等现象。月球在近地点时的引潮力要比其位于远地点时约大 40%。由此产生的潮汐不等,称为月潮视差不等,因其周期为一个恒星月(约27.3 日),故又称周月不等。同样,地球在近日点时的太阳引潮力比远日点时约大 10%。由此产生的潮汐不等称太阳潮视差不等,因其周期为一年,故又称周年不等。

四、理论潮汐与实际潮汐的差异

1. 复杂的实际潮汐

上述对潮汐成因、潮汐不等问题的讨论,都是根据牛顿的潮汐静力学理论,在理想的假设条件下进行的。事实上,海水有粘滞性,海洋深浅不一,海底崎岖不平,海水与地面有很大的摩擦力,因此,高潮并不发生在月上(下)中天之时,而是滞后一段时间才发生。从月上(下)中天时刻到当地出现第一次高潮的时间间隔称高潮间隙,到当地出现第一次低潮的时间间隔称低潮间隙;大潮也不发生在朔望日,而往往发生在朔望后的 1~3 天。朔望日到发生大潮的间隔天数称为潮龄(tide age)。我国沿海,潮龄一般为 2~3 天,即阴历初三、十八发生大潮。

沿岸海区地理条件较大洋更加复杂。其水深变化大,海底地形复杂,岸线曲折,尤其是浅滩和狭窄海湾的存在,不仅能改变海水涨落的差距,而且能改变潮汐性质。例如:我国的"钱塘怒潮",就是由于漏斗状河口,越往上游水深越浅,涌入的潮波形成相当大的落差,形成所谓怒潮或暴涨潮,潮水像一堵墙一样涌来,甚为壮观;加拿大东南芬地湾的海面落差最大可达18m;我国秦皇岛港的潮汐有别于渤海湾内的邻近港口;墨西哥湾中相距很近的两个地区出现性质完全不同的潮汐现象。

另外,潮汐还受大风、气压变化(如台风)、洪水、结冰等影响而增水或减水,尤其在浅水海湾或河口港,其影响可能非常显著,不可忽视。有些河口航道,由于河流下泄水的影响,落潮时间明显长于涨潮时间,落潮流速也明显大于涨潮流速。

2. 调和常数

总之,实际的潮汐现象是非常复杂的,为了实际应用,数学家们将复杂的潮汐看成是许多简谐振荡的合成。把每一简谐振荡视为由一个假想天体引起的潮汐,从而把十分复杂的不规则的潮汐振荡分解为很多正规的潮汐振荡。每种正规潮汐,即由一个假想天体引起的潮汐,称为分潮(tidal component)。每个分潮曲线又用两个参数描述:分潮振幅(tidal component amplitude),用 H 表示;分潮迟角(tidal component epoch),即假想天体上中天到该分潮高潮的时间间隔,用 g 表示。H 和 g 称为调和常数(harmonic constants)。大部分假想天体引起的分潮振幅很小或周期很长,在实用上可忽略不计,在一般的预报潮汐中仅涉及 11 个分潮。英版《潮汐表》(Admiralty Tide Tables)每卷在第三部分(part Ⅲ)中列出了当年各港 4 个主要分潮的 H 和 g 的数值,以便用来大致计算任意时刻的潮汐。这四个主要分潮是:

M_2 主要月球半日分潮

S_2 主要太阳半日分潮

K_1 月球和太阳合成日分潮

O_1 主要月球日分潮

五、潮汐类型与潮汐术语

1. 潮汐类型

潮汐的涨落现象是因时因地而异的,在中版《潮汐表》的附表中给出了各港口的潮汐性质数据,其计算式为 $F = \dfrac{H_{K1} + H_{O1}}{H_{M2}}$($H$ 为分潮的振幅),F 也叫潮型系数,其大小决定了港口的潮汐类型,分为以下几种:

1)半日潮港

每个太阴日都有两次高潮和两次低潮。两次高潮和两次低潮的高度都几乎相等,涨潮时间和落潮时间也接近相等,$F < 0.5$。我国大部分港口属于半日潮港口。

2)日潮港

在半个太阴月中有连续 1/2 以上天数出现日潮,而在其余日子则为半日潮,$F > 4.0$。我国南海有许多地点(北部湾、红岛、德顺港等)的潮汐,都属于全日潮类型港口。

3)混合潮港

它介于半日潮与全日潮之间。

(1)不正规半日潮混合潮港。对于具有半日潮特性,但在一个太阴日内其相邻的高潮(或低潮)的高度相差很大,涨潮时间和落潮时间都不等的港口又称为不正规半日潮港,$0.5 \leqslant F < 2.0$。

(2)不正规日潮混合潮港。在半个太阴月中,连续日潮的天数不超过 7 天,其余天数为不正规半日潮的港口又称为不正规日潮港,$2.0 \leqslant F \leqslant 4.0$。

2. 潮汐术语

在论述潮汐成因和潮汐不等等问题时已介绍了一些潮汐术语,为了掌握和运用潮汐计算方法,下面再介绍一些(图3-1-9):

平均海面(mean sea level,MSL):根据长期潮汐观测记录算得的海面平均高度。中版潮汐表中的平均海面由潮高基准面起算,即表中"潮高基准面"的在平均海面下的数值。

潮高基准面(tidal datum,TD):潮汐预报表中的潮高起算面,从平均海面向下度量。

海图深度基准面(chart datum,CD):海图的水深起算面,从平均海面向下度量。CD一般与TD一致,当两者一致时,实际水深等于海图水深加上当时潮高。如果两者不一致,求实际水深时,应对两者的差值进行修正(见本章第二节中的"潮汐推算的应用")。

潮高(height of water):从潮高基准面至某时刻潮面的高度。

高潮高(height of high water):从潮高基准面至高潮面的高度,即高潮时的潮高。

低潮高(height of low water):从潮高基准面至低潮面的高度,即低潮时的潮高。

潮差(range):相邻的高潮高与低潮高之差。潮汐表中将大潮时的平均潮差称大潮差,小潮时的平均潮差称小潮差。

大潮升(spring rise,SR):从潮高基准面到平均大潮高潮面的高度。

小潮升(neap rise,NR):从潮高基准面到平均小潮高潮面的高度。

潮汐间隙:某地的月中天时刻到该地发生高潮或者低潮的时间间隔。月中天时刻至发生高潮的时间间隔为高潮间隙(high water interval,HWI);至发生低潮的时间间隔为低潮间隙(low water interval,LWI)。

平均高(低)潮间隙(mean high(low) water interval,MHWI(MLWI)):半个太阴月或其整数倍的每个高(低)潮间隙的平均值。

因我国的潮汐表采用专门方法计算潮汐间隙,所以,我国潮汐表中的平均高(低)潮间隙是用格林尼治月中天时刻计算的,即格林尼治月中天时刻加上高(低)潮间隙得到我国某港发生高(低)潮的时间。

第二节　中版《潮汐表》与潮汐推算

一、中版《潮汐表》

1. 概述

我国的《潮汐表》有多种版本。有国家海洋信息中心编制、山东省地图出版社出版发行的《潮汐表》,有海军司令部航海保证部编制、中国航海图书出版社发行的《潮汐表》,还有地方海事部门出版的当地潮汐表。《潮汐表》每年出版一次,本年度的《潮汐表》均在上年度编印。海军司令部航海保证部编制的《潮汐表》共有四册,包括黄、渤海海区(书号H101),东海海区(H102),南海海区(H103),太平洋北西部(H104)。本书主要介绍由国家海洋信息中心编制的《潮汐表》及其使用方法,它们共有六册,前三册为国内海区,后三册为国外海区。

第1册:黄海和渤海沿岸,从鸭绿江至长江口。

第2册:东海沿岸,从长江口至台湾海峡。

第3册:南海沿岸及诸岛,从台湾海峡(经中国南海诸岛)到北部湾。

第4册:太平洋及其邻近海域。

第5册:印度洋沿岸(含地中海)及欧洲水域。

第6册:大西洋沿岸及非洲东海岸。

2. 主要内容

(1)主港潮汐预报表(主表):刊载了各册表属区域的主港的每日逐时潮高和高(低)潮时、潮高预报,或只刊载每日高(低)潮时、潮高预报。

(2)潮流预报表:刊载了部分海峡、港湾、航道以及渔场等潮流预报站点的每日潮流预报(第2、6两册不含此项内容)。

(3)差比数和潮信表(附表):刊载了附属港(附港)与某一主港之间的潮时差、潮差比和改正数。为了帮助用户了解港口的潮汐情况,还同时列出了每个港口的潮汐特征数据。

除此以外,还有一些与潮汐表结合使用的专用图表,如《部分港口潮高订正值表》、《格林尼治月中天时刻表》、《东经120°月中天时刻表(北京标准时)》和《月赤纬表(世界时0时)》以及表册说明和使用举例等。

《潮汐表》中刊载每日高、低潮的潮时和潮高预报的港口称为主港(standard port),它通常是重要港口或者能够代表某类潮汐特征。如果某两个港口的潮汐特征类似,则两者之间具有几乎不变的潮时差和潮差比(差比关系)。此时,可利用其中一个港口(主港)的逐日高、低潮的潮时和潮高,通过它们的差比关系推算另一港口的潮汐,根据与主港的差比关系来推算潮汐的港口称为附港(secondary port)。

第1、2、3册潮汐表包括了中国沿岸的主要港口、航道、渔场、海峡的潮汐、潮流预报。

第4、5、6册潮汐表除包括了英国潮汐表第Ⅰ、Ⅱ、Ⅲ卷的主港外,还适当增添了一部分主港。

3. 注意事项

(1)《潮汐表》中所给的潮时为当地使用的标准时(standard time)。我国沿海港口用北京标准时(东八区时);第4、5、6册中的外国诸港均在每页左下角注明所用标准时。若主、附港的标准时不同,在附表的潮时差中已包含其差别,使用者在计算附港潮时时无需再对此修正。

(2)潮高单位为厘米(cm),当表中的潮高出现负值(-)时,表示潮面低于潮高基准面。潮高基准面在每页预报表下面有说明。

(3)潮高基准面(TD)与海图深度基准面(CD)一致。因此某一时刻水深等于海图水深加该时刻的潮高。

(4)关于《潮汐表》的预报误差及水文气象对潮汐的影响。中国沿岸主港的预报精度高于英、美等国的潮汐表,其余地区的精度大致与英、美等国的潮汐表相当。在正常情况下,中国沿岸主港的预报潮时的误差在20~30min以内,潮高误差在20~30cm以内,但是对于一些位于感潮河段中的主港预报潮高与实际水位相差较大。在下列情况下《潮汐表》的预报可能出现较大误差,应予注意:

①有寒潮、台风或其他天气急剧变化时,水位随之发生特殊变化,潮汐预报值将与实际值有较大不同。寒潮常常引起"减水",使实际水位低于预报很多,个别强烈的寒潮可使实际水位低于预报1m以上。夏秋季节受到台风侵袭的地区(尤其是闽浙沿海)常常引起较大的"增水",个别情况也有引起实际水位高于预报1m以上的现象。此外长江口附近春季经常有气旋

出海而引起大风,也能引起水位的较大变化。

②处在江河口的预报点,如营口、燕尾、吴淞、温州、海门、马尾等,每当汛期洪水下泄时,水位急涨,实际水位会高于预报值很多。

③南海的日潮混合潮港,如海口、海安、北海等,因高潮与低潮常常有一段较长的平潮时间,预报的潮时有时会与实际差 1 小时以上,但这对实际使用影响不大,所报时间的潮高仍与实际比较相符。

④潮流预报表中预报的只是水流中的潮流部分。在一般情况下,本表预报的潮流是水流中的主要成分,可以近似地视为实际水流。但是在特殊情况下,表层海流受到风的影响很大,使潮流规律不明显,这时表中的预报与实际水流有较大的差别,使用时要注意。

二、利用中版《潮汐表》推算潮汐

1. 求主港潮汐

主港高、低潮的潮时和潮高,以及部分主港的每整点时刻的潮高,可直接按日期查《潮汐表》的主表求得。但应注意船时(如使用夏令时)与表列标准时是否一致,若不一致,应将求得的潮时修正到相应的船时。

例 3-1-1:求 2008 年 2 月 2 日中浚潮汐。

解:由 2008 年《潮汐表》第二册的目录查得中浚为主港,其潮汐预报刊于 16 页起。从 17 页查得 2 月 2 日的潮汐资料(见附录 5)为:

2 月 2 日	T_{LW}	h_{LW}	T_{HW}	h_{HW}
	0024	135	0737	281
	1456	147	1952	222

2. 求附港的高、低潮时和潮高

利用主港潮汐和主、附港间的差比数可推算求得附港潮汐,利用港口的潮信资料也可以估算该港的潮汐。

1)差比数法

(1)差比数。《潮汐表》附表中给出了附港相对于其主港的高潮时差、低潮时差、潮差比和改正值,统称为差比数(见附录 5)。

高(低)潮时差:附港与主港高(低)潮时之差的平均值,其值等于附港高(低)潮时减去主港高(低)潮时。因此,正号(+)表示附港高(低)潮时在主港高(低)潮时之后发生;负号(−)表示之前发生。

潮差比:对半日潮港,是指附港的平均潮差与主港的平均潮差之比;对日潮港,是指附港的回归潮大的潮差与主港回归潮大的潮差之比。

改正值:使用潮差比由主港潮高计算附港潮高时,若附港基准面不是用主港基准面确定的,需要对附港潮高加以订正,使之变为从附港基准面起算。此订正数就是表列的改正值,即

$$改正值 = 附港平均海面 − 附表中的主港平均海面 × 潮差比$$

(2)用差比数推算附港潮汐的公式。

推算附港高(低)潮时的公式:

$$附港高(低)潮时 = 主港高(低)潮时 + 高(低)潮时差 \tag{3-1-3}$$

第一、二、三册推算附港高(低)潮潮高的公式:

附港高(低)潮高 = [主港高(低)潮高 - (主港平均海面 + 主港平均海面季节改正)]

×潮差比 + (附港平均海面 + 附港平均海面季节改正)　　　　(3-1-4)

式中,[主港高(低)潮高 - (主港平均海面 + 主港季节改正数)]实质上是主港的半潮差($R/2$),而主港的半潮差乘以潮差比即得附港的半潮差,求得附港的半潮差后,只要加上经季节改正的附港平均海面就得附港高(低)潮高。

若主附港的季节改正数不大时,可用下列简单公式:

附港高(低)潮高 = 主港高(低)潮高×潮差比 + 改正值　　　　(3-1-5)

以上是主港潮汐预报表(主表)刊载的"潮高基准面"与差比数和潮信表(附表)中所刊载的"主港平均海面"的数值相同时的计算公式。若主表中的"潮高基准面"与附表中的"主港平均海面"数值不同,则计算式(3-1-4)中的"主港平均海面"应采用主表中的"潮高基准面"数值。而公式(3-1-5)中的改正值也需按下式重新计算,即

新改正值 = 附港平均海面 - 主表中的主港潮高基准面×潮差比　　　(3-1-6)

此时,式(3-1-5)变为

附港高(低)潮高 = 主港高(低)潮高×潮差比 + 新改正值

表列平均海面是长期平均值,与某一季节的平均海面可能略有差异。平均海面季节改正就是用以将表列平均海面改正到当月的平均海面。潮汐表中列有"平均海面季节改正值"表。

第四册推算附港潮高的公式:

附港高(低)潮高 = 主港高(低)潮高×潮差比 + 改正数 + 潮高季节改正数　　(3-1-7)

式中的潮高季节改正数是将主、附港海面季节变化结合考虑后计算出来的,仅供由主港推算附港潮高时使用,而不是各港口的平均海面季节变化值。

推算附港潮汐,应先从"差比数和潮信表"中查得附港资料及其主港名称,再从主表中查得主港潮汐资料。

例3-1-2:求台湾车城港2008年4月16日潮汐。

解:(1)查主、附港资料:

因在目录中(主港名称)未列车城港名,因此其为附港。从附表查得车城的差比数及相关资料如下(见附录5):

车城的港口编号(No.):8013,其主港为高雄,高雄的编号(No.):8011;

高潮时差: -0115,低潮时差: -0112;

潮差比:1.28,平均海面:高雄60cm,车城70cm(核查主表中的高雄"潮高基准面"与附表所列的高雄"平均海面"一致);

根据主、附港编号从"平均海面季节改正值"表中分别查得高雄和车城4月的平均海面季节改正值均为 -8cm。则经季节改正后的车城平均海面为70 + (-8) = 62cm;高雄为60 + (-8) = 52cm。

(2)求主港潮汐:

高雄4月16日	T_{LW}	h_{LW}	T_{HW}	h_{HW}	4月17日	T_{LW}	h_{LW}
			0603	63		0007	23
	1051	47	1655	87			

（3）按式（3-1-3）、（3-1-4）计算附港车城的潮汐。计算格式如下：

	T_{LW}	×		T_{HW}	
高 雄	0007（4月17日）	1051	0603	1655	
+）潮时差	-0112	-0112	-0115	-0115	
4月16日 车 城	2255	0939	0448	1540	
	h_{LW}			h_{HW}	
高 雄	23	47	63	87	
-）改正后的 $MSL_{主港}$	52	52	52	52	
主港半潮差	-29	-5	11	35	
×）潮差比	1.28	1.28	1.28	1.28	
附港半潮差	-37.1	-6.4	14.1	44.8	
+）改正后的 $MSL_{附港}$	62	62	62	62	
车 城	25	56	76	107	

当主、附港的平均海面季节改正均不大时，可直接用差比数栏中的改正值求得附港的潮高。

对于本例，若用改正值计算，从附表查得车城的改正值为 -7cm，按式（3-1-5）计算如下：

	h_{LW}			h_{HW}	
高 雄	23	47	63	87	
+）潮差比	1.28	1.28	1.28	1.28	
	29.4	60.2	80.6	111.4	
+）改正值	-7	-7	-7	-7	
车 城	22	53	74	104	

对于半日潮港，在一个太阴日（24h50min）中应该有两次高潮、两次低潮。如果求出的附港潮汐没有满足这一条件，应检查主港的上一天的晚潮（对于附港潮时差为" + "的情况）或者下一天的早潮（对于附港潮时差为" - "的情况），看其在加上潮时差后能否成为当天的附港潮时，如是，应计算出其对应的潮高。

2）潮信资料法

利用附表给出的各港口的潮信资料，可以大致估算任一港口的潮汐。附表中的潮信资料包括：平均高潮间隙（MHWI），平均低潮间隙（MLWI），大潮升（SR），小潮升（NR）和平均海面（MSL）。于是，可用下列各式估算港口的潮汐：

（1）高、低潮时估算公式：

$$T_{HW} = 格林尼治月中天时 + MHWI$$
$$T_{LW} = 格林尼治月中天时 + MLWI \qquad (3-1-8)$$

格林尼治月中天时可直接从潮汐表的"格林尼治月中天时刻表"查得。

（2）近似估算月中天时间的公式。当未知格林尼治月中天时刻，可用以下方法估算月中天时：

初一的月上中天是1200，十五的月上中天是2400（即十六的0000）。月亮相对于太阳，月中天平均每天推迟约50分钟。因此：

$$上半月的月上中天时 = \begin{cases} 1200 + (阴历日期 - 1) \times 50\text{min} & (阴历日期靠近初一时) \\ 2400 - (15 - 阴历日期) \times 50\text{min} & (阴历日期靠近十五时) \end{cases} \quad (3\text{-}1\text{-}9)$$

$$下半月的月上中天时 = \begin{cases} 1200 - 初一前的天数 \times 50\text{min} & (阴历日期靠近初一时) \\ 0000 + (阴历日期 - 16) \times 50\text{min} & (阴历日期靠近十六时) \end{cases} \quad (3\text{-}1\text{-}10)$$

月下中天时 = 月上中天时 $\pm 12\text{h}25\text{min}$。

需要注意的是,对于半日潮港求潮时,应分别求出两次高潮和两次低潮的潮时。

(3)高、低潮高估算。由于从大潮到小潮的平均间隔约为 7 天,高潮潮高(h_{HW})可根据大潮升和小潮升用线性内插法求得,即

$$h_{HW} = \text{SR} - \frac{\text{SR} - \text{NR}}{7} \times (阴历日与靠近的实际大潮日间隔天数) \quad (3\text{-}1\text{-}11)$$

显然,$\dfrac{\text{SR} - \text{NR}}{7}$ 是每天的高潮潮高变化量。

由于低潮高近似为 $\text{MSL} - R/2$,半潮差 $R/2$ 近似为 $h_{HW} - \text{MSL}$,所以,低潮高(h_{LW})可用下式求得:

$$h_{LW} = 2\text{MSL} - h_{HW} \quad (3\text{-}1\text{-}12)$$

例 3-1-3:用潮信资料估算 2008 年 4 月 17 日高雄潮汐(见附录5)。

解:查该年《潮汐表》附表得高雄的潮信资料为:MHWI 0810、MLWI 0155、SR 85、NR 72、MSL 60。用式(3-1-8)计算高、低潮时,从《潮汐表》的"格林尼治月中天时刻表"中查得:月上中天为 2128(4 月 16 日)、17 日的下中天为 0949、上中天为 2210。则高雄的高、低潮时计算如下:

	LW		HW	
月中天时	2210	0949	2128(16 日)	0949
+) 间隙	MLWI 0155	0155	MHWI 0810	0810
17 日高雄潮时	0005(18 日)	1144	0538	1759

与《潮汐表》中的数据比对相差无几。

月上中天时刻也可用式(3-1-9)或(3-1-10)估算,先从《潮汐表》的日历表(目录页前)查得 4 月 17 日的对应阴历日为十二,按式(3-1-9)推算得月上中天时为:

$$月上中天时 = 2400 - (15 - 12) \times \frac{50}{60} = 2130$$

月下中天时 = 2130 - 1225 = 0905

再按式(3-1-8)计算得一高潮时为(用下中天时求):

$T_{HW} = 0905 + 0810 = 1715$

另一高潮时为(用上一天的上中天时求):

$T_{HW} = (2130 - 2450) + 0810 = 0450(= 1715 - 1225)$

一低潮时为(用上中天时求):

$T_{LW} = 2130 + 0155 = 2325$

另一低潮时为(用下中天时求):

$T_{LW} = 0905 + 0155 = 1100(= 2325 - 1225)$

与《潮汐表》中的数据比对相差较大,说明估算潮时以使用格林月中天时较好。

现按式(3-1-11)、(3-1-12)计算高雄潮高。因为我国沿海的大潮日一般是阴历初三和十八,所以:

$$h_{HW} = SR - \frac{SR - NR}{7} \times (\text{阴历日与最近大潮日的间隔天数})$$

$$= 85 - \frac{85 - 72}{7} \times (18 - 12) = 74 \text{cm}$$

$$h_{LW} = 2MSL - h_{HW} = 2 \times 60 - 74 = 46 \text{cm}$$

必须指出,中版《潮汐表》中给出的平均高(低)潮间隙已经考虑了格林尼治月中天与当地月中天的经差因素,因此,用格林尼治月中天时间推算当地潮时不必再作月中天时的经度订正。用潮信资料估算潮汐比用差比数法计算的误差大,因而,潮信资料法一般仅用于只知道潮信资料时,如利用航海图上的潮信资料概略估算航行海区的潮汐等。

3. 求任意时的潮高和任意潮高的潮时

当船舶欲通过浅水航道时,除了应掌握航区的高、低潮的潮时潮高外,还应掌握任意时刻的潮高或任意潮高的潮时,有时还需计算潮高大于某一值的时间范围,以便安全通过航道。

求任意时潮高和任意潮高的潮时的方法一般有:

1)查表内插法

如果潮汐预报表中列有整点时刻的潮高预报,则可近似将相邻整点潮高之间的高度变化看成线性变化,用线性内插法求得期间任意时的潮高或某一潮高的潮时。

2)公式法

(1)求任意时的潮高。在整个潮汐周期内,潮汐涨落的速度是变化的。在高(低)潮的附近,潮汐涨落较缓慢,而在高潮与低潮间的中间时刻,即接近半潮时,其涨落速度最快。为求得相邻的高潮与低潮间任意时的潮高,通常我们将潮汐的涨落运动视为简谐运动,某点潮高随时间的变化轨迹近似于余弦曲线。当已知高、低潮的潮时及潮高后,可以作出潮高 h 随时间 t 变化的余弦曲线。如图3-1-10a)所示,高、低潮时分别为 T_{HW}、T_{LW},落潮时间为 $T_{HW} - T_{LW}$,高、低潮高分别为 h_{HW}、h_{LW},潮汐曲线为余弦曲线,潮差 $R = h_{HW} - h_{LW}$。为了说明问题的方便,假设纵坐标轴(h)通过高潮点,以 h 轴与平均海面 MSL 的交点为圆心,半潮差($R/2$)为半径作辅助圆。则任意时(t)的潮高为 h_t,其潮面与辅助圆相交于右半圆周的 P 点。显然,P 点将随着潮面的升降即潮高 h_t 的变化在半圆周上移动,过 P 点的半径与 h 轴的夹角 θ 也随着 P 点的变化而对应变化。设 χ 是 t

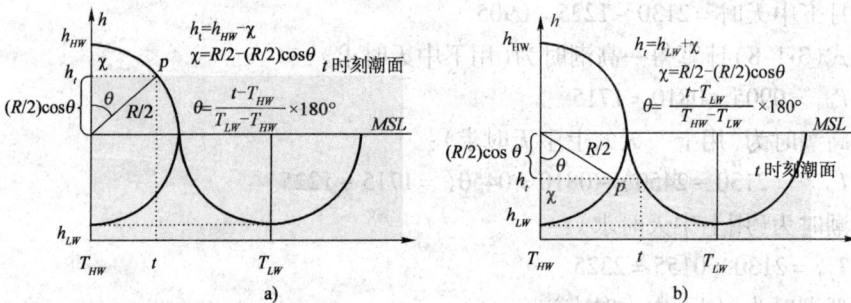

图3-1-10 任意时潮高原理图

时刻潮面与高潮面的差值,则 $h_t = h_{HW} - \chi$。由图可见,当 t 等于高潮时刻,P 位于曲线的高潮点,θ 为 0,$\chi = 0$,$h_t = h_{HW}$;当 t 位于高、低潮时的中间,P 位于平均海面,即 $\dfrac{t \sim T_{HW}}{T_{LW} \sim T_{HW}} = \dfrac{1}{2}$,$\theta$ 为 $90°$,$\chi = R/2$,$h_t = h_{HW} - R/2$;当 t 等于低潮时刻,P 位于辅助圆的低潮点,$\dfrac{t \sim T_{HW}}{T_{LW} \sim T_{HW}} = 1$,$\theta$ 为 $180°$,$\chi = R$,$h_t = h_{HW} - R = h_{LW}$;而当 t 介于高、低潮潮时之间的任意时刻,其潮高 h_t 为:

$$h_t = h_{HW} - \chi \tag{3-1-13}$$

而

$$\chi = \frac{R}{2} - \frac{R}{2}\cos\theta = \frac{R}{2}(1 - \cos\theta) \tag{3-1-14}$$

$$\theta = \frac{t \sim T_{HW}}{T_{LW} \sim T_{HW}} \times 180° \tag{3-1-15}$$

所以,任意时潮高 h_t:

$$h_t = h_{HW} - \frac{R}{2}(1 - \cos\theta)$$

$$= h_{HW} - \frac{R}{2}\left[1 - \cos\left(\frac{t \sim T_{HW}}{T_{LW} \sim T_{HW}} \times 180°\right)\right] \tag{3-1-16}$$

以上是以高潮为基准导出的计算公式。同理,若以低潮为基准,如图 3-1-10b)所示,此时的 $\theta = \dfrac{t \sim T_{LW}}{T_{HW} \sim T_{LW}} \times 180°$,任意时刻 t 的潮高 h_t 可由下式求得:

$$h_t = h_{LW} + \chi \tag{3-1-17}$$

而

$$\chi = \frac{R}{2}(1 - \cos\theta) \tag{3-1-18}$$

所以,任意时潮高 h_t:

$$h_t = h_{LW} + \frac{R}{2}\left[1 - \cos\left(\frac{t \sim T_{LW}}{T_{HW} \sim T_{LW}} \times 180°\right)\right] \tag{3-1-19}$$

例 3-1-4:2008 年 2 月 3 日某港潮汐为

$$0201\ 408;0912\ 61;1416\ 436;2142\ 62$$

求该港 $t = 1200$ 的潮高 h_t。

解:欲求 1200 的潮高,只要利用 $0912 \sim 1416$ 的涨潮曲线即可。现以高潮为基准计算 $t = 1200$ 的潮高 h_t:

$$\theta = \frac{t \sim T_{HW}}{T_{LW} \sim T_{HW}} \times 180° = (1416 - 1200) \div (1416 - 0912) \times 180° = 80°.5$$

$$R = h_{HW} - h_{LW} = 436 - 61 = 375\text{cm}$$

$$\chi = \frac{R}{2}(1 - \cos\theta)$$

$$= (375/2) \times (1 - \cos80°.5) = 156.6\text{cm}$$

$$\therefore\ h_t = h_{HW} - \chi = 436 - 156.6 = 279.4\text{cm}$$

以低潮为基准计算 h_t:

$$\theta = \frac{T_{LW} \sim t}{T_{LW} \sim T_{HW}} \times 180° = (1200 - 0912) \div (1416 - 0912) \times 180° = 99°.5$$

$$\chi = \frac{R}{2}(1 - \cos\theta) = (375/2) \times (1 - \cos99°.5) = 218.4\text{cm}$$

$$h_t = h_{LW} + \chi = 61 + 218.4 = 279.4\text{cm}$$

两种方法的计算结果完全一致。

（2）求任意潮高的潮时。求任意潮高的潮时实际上是求任意时潮高的逆运算。这里也分两种情况加以讨论。

先以 HW 为基准，如图 3-1-10a）所示，已知任意时潮高 h_t，则高潮潮高 h_{HW} 与 h_t 之差

$$\chi = h_{HW} - h_t \tag{3-1-20}$$

于是，由式（3-1-14）得

$$\theta = \arccos\left(1 - \frac{2\chi}{R}\right) \tag{3-1-21}$$

由式（3-1-15）得任意潮高的潮时 t

$$t = \frac{\theta}{180°} \times (T_{LW} - T_{HW}) + T_{HW} \tag{3-1-22}$$

若以 LW 为基准，h_t 与低潮潮高 h_{LW} 之差

$$\chi = h_t - h_{LW} \tag{3-1-23}$$

于是

$$\theta = \arccos\left(1 - \frac{2\chi}{R}\right) \tag{3-1-24}$$

由式（3-1-13）得任意潮高的潮时 t

$$t = \frac{\theta}{180°} \times (T_{HW} - T_{LW}) + T_{LW} \tag{3-1-25}$$

例 3-1-5：求例 4 中港口该日 0900 后第一次涨到 3m 时的潮时 t。

解：按题意，0900 后潮高第一次涨到 3m 的潮时只能在 0912 ~ 1416 之间发生，因此，利用该涨潮曲线以 HW 为基准求 t。

潮差 $R = 436 - 61 = 375\text{cm}$

差值 $\chi = h_{HW} - h_t = 436 - 300 = 136\text{cm}$

于是 $\theta = \arccos\left(1 - \frac{2\chi}{R}\right)$

$\qquad = \arccos(1 - 2 \times 136 \div 375) = 74°.05785$

按式（3-1-22）求得 3m 潮高的潮时 t

$t = \frac{\theta}{180°} \times (T_{LW} - T_{HW}) + T_{HW}$

$\quad = 74°.05785 \div 180° \times (0912 - 1416) + 1416$

$\quad = 1211$

现以 LW 为基准求 t：

$$\chi = h_t - h_{LW} = 300 - 61 = 239\text{cm}$$

$\theta = \arccos\left(1 - \frac{2\chi}{R}\right)$

$$= \arccos(1 - 2 \times 239 \div 375) = 105°.942$$

$$t = \frac{\theta}{180°} \times (T_{HW} - T_{LW}) + T_{LW}$$

$$= 105°.942 \div 180° \times (1416 - 0912) + 0912 = 1211$$

两种方法的计算结果是相同的。在这类计算中,特别须注意的是其中的潮时是60进制。

3)图解法

根据计算公式设计的诺模图,如我国《潮汐表》中介绍的"等腰梯形图卡",求任意潮时潮高的"查算盘",英版《潮汐表》中介绍的"求任意时潮高图"等,都可以用来求取任意潮时及潮高。读者可参阅本书附篇第七章或《潮汐表》中的相关资料,这里不作介绍。

三、潮汐推算的应用

1. 求实际水深

如图3-1-11所示,海图上标注的水深是海图深度基准面(CD)到海底的距离,为求某地某时的实际水深,必须求出该地当时的潮高h_t。潮高是由潮高基准面(TD)向上计算到当时潮面的。因此,当CD与TD一致,用下式计算实际水深:

$$实际水深 = 海图水深 + h_t \tag{3-1-26}$$

若两者不一致时,由于CD和TD的数值均是由MSL为基准给出的,所以可用下式计算实际水深:

$$实际水深 = 海图水深 + h_t + (CD - TD) \tag{3-1-27}$$

例3-1-6:某港CD=2.4m,TD=2.2m,如果进港航道的海图水深最浅为7m,要求保留富余水深0.7m,某船最大吃水9.5m,求能安全通过航道所需的潮高。

解:如图3-1-12所示,安全通过航道时的所需水深为:

$$所需水深 = 最大吃水 + 富余水深$$
$$= 9.5 + 0.7 = 10.2m$$

由式(3-1-27)知:

$$最浅实际水深 = 最浅海图水深 + 潮高h + (CD - TD)$$
$$= 7 + h + (2.4 - 2.2) = h + 7.2$$

所以,所需潮高　　$h = 10.2 - 7.2 = 3m$

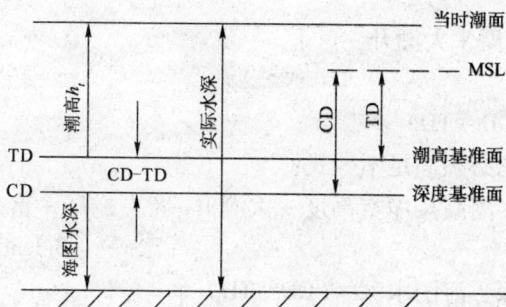

图3-1-11　潮高与实际水深

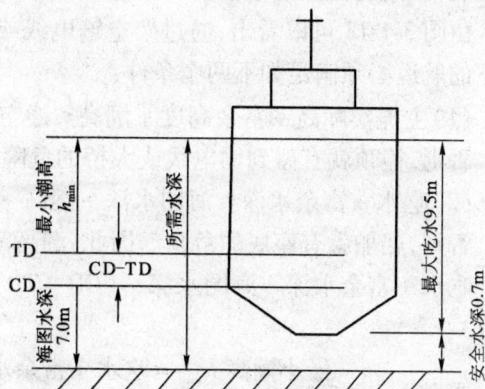

图3-1-12　求所需水深

2. 根据测深仪测得的水深求海图水深

航海上进行测深辨位时,用回声测深仪测得某地的水深后再求出相应的海图水深,以便与海图上标注的水深进行比较来辨认船位。

回声测深仪所测的水深是船底到海底的水深。因此

$$实际水深 = 测深仪水深 + 吃水$$

当潮高基准面与海图基准面一致时,由式(3-1-26)可导出:

$$海图水深 = 实际水深 - 潮高 = 测深仪水深 + 吃水 - 潮高 \qquad (3\text{-}1\text{-}28)$$

当潮高基准面与海图基准面不一致时:

$$海图水深 = 实际水深 - 潮高 - (CD - TD)$$
$$= (测深仪水深 + 吃水) - 潮高 - (CD - TD) \qquad (3\text{-}1\text{-}29)$$

例 3-1-7: 已知某地某日潮汐:0230 331,0856 131。某轮吃水 9.5m,0500 用测深仪测得该地水深 20m,试求海图水深。

解: 先求 0500 潮高 h_t。

因为潮差 $R = 331 - 131 = 200cm$

$$\theta = \left(\frac{t \sim T_{HW}}{T_{LW} \sim T_{HW}} \right) \times 180° = \left(\frac{05^h00^m - 02^h30^m}{08^h56^m - 02^h30^m} \right) \times 180° = 69°.948$$

所以 $$h = h_{HW} - \frac{R}{2}(1 - \cos\theta) = 333 - \frac{200}{2} \times (1 - \cos69°.948) = 267cm \approx 2.7m$$

于是

$$海图水深 = 测深仪水深 + 吃水 - 潮高 = 20 + 9.5 - 2.7 = 26.8m$$

3. 通过架空输电线或江海大桥下的航道

海图上标注的架空输电线、江海大桥等的高度,称净空高度,它是指平均大潮高潮面(或江河高水位,英版也用天文最高潮面)至输电线、大桥等最低处的垂直距离。

而平均大潮高潮面至潮高基准面的垂直距离称为大潮升,它可由《潮汐表》中的"差比数和潮信表"或航海图上的潮信资料中查得。

由图 3-1-13 可以看出,通过架空输电线或大桥下的航道必须满足如下两个条件:

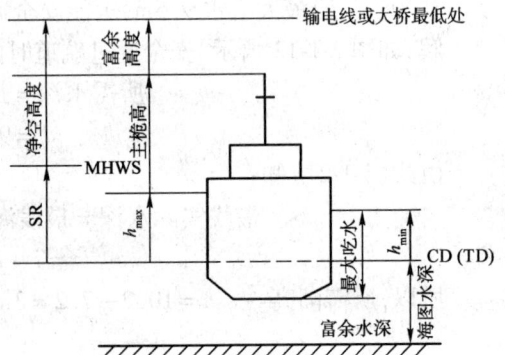

图 3-1-13 求过桥潮高

(1) 主桅实际高 + 富余高度 + 潮高 ≤ 净空高度 + 大潮升

否则,桅顶就有碰到输电线或大桥的危险;

(2) 吃水 + 富余水深 ≤ 海图水深 + 潮高 + (CD - TD)

否则,船舶就有座底的危险。因此,潮高范围必须满足不等式:

$$吃水 + 富余水深 - 海图水深 - (CD - TD) \leq 潮高 \leq 净空高度 + 大潮升 - (主桅高 + 富余高度) \qquad (3\text{-}1\text{-}30)$$

或者

$$\left. \begin{array}{l} 最小潮高 \ h_{min} = 吃水 + 富余水深 - 海图水深 - (CD - TD) \\ 最大潮高 \ h_{max} = 净空高度 + 大潮升 - (主桅高 + 富余高度) \end{array} \right\} \qquad (3\text{-}1\text{-}31)$$

例3-1-8:某港航道上的海图水深最浅为8m,航道上桥的净空高度为18m,大潮升4.5m。某船最大吃水9.5m,水线上最大高度为18.5m,要求保留富余水深0.7m,富余高度0.5m。问潮高为多少时该船可以安全通过航道和桥梁。

解:根据式(3-1-31),安全通过航道和桥梁时的最小潮高 h_{min} 和最大潮高 h_{max} 分别为:

h_{min} = 吃水 + 富余水深 - 海图水深 = 9.5 + 0.7 - 8 = 2.2m

h_{max} = 净空高度 + 大潮升 - (主桅高 + 富余高度) = 18 + 4.5 - (18.5 + 0.5) = 3.5m

所以,安全通过航道和大桥时的潮高 h 应满足

$$2.2m \leq h \leq 3.5m$$

4. 实际灯高、山高的计算

灯高是从平均大潮高潮面至灯塔灯芯的距离,我国沿海地区中版海图上的山高是从"1985 国家高程基准"或当地平均海面起算到山顶的距离,而英版海图上的山高是从平均大潮高潮面或平均高高潮面起算的(图3-1-14)。

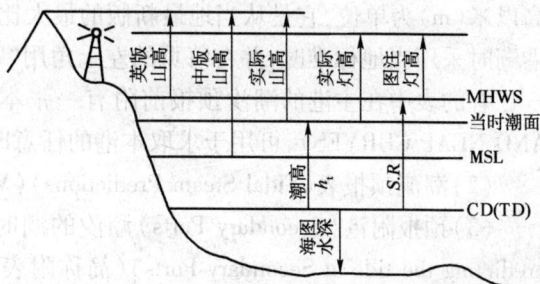

图3-1-14　物标高度及起算面示意图

$$实际灯高 = 图注灯高 + 大潮升(SR) - 当时潮高 h_t \tag{3-1-32}$$

$$实际山高 = \begin{cases} 图注山高 + 大潮升(SR) - 当时潮高 h_t（英版） \\ 图注山高 + 平均海面(MSL) - 当时潮高 h_t（中版） \end{cases} \tag{3-1-33}$$

综合为:实际物标高 = 海图标高 + 标高起算面 - 当时潮高

例3-1-9:某轮眼高16m,某时求得该海区的潮高为3.0m,海图的 A 灯塔标注为:闪(3)10s 36m 17M。从航海图上的潮信资料中查得大潮升4.5m,求 A 灯塔的实际灯高。

解:实际灯高 = 标注灯高 + SR - 当时潮高(h_t) = 36 + 4.5 - 3.0 = 37.5m

第三节　英版《潮汐表》与潮汐推算

一、英版《潮汐表》

1.《潮汐表》出版情况

英版《潮汐表》(Admiralty Tide Tables,缩写 ATT)共四卷,每年出版,当年使用,表中刊有世界各主要港口的潮汐资料,各卷包括的地区范围可查阅各卷封底的"界限图(Limit of Admiralty Tide Tables)"。

第一卷(VOL 1)书号为NP201,英国、爱尔兰及英吉利海峡港口(United Kingdom and Ireland including European Channel Ports);

第二卷(VOL 2)书号为NP202,欧洲(英国、爱尔兰除外)、地中海和大西洋(Europe excluding United Kingdom and Ireland, Mediterranean Sea and Atlantic Ocean);

第三卷(VOL 3)书号为NP203,印度洋和南中国海,包括潮流预报表(Indian Ocean and South China Sea including Tidal Stream Tables);

第四卷(VOL 4)书号为 NP204,太平洋,包括潮流预报表(Pacific Ocean including Tidal Stream Tables)。

各卷《潮汐表》的副封里印有本卷范围内的地区及时区(Areas and Time Zones)界限图。

2. 各卷主要内容

各卷的编排大致相同,主要分下述几大部分:

(1)主港(Standard Ports)的潮汐预报(主表)。主表预报主港每日高、低潮时和潮高。潮高以米(m)为单位,它是从当地最新版的最大比例尺的英版海图的深度基准面(CD)起算。各港潮时采用当地标准时,并在每页的左上角用"TIME ZONE ×××"标明。

有的表中在主港的潮汐预报前附有一张本港的平均大潮和小潮曲线图(MEAN SPRING AND NEAP CURVES),可用于求取本港的任意时潮汐。

(2)潮流预报表(Tidal Steam Predictions)(VOL 1、2 中无此部分)。

(3)预报附港(Secondary Ports)潮汐的潮时差和潮高差表(Time & Height Differences for predicting the tide at Secondary Ports)(简称附表)。附表中列出附港及其主港(用黑体字印出主港名)的编号(No.)、主港潮汐资料的页码(page)、港名(place)、附港经纬度(Lat.,Long.)、附港相对于主港的潮时差(Time Differences)、潮高差(Height Differences)和平均海面(ML)。奇数页下方印有主、附港的平均海面季节变化(Seasonal Changes in Mean Level)。

(4)调和常数(Harmonic Constants)。

(5)用以预报潮流的调和常数(Harmonic Constants for Tidal Streams)。

(6)主港索引(INDEX TO STANDARD PORTS)和地理索引(GEOGRAPHICAL INDEX)。主港索引列出本卷的主港名及其预报潮汐的页码,地理索引列出本卷的所有港名及其编号,其中,主港名用黑体字印刷。地理索引主要供查找附港的编号用,按此编号可在 PART II 中查取该附港的有关资料。

(7)其他资料,如前言、用法说明及辅助用表等。

有关各卷《潮汐表》自付印之后的补遗和勘误等改正资料,均发布于《航海通告年度摘要》(Annual Summary of Admiralty Notices to Mariners)的年度通告第 1 号通告之中。该通告名为"英版潮汐表的补遗和勘误"(Admiralty Tide Tables Addenda and Corrigenda),同时亦应注意可能附在潮汐表中的勘误表。

二、用英版《潮汐表》推算潮汐

1. 求主港潮汐

用英版《潮汐表》求主港潮汐的方法与用中版《潮汐表》求主港潮汐的方法相同。可从各卷封里的"主港索引"(INDEX TO STANDARD PORTS)查欲求港所在的页码,然后从该页可直接查到所求日的高、低潮时和潮高。如果船时与表列标准时不一致,则应将求得的潮时改正到相应的船时。

2. 求附港潮汐

求附港潮汐,需利用《潮汐表》的附表,从附表中查得附港对应其主港的潮时差(time differences)和潮高差(height differences)以及当月的主、附港的平均海面季节变化(seasonal changes in mean level),然后用下列公式计算附港的潮时和潮高。

$$附港高(低)潮时 = 主港高(低)潮时 + 高(低)潮时差 \qquad (3-1-34)$$

$$附港高(低)潮高 = 主港高(低)潮高 - 主港平均海面季节变化$$

$$+ 高(低)潮潮高差(经内插) + 附港平均海面季节变化 \qquad (3-1-35)$$

式中,从主港潮高中减去主港平均海面季节变化的意义是将主港当日潮高换算为平均意义下的该日潮高,以与表列平均潮高差相对应,进行潮高差内插时,也应使用经季节变化改正后的潮高。

1)潮时差的内插法

若附表中给出的是如表 3-1-1 所示的潮时差数据,则一般应内插求取实际的潮时差。表 3-1-1 是某附港的潮时差及其主港 7 月 14 日的潮汐,表中所列 -0030 是对应于主港高潮时 0000 和 1200 的高潮时差,-0110 是对应于主港高潮 0600 和 1800 的高潮时差。同样,低潮时差 -0100、-0020 分别与主港低潮时 0100 和 1300、0700 和 1900 相对应。因此,必须用线性内插的方法求出对应于当日主港实际高(低)潮时的潮时差。

表 3-1-1

主港潮汐 JULY	PLACE	TIME DIFFERENCES			
		High Water		Low Water	
14　0309　1.0	主港	0000	0600	0100	0700
0927　5.3		and	and	and	and
SA　1532　1.1		1200	1800	1300	1900
2149　5.0	附港	-0030	-0110	-0100	-0020

例 3-1-10:根据表 3-1-1 的数据计算 7 月 14 日附港高潮时。

解:由表 3-1-1 知,7 月 14 日的主港高潮时为 0927 和 2149。

0927 介于表列高潮时 0600 和 1200 之间,因此,用它们对应的表列潮时差 -0030 和 -0110 内插求得 0927 对应的潮时差 TD1;同样,2149 介于表列高潮时 1800 ~ 0000(2400)之间,则用 0000 和 1800 对应的表列潮时差 -0030 和 -0110 内插求得 2149 对应的潮时差 TD2。由图 3-1-15 可线性内插得 TD1 = -0047, TD2 = -0045。则附港的两个高潮时分别为:0927 + (-0047) = 0840 和 2149 + (-0045) = 2104。

表值	内插值	表值
1200	0927	0600
-0030	TD1	-0110
0000	2149	1800
-0030	TD2	-0110

图 3-1-15　潮高差内插

2)潮高差的内插法

各卷在附表中,用黑体字给出主港的 MHWS、MHWN、MLWN、MLWS 值(对于半日潮港)或者 MHHW、MLHW、MHLW、MLLW 值(对于混合潮或日潮港)(见附录 5 的"英版《潮汐表》附表")。

如表 3-1-2 所示, +0.2m 和 -0.1m 是分别对应于主港高潮 5.5m 和 4.4m 的潮高差; -0.2m 和 +0.1m 是对应于主港低潮 2.2m 和 0.8m 的潮高差。因此,当某天的主港高、低潮高与对应的表列潮高值有差异时,则需线性内插或外推求得对应于主港当天潮高的潮高差。内插计算的方法如下(对于半日潮港):

$$高潮潮高差 = \frac{MHWS\ 的潮高差 - MHWN\ 的潮高差}{MHWS - MHWN} \times (主港高潮高 - MHWN) + MHWN\ 的潮高差$$

$$(3\text{-}1\text{-}36)$$

$$低潮潮高差 = \frac{MLWN \text{ 的潮高差} - MLWS \text{ 的潮高差}}{MLWN - MLWS} \times (主港低潮高 - MLWS) + MLWS \text{ 的潮高差}$$

$$(3\text{-}1\text{-}37)$$

值得注意的是：求高潮的潮高差，必须用对应 HW 的两个潮高差进行插值；求低潮的潮高差，必须用对应 LW 的两个潮高差进行插值。而且，主港潮高必须使用改正主港季节变化后的潮高。

表 3-1-2

主港潮汐 JULY		PLACE	HEIGHT DIFFERENCES(IN METRES)			
			MHWS	MHWN	MLWN	MLWS
14	0309 1.0	主港	5.5	4.4	2.2	0.8
	0927 5.3					
SA	1532 1.1	附港	+0.2	−0.1	−0.2	0.1
	2149 5.0					

例 3-1-11：根据表 3-1-2 的资料计算 7 月 14 日对应于主港高潮 5.3m 和低潮 1.1m 的附港潮高差(设主港 MSL 季节变化值为 0.0)。

解：由表 3-1-2 知，改正季节变化后的当天主港高潮 5.3m 的潮高差 HD1 为：

$$HD1 = \frac{0.2 - (-0.1)}{5.5 - 4.4} \times (5.3 - 4.4) + (-0.1) = 0.15m$$

改正季节变化后的主港低潮 1.1m 的潮高差 HD2 为：

$$HD2 = \frac{(-0.2) - (+0.1)}{2.2 - 0.8} \times (1.1 - 0.8) + (+0.1) = 0.04m$$

实际应用中可用图 3-1-16 的形式目视内插。

对于混合潮港，将上述各计算公式中的 MHWS、MHWN、MLWN、MLWS 值分别用 MHHW、MLHW、MHLW、MLLW 值代替即可。

对于日潮港，也即在附港潮高差数据行中的 MLHW、MHLW 栏下标记为 "△" 者(表 3-1-3)，则用下列公式计算潮高差：

$$潮高差 = \frac{MHHW \text{ 的潮高差} - MLLW \text{ 的潮高差}}{MHHW - MLLW} \times (主港潮高 - MLLW) + MLLW \text{ 的潮高差}$$

$$(3\text{-}1\text{-}38)$$

表 3-1-3

表值　内插值　表值

MHWS		MHWN
5.5	_5.3_	4.4
+0.2	HD1	-0.1
MLWN		MLWS
2.2	_1.1_	0.8
-0.2	HD2	+0.1

图 3-1-16　潮高差内插

主港潮汐 JULY		HEIGHT DIFFERENCES (IN METERES)				
		PLACE	MHHW	MLHW	MHLW	MLLW
14 SA	0438 1.2	主港	1.6			0.4
	0631 1.2					
	1057 1.2	附港	+0.5	△	△	+0.1
	1928 0.7					

例3-1-12：根据表3-1-3所列主、附港的潮汐资料，求7月14日附港的潮高差（主港 MSL 季节变化值为0.0）。

解：主港高潮高为1.2m，低潮高为0.7m，属于全日潮港。改正季节变化后的高潮1.2m的潮高差 HD_{HW} 为：

$$HD_{HW} = \frac{0.5 - 0.1}{1.6 - 0.4} \times (1.2 - 0.4) + 0.1 = 0.37m$$

改正季节变化后的低潮0.7m的潮高差 HD_{LW} 为：

$$HD_{LW} = \frac{0.5 - 0.1}{1.6 - 0.4} \times (0.7 - 0.4) + 0.1 = 0.2m$$

3）求附港潮汐的具体步骤（参见附录5的"英版《潮汐表》附表"）

（1）由地理索引（Geographical Index）查附港编号（如 Seattle 的编号为9174）。

（2）根据附港编号（9174），从附表中查得下列数据：

①附港所属的主港（最接近的上方黑体字港口 VANCOUVER）、主港编号（9133）和主港潮汐资料的页码（see page 165）；

②潮时差、潮高差及与之对应主港的各潮面（MHWS、MHWN、MLWN 和 MLWS 等）；

③根据主、附港的编号及月份查取平均海面季节变化值，如有必要，进行简单内插。

（3）根据主港潮汐预报资料的页码查主港的潮汐。

（4）内插或外推求得与主港潮高相适应的潮高差，如有必要，内插求得与主港潮时相适应的潮时差。

（5）按公式（3-1-34）、（3-1-35）计算附港潮汐。

例3-1-13：求 Seattle 2008年3月17日的潮汐（资料见附录5的"英版《潮汐表》"）。

解：根据 Seattle 的地理位置，查《潮汐表》封底知其资料刊载于 VOL 4 中。

① 根据港名（Seattle）查 VOL 4 的 Geographical Index 得港口编号为9174。

② 根据编号9174，从附表（PART Ⅱ）中查得 Seattle 的主港名为 VANCOUVER、编号9133、主港潮汐预报资料刊载于第165页。根据主、附港编号查得潮时差、潮高差和平均海面季节变化值：VANCOUVER 0323 4.5m 0914 3.2m 1330 3.7m 2045 1.1m。TIME ZONE +0800

附表摘录见表3-1-4。

表3-1-4

NO	PLACE	TIME DIFFERENCES		HEIGHT DIFFERENCES(IN METERS)				ML
		HHW	LLW	MHHW	MLHW	MHLW	MLLW	m
9133	**VANCOUVER**			4.4	3.9	2.9	1.1	
9174	Seattle	−0059	−0050	−1.1	−0.8	−1.1	−1.1	2.03

③ 按公式（3-1-34）、（3-1-35）计算附港潮汐，格式如下：

附港潮时的计算：

	T_{HW}			T_{LW}	
主港 VANCOUVER	0323	1330		0914	2045
＋）潮时差	−0059	−0059		−0050	−0050
附港 Seattle	0224	1231		0824	1955

注意:如果主、附港的时区不同,潮时差中已包含了此因素,不必再对计算结果进行时区改正。

附港潮高的计算:

	h_{HW}			h_{LW}	
主港 VANCOUVER	4.5	3.7		3.2	1.1
−)主港季节变化	0.0	0.0		0.0	0.0
	4.5	3.7		3.2	1.1
+)(经内插的)潮高差	−1.1	−0.7		−1.1	−1.1
附港	3.4	3.0		2.1	0.0
+)Seattle 季节变化	0.0	0.0		0.0	0.0
附港 Seattle	3.4	3.0		2.1	0.0

三、英版光盘版和网络版潮汐预报资料简介

英国水道测量部还发布了光盘版和网络版潮汐预报,有关光盘版 Admiralty Total Tide(DP550)的信息,用户可在当年的《英版海图和出版物总目录》中查取。DP550 的主要内容有:全球 7000 多个港口和 3000 多个潮流站点的潮汐信息;全球 7 个航行水域的潮汐数据库,可用以实时计算和显示航海人员所需水域的潮汐资料。DP550 具有以下特征:

(1)数据库中的潮汐资料来自全球最主要的水道机构。

(2)用户能够选择港口并模拟长达连续 7 天的潮高计算以及船舶进出港口的富余水深(过浅滩)和安全余量(过桥梁)的快速计算与显示。

(3)用户可根据需要按 DP550 的快捷操作界面快速搜索并保存潮汐资料。

(4)提供全球潮流信息。对全球 3000 多个站点均可进行潮流计算和预报,实时的潮流流速、流向均可叠加到海图显示系统上并且可每 60s 予以更新。

(5)航区内主、附港均被分组存储在基于航线或航区的用户文件中,航海人员可快速方便获取潮汐信息。

(6)DP550 购买者可获得一张全年(12 月)免费用户许可证副本,以便对潮汐数据库进行及时更新。

英国水道测量部通过 DP551 对全球调和常数和非调和常数潮汐预报数据库进行连续更新,该数据库包含了 100 万个以上潮汐常数,建议用户每年定期更新所需航区的潮汐数据。

DP550 潮汐数据库覆盖的全球七大水域为:

航区 1 − 4(Areas 1-4):欧洲及其北部、地中海水域;

航区 5(Areas5):印度洋北部、红海水域;

航区 6(Areas6):新加坡至日本水域;

航区 7(Areas7):澳大利亚、婆罗洲(Borneo)和菲律宾水域;

航区 8(Areas8):太平洋包括新西兰水域;

航区 9(Areas9):北美东岸和加勒比水域;

航区 10(Areas10):大西洋和印度洋南部水域。

SHM(Simplified Harmonic Method)for Windows DP560 是基于视窗运用简易调和常数法预报潮汐的光盘,用户也可在全球英版数字产品代销店购得。

有条件的船舶也可获得网络版潮汐资料,可登录 www. ukho. gov. uk,进入该网站后,主页的左上方是一些链接按钮,点击"Easy Tide(潮汐预报)"进入后按提示操作。

第四节　潮流推算

由于月球和太阳引潮力的作用,使得海水作周期性地垂直方向和水平方向运动,海水水平方向的运动便形成潮流。因此,潮流与潮汐是同时发生的。潮流变化的周期与潮汐周期也大致相同。潮流的流速与潮差成正比,大潮时潮差最大,流速也最大;小潮时潮差最小,流速也最小。

潮流分为往复流(reversing tidal stream)和回转流(rotary tidal stream)两种,在海图和潮流(预报)表中可以找到它们的资料。海图上用潮流海图图式表示该地的潮流资料;潮流预报表按站点(一般给出经纬度)列出该地每天的潮流预报,分为两种情况:一是往复流性质的站点,给出了每日的转流时刻,最大流发生时刻,流速及用"＋"和"－"表示的流向;二是回转流性质的站点,给出了潮流回转一周(大约一个潮汐周期)过程中的两个极大值流速和两个极小值流速及其对应的时刻和流向。

一、往复流及其推算

1. 往复流

在海峡、河道、港湾和沿岸一带,由于受地形影响,潮流以相反的两个方向交互流动(流向相差约180°),称为往复流。涨潮时,海水从外海向内海流动,称为涨潮流;落潮时,海水从内海向外海流动,称为落潮流。

潮流由涨向落或者由落向涨的变化,即潮流流向发生约180°变化时,流速接近于零,此时称为转流,也称平流或憩流(英文统称 slack water),其中间时刻,称为转流时间(slack time)。

1)往复流的流向、流速在海图上的标注

往复流的海图图式以带羽尾的箭矢表示涨潮流的流向,不带羽尾的箭矢表示落潮流的流向。在箭矢上标注的数字表示流速(kn),仅注明一个数字的是指当地大潮日的最大流速;若注明两个数值,则分别表示小潮日和大潮日的最大流速。图 3-1-17a)为涨潮流,流向090°,其中,左图表示大潮日最大流速为 2.5kn;右图表示小潮日最大流速为 1.5kn,而大潮日最大流速为2.8kn。图 3-1-17b)为落潮流,流向270°。

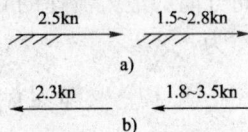

图 3-1-17　往复流图式

2)往复流的类型

与潮汐类型一样,往复流也分为半日潮、混合潮和日潮型三类。

2. 往复流的推算

1)根据"潮流预报表"推算当时的流向、流速

中、英版《潮汐表》中都包含某些水域的"潮流预报表",表中列出日期和每天的转流时间(SLACK Time)、最大流速(MAXIMUM Rate,以"节"为单位)及其发生时间(Time)(表 3-1-5)。最大流速前的"＋"、"－"号表明了该最大流速发生时的流向,每页表上都注明"＋"、"－"号

所代表的潮流流向。"潮流预报表"中如无特殊说明,则不包括可能存在的海流。海流与潮流不同,在一定期间,海流的流向、流速均较稳定,且流速一般不大,但它的存在,会对潮流的流向、流速产生影响。

与潮汐一样,一个太阴日内的潮流变化也可看成为一简谐运动,即可用余弦曲线来描述。因此,在作出当天的潮流随时间变化的曲线后,可以求得任意时刻的流向、流速。

例 3-1-14:根据表 3-1-5 所示的某地 7 月 16 日的潮流资料,求 0600 的流向、流速。

解:根据转流时间、最大流速及其发生时间、"+"、"－"号表示的流向等数据作出当天潮流随时间的变化曲线如图 3-1-18 所示,由曲线图可得该地该日 0600 的流向为 293°、流速约为 1.5kn。

潮流表摘录　　表 3-1-5

POSITIVE (+) DIRECTION 113		
NEGATIVE (–) DIRECTION 293		
JULY		
SLACK	MAXILMUM（最大）	
Time （转流时间）	Time （时间）	Rate （流速）
16　0300	0020	1.0
SA　1140	0755	–2.0
1850	1500	1.4
2250	2030	–0.4

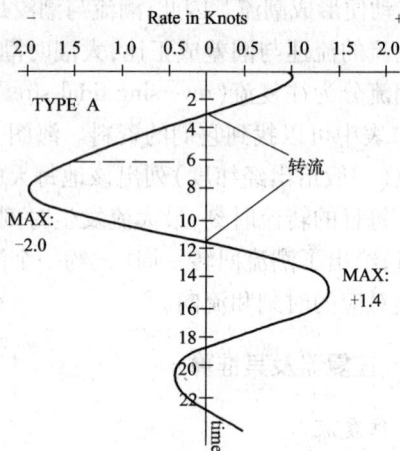

图 3-1-18　潮流变化示意图

同样,也可用计算法求任意时刻的流向、流速。

如图 3-1-19 所示,纵坐标为流速 V_t,横坐标为时间 t。设两相邻的转流时间的间隔为 T,所求时刻 t 与同方向的最大流速的时间间隔为 ΔT,则 t 时刻的流速 V_t 为

$$V_t = V_m \cos\left(\frac{\Delta T}{T} \times 180°\right) \qquad (3\text{-}1\text{-}39)$$

例 3-1-15:根据例 1 的潮流资料,求 0600 的流速。

解:0600 位于 0300 与 1140 两个转流之间,其间隔 $T = 1140 - 0300 = 8\text{h}40\text{min}$, 而 $\Delta T = 0755 - 0600 = 1\text{h}55\text{min}$。则

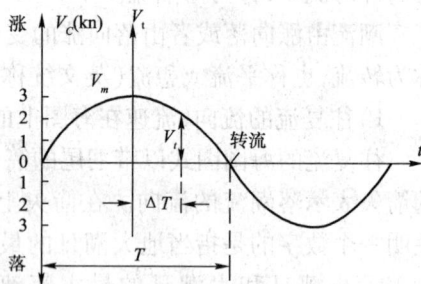

图 3-1-19　求任意时潮流

$$V_t = V_m \cos\left(\frac{\Delta T}{T} \times 180°\right) = -2.0\cos\left(\frac{1\text{h}55\text{min}}{8\text{h}40\text{min}} \times 180°\right) = -1.54\text{kn}$$

即该地该日 0600 的流向为 293°、流速为 1.54kn。

2)根据航海图上的往复流资料推算

在航海图上,可直接量取往复流的箭头方向求得流向,流速的推算方法如下:

(1)半个月中每天最大流速的变化规律。因为潮流的流速与潮差成正比。所以,半个朔望月(阴历月)中,每天的最大流速也不同。大潮日及其前后一两天内,用大潮日最大流速(V_s)

作为当天的最大流速;在小潮日及其前后一两天内,用小潮日最大流速(V_N)作为当天的最大流速;其余日期用小潮日与大潮日的最大流速的平均值作为当天的最大流速。即

$$V = \frac{1}{2}(V_S + V_N) \approx \frac{3}{4}V_S \approx \frac{3}{2}V_N \tag{3-1-40}$$

(2)一天中流速的变化。潮流的流速是随时间而变化的。在一个太阴日中,对于半日潮,有四个转流时间,各间隔约6h。转流时的流速接近为零,转流以后流速逐渐增大,到相邻两次转流时间的中间时刻,流速达到最大,以后又逐渐变小,至下次转流时间流速又降至零。可运用"1、2、3、3、2、1"的简谐运动变化规律,概略估算一天中任意时的潮流流速。即

转流后1h内的平均流速是当日最大流速的1/3;

转流后1~2h的平均流速是当日最大流速的2/3;

转流后2~3h的平均流速是当日的最大流速;

转流后3~4h的平均流速是当日的最大流速;

转流后4~5h的平均流速是当日最大流速的2/3;

转流后5~6h的平均流速是当日最大流速的1/3。

例3-1-16:某地(半日潮港)潮流的海图图式为: 1.5-2.8kn ,请推算出该地转流后第二小时内的平均流速。

解:大潮日及其前后一两天,该地转流后第二小时内的平均流速:$2.8 \times 2/3 = 1.87$kn;

小潮日及其前后一两天,该地转流后第二小时内的平均流速:$1.5 \times 2/3 = 1.00$kn;

其余日期,该地转流后第二小时内的平均流速:$(1.5 + 2.8) \div 2 \times 2/3 = 1.43$kn。

但使用中应当注意,一个港口的高、低潮发生时刻并不一定是潮流的转流时刻。在开阔水域,高、低潮时刻与落潮流或涨潮流的开始时刻相近;在狭窄水道及河口内,转流时刻与高、低潮时刻有差异,有时可能相差较大。

二、回转流及其推算

凡是在江河入海的附近、外海或广阔的海区,流向不断变化着的潮流称为回转潮流,简称回转流。对半日潮来说,约12h25min回转一周(360°);而全日潮,约24h50min回转一周(360°)。涨潮与落潮之间一般都没有明显的憩流现象。

1.回转流资料

在潮流预报表中,给出了潮流回转一周过程中的两个极大流速和两个极小流速及其对应时刻。在航海图上,回转流图式主要有两种。一是如图3-1-20所示的图式。潮流图中心的地名表示本图标处的流向、流速是以该港(称此为主港)的潮汐为基准作出的。箭头指向为流向,0表示主港高潮时,1,2,……表示主港高潮前的第一小时,第二小时……,Ⅰ,Ⅱ,……表示主港高潮后的第一小时,第二小时……当地的潮流。图中,当青岛处于高潮时,本图式处潮流流向约为000°。

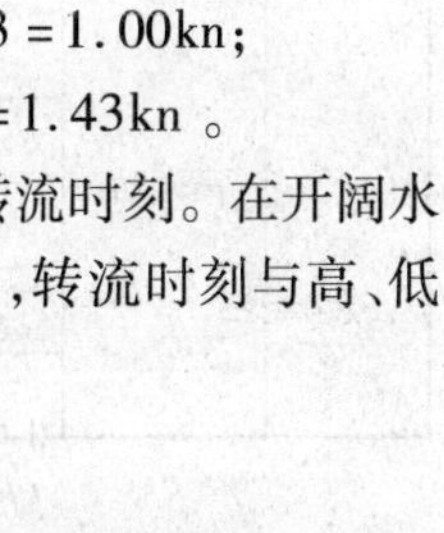

另一种图式以◈、◈或①、◇等注记,称此为潮流预报点,该站点的回转流资料刊在海图空白处形如表3-1-6所示的表中。使用时可根据站点编号从表的对应栏查取该处的回转流资料,表3-1-6列出了A、B两个站点的回转流资料。

图3-1-20　回转流图式

2. 回转流的推算

当船舶航行于回转流图式附近时,首先查取主港当日的高潮时,然后根据当时航行时间是在该高潮时的前或者后第几小时,查回转流图或站点潮流表,来确定当时的潮流流向;而流速的确定与往复流的方法相同。

如果回转流图或站点潮流表上未注明主港,可选用邻近的主港进行推算。

海图回转流示例   表 3-1-6

主港	时 间		Ⓐ21°23′.5N,108°45′.2E			Ⓑ21°23′.0N,108°56′.7E		
			流向	流速(kn)		流向	流速(kn)	
				小潮	大潮		小潮	大潮
× × 港	高潮前	6	213°	0.5	1.9	221°	1.9	5.1
		5	225°	0.5	1.2	215°	1.3	3.8
		4	230°	0.3	0.7	150°	1.0	1.5
		3	232°	0.2	0.4	040°	0.7	0.4
		2	228°	0.4	1.6	038°	1.2	3.7
		1	060°	0.5	1.7	038°	1.3	4.7
	高潮	0	050°	0.5	1.9	040°	1.4	5.3
	高潮后	I	042°	0.4	1.9	042°	1.3	4.1
		II	044°	0.3	1.8	130°	1.0	1.9
		III	100°	0.1	0.4	214°	0.5	0.4
		IV	222°	0.3	0.5	220°	0.1	1.9
		V	221°	1.6	1.3	221°	0.5	4.4
		VI	218°	1.9	1.6	224°	1.1	5.1

习 题

一、问答题(潮汐、潮流资料见附录5)

1. 简述潮汐的成因。

2. 试述潮汐的周日不等、半月不等和视差不等的现象和产生原因。

3. 解释下列名词,并用图解表示:

(1)高高潮;(2)高低潮;(3)低高潮;(4)低低潮;(5)潮差;(6)大潮升;

(7)小潮升;(8)平均高潮间隙;(9)平均低潮间隙 ;(10)潮汐周期

4. 用公式法计算下列港口某时的潮高(资料见附录5):

(1)Sanfrancisco 2008 年3月17日0600 和2008 年2月16日2000。

(2)Vancouver 2008 年4月2日1600。

(3)Seattle 2008 年2月17日1200。

5. 某年7月14日RED BAY 潮汐:0045 5.21;0639 0.65;1308 5.60;1910 1.13;求当日潮

高不小于 2.5m 所对应的时间。

6. 已知某地某年潮汐资料如下：

7 月 28 日 0021 404；0848 068；1252 338；2030 078.

7 月 29 日 0107 413；0939 061.

若某轮吃水 9.7m，该地海图浅水处水深 6.7m，要求富余水深 0.7m，试求该轮当日何时能安全通过浅水区？

7. 已知某地：MHWI 1057 SR 4.7m；MLWI 0412 NR 3.2m；MSL 2.6m。求 10 月 1 日（阴历十五）该地的潮汐。

8. 设某港的进口水道长 30n miles，海图水深 7m。某年 10 月 20 日的潮汐为：

0210 420；0940 080；1500 350；2020 110

TD 在 MSL 下 260cm。若潮流的平均流速为 2kn，该轮最大吃水 9m，0800 驶抵水道入口，试问候潮否？若该轮的船速为 13kn，保留富余水深 0.7m，求最早、最迟驶入水道的时间，何时驶入为宜？

9. 英版潮汐表某附港资料为：

	MHWS	MHWN	MLWN	MLWS
主港	3.9	2.8	1.6	1.1
潮高差	+0.5	+0.4	+0.4	−0.3

已知该附港的主港某日低潮高 1.8m，平均海面季节变化为 0。求附港当日该潮高对应的潮高差。

10. 求下列港口的潮汐：(1)Seattle 2008 年 1 月 11 日；(2)Seabeck 2008 年 3 月 25 日；(3)Saint Helens 2008 年 2 月 6 日；(4)Sausalito 2008 年 4 月 18 日；(5)San Mateo Bridge 2008 年 2 月 21 日。

11. 某船吃水 9.3m，船舶水面上最大高度为 33m，要通过航道上净空高度是 34m 的大桥，已知桥下海图最小水深为 7.7m，该航区的大潮升 4.4m，小潮升 3.3m，当日潮汐：0615 0.4；1258 4.3。为保证安全通过，要求富余水深 0.7m，安全富余高度 2m。试求该船安全通过的时间段。

12. 某轮 2008 年 3 月 1 日 1200 驶抵吴淞口，试求当时潮流的流向、流速。

二、选择题

1. 引起潮汐周日不等的主要原因是(　　)。

　　A. 日、月与地球相互位置不同　　　　B. 月赤纬不等于零

　　C. 地理纬度不等于零　　　　　　　　D. B + C

2. 当月球赤纬为 0 时的潮汐称(　　)。

　　A. 小潮　　　　　　B. 大潮　　　　　　C. 分点潮　　　　　　D. 回归潮

3. 潮汐周日不等现象最显著的是(　　)。

　　A. 分点潮　　　　　B. 大潮　　　　　　C. 回归潮　　　　　　D. 小潮

4. 月球赤纬最大的潮汐称(　　)。

　　A. 大潮　　　　　　B. 小潮　　　　　　C. 分点潮　　　　　　D. 回归潮

5. 半日潮港是指(　　)。

A. 每天有两次高潮和两次低潮的港口

B. 每天有两涨两落,涨落潮时间,潮差几乎相等的港口

C. 每天有两涨两落,但涨落潮时间不等的港口

D. 一个月内有半个月是每天有两次高潮和两次低潮的港口

6. 日潮港是指( )。

    A. 每天只有一次高潮和一次低潮的港口

    B. 半个月中有一半以上的天数一天只有一次高潮和一次低潮的港口

    C. 半个月中一天只有一次高潮和一次低潮的天数不足7天

    D. 以上答案都对

7. 产生大潮小潮(潮汐半月不等)的原因主要由于( )。

    A. 月球、太阳赤纬较大引起的

    B. 月球、太阳地球相互位置不同引起的

    C. 月引潮力与太阳引潮力的合力不同引起的

    D. B、C 都对

8. 月球从新月到上弦,潮差的变化是( )。

    A. 逐渐增大   B. 逐渐减小   C. 没有   D. 时大时小

9. 从潮高基准面至平均大潮高潮面的高度称为( )。

    A. 大潮差   B. 大潮升   C. 小潮差   D. 小潮升

10. 小潮差是指相邻的( )之差。

    A. 小潮高潮潮高与大潮低潮潮高   B. 大潮高潮潮高与小潮低潮潮高

    C. 小潮高潮潮高与小潮低潮潮高   D. 大潮高潮潮高与大潮低潮潮高

11. 潮龄是( )。

    A. 由朔望日至大潮实际发生日之间的间隔天数

    B. 由朔望日至实际大潮高潮时的时间间隔

    C. 由每天月中天时刻至实际高潮时的时间间隔的长期平均值

    D. 由每天月中天时刻至实际大潮高潮时的时间间隔的长期平均值

12. 在实际潮汐中,大潮( )。

    A. 一定发生在朔望日   B. 一定发生在朔望日之后

    C. 一定发生在月中天   D. 一定发生在朔望日之前

13. 潮汐视差不等主要是由于( )引起的。

    A. 月球以椭圆轨道绕地球转动   B. 地球自转

    C. 地球公转   D. 月球绕太阳运动

14. 从理论上说,某地出现高潮的时间是( )。

    A. 0 点   B. 12 点   C. 月中天时刻   D. ABC 都对

15. 低潮间隙是指( )。

    A. 从月中天到低潮发生的时间间隔   B. 从新月到大潮低潮发生的时间间隔

    C. 相邻两次低潮的时间间隔   D. 从高潮到低潮的时间间隔

16. 平均高潮间隙是指( )。

A. 由朔望至大潮实际发生的时间间隔

B. 由每天月中天时刻至高潮时的时间间隔的长期平均值

C. 由朔望至实际大潮高潮发生的时间间隔

D. 由每月中天时刻至实际大潮高潮时的时间间隔的长期平均值

17. 你认为下列哪个说法正确(　　)。

A. 高高潮是指大潮日的高潮

B. 分点潮是指春分和秋分时的潮汐

C. 日潮港是指发生一日一个高潮和低潮的港口

D. 潮龄是指新月或满月后到大潮的天数

18. 以下哪种水文气象因素的急剧变化会引起潮汐变化的反常现象(　　)。

A. 降水　　　　　B. 气压　　　　　C. 结冰　　　　　D. 以上都会

19. 我国《潮汐表》预报潮时误差,在一般情况下为(　　)。

A. 30min　　　　B. 20min　　　　C. 10min　　　　D. 20～30min

20. 我国《潮汐表》预报潮高的误差,在一般情况下为(　　)。

A. 10cm 以内　　B. 10～20cm　　C. 20～30cm　　D. 大于30cm

21. 中版《潮汐表》中的潮时采用(　　)。

A. 世界时　　　　B. 地方时　　　　C. 当地标准时　　D. 平太阳时

22. 用测深仪测得某地水深为 5m,当时船舶吃水为 7m,潮高 3m,如当时平均海面在海图深度基准面上 3m,潮高基准面在平均海面下 2m,则海图水深为(　　)。

A. 12m　　　　　B. 8m　　　　　C. 10m　　　　　D. A、B、C 都不对

23. 某地当日潮汐资料为:0600 500cm 1200 100cm,则 0800 潮高为(　　)。

A. 400cm　　　　B. 300cm　　　　C. 200cm　　　　D. 100cm

24. 某地当日 T_{hw} 0400, T_{lw} 1000, h_{hw} 5m, h_{lw} 1m,则 0600 潮高应为(　　)。

A. 1m　　　　　B. 2m　　　　　C. 3m　　　　　D. 4m

25. 某港图水深基准面在平均海面下 294cm,潮高基准面在平均海面下 306cm,预计潮高 300cm,港图上码头水深5.4m,则该港的实际水深为(　　)。

A. 8.28m　　　　B. 8.4m　　　　C. 8.52m　　　　D. 9.0m

26. 某地的潮高基准面与海图深度基准面重合,且在平均海面下 2m,该地某一山头的高程为 100m,如某时该地的潮高为 0.5m,当时该山头的实际山高为(　　)。

A. 97.5m　　　　B. 100.5m　　　　C. 102.5m　　　　D. 101.5m

27. 某水道浅滩海图水深 6.0m,该地潮高基准面在平均海面下 220cm,海图基准面在平均海面下 200cm,某轮吃水 7.5m,安全富余水深 0.7m,则安全通过浅滩所需潮高为(　　)。

A. 3.2m　　　　　B. 2.2m　　　　C. 2.4m　　　　　D. 2.0m

28. 某水道上空有大桥,其净空高度为 24m,某轮吃水 7.5m,主桅高 22m,型深 9.8m,与桥的安全余量 1m,该大潮升 5.3m,则可安全通过该水道的最大潮高为(　　)。

A. 4.2m　　　　　B. 3.8m　　　　C. 4.0m　　　　　D. 4.5m

29. 海图上某地图式为干出礁(1.5),该地当日潮汐资料为:1227 393cm;1851 122cm,则1530 该障碍物上面的水深为(　　)。

A. 1.5m   B. 1.2m   C. 2.7m   D. 3.0m

30. 某主港高潮潮高 4.0m,查得潮高差资料如下:

	MHWS	MHWN	MLWN	MLWS	
主港	3.5	2.5	1.4	1.0	(m)
附港潮高差	+0.6	+0.4	+0.4	−0.4	

则附港潮高差为( )。

A. +0.7m   B. +0.6m   C. +0.5m   D. +0.8m

31. 已知主港高潮时为 0913,且主附港潮时差资料如下:

Time Difference

	High Water		Low Water	
	0000	0600	0000	0600
主港:	and	and	and	and
	1200	1800	1200	1800
附港潮时差:	−0030	−0050	−0020	−0015

则对应该主港高潮时的附港潮时差为( )。

A. −0018   B. 0018   C. −0039   D. 0039

32. 英版《潮汐表》中的潮流,流速的正负号是指( )。

A. 流速的增加或减少   B. 涨潮流速和落潮流速

C. 涨潮流的流向和落潮流的流向   D. 流速加海流的速度和流速减海流的速度

33. 某河口大潮日最大流速 4kn,则小潮日涨潮第三小时内平均流速为( )。

A. 4kn   B. 3kn   C. 2kn   D. 1kn

第二章 航海图书资料

第一节 海船必须配备的航海图书资料

一、无限航区海船必备的图书资料

在航次任务确定后,船长和驾驶员必须认真阅读和仔细分析航海图书资料,以便设计出安全、经济的航线,制定出适合该船的航次计划;在航行和进出港口时采取正确的措施,确保船舶航行安全。因此,海上人命安全国际公约(SOLAS)指出:所有船舶必须配备有足够的且最新的海图、航路指南、灯标雾号表、航海通告、潮汐表以及为航次所需的所有其他航海出版物。具体规定可参阅英版《航海通告年度摘要》的18号年度通告和我国交通部航海安全标准专业委员会制定的《海船航海图书资料配备要求》(JT/T 95—1994)中对无限航区船舶的要求。

船上一般应配备的航海图书资料有:

1. 海图

(1)航海图:应备有航行海区的各种不同比例尺的海图,如总图、远洋航行图、近海航行图、沿岸航行图和港湾图,用以进行绘画航线、航迹推算和定位等海图作业以及进出港等;并应备有航线附近可能要挂靠的港口图及进出该港所需的海图。

(2)参考用图:空白定位图、航路设计图、大圆海图、等磁差曲线图、救生艇用图以及海图图式(5011)等。

2. 书表

主要应备有:

(1)世界大洋航路(Ocean Passages for the Wold);

(2)航路指南(Pilot,Sailing Directions);

(3)英版海图和出版物总目录(Catalogue of Admiralty Charts and Publications);

(4)灯标雾号表(Admiralty List of Lights and Fog Signals);

(5)无线电信号表(Admiralty List of Radio Signals);

(6)潮汐表(Tide Tables);

(7)进港指南(Guide to Port Entry);

(8)航海员手册(the Mariner's Handbook);

(9)航海通告(Notices to Mariners);

(10)船舶定线制(Ship's routeing)

（11）里程表（Distance Table）；

（12）其他：如海上浮标系统（Maritime Buoyage System,NP735）、航海计算用表、《航海天文历》及天文计算用表、国际信号码语、船上仪器的说明书以及有关港口的相关规定等；另外，某些国际公约，如 SOLAS consolidated edition、MARPOL 73/78、Load Lines、STCW 95 等；重要规则，如货物安全运输规则（BC Code、IMDG Code 等）、无线电规则 ITU50（Radio regulations）、海上避碰规则等；常用手册，如全球海上遇险和安全系统手册（GMDSS hand book）、海上移动卫星业务手册 ITU10（Manual for use by the maritime mobile and available maritime mobile satellite service）、国际航空及海上搜救手册第三卷（International aeronautical and maritime search and rescue manual,IAMSAR）、船舶消防培训与防火安全操作手册、训练手册（SOLAS Training Manual）；船舶自动识别系统（AIS）；数字出版物（Digital products）等也应备有。

有些国家如美国和加拿大，要求进入该国的船舶另外配备该国的专用书表。具体规定可参阅《航海通告年度摘要》的 21 号（加拿大）和 22 号（美国）年度通告。

二、沿海和近岸航区海船必备的图书资料

对于沿海和近岸航区的中国籍海船，根据船舶计划航线所经过的航区，开航前必须按照交通部《海船航海图书资料配备要求》（JT/T 95—1994）备妥基本的航海图书资料。

船上一般应配备的航海图书资料有：

1. 海图

（1）航海图：应备有航行海区的各种不同比例尺的中版海图，其余要求同上。

（2）专业用图：如双曲线导航图、中国海区专业图以及中版海图图式等。

2. 书表

主要应备有中版：《航路指南》；《航海图书目录》；《航标表》；《潮汐表》；《无线电导航表》；《港口资料》；《航海通告》；《航海图书通告改正登记表》；其他，如航海计算用表、《航海天文历》及天文计算用表、船上仪器的说明书以及有关港口的相关规定等。

第二节　世界大洋航路

一、概述

《世界大洋航路》（Ocean Passages for the World,OPW）由英国海军水道测量部出版，主要应用于设计大洋航线。本书介绍了世界上主要港口间的常用航线以及影响航线的有关气候资料，是一本设计远洋航线的重要参考书。

本书的书号为 NP136,1895 年第一次出版，目前的最新版是 2004 年的第五版（fifth edition）。英版季末一期《周版》航海通告、《航海通告累积表》和当年的《英版海图和出版物总目录》中刊有本书的现行版本信息。

本书出版周期较长，出版后的资料变更通过不定期补篇（supplement）和《周版》航海通告的 section IV 进行改正，具体方法可参阅本篇第三章第一节。

因此，在使用《世界大洋航路》时，必须同时参阅最新版补篇、英版《周版》航海通告的 section IV,以得到本书的最新改正资料。

二、主要内容

本书分两大部分,共 10 章。

第一部分共有七章。其中的第一章(chapter 1)是航线设计(Route Planning),第二章~第七章分洋区介绍机动船航线。

第二部分共有三章。分洋区介绍帆船航线(sailing passages)。

1. 第一部分的主要内容

第 1 章是 Route planning,主要内容有:

1)本书的编写目的及主要内容

本书用于设计大洋航线(deep-sea voyages)。书中刊有涉及航线的气象要点及其他因素、部分所选的常用航线的航法(directions)及其里程。本节最后提醒使用者,使用本书时应与"charts and publications"一节中所列之图书相结合。

2)本书推荐航线适用的船舶(routes)

本书将机动船看作是中等吃水(moderate draught,12m)的且属于下列两类的船舶:

(1)高速船,或能保持 15kn 或 15kn 以上海上速度的船舶;

(2)低速船,或由于拖带或受损而达不到高速的船舶。

本书第二章~第七章介绍的是机动船的推荐航线,主要适用于吃水不大于 12m 的船舶。

对于高速船,大部分情况下可以选用两港间的最短航程航线。但在有些区域,若选择本书的推荐航线将可能会减少损耗、节约大量的时间和燃料。

对于低速船或者拖带或受损的船舶,船长应该关注第八章~第十章中相关的帆船航路介绍,其中有比机动船航路更详细的有关气象、潮流、海流等方面的资料。

在航法(directions)部分指出,本书介绍的航法考虑了所有能够得到的海上经验,可以作为设计航线的指南,但使用时必须考虑当时的实际情况。

3)CHARTS AND PUBLICATIONS

列出了航海上常用的、也是阅读《世界大洋航路》所应参阅的主要海图和出版物。海图有:routeing charts,ocean charts,gnomic ocean charts 等;所列的出版物包括:Admiralty Sailing Directions(其各卷的区域图印在封里);Admiralty List of Lights 及各卷界限图;Admiralty Tide Tables 及各卷界限图;Admiralty List of Radio Signals 及 NP286 的各册界限图;Admiralty Maritime Communications 及各卷界限图;Automatic Identification Systems (AIS);Admiralty Distance Tables;Admiralty Notices to Mariners;Annual Summary of Admiralty Notices to Mariners;The Mariner's Handbook;Chart 5011;Catalogue of Admiralty Charts and Publications);digital products,如 ARCS 等。

4)PASSAGE PLANNING

主要介绍了选择一条最佳航线所要考虑的因素及气象定线的必要性。要选择一条最佳航线,必须要考虑若干因素,其中主要是航线上可能要遇到的海况、风、流等因素以及船舶对此的应变能力与方法。另外如可能发生的船货损坏、燃料消耗和航行时间等因素也要考虑。有些货物如甲板货、牲畜等对气象因素更敏感,因而可能会影响到航线或航速的选择。

设计航线不仅要考虑通常情况,更要考虑航线上可能会遇到的实际气象情况。

借助于最新的天气预报、天气图与冰况图等,对本书的原始推荐航线进行修正,使其最佳程度地利用实际天气模型及其变化。这将最大程度地节约燃料,减少恶劣天气对船货的损坏危险。

如果船舶能接收到合适的中长期天气预报及气象报告,船上装备有气象传真机,则应利用这些资料进行气象定线,尤其是对于定线航班的船舶,更应如此。

第2章到第7章分洋区介绍机动船的推荐航线及航线示意图,各章的开头部分介绍了本洋区的风和天气(WINDS AND WEATHER)、涌浪(SWELL)、洋流(CURRENTS)、冰(ICE)以及航行须知与警告(NOTES AND CAUTIONS)等。在选择或设计航线时,必须阅读这部分内容。

2. 本书一些图表

(1)各卷英版航路指南界限图(印在封里)(LIMITS OF VOLUMES OF ADMIRALTY SAILING DIRECTIONS)。

(2)世界气候图2张(world climatic chart)。其中的一张适用于冬季(January),另一张适用于夏季(July)。该图展示了气压、风、海面温度、雾、洋流及冰的总体分布及所附的说明,供设计航线时作总体参考。

(3)波高图4张(wave heights)。它们分别适用于冬季(January)、春季(April)、夏季(July)及秋季(October)。图上的实线是波高 ≥6m 的等百分率曲线,虚线是波高 ≥3.5m 的等百分率曲线。

(4)世界时区图(STANDARD TIME ZONE CHART OF THE WORLD)。

(5)载重线区域图(LOAD LINE ZONES)。

三、使用方法

1. 书末索引结构

INDEX	
Caution(大类)	(第一层)
Australia	(第二层)
……	
Pacific Ocean(海域)	
Areas to be voided	……… 7.38(第三层)

ROUTES INDEX	
……	
Shnghai(31°03′N,122°20′E)	(第一层)
Routes to:	(第二层)
Apia	…………………… 7.172
Hong Kong	…………………… 7.90

本书有两个索引,一为 Index of general subjects(INDEX);另一为 Index of routes(ROUTES INDEX)。

INDEX 以三个层次排列,大类项目为第一层在最左侧,大类项目有:Archipelagic Sea Lanes;Cautions;Charts;Magnetic anomalies;Natural conditions;Fog and visibility;Ice;Swell;Winds and weather……;第二层缩进两个字符,是海域或地区;第三层再缩进两个字符,是该区域的大类下的具体细目及其所在的章节号。

ROUTES INDEX 以二个层次排列,第一层为推荐航线的出发港,排在最左侧,按出发港名的英文字母顺序排列;第二层为航线的到达港,缩进两个字符,印在对应的出发港的"Routes to:"下方,按到达港名的英文字母顺序排列,并给出对应的章节号。

2. 查阅一般项目(GENERAL SUBJECTS)的资料

当查阅第一章的内容或查阅某一洋区的水文气象、航行注意事项等一般项目的资料时,利用目录较为方便,但也可利用索引。

例 3-2-1:查阅北太平洋的避航区域(Areas to be avoided)

解法一:利用目录:北太平洋在第七章,"Areas to be avoided"属于"NAVIGATIONAL NOTES"或"CAUTIONS"大类,查目录 CHAPTER 7 的 Navigational Notes(7.35),从第 7 章第 35 节(7.35)往后查,Areas to be avoided 在 7.38 节。

解法二:查项目索引 INDEX:在目录中可查得 INDEX 的页码,在 INDEX 中查第一层大类 Cautions→查第二层区域 Pacific Ocean→查第三层具体细目 Areas to be avoided,得其章节号为 7.38。

3. 查阅航线资料

利用 ROUTES INDEX 是查阅航线资料的主要方法。一般步骤如下:

(1)根据出发港和到达港,先在航路设计图上,了解推荐航线的大概走向,以及途经哪些重要地方和海区。

(2)阅读本书第一章和航路涉及到的各章中的水文气象资料并参阅"世界气候图"等,以了解航行季节航区内的水文气象条件及有关航海注意和警告。

(3)根据出发港和到达港名称,在索引的第一层按出发港名称字母查得出发港后,在其下的"Routes to:"下方查到达港名称及对应的章节号。

(4)根据章节号阅读航线资料。当阅读中遇到有括号内的章节号,如"(×.×××)",则需阅读该章节,不应遗漏。同时,必须阅读对应章的开头部分的有关内容。

注意,若索引中无法找到航线资料,可查找该到达港附近港口的航线。

例 3-2-2:查找上海(Shanghai)到香港(Hong Kong)的航线资料

解:从 ROUTES INDEX 中第一层的字母顺序查得 Shanghai 港,查其下 Routes to:下方的 Hong Kong,得航线的章节号为 7.90。阅读第 7 章第 90 节,该航线为双向航线,阅读中应参阅航线草图 7.85 和 7.90。

《世界大洋航路》只是根据大洋的盛行风、流及航行经验推荐的大洋航线,它属于气候航线,船舶应根据本船条件和当时大洋气象情况作具体分析,以便设计出一条安全经济的航线。

我国也出版了一本《世界主要航线介绍》,它除参考了《世界大洋航路》的资料外,还结合了我国船员的实际经验,可以作为设计远洋航线的参考。

第三节　航路设计图

一、概述

航路设计图(Routeing Charts)介绍了世界上主要港口之间的推荐航线以及与航线设计有关的水文气象资料,是设计大洋航线的重要参考资料,图上绘有航线、洋流、风花、冰区界限等资料,可与《世界大洋航路》结合使用。航路设计图分五大洋区,每个洋区按月出版 12 张图,共计 60 张。北大西洋的图号按月分别为 5124（1）~5124（12），南大西洋为 5125（1）~5125（12），印度洋为 5126（1）~5126（12），北大平洋为 5127（1）~5127（12），南太平洋为 5128（1）~5128（12）。航路设计图的区域界限可查阅 OPW 和《英版海图和出版物总目录》。

二、主图内容

1. 航线

航路设计图是墨卡托投影图。图上绘有主要港口间的推荐航线，绿色直线是恒向线航线，曲线是大圆弧航线，并用箭头标示航线的适用方向，如"————◄——"为单向航线，"◄————►"为双向航线。航线上标有起、讫港港名及其间的里程，或大圆弧航线的起、终点间的里程。

2. 洋流

用蓝色箭矢表示该月当地的表层洋流。箭头指向表示主要流向（prevailing current）。箭矢形状表示该流向的稳定性，如粗实线"——►"表示稳定性较高（其持续百分率一般大于75%）；段划线"— —►"的稳定性次之（50%~75%）；虚线"－－－►"的稳定性较低（小于50%）；点线"……►"仅表示可能的流向，且流一般较弱。箭矢尾端的数字表示该方向流的平均流速，"＞"或"＜"表示平均流速略大于或略小于所标值。

3. 风花

航路设计图上用红色"风花"（wind roses）（图 3-2-1）表示当地盛行风的资料。统计资料来源于每隔 5°×5° 区域的船舶观测数据，若某区域内的观测次数小于 100，则不显示数据。箭杆的形状或粗细表示该箭矢所示风向上的蒲氏风级，其长度表示该方向上的对应风级出现的百分率，以 2 英寸长（约 5cm）表示 100%。使用中，可将其长度与海图标题栏中的风百分率比例尺比对。由此可见，最长箭杆的方向表示该区域该月最盛行的风向；最粗的箭杆及其长度表示该区域该月可能遭遇的最强风力及其百分率。

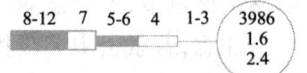

8-12　7　5-6　4　1-3　3986 / 1.6 / 2.4

图 3-2-1　风花图

风花图的圆内一般有三行数字，上行的数字为该月内该处资料的观测总次数，此数字越大，表示观测次数越多，所示资料越可靠；中间行的数字是观测中不定风（variable winds）出现的百分率；下行数字是观测中无风（calms）出现的百分率。

4. 冰区界限

图中在高纬度区域用浅蓝色图形"⌒⌒ ⌒ ⌒⌒"标示冰群（pack ice）等的界限。

5. 国际载重线区域界限

依据 1968 年国际载重线公约，图上用不同颜色标明各载重线适航的区域界限。若同一区域用两种载重线相间标注的，表明该区域该月在某日前后使用不同的载重线。例如，北太平洋 4 月图上，北部区域在 4 月 15 日前使用 Winter Zone，4 月 16 日起使用 Summer Zone。有关详情可参考英版海图 D6083 或《世界大洋航路》中的 LOAD LINE ZONES（载重线区域图）。

6. 大洋天气船

图中用符号"＋"和天气船的名称标明大洋天气船的位置。大洋天气船的详细资料可参考英版《无线电信号表》和《航海通告年度摘要》。

三、附图内容

每张航路设计图空白处均印有四张附图,内容如下:

1. 平均气温气压图(mean air temperature（℉）,mean air pressure in millibars）

图上用绿色曲线表示当月等温线,红色曲线表示当月等压线,航线设计时应关注等温线、等压线梯度较大的海域。

2. 雾与低能见度图(fog and low visibility）

图上用红线表示出现能见度低于 0.5n mile 的等百分率曲线,用绿线表示出现能见度低于 5n mile 的等百分率曲线。可用以了解航区出现雾的可能性。对百分率较高的海域在选线或采取措施时应给予关注。

3. 露点温度和海水温度图(dew point temperature（℉）,mean sea temperature（℉）)

图中以红线和绿线分别标出露点温度和海水表层温度的等温线,可用以了解航区生成雾的可能性,如二者温度值较接近的海区在适合的条件下易形成雾。

4. 7 级以上大风和热带气旋路径图(winds of beaufort force 7 and higher,hurricanes)

图上用红线绘出当月在多年实况下选出的若干热带气旋路径,绿线是当月出现蒲氏 7 级和 7 级以上大风的等百分率曲线。在选线或采取措施时对其经过的海区应给予高度关注。

第四节　英版《航路指南》

一、概述

英版《航路指南》(Admiralty Sailing Direction,Pilot,缩写 ASD)主要是供 150 总吨及以上的船舶使用,它是将海图上无法表达或者不能完全表达的有关航海资料汇编成书,作为海图资料的补充,并同时载有航法和航行经验,配有较多的对景图,以提供给航海人员更丰富的航海资料和航行经验。《航路指南》资料详细、文字简洁,主要刊载了与航线拟定、航行安全与进出港直接有关的内容,可在拟定航线、沿岸及狭水道航行时作参考。

ASD 按海域出版,书卷号 NP1 ~ NP72。各卷的区域范围(limits of Volumes of Admiralty Sailing Direction)可在《英版海图和出版物总目录》、《世界大洋航路》的封里和扉页、《航海员手册》(the Mariner's Handbook)的封里和扉页上查得。

ASD 一般每隔约 3 年出新版(continuous revision,连续改版),期间不出补篇,但若超过 3 年才出新版(non continuous revision,非连续改版),则每隔 3 年出一本补篇(supplement)。ASD 出版后的资料变更通过补篇(如有)和《周版》航海通告的 section Ⅳ 进行改正,具体方法可参阅本篇第三章第一节。

二、主要内容

1. 使用 ASD 的一些说明(explanatory notes)

这是使用本书时应注意的事项,主要内容有:

(1)explanatory notes 要求在阅读 ASD 时,必须结合书中所引用的海图。并强调指出:只有在参考了相应的最新补篇(如有)和《周版》航海通告的第Ⅳ部分后,才能使用本书。

(2)列出在阅读本书时应参阅的航海图书资料,如《航海员手册》、《世界大洋航路》和航路设计图、《英版灯标雾号表》、《英版无线电信号表》、《航海通告年度摘要》和《国际信号码语规则》等。

(3)ASD 中有关的重要问题阐述和用于本书的计量单位和术语的说明等。主要有:

①书中只对特殊重要性的浮标及海图比例尺太小而资料不全的浮标加以说明;

②书中的 chapter index diagram 仅给出与区域范围匹配的英版海图,若需要更大比例尺的海图可查阅 NP131;

③文中引用的海图通常为最大比例尺海图,但若对使用更合适,偶尔也用稍小比例尺的海图;

④关于军事演习区,一般叙述了潜艇演习区域,其他的可能也提及。具体可参阅英版《航海通告年度摘要》;

⑤本书中的主要计量单位和术语:

经纬度(latitude and longitude):用括号给出,引自文中引用的海图,是概位。

方位和方向(bearings and directions):方位是真方位。用于确定位置的方位是从参考物给出的方位,其余的如物标方位、叠标方位、灯标光弧方位等是从海上看去的方位。航向是对地航向。

航程(distances):以纬度分计量的海里表示。

物标高度(heights):自物标基部地面到物标顶端的高度,即比高,书中常用"… m in height"表示。

海拔高度(高程 elevations):是指物标在平均大潮高潮面以上或平均高高潮面以上的高度,为了与物标高度区别,书中用"an elevation of … m"表示。但自然物标的高程如山高等不会与物标高度(heights)相混淆的场合,书中用"… m high"表示。

米制单位(metric units):是书中表示水深、物标高度及短距离的量度单位。但若引用了拓制海图,则在水深和物标高度的米制数据后用括号给出英尺和拓的数据。

时间(time):4 位数表示,除非另有说明,否则使用当地时间。

其他术语:bands 为横纹;strips 为竖纹;conspicuous objects 系指非常显著的、在较大范围的海域仍特别容易辨认的物标,若海图比例尺足够大,这些物标旁常常标注有黑体字"conspic";prominent objects 系指非常容易辨认的物标,但不及 conspicuous objects。

2.缩写(abbreviations)对照表

当阅读本书时遇到不明意义的缩写,可参阅本缩写对照表。

3.语汇表(glossaries)

由于同一本《航路指南》中可能含有不同语系的国家,而文中的有些地理名称和语汇往往使用当地语言。因此,语汇表提供了本卷范围内的地方语言与英语的对照表,供使用者查阅。

4.章号索引图(chapter index diagram)

是本卷各章的地域范围索引图(图3-2-2)。图上主要包括如下资料:

(1)本卷的地区范围;

(2)用粗体数字与箭头及虚线框出本卷各章资料的地域范围及叙述顺序,使用者可利用章号及其顺序查找资料；

（3）本卷海区范围内可使用的英版航海图、港湾图等的图框及图号。它们的适时性可参阅《英版海图和出版物总目录》。

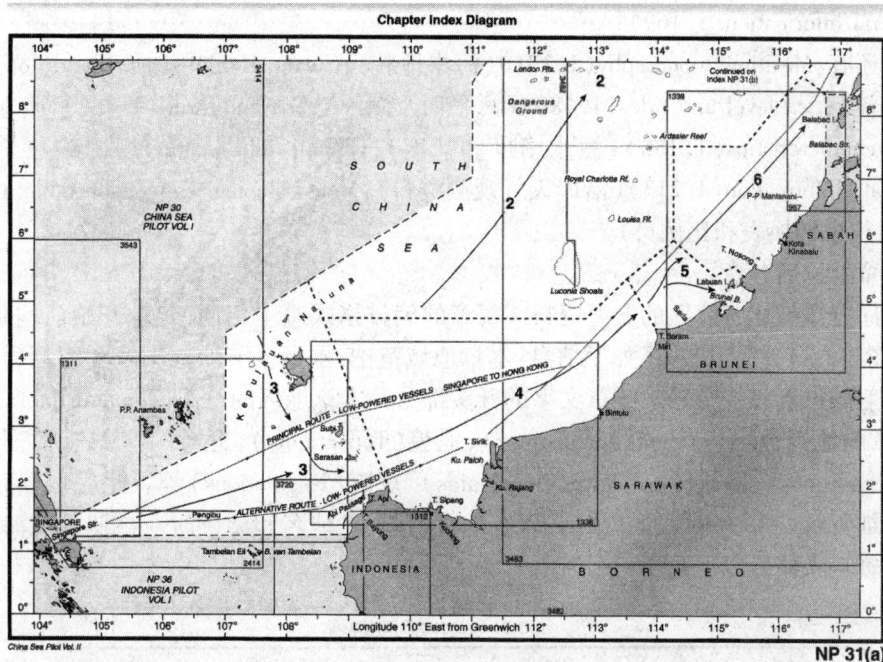

图 3-2-2 章号索引图

5. ASD 各章的主要内容

第 1 章（chapter 1）：

各卷 ASD 都在第一章对本卷所述地区进行总体介绍，分为三大部分，它们是："一般航海说明与规则"，"国家与港口"及"自然条件"。现以 NP31（eighth edition 2006）为例加以介绍：

CHAPTER 1

Navigation and regulations（一般航海说明与规则）

其余还有：Traffic and operations（1.10）（交通概况）；Charts（1.21）（海图出版情况）；Aids to Navigation（1.28）（助航设施）；Pilotage（1.36）（引航制度）；Radio facilities（1.43）（无线电服务设施）；Regulations（1.55）（规则）；Signals（1.80）（信号）；Distress and rescue（1.92）（海难与救助）；Piracy and armed robbery（1.99）（海盗与武装抢劫）等。

Countries and ports（国家与港口）

本部分按国家或地区分别介绍了她们的概况；历史；政府；人口和居民；语言、物产、工业和贸易；币制、度量衡；节假日；运输和交通；港口；健康；修理；服务设施与供应；灭鼠等情况。另外还以表格形式列出了她们的以下两项内容：

其余还有：Maritime topography(1.171)（海岸地貌）;Currents,tidal streams and flow(1.174)（海流、潮流）;Sea level and tides(1.180)（海平面及潮汐）;Sea and swell(1.182)（海浪与涌）;Sea water characteristics(1.186)（海水密度和盐度）;Climate and weather(1.189)（气候与天气）;Climate information(1.213)（沿岸天气观测资料）;Meteorological conversion table and scales(1.229)（气象转换表和比例尺）

第二章及以后各章：

按顺序分章叙述各海区的航海资料。每章的编排格式基本相同,各章开始前均附有一张索引图(图3-2-3),图上提供了如下信息:本章地域范围;本章各节的范围及介绍顺序,使用者可根据本船的位置查找节号。各章文字的开头部分是本章地区的总况（General information）介绍,如本章的地区范围（Contents of chapter）、地貌（Topography）、近海的特殊地段、自然条件（Natural conditions）、助航设施（Navigational aids）、规则（Regulations）等。此后按顺序介绍各地段的详细资料。每一地段的介绍前,列有地段的起、讫地名和阅读时应参照的航海图图号。各地段的资料大体分以下几类：

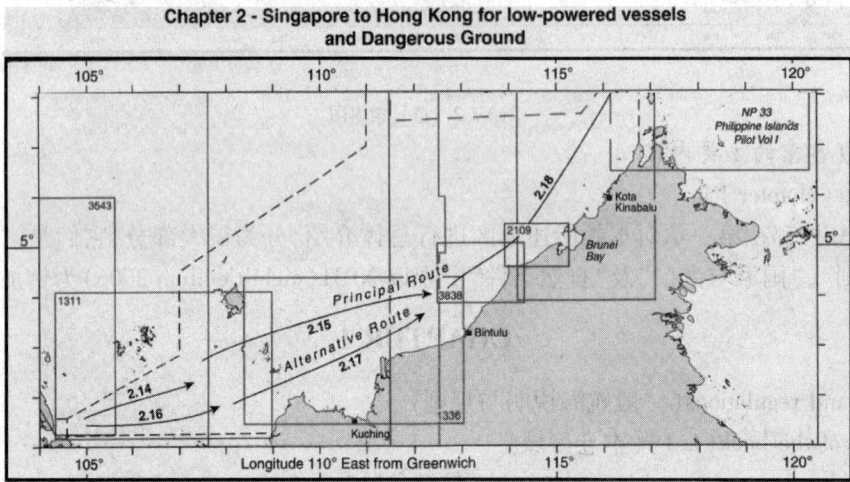

图3-2-3 节号索引图

沿岸水域介绍 Description of waterway,如水域特征、外海危险物、地貌、流等;

重要航海标志(Marks)的介绍,如重要陆标、山头、导标等的特征与对景图;

航路(Route)及其航法介绍,如航路标志、过特殊航段的方法等;

船舶交通管理的内容,如船位报告、引航规定等。

进出口（Approach and entry）水域与港口介绍,如锚地（Anchorages）、进出口航道（Fairway）、限制条件（Limiting conditions）、交通（Traffic）、港口当局（Port Authority）、到港须知（Arrival information）、引航（Pilot）、拖轮（Tugs）、港口信号（Signals）、港口工作情况（Port operations）、泊位（Berths）、装卸条件与能力、物品供应（Supplies）及港口服务（Port services）等;

ASD 所提供的资料内容丰富、描述详细。若第一次去某一港口，只要结合航海图、港湾图，认真阅读该港港章及与之关联水域的航路指南内容，按它所提供的资料与航法航行，就有可能安全到达目的地。

6. 附录（APPENDIX）

各卷 ASD 附录中的项目略有差异，大致有下述几类：

1）特殊海区的某些说明或某些特殊设施

如雷区的范围及其对航行的危险程度，水下修船设施等。

2）物标的雷达可发现距离表（Reported radar ranges）

有些航路指南中可能有这样的表。它给出重要物标的三种雷达发现距离：弱回波（poor），清晰回波（good），根据回波形状与特征能辨认出物标（identifiable）等情况下的物标发现距离。使用者在用雷达探测这些物标时可参考此表。

3）有关的规章、规则

例如：船舶使用 VHF 的规则，船舶交通管理规则，规定的航行水域和有限制的水域等。

4）本书区域内的港口间里程表

港口间里程表如图 3-2-4 所示，任意两港名的坐标交点的数据就是它们间的里程，如 Hong Kong 与 Singapore 间的里程是 Hong Kong 的纵向轴与 Singapore 的横向轴相交值，为1278n mile。

	Api Passage	Balabac Strait	Bashi Channel	Calavite, Cape (5'W of)	Hong Kong	Karimata, Selat	Kota Kinabalu	Kuching approach	Labuan	Manila	Miri	Muara	Palawan Passage - N	Palawan Passage - S	San Fernando	Singapore
Balabac Strait	585															
Bashi Channel	1417	894														
Calavite, Cape (5'W of)	967	431	486													
Hong Kong	1289	979	634	634												
Karimata, Selat	234	819	1634	1201	1507											
Kota Kinabalu	522	110	1017	664	1102	756										
Kuching approach	97	435	1370	918	1308	330	472									
Labuan	430	179	1061	608	1146	664	80	380								
Manila	1051	525	471	87	627	1285	648	1001	692							
Miri	322	287	1122	669	1207	556	187	274	128	753						
Muara	420	195	1066	613	1151	654	95	370	16	697	118					
Palawan Passage - N	784	258	636	183	721	1018	381	755	425	267	486	430				
Palawan Passage - S	236	349	1184	731	1251	470	286	186	194	815	86	184	548			
San Fernando	1153	627	285	219	486	1387	750	1103	794	204	855	799	369	917		
Singapore	321	895	1580	1264	1278	344	832	418	740	1325	652	730	1094	546	1361	
Verde Island Passage	1015	489	502	48	658	1249	517	966	656	85	717	661	231	779	235	1311

图 3-2-4　里程表

三、资料查阅方法

在下述情况下，应该查阅有关的 ASD：

设计近海航线，狭水道航线、重要水域航线以及进出口航行时；海图上对航线附近的危险物(区)、渔区、军事演习区、重要物标等的说明不甚明了时;对所到国家或地区的工作制度、风俗习惯、对所到港口的各种信号,规章等不甚了解时;对航区的气象、海况、海流等不甚清楚时。

查阅 ASD 的一般方法有:

1. 利用章号索引图(Chapter Index Diagram)

可按船舶所到海区直接从索引图(图 3-2-2)中查得有关章号(Chapter No.)。

2. 利用索引(Index)

ASD 索引是按本卷范围内的地域、港口、物标、岛屿、水道、河道、岬角、浅滩等的名称字母顺序排列并给出资料所在的章、节号。因此,若要查阅重要物标、岛屿、水道等资料时,可根据地名从索引中查得资料所在的章、节号,再按章、节号阅读其详细资料。例如,查新加坡海峡(Singapore Strait)东航到南中国海的航路资料,在索引中查得 Singapore Strait,其下的"E—going traffic lane to China Sea"在 7.150、7.157 章节。查阅 7.150、7.157 章节便得 Route(航路)及 Useful Mark(有用的陆标)等资料。

3. 利用目录(Contents)

如果要了解该卷 ASD 所述地区的总的情况,可查阅第一章的有关内容,而查阅第一章中的资料时,利用目录尤为方便。

第五节　进 港 指 南

一、概述

《进港指南》(Guide to port entry)是由英国航运指南公司发行,一般每两年改版一次。

《进港指南》向驾驶员提供世界各港口情况,介绍船舶进港应了解和注意的事项。《进港指南》目前共分 4 卷,卷 1(TEXT)载有首字母为 A ~ K 的国家或地区所属的港口资料,卷 2(TEXT)载有其余的国家或地区的港口资料,卷 3(PLAN)载有对应于卷 1 的港口泊位平面图,卷 4(PLAN)载有对应于卷 2 的港口泊位平面图。本书属于非 NP 系列图书,因而不用英版航海通告进行改正,可用该公司提供的 UPDATE CD 更新此书。

使用本书时,可根据国家或地区名称查目录(CONTENTS)得到其港口资料所在的卷号及起始页码;也可根据港名从各卷末的索引(INDEX)中查其文字资料(TEXT)和泊位图(PLAN)所在的页码。若查阅港口平面图,可直接使用卷 3 或卷 4 书末的平面图索引。

二、主要内容

文字卷的主要项目有:

Port Limits(港界)、Documents(进港所需文件)、Pilotage(引航制度)、Anchorage(锚地)、Restrictions(进港限制)、Max. Size(最大尺寸)、Health(健康条件)、Radio(无线电通信)、VHF(甚高频无线电话)、Radar(港口雷达)、Tugs(拖轮及其使用)、Berthing(泊位)、Cranes(起重设备)、Bulk Cargo Facilities(散货装卸条件)、Specialised Cargo – Handling Facilities(特种货装卸条件)、Bridges(桥梁)、Stevedores(工班)、Medical(医疗)、Tankers(油轮装卸)、Density(港内水密度)、Fresh Water(淡水供应)、Fuel(燃料供应)、Fire precautions(消防)、Consuls(港口设有领

事的国家）、Repairs（修理条件）、Dry Docks（干船坞）、Surveyors（验船师与货检）、Gang way/Deck Watchmen（舷梯和甲板看守人员）、Hatches（开关舱规定）、Customs Allowances（海关规定）、Cargo Gear（装卸机械）、Repatriation（遣返或替补船员的途径）、Air port（机场）、Time（时制）、Holidays（节假日）、Police/Ambulance/Fire（警察，救护和消防电话）、Emergency Co-ordination Centre（紧急协调中心）、Telephones（接船电话）、Services（专业服务的项目）、Banks（银行）、Shore leave（船员登岸规定）、Identification Card（身份证）、Regulations（港口特殊规则）、Delays（延滞）、Development（港口发展）、Ship's Officer's Reports（船员报告）、General（一般资料）、Authority（港口当局）、Agents（船舶代理）等。

我国也出版有《港口资料》和《世界港口》。《世界港口》重点介绍了世界各国主要海港的地理位置、港口性质、航道、泊位、引航以及有关进出港手续和各种服务项目，是船长、驾驶人员以及外运专业人员有用的参考书。《世界港口》共有10个分册：亚洲部分4册，欧洲部分2册，美洲部分2册，非洲和大洋洲部分各1册。

第六节　英版《灯标雾号表》

一、概述

英版《灯标雾号表》（Admiralty List of Lights and Fog Signals，缩写：ALL）简称《灯标表》，共有11卷，分别用A、B、C、D、E、F、G、H、J、K、L表示其卷号，书号为NP74～NP84。各卷的海区范围可查阅每卷《灯标表》的封底或英版《海图和出版物总目录》中的"灯标表区域索引图（Limits of Admiralty List of Lights and Fog Signals）"或OPW中的插图。

ALL每年出新版，新版消息刊载在季末一期《周版》航海通告中。出版后的资料改正通过《周版》的section V进行，具体方法可参阅本篇第三章第一节。

二、ALL 的主要内容

1. 灯标资料

ALL中刊有本卷海区的灯高超过8m的以及虽灯高不足8m但对航行至关重要的灯标和雾号资料。灯标资料分八栏编排，其格式见表3-2-1。

表3-2-1

No	N/E			meters	miles		
F1220	**Ault**	50 06.3 1 27.2	Oc(3)WR 12s	95	**W18** R14	White tower, red top 28	ec 1.5, lt 1.5, ec 1.5, lt 1.5, ec 1.5, lt 4.5 W040°-175°(135°), R175°-220°(45°)

第一栏：灯标编号，由书卷号和数字序号构成，如表例中的F1220。它是国际水道测量部给全世界灯标进行的统一编号。

第二栏：地点—灯标名称（Location-Name）。如表例中的Ault为灯标名称，在ALL中，灯标资料条目的上方可以找到灯标所属地名，例如从ALL可查得Ault灯标属BAIE DE SOMME地区。

灯标名称用多种字体印刷，凡射程等于或大于15n mile 的灯标用黑体字（bold type）；射程小于15n mile 的用罗马字（正体字）（roman type）；灯船名称用大写斜体字（italic capitals）；灯浮名称均用小写斜体字（italics）。

第三栏：纬度、经度（Lat、Long），均是概位（PA）。

第四栏：灯质和灯光强度（Characteristics and Intensity）。

本栏给出灯光性质、颜色、周期等。偶尔也可能给出以烛光（Candelas）为单位的灯光强度，并用斜体字表示。了解此内容有助于夜间辨认灯标。

第五栏：灯高（Elevation in Meters），单位为米。如表例中的95m。它是平均大潮高潮面或平均高高潮面至灯芯之间的垂直距离。

第六栏：射程（Range in Sea Miles），以海里为单位。

射程用两种字体印刷，凡射程等于或大于15n mile 的数字用黑体字；射程小于15n mile 的用一般正体字。若灯标发不同颜色的光时，用字母标明。如表例中的W18，为白光射程 18n mile，R14 为红光射程 14n mile。

本栏标注的射程有两种性质：光力射程（luminous ranges）或额定光力射程（nominal ranges）。某一国家或地区是否采用额定光力射程可查阅卷首"Special Remarks"中的说明。例如在 F 卷的 Special Remarks 中载明 The ranges listed in this volume for the following countries and areas are Nominal ranges：—India，……，Singapore，Hong Kong，……在 A 卷的 Special Remarks 中载明 All countries listed in this volume use Nominal range。

第七栏：灯标结构的描写以及塔（标）高（Description of Structure and its Height in Meters），以米为单位。了解此内容有助于白天辨认灯标。

第八栏：备注（Remarks）。

本栏是对灯标资料的补充说明，可能给出如下资料：灯光的节奏（phase）（亮灭的时间分配）；不同光色的光弧（sectors）和光弧的可见范围（arc of visibility）；在它的某一方向和距离上的辅助小灯标的资料等。如表例中的灯光节奏为：暗 1.5s，亮 1.5s，暗 1.5s，亮 1.5s，暗 1.5s，亮 4.5s，共 12s，为一个周期。白光弧040°～175°，范围135°，红光弧175°～220°，范围45°。其他如 racon（灯标上同时设有雷康），Sig stn（设有信号台），Ra Refl（设有雷达反射器），traffic signal（设有交通信号），tidal signals（设有潮汐信号），horn 20s（设有雾号，周期20s），……。

当对 ALL 中用到的缩写不了解时，可翻阅书前的"ABBREVIATIONS USED IN ADMIRALTY LIST OF LIGHTS"。

2. 雾号（Fog signals）

1）常用的雾号种类

Diaphone（低音雾笛）：通常用压缩空气发出大功率的低度音，且常常以一简单的突发低音（类似猪发出的"咕噜（grunt）"声）结束，若不是以此突发低音结束，则在此雾号旁标注"No grunt"字样；

（1）Horn（雾角）：用压缩空气或电动使振动板发声，各种类型的声音与功率差别很大；

（2）Siren（雾笛）：用压缩空气发声，各种类型的声音与功率差别很大；

（3）Reed（弱高音雾角）：用压缩空气发出的较弱高音，用手动发声时特别弱；

（4）Explosive（爆响雾号）：用爆炸物发声；

（5）Bell（雾钟），Gong（雾锣），Whistles（雾哨）：分机动、手动和波击发声；

（6）Morse code fog signals（莫尔斯雾号）：按单个或组合莫尔斯信号发声。

2）根据声波传播的特点，使用雾号时应注意的方面

（1）雾号传播的远近差别很大；

（2）由高音和低音组合的雾号，在某种大气条件下，其中之一可能听不到；

（3）在雾号声源周围，偶尔会有听不到雾号的寂静区存在；

（4）雾号站附近可能有雾而未被探测到时，雾号站便不启动雾号；

（5）有些雾号的发声器不能在发现雾后立即发出雾号。

3. 特殊说明（Special Remarks）

每卷 ALL 的卷首部分均有 SPECIAL REMARKS。它的主要内容是：首先列出本卷采用 nominal ranges 的国家或地区，未被列入的国家或地区的灯标射程采用的是 luminous ranges。此后是对某些国家或地区的灯标、灯船、灯浮以及雾号、遇难信号、危险信号等特殊的规定与特点进行了必要的说明。使用前应阅读其有关内容。

三、ALL 的使用

1. 按灯标名称查卷末的索引

ALL 的灯标资料是按灯标编号的顺序编排的。因此，若知道灯标编号，便能从表中查得所需资料。所以，利用索引（INDEX）是使用 ALL 的最基本方法。索引按灯标名称的字母顺序排列，给出相应灯标编号。当从海图上得到灯标名称后，可从索引中查此名称，从而查得对应该灯标名称的灯标编号。

例 3-2-3：试查印度西海岸的 AGUADA BAY 内的 Aguada 灯塔的资料。

解：查任一卷的封底 LIMITS OF VOLUMES OF ADMIRALTY LIST OF LIGHTS（各卷灯标表界限图）知印度西海岸的 AGUADA BAY 在 F 卷。从 F 卷的索引中查得 Aguada 灯塔的编号为 F0606。按 F0606 从表中查得资料见表 3-2-2。

表 3-2-2

No		meters	miles		
F0606	Fl(3)W 20s	84	27	White rectangular concrete tower 22	fl 0.4, ec 3.5, fl 0.4, ec 3.5, fl 0.4, ec 11.8. RC
	联闪 3 次，白光，周期 20 秒	灯高 84 米	射程 27 海里。由 special remarks 知为额定光力射程	白色长方形水泥塔，塔高 22 米	节奏：亮 0.4 秒，暗 3.5 秒，亮 0.4 秒，暗 3.5 秒，亮 0.4 秒，暗 11.8 秒，附设环射无线电指向标

2. 按国家或地区名称查目录

目录（CONTENTS）中给出国家或地区名称及其对应的起始灯标编号。若航行中看到灯标而不能确定其名称时，可根据海区、国家或地区名称查得其起始灯标编号，由此可从书卷中查得灯标（参阅其概位）资料。

3. 使用灯标时应注意的事项

不能盲目信赖灯标。由于各种因素，灯光可能被遮蔽，射程可能减弱；光弧的可见范围的界限不可太信赖，使用中应该用罗经方位加以检查。光弧的分界线很少能清晰可见。在不同

颜色的光弧交界处,常出现灯光被遮蔽,颜色不确定等现象;需注意可能由于气候的急剧变化导致光色、闪光节奏发生变化;灯船或船型灯浮需修理而撤除时一般不发通告,且有时未用替代灯船。

第七节　英版《无线电信号表》

英版《无线电信号表》(Admiralty List of Radio Signals,缩写:ALRS)目前(2007/2008 年版)共 6 卷(NP281~286),除第四卷每 18 个月改版一次外,其余各卷均每年出版。《周版》航海通告中刊有各卷的出版消息,季末一期《周版》刊有各卷的现行版信息。出版后的资料改正通过《周版》的 Section Ⅵ进行,具体方法可参阅本篇第三章第一节。

一、各卷的主要内容

第 1 卷(Volume 1,NP281):Maritime Radio Stations(海运无线电台)。主要包括 Global Maritime Communications(全球海运通信);Satellite Communication Services(卫星通信服务);Coastguard Communications(海岸警卫通信);TeleMedical advice(远程医疗服务);Radio Quarantine and Pollution reports(无线电检疫和污染报告);Piracy and Armed Robbery Reporting(海盗和武装抢掠报告)。该卷按地区出两册:

NP281(1):欧洲、非洲和除菲律宾群岛及印度尼西亚以外的亚洲。

NP281(2):菲律宾群岛、印度尼西亚、澳大利亚、美洲、格陵兰和冰岛。

第 2 卷(Volume 2,NP282):Radio Aids to Navigation(无线电航标);Satellite Navigation Systems(卫星导航系统);Legal Time(法定时);Radio Time Signals(无线电时号);Electronic Position Fixing System(电子定位系统)。

第 3 卷(Volume 3,NP283):Maritime Safety Information Services(海运安全信息服务)。主要包括 Maritime Weather Services(海运气象服务);Maritime Safety Information Broadcasts(海运安全信息广播);Worldwide NAVTEX and SafetyNET information(世界性的 NAVTEX 和安全网信息)以及与此有关的台站分布图等。该卷按地区出两册,书号分别为 NP283(1)和 NP283(2)。

第 4 卷(Volume 4,NP284):Meteorological Observation Stations(气象观测台站)。

第 5 卷(Volume 5,NP285):Global Maritime Distress and Safety System,GMDSS(全球海上遇险和安全系统)。

第 6 卷(Volume 6,NP286):Pilot Services(引航服务);Vessel Traffic Services and Port Operations(船舶交通服务及港口工作)以及有关的图表。该卷按地区出 5 册,书号分别为 NP286(1)~NP286(5),中国及澳大利亚地区书号为 NP286(4)。

英版《无线电信号表》的卷数和分册数时有变动,上述是 2007 年的资料。

二、第 2 卷的主要内容及其使用

本卷的主要内容如下所示:

CONTENTS

1. 无线电测向台（Radio Direction-Finding Stations）

本部分主要是 VHF 测向台资料，按 ALRS 编号（如0001）顺序排列。资料编排格式及各部分的意义如下：

UNITED KINGDOM

VHF DIRECTION-FINDING SERVICE　　　　　　　　　　　　0001

This service is for EMERGENCY USE ONLY. Each VHFdirection-finding station is remotely controlled by HM Coastguard Maritime Rescue Co-ordination Centre（MRCC）.

Watch is kept on Ch 16

Ship transmits on Ch 16（distress only）or Ch 67 in order that the station can determine its bearing

Ship's bearing from the station is transmitted on Ch 16（distress only）or Ch 67

Barra RG　　　　　　　　　　　　　　　　　　　57°00'.81N 7°30'.42W

Controlled by MRCC Stormoway

Bawdsey RG　　　　　　　　　　　　　　　　　　51°59'.55N 1°24'.59E

Controlled by MRCC Thames

　　VHF 测向台目前仅用于遇险船，由海岸警卫电台管理。在其作用距离内的遇险船可用 VHF 在规定频道上发射信号，VHF 测向台就能测出遇险船的方位。应遇险船请求，海岸警卫电台可在其测向点用测向天线发射遇险船的方位信号。

　　2. 雷达航标（Radar Beacons）

　　雷达航标有雷康（雷达应答标）（Racon）和雷达指向标（Ramark）两类。雷达航标资料的编排格式如下：

Souter Lt Racon

GREAT BRITAIN

54°58′.23N 1°21′.80W 51350

135° – 350° 10n miles T

Soumenlinna Church Lt Racon[1]

FINLAND

(3 & 10 cm) 360° 15 – 18n miles M(1.0n mile)

60°08′.87N 24°59′.37E 58860

1) In line 007°with Hamaja Lt Racon

除了国家或地区名、航标名称、编号(如 51350、58860)和位置外,还有如下资料:

航标类型(racon 或 ramark);

航标适用的船用雷达波长(如 3 & 10 cm):若本处无标注,说明该航标仅适用于 3cm 雷达;

航标的作用范围(如 135°~350°或 360°):标明了从海上看航标的方位范围,360°为全方向航标;

航标的作用距离(如 15 ~ 18 或 10n miles);

航标信号格式(如 T 或 M(1.0n mile)):船用雷达荧屏上显示的航标信号格式(莫尔斯信号的点划图像),括号内为该信号图像在荧屏上的长度。根据国际浮标系统的规定,莫尔斯"D"只用于标示"新危险物"雷康。

3. 卫星导航系统(Satellite Navigation Systems)

主要内容有:

(1)概况介绍。介绍了美国的 GPS、前苏联的 GLONASS(GLObal Navigation Satellite System)的概况,影响定位精度的误差源等资料。

(2)GPS 的发展、轨道参数及卫星分布、使用的频率、用于民用的服务信息等。

(3)GLONASS 的发展及计划、轨道参数及目前的卫星分布、使用的频率等。

(4)GNSS(GPS and GLONASS Global Navigation Satellite Systems)即 GPS 和 GLONASS 两者集成使用(GPS and GLONASS Integrated Use)的介绍及能使用双系统的接收机与单系统相比的优势等。

(5)海图坐标系及 GPS 船位的修正介绍(Horizontal Datums on Charts and Satellite-Derived Positions Notes)。

(6)DGPS。介绍了发射 DGPS 改正信息的无线电指向标(Radiobeacon transmitting DGPS corrections)的资料。资料格式如下:

指向标名	位置	DGPS 改正		识别号		作用距离 (n mile)	监控	状态	所发信息类型
		发射频率 (kHz)	发布率 (bit/s)	参考台	发射台				
国家或地区									
Butt of Lewis Lt	58°30N 6°15W	295.5	100	684	444	200	yes	Operational	3 7 9 16

资料共分 10 栏,摘要介绍如下:第 5 栏是计算 DGPS 改正信息的台站识别号(如 684),在每一个类型 1 或 9 的信息中含有该识别号;第 6 栏是发射 DGPS 改正信息的台站识别号(如 444),在每一个类型 7 的信息中含有该识别号;第 8 栏表明对 GPS 改正信息有无监控,在类型

1 和类型 9 的信息中含有该信息。第 10 栏是所发信息类型编号,其意义可参阅第二卷 ALRS 的"TABLE OF RADIOBEACONS TRANSMITTING DGPS CORRECTIONS"。

4. 标准时、法定时、世界时及无线电时号(Standard Times,Legal Time,Universal Time,Radio Time Signals)

这里给出世界时区图(The World:TIME ZONE CHART)和法定时(LEGAL TIME)列表。后者刊出了各国使用的标准时(Standard Time)和夏令时(Daylight Saving Time)的起(Begins)、讫(Ends)日期。

无线电时号(RADIO TIME SIGNALS)部分列出无线电时号发布台及其发布时间、所发时号的制式等资料。

5. 电子定位系统(Electronic Position Fixing System:Loran-C)

简要介绍了罗兰 C 的基本工作原理、主要特性、台链名称与设置和定位精度等资料。

6. 第 2 卷的查阅方法

ALRS 的电台资料均按电台编号顺序编排,通过索引(Index)查找电台资料是使用本书的基本方法。本书有多个索引,现择其主要的介绍如下:

1)地理索引(Index of Geographical Sections for Radio Aids to Navigation)

本索引按国家或地区名称的字母顺序编排,给出其无线电测向台、QTG 服务、雷达航标等资料所在的起始页码。例如,Canada(Atlantic Coast)的无线电测向台在 16 页、雷达航标在 135 页。而 QTG 服务现已极少。

2)无线电测向台索引(Index of Radio Direction-finding Stations)

本索引按无线电测向台名称的字母顺序编排,给出对应的电台类型和编号。本卷的无线电测向台资料是根据测向台编号的顺序编排的,因此,可根据测向台名从本索引中查得编号,然后根据编号即可查取资料。

3)雷达航标索引(Index of Radar beacons)

本索引按雷达航标名称的字母顺序编排,给出对应的航标编号。雷达航标资料是根据雷达航标编号的顺序编排的,因此,可根据雷达航标名从本索引中查得编号,然后根据编号即可查取资料。

4)发射 DGPS 改正的无线电指向标索引

相关索引有 2 个,一是指向标所在的国家或地区名索引,名为"Radiobeacons transmitting DGPS corrections Index of countries",可根据国家或地区名从该索引中查得起始页码;另一是指向信标名称索引,名为"Index of Radiobeacons transmitting DGPS corrections",可根据指向标名从该索引中查得页码。

5)授时台索引

相关索引有 3 个,它们是地区索引(Index of Geographical sections for Radio Time Signals),可根据国家名从该索引中查得起始页码;授时台名称索引(Index of Stations Transmitting Time Signals),可根据授时台名称从该索引中查得页码;授时台呼号索引(Index of Call Signs of Stations Transmitting Time Signals),可根据授时台呼号从该索引中查得授时台名称和页码。

6)利用目录(Contents)

若需查找各部分的说明性文字,如卫星导航系统的资料、国家或者地区使用的法定时的资料等以及查找索引所在的页码,可利用目录。

三、第 6 卷的主要内容

该卷主要是港口工作情况、协助船舶要求引航和船舶报告系统等方面的资料。随着船舶交通管理系统的发展,该卷日益受到驾驶员的重视,是船长必读的资料之一。

1. 主要内容

该卷资料按国家或地区的名称顺序编排,用于搜索救助的报告系统另列专门篇幅,其名称为"SHIPREPORTINGSYSTEM"。每一国家或地区的开始页刊有该区域的港口位置图,并以"GENERAL NOTES"为标题对诸如本国的水上交通主管当局、引航制度、本国的用于搜索救助的船舶报告系统、防污以及 ETA 规定等作一总体简单介绍(图 3-2-5)。此后便按港口名称分别介绍该国各港口的相关详细资料,主要有:

Pilot(引航)、Port Operation and Information Service(港口业务和信息服务)、Reporting System(报告系统)、Vessel Traffic service(船舶交通服务)、Port(港口)、Terminal(码头)

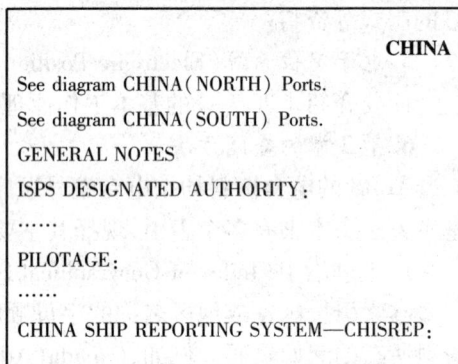

```
                                    CHINA
See diagram CHINA( NORTH) Ports.
See diagram CHINA( SOUTH) Ports.
GENERAL NOTES
ISPS DESIGNATED AUTHORITY：
……
PILOTAGE：
……
CHINA SHIP REPORTING SYSTEM—CHISREP：
```

图 3-2-5　　VOL 6 摘录

以及 Tugs(拖轮)、Bridge(桥梁)、Radar(雷达)、Canal(运河)等。在上述标题下,通常会给出联系方法(CONTACT DETAILS)及具体的服务内容,格式见图 3-2-6。

CALL:按其后所列名称(或呼号)呼叫。

LOCATION:此处通常给出岸上引航站、港口无线电台或船舶交通管理中心的位置,除非另有说明。

TELEPHONE,FAX,TELEX,TELEGRAPH:此处给出引航站、港口当局或船舶交通管理中心的相应号码,除非另有说明。

FREQUENCY:给出电台的工作频率。对于甚高频无线电话(VHF),给出频道(Ch),其余的以 kHz 为单位。最常用频道用黑体字印出,如图中的 Ch69。

HOURS:电台守听时间,若非全天工作则用 GMT 标出时间范围。

PROCEDURE:当船舶请求引航、进港或穿越某个船舶交通管理区域时,应按此处的说明程序进行。

EMERGENCY CO-ORDINATION CENTRE:给出该中心的电话、电传号码或 VHF 频道。

INFORMATION BROADCASTS:一般给出按计划广播航行情况的细节。某些特殊类型的广播通常用另外的标题表示,如 WEATHER MESSAGES、WATER LEVEL REPORTS、FOG WARNINGS 等。

NOTE:其他消息。

船位报告系统方面还增加下述标题。例如:

DESCRIPTION:给出是否强制参加该系统,哪些船需要参加该系统等内容。

AREA:给出该系统的地区范围。

图 3-2-6　VOL 6 摘录

SECTORS：某些系统另分成若干子系统,则子系统的界限、所用的报告频率、岸上控制台的名称等在此一并给出。

SHORE STATIONS：给出与系统有关的岸台的详细资料,如呼号、频率、工作时间和覆盖的地区等。

REPORTING：给出应报告的时间与内容等细节。

REPORTING POINTS：给出船位报告点一览表。不管船舶何时通过这些地点,必须向有关岸台作报告,除非另有说明。

INCIDENT REPORTS：如果发现任何该处所列的航行环境问题,都应作出报告。

ACCIDENT PROCEDURES：发生事故后应遵守的步骤。

RADAR SURVEILLANCE：监视雷达覆盖区域的详细资料。

RADAR ASSISTANCE：给出获得岸基雷达协助的步骤,包括工作时间、频率、获得协助的区域及表格。英版海图上载有的能提供船舶方位、距离的台站。

尚有其他一些条目也会出现,此处不再赘述。

2.查阅方法

当船舶首次进入或经过某港区或重要水域前,均应仔细阅读相关卷的有关部分,了解这些区域的船舶交通管理及其规定。查阅资料时,只要按国家或地区名称的英文字母从"CONT-ENTS LIST"中查找页码,然后从该页码开始查找港口的上述资料。也可根据国家或地区名称、港口或地域名称的英文字母从书末索引(INDEX)中直接查找页码。

例 3-2-4：试查中国的 CHISREP(中国搜索救助报告系统)的资料。

解：(1)从 CONTENTS LIST 查 CHINA,得页码 71,从 71 页的"GENERAL NOTES"说明中得知,欲知其详情,应查找"SHIP REPORTING SYSTEM,CHINA"标题。

(2)根据名称"SHIP REPORTING SYSTEMS"从书末索引(INDEX)查得页码为 370,然后从 370 页起往后找到"CHINA-SHIP REPORTING SYSTEM"标题(p.411),即得相关资料。

(3)从 CONTENTS LIST 的"SHIP REPORTING SYSTEMS"名称下查找"CHINA-SHIP RE-PORTING SYSTEM"标题,或从书末索引(INDEX)中直接查"CHINA-SHIP REPORTING SYS-TEM"得页码为 411。这是查找一个国家的搜索救助报告系统资料最快捷的方法。

例 3-2-5：试查中国 SHANGHAI 港的引航（Pilots）及船舶交通服务资料（Vessel Traffic Service）。

解：从 CONTENTS LIST 或书末索引查 CHINA，得页码 71，从 71 页起往后找到 SHANGHAI 港，港名下方找 Pilots 标题（图 3-2-6a）和 Vessel Traffic Service（图 3-2-6b），便得所需资料。

值得注意的是，有些英版资料可在多种书卷中获得，例如在《无线电信号表》、《航路指南》、《进港指南》中均刊有港口资料、引航资料、船舶交通管理资料等。但由于这些书的资料来源、出版日期不同，故它们对同一资料的说明不尽相同，如对引航船的结构、颜色、显示的信号以及联系的程序和方法，甚至引航员的上船地点等的差别可能较大。所以，阅读时可同时查阅它们。当资料有差异时，应比较它们的资料来源和更新日期，以确定哪一资料较为可靠。当对资料没有把握时，可通过代理进行了解。

第八节　英版《海图和出版物总目录》

一、概述

英版《海图和出版物总目录》（Catalogue of Admiralty Charts and Publications），简称《总目录》，刊有所有现行版的英版海图及其他水道出版物的编号、名称、出版日期及其他有关的版本资料，是抽选和使用英版航海图书不可缺少的工具，也是检验船上航海图书资料是否适用以及添置图书资料的主要依据。《总目录》有英国本土版 NP109 和世界版 NP131 等。远洋船应使用 NP131。另有数字总目录（Admiralty Digital Catalogue，ADC）可供使用。

《总目录》每年出新版，印刷期间的资料变更或印刷错误用随附本书的勘误表（Addendum）改正，其后的资料改正通过《周版》航海通告的 section Ⅰ 进行，具体方法可参阅本篇第三章第一节。现以 2007 年版为例进行介绍。

二、主要内容

《总目录》主要包括：Part 1—Introduction，是有关本书的说明、使用本书的目录、航海图索引图的分区编号图和图书资料销售代理机构等资料；Part 2—Navigational Charts，刊有航海图索引图（编号为 A～A2、B～W）及索引图上所载海图的资料和海图图夹索引图（编号 X）；Part 3—Thematic charts，列出参考图及其细节；Part 4—Navigational Publications，列出航海出版物及其版本、区域界限等资料。Part 5 之后为杂项、广告、海图图号索引、价格表、英国以外的国家水道机构等。现摘要介绍如下：

1. 第一部分（Part 1）的主要内容

（1）Introduction：叙述了《总目录》的总体安排、它的改正，英版海图的覆盖范围与其他国家海图的利用、服务及其改正等的说明。

（2）Admiralty Authorised Chart Agents/ Distributors：表中分别列出英国本土及国外的这些代销店的地址、电话传真号等。同时也给出这些代销店的分布图（Location of appointed Admiralty Distributors）。

（3）Limits of Admiralty Chart Indexes：它是航海图索引图的区域索引图，也称"XA"图。英

版《总目录》中的航海图按区域划分并分页刊载每一区域的图号索引,每页以字母编号,称其为"航海图索引图",由它可查得该区域内的海图图号,而"Limits of Admiralty Chart Indexes"图可用以查找航海图索引图的区域编号。

(4)Navigational Charts;ARCS;Admiralty ENC Service:英版系列航海图分为"标准航海图(纸海图)"和以 CD 形式发布的"扫描电子海图 ARCS"及"矢量电子海图 ENC"。《总目录》中列出 ENCs 的覆盖范围和 ARCS 的分区界限图,目前的 ARCS 将世界水域分为 10 个区域,出版11 张 ARCS 光盘,光盘号为 RC1 ~ RC10,而 RC11 是大洋海图光盘。

英版电子海图服务系列将其电子海图(ENCs 和 ARCS)分为三个层次:Full Folio、Standard Folio 和 Transit Folio。Full Folio 包括 CD 区域内的所有 ENCs 和 ARCS 海图;Standard Folio 包括 CD 区域内用于地区性工作的所有 ENCs 和 ARCS,包括所有主要贸易、航线和港口海图;Transit Folio 包括避风港和散货港的安全运输所需的所有 ENCs 和 ARCS 海图。《总目录》中列有电子海图的分区图及列表。

2. 第二部分(Part 2)的主要内容

航海图(Navigational Charts)索引图。每一索引图上均用黑色线条框出每一海图范围,在图框内的两个对角上标出海图号。

(1)AA 图(Planning charts):图上载有 12 张比例尺为 1:2000 万及更小的世界图和大洋洋区设计图。

(2)A 图(The World—General charts of the ocean):大洋总图索引图。

(3)A1 图(The World—Index of charts at 1:3500000 or comparable scale):图上载有比例尺为 1:3500000 或相当比例尺的总图。

A2 图(North-east Atlantic ocean, European waters and Mediterranean sea—small scale charts):图上载有东北大西洋、欧洲水域和地中海的小比例尺海图。

B ~ W 图:分地区的航海图索引图,其区域界限及编号可查 Limits of Admiralty Chart Indexs 图。有些港口平面图仅在港名旁标注图号,不框出范围,若在港名图号旁标有星号" * ",则表明此港口的平面图直接印在同号码的海图上。

所有海图索引图的附近或对面页列出本页索引图中的所有海图的图号、图名、比例尺、出版日期和新版日期等资料,以供航海者抽选合适的海图,也可用以核对本船现有海图的适时性。图号旁标有"⊙"符号的表示有对应的 ARCS 海图。

3. 第三部分(Part 3)的主要内容

主要参考用图(Thematic charts):该部分分别列出每一类参考图的图号、名称、比例尺、出版日期和新版日期等资料,有些还附有对应的索引图。商船上使用较多的参考图主要有双曲线位置线图(Decca、Loran)、天文用图(Astronomical)、大圆海图(Gnomonic)、地磁图(Magnetic)、空白定位图(Plotting)和航路设计图(Routeing)等。

4. 第四部分(Part 4)的主要内容

航海出版物(Navigational Publications):列出这些出版物的书号、现行版本及出版年份等资料,有的还附有相应的区域索引图。本目录刊有的主要出版物有:《英版航路指南》及其地区范围索引图(Sailing Directions),其中含有《世界大洋航路》(Ocean Passages for the World)和《航海员手册》(The Mariner's Handbook);《英版灯标雾号表》及其分区索引图(Admiralty List of Lights and Fog Signals），《无线电信号表》（List of Radio Signals），《目录》（Catalogues），《潮汐表》及潮汐图表（Tidal）等 10 多种。

此外，Availability of Notices to Mariners and On-Line Services（航海通告的获取和在线服务）放在第五部分（Miscellaneous Products & Services）：该表分别列出英国本土及国外的获得航海通告的机构，并用字母代码表示这些机构的性质。

在第九部分（Numerical Index）另有海图图号索引一览表，表中按英版海图图号顺序列出它们在本书中的页码，为按图号索查该图资料提供了方便。该表的末尾刊有航海图、各类参考图及出版物的价目表。

三、使用方法

本书的主要作用是供航海者抽选英版图书及校核本船已有图书的适时性。另可用以查阅海图代销店和获取航海通告的地点。

1. 按航线抽选航海图

首先打开 Limits of Admiralty Chart Index，查出航线途经区域所涉及的所有航海图索引图编号，然后从 A 图中抽选出本航线所需的总图和小比例尺远洋航行图，最后可按索引图编号顺序从相应编号的索引图中抽出所需的近海航行图、沿岸航行图和港湾图的图号，并在对页核查它们的出版情况。抽选航海图时，应根据离岸距离及航区情况选取合适的较大比例尺的海图。并应考虑可能挂靠的港口和锚地的海图。

2. 按航线抽选参考图

首先从本书的 CONTENTS（目录）中找到所需参考用图的页码，然后从这些页码中抽选适合航区的且比例尺合适的参考图，并核查其出版情况。常用参考图一般有大圆海图、航路设计图、空白定位图（注意比例尺和纬度范围）以及有关的双曲线位置线海图等。

3. 抽选出版物

首先从 CONTENTS 找出所需出版物的页码，然后从这些页码中抽出本航次所需的所有出版物，并核查其出版情况。常用的参考书有《航路指南》、《灯标雾号表》、《无线电信号表》、《航海天文历》、《世界大洋航路》、《航海员手册》和《潮汐表》等。

4. 查阅海图供销店和获取航海通告的地点

利用英版海图和出版物代销店分布图或一览表便可查到本航线沿途可购海图和图书的代销店地址，而利用"获取航海通告"一览表，可查得本航线沿途获取航海通告的机构。

实际应用中，若本船缺少必需的图、书，应从《总目录》中抽选，并及时添置。若本船所需图、书齐备，也应经常查阅《总目录》，以核对所备之图、书是否过时。这是驾驶员的一项经常性工作。按航线抽选航海图举例如下。

例 3-2-6：抽选拟于 2007 年 5 月 15 日由大连至鹿特丹的航海图（2007 年总目录）。

（1）利用分区界限索引图（Limits of Admiralty Chart Index），按航线顺序查得本航线应查阅的海图索引图为 K1、K、J3、J、I1、I、H1、H2、F、E2、E1、E、B、B2。

（2）利用索引图 A、A1 和 A2 查取本航线所需总图和小比例尺海图为 4509、4508、4706、4703、4704、4300、4103、4140。

（3）按航线顺序分别查阅上述各分区索引图字母页，查得航行图为：3694、1255、1254、

3480、1199、1759、1754、1761、1760、……。

Chart No.	Title of Chart or Plan	Natural Scale 1：	Date of Publication	New Edition
4509	Western portion of Japan	3 500 000	Mar. 1980	Oct. 1992
4508	South China Sea	3 500 000	Sept. 1987	Dec. 1991
……	……			
3694	Dalian Wan and Approaches	40 000	July 1981	Aug. 1984
1255	Chengshan jiao to Laotieshan xijiao Dalian xingang	300 000 15 000	June 1982	—
1254	Qingdao to Chengshan jiao Roncheng wan	300 000 15 000	June 1982	—
……				

注意：

（1）在抽选海图之前应初步拟定好航线，作为抽选海图的依据；

（2）航海图抽选原则是抽选的海图比例尺大小适当，如沿岸及航道水域应选较大比例尺海图，洋区一般选小比例尺海图；海图之间相邻水域应能衔接，同时视具体情况，抽选必要的航行参考图；

（3）我国沿海应使用中版航海图书资料。

实际工作中，除了抽取航海图外，还应抽取参考图和书表，如本例中可抽选下列参考图：

空白定位图 D6323、D6324（根据大洋航行的纬度范围并注意比例尺不要太小），航路设计图 5127（5）、5126（6）、5124（6）（根据航行洋区和月份）等。

书表可抽选：

《世界大洋航路》，《总目录》，中版航路指南及英版《航路指南》NP36、NP44、NP21、NP38、NP64、NP49、NP45、NP67、NP22、NP27、NP28、NP55，《灯标表》F 卷、D 卷、E 卷、A 卷、B 卷，《无线电信号表》，《航海天文历》，《航海员手册》和《潮汐表》等。与抽选海图一样，也应列出如下的清单：

NP No.	Title	Edition	
		No.	Year
	中版航路指南共3卷		
36	Indonesia Pilot Vol I	5th	2005
	……		
79	List of Lights，Vol. F		2007
77	List of Lights，Vol. D		2007
	……		
281（1）	ALRS Vol 1—Part 1		2007
282	ALRS Vol2		2007

NP No.	Title	Edition	
		No.	Year
	……		
136	Ocean Passages for the World	5th	2004
100	The Mariner's Handbook	8th	2004

四、ADC 简介

英版数字总目录(The Admiralty Digital Catalogue,ADC)软件将 ENC、光栅海图(ARCS)和纸海图目录,英版矢量海图服务(Admiralty Vector Chart Service,AVCS)和 ECDIS 服务以及英版的出版物和数字出版物目录集成一体。航海者可通过软件浏览所查品种的界域以及整条航线及其所需的所有海图。系统抽选的航线海图以 ENCs 为主,没有 ENC 时用 ARCS 或纸海图补充。使用者用编目功能(An inventory function)可选出船上所需的海图和 ENCs,所选海图(其他资料如数字灯标表或潮汐表也可加入)的清单可以保存并可发送邮件给自己选定的供应商。

ADC 是 UKHO 的一个服务项目,用户可以通过软件订购目录上的产品。用户可以手动选择矢量海图、光栅海图和纸海图(SNCs)或其他产品以及它们的组合存放在单个文件夹。依据该文件夹,供应商可以报价,客户可下订单,欲购买的品种客户可将其放入"购买车(Shopping Basket)",并发送给供应商。ADC 有众多的搜索可选项,例如手动航线选择、港名搜索,清单生成等等,它们支持客户在任何时候浏览、补充、替换、更新和优选自己的海图编目。

ADC 定期更新,如果 ADC 超过 7 天未予更新,软件启动后会有提示,用户可根据提示选择更新方式(网上、手头光盘或暂时放弃),以保证其所载海图和其他产品为现行版。

第九节 英版《航海通告》

一、概述

海图及其他航海图书资料是船舶航行的客观依据,因此要求它们能反映最新情况。但客观情况总是在不断地变化着,如航道的变迁、航标的更动和增减、水中障碍物的发现和清除等,这就需要不断地对资料进行补充和更新。而英版航海通告是改正英版航海图书资料的主要依据,用航海通告改正航海图书资料的工作既繁琐又重要,是船舶驾驶员的一项经常性的工作,一定要认真仔细地做好。

英版航海通告包括:每周一期的英版《航海通告》(简称《周版》)和每年一本的《航海通告年度摘要》;磁盘版和网络版航海通告。网络航海通告可从网上免费下载,纸质或磁盘航海通告可从港口的代理机构索取,这些机构的名称列于《航海通告年度摘要》的 14 号年度通告和英版《海图和出版物总目录》中。本节主要介绍《周版》航海通告的主要内容与使用方法。有关的原版《周版》摘录参看光盘:\电子教材\辅助资料。

二、《周版》航海通告的主要内容

《周版》航海通告(Admiralty Notices to Mariners , Weekly Edition)由英国水道测量部发行,其封面摘要如下:

Notices

3310—3484/08

Amendments to Sailing Directions in Force

Current Hydrographic Publications

ADMIRALTY

NOTICES TO MARINERS

Weekly Edition 26

26 June 2008

CONTENTS
Ⅰ Explanatory Notes. Publications List(注释和出版物列表)
Ⅱ Admiralty Notices to Mariners. Updates to Standard Nautical Charts(英版海图的更新)
Ⅲ Reprints of Radio Navigational Warnings(无线电航海警告的复印电文)
Ⅳ Amendments to Admiralty Sailing Directions(英版《航路指南》的改正)
Ⅴ Amendments to Admiralty Lists of Lights and Fog Signals(英版《灯标雾号表》的改正)
Ⅵ Amendments to Admiralty List of Radio Signals(英版《无线电信号表》的改正)

......

Notices to Mariners Website Web:www.ukho.gov.uk

Searchable Notices to Mariners Web:www.nmwebsearch.com

封面的基本信息有:本期的通告号(英国水道测量部对其所发的通告按发布顺序进行编号,全年连续)的范围(如 3310-3484/08);《周版》号(如 Weekly edition 26)及出版日期;目录(CONTENTS);网上下载《周版》航海通告的地址。《周版》航海通告共有六大部分:

Section Ⅰ　注释和出版物列表

Section Ⅰ 主要包括网络版《航海通告》的使用说明;注释;海图和出版物的出版、新版、作废等信息;月末和季末《周版》增加的内容。

1. 网络版《航海通告》的说明

内容主要有网络版通告的形式、网址、获取方式和方法等;

2. 注释

是关于每期《周版》的截止日期、改正等的说明,例如:航海通告只改正现行版海图、图式采自 5011 图;通告资料的来源;临时性通告(T)和预告(P)刊登在 section Ⅱ 的末尾。注释中提醒使用者要注意,有些情况下资料可能会被损坏,例如运输过程、使用者不当打印、使用其他软件查阅等。

3. 海图和出版物的出版、新版、作废等信息

它是更新《总目录》的主要资料。主要有:

(1)本期《周版》有变更的海图、出版物清单(Admiralty Charts affected by the Publication List)。

(2)新出或新版的英版海图和出版物信息(ADMIRALTY CHARTS AND PUBLICATIONS NOW PUBLISHED AND AVAILABLE)。有两个部分:(1)NEW ADMIRALTY CHARTS AND PUBLICATIONS(新图、新出版物);(2)NEW EDITIONS OF ADMIRALTY CHARTS AND PUBLICATIONS(新版图、出版物)。它们的信息有:海图出版日期、图号、标题及说明、比例尺、所在图夹号、该图在本年度《总目录》中的页码;如果一张图有光栅扫描海图,则在图号前用符号"⊙"标出。船舶驾驶员必须将新(版)图、新(版)书的这些信息添加到《总目录》中去。

(3)将要出版的海图和出版物信息(ADMIRALTY CHARTS AND PUBLICATIONS TO BE PUBLISHED)。此处刊有最近将要出版的图、书信息,具体为:出版日期、图号、标题及说明、比例尺、与此图有关联的将要作废的图号。

(4)永久性作废的海图和出版物(ADMIRALTY CHARTS AND PUBLICATIONS PERMANENTLY WITHDRAWN)。船舶驾驶员必须将《总目录》中的这些资料删除。

(5)英版海图代销机构等的变更信息(ADMIRALTY CHART AGENT/DISTRIBUTOR INFORMATION)。此处刊有诸如机构地址改变等信息。

(6)英版电子海图和出版物信息(ADMIRALTY ENC(Electronic Navigational Charts), AVCS(Admiralty Vector Chart Service)AND ECDIS(Electronic Chart Display & Information Systems)SERVICE)。

(7)英版光栅扫描海图光盘信息(ADMIRALTY RASTER CHART SERIES, ARCS)。此表分"RC(光盘号)、Last issue date(最后出版日期)、Reissue Date(重版日期)"三个栏目刊登了RC1~RC11光盘的出版信息。

4. section I A

刊有仍有效的临时性通告和预告一览表(TEMPORARY AND PRELIMINARY NOTICES),仅月末一期《周版》有此内容。

5. section I B

刊有英版现行版水道出版物一览表(CURRENT HYDROGRAPHIC PUBLICATIONS),仅季末一期《周版》有此内容。

Section II　英版海图的更新方法和内容

Section II 主要包括三个索引;正式通告;临时性通告和预告;改正海图的贴图。

1. 为改正海图提供方便的三个索引

Geographical Index(地理索引)、Index of Notices and Chart Folios(通告和图夹索引)、Index of Charts Affected(应改海图的索引)

1)地理索引

有27项,第2~第26项是海区名称,用以查找航行地区改正海图的航海通告。摘录该索引如下:

GEOGRAPHICAL INDEX

(1) Miscellaneous ·· 2.7

改正海图的航海通告是按地区顺序编排的,要了解航线附近本《周版》有无航海通告,可根据航行地区在相应的页码中索查即可。

2）通告和图夹索引

INDEX OF NOTICES AND CHART FOLIOS

Notice No.	Page	Admiralty Chart Folio	Notice No.	Page	Admiralty Chart Folio
3310	2.38	63	3367 ∗	2.9	5
3311	2.20	31	3368	2.26	34
3312	2.38	66	3369 ∗	2.9	5
……				…	
3325	2.35	53	3454	2.23	28

本索引按通告号的顺序排列,给出该通告内容所在的页码和需改正的海图所在的图夹号（Chart Folio）。因此,当已知通告号后,可利用本索引索查通告页码。例如,已知通告号为3325,查本索引得其改正内容在第2.35页,翻到第2.35页便可查得3325通告的具体内容,在53号图夹有该通告要改正的海图。

3）应改海图索引

INDEX OF CHARTS AFFECTED

Admiralty Chart No.	Notices	Admiralty Chart No.	Notices
504	3457	1596	3454
588	3452	1630	3319,3320
	……	1657	3454
Japanese Chart No.			
JP 1055A	3325		
JP 1065	3332T		

本索引按本期应改正的英版海图的图号顺序排列,给出改正该海图的通告号。因此,利用本索引,可索查本船所备有的英版海图有无需要改正的,若有则应摘录出相关通告号,登记到海图卡片或海图改正记录簿或《航海通告累积表》中去。改正时,根据这些通告号到INDEX OF NOTICES AND CHART FOLIOS查得它们的页码,再从相应页码中查得改正资料的具体内容。

例如,若本船有海图1596、JP1055A,从本索引中可查得改正该图的正式通告为3454、3325。根据通告号3454、3325从“通告和图夹索引”中查得其所在页码为2.23、2.35。

2. 改正海图的正式航海通告

英版海图出版或新版后的改正主要通过《周版》航海通告进行。航海通告分为正式通告、临时性通告和预告三种。通告的格式如下：

3325 JAPAN-Honshu-South Coast-Ise Wan-Nagoya Ko-Section 4-Dredged area. Depths.

Source：Japanese Notice 22/739/08

Chart JP 1055A [*previous update 2520/08*] WGS84 DATUM

Insert   the accompanying block, showing a new dredged area and

amendments to depths, centred on：   35°01′.7N. , 136°50′.0E.

3454 GREECE-Aegean Sea Coast-Saronikós Kólpos-Nísos Psyttáleia and Nisís Fléves-Restricted areas. Legends. Cautionary note.

Source：Greek Notices 4/76-79/08 & 4/87/08

Chart 1596 [*previous update 2960/08*] ED50 DATUM

Delete   limit of restricted area, ┬ ┬ ┬ ┬, and associated legends, Entry

Prohibited (*see Note*), joining：   37°56′.235N. , 23°34′.749E.

                                                     37°56′.692N. , 23°35′.269E.

                                                     37°56′.742N. , 23°35′.893E.

                                                     37°56′.271N. , 23°35′.442E.

Chart 1657 [*previous update 3116/08*] ED50 DATUM

Insert   legend, *Entry Prohibited* (*see Note*), centred on： 37°46′.0N. , 23°46′.7E.

the accompanying note, NISÍS FLÍVES ENTRY

PROHIBITED, centred on：   37°29′.1N. , 23°07′.0E.

其内容有：①通告号（如 3325、3454），通告涉及的地点（由大到小排列）与标题（如 Depths、Legends. Cautionary note）；②资料来源（Source），一般采自其他国家或地区的通告内容，其真实性未予证实，但若通告号旁带有"＊"，表明其为原始资料；③通告涉及的海图（Chart）及其坐标系（WGS-84、ED50 等），上次改正的通告号/年份（[*previous update*]），此为检查海图是否漏改的重要依据；④改正海图的具体内容，航海者应根据此内容用红墨水笔对所列海图进行改正（参见本篇第三章第三节）。而用于海图改正的贴图（accompanying block）和贴条（accompanying note）则刊印在 Section Ⅱ 的末尾，可剪下它们对海图进行贴改。

3. 临时性通告（T）和预告（P）

在正式通告后用单面印刷刊出临时性通告和预告的内容，以便使用者在收到《周版》后，可将它们剪下按"地理索引"中的分区装订成册。临时性通告是对那些资料变更的时间长度不能确定时所发的通告，表明资料的改变可能是暂时的；预告则仅仅对资料的可能变更做出预告。它们的内容编排格式与正式通告类似。

4. 改正海图用的贴图与贴条

在 Section Ⅱ 的末尾印有贴图（Blocks）和贴条（Notes）以及与其相关的通告号（To accompany Notice to Mariners）及海图号（图 3-2-7）。

Section Ⅲ   无线电航海警告的重印件

To accompany Notice to Mariners 3325/08.
Image Size (mm) 62.2 by 97.3（贴图）

To accompany Notice to Mariners 3454/08
On Chart 1657（贴条）

NISÍS FLÉVES

ENTRY PROHIBITED

Navigation within 0·3 nautical miles of Nisís
Fléves (37° 46'·2N., 23° 45'·7E.) is prohibited,
without prior permission from the Greek naval
authorities.

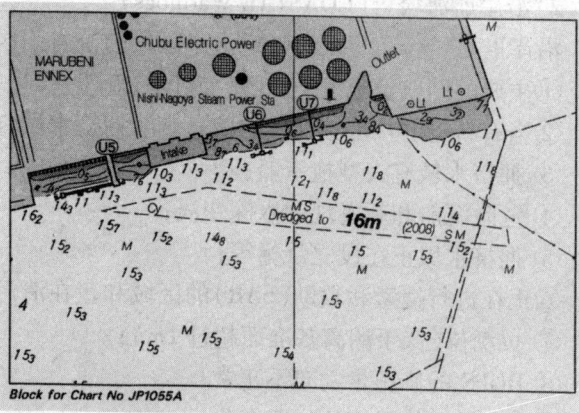

图 3-2-7　海图改正贴图

1. 无线电航海警告的分类

无线电航海警告(Radio Navigational Warnings)是通过无线电发布资料变更消息的最快捷的方式之一。而《周版》Section Ⅲ是将到本期出版日仍有效的无线电航海警告的编号及本周内发布的警告报文重新复印。

无线电航海警告的时效不长,对于某些持续数周仍有效的警告,可能会被航海通告所取代。

无线电航海警告分为全球性警告、沿岸警告和地区性警告。

1)全球性警告(WORLD—WIDE NAVIGATIONAL WARNING,WWNWS)

全球性警告有 NAVAREA 和 HYDRO 两个系统。

(1)NAVAREA warnings 是国际水道组织(IHO)和国际海事组织(IMO)联合建立的全球性航海警告系统,该系统将全世界水域划分成 16 个区域,并分别以 NAVAREA Ⅰ 到 NAVAREA ⅩⅥ命名。每一区域内的无线电航海警告由指定国家、指定海岸电台负责发布,具体安排可参阅无线电信号表第 3 和第 5 卷(ALRS Volumes 3 and 5),其中刊有区域划分信息、警告发布时间、频率和其他的相关信息。

对于近海航路附近发生下列情况,NAVAREA Ⅰ 一般会发布无线电航海警告:

①主要助航设施的失效或变更;

②远程电子定位系统(GPS/LORAN-C)的失效或变更;

③新发现的沉船或自然危险物;

④正在进行搜索和救助(SAR)的区域和正在清污工作的区域(要求避开这些区域的);

⑤进行地震探测或水下作业的特定区域;

⑥石油勘探装置等的变化和活动。

NAVAREA Ⅰ警告一般通过 SafetyNET 和 NAVTEX 发布。

(2)HYDRO warning 是美国负责的全球性警告系统,分两大区域:HYDROLANT 和 HY-DROPAC,前者负责大西洋区域的警告发布,后者负责太平洋和印度洋区域。

《航海通告年度摘要》的 13 号年度通告中概述了全球性航海警告的情况,并给出了区域划分图及区域内的警告发布国、发布电台及其代号等资料。

2）沿岸航海警告（COASTAL Warnings）

沿岸航海警告负责发布特定沿岸区段的警告。区域内发生下列情况，会发布航海警告：

①主要的助航设施发生故障，如灯塔、灯船、雾号、重要浮标；

②当有新近的且足够准确的信息表明拥挤水域有漂浮水雷和遗弃船等；

③拥挤水域有大型拖带船；

④危险沉船和新发现的水深变浅；

⑤拥挤水域正在设立浮标等；

⑥正在进行搜索和救助（SAR）的区域和正在清污工作的区域（要求避开这些区域的）；

⑦负潮位（低于潮高基准面超过1m）；

⑧DGPS的修正量发布不正常；

⑨石油勘探装置等的位置变化；

⑩电缆铺设或其他水下作业。

沿岸警告一般用NAVTEX发布，也有在VHF上广播的。其相关资料可查阅ALRS Volumes 3。

3）地区性航行警告（LOCAL Warnings）

地区性航行警告是沿岸航海警告的补充。一般有当地的相关部门如海岸警卫队、海事局或港务局等发布。其相关资料可查阅ALRS Volumes 3 and 6。

2. Section Ⅲ中的复印电文

Section Ⅲ中刊印的是至本期出版日仍有效的无线电航海警告。它是按警告区域编排的，采用单面印刷。NAVAREA Ⅰ中，先列出所有仍有效的无线电航海警告号，再列出本周的警告电文。其余区域一般只列出仍有效的警告号和一些重要的警告电文。警告的文字简明，可能在句中省略了仅起语法作用的文字，有些单词用缩写，阅读时应予注意。一条警告一般仅引用一张英版海图图号，但这并不表示警告只与这一张海图有关。

当收到无线电航海警告的报文或《周版》后，要在有关海图上用铅笔改正或作记号，还应将警告按NAVAREA和HYDRO地区汇集，并注意去除已作废的警告，使此汇订本始终是有效的警告汇编，并置于驾驶台，保存到下一年度的第一期《周版》收到时为止。每年第一期《周版》的"Section Ⅲ"的开头刊至该期出版日仍有效的各区域的所有警告电文。

另外，NAVAREA Ⅰ的全部警告报文、NAVAREA Ⅱ、Ⅲ和Ⅳ区域的某些警告报文有每周公报，它们通过空邮或其他快捷方式送达港口、海关等，比《周版》要快，使用者可从上述机构适时索取。

使用无线电航海警告电传（NAVTEX）接收机能最快地获得航海警告。若船上有此装置，应利用它经常接收航海警告。

Section Ⅳ　对《英版航路指南》的改正

"Section Ⅳ"是对《英版航路指南》的改正通告，它包括改正《世界大洋航路》和《航海员手册》（Mariner's Handbook）的航海通告。

1. 通告格式

改正《航路指南》的通告格式与指南中的正文格式类似，每页分2栏编排，格式如下：

IV

[26/08]

AMENDMENTS TO ADMIRALTY SAILING DIRECTIONS

NP 4 South-East Alaska Pilot (1993 Edition)—Supplement 4—2006

Chatham Strait — Baranof Island — Warm Spring Bay – Rock

212　　　　　　　　　3

L2 *After* . . . mid-channel. *Insert*:

A rock with a least depth of 2. 7 m (9ft) over it lies on the S side of the bay, 1 cable SW of the berthing pontoon.

US Notice 17337/22/08

(*HH. 611/410/05*) [26/08]

NP 22 Bay of Biscay Pilot (2007 Edition)　　　　4

France—La Loire Approaches—Chenal du Sud—Directions

135

Jersey — Gorey Harbour—Directions; leading marks

376

Paragraph 11. 289 3 lines 1—6 *Replace* by:

Leading marks:

Front. Directional light (white tower, 3 m in height) (49°11. 8′N 2°01. 3W) on Gorey Harbour Pierhead.

Rear. West gable of prominent house "Rockmount" (540 m WNW of the front mark).

Paragraph 11. 289 4 lines 1—2 *Replace* by:

From a position in Outer Road (11. 283) the alignment (298°) of the above marks, or by night, in the white sector of the directional light (296½° – 299½°) leads towards the harbour entrance. . .

可见,通告内容包括:《周版》号(26/08),需改正的书号(NP4),书名,版本(1993 Edition)及其补篇号(Supplement 4—2006),《航路指南》中被改正资料的所在页码(行的中间数字,如212、135、376 等)与行号(改正资料段的顶部左侧,如 L2,L:该页的左半边,R:右半边),以及具体的改正资料及其标题。各栏文字的左侧数字是指南中文字的段落号(如 3、4 等)。

2. 对《航路指南》改正资料的处理

当取得周版后,对于连续改版(Continuous Revision,即每 3 年出新版)的航路指南,可直接改正或剪贴法改正。而对于非连续版的航路指南,由于其仍由补篇改正,因此推荐将改正通告按书卷号汇订成册,其上附一最新的仍有效通告号表,并和补篇一起夹在相应书卷中,以备使用指南时查阅,而不推荐直接对这些指南进行改正。

Section V　对《灯标雾号表》的改正

这一部分的改正资料按书卷号的顺序编排,各卷内又按灯标编号顺序编排,灯标编号前有书卷号。资料格式与灯标表上的格式完全一致,当改正《灯标表》时,将相应的改正条目剪下并贴到有关书卷的对应灯标编号处即可,但不要贴死原条目的资料。

Section VI　对《无线电信号表》的改正

对《无线电信号表》的改正资料是按书卷号的顺序编排的。

通告含下述信息:书卷(VOLUME)及分册号(PART);书号(NP)、版本(2007/08)及信号表的出版周(Published);需改正的页码(PAGE);改正资料正文。改正时可将有关内容按通告中的要求剪贴到相应书卷的电台资料处即可,但原文不要贴死。

三、特殊几期《周版》增加的内容(有关的摘录参看光盘:\电子教材\辅助资料)

1. 第一期《周版》(Weekly Edition 1)增加的内容

在 Section III 的开头刊有至该期出版日仍有效的各区域的所有警告电文。

2. 月末的《周版》增加的内容

sectionⅠA(TEMPORARY AND PRELIMINARY NOTICES)首先列出已作废的临时性(T)通告和预告(P)号(Cancelled Notices)及其年份,然后按 26 个区域列出仍有效的 T 和 P 通告标题一览表。据此可检查、清理置于驾驶台上的 T 和 P 通告装订本,使其保持适时性。摘录如下:

Ⅰ A

TEMPORARY AND PRELIMINARY NOTICES

In Force 24 *May* 2008

(*Former In Force List dated* 26 *April* 2008 *is cancelled*)

Cancelled Notices

Area *Notice No.*

2 4571/07, 5168/07, 1200/08

3 3006/05

......

26 771/08, 811/08

No. of Notice *Charts affected* *Locality & Subject* *Folio(s)*

1. MISCELLANEOUS

1117/05-none .... GENERAL INFORMATION, South-east and South-west Coasts of India, Sri None Lanka, North and West Coasts of Sumatera, West Coast of Thailand, Maldives, Andaman and Nicobar Islands and Somalia: General information

......

2. BRITISH ISLES

3549/04- 2642, 2841......... SCOTLAND, Hebrides, Sound of Harris: Depths.............5

5414/04- 2693............... ENGLAND, East Coast, River Deben: Buoyage...............7

若要查通告的具体内容,本年度的通告可查有关的《周版》,往年度的可查《航海通告年度摘要》。

3. 季末的《周版》增加的内容

季末也是月末,因此除月末一期增加的内容外,季末一期还增加:

1)英版现行版水道出版物一览表(CURRENT HYDROGRAPHIC PUBLICATIONS)

该表列于 section Ⅰ B。本表所列的出版物包括:Sailing Directions,List of Lights,Lists of Radio Signals,Leisure Division,Tidal Publications & Digital Publications。具体内容是:书号(NP No)、书名(Title)、现用的版本(Edition)、现用的补篇号(Supplement No)。用以检查船舶现有的这些出版物的有效性。摘录如下:

I B

CURRENT HYDROGRAPHIC PUBLICATIONS

(Sailing Directions, List of Lights, Lists of Radio Signals, Leisure Division,
Tidal Publications & Digital Publications)

(*Updated 21 June 2008*)

(*Former Listing dated 22 March 2008 is cancelled*)

(1) CURRENT EDITIONS OF SAILING DIRECTIONS AND THEIR LATEST SUPPLEMENTS

NP No	Title	Edition	Supplement No
		......	
4	South-East Alaska Pilot	6th (1993)	4/2006
		......	
100‡	The Mariner's Handbook	8th (2004)	
136‡	Ocean Passages for the World	5th (2004)	

2）仍有效的改正《航路指南》的通告号一览表

在"Section Ⅳ"中增加至本《周版》出版日仍有效的改正《航路指南》的通告以及所涉及的书号（NP No.）、书中的页码（Page）、通告内容的标题（Title）及《周版》号与年份如下所示。以此可检查《航路指南》改正通告的汇订本中的通告有效性。

Ⅳ

[26/08]

AMENDMENTS TO ADMIRALTY SAILING DIRECTIONS

In force 21 June 2008

NP no	Page(s)	Title	Weekly Edition
1	Africa Ⅰ		
	2, 85, 89, 92, 100	Spain—Islas Canarias—Vessel traffic service; Traffic Separation Schemes; Areas to be avoided	46/06
2	Africa Ⅲ		
	87	South Africa— Mossel Bay—Wreck	30/07
	270	Tanzania—Songo Songo Island	49/06
3	South—East Alaska		
	2, 5	Gulf of Alaska—Oceanographic buoyage	23/08
	9	Homeland Security Advisory System	44/07

| 78 | Behm Canal—Neets Bay—Shoal depth | 09/07 |
| 84—85 | Prince of Wales Island—Kasaan Bay—Coal Bay and Twelvemile Arm—Shoal depths | 40/06 |

3）改正无线电信号表的通告累积表（ADMIRALTY LIST OF RADIO SIGNALS—CUMULA-TIVE LIST OF AMENDMENTS）

它是对现行版本的信号表的改正摘要,内容包括:各卷的出版周及此后的改正用的《周版》号;已改正过的航标编号、电台编号、项目或图表名称及页码等。

需要注意的是,每季度末,把季末一期增加的内容和月末一期增加的内容可能分别放在两本《周版》中,例如,2008 年 3 月末,季末一期增加的内容放在第 13 期《周版》中,而月末一期增加的内容则放在 14 期中。

四、数字化的英版《航海通告》

目前,数字化的英版《航海通告》主要有软盘版和网络版。

1. 软盘版《航海通告》

软盘版《航海通告》除与纸质《周版》具有相同内容外,还有可供快速改正的描图（Tracing）。软盘版通告可通过代理获取,其数据格式为 pdf（Portable Document Format）文件,软盘中带有读取这些文件的 Acrobat Reader 软件。

2. 网络版《航海通告》

网络版的通告提供了自 2000 年及以后的所有《周版》航海通告,可免费下载,有条件的船舶应尽量使用之。下载可登录英国水道测量部网站主页（www. ukho. com. uk）,此后根据相应的网页菜单逐级进入。也可从 http://www. ukho. gov. uk/amd/homePage. asp 或 http://www. ukho. gov. uk/amd/paperPublications. asp 直接进入,找 Notices to Mariners 下级的 Weekly NMs 的超级链接,点击后便会显示通告的年份文件夹,根据需要进入年份文件夹,便显示该年已出版的各《周版》号及其通告号范围,如 Week26-3310-3484 ,表示《周版》第 26 期,通告号从 3310 到 3484 ,如果想下载该期通告,单击 Week26-3310-3484 进入该期通告的主页,其中列有本期中按海图号、按书号、按贴图等汇集的通告下载链接,要下载 26 期《周版》的全文,点击 26wknm08. pdf（08 为年份）。

网络还提供可选项目的查询下载,单击 www. ukho. com. uk 主页的 Searchable NMs,或直接进入 www. nmwebsearch. com,便出现可选的菜单项如下:Search for Updates by Chart Number（根据海图号查航海通告）;Search for Updates by Chart Number + from a specified NM Number/Year only（根据海图号和《周版》号/年份查航海通告）;Search for Updates by Chart Number + from a specified date only（根据海图号和日期查航海通告）;Search for Individual Notices to Mariners by NM Number and Year（根据通告号和年份查单个航海通告）;View Update list by Chart Number（根据海图号查看航海通告号、年份、改正标题列表）。利用它们能迅速查找到相关的航海通告。例如:Search NMs by-Chart Number only,当输入海图号后可查得 2000 年 1 月 1 日以后所有的改正该海图的航海通告及内容。

除了软盘版和网络版的航海通告外,英国水道测量部还提供对英版电子海图的修改和更新用的光盘版航海通告。关于数字化的英版航海通告资料可参阅《总目录》。

五、《航海通告累积表》及其使用

1. 出版情况

英版《航海通告累积表》(CUMULATIVE LIST OF ADMIRALTY NOTICES TO MARINERS,简称《累积表》),由英国海军水道测量部出版,每年的年初和年中各出版一本,书号分别为NP234/A 和 Np234/B,2009 年 1 月(NP 234/09A)的封面摘录如下:

NP 234/09A

CUMULATIVE LIST OF
ADMIRALTY NOTICES TO MARINERS
January 2009

This publication records the date of issue of the current edition of each navigational chart and of subsequent relevant Notices to Mariners issued since **Weekly Edition 1 of 2007** dated 4 January 2007. This list reflects promulgated information up to **Notice to Mariners Weekly Edition 52 of 2008** dated 25 December 2008 (last notice number 7105/08).

Users should keep it updated from the information given in Sections I and II of the subsequent Weekly Editions unless NP 133a is in use. The next list will be published in 6 months time.

This publication also includes details of current Hydrographic Publications correct to 20 December 2008. It is hoped that this list will be useful to chart users. Users are reminded, however, that the authoritative listings of Admiralty Notices to Mariners are those given in the Weekly Editions.

由此可知,《累积表》列出了每一现行版英版航海图的发行日期;改正海图的通告号记录;本表的截止通告号和周版;到截止周版日为止的现行版出版物一览表。使用者除非使用了海图改正登记簿(NP133a),否则就应该用后续的周版 Sections I 和 II 中的信息更新《累积表》,使其保持最新状态(详见本篇第三章第一节)。

2.《累积表》的内容

1) 英版航海图的版本及通告号登记

本部分刊有海图图号(Chart No)及其版本(Edition),自两年前的第一期《周版》以来的改正海图的航海通告年份(黑体字)、《周版》期号(括号内)及通告号。摘录如下:

Chart No.	Edition	Notices to Mariners	Chart No.	Edition	Notices to Mariners
1596	Jan. 2002	**2006 (14)** 1632 1633 1634 **(20)** 2201 **(32)** 3667 **(40)** 4547 **(52)** 5875 **2007 (24)** 2724 **(34)** 3791 **(51)** 5861 **2008 (23)** 2960 **(26)** 3454	1657	Aug. 1991	**2006 (10)** 1072 **(11)** 1252 **(16)** 1817 **(48)** 5439 **2007 (28)** 3110 **(37)** 4122 **(47)** 5312 **(52)** 5991 **2008 (24)** 3116 **(26)** 3454
1598	June 1990	**2007 (52)** 5991 **2008 (23)** 2959 **(48)** 6464	1660	Oct. 1998	**2006 (11)** 1268 **(26)** 2988 **2007 (7)** 735 **(24)** 2718 **(36)** 4005 **2008 (32)** 4360 **(41)** 5605

《累积表》中给出的海图图号是英版系列海图的图号，它包括英国复制的澳大利亚（AUS）、新西兰（NZ）和日本（JP）海图。而双曲线海图（台卡、奥米加海图）号没有专门列出，但表中图号同样适用于它们。

2）英版水道出版物的现行版本信息

本部分列出英版水道出版物的书号、书名、版本日期和最新补篇号等。其格式如上述的ⅠB表。

3.《航海通告累积表》的作用（详见本篇第三章第三节）

（1）可以作为"本船英版海图图号表"使用；

（2）可以代替"海图卡片"使用；

（3）可以检查本船海图的适用情况；

（4）用以检查本船海图的改正情况。

六、航海通告年度摘要

《航海通告年度摘要》（Annual Summary of Admiralty Notices to Mariners）简称《年度摘要》，书号NP247。《年度摘要》每年初出版，新版出，旧版废，全书包含三个内容：年度通告（Annual Notices）；至本年初仍有效的T和P通告（still in force at the start of the year）和至本年初仍有效的改正《航路指南》的通告汇编。纸质《年度摘要》可从英版海图代销机构获取，也可通过网络下载电子版的内容（网页地址见上）。现分别简介如下：

1. 年度通告

Annual Notices To Mariners 1-25（PDF Downloads）

1. Admiralty Tide Tables 2009—Addenda and Corrigenda

2. Suppliers of Admiralty Charts and Publications

······

13. World—Wide Navigational Warning Service and World Meteorological Organization

······

17. Traffic Separation Schemes—Information Concerning Schemes Shown on Admiralty Charts.

17a. United Kingdom—Automatic Ship Identification and System（AIS）Network

18. Carriage of Nautical Charts and Nautical Publications—Regulations

19. Global Navigation Satellite System Positions and Chart Accuracy

21. Canadian Charts and Nautical Publications Regulations.

22. US Navigation Safety Regulations Relating to Navigation，Charts and Publications

······

25. Electronic Navigational Charts-Guidance on the use and Limitations of ENC and ECDIS Systems.

26. Marine Environmental High Risk Areas

Temporary and Preliminary Notices

T&P_2009：PDF download

Amendments to Admiralty Sailing Directions

Amends to SDs：PDF download

年度通告的通告号与对应标题几乎每年不变,通告的具体内容也可能变化不大。当通告中的内容与上一年的有变化或增加时,在其边上用粗黑竖线划出。这样,在阅读时,若对通告的原内容较熟悉,只要阅读其划线部分。例如,2009年的年度通告1为:

1. ADMIRALTY TIDE TABLES 2009—Addenda and Corrigenda
Source：UKHO.

Former Notice 1/08 is cancelled. Additions and amendments to the former Notice are indicated by sidelines.

Admiralty Tide Tables-General.

In the British Isles, Chart Datum is approximately the level of Lowest Astronomical Tide (LAT) and all metric charts are referred to this level. For the few remaining fathoms charts, a correction to the predictions from Admiralty Tide Tables (ATT) may be required. A comparison between the tidal heights given in the tidal information panel on the chart and those given in Part II of ATT will show the amount involved; when such a correction is necessary the amount should be subtracted from the height predicted in ATT.

Elsewhere, the level of Chart Datum is determined by the country having primary charting responsibility for the area.

Corrections to Volume 1

Page xxxviii. Table V. Amend the MHWN value for Vlissingen to read $+4.1m$

……

粗黑竖线划出部分为今年新增内容(详见光盘:\电子教材\辅助资料\英版航海通告)。

年度通告中,除第1号是当年《英版潮汐表》的改正通告外,其余通告的内容是与航海安全密切相关的资料,故应至少保存到下一年度的《年度摘要》获得时为止。

2.临时通告(T)和预告(P)

《年度摘要》中列出到表中所列日(如 NUMERICAL INDEX OF NOTICES IN FORCE ON 20 DECEMBER 2008)仍有效的这些通告的具体内容(重印件),查阅时可利用通告内容之前的两个索引,其中的地埋索引与周版中的地理索引相同,可根据地区查找通告的页码;另一个是通告号数字索引,按通告的年份及通告先后顺序排列,可根据通告号索引查该通告所在的页码。

3.改正《航路指南》的资料汇编

《年度摘要》中列出到表中所列日(如 INDEX OF AMENDMENTS IN FORCE ON 20 DECEMBER 2008)仍有效的所有这类通告的具体内容(重印件),包含对《航海员手册》和《世界大洋航路》的改正资料。查阅时可借助其索引,该索引列出了应改正的书卷号(NP)书名及其改正资料所在的页码。摘录如下:

AMENDMENTS TO ADMIRALTY SAILING DIRECTIONS
INDEX OF AMENDMENTS IN FORCE ON 20 DECEMBER 2008

NP	Pilot	Page
1	Africa Pilot Volume Ⅰ ………………………………………………	3-3

第十节　中版航海图书资料简介

一、《中国航路指南》和《中国港口指南》

1. 中国航路指南

《中国航路指南》由我国海军司令部航海保证部按海区出版,是与航海图配套使用的旨在保证船舶航行安全的指导性航海资料,是对海图的补充和重点提示。《中国航路指南》主要记述中国海区的概况、水文气象、航路航法,以及沿岸的助航标志、碍航物、水道航法、港湾锚地和其他有关资料,并附有相关的专题图、示意图、对景图、影像图等,亦介绍了一些复杂海区的航行方法和经验。

《中国航路指南》共分三卷,出版周期3～5年(每两年出补编一次)。各卷如下:

第一卷,书号 A101,内容为黄、渤海海区;

第二卷,书号 A102,内容为东海海区;

第三卷,书号 A103,内容为南海海区。

《中国航路指南》各卷的内容编排格式基本相同。每卷在"前言"、"说明"之后,刊有一张本卷区域的索引图,图中给出书中各章的区段范围及航海图。

第一章是"总述",分节介绍以下内容:海区概述,气象、水文、航路、港湾、航标、航泊限制、航海保证等的概括性内容。

第二章起按本卷范围内的地区由北到南分章叙述。各章内分航段叙述,叙述的格式顺序相同,包括:本航段概况、气象水文、助航标志、碍航物、水道航法、港湾锚地等。

卷首中有关于本书使用的方位、长度、水深、高程、温度等单位,风浪涌流的方向,山峰岛屿的高程表示方法及《航路指南》改正等的说明。

使用时可根据目录按地区查阅,也可根据海区索引图查阅。前者一般按名称查阅,快速方便;后者则根据船舶航区查取章号。

附录中刊有一些重要的法律法规文件,例如:中华人民共和国海上交通安全法、中华人民共和国船舶交通管理系统安全监督管理规则、中国船舶报告系统管理规定、中国船舶报告系统(CHISREP)船长指南以及区域内的定线制规定。船舶都应充分给予关注。

本书出版后的资料变化通过最新补篇和中版《航海通告》的第五部分改正。

2. 中国港口指南

《中国港口指南》是船舶进出港航行、停泊、作业、办理手续、申请服务等必须参考的基本航海资料,主要记述中国沿海主要港口的情况。

《中国港口指南》共分三册,出版周期2～3年。各册情况如下:

第一册,书号 C103,介绍黄、渤海海区港口;

第二册,书号 C104,介绍东海海区港口(含长江下游主要港口);

第三册,书号 C105,介绍南海海区港口(含珠江水系部分港口)。

每册内容均由三章组成。第一章为总述,主要介绍海区概况、灾害性天气、航标、引航、进出港口检查、港口信号、海难救助、避风锚地和航路里程等;第二章具体介绍港口,为该书的主体内容,重点介绍了进出港口的航行方法、航泊条件、引航、通信联络、港口设备、港口服务等;第三章介绍海区有关航行规定和港口规章等。

二、航标表

1. 概述

1)出版情况

《航标表》所记载的是布设在中国沿海和主要港口的航标资料。中国沿海航标表共分三册:黄、渤海海区(G101),东海海区(G102),南海海区(G103),全书为中英文对照,每年出版一次。

2)主要内容

每卷《航标表》由航标表、罗经校正标及测速标表、无线电指向标及差分全球定位系统(DGPS)、船舶自动识别系统基站(AIS BASE)等组成,在卷首部分列有:改正记录表、航标灯质图解、《中国海区水上助航标志》国家标准简图及本卷的航标索引图,索引图中标明本图范围内的航标编号范围及每一航标资料所在的页码,以方便查阅。

3)有关注意事项

(1)表中编号下注有"渔"者,表示该标系渔用航标;无注字者系公用航标;附记栏中注有"海军管理"者,系军用航标。

(2)凡使用航标表的单位,需及时根据中版《航海通告》的第四部分对其进行改正。

2.《航标表》的主要内容简介

1)航标表

该表以编号、名称、位置、灯质、灯高、射程、构造、附记等八栏列出各航标之详细资料。其中:

(1)编号:一般按地理位置由北向南、由东向西、由海进港的顺序连续编排。若在两个相邻航标编号之间插入新的航标,则用带小数的航标编号表示。

(2)名称:均以新版海图为准。凡射程在 15n mile 以上者,其名称用黑体字排印。名称下注记"有"字样,表明该标有人看守;无注明的,为无人看守。

(3)位置(经纬度):采用 1954 年北京坐标系。

(4)灯质:以灯质、光色、周期列出,基本灯质有定光、明暗光、等明暗光、闪光、长闪光、快闪光、甚快闪光、超快闪光、莫尔斯灯光、定闪光等。详细说明请参阅航标表的灯质图解或《海图图式》。光色主要有互光及白、红、绿、蓝、紫、黄、橙、琥珀色等。

(5)灯高:如无特别说明,均为平均大潮高潮面至灯芯的高度,以米表示,取小数 1 位。

(6)射程:通常指在晴天黑夜,测者眼高为 5m 所能看到灯塔(桩)灯光的距离,以海里表示,射程不足 10n mile 的注至 0.1n mile,大于 10n mile 的取整数舍去小数。

（7）构造：指灯标建筑物结构、颜色，便于日间辨认，所列数字为以米为单位的灯塔（桩）自地面至塔（桩）顶的高度。

（8）附记：记有航标种类、灯光光弧界限、雷达反射器、雾警设备、无线电指向标及其他说明。

2）罗经校正标及测速标表

该表以名称、位置、构造、附记四项内容编表。罗经校正标、测速标以场为单位，用前缀"L（校正场）"和"C（测速场）"的偶数编号，奇数用作新插入的测速场、罗经校正场的编号。每个测速场、校正场首页均有布标示意图。

3）无线电指向标及 DGPS

该表刊有指向标和 DGPS 资料，指向标的资料有工作频率、呼号等，DGPS 的资料有工作频率、台站识别码、差分信息调制方式、播发类别、信号格式和类型、差分数据传输率以及工作时间等。表前有该海区无线电指向标分布示意图。

4）船舶自动识别系统基站（AIS BASE）

资料有位置、频率、工作模式、发射功率及识别码 MMSI。

3. 其他说明

（1）我国海区的灯船船身及灯架，均涂红色，甲板上的建筑物涂白色，船身两舷写白色船名，灯质视需要而定。

当有人看守的灯船漂离原位时，除原发放的灯光及雾号停止工作外，应分别显示下列信号：

日间：在船首尾各悬挂黑球 1 个或红旗 1 面，并悬挂国际信号旗"PC"，表明"本船不在原位"。

夜间：在船首尾各悬挂红灯 1 盏。

（2）我国沿海各灯塔附设的雾警设备有雾笛（即雾号）、雾钟、雾锣、雾哨等，航海人员使用时应注意：

①雾警设备发声所达距离，常随天气情况（主要是风向）而变化，船舶不能以其声音大小作为定位依据。

②有时灯塔附近已发生大雾，而在灯塔处尚未发觉，故雾警设备尚未工作，这种情况夜间较多。

③浮标上装的雾哨、雾钟在有风浪时才能发声，其声音大小随风浪大小而变化。

（3）我国沿海无线电指向标的射程系指其发射的无线电信号衰减到测向仪要求的最小场强所达到的距离，即作用距离。

无线电测向仪自差校准台是在船舶请求消除无线电自差时才开放。

（4）浮标和无人看守的灯船容易漂离原位或灯光熄灭，尤其在暴风雨后，更容易发生上述现象。各通海河口航道变化较大，所设标志的位置也多有变化，航海人员除根据航海通告及时对《航标表》进行改正外，航行时对这种情况的可能发生要充分注意。

三、航海图书目录

中版《航海图书目录》由我国海军司令部航海保证部出版。刊有该部出版的中国沿海海区总图、航行图、港湾图、渔业图及航海书表,供使用者查阅现行版海图及书表的编号、名称、比例尺、出版时间等内容。

《航海图书目录》的补充、改正,应按照航海保证部出版的《航海通告》进行。下面以2007年版为例作简要介绍。

1.主要内容

(1)航海图:包括中国海区海图图号索引、分区索引图、中国海区及附近海图索引图、中国海区海图索引图以及由北向南各区段的海图索引图。其中的海图图号索引,可根据图号查图名及其在书中的页码;分区索引图是各海区的索引图界限图,类似于英版《总目录》中的 Limits of Admiralty Chart Indexs(分区界限索引图,XA 图),图中的框架及其数字就是分区的范围和该分区海图索引图所在的页码;中国海区及附近海图索引图中刊印的是比例尺为 1:1 000 000 及更小的海图;中国海区海图索引图中是比例尺在 1:250 000 ~ 1:800 000 的海图;其余海图索引图上是较大比例尺的航行图和港湾图等。

(2)航海书、表示意图:航海书、表共分航海资料和港口资料两大类,列表刊出这两大类中各书表的书号、书名、出版和改版时间。航海资料主要包括航路指南、航标表、潮汐表以及天文用表、中国海图符号识别指南等。

(3)中国航海图书出版社航海图书专销站分布图,并列出站名、地址。

(4)航海通告改正登记表。当用航海通告改正本书后应在此作好登记。

2.抽选海图的方法

若抽选总图,直接可从"中国海区及附近"索引图中选择。

若抽选其他航海图,应利用"分区索引图",从"分区索引图"中查得航线所经航区的各海区的索引图页码,再从相应页码中抽选所需海图。

海图的详细资料如图名、比例尺、出版日期、改版日期等刊印在索引图的对页。图号后缀"＊"的表示该图是分图或有附图,海图图号索引中"图积"即图幅的纸张尺寸,其中"F"表示全开图,"1/2"表示对开图。索引图中由于比例尺原因难以表示出图幅的用"O"表示。

航海书、表(簿)的抽选可直接从"航海书、表(簿)目录"中抽选。

书末还列有中国航海图书转销站地址及分布图,以及改正登记表。

四、航海通告

根据1993年2月1日起施行的《中华人民共和国海上航行警告和航行通告管理规定》第三条,中华人民共和国港务监督机构(现名海事主管机关)主管全国海上航行警告和航行通告的统一发布工作。沿海水域港务监督机构主管本管辖区域内海上航行警告和航行通告的统一发布工作。第四条规定:海上航行警告以无线电报或者无线电话的形式发布。海上航行通告以书面形式或者通过报纸、广播、电视等新闻媒介发布。第九条规定:船舶、设施在海上发现下列情形,应当尽快向就近的沿海水域港务监督机构报告:(一)航海图书上未载明的浅滩、礁石;(二)异常磁区或者海水变色;(三)沉船、沉物、危险物、碍航漂流物;(四)助航标志或者导航设施变异、失常;(五)其他有碍海上航行安全的情形。报告内容应当包括:发现时间、地点和被发现物的状况。

《航海通告》每周出版一本,由索引、永久性通告、预告、航行警告、航标改正、贴图改正、航路指南和其他航海信息、海区情况报告表及其使用说明等内容组成。主要通报了助航设备的设置与更改,水中危险物和障碍物的发现和清除,水下建筑物的变化,港区、航道和锚地水深的更正,特殊海区的变化,航海图书的出版信息和其他与航行有关的内容。《航海通告》有纯中文版和中英文对照版两个版本,中英文对照版由中国航海图书出版社出版,主要对外使用;纯中文版由海军航海保证部出版,主要用于对内部使用的航海图书资料的改正。两者在内容编排上基本一致,下面介绍纯中文版《航海通告》。

1. 主要内容

Ⅰ. 图书消息、航海信息、索引 索引有"地理区域索引"和"关系海图索引",分别表明本期航海通告的内容所涉及到的海区和需要改正的海图。

Ⅱ. 海图改正、临时通告及预告 海图改正的通告为正式通告,所记位置均以最大比例尺海图为准,用经纬度或方位距离表示,采用 WGS-84 坐标系;所记方位均系真方位。其中光弧、两标一线的方位系指海上视灯标的真方位。通告中使用的符号应参考 GB 12319—98《中国海图图式》。关系海图图号后小括号内的数字代表海图只改正本项内容中的小项号数,中括号的数字为该图前次通告小改正的年份和通告号。当通告中涉及改正航标时,只给出该标所在《航标表》的书号、出版年份及航标编号(见通告例),其详细改正内容在第Ⅳ部分"航标表改正附条"中反映。在每年年底出版本年度的《海图改正索引》,其内容有海图号、出版年份、版次、本年度改正海图的通告号。

临时通告和预告在通告标题后面分别注有"(临)"或"(预)"字样(见临时通告例),它们对海图不作正式改正,故这部分通告中的海图图号不列入第 1 部分关系海图索引中,仅供使用该通告时参考。每月最后一期,将有效临时通告和预告索引列出,并在每年年底出版有效临时通告汇编,以供航海人员查找使用。

Ⅲ. 航行警告 覆盖国际 NAVAREA Ⅺ 航区的仍有效的航行警告的年份与通告号码以及当前时段内的航行警告具体内容。

Ⅳ.《航标表》改正附条 按我国《航标表》的卷号、航标编号顺序编排,附条单面印刷,格式与《航标表》相同,便于剪贴操作。附条中的符号"…"表示该栏内容不变,"-"表示删去该栏内容。如本期无改正内容,则不列出本部分。

Ⅴ.《航路指南》及《港口资料》的改正 按我国《航路指南》及《港口资料》的卷号顺序编排,单面印出。如本期无改正内容,则不列出本部分。

Ⅵ. 其他 刊载以上各项不能包括但又与航行安全有关的内容。此部分不是每期都有。

2. 通告正文

每一通告一般包括通告号与标题,通告正文,关系海图和前次改正的通告号及资料来源等。例如:

1706. 渤海 庙岛群岛 砣矶岛南岸—灯桩变更

(1)38°09′06″.5N、120°44′46″.6E 处的灯桩灯质由"★闪(3)6s67m15M"改为"☆闪6s67m15M"

(2)38°09′06″.5N、120°44′46″.6E 处的灯桩灯质由"★闪(3)15M"改为"☆闪15M"

海图 11910(1)[2008-1151] 11900(1)[2008-1705] 11010(2)[2008-1705]

F10503(2)〔2008-1702〕

航标表 G101/2008(1477)

资料来源 标通字(2008)51号

本例为海图改正通告,通告号1706,海图11910和11900仅改第(1)项内容,它们的前次改正通告号分别为2008年的1151号和1705号;海图11010和F10503仅改第(2)项内容,它们的前次改正通告号分别为2008年的1705号和1702号。

1708. 北部湾 钦州湾及附近—设置灯桩(临)

在下列位置处临时设置灯桩:

位　　　置	内　　　容
(1)21°37′46″.8N、108°42′33″.4E	平墩 红 闪红4s3.6m4M
(2)21°43′55″.9N、108°32′24″.5E	当门石 红 闪红4s4m4M
(3)21°44′41″.2N、108°32′54″.2E	白角石 红 闪红4s5m4M

海图 16700

资料来源 粤海事标字(2008)60号　　　　(2038/2008)

此为临时通告,对海图不作正式改正,海图号仅供参考。

《航海通告》除从图书供应点购买外,也可通过 http://www.ngd.gov.cn 免费下载。

习 题

一、问答题

1. 一条远洋航线应配备哪些航海图书资料?

2. 驶抵美国和加拿大港口的船舶在图书资料配备上应注意些什么?

3. 简述用 Ocean Passages for the World 查阅亚丁(Aden)港到新加坡(Singapore)的推荐航线。

4. 航线设计时要参考当月的 Routeing Charts,请解释主图上风花资料的含义,并说明附图同航线设计的关系。

5. 简述 Routeing Charts 的概况和作用。

6. 简述英版《航路指南》(ASD)中第一章的主要内容。

7. 试用 ASD 查 PALAWAN PASSAGE 的航路(routes)和水深(depths)以及我国长江口锚地的资料。

8. 请用 ALL 查灯标(教师指定)的资料,并解释其含义。

9. ALRS 的第二卷的主要内容是什么?

10. 用 ALRS 的第二卷查 DGPS(教师指定)的资料并解释之。

11. 用 ALRS 的第二卷查雷达航标(Radar Beacon)(教师指定)的资料并解释之。

12. 请查 Panama、Singapore、San Francisco 港的法定时(Legal time)。

13. 请查 Singapore、Shanghai 港的引航和 VTS 资料。

14. 请查中国船舶报告系统(CHISREP)的资料。

15. 用 Catalogue 查美国 San Francisco 港适用的 Pilots 的 NP 号和 ALL 的卷号。

16. 抽选航海图的原则是什么？简述抽选海图的步骤。

17. ANM 由哪些部分组成？特殊几期 ANM 增加了哪些内容？

18. ANM 的 Index 有几个？如何用它来改正海图？

19. 驾驶员如何通过不同的途径获得航海图书的出版、新版及现行版本信息？

20. 简述无线电航海警告的分类。远程无线电航海警告系统是如何划分区域的？

21. 如何利用中版《总目录》抽选小比例尺海图和总图？

二、选择题

1. 某轮在接近进口水道前一直轮换使用着两台雷达,当用其中的一台测定前方约 8′处的雷达应答标时却无该标的回波。最好的解决办法可能是(　　)。

    A. 检修雷达　　　　　　　　　　B. 等雷达应答标发射信号后再测

    C. 待接近该标时再测　　　　　　D. 换一台雷达再测

2. 在英版无线电信号表中查得某雷达航标的资料为:

Souter Lt Racon　　　　　　　54°58′.23N 1°21′.80W 5135

                     135°-350° 10n miles T

说明该标是(　　)。

    A. 仅适用于 3cm 雷达的雷达指向标

    B. 仅适用于 10cm 雷达的雷达指向标

    C. 既适用于 3cm 雷达,也适用于 10cm 雷达的雷达应答标

    D. 仅适用于 3cm 雷达的雷达应答标

3. 在英版无线电信号表中查得某雷达航标的资料为:

Jizo Saki Lt Ramark　　　　　35°33′.85N 133°19′.68E 8491

                     360°15n miles

说明该标是(　　)。

    A. 适用于 3cm 和 10 cm 雷达的雷达指向标

    B. 仅适用于 3cm 雷达的雷达指向标

    C. 既适用于 3cm、也适用于 10cm 雷达的雷达应答标

    D. 仅适用于 3cm 雷达的雷达应答标

4. 在英版无线电信号表中查得某雷达航标的资料为:

Souter Lt Racon　　　　　　　54°58′.23N 1°21′.80W 5135

                   (3 & 10 cm) 135°-350° 10n miles T

说明该标是(　　)。

    A. 适用于 3cm 和 10cm 雷达的雷达指向标

    B. 仅适用于 10cm 雷达的雷达指向标

    C. 既适用于 3cm 雷达,也适用于 10cm 雷达的雷达应答标

    D. 仅适用于 3cm 雷达的雷达应答标

5.当测得雷达应答标(Racon)后,其识别信号在雷达荧光屏上(　　)。

A. 每个雷达扫描周期都会显示　　　　　　B. 每隔若干个扫描周期显示一次

C. A,B 情况都存在　　　　　　　　　　D. 随机出现

6.在我国沿海航行,发现某灯船悬挂国际信号旗"PC",表明该灯船(　　)。

A. 已离开原位,灯光、雾号暂停工作　　　B. 设备故障,灯光暂停工作

C. 设备故障,雾号暂停工作　　　　　　D. 以上都是

第三章　航海图书资料的
更新与管理

　　航海图书资料是船舶安全航行的重要依据,航海图书自出版发行后,其所载资料时有变化。它们保持最新状态的主要方式有:出新版、出最新补篇、发布航海通告和发布无线电航海警告等。补篇、航海通告和无线电航海警告是英版图书出版后的基本改正手段。其中,补篇发行的间隔时间较长,目前只有出版周期较长的出版物,如《世界大洋航路》、非连续改版的《航路指南》和《航海员手册》等。补篇刊有相关出版物自现行版发行后的所有改正资料;《周版》航海通告不仅可通过船舶代理代为获取,还可从网上下载,它是改正航海图书资料的最经常、最直接的手段和主要依据,用航海通告进行正式改正后,都要在被改正的载体上进行登记。随着电子海图的发展与应用,目前已出现了光盘和网络形式的航海通告,使用者可将相关内容打印出来改正纸质资料,或者将有关光盘插入存有电子海图的计算机,自动改正电子海图;无线电航海警告是目前船舶最快获得改正资料的途径之一,它能及时地将影响航行安全的资料变更情况通过海岸无线电台或广播的形式进行发布。无线电航海警告分为远程警告(World wide warning)、沿岸警告(Coastal warning)和地区性警告(Local warning)三类。

　　为了充分利用航海图书资料,驾驶员除了及时认真地对它们进行改正外,也应该对它们进行高效的管理。图书资料更新与管理工作主要是资料的添置、存放、改正与作废。这些工作具体由二副负责,船长负有检查、监督之责。

　　本章仅介绍英版图、书资料的更新和管理,其他的可参照进行。

第一节　书表的更新

一、《航路指南》的更新

　　英版《航路指南》(ASD)的资料更新有三个途径:①出版新的《航路指南》,现有连续改版(continuous revision)和非连续改版(non continuous revision)两种出版方式。季末一期《周版》中刊有 ASD 及其补篇的现行版信息;②利用补篇 Supplement(如有)改正,补篇收集了自现行版《航路指南》出版到本期补篇出版之日的所有改正资料;③利用《周版》航海通告(参阅本篇第二章第九节)改正。

　　1. 利用补篇改正《航路指南》

　　非连续改版的《航路指南》,仍有补篇改正,补篇有下列三项内容:

　　(1)文字改正资料;

　　(2)新的海图索引图;

（3）新旧地名对照表。

当收到补篇后，简短文字的改正可用红笔直接在航路指南中进行，补篇中的海图索引图或地名表可直接将它们粘贴到《指南》中去，其余篇幅较大的改正可在航路指南的相应处作一记号，以提醒读者在阅读到该处时同时查阅补篇。因此，应将最新补篇夹在相应的《指南》中，在查阅《指南》时应该同时参阅书中所夹的补篇。

2. 利用《周版》航海通告改正《航路指南》

《周版》的 Section IV 刊登了对所有《航路指南》的改正资料，其改正方法参见本篇第二章第九节。用《周版》航海通告改正后，应在《指南》封里的改正登记表（record of amendments）中将《周版》号登记在相应的年份下。

在每季度末的一期《周版》中，在"Section IV"中增加了至本《周版》出版日仍有效的改正《航路指南》的通告以及所涉及的书号（NP No.）、书中的页码（Page）、通告内容的标题（Title）及《周版》号与年份。可用以检查改正《航路指南》通告汇订本中的通告的有效性。

在英版《航海通告年度摘要》中重印了至当年初仍有效的对《航路指南》改正的所有改正资料。

3. 补篇或者航海通告中出现频率较高的某些用语

For（A）read（B）　将（A）改为（B）

Amend（A）as（B）　将（A）修改为（B）

Delete … to … and substitute（B）　将……到……的内容删除，代之以（B）

After（A）insert（B）　在（A）之后插入（B）

Line…add（B）　在……行增加（B）

还有诸如：Replace by：（A）　该处用（A）代替；Insert：（A）　该处插入（A）；

Add：（A）该处增加（A）；Delete：（A）　该处删除（A）。

二、《英版海图和出版物总目录》的更新

《英版海图和出版物总目录》每年出新版，其印刷期间的资料变更或印刷错误用随附本书的一张勘误表（Addendum）改正，其后的更新按《周版》的 section I 中的有关通告用红墨水笔进行改正，以使《总目录》能反映英版图书的最新版本情况。改正后，应在 CONTENTS 页的右下角表（directions for updating this volume）中将改正日期填写到对应的《周版》号右侧（以2007年版为例）。

section I 中的有关通告主要有：

（1）NEW ADMIRALTY CHARTS AND PUBLICATIONS（新图、新出版物）。驾驶员必须将新图、新书的这些信息添加到《总目录》中去；

（2）NEW EDITIONS OF ADMIRALTY CHARTS AND PUBLICATIONS（新版图、新版出版物）。驾驶员必须将《总目录》中原有的这些海图、出版物的版本信息诸如版本号、新版日期等进行更新。

（3）ADMIRALTY CHARTS AND PUBLICATIONS PERMANENTLY WITHDRAWN（永久性作废的海图和出版物）。驾驶员必须将《总目录》中的这些资料用红线划去。

（4）ADMIRALTY CHART AGENT/DISTRIBUTOR INFORMATION（英版海图代销机构等的

变更信息）、ADMIRALTY ENC（Electronic Navigational Charts）, AVCS（Admiralty Vector Chart Service）AND ECDIS（Electronic Chart Display & Information Systems）SERVICE（英版电子海图和出版物信息）、ADMIRALTY RASTER CHART SERIES, ARCS（英版光栅扫描海图光盘信息）等也应对《总目录》中的相应信息进行改正。

三、《灯标雾号表》的更新

《英版灯标雾号表》简称《灯标表》，由英国海军水道测量部每年交叉出版（如 2007/2008）。各卷的现行版信息刊于季末一期《周版》中。新版《灯标表》的资料截止日期及其《周版》号印在各卷的副封面中，图书代销机构不负责改正《灯标表》，使用者购买新书后应接着该《周版》继续改正。新《灯标表》出版后的资料变更由《周版》的 Section V 发布。

《周版》中对《灯标表》的改正资料是按 A～L 卷的顺序单面印刷的，其格式与原书中的资料格式完全相同。收到《周版》后，可将 Section V 拆下分别放到相应卷内，以便抽空改正。改正时，应将改正内容按灯标编号剪贴到对应的灯标编号处。粘贴时，应与原灯标资料对齐，但不要贴死，保留原资料仍可见。简单的改正内容也可用红墨水笔直接改注在原来资料上。当有新的灯标增添时应根据其编号按顺序贴到其上、下相邻编号之间，注意不要将其上、下编号的资料贴死。

改正完成后，应将改正用到的通告的《周版》号及改正日期按顺序登记在 RECORD OF AMENDMENTS（改正登记表）表内。

由于《灯标表》的改正资料通常比海图上同一灯标的改正资料发布得早且详细，因此，当海图上和表中的资料有差异时，应参考《灯标表》上的资料。

四、其他资料的更新

1.《世界大洋航路》的更新

《世界大洋航路》出版后的更新（up to date）手段有补篇（Supplement）和《周版》航海通告。补篇不定期出版，其中刊有现行版《世界大洋航路》出版以来的所有改正资料；补篇发行后的改正用《周版》的 Section IV 进行；每季度末的《周版》刊有仍有效的这类通告号，年底仍有效的这类通告重印在下一年度的英版《航海通告年度摘要》中。具体改正方法与《航路指南》的改正方法相同，改正后作好登记。

2.《无线电信号表》的更新

《无线电信号表》每年出新版，在实际工作中，长期班轮航线往往仅对本船航区内的资料进行改正，其余的可不作改正。《无线电信号表》的改正信息发布在《周版》的 section VI，在发布本书出版信息的那期《周版》中，刊有本书印刷期间的改正资料。此后，每一季度末在《周版》的 section VI 摘要列出改正过的电台编号及《周版》号一览表，以供校对。section VI 中的改正资料单面印刷，按书卷号的顺序编排。收到《周版》后，可将有关内容按通告中的要求剪贴到相应书卷的电台资料处，但原文不要贴死。改正完成后，应将改正用到的通告的周版号及改正日期按顺序登记在卷首封里的 RECORD OF AMENDMENTS（改正登记表）表内。

3.英版《潮汐表》和《进港指南》的改正

英版《潮汐表》每年出版，当年使用。其改正资料在《航海通告年度摘要》的第一号年度通告中,名为"Admiralty Tide Tables—Addenda and Corrigenda(英版潮汐表的补遗和勘误)",另外潮汐表本身也可能附有勘误表。

《进港指南》是由英国航运指南公司发行。一般每两年改版一次,新版发行,旧版作废。因本书属于非 NP 系列图书,故不用英版航海通告来改正。用户可用该公司提供的更新 CD(UPDATE CD)更新此书。

4. 英版 5011 海图图式的更新

Chart 5011 不定期改版,有关海图图式的变化信息发布于《周版》航海通告中。船舶应及时地将变化资料进行改正,并在封里的"Notices to mariners"表中作好改正登记。

5.《航海通告累积表》的更新

英版《航海通告累积表》于每年的年初和年中各出版一本,表中列出了每一现行版英版航海图的发行和新版日期,自两年前的第一期《周版》以来的所有改正海图的通告号记录和现行版的英版水道出版物信息。使用者若是利用《航海通告累积表》管理本船的英版海图和出版物的,应该用《累积表》所载的截止周版号后续的《周版》Section I 和 Section II 中的信息更新该表,使其保持最新状态。例如:2008 年 6 月的一期《累积表》封面有"This list reflects promulgated information up to **Notice to Mariners Weekly Edition 26 of 2008** dated 26 June 2008 (last notice number 3484/08)."字样,表明本表的资料截止《周版》为 2008 年 26 期,最后通告为 3484。不管使用者何时得到该《累积表》,都必须要检查 2008 年 26 期后的周版,除非你已将其后《周版》的 section II(通告号信息)和 I(海图、出版物的出版、作废等信息)中的相关信息登记到了表中。

1)对《累积表》中的海图信息的更新

当得到后续的《周版》后,检查 Section I,看其是否有与本船海图有关的海图新版和作废消息,若有则应更新《累积表》,并对本船的这些海图作相应处理(作废或购置)。利用"应改海图索引",将 Section II 中改正本船海图的所有正式通告号登录到表中对应海图的改正通告记录之后,并对相应海图进行改正。

2)对《累积表》中的出版物版本的更新

当得到季末一期《周版》后,检查 Section I 的 I B 表,看其是否有与本船的英版出版物有关的版本变化消息,若有则应更新《累积表》,并对本船的这些出版物作相应处理(作废或购置)。

第二节　书表的管理

一、编制船用书表一览表进行管理

船舶一般可参照年度通告 18 号的要求及我国交通部《海船航海图书资料配备要求》,根据本船航区,运用《总目录》配置图书资料。为了使用方便,船上所配置的书表一般存放于保持通风、干燥的海图室的书橱中,同时可编制"×××轮航海图书资料一览表"进行管理,样表结构如表 3-3-1 所示:

表 3-3-1

×××轮航海图书资料一览表

序号 NO.	书号 NP.	书名 Title	版别(年份) Edition	周版号/年份 A. N. M. No.	备注
01	43	SOUTH AND EAST COASTS OF KOREA	7th(2005)	52/2005	
...	...				
	100	The Mariner's Handbook	8th(2004)	26/2007	
	136	Ocean Passages for the World	5th(2004)	46/2004	

按表 3-3-1 的格式,将本船配备的所有书表的书号、书名、版别/出版年份、周版号/年份(本书出版时的)等填写表格,以便与季度末的《周版》中所刊印的现行版出版物进行核对,如有新版应及时购买,并在本表中更新相应的记录。在备注栏内可登录书表的更新情况,如收到《航海通告》后,在该表中登记《航路指南》改正的通告号码/周版号,当收到年度摘要后,可进行核对刷新。此表每年更新一次,如此,表中所列的图书资料始终是现行版记录。

二、利用《航海通告累积表》进行管理

英版《航海通告累积表》每半年出版一本,其中刊有英版现行版水道出版物表(ⅠB 表),表中有书号、书名、版本日期和最新补篇号等资料如表 3-3-2 所示。

ⅠB
表 3-3-2

CURRENT HYDROGRAPHIC PUBLICATIONS

(Sailing Directions, List of Lights, Lists of Radio Signals, Leisure Division, Tidal
Publications & Digital Publications)

(*Updated 21 June 2008*)

(*Former Listing dated 22 March 2008 is cancelled*)

(1) CURRENT EDITIONS OF SAILING DIRECTIONS AND THEIR LATEST SUPPLEMENTS

NP No	Title	Edition	Supplement No
1	Africa Pilot Vol Ⅰ	14th (2006)	
4	South-East Alaska Pilot	6th (1993)	4/2006
6✛	South America Pilot Vol Ⅱ	16th (1993)	4/2005
100‡	The Mariner's Handbook	8th (2004)	
136‡	Ocean Passages for the World	5th (2004)	
735‡	Maritime Buoyage System	6th (2006)	

‡ Books in Continuous Revision (on an extended cycle)

✛ New or Revised Edition due for publication within one year

(2) ADMIRALTY LIST OF LIGHTS AND FOG SIGNALS

NP No	Current Edition	Published
74	Volume A, 2007/08	April 2008

See (6) Admiralty Digital Publications for Digital List of Lights

(3) ADMIRALTY LISTS OF RADIO SIGNALS

NP No	Title	Published
282	Volume 2, 2008/09 Radio Aids to Navigation, Satellite Navigation Systems, Legal	February 2008

Time，Radio Time Signals and Electronic Position Fixing Systems

Volume 6，2007/08　Pilot Services，Vessel Traffic Services and Port Operations

286（3）　　Part 3：Mediterranean and Africa（including Persian Gulf）　　　　　　　August 2007

See（6）Admiralty Digital Publications for Digital Radio Signals Volume 6

……

（5）TIDAL PUBLICATIONS

NP No　　　　*Admiralty Tide Tables*（corrected by Annual Notice to Mariners 1/08）

204－08　　　　Volume 4　　　　Pacific Ocean（including Tidal Stream Tables）

（6）ADMIRALTY DIGITAL PUBLICATIONS

Digital Publications　　　　　　　　　　　　　　　　　　　　　　　　*Edition*

The ADP includes the following products on one CD：　　　　　　　December 2007

ADP　　　TotalTide 2008

Admiralty Digital List of Lights

Admiralty Digital Radio Signals Volume 6

　　本表目前所列的出版物有：《航路指南》及补篇，其中包含《世界大洋航路》、《航海员手册》和《海上浮标系统》（Maritime Buoyage System）；《灯标雾号表》；《无线电信号表》；《潮汐表》和英版数字出版物等。

　　由表可见，现行版水道出版物表所载的资料，与船上管理图书所需要的登记资料基本一致。因此，利用本表，将船上所备有的或新添置的出版物名称、书号在本表中用醒目的"√"做一记号，做记号的过程也是检查出版物的适时性的过程。此后可用《周版》航海通告检查更新之，即若有出版物的小改正，可将年份/周版号登记在旁；若有版本变化信息（如出新书、出新补篇等），应及时更新《累积表》中的这类信息，并置换新版本的出版物（详见本章第一节）。当拿到新的《累积表》时，将前一《累积表》中的有"√"记号的书表登记到新表中，登记过程也是版本等信息的检查核对过程。

　　由此可见，用《航海通告累积表》管理出版物所要做的事情，仅是在表上打勾；用《周版》信息检查更新打勾的出版物和重新登记新《累积表》。这样既便捷又有效准确。

第三节　海图的更新与管理

一、海图的更新

1. 改正依据

　　保持海图最新状态有三种方式：①出新图；②新版图，当测量部门有最新的测量数据时常用此方式；③小改正，诸如浮标的变动、新的沉船、灯标灯质的改变等。海图使用者和海图代销店用小改正方式改正海图。

　　海图的小改正均是对现行版海图的改正。海图小改正的主要依据是《周版》航海通告，其次是无线电航海警告。船舶到达港口后，应通过代理及时索取《周版》和有关的无线电警告报文。收到《航海通告》后，要及时给船长批阅，并在海图改正记录簿或海图卡片上登记。海图改正记录簿的格式如表 3-3-3 所示。

海图改正记录簿样表   表 3-3-3

航海通告号数	收到日期	有关海图图号	改正日期	改正人	备　　注

《周版》的 section I 刊有新图、新版图以及作废海图的信息。航海人员应据此校核本船所备有海图的适时性,一旦发现有新版图或者作废海图,就应购置新版图和去除作废海图。

航海通告有三种类型:正式通告、临时性通告和预告。正式通告反映了海图资料的永久性变动;临时性通告是对那些资料变更的时间长度不能确定时所发的通告,表明资料的改变可能是暂时的;预告则仅仅对资料的可能变更做出预告。

2. 改正海图的原则

改正海图的一般原则是:先改急用的海图后改缓用的及暂时不用的;先改大比例尺海图后改小比例尺图;如果同一张海图同时需要改正几个通告时,建议按时间顺序先改以前的,这样不易漏改;但也可以先改近期的通告后改先前的,因为有时后面的通告内容会覆盖或包含前面通告的内容,但即使不需改正前面通告,在小改正栏还需登记该通告号。

相同的海图有几张时,必须都要改正,绝对不可贪图方便只改一张。

3. 改正海图的方法(参看光盘:\航海视频)

二副在收到《周版》后,根据本船备有的海图先从"应改海图索引"中摘录出本船需要改正的所有图号,并将对应的各通告号登记在这些海图的卡片或改正记录本中,然后可根据用图先后,按所登记的通告号从"通告和图夹号索引"查通告页码,从而对海图进行改正。改正的具体方法有:

1) 更改法

将需要更改或增加的内容用红墨水笔直接标绘在海图上,航海通告中的符号和用斜体字印出的文字或缩写,原则上都要求填入海图。符号、文字或缩写的标绘要严格按照海图图式进行。标绘的内容占位要足够小,不可掩盖海图上的其他资料,字迹、线条要清楚,数据和位置要精准。对于某些说明性内容,应标写在附近的空白处,避免标注在航道、锚地及其他与航行有关的重要区域。对于某些符号在规定位置标绘不下或影响清晰度时,可将符号标绘在附近的空白处,再用细线箭头指明该图式应该位于的准确位置,而该准确位置用一小圆圈表示,如"⟜→"所示,小圆圈中心是大型助航灯浮的准确位置。对于需删除的资料,用红墨水细直线划去,但原内容仍应清晰可辨。

对于灯光光弧及导标方位等改正,应注意通告中用方位表示的光弧界线及导标方位都是从海上看灯标的方位,且光弧范围是从前一方位顺时针到后一方位。但用以确定某点位置的方位,则是指从参考点出发的方位,两者不应混淆。

2) 贴图法

海图改正中,如果航海通告中遇到"Insert the accompanying block"(贴图)或"Insert the accompanying note"(文字贴条)字样时,可根据通告号从 Section II 末尾找到相应的 block 或 note,将它们剪下,并沿着其边框线的内缘精准的裁剪好,正确地粘贴在海图指定的位置上。需注意的是,用 Block 贴改,粘贴用的胶水的涂刷要薄而均匀,将 Block 贴到海图上去时其经纬线与海图的对应经纬线必须严格对齐,且粘贴后,Block 不应有皱褶,可用玻璃等平板物压平。

3)小改正登记

对于正式通告,须用不渗水的红墨水笔进行改正。改正后,必须在海图左下角的"小改正(Notices to mariners)"后登记年份(用直体字)与通告号(可用斜体字),并检查是否漏改。同时还要在通告上作记号,并在海图改正记录簿(可用《累积表》代替)或海图卡片上作记录。若利用《累积表》管理海图的,首先,应保持《累积表》为最新状态(详见本章第一节),其次,每进行一次小改正,在海图上登记的同时在表中作好登记,登记的方法可以在通告号上打勾,这样也检查了海图漏改的情况,若发现使用者登记上去的通告号没有打勾,说明此通告未曾改正过海图。

对于临时通告,用铅笔改正海图,并可在"小改正"栏另起一行用铅笔登记,当临时通告无效后需擦除。

对于预告性通告,不必改正,可用铅笔在海图相关处注明情况,当预告无效后擦去,若以后有相关通告发布,再作相应改正。

4)检查海图漏改的方法

(1)新买海图的检查。海图代销店一般只负责改正正式通告,而不负责改正临时性通告和预告。因此,当购置海图后,除了关心购置日之后的正式通告外,还应根据最近的月末《周版》检查新买海图自其出版日以来的仍有效的临时性通告和预告,找出这些通告并用铅笔对海图进行改正。对于本年度的有效通告,其内容可从相应《周版》中获得;对于往年度的有效通告,其内容可从《航海通告年度摘要》中获得。

(2)每次小改正的检查。用正式通告对海图进行改正后,在"小改正"栏进行登记之前,必须要对之前的改正情况进行核查,看本海图是否有漏改。核查的方法是:将通告中上次改正的通告号(/年份)([previous update])(下称"周版通告")与海图"小改正"栏登记的最后一个通告号(/年份)(下称"登记通告")是否一致,若不一致,表明本海图有漏改,应找出[previous update]通告号所载的《周版》,并用以改正海图,再将该通告中[previous update]与"登记通告"比对,如果不一致,再往前追索,直至两者一致为止。例如:某通告有"**Chart 1657** [*previous update 3116/08*] ED50 DATUM",当用本通告改正 1657 海图时发现海图"小改正"栏登记的最后一个通告号是2007 – 4567,表明 1657 海图有漏改,故应找出 2008 年的 3116 号通告(可查各期《周版》封面的通告号范围),用 3116 号通告改正 1657 海图,若 3116 号通告的[*previous update*]通告号仍然不是 *4567/07*,还需往前追索,直至某通告的[*previous update*]通告号是 *4567/07* 为止,才完成了 1657 海图的所有改正。但若利用最新状态的《累积表》,检查海图漏改就变得非常简单。

5)数字化航海通告的使用

目前有可免费下载的网络《航海通告》,还有改正电子海图的软盘和光盘版《航海通告》。使用这些数字化航海通告改正纸质海图时,改正用的贴图和字条应使用彩色打印机打印。打印设置时,为了保证不变形,应关闭 Reader(文件读取软件)中的"fit to page"选项;彩色打印机的模式应是"Dithered screening"而不是"Patten screening";打印分辨率最低应为 300dpi;并注意确认打印后的颜色和显示器所显示的颜色一致。

软盘版《航海通告》有可供快速改正的描图(Tracing),可将其相关改正内容打印在透明纸上,然后再将其覆在海图上进行刺透式改正。网络《航海通告》中目前还没有描图(Tracing)可供下载。

对于电子海图,船上二副应根据本船电子海图配备情况依照管理更新说明书,就电子海图应用系统类型进行更新与改正。电子海图改正的方法有:

(1)可根据航海通告,利用系统提供的绘图工具进行手动改正;

(2)将"电子航海通告"磁盘或光盘装入系统进行自动改正;

(3)将改正的数据经无线电通信网络传输至系统进行自动改正;

英国水道部(United Kingdom Hydrographic Office,UKHO)生产的ENCs(电子海图单元号有前缀"GB")的更新每星期发布,与相同区域的英版纸海图和ARCS光栅海图的改正一致。GB ENC 的更新用永久性通告及专改海图的 T 和 P 通告,不含改正出版物的 T 和 P,有关它们的内容可参考纸质《周版》航海通告及英版数字总目录或 UKHO 网页(www.ukho.gov.uk)。UKHO 提供英版矢量海图服务(Admiralty Vector Chart Service,AVCS)和 ECDIS 服务中的 ENCs 的每周更新,其中包括所有其他国家的水道机构(GHOs)为其 ENCs 发布的改正。但应注意的是,某些水道机构对 ENCs 的改正可能严重滞后于对其同一区域纸海图的改正,如果这样,AVCS 和英版 ECDIS 服务中的 ENCs 的更新也可能晚于对应的纸海图,而且,不是所有的 GHOs 都发布改正其 ENCs 的 T 和 P 通告,因此,应参考这些机构的纸质通告或其网站(如有)。通常,当相应的纸海图出新版时,UKHO 也发行 ENCs 的新版,但当改正纸海图的内容多而复杂如贴图改正等,此时可能需要额外发行 ENC 的新版。UKHO 不能保证其他水道机构是否也会同步出版新版纸海图和 ENCs。

4. 改正海图的注意事项

(1)作航行计划及航线拟定前应对本航次要用的海图完成所有改正,并交船长审阅。对航行有重要影响的改正应报告船长。与本航次航行无关的海图,也要根据工作的轻重缓急,安排时间改正,绝不能长期积压不改。

(2)通告中的文字有时也会有差错,因此,若发现某些不合常理的情况,要根据所给的各种相关资料,反复核对,待查核清楚后再进行改正。

二、海图的管理

1. 海图的配备与添置

配备与添置海图,既要满足航行安全的需要,又要本着厉行节约的原则。

接收新船后的海图配备,应考虑将本船要航行区域的总图、航行图及参考图配齐。配备港泊图时,不仅要考虑到船舶营运可能到达的港口,而且也要考虑到避风锚地等因素。海图常有新版,对于较长时间内不会用到的海图不必配备,以免造成浪费。

远洋船舶还应备有足够数量的空白定位图,其纬度范围应包括本船要航行的大洋水域,对于本船航线接近东西向的大洋区域,其纬度范围的空白定位图应有一定的重复数量。

在购买海图前,必须了解海图的版本及新版情况的预告信息,避免买后不久即告作废的情形发生。若通过代理购买海图,海图送船后,应检查它们是否为最新版,海图的小改正是否改正到最近的有关通告(不含 T 和 P 通告),不合格的应退回。

添置海图后,应设立新卡片,或刷新原有的卡片数据,或在《累积表》的相关海图号上打一"√",同时检查新海图的"小改正"栏的最后通告号是否与《累积表》中该海图的最后通告号一致,如果不一致,若海图的通告号早于《累积表》的,说明海图有漏改,应按《累积表》的通告逐一补改海图;若海图的通告号晚于《累积表》的,说明《累积表》没有更新到最新状态,应予更新(详见本章第一节)。同时检查临时通告和预告,用仍有效的这类通告逐一改正海图。

2. 海图的存放

每一船舶所配备的海图是根据本船航区,参照海图目录向所属公司领取或选购的。为了使用方便,需将海图有次序地存放保管,海图应存放在干燥的地方,防止受潮。雨雪天进行海图作业时,要注意不可使海图受潮。海图应尽量平放,图幅较大的海图有些是对折或三折存放的。搬运海图时,应卷成筒状,切勿随意折叠,回船后应立即放平恢复原状。

存放海图具体方法大体上有以下几种:

1)按图号顺序存放

在图柜的每一格上注明起讫号数,使用时可直接根据海图目录查知所需海图的图号,从中抽选。

2)按图夹(Chart Folio)存放

中版海图目前尚不按图夹发行,各船可根据本船航区的需要,按图号顺序或按地理位置次序自行编夹。英版海图是按地区编成图夹的,为了便利选购和使用,图夹又分为标准图夹(Standard Folio)和缩节图夹(Abridged Folio)两种。标准图夹包括该所属地区的全部英版海图;缩节图夹主要包括一个或数个标准图夹所属地区的航海图,可能不包括若干大比例尺的港泊图与远离航线的沿岸图。

每个图夹应贴有该图夹内的海图号列表,夹内海图可自行沿岸编顺序号(Consecutive number)。

3)按航线存放

经常航行在一条或数条航线上的船舶,可按航线以相邻图的次序存放海图,亦可按用图次序单独编号。

无论按那种方法存放海图,总的原则都应是便于使用。切不可将海图乱堆乱放,致使用图时无从抽取。

3. 海图卡片

不管上述采用那种存放方法,为了便于查找及了解海图的可靠程度,可对所有海图进行建卡。海图卡片的样式如图3-3-1所示。如果系按图夹存放海图,卡片上应注明该图所属的图夹号,以及在该图夹内自编的顺序号数;如果系按航线保管海图,则在卡片上应注明所属航线,以及自编的海图使用顺序号。这样,只要拿出一张海图卡片,便可明了这张海图的新旧版别、改正情况、存放地点等。当某张海图宣布作废时,应在将该图抽出的同时,随之将其卡片抽出,一起注明作废。海图卡片要按图号顺序存放在专用的卡片箱内。

```
┌─────────────────────────────────────────────────┐
│  ┌──────┐        海 图 卡 片                     │
│  │ 图号 │        航区: _____  编号: _____   │
│  └──────┘        图夹: _____  编号: _____   │
│  图  名: _____      海图目录区域: _____      │
│  出版年月: _____     出版国家: _____         │
│  新版或改版日期: _____                          │
│  航海通告登记: 2007-203-280-2017,2008-204-1121-2013│
└─────────────────────────────────────────────────┘
```

图 3-3-1　海图卡片的样式

4. 用《航海通告累积表》建英版海图档案

1) 建本船英版海图图号表及"海图卡片"

"本船英版图图号表"是按海图图号顺序编制的表格,它反映本船实际备有的全部英版航海图。为此,只要在《航海通告累积表》中所列的海图图号前,将本船备有的图号前用红笔打个记号如"√",即海图图号前打有红色标记者乃是本船实际备有的海图。如果本船的某一海图备有数张,可在此图号旁注上实际张数。

一般船上备有的每张海图都要建立"海图卡片"。显然,《航海通告累积表》中记载的三项内容与海图卡片要求的内容相同。因此,可以作为"海图卡片"使用。一本《航海通告累积表》代替了海图卡片箱。

2) 检查本船英版海图的适用情况

由于《航海通告累积表》中列有现行版英版海图的出版日期。因此,可以以此核查本船备有的海图,核查工作可在拿到新的《累积表》时进行,拿到新表后,将原表上登记的重新登记到新表中,重登录的过程就是核查过程。如果本船备有的海图的出版日期比表列的现行版日期早,说明该图已经过时,应在《航海通告累积表》中的该图号旁注以该图需要更新的明显标记,以便及时地添置该图。一旦购置了新图,将该图号旁的需要更新的标记划去。若从《累积表》上已找不到船上的某张海图号,说明该图已经作废,如果那图是必需的图,应从《英版海图和出版物总目录》中找出该图的替代海图,以便购置。由于《累积表》的周期为半年,因此这样的检查清理工作每半年进行一次,这是非常必要和有益的。

3) 检查船上的英版海图改正情况

《累积表》每隔半年出版一本,如果期间始终能保持其最新状态(详见本章第一节),则可用《累积表》的通告号与海图的"小改正"登记号进行比较。就可了解船舶的海图改正情况。

《累积表》除了用以管理海图外,也可用其"英版水道出版物的现行版本表(IB 表)"管理其他出版物。

航海图书资料的使用、改正和管理是船舶二副工作的一项重要内容,也是航线拟定和安全航行的重要保证,因此,必须严肃和认真地对待。《航海通告累积表》为科学地管理好这些资料提供了一条捷径,因此,航海人员应该充分利用它。

总之,海图是航海的重要工具,船舶交通事故发生后又是重要的法律证据文件,应该对它十分爱护,妥善管理,正确使用。

习 题

一、问答题

1. 英国水道测量部是如何保持其海图和其他水道出版物的最新状态的?

2. ASD 是怎样保持其最新状态的?

3. OPW 一书更新的手段有哪些?

4. 请从网上下载最新的一期英版《周版》通告,叙述用该《周版》改正本船海图的步骤。

5. 请叙述检查海图小改正是否遗漏的方法和步骤。

6. 如何用《航海通告累积表》来核查一张海图是否改正到最新状态？

7.《航海通告累积表》的内容有哪些？有什么作用？

8. 如何在《航海通告累积表》上登记它出版后的海图小改正信息？

9. 如何利用《航海通告累积表》来管理本船的英版航海图？

10. 2008 年 6 月的《航海通告累积表》封面见本篇第二章第九节的"六、",海图改正的内容摘录如下：

Chart No.	Edition	Notices to Mariners
531	Nov. 2006	2007（16）1827（24）2662（39）4380
533	July 1964	2006（43）4948 2007（42）4635

请回答如下问题：(1)你可从中获得哪些信息？(2)本船有英版海图 531,其左下方的"Notices to Mariners"栏有"2007-1827-2662"字样；英版海图 533 的"Small Corrections"栏有"2006-4948,2007-4635"字样。你如何知道这两张海图的改正情况？海图是否有漏改,如有,你从哪一期《周版》中可找到改正的通告？

11. 有改正海图的航海通告,见本篇第二章第九节的"二、Ⅱ."所摘录的通告正文样例。请解释：(1)一则通告包括哪些内容？(2)如何检查这三则通告中的相关海图有无漏改？(3)用 GPS 定位时,哪张海图上可以用 GPS 导航仪上的船位经纬度直接绘画船位？(4)请解释第三则通告中的改正内容。此禁区以何点为中心,范围有多大？船舶在何种情况下可以进入该禁区？

12. 本船备有英版海图 1596、1598、1657、1660、JP1055A 等,以下是 2008 年《周版》32 中摘录的正式通告：

4360 SOUTH PACIFIC OCEAN - Fiji Islands - Viti Levu - Suva Harbour - Walu Bay North-westwards and Princes Wharf South-westwards - Wrecks.

Source：Fiji Coastal Navigational Warning 21/08

Chart 1660 [*previous update 4005/07*] FIJI 1986 DATUM

Insert　　　　　　　　　　　　　　18°07′.450S, 178°25′.420E

　　　　　　　　　　　　　　　　　18°08′.550S, 178°24′.880E

请问：(1)如何改正你船上的海图,基本步骤有哪些？请在习题本上作海图图网并改正。(2)如何刷新最近一期《累积表》(2008 年 6 月)中的你船海图的小改正通告信息？

13. 海图代销店如何改正海图？当购置一张海图后你对海图改正情况应作何检查？如何检查？

二、选择题

某英版航海通告有"Chart 3850 [*previous update 4633/08*]"和"Chart 3851 [*previous update 4436/08*]"字样,用该通告改正海图时发现 3850 海图的小改正栏的最后登记号为"08-4438-4547",3851 海图的最后登记号为"08-4403-4436",则说明除本通告外,(　　　)。

A. 3850 海图已完全改正,3851 海图有通告漏改

B. 3851 海图已完全改正,3850 号海图仅 4633/08 号通告漏改

C. 3850 海图的上次改正通告是 4547/08,3851 海图的上次改正通告是 4436/08

D. 3851 海图已完全改正,3850 号海图有通告漏改

第四篇

航线和航行方法

第一章 大洋航行

引导船舶沿最佳航线从一个港口航行到另一个港口,是驾驶员的一项重要任务。所谓最佳航线,通常理解为在保证足够安全的同时,能使船舶航行时间为最短、最经济的航线。特别是跨洋的长航线,处理得当,具有较大的实际意义。

船舶航次营运成本是船舶航行中的单位时间成本乘以航行时间,加上船舶停泊中的单位时间成本乘以停泊时间之和。显然,就单位时间的成本支出而言,一般情况下航行大于停泊。因此,只要缩短航行时间,即使增加同等时间的在港非生产性停泊,船舶营运成本也必定会降低。另外,航行风险大于停泊风险,缩短航行时间对减少航行风险也是有利的。

可见,缩短航行时间对于降低运输成本和减少航行风险具有实际意义,所以在大洋航行中,对如何在保证安全的同时,又做到节省航行时间,即选择最佳航线航行,应予以足够的重视。

第一节 大 洋 航 线

大洋航行的特点是:离岸远,气象变化大,灾害性天气较难避离;航线长,受洋流总的影响较大;对航行海区不够熟悉,一般依赖航海图书资料的介绍;大洋水深宽广,航线具有很大的选择性。因此,如何选择一条既安全又经济的最佳航线,是大洋航行的关键。

大洋航行可采用以下几种航线:

(1)恒向线航线:它不是地球面上两点之间的最短航程航线(子午线和赤道除外)。但在低纬度或航向接近南北时或航程不远时,它与最短航线相差不大,且操作方便。

(2)大圆航线:大圆航线是由大圆弧被分成为 n 个恒向线航段构成的,船舶沿各恒向线航段航行。大圆航线的航程是 n 个恒向线航段航程的总和,大圆航线分段越多,越接近大圆弧。

(3)等纬圈航线:沿同一纬度圈航行的航线,即计划航迹向为090°或270°。它是恒向线航线的特例。

(4)混合航线:为了避开高纬度的航行危险区,在设置限制纬度情况下的最短航程航线,由大圆航线与等纬圈航线混合构成。

大洋航行中,两地相距较远,根据具体情况整个航程可能并不采用一种固定航线。如果按考虑航线上可能遭遇到的水文气象因素来讲,大洋航线又可分为:

(1)最短航程航线:即地球面上两点之间的大圆航线或混合航线。

(2)气候航线(climatic route):它是在最短航程航线的基础上,考虑了航行季节的气候条件和可能遭遇到的其他因素而设计的航线,如航路设计图和《世界大洋航路》中推荐的航线。

（3）气象航线（weather route）：是气象定线公司在气候航线的基础上，再根据中、短期天气预报、考虑气象条件和船舶本身条件后，向航行船舶推荐的航线。

（4）最佳航线（optimum route）：在上述各种航线的基础上确定的既安全，又航行时间最少，船舶周转最快，营运效率最高的航线。

一、大圆航线

大圆航线是跨洋长距离航行时采用的地理航程最短的航线。若将地球当作圆球体时，地面上两点间的距离，以连接两点的小于180°的大圆弧为最短，而当航线所在纬度较高并又横跨经差较大时，大圆航程比恒向线航程有时会缩短达数百海里。

除了赤道与子午线外，大圆弧与各子午线的交角都不相等。因此，船舶若要沿着大圆弧航行，就要随时改变航向，这在目前较难办到。所谓大圆航线，并不是真正沿着大圆弧航行，而是将大圆弧分成若干段，每一段仍按恒向线航线航行。如图4-1-1所示，在A、B两点间的大圆弧上作分点a_1、a_2、a_3、……，每段航线可以是相邻分点间的恒向线弦线Aa_1、a_1a_2、a_2a_3、……，或者是各分点的恒向线切线AA_1、A_1A_2、A_2A_3、……。

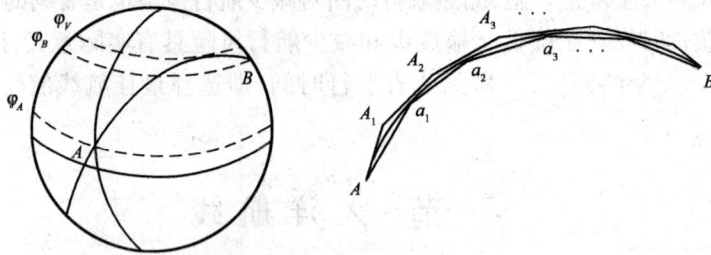

图4-1-1　大圆航线形式

这样，只要分点足够多，整个大圆航线就基本上接近大圆弧。

综上所述，绘画大圆航线主要是求出大圆航线的分点坐标和各相邻分点间的恒向线航向和航程。

求大圆航线的分点坐标可用大圆海图（图4-1-2a），也可用计算法。大圆航线分点的原则是每隔经差5°或10°，或一昼夜左右的恒向线航程。当求出大圆航线的分点坐标后，就可在墨卡托海图上绘画出大圆航线（图4-1-2b）。现将求大圆航线的几种具体方法分述如下：

1. 利用大圆海图求分点坐标

大圆海图（Gnomonic Chart）是根据心射平面透视投影原理绘制的，大圆弧在图上被投影成直线，供船舶求大圆航线分点的经纬度使用。

如图4-1-3所示，心射投影的视点与地心重合，投影平面与地球表面任意一点Z相切，称Z为切点。这样，从地心引出的射线将球面经纬线投影到此平面上，便形成大圆海图图网。由于是心射投影，大圆海图上所有大圆弧呈现为直线（大圆弧平面都过球心，大圆弧平面与投影平面的交线为直线）。大圆海图的投影变形可从其投影比例尺看出，图4-1-3中，Z为投影平面与地球表面的切点；O为在地心的视点；m为地面点M在图上的投影点；ρ为图上连接Z和m点的向径；S为地面任意点M在OZ线上的投影。则ZOm和SOM为相似三角形，z是它们在地心O的夹角，R为地球半径，则有：

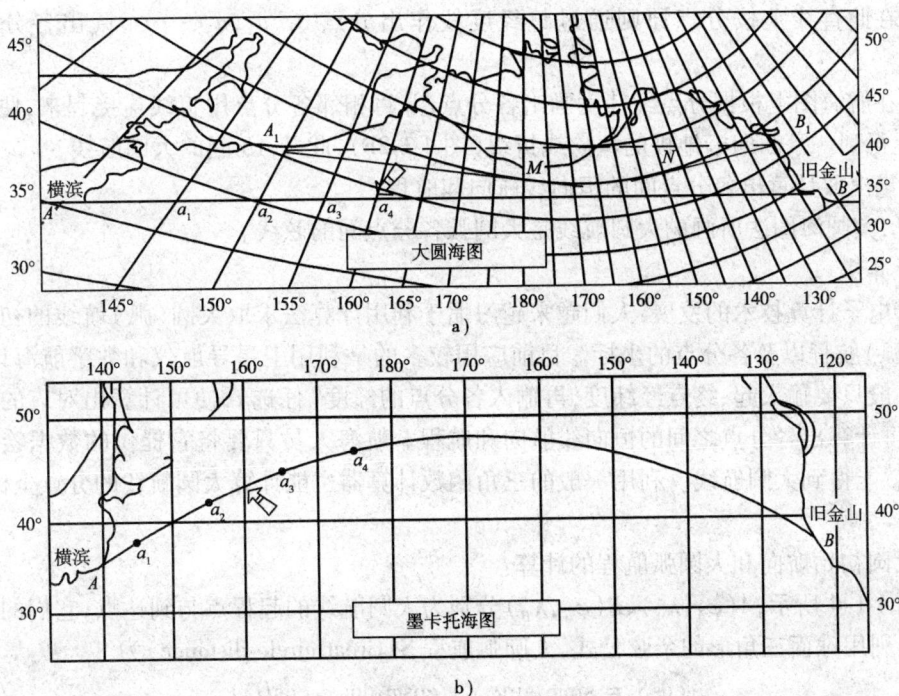

a)

b)

图 4-1-2　大圆海图和墨卡托海图上的大圆航线

$$tanz = \frac{Zm}{OZ} = \frac{\rho}{R}$$

得

$$\rho = Rtanz$$

设图上 m 点的纵向（ρ 的向径方向）和横向（ρ 的垂直方向）的局部比例尺分别为 m 和 n，则：

$$m = \frac{d\rho}{Rdz} = \frac{Rsec^2zdz}{Rdz} = sec^2z$$

$$n = \frac{\rho dA}{RsinzdA} = \frac{\rho}{Rsinz} = secz$$

式中：A——向径 ρ 在 Z 点的极角；

dA——是极角的增量；

dz——向径 ρ 对应的地心夹角 z 的增量。

可见，在切点 Z，有 $z=0$，$m=n$，各方向上的局部比例尺均相等没有角度变形，图上其余各点的比例尺均不等，离切点越远（z 越大），变形也越大，且纵向 m 比横向 n 有更剧烈的变化。故在大圆海图上一般不能量取两点之间的距离或方向。对航海者来

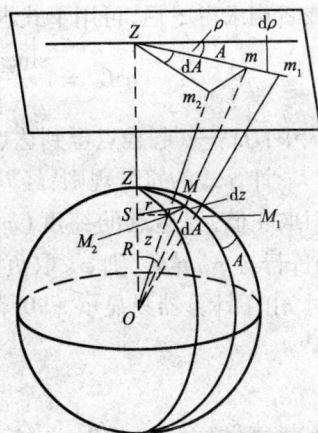

图 4-1-3　大圆海图投影

说，可利用大圆海图，能方便地用直尺直接画出表示大圆弧的直线。图 4-1-2a）表示大圆海图的一部分。

求大圆弧分点坐标的作图步骤如下：

（1）在大圆海图上，用直线连接起航点 A 与到达点 B，即得 AB 之间的大圆弧（图 4-1-2a）。

（2）在此直线上按分点原则通过整经度线作出分点 a_1、a_2、a_3、……，读出各分点的经纬度。

（3）在航海图上根据分点经纬度画出各分点，并将相邻各分点用直线连接起来，便在墨卡托海图上得到一条凸向近地极的恒向线折线（图4-1-2b），此乃 AB 间的大圆航线。

（4）量出或计算出各分点间的恒向线航向和航程。

可见，大圆海图法所画的大圆航线是大圆弧各分点间的弦线。

2. 计算法

随着电子计算技术的发展，人们越来越习惯于利用计算法求取大圆（弧）航线的初始航向和（大圆弧）航程以及各分点的坐标。目前应用较多的是利用卫星导航仪和数字航海计算器。使用中一般只要输入起、终点经纬度，再输入各分点的经度（任选），便可计算出对应的各分点纬度，也可计算出各分点之间的恒向线航向和航程。航海人员只要将它提供的数据绘画到航海图上，就能得到大圆航线。利用一般的三角函数计算器也能计算大圆航线的分点坐标、航向和航程。

1）大圆初始航向和大圆弧航程的计算

如图 4-1-4 所示，$A(\varphi_A, \lambda_A)$、$B(\varphi_B, \lambda_B)$ 分别为大圆航线的起程点与到达点，它们的经纬度均已知。利用球面三角形的余弦公式，大圆弧航程 S（Great circle distance）为

$$\cos S = \sin\varphi_A \sin\varphi_B + \cos\varphi_A \cos\varphi_B \cos D\lambda \tag{4-1-1}$$

利用球面三角形的四联公式，大圆初始航向 C_I（Initial course）为

$$\tan C_I = \frac{\sin D\lambda}{\cos\varphi_A \tan\varphi_B - \sin\varphi_A \cos D\lambda} \tag{4-1-2}$$

或者当求得 S 后，可用下式求 C_I

$$\cos C_I = \frac{\sin\varphi_B - \cos S \sin\varphi_A}{\sin S \cos\varphi_A} \tag{4-1-3}$$

式中：$D\lambda$——起程点至到达点的经差，$D\lambda = \lambda_B - \lambda_A$

计算式的符号规则：经差（$D\lambda$）和起程点的纬度（φ_A）恒取正值，到达点的纬度（φ_B）若与 φ_A 同名，则 φ_B 取正值，若与 φ_A 异名，则 φ_B 取负值。求得的 C_I 为半圆航向。若用函数计算器按式（4-1-2）计算时，由于计算器只显示 $\pm90°$ 范围内的 arctan 值，故可用下法确定半圆航向

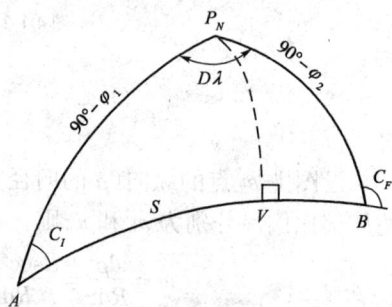

图 4-1-4　大圆航线的计算

$$C_I = \begin{cases} C_I & （C_I \text{ 为正值时}） \\ 180° + C_I & （C_I \text{ 为负值时}） \end{cases} \tag{4-1-4}$$

半圆航向需命名，规则为：第一名称与起程点的纬度（φ_A）同名，第二名称与经差（$D\lambda$）的方向同名。最后应将半圆航向换算成圆周航向 C_I。

求得 C_I 后，船舶按此 C_I 航行一定距离如一昼夜航程后，将船位点作为新的起点，重新计算大圆航向 C_I，并按新的 C_I 航行一昼夜后再计算大圆航向，直至终点。这样，船舶航行在大圆弧各分段的切线构成的大圆航线上。

例 4-1-1：某船位于 $41°30'N$、$145°W$，拟采用大圆航线去 $48°30'N$、$125°W$ 处，求大圆始航向 C_I 和 S_G。

解：

$$D\lambda = \lambda_B - \lambda_A = 125°W - 145°W = 20°(E)$$

$$\begin{aligned}
\cos S_G &= \sin\varphi_A\sin\varphi_B + \cos\varphi_A\cos\varphi_B\cos D\lambda \\
&= \sin41°30'\sin48°30' + \cos41°30'\cos48°30'\cos20° \\
&= 0.466\ 34 + 0.496\ 27 = 0.962\ 62
\end{aligned}$$

$$\therefore S_G = 15°.716 = 942'.95$$

$$\tan C_I = \frac{\sin20°}{\cos41°30'\tan481°30' - \sin41°30'\cos20°} = 1.527\ 69$$

$$\therefore C_I = 56°.8NE = 056°.8$$

2）大圆航线各分点坐标的计算

如图 4-1-5 所示，AB 是大圆弧，A_i 是其上按分点原则选定的任一分点，为计算方便，可选择整度数的 λ_i，这样，可利用球面三角形的四联公式求分点纬度 φ_i：

$$\tan\varphi_i = \frac{\sin D\lambda_{Ai}}{\cos\varphi_A\tan C_I} + \tan\varphi_A\cos D\lambda_{Ai} \qquad (4\text{-}1\text{-}5)$$

式中：$D\lambda_{Ai}$——起程点至分点的经差，即 $D\lambda_{Ai} = \lambda_i - \lambda_A$，计算中恒取正值。

C_I——起程点的大圆航向，计算中用半圆航向。

φ_i 符号的确定：若 $\tan\varphi_i$ 为正，则 φ_i 与起程点的纬度（φ_A）同名，若 $\tan\varphi_i$ 为负，则 φ_i 与起程点的纬度异名。

当求得 φ_i 后，将 A_i 看作大圆航线的起点，则分点处的大圆航向 C_i 的计算式为

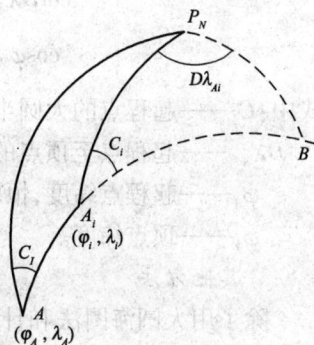

图 4-1-5　大圆航线分点计算

$$\tan C_i = \frac{\sin D\lambda_i}{\cos\varphi_i\tan\varphi_B - \sin\varphi_i\cos D\lambda_i} \qquad (4\text{-}1\text{-}6)$$

例 4-1-2： 求例 1 航线每隔 5°经差的分点坐标和航向。

解： 第一分点的经度取 $\lambda_1 = 140°W$，则 $D\lambda_{A1} = 5°E$，用 $\varphi_A = 41°30'N$，$C_I = 56°.8NE$ 代入式 (4-1-5)，则所求的分点纬度 φ_1 为

$$\begin{aligned}
\tan\varphi_1 &= \frac{\sin D\lambda_{A1}}{\cos\varphi_A\tan C_I} + \tan\varphi_A\cos D\lambda_{A1} \\
&= \frac{\sin5°}{\cos41°30'\tan56°.8} + \tan41°30'\cos5° \\
&= 0.957\ 51
\end{aligned}$$

$$\therefore \varphi_1 = 43°45'.4N$$

$$\lambda_1 = 140°W$$

分点处航向 C_1 为（$D\lambda = \lambda_B - \lambda_1 = 125°W - 140°W = 15°E$）

$$\begin{aligned}
\tan C_1 &= \frac{\sin D\lambda_1}{\sin\varphi_1\tan\varphi_B - \cos\varphi_1\cos D\lambda_1} \\
&= \frac{\sin15°}{\sin43°45'.4\tan48°30' - \cos43°45'.4\cos15°} = 1.745\ 11
\end{aligned}$$

$\therefore C_I = 60°.2\text{NE} = 060°$

第二分点的经度取 $\lambda_2 = 135°\text{W}$，则 $D\lambda_{A2} = 10°\text{E}$，计算方法同上，在此不赘述。其他分点的计算以此类推。

3）大圆弧的顶点

大圆弧的顶点（Vertex）是大圆弧上最高纬度点，顶点处的大圆弧与子午线垂直（图4-1-4中 V 点）。当顶点位于起程点与到达点之外时，称为外顶点（图4-1-6），位于起程点与到达点之间时，称为内顶点（图4-1-4）。在计算大圆航线的分点坐标时，常常可以利用内顶点两侧航线的对称性简化计算（参见混合航线的"利用航线对称性计算分点坐标"）。图4-1-6中，三角形 AVP_N 为球面直角三角形，顶点 V 的坐标（φ_V, λ_V）可按下面公式求得：

$$\cot D\lambda_{AV} = \sin\varphi_A \tan C_I \quad (4-1-7)$$

$$\cos\varphi_V = \cos\varphi_A \sin C_I \quad (4-1-8)$$

式中：C_I——起程点的大圆半圆航向；

  $D\lambda_{AV}$——起程点至顶点的经差；

  φ_A——起程点纬度，恒取正；

  φ_V——顶点纬度。

3. 其他方法

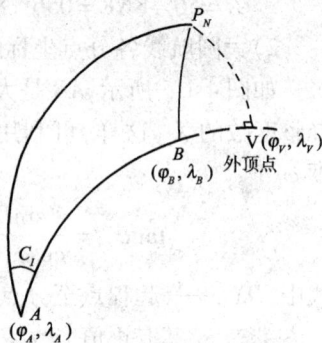

图4-1-6 大圆弧顶点

除了用大圆海图法和计算法外，用《天体高度方位表》法或大圆改正量方法也可求大圆航线，有兴趣的读者可参看附篇第七章的有关内容。

二、混合航线

1. 混合航线的组成

在同一半球采用大圆航线时，往往要通过高纬度地区。为了避开高纬度地区的恶劣水文气象条件或岛礁等航行危险区，可以根据航行季节及航区具体情况，设置一限制纬度（φ_v），使船舶不超过此纬度航行，但又要尽可能缩短航程。混合航线就是有限制纬度时的最短航程航线。如图4-1-7所示，混合航线由三段组成：

第一段：由起航点 A 到与限制纬度圈相切的点 M 的大圆航线 AM；

第二段：在限制纬度圈上由点 M 到点 N 沿等纬圈的恒向线航线 MN；

第三段：由到达点 B 到与限制纬度圈相切的点 N 的大圆航线 NB。

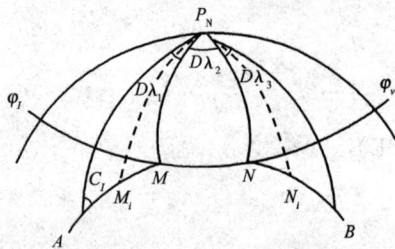

图4-1-7 混合航线的组成

2. 混合航线的求取

1）大圆海图法

混合航线同样可以利用大圆海图来绘画，如图4-1-2所示，从起程点 A_1 和到达点 B_1 分别作限制纬度圈（图示纬度50°N）的切线 A_1M 和 B_1N，并从 A_1 到 M 作出各分点和从 N 到 B_1 作出各分点，而 M 到 N 是航向为090°（或270°）的恒向线，然后将各分点及 M、N 点移到墨卡托海图上去画出混合航线。

2)计算法

(1)求切点经度。因为 AMP_N 和 BNP_N 均为球面直角三角形,所以切点 M、N 的经度(λ_M、λ_N)可用下式计算,即

$$\cos D\lambda_1 = \tan\varphi_A \cot\varphi_V \tag{4-1-9}$$

$$\cos D\lambda_3 = \tan\varphi_B \cot\varphi_V \tag{4-1-10}$$

式中:$D\lambda_1$——起程点至 M 的经差;

$D\lambda_3$——N 至到达点的经差。

$D\lambda_1$、$D\lambda_3$ 东航时取 E,西航时取 W,则 $\lambda_M = \lambda_A + D\lambda_1$,$\lambda_N = \lambda_B - D\lambda_3$。

(2)求各段航线的起始航向及分点坐标。如图 4-1-7 所示,第一段大圆弧航线 AM 的起始航向 C_I 可用下式计算:

$$\tan C_I = \frac{\sin D\lambda_1}{\cos\varphi_A \tan\varphi_V - \sin\varphi_A \cos D\lambda_1} \tag{4-1-11}$$

设 M_i 为该航线的分点,则各分点坐标(φ_i,λ_i)可按式(4-1-5)计算,也可按下述的简化方法计算。

第二段等纬圈航线 MN 的航向为 090°(或 270°),航程 $S_{MN} = D\lambda_2 \cos\varphi_V$,不作分点。

第三段大圆弧航线 NB 的起始航向 C_I,东航为 090°,西航为 270°。若设 N_i 为该航线的分点,可利用 $N_i NP_N$ 是球面直角三角形得分点坐标的简化计算公式为:

$$\tan\varphi_i = \tan\varphi_v \cos D\lambda_i \tag{4-1-12}$$

式中:$D\lambda_i$——N 至分点 N_i 的经差,可根据分点原则自定。

(3)利用两段大圆弧航线的对称性计算分点坐标。利用混合航线与切点 M、N 的对称性,可简化两段大圆弧航线上分点纬度的计算。如图 4-1-7,球面角 AMP_n 和 BNP_n 均为 90°,球面三角形 AMP_n 和 BNP_n 是球面直角三角形。设 M_i、N_i 分别是从切点 M、N 向两侧所作的分点,只要对应分点与切点之间的经差相等,即当取 $\angle M_i P_n M = \angle N_i P_n N$ 时,$M_i P_n M$ 和 $N_i P_n N$ 是全等球面直角三角形。因此,弧 $P_n M_i$ 等于弧 $P_n N_i$,点 M_i 的纬度等于点 N_i 的纬度,即 M_i 和 N_i 互为对称点。这样,只要求得点 M_i 或点 N_i 的纬度,就能写出另一点(点 N_i 或点 M_i)的纬度,而它们的经度可根据切点经度和分点与切点之间的 $D\lambda_i$ 确定,从而简化了分点坐标的计算。

例 4-1-3:某轮从起始点 A(35°N,145°E)出发,走限制纬度 φ_v 为 45°的混合航线到达点 B(41°N,125°W),大圆航线的分点经差 $D\lambda = 5°$。求混合航线的各分点坐标。

解:(1)求混合航线切点经度(λ_M,λ_N):

根据式(4-1-9),$\cos D\lambda_1 = \tan 35° \cot 45° = 0.700\,208$,得 $D\lambda_1 = 45°33'E$;根据式(4-1-10),$\cos D\lambda_3 = \tan 41° \cot 45° = 0.869\,287$,得 $D\lambda_3 = 29°37'E$。由于该船东航,$D\lambda_1$、$D\lambda_3$ 符号为 E。因此,

$\lambda_M = \lambda_A + D\lambda_1 = 145°E + 45°33'E = 169°27'W$,

$\lambda_N = \lambda_B + D\lambda_3 = 125°W - 29°37'E = 154°37'W$。

(2)求大圆弧 MA、NB 的各分点坐标(φ_i,λ_i):

因为 $|D\lambda_1| = 45°33' > |D\lambda_3| = 29°37'$,以 $D\lambda = 5°$ 分点,得 MA 段的分点数 $m = 9$,得 NB 段的分点数 $k = 5$,所以先计算 MA 段大圆弧的分点,再直接写出 NB 段大圆弧的分点纬度并求出经度。得计算结果见表 4-1-1:

表 4-1-1

AM 分点	$D\lambda_i(=iD\lambda)$	φ_i	$\lambda_i(=\lambda_M+D\lambda_i)$ AM 段东航时 $D\lambda_i$ 取 W	NB 分点	$\varphi_i,\lambda_i(=\lambda_N+D\lambda_i)$ NB 段东航时 $D\lambda_i$ 取 E
M		45°N	169°27′W	N	45°N,154°37′W
1	5°	44°53′N	174°27′W	1	44°53′N,149°37′W
2	10°	44°34′N	179°27′W	2	44°34′N,144°37′W
……			……	……	……
5	25°	42°11′N	165°33′E	5	42°11′N,129°37′W
……			……	B	41°N,125°W
9	45°	35°16′N	145°33′E		
A	45°33′	35°N	145°E		

由于分点 9 已非常靠近起点 A,实用中可不作此分点。

三、选择大洋航线的原则

选择一条安全经济的最佳航线,应该是在保证安全的前提下选择航行时间最短、经济效益最高的航线,而并不一定是航程最短的航线。在拟定大洋航线时,主要应考虑以下几点:

1. 气象条件

主要应考虑本航次中遭遇大风和灾害性天气的可能性。

1) 世界风带

一般大洋的风是比较有规律的,但随季节和海区也稍有变化。世界风带的一般规律如图 4-1-8 所示。

从副热带高压带(纬度 30°附近)吹向赤道的风,由于地球偏转力的影响,北半球为东北风,南北球为东南风。因为它风向稳定、风力不大,一般只有 3 ~ 4 级,其中心区域可达 5 级,若无台风影响,几乎全年如此,被称为信风或贸易风。所以人们把南北纬度 10° ~ 30°之间的东风带,叫作信风带。

南北信风带之间在赤道附近的静稳区,叫赤道无风带。

从副热带高压带向极地吹的风,在地球偏转力的影响下,北半球为西南风,南半球为西北风,风力平均有 5 ~ 6 级,故将这一带(纬度 30° ~ 60°)叫作盛行西风带,而在好望角附近叫作咆哮西风带。

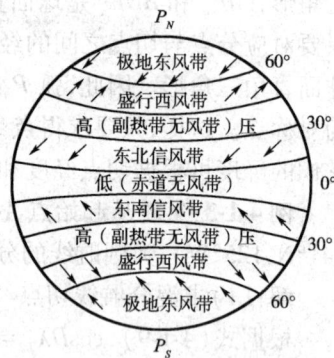

图 4-1-8 世界风带

在纬度 30°附近,即在信风带和盛行西风带之间是副热带无风带。

极地高压区向中纬度吹的是偏东风,因此在纬度 60° ~ 90°之间形成了极地东风带。

2) 季风(Monsoon)

冬季从陆地吹向海洋,而夏季从海洋吹向陆地的周期性的风叫季风。我国是世界上著名的季风国家。我国冬季东海岸吹西北风、南海岸吹东北风;而夏季则相反,东海岸吹东南风、南海岸吹西南风。转换期一般在四、五月和九、十月。冬季季风比夏季季风强,冬季季风一般可达8级,而夏季一般只有3~4级。

印度洋北部季风也特别强盛。冬季吹东北风,夏季吹西南风,在阿拉伯海西部西南季风特别强盛。

3)热带低气压和温带低气压(Depression)

一般其中心的最大风力在八级以上者叫热带风暴。在我国和日本沿海一带的热带风暴叫台风,在西印度群岛和加利福尼亚一带的叫飓风,在澳洲西北岸的叫威利威利,在菲律宾群岛的叫巴加峨斯,在北印度洋的叫气旋,在马达加斯加岛东面海上的叫毛里求斯等。

热带风暴一般产生在夏秋季的低纬度大洋上,形成后会构成灾害性天气,应特别注意。西北太平洋的温带低气压和比斯开湾的低压在秋冬季节非常强盛。

4)雾

世界上的多雾区,大多发生在寒流和暖流的交会处。如大西洋的纽芬兰和英吉利海峡附近,太平洋的北海道东南岸、千岛群岛、阿留申群岛和美洲西岸等,在夏季多有浓雾。

5)流冰和冰山

鄂霍次克海、北海道南岸局部地区有流冰。冰山多见于大西洋纽芬兰附近,常出没于欧美航线附近,非常危险,应予以注意。

2.海况

与航海有重大关系的主要是海流和波浪。概述如下:

1)大洋环流

大洋环流与风带有着密切关系。各大洋的环流可查阅有关的大洋环流分布图。

近海海流受季风影响较大。如中国沿海,东北季风期间,产生西南海流,西南季风则产生东北海流。印度洋北部的海流也是随着强大季风的变化而变化的。

2)海浪

船舶受波浪影响后,产生横摇和颠簸,使其遭受到很大的冲击力,使所载货物可能发生移动,稳性受到影响。波浪还使船首经常没入波间、船尾时常被抬出水面,产生打空车的现象。同时船首常常被风浪压向下风偏离航向,不得不经常用较大舵角来保持航向。由此可见,较大风浪影响的结果,往往使船舶安全受到威胁、船速降低、船员生活受到影响。因此,在选择航线时,应尽可能地避免穿越大风浪区。

有关气象、洋流等详细资料可参阅《世界大洋航路》、航路设计图、世界气候图、世界洋流图等资料。

3.障碍物

大洋上一般很少有障碍物,但在高纬度地区则不然。北太平洋高纬度岛屿比较多,北大西洋高纬度地区则冰山经常出没,使采用大圆航线往往受到限制。因此,必须对岛礁、冰山等危险障碍物予以充分注意,设计航线应留有足够的安全距离。

4.定位与避让条件

选择航线,应充分考虑到利用各种定位方法。接近陆地时,应选择有显著物标或有明显特征等深线的水域。选择航线还要注意避让条件,特别是能见度不良时,更应尽可能避免航线通过渔区和拥挤水域。大洋中如有推荐航线,应遵循"有利使用"原则,即应将自己的航线设计在推荐航线的右侧一定距离(如 5 ~ 7n mile)处,这样能有效地减少避让的机会。如有通航分隔的海区,一般均应采用通航分道。

5. 本船条件

在选择大洋航线时,必须充分考虑本船条件。例如本船的新旧、船型、吨位、船舶结构强度、航行性能、船速、船舶吃水、续航能力、船员的应变能力和技术水平、以及所载货物的性质、特点与布局等。

1)船龄

老船因船壳锈蚀,容易在大风浪中被冲击漏水,所以选择航线时要慎重考虑。即使是新船,也会因遭遇风浪而发生意想不到的裂缝事故。例如建造不久的被喻为优秀船舶的"华盛顿号"邮船,在北太平洋西航时,第三舱后部断裂,仅几小时就沉没了。

2)吃水

空船受风面积大,车效和舵效都不能充分发挥,而满载则上浪厉害,容易损伤船体。

3)船速

大洋航行中,船速是选择航线的一个重要因素。低速船在大风浪中顶风航行,航程进展小,傍风航行又偏移很大,舵效较差。

4)吨位

一般来说,船大抗风能力也大。此外,船型不同,适航性能也不同。但只要措施得当,吨位大小并不是重要因素,而船长与波浪长度的关系对船舶的抗浪能力及船舶安全关系却很大。

5)客货载情况

要考虑满载还是空载,是散装货还是杂货,有无危险品,有无甲板货。封舱、衬垫和绑扎情况如何,稳性大小怎样等等。对于装有活口货的船舶或者客船,应选择风浪小的航线。

6)船员

要考虑船员的技术水平、熟练程度和应付紧迫局面的能力。在其他条件一定的情况下,船长的经验和船员集体的应变能力,是选择航线应当考虑的一个重要因素。

6. 合理使用大洋推荐航线

应采用海图上或图书资料中的推荐航线,但若不作任何更改而使用则不足取。船舶碰撞事故的研究表明,宽敞水域中的船舶碰撞事故,大多发生在反向行驶的两船设计于同一航线或者接近同一航线的情况。当两船在反向或接近反向行驶中相互接近时,危险始终存在着,尤其当一船位于另一船的右舷锐角方位上更是如此。如果一船觉得是一种可以接受的右舷对右舷通过,而另一船却认为不能而向右改向(一般船员的习惯做法),于是一种极其危险的局面可能发生。事实上,当两船的航线横距不足,航行中受操舵、风流等因素影响后船舶偏离计划航线又不能及时得到纠正时,两船有可能造成上述态势。当船舶偏离计划航线而进行纠航(临时改变航向,使船舶回复到计划航线上)的过程中,又有可能使对方船误认为与其构成小角度交叉相遇的态势。当两船使用同一推荐航线时,这样的局面是经常遇到的,如南中国海的 Main Route 和我国实施通航分道前的北洋航线等。

加大两船反向航线的横距是防止出现对遇或小角度交叉相遇局面的有效方法,航线横距的大小视风流情况、定位时间间隔以及采取纠航的间隔时间等因素确定。一般来说,由风流压及操舵引起的船舶偏离计划航线的距离 M 可用下式计算:

$$M = \pm \sqrt{\left(\frac{V_L t m_C}{57°3}\right)^2 + \left(\frac{V_L t \alpha}{57°3}\right)^2 + (V_C t \sin\theta)^2} = \pm t \cdot \sqrt{\left(\frac{V_L}{57°3}\right)^2 \cdot (m_C^2 + \alpha^2) + (V_C \sin\theta)^2}$$

式中：m_C——操舵误差，一般为 ±1°，风浪中自动舵为 ±2°；

$\quad V_L$——计程仪航速（kn）；

$\quad V_C$——流速（kn）；

$\quad \theta$——流向与风中航迹向的夹角；

$\quad t$——时间（h）；

$\quad \alpha$——风压差角。

设满载集装箱船的船速为 20kn，考虑一般情况，受横风 6~7 级影响，取风压差 α 为 7°，大洋横流 1kn，自动舵的操舵误差为 ±2°，由式可求得航行 t 小时的偏航距离 M 约为 2.7t 海里。若以 2h 纠航一次，可计算得偏航横距约 5.5n mile。

考虑到大洋航行中，反向行驶的两船，受风影响后的偏航效果并不相等，船员纠航的行为有很大差异，它不仅与驾驶员个人习惯有关，还与所用的海图比例尺的大小有关，小比例尺海图往往导致采取纠航措施的间隔时间拉长，偏航距增大。因而，一般情况下，大洋中两船航线的横距可设计为 10~14n mile，即有条件时，各船将自己的航线设计在推荐航线的右侧 5~7n mile 外，可称此为"准分道通航"。

总之，选择大洋航线的主要出发点，应当突出安全，其次才考虑节约时间，考虑是否选择大圆航线或混合航线等以减少航时和缩短航程等问题。

第二节 大洋航行的注意事项

在大洋航行中，正确选定航线，采用最佳方案，是很重要的。但是为了补充航线选定方案中的不足，以及根据变化的情况不断修正航线的需要，在航行中采取及时、正确的航海措施，也是保证航行安全不可缺少的重要环节，其中包括：

1. 认真进行航迹推算

在大洋航行中，推算船位既是进行天文定位、无线电定位等的基础，又是发现观测船位错误的重要参考，因而不可忽视航迹推算对于航行安全的重要作用。为了尽可能提高推算的准确度，发挥航迹推算的作用，应该做到：

（1）开始大洋航行的起始点，应是利用陆标测定的准确观测船位，以此作为航迹推算的起始点。航迹推算应保持连续性，一般可每 2h 或 4h 推算一次船位，到达引航水域或接近港界有物标可供导航时可终止推算。

（2）为了提高推算的准确度，必须坚持使用计程仪，并掌握计程仪改正率。若认为可以用主机转速估算船速而不用计程仪是非常错误的。在航行中，应经常注意计程仪的工作情况。

（3）罗经工作正常与否，直接关系到航行安全与航迹推算的准确性。因此，远航中：

①在每次改向后或长时间在同一航向上航行时，应每隔 1~2h 对比一下磁罗经与陀螺罗经之间的读数。如发现有问题，应立即查明原因，采取适当措施，并把情况记入航海日志。

②应利用天体测定陀螺罗经和磁罗经差。每天利用日出没或太阳低高度方位，早晚各求一次罗经差。并把测定结果记入航海日志。

③应根据航行地域的地磁变化,计算磁罗经差。

④当航行跨越赤道后,应对罗经自差进行检查,看其有无大的变化。

(4)正确计算风流压差。虽然洋流的流速不大,但在长时间、长距离航行中,其累积影响也很可观。

2. 抓住每一个测定船位的机会

尽管目前的 GPS 具有很高的定位精度,但为了安全可靠,也应抓住其他测定船位的机会,如太阳移线船位,测星定位以及无线电导航仪器定位等,并应注意分析船位差产生的原因,作为继续进行航迹推算的参考。当大洋航行中遇到可供观测的陆标如岛屿等,应利用其测定船位。有时若只能测得单条位置线,也不要轻易放过,它可以作为分析推算误差的参考。

3. 掌握转向点

在到达转向点之前,应采用一切有效手段测定船位或校验已有的观测船位,然后根据观测船位与转向点之间的航行时间或计程仪读数进行改向。若万不得已只能根据推算船位改向,则改向后应寻找机会测定船位,校验改向后的船位是否在计划航线上。

4. 注意接近海岸前的安全

(1)远航接近海岸前,要特别仔细地研究海图,注意识别物标,准确定位,确保航行安全。除应选择显著物标作为接岸点外,必须仔细了解接岸区的地形特点、水深变化规律、水中危险障碍物位置、水流情况和助航设施等。

(2)在估计沿岸物标在望时,应提前加强瞭望。当初次发现陆标时,千万不能主观臆断,必须用雷达、罗经等反复观测或与已知船位进行核对,直至确认无误。

(3)当不能对某一定位手段给予特别信赖时,应利用多种方法测定船位。只有在确认船位后,才可接近海岸或进入港口,否则是非常危险的。

(4)如已接近海岸,但未看到预计能够看到的物标,或对所见物标有疑问时,则应根据当时情况许可,采取减速、停车或抛锚,等情况明了后再续航。

5. 必要时使用适当船速

装载燃料过少,会造成航行途中因缺乏燃料而停车漂航,或临时挂靠中途港口补充燃料,从而增加航行时间、航行费用和航行风险。反之,装载燃料过多,则会减少装货量。因此确定适当的燃料装载量十分重要,按规定,无论在哪类航区航行,船舶燃料储备量一般不得少于船舶 2 天的耗油量。

航行途中应每天检查油耗,并将剩余燃料与剩余航程比较,应注意可能遇到灾害性天气时的速度损失或改向而增加燃料的消耗,必须尽可能地节约燃料。

船舶航行中,耗油量(Q)与排水量(D)、航程(S)及船速(V)的关系为:

$$Q \propto D^{\frac{2}{3}} \cdot V^2 \cdot S \tag{4-1-13}$$

而 $S = Vt$,所以,单位时间($t = 1$)内的耗油量(Q)与排水量(D)及船速(V)的关系为:

$$Q \propto D^{\frac{2}{3}} \cdot V^3 \tag{4-1-14}$$

以上的关系式可综合为:

设船舶排水量为 D_1,以 V_1 船速航行了 S_1 海里的耗油量为 Q_1。

而船舶排水量为 D_2，以 V_2 船速航行了 S_2 海里的耗油量为 Q_2。

则两者符合以下的关系式：

$$\frac{Q_2}{Q_1} = \frac{V_2^2 \cdot S_2 \cdot D_2^{2/3}}{V_1^2 \cdot S_1 \cdot D_1^{2/3}}$$

(4-1-15)

例 4-1-4：某轮由 A 港前往 B 港，航程 4600n mile。开航时燃油 1000t，以 21kn 速度航行 3000n mile后剩余燃油 650t。试问如何调整船速，使船舶抵达 B 港时能剩余燃油 550t。（不考虑燃油消耗的排水量变化）

解：设 V_2 为调整后的船速。根据式（4-1-15），得

$$\frac{Q_2}{Q_1} = \frac{V_2^2 \cdot S_2 \cdot D_2^{2/3}}{V_1^2 \cdot S_1 \cdot D_1^{2/3}} \qquad \frac{100}{350} = \frac{V_2^2 \times 1600}{21^2 \times 3000}$$

$$V_2^2 = \frac{100 \times 21^2 \times 3000}{350 \times 1600} = 236.3 \qquad V_2 = 15.4\text{kn}$$

例 4-1-5：某船排水量 10800t，船速 13.5kn，每日耗油量为 25t，现加载 1200t，问燃料消耗量约增加多少？

解：设排水量 $10800 + 1200 = 12000$t 时，燃料日耗量为 x 吨，则：

$$25 : x = 10800^{2/3} : 12000^{2/3}$$

$$x = 26.82\text{t}$$

每日燃料消耗量约增加 $26.82 - 25 = 1.82(\text{t})$

6. 空白定位图的使用

航行在大洋上，海图比例尺一般都比较小，为了提高推算和定位的准确性，应该选用比例尺适当、与航行纬度匹配的空白定位图进行海图作业。

我国出版的空白定位图分为两类。一类比例尺为 1：1200000，每张图的纬度范围为 8°左右，共 12 张，编号为 Y1201～1212。另一类比例尺为 1：200000，每张图的纬度范围为 8°20′左右，共 56 张，编号为 Y2001～2056。

英版图号为 D6321～6343 的空白定位图（Plotting Sheet）的比例尺为 1：670000，纬度 0°～66°，共 23 张，每张图的纬度范围 3°。

空白定位图的特点是，图上只有经纬线及其图尺，而且只在纬线上标明纬度值，经线上未标经度值，可由使用者根据航行经度范围自行标注。空白定位图南北纬通用，只要纬度合适即可。空白定位图上纬度图尺有正倒两个读数，用于南纬时，仅需将海图上下倒置，纬度图尺读数采用由北向南（即由上向下）逐渐增加的那一个。图上的向位圈也有内外两圈，用于南纬时，应使用内圈。

在大洋航行中使用空白定位图时，首先应根据航区的纬度选用。然后根据航区的经度在空白定位图上用铅笔将经度值标注在适当的经线处。因此，只要纬度合适，同一张空白图可重复使用经度线，只要改写经度值即可。图 4-1-9 是空白定位图示意图，设有 $CA075°$ 的某航线，从 20°20′N，123°E 起使用空白定位图，则在空白定位图上的航线及航线经过的经度标识如图 4-1-9 所示。

使用空白图时，必须经常对照该海区的航海图，并应将早、中、晚的观测船位移到航海图上去，以便及时了解船舶周围的海区情况。

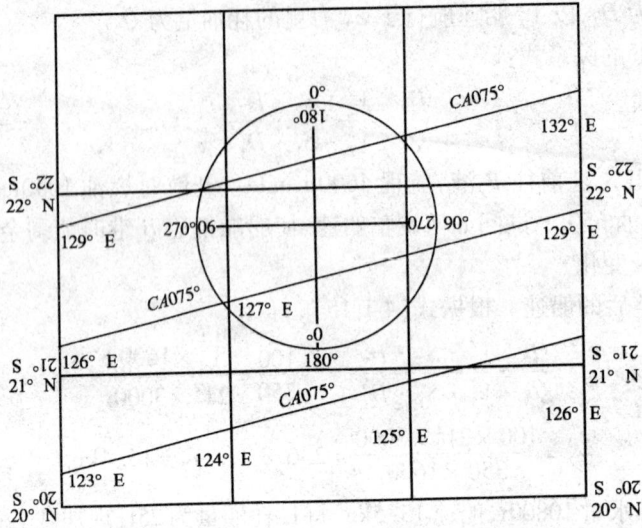

图 4-1-9　空白定位图的使用

7. 其他航海工作

(1)注意收听各地相关气象台的天气预报和接收气象传真图,并坚持本船的气象观测。注意研究是否会遭遇到灾害性天气,做好必要的预防工作,必要时拟定避离方案,修改航线。

(2)按时收听航行海区的无线电航海警告,并及时进行必要的改正工作。

(3)根据时区按时拨钟。

第三节　大洋航线选择举例

一、世界主要海运航线简介

1. 太平洋航线

1)远东—北美西海岸航线

该航线包括从中国、朝鲜、日本及俄罗斯远东各港横渡北太平洋至加拿大、美国、墨西哥等北美西海岸各港的航线。该航线随季节有波动,一般夏季偏北、冬季南移,以避北太平洋的海雾和风暴。从我国沿海各港出发,偏南航线经大隅海峡出东海;偏北航线经对马海峡穿日本海、经津轻海峡(Tsugaru Kaikyo)进入太平洋,或经宗谷海峡,穿过鄂霍茨克海进入北太平洋。本航线是战后货运量增长最快、货运量最大的航线之一。

2)远东—加勒比,北美东海岸航线

该航线不仅要横渡北太平洋,还越过巴拿马运河,因此航线一般偏南,横渡大洋的距离也较长,夏威夷群岛的火奴鲁鲁港是它们的航站,船舶在此添加燃料和补给品等。从我国北方沿海港口出发的船只多半经大隅海峡或经琉球庵美大岛出东海。本航线也是太平洋货运量最大的航线之一。

3)远东—南美西海岸航线

从我国北方沿海各港出发的船只多经琉球庵美大岛,硫黄列岛,威克岛,夏威夷群岛之南的莱恩群岛穿越赤道进入南太平洋,至南美西海岸各港。

4)远东—东南亚航线

该航线是中、朝、日、韩货船去东南亚各港,以及经马六甲海峡去印度洋,大西洋沿岸各港的主要航线。东海、台湾海峡、巴士海峡、南海是该航线船只的必经之路,航线繁忙。

5)远东—澳新航线

远东至澳大利亚东南海岸分两条航线。中国北方沿海港口,朝鲜半岛,日本到澳大利亚东海岸和新西兰港口的船只,需走琉球久米岛,加罗林群岛的雅浦岛进入所罗门海,珊瑚湖;中澳之间的集装箱船需在香港加载或转船后经南海,苏拉威西海,班达海,阿拉弗拉海,后经托雷斯海峡进入珊瑚海。

6)澳新—北美东西海岸航线

由澳新至北美海岸多经苏瓦,火奴鲁鲁等太平洋上重要航站到达。至北美东海岸及加勒比海各港,取道帕皮提(Papeete),过巴拿马运河。

2.大西洋航线

1)西北欧—北美东海岸航线

该航线是西欧、北美两个世界工业最发达地区之间的原燃料和产品交换的运输线,运输极为繁忙,船舶大多走偏北大圆航线。该航区冬季风浪大,并有浓雾、冰山,对航行安全有威胁。

2)西北欧,北美东海岸—加勒比航线

西北欧—加勒比航线多半出英吉利海峡后横渡北大西洋。它同北美东海岸各港出发的船舶一起,一般都经莫纳,向风海峡进入加勒比海。除去加勒比海沿岸各港外,还可经巴拿马运河到达美洲太平洋岸港口。

3)西北欧,北美东海岸—地中海,苏伊士运河—亚太航线

西北欧,北美东—地中海—苏伊士航线属世界最繁忙的航段,它是北美、西北欧与亚太海湾地区间贸易往来的捷径。该航线一般途经亚速尔、马德拉群岛上的航站。

4)西北欧,地中海—南美东海岸航线

该航线一般经西非大西洋岛屿—加纳利、佛得角群岛上的航站。

5)西北欧,北美东海—好望角,远东航线

该航线一般是巨型油轮的航线。佛得角群岛、加拿利群岛是过往船只停靠的主要航站。

6)南美东海—好望角—远东航线

这是一条以石油,矿石为主的运输线。该航线处在西风漂流海域,风浪较大。一般西航偏北行,东航偏南行。

3.印度洋航线

印度洋航线以石油运输线为主,此外有不少是大宗货物的过境运输。

1)波斯湾—好望角—西欧,北美航线

该航线主要由超级油轮经营,是世界上最主要的海上石油运输线。

2)波斯湾—东南亚—日本航线

该航线东经马六甲海峡(20万吨载重吨以下船舶可行)或龙目、望加锡海峡(20万载重吨以上超级油轮可行)至日本。

3)波斯湾—苏伊士运河—地中海—西欧,北美运输线

该航线目前可通行载重大于 30 万吨级的超级油轮。

除了以上三条油运线之外印度洋其他航线还有：远东—东南亚—东非航线；远东—东南亚,地中海—西北欧航线；远东—东南亚—好望角—西非,南美航线；澳新—地中海—西北欧航线；印度洋北部地区—欧洲航线。

4.世界集装箱海运干线

目前,世界海运集装箱航线主要有：

1)远东—北美航线；

2)北美—欧洲,地中海航线；

3)欧洲,地中海—远东航线；

4)远东—澳大利亚航线；

5)澳新—北美航线；

6)欧洲,地中海—西非,南非航线。

二、航线选择举例

1.北太平洋航线

北太平洋北纬 35°~50°的西风带航行,东航要利用西风带,西航避开西风带不利的自然条件。图 4-1-10 是北太平洋中国与美洲间的航线示意图,图中的 A、D、……等为 OPW 中推荐航线的转向点。

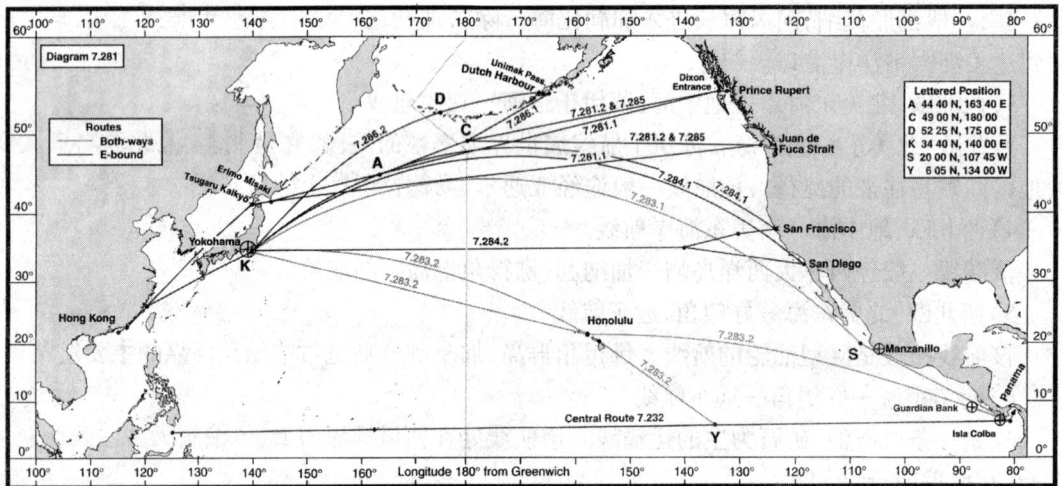

图 4-1-10　北太平洋航线示意图

1)选择航线应考虑的主要因素

(1)本船条件。

(2)航行方向。一般东航是顺风顺流,选择航线时要考虑充分利用这些自然条件。西航则相反,主要是如何回避不利的自然条件。此外,理论上大圆航线航程最短,但如加上气象和海洋因素,航行总时间就不一定最短,因此在具体运用时要全面考虑。

(3)气象。北太平洋的气象特征主要有：

①由北太平洋高压、阿留申低压、赤道低压这三个恒定气压带形成的风。此外,还有由于

季节的变化在大陆产生的气旋和反气旋形成的风。

②在北纬35°~50°一带的西风带,从12月至翌年2月最显著。在180°经线以东,平均风力为5~6级。180°经线以西,平均风力可达6~7级。3月份起风力逐渐减弱,夏季海面基本平稳。冬季除了偏西大风外,还经常有从大陆来的气旋经过,所以几乎每天都有大风。

③大致从北纬5°~25°,东经150°到距加利福尼亚海岸约200n mile的海域,受东北信风带影响,东部风向为东北,西部为偏东,风力一般可达4~5级,在夏威夷群岛附近常达6级或6级以上。

④航行中的天气预报,在西太平洋可收听日本台,在东太平洋可收听旧金山台,在170°E到160°W之间可收听阿拉斯加台和火奴鲁鲁台、关岛台,但这些地区因观测资料少,往往不太准确,因此在分析天气预报或天气图时要参考当地的天气和海面情况。

⑤冬季在北太平洋航行时,很少有测天的机会。

(4)海流。在北纬30°~47°、东经130°到西经150°区域内,有按顺时针方向回转的北太平洋环流。环流的北部为东流,从日本一直向东到加拿大哥伦比亚省沿岸,后折向东南到南,再折向西南。环流的南部为西流,横断太平洋一直到菲律宾东岸,其中大部分折向西北到北,称黑潮,经台湾省东部转向东北,再通过琉球西岸、日本南岸折向太平洋。在日本附近黑潮的流程每天可达20~60n mile。

(5)季节。北太平洋的航线选择主要是由气象条件决定的,而气象条件又因季节不同而不同,因此季节不同应选择的航线也不同。

在载重线区域图中把北太平洋北纬35°以北海区的大部分划为冬季季节航区,这也是对气象情况进行了统计分析和研究后得到的结果。

在实际中,很多低速船在冬季航行时,往往采用夏季吃水沿35°N以南的纬度圈航行。有的东航船开航时为夏季吃水,待燃料、淡水等消耗到冬季吃水时再进入冬季航区航线。

2)上海—胡安德富卡海峡(Juan de Fuca Strait)航线

(1)东航:最短航程航线是航经对马海峡、日本海和津轻海峡(Tsugaru Kaikyo),在驶离襟裳岬(Erimo Missaki)后放洋,以恒向线航线航至C点(49°N,180°),然后再按恒向线航线直至胡安德富卡海峡入口处。航程约5080n mile。

(2)西航:可用阿留申群岛的南侧航线和北侧航线,为避免逆流的不利影响及冬季高纬度地区的恶劣天气,冬季西行船还可航行于较低纬度的中纬航线。

①南线:从胡安德富卡海峡放洋取恒向线航经49°30'N、130°W,50°10'N、135°W,50°35'N、140°W,50°45'N、145°W,50°50'N、150°W,50°50'N、160°W,50°40'N、165°W,50°30'N、170°W,50°30'N、175°W和50°30'N、180°。到达180°经线后,根据季节选取某一恒向线航线:11月~次年3月间,航经50°30'N、175°E,50°10'N、170°E,49°30'N、165°E,48°20'N、160°E,46°30'N、155°E,44°N、150°E;4月~10月间,航经50°N、175°E,49°15'N、170°E,48°20'N、165°E,47°10'N、160°E,45°20'N、155°E,44°N、152°E。然后航经津轻海峡和对马海峡到上海。

②北线:从胡安德富卡海峡放洋取大圆航线至54°10'N、162°45'W,然后驶经乌尼马克水道(Unimak Pass.)到54°25'N、165°30'W,驶大圆航线至D点(52°25'N,175°E),接驶大圆航线至43°40'N、147°E。然后航经津轻海峡和对马海峡到上海。紧靠阿留申群岛南侧通过的航

线,总体上位于西风的北部,且整个航线几乎都受到西流的有利影响。该航线航经一俄罗斯管制区域(50°55′N,164°E 与 47°35′N,167°35′E 之间,其详情可参阅航路指南)。

③中纬航线:从胡安德富卡海峡放洋先采用大圆航线航至 30°N、180°处,然后基本上沿纬度圈航行,通过鸟岛(Tori Shima)与须美寿岛(Sofu Gan)之间,经大隅海峡(Osumi Kaikyo)到上海。航程约 5780n mile。

3)上海—巴拿马航线

(1)往航:

①经朝鲜海峡、津轻海峡:航程最短。在驶离襟裳岬后放洋,按大圆航线航经瓜达卢佩(Guadalupe)岛的南方,至 28°40′N,118°20′W,然后再按恒向线航线直至 S 点(20°N,107°45′W),与美国沿岸航线连接,并沿该航线航行至巴拿马。航程约 8582n mile、续航力至少为 7500n mile。

②经横滨(Yokohama):出长江口后,经大隅海峡,沿日本东南海岸去横滨外海。从 34°40′N、140°E 按大圆航线航行至 20°N、107°45′W,然后沿美国沿岸航线航行至巴拿马。航程约 8716n mile、续航力至少为 7 680n mile。

(2)返航:推荐的航线可以是按上述 2)反航向航行,但大部分受逆流的影响。最好采用途经关岛(Guam,13°27′N,144°35′E)到上海,即从巴拿马 8°53′N、79°30′W 起,驶经 7°28′N、80°W 后:

①驶大圆航线到 13°30′N、170°E,然后沿等纬圈航行到关岛,此航线可利用赤道流。航程 9830n mile。

②驶经火奴鲁鲁(Honolulu,21°17′N,157°53′W)到关岛。从关岛出发,途经琉球群岛的 Nansei 水道后直驶上海。

4)广州—新加坡(Singapore)航线一般有三条

(1)中航路:自蚊尾洲灯塔正西 5n mile 起航,穿过西沙群岛与中沙群岛之间,航行在南沙群岛的西面,至曼凯岛西面约 10n mile 的地方,定位后对着新加坡海峡航行。航程约 1525n mile。该航线的特点是高速船可全年使用,往返均可。但中速船较适合于 4~6 月使用。

(2)越南航线:自蚊尾洲灯塔正西 5n mile 起航,向西沙群岛北礁西北 20~30n mile 处航行,再向大岭角(华力拉角)东 25n mile 航去,然后沿越南沿岸 10n mile 左右航行到嘎那角(巴打浪角)东面,穿过秋岛与萨巴德岛之间,和斯考凡尔浅滩与察洛特浅滩之间,到曼凯岛西面约 25n mile 处,最后对着新加坡海峡航行。航程约 1502n mile。如果能见度不良,也可从萨巴德岛和察洛特浅滩东面绕航,航程仅增加约 15n mile。该航线的特点是适合于中速船全年自广州去新加坡使用。夏季可避开西南季风的顶风逆流。而且在越南沿岸可利用顺流。

(3)东航路:从新加坡海峡出航,经曼凯岛西面后,航行至万安滩(Vanguard Bank)和双子群岛的西面 30n mile 处,然后经过中沙群岛东面 30n mile 处,去蚊尾洲。该航线的特点是适用于东北季风期间(10 月~次年 3 月),由新加坡返航广州时采用,特别是对低速船推荐该航线。因为该航线的水流无疑是有利的。

2. 印度洋航线

印度洋航线主要特点是受季风(西南和东北季风)影响。航线示意图见图 4-1-11。

1)选择航线应考虑的主要因素

(1)气象。印度洋主要受季风影响。

①东北季风:冬季亚洲大陆冷高压向赤道低压带移动,形成东北季风。它在 10 月从阿拉

伯海和印度西岸开始,逐渐向南延伸,到 12 月和 1 月为最盛期。所以阿拉伯海西部此时有风向固定、风力达 4～5 级的东北风。此期间印度沿岸空气干燥、天气良好。

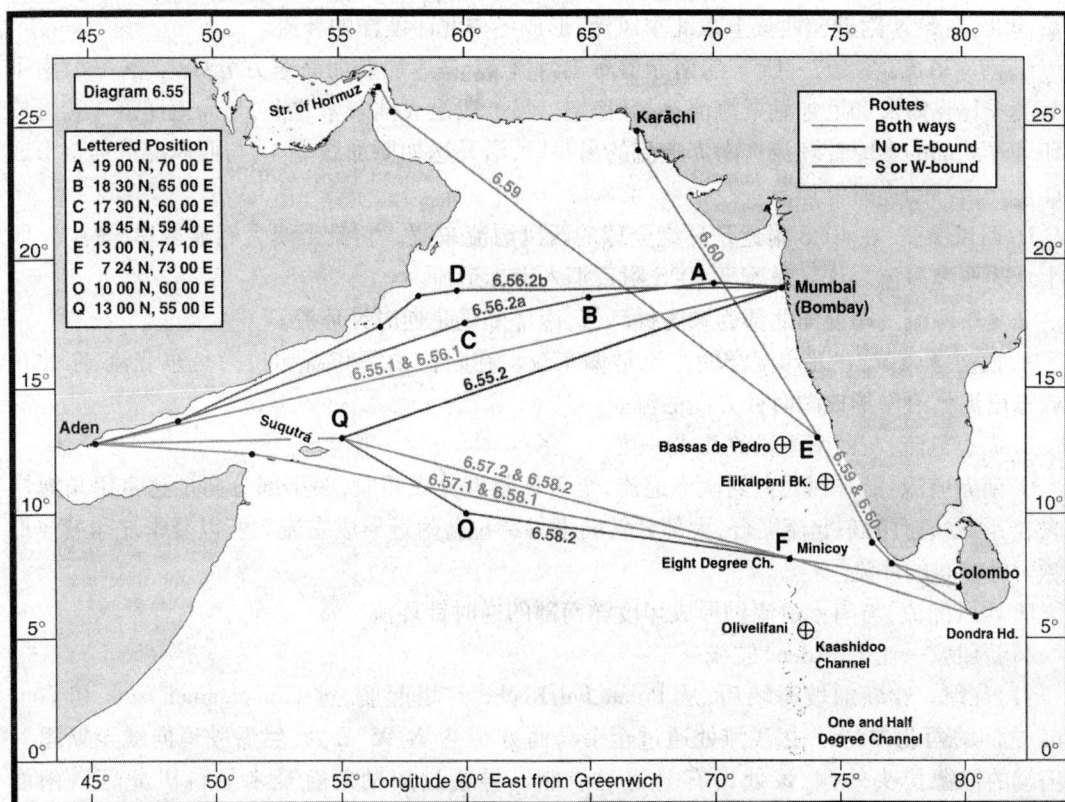

图 4-1-11　北印度洋航线示意图

②西南季风:夏季亚洲大陆受太阳强烈照射,产生宽广的低压区,形成从海洋吹向大陆的西南风。4 月开始从印度洋南部刮西南风,至 7 月达到最盛期。阿拉伯海西部最大风力平均达 6～7 级,但在 62°E 以东,9°N 以南风力较弱。西南季风期间一般多雨,能见度不良。

季风转换期为 4 月和 10 月。

③北印度洋热带偏东风很不明显。但南半球的盛行西风带,因陆地很少,比较发达,在 40°S 附近常达 11 级,有咆哮西风带之称。

④印度洋的热带低气压叫"气旋"。北印度洋"气旋"大多发生在 5、6 月和 10、11 月,源地在尼科巴群岛和马尔代夫群岛,进路为西北 - 北北西。南印度洋"气旋"大多发生在 11～5 月,源地主要是塞舌耳群岛,最盛期 1～3 月路经毛里求斯附近。

(2)海象。北印度洋的海流主要是季风皮流。

①冬季海流。北印度洋由于东北季风流形成逆时针的环流。在南印度洋南部也是逆时针的环流,但在北部还有一个顺时针的环流。

A. 东北季风流:在东北季风开始后一个月,即 12 月在阿拉伯海和孟加拉湾开始形成反时针的东北季风流。近岸边是西南西或西南流,大洋中主要是偏西流,与北赤道流一致。它们在靠近非洲沿岸时左转变成南流,以后与赤道逆流连接。2 月以后,孟加拉湾和阿拉伯海北部沿岸会产生顺时针方向的回流。

B.赤道逆流:在3°S附近有一股强大的向东海流。当靠近苏门答腊时,逐渐左转向东北,而后向北,在5°N附近向西接上东北季风流,形成冬季北印度洋的环流。

C.南赤道流:在10°~15°S的南赤道海流西流,于马达加斯加岛东方分成两股,一股南下成为莫桑比克海流和厄加勒斯海流,强且稳定。另一股沿大陆东岸北上,与赤道逆流连接形成南印度洋北部的顺时针环流。南赤道流的另一股,沿马达加斯加岛南下,与西风漂流连接形成南印度洋南部的逆时针环流。

D.西风漂流:在40°S附近是环绕全球的西风漂流东流。它流至澳大利亚西岸,其中一股北上成为西澳海流。这支海流至20°S附近汇入南赤道流。

②夏季海流。印度洋北部为顺时针环流,南部则仍是逆时针环流。

A.西南季风流:在北印度洋的主流是偏东流。在阿拉伯海和孟加拉湾是东北流、东北东流或东南流。沿岸形成顺时针方向的流。

B.赤道逆流:与西南季风流几乎一致。

C.南赤道流:沿非洲北上的南赤道流,至7°N附近分成两股,一小部分向瓜达富伊角海岸流去,与阿拉伯海的东北流汇合,大部分转向索科特拉岛附近形成东流。所以夏季北印度洋形成顺时针方向的环流。

D.西风漂流:与南赤道流仍形成印度洋南部的逆时针环流。

2)新加坡—亚丁(Aden)航线

(1)往航。出新加坡海峡后,从 Pulau Iyu Kechil 灯塔起航,过 Fair channel bank 和 Long Bank 之间的西北方,从一拓浅滩处通过至韦岛西方5°49′N、95°E 处,然后驶恒向线至斯里兰卡南端的栋德拉头外侧,该处设有分道通航制。再通过加勒角航至米尼科伊岛灯塔南面8°06′N、73°E附近。然后:

①东北季风期(10 月~次年 4 月):从米尼科伊岛灯塔南方定航向,对着亚西尔角(Ras Asir)的瓜达富伊角灯塔航行,并以 10n mile 距离绕过该岬角,直驶亚丁。

②西南季风强盛期:从米尼科伊岛灯塔南方定航向,到索科特拉岛东北方 13°10′N、54°50′E(距岛约 40n mile)处,然后直航亚丁。

为避开阿拉伯海的强风,也有从米尼科伊岛灯塔南方,经8°N、60°E,再通过索科特拉岛东北方,驶往亚丁的备选航线。

③西南季风期的低速船航线:通过八度海峡后,航至6°N、67°E,然后沿等纬圈航至60°E,再经过8°N、52°40′E 驶向瓜达富伊角灯塔,最后绕过亚西尔角直驶亚丁。

米尼科伊岛灯塔易识别,其南方水很深,北方有暗礁。夏季在索科特拉东部有很强的偏东流,有时很不稳定,且能见度不佳,不宜靠近该岛。东北季风时,航线应从索科特拉岛南方通过,西南季风时则从其北方通过,以策安全。

(2)返航:

①通过索科特拉岛南方(10 月~次年 4 月):从瓜达富伊角外海(12°25′N,50°30′E)驶向八度海峡8°06′N、73°E。然后驶恒向线经栋德拉头南方5°50′N、80°36′E 至韦岛,再经马六甲海峡到新加坡。

②通过索科特拉岛北方(5 月~9 月):出亚丁港,通过索科特拉岛北方,经 13°10′N、54°

50′E 到米尼科伊岛南方 8°06′N、73°E,然后经栋德拉头南方至新加坡。如果出索科特拉岛转向受横风较大,可改驶孟买方向,待经过 62°E 之后再转向八度海峡(Eight Degree Ch.)。

③出亚丁港后,经瓜达富伊角沿非洲海岸南下至哈丰角后,改驶 070°~080°航向,经 62°E 之后驶向八度海峡去韦岛。

④低速船也可经哈丰角后南下直插"One and Half Degree Channel",再驶向韦岛。

3. 北大西洋航线

在 1960 年国际海上人命安全公约中对北大西洋协定航线作了规定,冰区是航线的主要特点。航线示意图如图 4-1-12 所示。图中可见,BS 点和"Cape Race"是美洲东海岸和欧洲水域间航线的两个集散点。

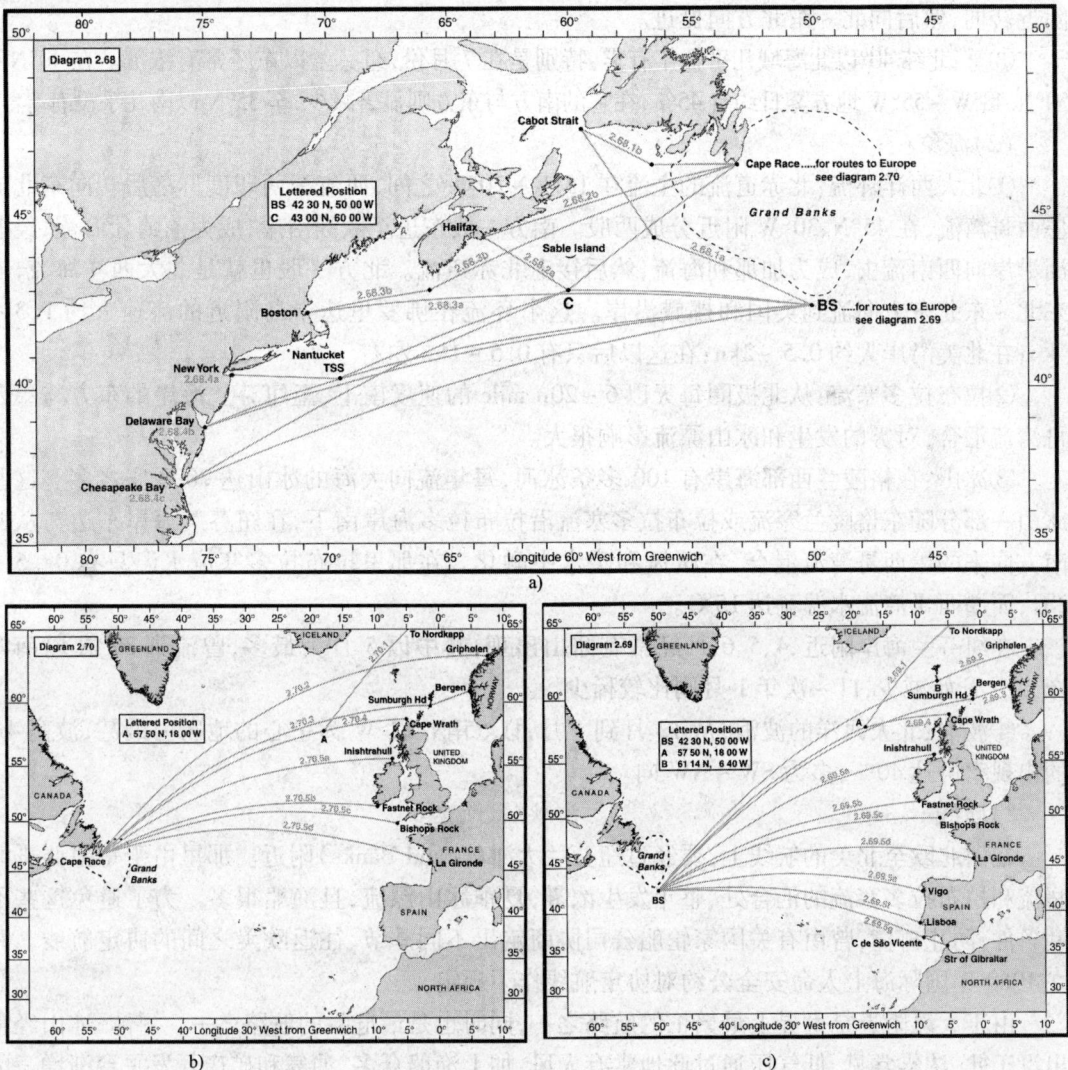

图 4-1-12　北大西洋西部航线示意图

1)选择航线应考虑的主要因素

(1)气象。北大西洋的低压整年在冰岛、格陵兰和加勒比海附近,高压则在亚速尔群岛南方,呈东西约 600n mile、南北约 300n mile 的椭圆形。其中心在冬季约位于 38°N、39°W,夏季约在 36°N、32°W。

①风系:中纬度高压区和赤道低压带之间,整年吹热带偏东风。中纬度高压区以北是偏西风带。

②低气压:北大西洋的低气压,一般由纽芬兰南面向东北东方向通过苏格兰北部,有时向英吉利海峡方向袭去,它随亚速尔高压区的强弱而异。冬季发生的低气压异常猛烈,船舶难以航行。

北大西洋的热带低气压叫气旋。它与北太平洋的台风一样,大多产生在 10°N ~ 20°N、40°W ~ 70°W 的地方,其路径大约是在 17°N 以南向西 ~ 西北方向移动,在 20°N ~ 30°N、75°W 附近转向,然后向北 ~ 东北方向挺进。

③雾:北纬 40°以北海域几乎整年有雾,特别是在 7 月份,纽芬兰以东经常有浓雾。在 40°N ~ 50°N、48°W ~ 55°W 地方雾日约有 45%,在它的南方与东方则显著减少,至 35°N 以南几乎没有雾。

(2)海象:

①北大西洋环流:北赤道流的主流在 15°N ~ 20°N 之间,西流至西印度群岛后转向东北成墨西哥湾流,在 45°N、30°W 附近分成两股。南方一股东进至欧洲沿岸,成为葡萄牙海流,经非洲沿岸向西南流去,成为加那利海流,然后接上北赤道流。北方一股也就是北大西洋海流,向东北 ~ 东北东方向流到英国和挪威沿岸。这个环流在佛罗里达半岛附近的流速大约 1.3 ~ 4kn;在北美沿岸大约 0.5 ~ 2kn;在这以后只有 0.5 ~ 1kn 左右。

②拉布拉多寒流:从北极圈每天以 6 ~ 20n mile 的速度南下,至纽芬兰海岸的东方与墨西哥湾流汇合,对雾的发生和冰山漂流影响很大。

③冰山:在格陵兰西部海岸有 100 多条冰河,每年流向大海的冰山达 7000 座之多。这些冰山一部分随东格陵兰寒流或拉布拉多寒流沿拉布拉多海岸南下,在纽芬兰海岸东边与从西南方向来的墨西哥湾流混合,在暖风和暖水中融化。在那里拉布拉多寒流水温只有 0°.5 ~ 2℃,而墨西哥湾流水温竟达 15℃。

在纽芬兰海岸附近,4、5、6 月经常有冰山出现,其中以 5 月为最多,曾流到 39°N 以南海域,7 月开始减少,11 ~ 次年 1 月则比较稀少。

④波浪:北大西洋的波浪,从 12 月到 1 月,以 55°N、22°W 为中心的地区为最甚,波高 4m 的出现率可达 40%,多为 SW ~ NW 向。

2)航线

在西北欧至北美的航线上,要经过纽芬兰大滩(Grand Banks)附近。那里由于是墨西哥湾暖流和拉布拉多寒流的汇合处,整年发生浓雾,夏季冰山漂流,且渔船很多。为了避免这些不利条件,防止碰撞,曾由有关国家轮船公司协商定出不同季节、往返欧美之间的协定航线。并在 1960 年国际海上人命安全公约对协定航线作了规定。

由于大滩附近是世界上最繁忙的航路之一,同时也是最危险的航路之一。浮冰、冰山经常出没于此,浓雾常见,低气压通过此地常有大风,加上渔船众多,油气和矿产开发平台渐增。因此,1974 年国际海上人命安全会议忠告所有船舶,应尽可能远离大滩、远离 43°N 以北的纽芬兰渔场、远离冰山危险水域。国际冰山巡逻服务忠告,在 4 月中旬之前不应进入 45°30′N 以北的冰山危险区。因此,欧美往返航线推荐经过大滩之南 42°30′N、50°00′W 处。

习　题

一、问答题

1. 什么叫大圆航线？什么叫混合航线？

2. 大圆海图是如何投影的？大圆海图的特点是什么？

3. 试比较由 42°S,150°E 航行至 38°S,150°W 的大圆航程 S_G 和恒向线航程 S_R。

4. 试比较由 12°S,150°E 航行至 8°S,150°W 的大圆航程 S_G 和恒向线航程 S_R。

5. 求出 2、3 题中各题的两类航程之比,即 S_R/S_G,然后进行比较,你能得到什么结论？

6. 某轮拟由 49°56′N,6°27′W 航行到 25°58′N,77°W,求起始大圆航向 C_I 和大圆航程 S_G。

7. 拟定大洋航线时应考虑哪些因素？

8. 反向行驶的两船使用同一推荐航线或横距较小的航线,会产生哪些不利因素？

二、选择题

1. 大圆航法,实质上是指船舶沿着(　　　)。

　　A. 选定的大圆弧航行　　　　　　　　　B. 出发点与到达点之间的恒向线航行

　　C. 大圆航线上各分点之间的恒向线航行　　D. 出发点与到达点之间的恒位线航行

2. 在高纬海区航行,当航向接近东西向且航线跨越的经差较大时,采用何种航线较有利
(　　　)。

　　A. 大圆航线　　　　B. 等纬圈航线　　　　C. 混合航线　　　　D. A 或 C

3. 大圆航线通常适用于(　　　)。

　　A. 航程较短时　　　　　　　　　　　　B. 接近南北向航行时

　　C. 在低纬近赤道地区航行时　　　　　　D. 航行纬度较高,航线跨越经差较大时

4. 某轮由 32°02′S,115°10′E 航行至 06°39′N,79°30′E,则相应的大圆航程为(　　　)。

　　A. 3089n mile　　　　B. 3210n mile　　　　C. 3189n mile　　　　D. 3310n mile

5. 某轮拟由 30°57′.2N,130°53′.0E 航行到 28°10′.2N,177°26′.0W,则相应的大圆航程为
(　　　)。

　　A. 2778n mile　　　　B. 2722n mile　　　　C. 2700n mile　　　　D. 2678n mile

6. A 在北半球,B 在南半球,从 A 到 B 的恒向线航向为 230°,则 A 到 B 的大圆始航向为(　　　)。

　　A. 大于 230°　　　　B. 小于 230°　　　　C. 等于 230°　　　　D. 以上均有可能

7. 由起航点 35°N,120°E 到 35°N,160°E 的大圆始航向为(　　　)。

　　A. 072°　　　　　B. 075°　　　　　C. 078°　　　　　D. 081°

8. A 在南半球,B 在北半球,从 A 到 B 的恒向线航向为 320°,则 A 到 B 的大圆始航向为
(　　　)。

　　A. 大于 320°　　　　B. 小于 320°　　　　C. 等于 320°　　　　D. 以上均有可能

9. A 在北半球,B 在南半球,从 A 到 B 的恒向线航向为 150°,则 B 到 A 的大圆始航向为(　　　)。

　　A. 大于 330°　　　　B. 小于 330°　　　　C. 等于 330°　　　　D. 以上均有可能

10. 在北半球,若两点间的大圆始航向为 045°,则恒向线航向(　　　)。

A. 大于045° B. 等于045° C. 小于045° D. 不一定

11.起航点35°S,120°E,到达点35°S,150°E,两点间大圆航线所经过的纬度(　　)。

  A. 大于35°S B. 小于35°S C. 等于35°S D. 不一定

12.在排水量一定的条件下,船舶每日耗油量与(　　)。

  A. 船速成正比   B. 船速的平方成正比

  C. 船速的立方成正比   D. 航程的平方成正比

13.在船速一定的条件下,船舶每日耗油量与(　　)。

  A. 排水量成正比   B. 排水量的 1/3 次方成正比

  C. 排水量的 2/3 次方成正比   D. 排水量的平方成正比

14.某船以18kn航行1000n mile,需要燃油100t。现仅存燃油80t,但至目的港尚有1200n mile的航程。为了使船舶能在不增加燃油的情况下续航至目的港,该船应采用的船速(　　)。

  A.15kn   B.16kn   C.17kn   D.18kn

15.在排水量一定的条件下,船舶每海里耗油量与(　　)。

  A. 船速成正比   B. 船速的平方成正比

  C. 船速的立方成正比   D. 航程的平方成正比

16.某轮燃油储备1000t,以21kn速度航行3000n mile 后还剩燃油650t,如果要求再航行1600n mile 后还剩燃油550t,则该轮应采用(　　)速度航行。

  A.19kn   B.18.7kn   C.15.4kn   D.16.3kn

17.某轮以15kn船速航行一天,燃料消耗量30 t,现以船速12kn 航行,则一天燃料消耗量减少(　　)。

  A.14.6t   B.15.4t   C.13.5t   D.9.6t

18.某轮排水量10000t,船速15kn,每日耗油量28t,若加载2000t,船速减少1kn,则每日耗油量为(　　)。

  A. 6t   B.34t   C.2t   D.26t

19.某轮燃油储备980t,以23kn速度航行3000n mile 后还剩燃油600t,如果要求再航行1200n mile 后还剩燃油500t,则该轮应采用(　　)速度航行。

  A.21kn   B.20kn   C.18.7kn   D.17.3kn

20.大洋航行应充分利用测天定位,正常情况下,每昼夜至少应有(　　)。

  A. 两个测天船位(晨昏)   B. 三个测天船位(晨昏和太阳船位)

  C. 一个太阳船位   D. 两个太阳船位(中天和特大高度船位)

21.大洋航行,采用空白定位图的原因是(　　)。

  A. 可提高海图作业精度

  B. 大洋海区水深足够,又无物标和危险物,无需使用航海图

  C. 在空白定位图上绘画航线和海图作业方便

  D. 以上都是

22.拟定大洋航线应遵循的主要原则是(　　)。

  A. 尽量选择大圆航线   B. 尽量选择恒向线航线

  C. 尽量选择混合航线   D. 安全、经济

第二章　沿岸航行

第一节　沿岸航行的特点和航线的选择

一、沿岸航行的特点

沿岸航行(Coastal navigation)有如下特点:距沿岸的危险物近,地形复杂;潮流影响大,水流较为复杂,水深一般较浅;来往船只和各种渔船可能较多,有时会造成避让困难;当距岸不很远而遇到紧迫局面时,在许多情况下回旋余地不大,这些都给船舶的航行带来困难。但沿岸航区的航海资料一般详尽、准确;沿岸航线距岸较近,可用于导航定位的物标也较多,常常可获得较准确的陆标船位。这些为船舶的航行安全提供了一定的保证。总之,沿岸航行应充分利用其优势,克服不利因素。航行前要仔细研究航海资料,熟悉航区特点。航行中要集中精力,谨慎驾驶,不可有任何疏忽,以确保船舶的航行安全。

二、沿岸航线的选择

沿岸海区(Coastal waters)船舶通航的历史较长,主要航区的测量资料比较详尽,许多地方在海图和航路指南等资料中均有推荐航线,条件许可时应予以采用。但是,沿岸航行由于季节、往返航和昼夜时间的不同,航线也不是固定不变的。在具体选定航线时,应进行以下三方面的工作:

1. 分析航次情况

应根据航次任务,综合考虑本船性能、导航设备性能、客货载情况、船员技术状况、航程长短,以及航区的风流、能见度、障碍物、渔船、灾害性天气和避风港等情况。

2. 研究有关资料

根据航次任务的一般要求,详细研究有关航海图书资料,如海图、航路指南、航标表和潮汐潮流表等。应根据航海通告和航海警告对有关图书资料进行认真而仔细的改正。对本航次中可能遇到的困难条件,应做到心中有数并作好必要的安排。

3. 预画航线

在确定和预画航线前,应根据安全和经济的原则,充分考虑下列各点。

1)应使用通航分道或推荐航线

沿岸航行,若有分道通航制,必须使用。没有分道通航制的水域,若海图或航路指南等资料中有明确的推荐航线,应尽可能采用。但根据船舶定线制的思想,使用推荐航线时,若安全许可,来往船舶可分道行驶,即右舷近岸的船舶将航线设计在推荐航线上,左舷近岸的船舶可将航线设计在推荐航线的右侧(远岸侧)2～4n mile处(图4-2-1)。这样既减少了反向行驶船的会遇机会,又有效地避开了公共转向点。

2)确定适当的航线离岸距离

若需自己设计航线,航线离岸距离的确定,应考虑船舶吃水的深浅、航程的长短、测定船位的难易、海图测绘的精度、能见度的好坏、风流影响的大小和方向、航行船舶的密集程度以及本船驾驶员的技术水平等情况,还应考虑避让和转向要留有足够的余地。

图4-2-1　沿岸航线的绘画

在能见度良好的情况下,距陡峭无危险的海岸,一般可在2n mile以上通过,以保证能清楚地辨认岸上物标。沿较平坦倾斜的海岸航行,船舶至少应在本船吃水二倍的等深线之外航行。夜间航行,如果定位条件不好或能见度不良,应在离岸10n mile以外航行,以利安全。

在定位条件不好的海区沿岸航行,采取与岸线总趋势平行的航线是有利于安全的。在夜间,特别是在可能遇到吹拢风或向岸流影响时,应将航线再适当地向外海偏开一些,以确保航行安全。

为了有利于避让,航线应避开船舶的交会点,尽可能避开渔船作业区。如我国佘山以北、34°N以南海区,广东、福建沿海一带,常有大量渔船集中作业,必要时可以绕航。

3)确定航线离危险物的安全距离

航线距其附近的暗礁、沉船、浅滩、渔栅等危险物的安全距离,应考虑下列因素:

(1)从接近危险物前所能测到的最后一个陆标船位至危险物的航程长短和所需的航行时间。一般情况下,这段航程越远、航行时间越久,概率航迹区距该危险物的距离也就越近,则航线距危险物的距离应远些。

(2)危险物附近海图测量的精度。通过未精测区比通过精测区的距离应远些。通过精测过的危险物,可从其外缘以1n mile为半径画出危险圆,并考虑本船船位误差范围再确定航线距危险圆的距离。

(3)危险物附近有无显著的可供定位和避险的物标。若有可供定位甚至有用以避险的物标,航线距危险物可近些。

(4)通过危险物时的能见度情况以及是白天还是黑夜。

(5)风、流对航行的影响。

(6)水下障碍物还是可见障碍物以及是否设有危险物标志。

一般即使有陆标可供不断观测定位时,也至少应在1n mile以上通过危险物。如果是在潮流影响较大的海区或者受吹拢风影响,或能见度不良时,离危险物的距离显然应该加大。在通过远离陆地、而又未设标志的危险物时,应根据水流情况和最后一个实测船位到危险物航程的远近,以6～10n mile的距离通过它。

4)绕航

选定沿岸航线,有时为了避开风浪、不利水流或者为了安全通过危险物等而需要绕航。避离危险物的绕航,当航程较远时,即使离开危险物的距离增加较多时,由此而增加的航程也是很有限的,而船舶的航行安全却得到了较大的保证。如图4-2-2所示,若距 D 暗礁5n mile 通过,从 A 到 B 的直航程为250n mile,若距其25n mile 通过,则绕航后的全程为 AC + CB = 253.3n mile,航程仅增加3.3n mile。绕航渔区的情况也是如此。

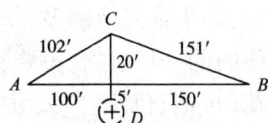

图 4-2-2 绕航航线

5）定位与转向条件

沿岸航行,应考虑在各种航行情况下,都能有较好的定位条件。在重要转向点,要事先选择好显著易认的、转向侧正横附近的转向物标,如灯塔、灯桩、小岛、山头等。必要时可多选择一个转向物标,以便在一个转向物标因故不能使用时利用另一个。

第二节 沿岸航行的注意事项

沿岸航行时,一般应注意下面一些问题:

1. 准确地进行航迹推算

沿岸航行一般均离岸较近,除了有定位精度较高的 GPS 定位外,获得准确的陆标船位也较为容易。但是,认为沿岸航行定位方便,因而忽视航迹推算甚至中断推算,一旦出现异常情况,就可能丢失船位,其后果是十分严重的。因此,平时应注意分析推算的精度,积累资料,以作为能见度不良时或情况有异常时航行的参考。

推算起始点应是准确的观测船位。在到达推算起始点前,应启用计程仪,并使其正常工作。航迹推算应保持连续性,在水流影响显著地区航行,每一小时推算一次船位,到达引航水域或接近港界有物标可供导航时才能终止推算。

2. 做好定位工作

如果条件许可,在一般情况下,船速15kn 以下的船舶应每半小时测定一次船位;接近危险地区或船速在15kn 以上,应适当缩短定位的时间间隔;能见度不良时,应充分利用雷达定位。可通过一系列的观测船位,检查船舶是否偏离计划航线,系统地分析船舶偏离计划航线的原因。同时可根据实测船位的间距,计算出实际航速,以便预计可看到和到达下一个重要物标的时间。

物标在视界之内时,应尽量使用目测定位。应保持雷达、回声测深仪以及无线电定位仪器等的良好工作状态。在重要航区,应采用多种方法定位,以消除单一定位方法可能存在的误差和局限性,必要时可采用诸如方位距离、方位测深、天文船位线等综合定位方法测定船位。使用转移船位线时,应特别注意推算的准确度,若航迹推算误差较大且对观测船位又有充分把握时,可转移船位。

准确识别物标,是准确定位的前提。例如浮标,在大风之后常有移位或漂失的情况。灯浮有时也会灯光熄灭,应注意识别,不可主观臆断。只有物标确认无疑后,方可用以定位和导航。对于灯塔,也不应盲目信赖,因为其灯光有可能被云雾遮住,或因船位偏离,而不能及时发现它。

3. 加强瞭望

许多船舶交通事故,特别是碰撞事故,大部分是由于瞭望疏忽引起的。其实,航行中的瞭望,除了注意他船及其动态以外,还要注意海面情况。因此,瞭望应由近及远地连续扫视水平线内的一切事物,不要忽视任何微小的异常现象,例如海面的异常漂浮物、平静海面的异常浪花(可能有暗礁)、大海中海水颜色的突然改变(水色变淡预示水深可能变浅)等,它们往往是危险的预兆。在航行条件比较复杂的情况下,应尽量做到"镜不离手",以提前发现危险。

夜航时,视觉信息获取程度与驾驶员周围的环境亮度成反比,而与物体(目标)周围的环境亮度成正比,但灯标的背景亮度会影响灯标的发现距离。应注意尽可能少去海图室或减少在海图室内逗留的时间,保持"夜眼"。人的眼睛,不管是从暗处到亮处还是从亮处到暗处,都有一个视力适应过程,尤其是从亮处到暗处,视力适应过程较长,大约需 3~5min 视力才开始恢复,15min 后基本适应。必要时应及时开启雷达,使用雷达协助瞭望。在渔船和来往船只密集的海区,应密切注意他船的动向。

人眼观察垂直方向移动的物标会引起视力低落,目标在垂直方向移动时,较在水平方向移动时,视力低落的程度大,即眼睛对垂直方向移动的物体的视觉距离要比实际距离大。因此,当船舶桅灯还在较远时,它位于人眼水平方向,是视力的最佳范围,两船接近时,来船的桅灯位于人眼的垂直方向上移动,视力便自然低落,从而造成对其距离的判断失误。有些碰撞事故的当事者在描述碰撞前对方船的桅灯时说它像半空中的星星,好像还很遥远时两船已经碰撞。其原因就是在视力低下时,目标的实际距离总是比视觉距离要近。

4. 转向

转向前应尽可能地测得准确船位,以此推算出到达转向点的时间。在转向时最好用小舵角逐渐转过去。如果船至转向内侧物标的横距比设计的距离过大或过小,应适当提前或延后转向,以使船舶转向后驶上计划航线。转向时应特别注意避让,因为在重要的转向点,往往也是船舶的交会点,那里的船舶会遇局面不易判断。因此,应特别加强瞭望,谨慎驾驶。转向后,应在海图上和航海日志中记下转向时间、计程仪读数和船位,转向代号为 A/C。然后在条件许可时,应立即测定船位,校验转向后船舶是否在计划航线上航行。

绕岛屿与岬角航行,不必都采用正横转向。因为这样转向,船与物标的距离可能会越来越近。若连续三次正横转向30°,则最后距物标的距离约为原先第一次转向时的2/3。此时可采用定距绕航的方法,先在海图上画出航线,标出几个转向点,然后用雷达观测距离,使船舶保持在计划航线上航行。

转向中,若有必要,还应根据本船吃水,设定适当的避险位置线,以防转向中接近海岸或危险物。也应注意充分利用当时可利用的有利转向条件,使船舶准确地转到新航线。例如:利用新航线正前或正后方的导标或叠标转向;采用平行方位线转向法;转向前采用平行线导航法使船舶保持在航线上航行等,都能达到转到新航线的目的。

5. 保持助航仪器的良好工作状态

所有助航仪器,都应保持正常良好的工作状态。对罗经和计程仪,应该利用航行中的一切机会测定其误差。

6. 海图的使用

为了提高推算和定位的精度,应尽可能采用现行版大比例尺海图。因为在大比例尺海图上,资料比较详尽、准确。海图作业应按规定进行,并要保持整齐清洁。在换图后,只要条件允许,应立即定位进行核对。此外,航行中应注意收听航海警告,并及时进行资料及海图的改正工作。

7. 避离灾害性天气

注意收听有关的气象预报,如果发现航路进程中有灾害性天气,应及时果断地改变航行计划,藉以避离。

8. 应充分利用单一位置线

正确利用单一位置线,有时对航行安全会起到一定的保证作用,故应充分利用。单一位置线的主要作用有:

1) 导航

如图 4-2-3 所示,M_1 灯标的 078°方位线与计划航线 CA_1 一致,船舶若要保持在 CA_1 航线上航行,只需经常观测 M_1 灯标的 $TB = 078°$(使用中将 TB 转换成 CB 或 GB)即可。当船舶转向后,M_2 的两个灯标的连线(称为叠标线)与 CA_2 航线(计划航向 130°、叠标在船尾方向、方位 310°)一致,船舶若要保持在 CA_2 航线上航行,只需经常观测 M_2 两标成一线即可。

2) 转向

为了使船舶在转向后能航行在新的航线上,通常可选择一条通过既定转向点的转向船位线,来控制转向的时机。如图 4-2-4a)所示,当船舶航行到 A,M 物标正横,立即转向。此法的缺点是当船舶偏离原航线时,转向 CA_2 后也会偏离航线。

利用位于新航线正前方(或正后方)的物标如 M,船舶转向前,不断观测 M 物标的真方位 TB,当 TB 等于新航向 CA_2(或 $CA_2 \pm 180°$)时,立即转向。此法的优点是不管船舶是否偏离原航线,转向后一定会航行在新航线上。如图 4-2-4b)所示,船舶偏在 CA_1 左侧时,船舶航行到 A_1 时观测到 M 的 $TB = CA_2$;船舶偏在 CA_1 右侧时,船舶航行到 A_2 时观测到 M 的 $TB = CA_2$。

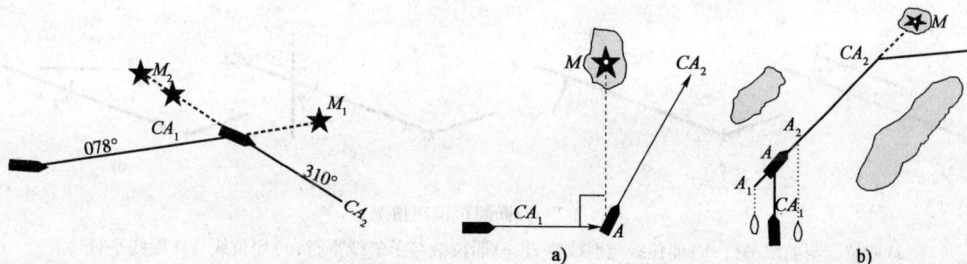

图 4-2-3　导标和叠标导航　　　　　　图 4-2-4　掌握转向时机

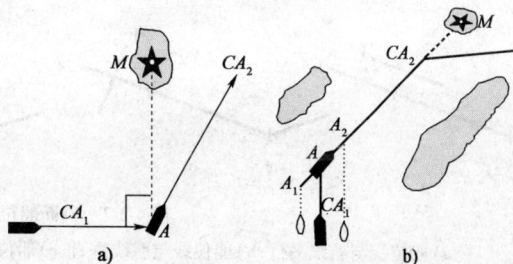

利用与新航线平行的单一方位线转向也是保证转向后航行在新航线上的有效方法。如图 4-2-5 所示,M 为转向物标,CA_1、CA_2 线是转向前后的航线,预先可在海图上作出与 CA_2 线平行的过 M 的方位线 AM,量出 AM 与 CA_1 线的交点 A 距转向点 B 的距离(设为 S),根据航速计算出航行 S 所需的时间(设为 t)。当船舶航行接近 AM 线之前,不断观测 M 的方位,当观测方位 TB 等于 CA_2 时,船舶在 AM 方位线上,记下时间 T,则船舶应在 $T + t$ 时刻转向,这样,不管船舶在转向前是否偏离 CA_1 线,转向后能保证航行在 CA_2 线上(不考虑转舵滞后量)。如图中的 A、B 船,A 船在过 A 点后航行 t 时间到达 B 点转向,B 船在过 A_2 点后航行 t 时间到达 B_2 点转向,转向后,A、B 均航行在 CA_2 线上。这样的方法被称为平行方位线转向法(参看光盘:\教学课件\航行方法)。

3）避险

如图 4-2-6 所示，设某航道的右侧有暗礁，左侧有沉船等危险物。两个闪绿灯标的叠标方位线（270°）是航道右侧危险水域的界线；两个闪红灯标的叠标方位线是航道左侧危险水域的界线。船舶要保持在航道内航行，只需保持观测红光灯标的 $TB \leqslant 270°$，就能避开航道左侧的危险物，观测绿光灯标的 $TB \geqslant 270°$，就能避开航道右侧的危险物。

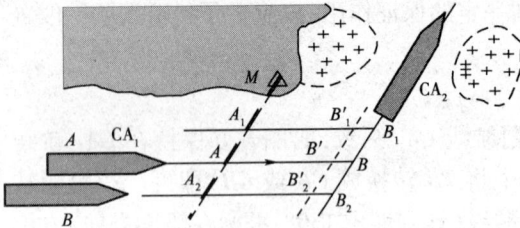

图 4-2-5 平行方位线转向法

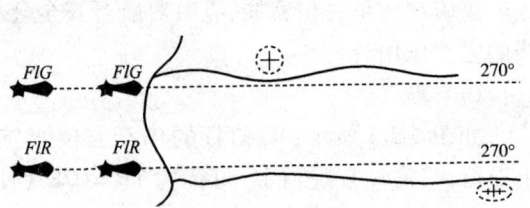

图 4-2-6 利用叠标避险

4）测定仪器误差

如图 4-2-3 所示，设从海图上量得 M_2 叠标线的真方位 TB 是 310°，用罗经观测 M_2 叠标成一线的罗方位 CB 为 313°.5，可求得 $\Delta C = 310° - 313°.5 = -3°.5$。

5）判断船位误差

如图 4-2-7，如果 T 时刻测得一位置线 I 与计划航线平行（图 a），可以用它估计船位偏离计划航线的方向和距离；如果位置线 I 与计划航线垂直相交（图 b），可以用它确定实际船位比相应的推算船位是超前了还是落后了，大概相差多少。如果单一位置线 I 与子午线平行（图 c），可用以估计观测船位的经度；如果位置线 I 与纬度线平行（图 d），可用以估计观测船位的纬度。

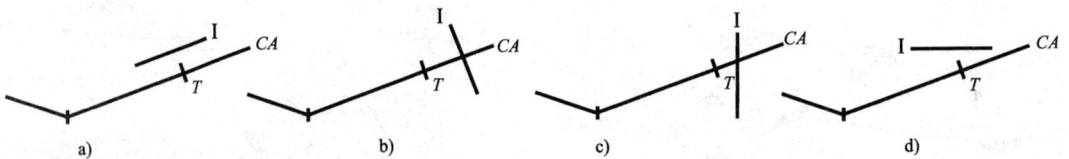

图 4-2-7 判断船位偏离情况

a）船位线与航线平行；b）船位线与航线垂直；c）船位线与子午线平行；d）船位线与纬度线平行

如果一条位置线与航线相交成任意角度，可利用该位置线的标准差带结合推算船位误差圆，大致估算船位所在的最可能的区域。如图 4-2-8 所示，T 时刻的单一位置线 I 的标准差带（两虚线范围内）与同时刻的推算船位标准差圆的交集，就是当时船位所在的最可能区域。

船位线与航线任意相交

图 4-2-8 船位最可能区域

9. 正确识别岸形和物标

正确识别岸形和物标，对于沿岸航行或从大洋接近海岸的航行安全具有决定性的作用。

目视或用雷达识别岸形、陆标，并非一举即成。即使对于助航标志，亦必须经反复的观察、分析后，才可能正确识别。实践证明，许多事故就是由于对岸形和物标的识别错误引起的。因此，对物标和岸形必须进行仔细的分析，反复辨认，做到准确无误，万无一失。

1）参考概率船位区识别物标

如图4-2-9所示，当船舶推算船位在 F 点时，发现岸上的一个物标，其外形与海图上的 A 和 B 物标相似。因此，首先必须辨认 A 和 B，哪一个是所发现的物标。为此，在推算船位点 F 附近画出概率船位区，并在图上自两物标画出所测得的方位线和距离圆。结果是从图上物标 A 画出的方位线和距离圆的交点通过概率船位区。这样可以肯定，图上的 A 是所发现的物标。当然，推算精度越高，这种识别方法的效果会越好。如果概率船位区位于两物标的方位线和距离圆交点的中间，那就难以判断了。

如果岸上在视界范围内只有一个物标，由于这时造成的物标识别错误没有其他办法帮助发现，并在随后的航行定位中会继续被误用，这是最危险的。如图4-2-10所示，船连续观测了物标 A 的方位和距离，但将 A 误认为 B，于是在海图上从 B 连续画出了观测 A 得到的方位和距离，得出了错误的船位 M_1、M_2 和 M_3，而实际船位应在 F_1、F_2 和 F_3。在这种情况下，务必防止粗心、盲目自信，要注意分析，并尽可能获得进行校验的其他办法。在没有确切把握时，不能轻易转移船位。

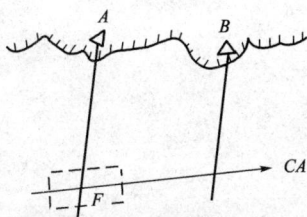

图4-2-9　以概率船位区辨认物标

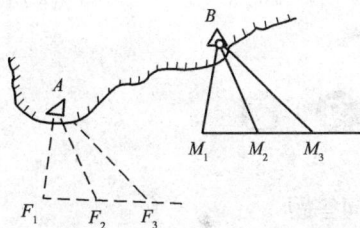

图4-2-10　将 A 误认为 B

2）根据船位的分布识别物标

（1）两方位定位。当船舶沿计划航线航行，利用岸上的两物标方位定位。如果认错了物标，因此而得出的错误船位与某些因素有关，并按一定规律分布。

如图4-2-11所示，在 A、B 两物标中，A 物标识别正确，而将海图上的物标 B 误认为海图上没有标记，但实际被观测的物标是 B′。测得 B′ 的方位后，并在海图上误从 B 画出方位线。于是在图上得出的不是正确船位 F，而是错误船位 M。

进行连续测定，这种错误船位的分布规律，可从数学推导得出。图4-2-12就是当误以 B′ 为 B 进行观测，而从 B 画方位线时错误船位点的分布曲线情形。根据理论推导和实践证明，在实际航行中，如果在海图上的连续观测船位点不是沿直线分布，而是出现曲线分布，且各错误船位之间的距离也不与观测时间间隔或航程成比例，即可断定识别物标可能存在错误。

当然，罗经差有误差时也会出现类似的情况，应当注意分析判断。

（2）两距离定位。如图4-2-13所示，船沿直线 CA 航行，当 A 物标识别正确，而误以 B′ 为 B，并测得距离。如果在航行中连续多次采用两物标距离定位的船位点分布在曲线上，而且各船位点之间的距离与相应的航程不成比例，或者出现两船位圆无法相交的情况，都表明识别物标有错误。由于物标相对位置关系等因素，错误船位分布的曲线，可能是椭圆、抛物线或双曲线。

识别物标的方法，还可以列出多种，这里主要介绍这些。

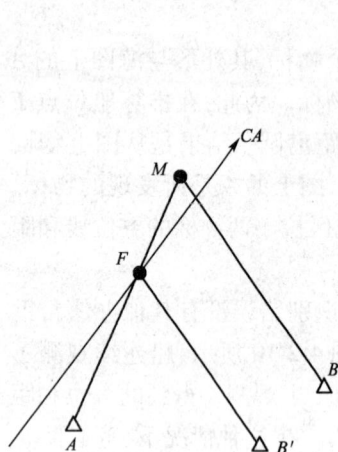

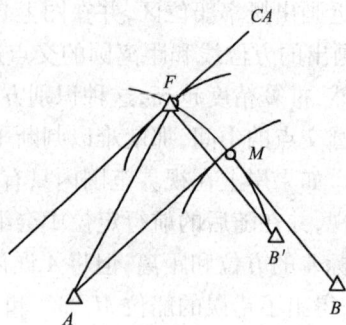

图 4-2-11 误以 *B'* 为 *B*   图 4-2-12 认错物标的船位分布   图 4-2-13 误以 *B'* 为 *B*

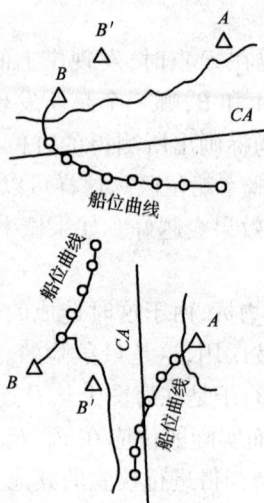

习 题

一、问答题

1. 试述沿岸航行的特点。

2. 拟定沿岸航线时应考虑哪些因素？如何考虑沿岸航线的离岸距离和离危险物的距离？

3. 试述沿岸航行的注意事项。

4. 从观测船位的分布如何发现可能存在的物标辨认错误？

5. 单一位置线有何作用？

二、选择题

1. 拟定沿岸航线，确定航线离危险物的安全距离时可不考虑下列(　　)因素。

   A. 船上货物装载情况　　　　　　　B. 能见度的好坏

   C. 风流影响情况　　　　　　　　　D. 测定船位的难易

2. 拟定航线的依据是(　　)。

   A. 现行版航海图书资料　　　　　　B. 水文气象条件

   C. 本船技术状态　　　　　　　　　D. 以上都是

3. 船舶在近海、沿岸航行时通常都采用恒向线航法，这是因为(　　)。

   A. 恒向线在墨卡托海图上是直线，即两点间最短航程航线

   B. 船舶按恒向线航行，操纵方便，且航程增加不多

   C. 恒向线能满足海图的纬度渐长特性

   D. 墨卡托海图是等角投影海图，只能使用等角航线

4. 沿岸航行，船舶的航线应设计在(　　)。

   A. 10m 等深线以外　　　　　　　　B. 20m 等深线以外

C. 水深大于本船吃水的海区　　　　　　　D. 水深大于2倍于本船吃水的海区

5. 拟定沿岸航线时，即使在最佳条件下，航线与危险物之间的距离也应在(　　)。

　　A. 5链以上　　　　　B. 1n mile 以上　　　　C. 3~5n mile　　　　D. 5n mile 以上

6. 沿岸航行，确定航线离岸距离的原则是(　　)。

　　A. 应在10n mile 以上　　　　　　　　　B. 应在2n mile 以上

　　C. 水深大于2倍于本船吃水的海区　　　　D. 以上都是

7. 在能见度良好时，沿岸航线距陡峭无危险海岸的最近距离可为(　　)。

　　A. 1n mile　　　　　B. 2n mile　　　　　C. 5n mile　　　　　D. 10n mile

8. 沿岸航行中发现水深突然变浅，并与海图上所标水深不符，应采取(　　)措施。

　　A. 减速并测深　　　　B. 立即转向　　　　C. 立即停车　　　　D. 以上都对

9. 下列何项足以证明两标距离定位中物标的识别错误(　　)。

　　A. 连续观测船位点沿直线分布

　　B. 连续观测船位点沿曲线分布

　　C. 所测物标的距离通过概率船位区

　　D. A + B + C

10. 如图4-2-14所示，某轮拟由 CA_1 转到 CA_2，为使船舶准确地转入新航线，应采用(　　)。

　　A. 连续小角度转向绕航

　　B. M 灯塔正横时转向

　　C. 平行方位法转向

　　D. 采用大角度转向

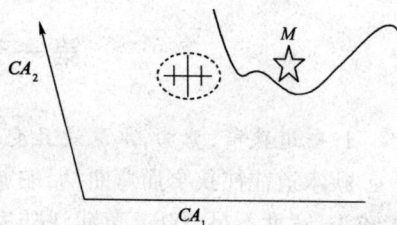

图 4-2-14　选择题10图

11. 单一船位线与航线相交成任意角度时，一般能(　　)。

　　A. 判断推算船位偏离航线的情况　　　　B. 判断推算航程误差

　　C. 在一定程度上减少推算的概率船位区　　D. 减少观测船位的误差

第三章 狭水道航行

狭水道(Narrow channel)是港口、海峡、江河、运河以及岛礁区等水道的统称。一般而言,狭水道内不仅航道狭窄弯曲,而且水深、水流和航道宽度的变化可能较大;航道距危险物近,来往船只密集,一般不能用通常的定位方法进行定位,因此航行较为困难。世界上所发生的船舶交通事故,有相当一部分就是由于在狭水道中航行或操纵措施不当而引起的。因此,船舶驾驶员对在狭水道航行应更加重视,谨慎驾驶,并注意不断积累和总结狭水道航行的经验,提高驾驶水平。

第一节 狭水道航行的特点

1.航道狭窄、弯曲,水深浅且变化大

狭水道往往狭窄而弯曲,船舶航行没有足够的回旋余地。例如,我国新港进口主航道系人工疏浚,宽度不足100m,黄浦江陆家嘴弯道的转向角大于110°等。除某些深水港外,大多数港口的进出口航道水深都有限。而江河入海口处的航道,往往由于上游挟带大量泥沙的沉积而形成浅滩。这种浅滩的位置,随季节和江河水势的差异而多有变迁,因此航道水深经常改变,往往要人工疏浚维持水深,船舶进出水道常要候潮。这一切都给船舶航行和操纵带来了较大的困难。因此,进出这些航道时必须掌握最新的水深资料。许多狭水道内,除有天然和人工标志可供定位、避险与导航外,还专门设有浮标指示可航道或航海危险。大部分狭水道,近年来都实施了分道通航制,为来往船只规定了分隔航路。例如长江上海段航行的船舶,必须遵循大船小船分道、各自靠右航行原则。

2.离危险物近、水流情况复杂

由于狭水道受岸形限制,可航道一般离浅滩、礁石等航行危险物较近。且由于航道狭窄,流向一般较复杂,流速分布也不均匀。

对于直而短的狭水道,潮流流向与航道轴线方向基本一致。但在弯度大的水道,主流向往往与水道横交,流速也有较大变化。如我国长江上海段航道的某些地方,流向常与航道线形成较大交角,某些区域在大潮讯时的流速可达4~5kn,日本有些水道的流速最大竟达11kn之多,航行中应充分注意。船舶一旦偏离航线或者被水流压向航道外都将造成很大危险。因此一切航行措施要求准确、迅速,绝不能犹豫和盲动。

3.来往船只密集,避让余地小

狭水道,特别是比较重要的狭水道,一般都是来往船只密集区域,且船舶种类繁多、大小不

一,有些航道时有小船占道,给船舶的操纵与避让增加了困难。在有超大型船舶通过的狭水道,要注意大船预告,掌握大船动态,注意及早避让,避免造成紧迫局面。

4. 可供定位的物标多、距离近

狭水道航行,可用以定位的物标多、距离近,物标的方位变化较快,用一般的航海定位方法,在速度和精度上都不能满足航行安全要求。因此必须预先研究掌握各物标特点,采用目视引航方法来确保狭水道航行的安全。

第二节　狭水道的航行方法

一、准备工作

狭水道航行的上述特点,要求驾驶员在进入狭水道前做好必要的准备工作,拟定好航行计划和确实掌握船舶操纵性能,尽量做到胸有成竹,以应付各种复杂情况。为此:

(1)航行前仔细研究海图及有关的航海图书资料。熟悉各航段的航向,各相邻浮标的间距;设计好定位、导航、避险和转向所用的物标;了解航道内与航道外附近的水深、浅滩、危险物的分布及水流情况等。

(2)充分掌握本船的操纵性能,如冲程、旋回圈、舵效、锚抓力等,以应付各种紧迫局面。

(3)预先拟定好航行计划,对每段航线应采取的航行方法和注意事项,都要仔细进行研究,对航行中可能遇到的困难要有充分的准备。在复杂狭水道,应根据狭水道的航行经验、本船性能、能见度及风流等情况确定合适的过狭水道时机,并多设想几种航行方法。

二、目视引航方法

狭水道航行主要采用目视引航,其方法有:

1. 浮标导航

浮标导航方法,实际上就是逐个通过浮标的航行方法。因此,要查阅有关航路指南和港章,熟悉浮标制度。具体航行中主要应注意以下几点:

1)按计划航线航行

应根据本船本航次的情况,在海图上预先画好计划航线。有些区域可能设有多类航道,如长江上海段,设有深水航道、主航道、辅助航道以及小船航道,船舶应在适合本船的规定航道内航行。如航道水深足够,航线应设计在航道内右侧,远离分隔线,但应与航道边界的标志保持足够的安全距离。但对于深吃水船,应将航线设计在深水航道,不能盲目地"靠右航行"。

2)熟悉航道情况

必须熟记各浮标之间的航向和航程,熟悉航道的可航宽度。对浮标连线以外的水深、浅滩等情况也应充分了解,以便遇到紧迫局面时从容应对。

3)必须准确辨认浮标

利用浮标导航,关键是要确认浮标。在通过每一个浮标前,就应核对其编号(若有)、形状、颜色、顶标、灯质等,以免认错浮标而造成事故。

4)随时掌握船位,确保航行在航道内或计划航线上狭水道航行必须随时掌握船位,主要是控制船舶准确航行在自己的航道内,即控制船舶与浮标连线的距离,勿使船舶被风流压向浮标,或压向浮标连线的外侧。常用的方法有:

(1)查看前后浮标法。经常观测前后浮标连线与船位的关系,如图4-3-1所示,保持船舶与前后浮标的连线最大夹角 $\alpha < 180° - \dfrac{4d}{l} \times 57°.3$。例如,$d = 0.15$n mile,$l = 6$n mile 时,船舶航行中保持 $\alpha < 174°$,若 $d = 0.15$n mile,$l = 3$n mile 时,船舶航行中保持 $\alpha < 168°$。当航行中发现 α 角正在接近180°甚至反向变化,表明船舶正在接近浮标连线甚至到了航道的外侧,应注意操船驶离浮标连线保持在航道内。

(2)前标舷角变化法。随时观察前方浮标的舷角变化,如果舷角不变或很少变化,则说明船舶正在压向浮标连线。如果浮标舷角反而变小,则表明船舶有被压向浮标连线外侧的趋势。如果浮标舷角渐渐变大,表明船舶航行在航道内。

(3)四点方位法和舷角航程法。在无风流情况下,一般可目测估计前方浮标的正横距离,准确掌握浮标正横距离,可以判断船舶是否偏离计划航线。如图4-3-2所示,A、B 为两浮标,其间距设为 6n mile。船与 A 浮标正横时,测得 B 浮标的舷角 $Q = 1°$,则船舶通过 B 浮标的正横距离 BD,可按下式预估:

$$BD = AB \times \frac{Q°}{57.3} = 6 \times \frac{1}{57.3} = 0.1\text{n mile}$$

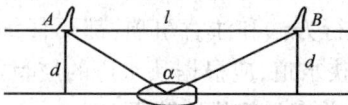

图4-3-1　观测前后浮标连线

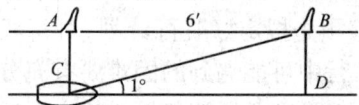

图4-3-2　观测前浮舷角

5)掌握转向时机

浮标导航,一般是在浮标正横时转向。为了转向后驶在计划航线上,若发现浮标正横距离太远或太近时,可以采取在正横前提前转向或推迟到正横后转向。有风流影响时,也常会调整转向时机,顺流航行,可提前转向,逆流航行,可推迟转向。也可以在船舶航行至两标间距的1/2处,观察前后浮标的方位来判断航向、风流压差和到达下一个浮标的正横距离是否合适,如果不合适应及时调整。

6)及早发现前方浮标

利用浮标导航,及早发现前方浮标是非常重要的。对两浮标间的航行时间,应根据航速事先掌握,预算出到达下一个浮标的时间。如果到了该发现而未发现前方浮标或对浮标有疑问时,应立即采取必要的措施,查明原因,谨慎驾驶,绝不能盲目航行。

江河口外的浮标或灯船,在大风浪之后有时会发生移位、灯光熄灭、甚至漂失等。应尽可能利用陆标校验其位置是否正确,一旦发现浮标位置有误,就不能用其导航。另外,若发现浮标位移、漂失等情况,应向有关部门报告。某些港口因冬季结冰,可能撤除浮标,或用其他标志代替,航行时应予注意。

7)与前船保持适当距离

如果前后左右有他船航行,应多用 VHF 互通船舶动态信息,利用 AIS(船舶自动识别系统)准确实时掌握他船动态。当尾随他船航行时,应与前船保持一定距离,以免造成紧迫局面甚至碰撞。

8）做好备车、备锚等应急准备。当避让他船或转向时，应注意舵工的操舵状况。

2.叠标与导标导航

如果在航线的延长线上或两侧设有叠标或导标，船舶可利用它进行导航。

叠标包括方位叠标和距离叠标：方位叠标（图4-3-3）由前后两个标志组成，叠标线上观测叠标的方位差为0°，近船的标志称为前标（front），另一个称为后标（rear），海图上的叠标线由虚线段和实线段组成，实线段是可航航线；距离叠标（图4-3-4）一般设置在狭窄直航道的两侧，与航线的距离差为0。

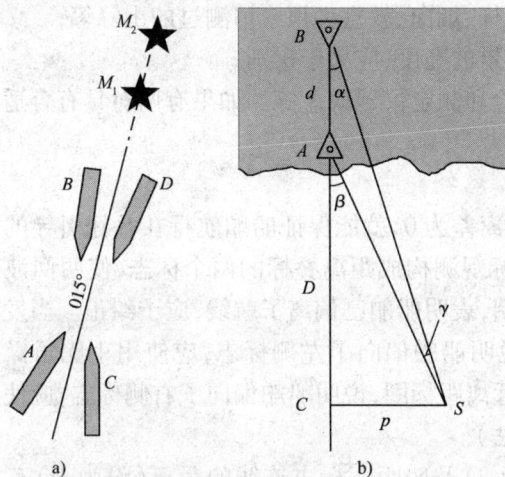

图4-3-3　方位叠标
a)方位叠标导航;b)方位叠标灵敏度

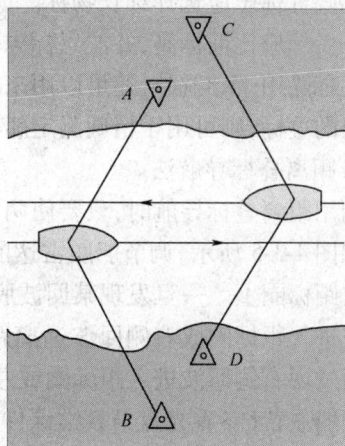

图4-3-4　距离叠标导航

导标（图4-3-6）则由一个标志构成，并在海图上标示出该导标的导航线及其方位，导航线的实线段是可航航线。

若没有人造叠标或导标，驾驶员也可根据需要自己选择合适的自然物标作为方位叠标或导标。

1）方位叠标导航法

（1）导航方法。利用方位叠标导航时，只要使前后两标志成一线，就能保证船舶航行在叠标引导的航线上。一旦发现前后标志错开，表明船舶已偏离了航线，应予纠正。如图4-3-3a)所示，海图上有后标M_2和前标M_1组成叠标，叠标线方位为015°，当船舶向着叠标航行时，若发现前标偏左，表明船舶偏在叠标线的右侧，如图中的C船，应使用小舵角操船左转。当发现前标偏右，表明船舶偏在叠标线的左侧，如图中的A船，应使用小舵角操船右转。但若背离叠标航行，则操舵方向与上述相反，如图中的D（前标偏左，船偏在叠标线的右侧，操船右转）和B船（前标偏右，船偏在叠标线的左侧，操船左转）。

（2）方位叠标的灵敏度。方位叠标的灵敏度，是指船上测者发现叠标的前后标志刚错开时，船舶偏离叠标导航线的最小距离p（图4-3-3b)）。航海上对叠标的灵敏度有一定的要求，若船舶偏离航线较大距离（p很大）时还未发现前后标志错开，表明灵敏度太低，这样的叠标对船舶航行安全不利，不符合要求。但若船舶稍稍偏离航线就发现前后标志错开（p很小），表明灵敏度太高,使驾驶员忙于应付纠正航向,分散注意力,也不合适。显然,叠标灵敏度应有一个合适的范围。

叠标的灵敏度 p 与两标志之间的距离 d 和前标与船舶之间的距离 D 有关(图4-3-3b)。当 D 一定时,两标志间的距离 d 越大,叠标越灵敏;当 d 一定时,D 越小,叠标越灵敏;反之,叠标就越不灵敏。

除灵敏度外,船舶对叠标的易辨认性同样有要求。航海实际中,人工设置的叠标一般都符合上述要求,但当自己选择叠标时,应注意以下几点:

①在 $d/D \geqslant 1/3$ 时,叠标的灵敏度可符合一般导航的要求;

②叠标标志应选择细长物标。如灯塔、旗杆、烟囱、教堂尖顶或精测过的山峰等;

③后标应比前标高,并注意标志本身和背景的亮度,应易于辨别。

叠标除用于导航外,还可以用来转向、避险和测定仪器误差等。如果有两对具有合适叠标线交角的叠标,则可用于精确测定船位。

2)距离叠标导航法

利用距离叠标导航时,只要使两标志的距离差为0,就能保证船舶航行在叠标引导的航线上。如图4-3-5所示,调节船舶雷达的活动距标观测构成距离叠标的两个标志,使两回波始终保持在距标圈上。一旦发现某回波脱离距标圈,表明船舶已偏离了航线,应予纠正。当发现左侧回波进入距标圈或右侧回波远离距标圈,说明船舶偏向了左侧标志,应使用小舵角操船右转。当发现右侧回波进入距标圈或左侧回波远离距标圈,说明船舶偏向了右侧标志,应使用小舵角操船左转(参看光盘:\教学课件\航行方法)。

距离叠标的灵敏度与两标志的间距(设为 d)及船距两标志连线的距离(设为 D)有关,d 越大,D 越小,灵敏度越高,当 $D=0$ 即船舶在两标志的连线上时,灵敏度最高。

3)导标导航法(参看光盘:\教学课件\航行方法)

若利用单个导标导航时,应经常观测该导标的方位,保持导标的真方位与海图上的导航方位 TB 一致,才能保证船舶航行在导标引导的航线上。如图4-3-6所示,海图上有导标 M,导标方位即导航方位015°,船舶要保持航行在015°的导标线上,必须保持 M 导标的真方位为015°航行。因此,当船舶向着导标航行时,如果发现导标方位偏小,表明船舶偏在导标线的右侧,如图中的 C 船($TB < 15°$),应使用小舵角操船左转。当发现导标方位偏大,表明船舶偏在导标线的左侧,如图中的 A 船($TB > 15°$),应使用小舵角操船右转;当背离导标即利用航线后方的导

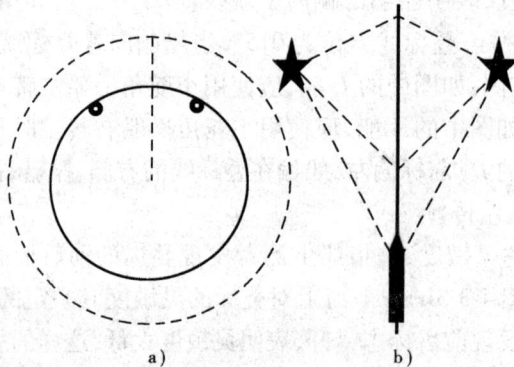

图4-3-5　雷达距离叠标图像

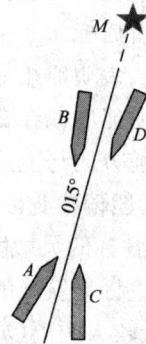

图4-3-6　导标导航

标航行时,则操舵方向与之相反,如图中的 $D(TB<15°$,船偏在导标线的右侧,操船右转)和 B 船($TB>15°$,船偏在导标线的左侧,操船左转)。船上测者一般用罗经来观测导标的方位,看到的是罗方位(CB 或 GB),因此,观测导标方位导航时,可事先将导航线方位 TB 转换成 $CB(TB-\Delta C)$ 或 $GB(TB-\Delta G)$,这样,只要保持导标的罗方位与求得的 CB 或 GB 一致,船舶便航行在导标引导的航线上。但必须指出,若本船的 ΔC 或 ΔG 有误差,则所求的 CB 或 GB 并不对应于导航线方位 TB,此时船舶可能并不航行在导标引导的航线上。

3. 平行线导航

参见第二篇第五章的"雷达定位与导航"一节。

4. GPS 和 DGPS 导航

目前,大部分海船上均装备了 GPS 导航仪,它可提供定位精度达数十米的船位。而在 DGPS 的有效水域,定位精度可达米级。根据这一特点,船舶可因时因地利用 GPS 或 DGPS 在狭水道内定位和导航。

三、转向方法

狭窄水道航行的转向方法,一般以简便、直观、容易把握转向时机为原则。常用的方法有:

1. 物标正横转向

利用转向点附近的物标正横转向的方法,以其直观、简便而被广泛采用。正横转向法一般选择转向内侧的孤立物标,若有航标应尽可能采用之。转向时,应根据船舶偏航或风流的顺逆等情况可提前或延后转向,使转向后尽可能地航行在新的计划航线上。

2. 逐渐转向

在狭窄且弯度较大的航道中转向,常常采用逐渐改变航向即逐渐转向法转向。当弯道不太长时,可根据岸形采用小舵角,保持离岸或某物标一定距离连续转向。转向过程中,应使用车舵等手段控制好转向速率,安全驶过弯道。若弯道较长时,应事先设计好方案,利用合适的物标,分段逐渐转向。当弯道不太宽的情况下,必须控制好船速及转向角度,且控制船位不要太偏向弯道的凹向一侧,以免引起船吸而触岸壁。

3. 能保证转到新航线上的转向方法

1) 利用导标方位或者叠标转向

当新航线的正前方或正后方有导标或叠标时,应充分利用,转向前直接观测该导标或叠标,当到达导标的导航方位或叠标成一线时立即转向。转向后能保证在新航线上,此后还可利用它们进行导航。如图 4-3-7 所示,航行海区有流,$CA_1=015°$,其正前方有 A 灯塔,$CA_2=290°$,其正前方有 B 灯塔。船舶按 CA_1 航行时利用 A 导标导航,保持观测 A 的真方位 $TB_A=015°$,航行到 E 点附近观测 B 的真方位,当达到 $TB_B=290°$ 时,立即转向。此后保持观测 B 的真方位 $TB_B=290°$ 航行,便能保持航行在 CA_2 航线上。需要注意的是,在用罗经观测导标时,同样应考虑到罗经差的可能误差而引起船舶偏离导航线。

2) 平行方位线转向法

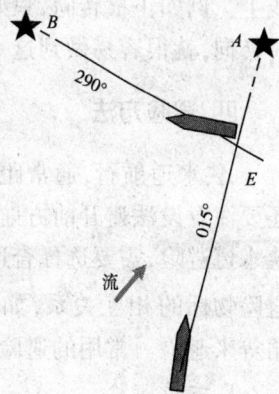

图 4-3-7　利用导标转向

411

具体方法参看"沿岸航行"一节,该方法的缺点是当船舶航行到与新航线平行的方位线之前,需要不断观测物标方位,狭水道航行有时可能不允许这样做。

3)平行线转向法

如图4-3-8所示,M是所选的转向物标,CA_1和CA_2是转向前后的计划航向线。事先在海图上画出过M的CA_1和CA_2线的平行线(图a中的虚线),量出它们与对应航线间的距离D_1和D_2。航行中调整雷达至北向上相对运动显示方式,先将活动距标调到D_1,调整电子方位线和机械方位标尺与CA_1线平行,使电子方位线与活动距标圈相切(图b中的电子方位线1),航行中驾驶员的任务仅是观测物标M的回波,调节航向使M回波始终沿着电子方位线1移动,如m_1、m_2等,这样,可确保船舶航行在CA_1线上。当船舶航行到转向点前,将活动距标调到D_2,保持机械方位标尺不动,调整电子方位线与CA_2线平行并与D_2距标圈相切(图b中的电子方位线2),航行中观测M的回波,当其到达CA_2平行线即m_3位置时转向,转向后观测M回波使其沿着电子方位线2移动,如m_4、m_5等,可确保船舶转向后航行在CA_2上,此后还可利用平行线导航。这一方法的优点还在于对物标要求不高,海图上标注的、转向点附近的、能被雷达清晰地观测到、且有显著的测量点的即可。

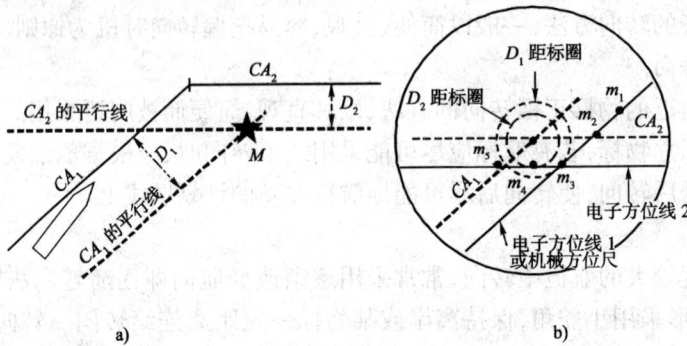

图4-3-8 平行线转向法

事实上,只要转向前能保持在计划航线上,又能掌握准确的转向点,转向后便能转到新航线上。例如正横转向,只要之前有导标或叠标导航,或者利用了平行线导航,则到达物标正横时转向,就很容易做到这一点。

四、避险方法

狭水道航行,通常距航道附近的危险物、浅滩等较近,船舶除了随时掌握自己的船位外,还要注意设法避开前方航线附近的危险物。显然,需要寻求简单、方便、行之有效的避险方法。狭水道避险,需要选择合适显著物标作为避险物标(如图4-3-9中的M),船舶通过测定船舶与避险物标的相互关系,如方位、距离、垂直角、水平角等来避险。常用的避险方法有:

1.方位避险

当避险物标和危险物的连线与计划航线平行或接近平行时,宜用方位避险方法避险。如图4-3-9所示,CA线为计划航线,选M为避险物标,在海图

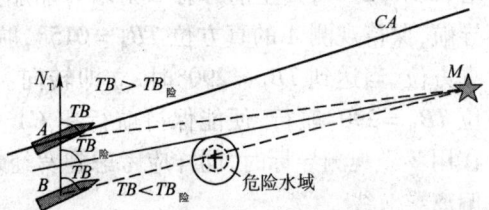

图4-3-9 罗经差的误差可能使船舶避险失效

上以危险物为中心，一定的安全距离为半径作圆，此圆称为安全水域与危险水域的分界圆，并从避险物标作出该圆位于航线一侧的切线，此切线称为方位避险线，量出它的真方位，称为避险方位 $TB_险$。航行中，船舶只要保持航行在避险位置线的安全水域一侧，如图中的 A 船，即只要船舶保持观测 M 物标的 $TB \geq TB_险$，便能确保船舶对危险物的有效避离。但若船舶观测 M 物标的 $TB < TB_险$ 时，如图中的 B 船，船舶就有可能进入危险水域。实用中，M 物标的真方位 TB 是通过罗经或雷达观测获得的。即根据 $TB_险$ 求出 $CB_险$ 或 $GB_险$，用罗经或雷达观测 M 物标，保持其 CB 或 GB 位于避险位置线的安全一侧。需要注意的是，在用罗经或雷达观测 M 物标时，同样应考虑到罗经差的可能误差而引起船舶可能航行在非安全一侧。例如，设图 4-3-9 中的 $TB_险 = 080°$，$\Delta C = +5°$，则 $CB_险 = TB_险 - \Delta C = 080° - 5° = 075°$，若船舶观测 M 保持 $CB \geq 075°$ 被认为是安全的。但若实际的 ΔC 是 $+3°$，当船舶观测 M 保持 $CB \geq 075°$，设为 $076°$ 航行，此时实际的 $TB = 076° + 3° = 079° < TB_险$，船舶就有可能进入危险水域。

方位避险，可以有以下 4 种情况（图 4-3-10）：

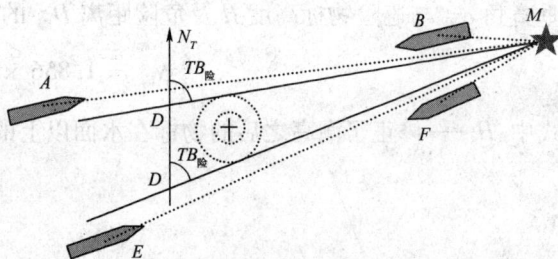

（1）如图中的 A 船，避险物标和危险物都在航线的右侧（设右为 +），避险物标在危险物的前方（设前为 +），这种情况下，只要保持船舶观测后方的避险物标 M 的 $TB \geq TB_险$（设"$\geq$"为 +），就能确保船舶对危险物的有效避离。

图 4-3-10　方位避险的几种情况

（2）如图中的 B 船，避险物标和危险物都在航线的左侧（设左为 −），避险物标在危险物的后方（设后为 −），这种情况下，只要保持船舶观测后方的避险物标 M 的 $TB \geq TB_险$，就能确保船舶对危险物的有效避离。

（3）如图中的 E 船，避险物标和危险物都在航线的左侧，避险物标在危险物的前方，这种情况下，只要保持船舶观测避险物标 M 的 $TB \leq TB_险$（设"$\leq$"为 −），就能确保船舶对危险物的有效避离。

（4）如图中的 F 船，避险物标和危险物都在航线的右侧，避险物标在危险物的后方，这种情况下，只要保持船舶观测后方的避险物标 M 的 $TB \leq TB_险$，就能确保船舶对危险物的有效避离。

一般情况下，利用航线后方的避险物标进行避险不是很方便，有条件时，尽可能选择航线前方的避险物标进行避险。

综合以上所述，概括为表 4-3-1。

表 4-3-1

避险物标和危险物		判　　断	避险要求
都在航线的右侧（ + ）	避险物标在危险物的前方（ + ）	(+)(+) = (+)	$TB \geq TB_险$
	避险物标在危险物的后方（ − ）	(+)(−) = (−)	$TB \leq TB_险$
都在航线的左侧（ − ）	避险物标在危险物的前方（ + ）	(−)(+) = (−)	$TB \leq TB_险$
	避险物标在危险物的后方（ − ）	(−)(−) = (+)	$TB \geq TB_险$

2. 距离避险

当避险物标和危险物的连线与计划航线垂直或接近垂直时,可用距离避险方法避险。距离避险,一般选择与危险物同一侧的显著物标作为避险物标(图 4-3-11),先根据危险物及周围情况确定距危险物的最小安全距离 d,以危险物为圆心,d 为半径作圆得一危险圆。然后量出避险物标与危险圆之间的最大距离,称此为危险距离 $D_{险}$。为了确保船舶对危险物的避离,在接近危险水域前,就应用雷达不断观测避险物标的距离(或用六分仪观测避险物标的垂直角)。使船舶保持与避险物标的距离 $D \geqslant D_{险}$ 航行;

但若危险水域与避险物标不处在同一侧时,确定避险距离时,量出避险物标与危险圆之间的最小距离得到危险距离 $D_{险}$。船舶应保持与避险物标的距离 $D \leqslant D_{险}$ 航行。

距离避险,可用雷达测距,也可将危险距离换算成避险物标的垂直角,称为危险垂直角 $\alpha_{险}$,船舶可用六分仪观测避险物标的垂直角进行避险,也称为垂直角避险(图 4-3-12)。危险垂直角 $\alpha_{险}$ 与避险物标高度 H 及危险距离 $D_{险}$ 的关系是:

$$\alpha_{险} = 1.856 \times \frac{H(\mathrm{m})}{D(\mathrm{n\ mile})} \tag{4-3-1}$$

式中:H——修正了潮高之后的物标在水面以上的实际高度。

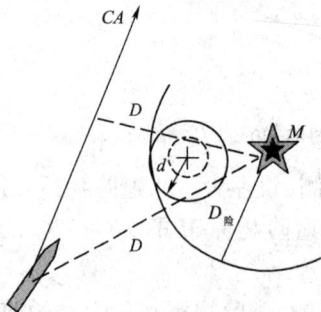

图 4-3-11 距离避险

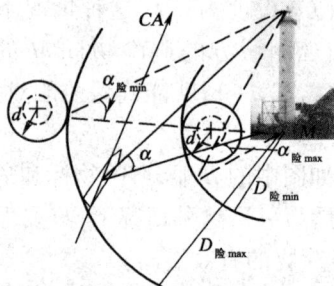

图 4-3-12 垂直角避险

当危险水域与避险物标处在同一侧时,船舶应保持避险物标的观测垂直角 $\alpha \leqslant \alpha_{险}$ 航行;当危险水域与避险物标处在计划航线的异侧时,船舶应保持避险物标的观测垂直角 $\alpha \geqslant \alpha_{险}$ 航行。若航线两侧都有危险物,如图 4-3-12 所示,则按 $D_{险\min}$ 求出 $\alpha_{险\max}$,按 $D_{险\max}$ 求出 $\alpha_{险\min}$,而船舶不断地观测 M 物标的垂直角 α,保持 $\alpha_{险\min} \leqslant \alpha \leqslant \alpha_{险\max}$ 航行,可安全通过航线两侧的危险物。

3. 水平角避险

与垂直角避险方法类似。水平角避险是用六分仪观测计划航线同一侧的两个避险物标的水平夹角进行避险的方法。如图 4-3-13 所示,在海图上量出危险圆最靠近航线的点与两个避险物标 M_1 和 M_2 的张角得到危险水平角 $\beta_{险}$。船舶接近危险水域前,应不断用六分仪观测该两物标的水平角 β,当危险水域与避险物标处在同一侧时,船舶应保持避险物标的观测水平角 $\beta \leqslant \beta_{险}$ 航行;当危险水域与避险物标处在计划航线的异侧时,船舶应保持避险物标的观测水平角 $\beta \geqslant \beta_{险}$ 航行。图 4-3-13 中,危险水域与避险物标处在船舶的同一侧,以两危险暗礁为中心,分别

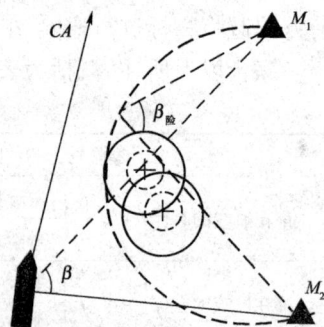

图 4-3-13 水平角避险

作出危险圆,过两避险物标 M_1、M_2 作圆弧位置线相切于最靠近航线的危险圆,量出该圆弧对于两物标的张角 β,此乃危险水平角 $\beta_{险}$。船舶保持避险物标的观测水平角 $\beta \leq \beta_{险}$ 航行即可避离危险物。

4. 叠标避险

两个物标的开门或关门方位,就是叠标方位线(图4-3-14a),它直观、准确、不依赖于罗经,因此常被用来导航和避险。如图4-3-14b)所示,有沉船的危险水域位于 A、B 物标的闭视方位上,因此过 A、B 的边缘作叠标位置线,船舶航行中观测 A、B 物标,始终保持两者开视,便可有效避离危险沉船。同样,如图4-3-14c)所示,若危险水域位于 A、B 物标的开视方位上,则船舶航行中观测 A、B 物标,始终保持两者闭视,则可有效避离危险物。

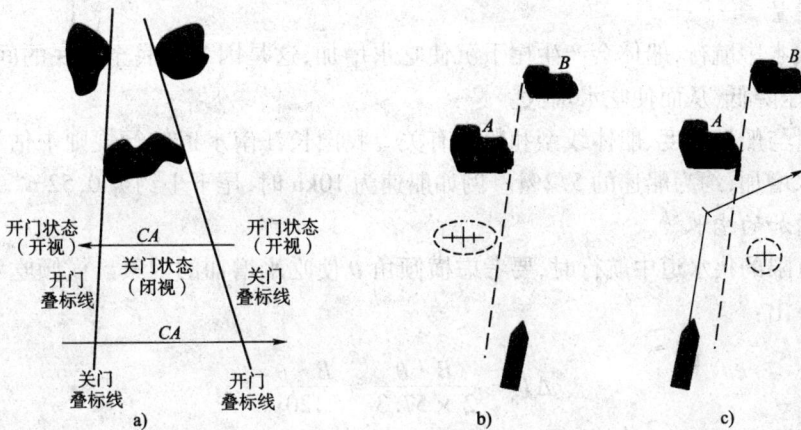

图 4-3-14　利用叠标避险

5. 平行线避险

参见第二篇第五章的"雷达定位与导航"一节。

五、过浅滩的航行方法和注意事项

在河港入海口航道上,往往存在拦江沙浅滩。由于浅水的作用,使船舶航行阻力增大、船速和舵效降低、吃水增加,造成航行和操纵上的困难。

此外,由于浅滩处航道水深有限,大船过浅滩常常需要候潮。为此,通过浅滩时,一般要求首尾吃水正平,避免横倾。

通过浅滩时的最小安全水深,可由下式求得:

$$最小安全水深 = 出发港吃水 - 油水消耗减少的吃水 + 咸淡水差 +$$

$$尾下座量 + 横倾增加的吃水 + 半波高 + 保留水深 \qquad (4\text{-}3\text{-}2)$$

1. 油水消耗减少的吃水

根据本船每天油水消耗量、每厘米吃水吨数和航行天数,可按下式计算油水消耗减少吃水的厘米数:

油水消耗减少的吃水(cm) = (每天油水消耗量 × 航行天数)/每厘米吃水吨

2. 咸淡水差

船舶由海水驶入淡水的吃水增加量,可根据下式计算

$$增加吃水 = \frac{W}{a}\left(\frac{\rho - \rho'}{\rho'}\right)$$

式中:W——排水量;

a——在海水中每厘米吃水的排水量;

ρ——海水密度;

ρ'——淡水密度。

3. 尾下座量

船舶在浅水中航行,船体会产生尾下沉使吃水增加,这是因为船底至海底的间距变小,使水流加快,水压降低,从而使吃水增大。

尾下座量与船舶长度、船体线型和船速有关。我国长江南水道航行规则中估计快速尾下座引起的吃水增加,约为船速的5.2%。例如船速为10kn时,尾下座约为0.52m。

4. 横倾增加的吃水

在水深有限的狭水道中航行时,要考虑横倾角 θ 使吃水增加的因素。横倾吃水增加量可按下式近似算出:

$$\Delta T = \frac{B \cdot \theta}{2 \times 57.3} \approx \frac{B \cdot \theta}{120}$$

式中:ΔT——横倾 θ 增加的吃水;

B——船宽。

例如船宽为20m,横倾角为4°时的横倾增加吃水为0.70m。

5. 半波高

过浅滩时如有波浪,为避免在波谷中蹲底,必须考虑半波高的因素。

6. 保留水深

保留水深除考虑潮高预报误差等因素外,应视底质而定,注意留有充分的余地。一般淤泥为0.1~0.15m,淤沙为0.15~0.3m,硬沙为0.3~0.45m,岩石为0.45~0.6m。

当实际水深小于按式(4-3-2)计算的水深时,需要候潮。为了减少候潮时间,船舶应该调整油水,使船舶平正没有纵倾和横倾。条件许可时,最好在过浅滩前开快车,在过浅滩时慢车或停车,使船舶淌航过浅滩;若浅滩较长,只能开慢车航行;也可在水深稍深处开快车,水浅处淌航,以减少尾下座。并用各种导航方法,使船舶保持在深水航道中。同时在过浅滩时注意瞭望,控制船速,避免在浅滩上交会来船。如果条件允许,尽可能选择在高潮前一个小时左右过浅滩,这样即使发生意外搁浅,也还有脱浅的机会。

拦江沙浅滩有可能逐年往向海方向延伸,其水深也随时间和季节有所变化,应查阅最新资料。受风向的影响,有时潮水也会提前或推迟到达浅滩。大船通过浅滩前,可向有关部门查询当时的实际潮高和水深。

习　题

一、问答题

1. 试述狭水道航行的特点。

2. 狭水道航行中保持在计划航线上的方法有哪些?

3. 试述狭水道航行的注意事项。

4. 过浅滩前计算最小安全水深应考虑哪些因素?

二、选择题

1. 浮标导航,如果看不见应该看见的下一浮标或该标位置不对,此时船舶应( )。

　A. 继续按计划航线航行,直到看见核浮标为止

　B. 立即停车、抛锚,查明原因再续航

　C. 立即掉头返航,驶往安全水域

　D. 立刻采取措施,谨慎驾驶,必要时停车、抛锚

2. 物标正横转向,应结合本船操纵性能,水流的顺逆和船舶的偏航情况,适当提前或推迟转向,通常顺流航行,船舶应( )。

　A. 适当提前转向　　　　　　　　B. 适当推迟转向

　C. 正横时转向　　　　　　　　　D. 定位确认抵达预定转向点后转向

3. 某轮计划利用转向点附近某物标正横确定转向时机右转20°,若船舶接近转向点前发现本船偏右,则该轮应( )。

　A. 适当提前转向　　　　　　　　B. 适当推迟转向

　C. 物标正横时转向　　　　　　　D. 定位确认抵达预定转向点后转向

4. 采用物标正横转向法,应选择( )附近,转向( )侧的孤立、显著的物标作为转向物标。

　A. 航线;同名　　　　B. 航线;异名　　　　C. 转向点;异名　　　　D. 转向点;同名

5. 某轮通过某水道时,利用左岸仅有的两个方位夹角较小的物标,以两标距离定位,而不用两标方位定位,这是因为( )。

　A. 测距离比方位快

　B. 船位均方误差椭圆的短轴分布在水道轴线的垂直方向上

　C. 船位均方误差椭圆的长轴分布在水道轴线的垂直方向上

　D. 两船位线夹角较小,均方误差圆也较小

6. 在利用避险线进行避离危险物时,下列何者正确( )。

　A. 当避险物标和危险物的连线与航线接近垂直时,用距离避险线

　B. 当避险物标和危险物的连线与航线接近平行时,用距离避险线

　C. A. B. 都正确

　D. A. B. 都不正确

7. 当避险物标与危险物的连线和航线平行时,用( )避险法较好。

A. 距离避险线   B. 方位避险线

C. 连续定位法   D. 以上各法均好

8. 下列有关雷达距离叠标灵敏度的说法中,( )正确。

A. 两标志间距离越大,叠标越灵敏

B. 船至两标志的连线距离越大,灵敏度越差

C. 船舶位于两标连线上时,灵敏度最高

D. 以上都对

9. 在 A 岛南端 6n mile 和 12n mile 处各有一暗礁,某轮拟在两暗礁中间通过,若用六分仪测 A 岛(海面以上高度 180m)垂直角 α 来避险,危险圆半径取 1n mile,则 α 应满足( )。

A. $27'.9 \leqslant \alpha \leqslant 55'.8$ B. $24'.8 \leqslant \alpha \leqslant 44'.6$

C. $30'.4 \leqslant \alpha \leqslant 47'.7$ D. $\alpha \leqslant 31'.8$ 或 $\alpha \geqslant 20'.3$

10. 船由外海驶入港湾转入预定航向时,若用单标导航,最好物标选在( )。

A. 正横附近的物标方位

B. 船尾方向物标方位(与预定航向大致平行)

C. 任何物标皆可

D. 船首方向物标方位(与预定航向大致平行)

11. 出港航行,利用船尾的方位叠标导航,若发现前标偏在后标的右面,表明船舶偏在叠标线的( )应及时( )调整航向。

A. 左面;向左   B. 左面;向右   C. 右面;向右   D. 右面;向左

12. 雷达距离叠标导航,保持雷达活动距标圈始终和前方较近的导标回波相切,此时若发现距标圈外的回波是左侧标志,表明船舶( )。

A. 偏左,应向右转向   B. 偏右,应向左转向

C. 偏左,应向左转向   D. 偏右,应向右转向

13. 利用航线后方导标方位导航,若实测方位大于导航方位,表明船舶( )偏离计划航线,应( )调整航向。

A. 偏在航线左侧;向左   B. 偏在航线左侧;向右

C. 偏在航线右侧;向右   D. 偏在航线右侧;向左

14. 采用方位避险,若所选避险物标和危险物同在航线右侧,且避险物标位于危险物后方,避险方位为 060°,陀罗差 2°E,则在下列( )情况下表明船舶不存在航行危险。

A. 实测陀罗方位 060°   B. 实测陀罗方位 058°

C. 实测真方位 062°   D. 以上都不存在危险

15. 采用方位避险,若所选避险物标和危险物同在航线左侧,且避险物标位于危险物后方,避险方位为 060°,陀罗差 2°W,则在下列( )情况下表明船舶不存在航行危险。

A. 实测陀罗方位 060°   B. 实测陀罗方位 058°

C. 实测陀罗方位 062°   D. 以上都不存在危险

第四章　特殊条件下的航行

第一节　雾 中 航 行

根据国际雾级的规定,能见距离不足 4km 的属于能见度不良(Visibility poor),它包括因雾、霾、下雪、降雨、烟雾以及沙尘暴等使能见度受到限制的情况。能见度不良时,视线受到阻碍,无法直接观察船舶周围的情况,定位、避让和船舶机动均受到限制,航行变得更加困难和危险。雾是能见度不良的最常见天气状态,本节主要介绍雾中航行的特点、注意事项和航行方法。

一、雾中航行特点和注意事项

雾中航行即雾航的最大特点就是能见度不良,视线受到限制。因此,雾航应从这一特点出发,处理可能遇到的定位、导航、避让中的各种困难情况。同时,雾中航行应严格按照雾航的有关规定,按章施放雾号和采用安全航速。同时要求驾驶人员以高度负责的精神和严谨的科学态度,确保船舶的航行安全。具体应注意下述几点:

1. 做好船舶进入雾航前的各项准备工作

(1)测定本船船位,记下视界内其他船舶距本船的大致距离、方位及它们的航向;

(2)通知机舱备车;

(3)按章采取安全航速和施放雾号;

(4)变自动操舵为手动操舵;

(5)开启雷达、VHF 和航行灯,必要时使用测深仪等助航仪器;

(6)报告船长,并派出必要的瞭望人员,关闭所有的水密舱门;

(7)要求全船保持肃静,打开驾驶台门窗,以保证一切必要的听觉和视觉瞭望。

2. 雾航中,适当增加航线的离岸距离

如果按良好能见度设计的计划航线的离岸距离为 2～3n mile,而在雾中航线与海岸之间应有 3～4n mile、甚至 5n mile 以上的距离,以保证船岸之间有足够的回旋余地。

3. 切实仔细地做好航迹推算

雾航中应尽可能地设法获取观测船位,但测深也是检查推算的方法之一,有时,某一等深线还可作为避险警戒线使用。各次测深的数据和时间,可记在海图上相应的推算船位附近,以供分析航迹推算情况和估计以后的航行趋势用。对推算船位的准确度,要有恰当的估计,必要时应画出并设法缩小概率船位区。为了提高推算的准确度,在雾航中,非迫不得已不宜频繁改向变速。

4. 随时掌握能见度的变化和实际能见距离的变化

在航行中,应尽量掌握该能见度状况下的实际能见距离。例如,测出初次发现的物标距离,航行中扔下木块并测量出从扔下木块到看不到它时所航行的距离。

5. 注意倾听声号,充分利用听觉瞭望

雾中声号可起到向船舶警示危险之所在的作用。但不能单凭声音的大小或有无来判断船舶航行安全与否。因为声音在空气中并非直线传播,特别是在声源附近,呈不规则现象。因此,虽处声源附近,有些位置上有时也会听不到声号,即存在寂静区。总之,听见了声号,应视船舶在危险区内,注意采取必要的避险措施;在应该听见的位置上如果未听见声号,亦不应武断认定尚未进入危险区,因为也可能是雾号站尚未开始工作,等等。

在沿高而陡的岸边 2~3n mile 距离航行时,根据本船声号的回音,也可粗略推算出船岸距离。即当开始施放声号时启动秒表,听见回声按停秒表,则可按下式概算船舶离岸距离 D:

$$D(\text{n mile}) = 0.09\ t \tag{4-4-1}$$

式中:t——本船发出声号到听到回声之间的秒表读数(s)。

6. 利用一切必要的手段加强瞭望

认真并加强瞭望,对雾航的安全关系极大。熟练的瞭望人员,必须能及时发现船舶周围的任何微小的变化,例如:

风向风速稳定,突然波浪减弱,则说明船舶可能已接近上风的海岸或浅水区;反之,若风浪突然增大,则说明上风沿岸可能有大的湾口;

航行条件没有变化,而风突然变小,则说明船舶可能已很接近高陡的岸边;

海水颜色和透明度的变化,如果海水变得混浊,则说明船舶可能已接近泥底海岸或河口;在海上发现漂浮物,诸如海草、海藻等,这是接近海岸的迹象;如果海面发现渔具、垃圾和油迹等,则表明附近有船只;

发现大量海鸟海兽,则表明接近陆地或冰山。

雾航时要正确使用雷达。目前雷达已成为雾航时不可缺少的助航设备,而且随着船用雷达技术性能的不断提高,它必将发挥越来越大的作用。为了在雾航中能够熟练而有效地使用雷达来导航和避让,必须在平时能见度良好时有足够的训练,充分掌握雷达的技术特性,善于辨别各种干扰回波和假回波,并能迅速地识别影像和进行观测。利用雷达进行瞭望,应选择适当的距离档:大洋航行可用 12~24n mile 距离档;沿岸航行可用 6~12n mile 距离档;狭水道航行应近、中距离档兼用,以近距离如 3~6n mile 档为主。此外,使用雷达时应注意:即使性能较好的雷达,毕竟不如目视那样直观、可靠,因此不可盲目地依赖雷达,忽视目视瞭望。为了不影响值班驾驶员的瞭望和工作,雾航时可安排专人负责雷达观测和绘算。

二、雾中航行的定位和导航

在能见度不良的情况下,由于无法观测到陆标和天体,因此无法陆标定位和天文定位,而只能运用电子导航系统来实施船舶在雾中的定位和导航,必要时还可运用测深辨位。

1. 利用电子导航系统定位导航

大洋航行时,可利用卫导、罗兰 C 等远程定位系统测定船位,利用雷达协助瞭望和避碰。

沿岸航行,当海岸在雷达作用距离之内时,雷达可起到定位、导航和避让等多种作用,这是雷达独有的优越性。在雾航中,各种定位方法可交叉使用,以利彼此核对。单一的方位或距离位置线,有时也可起到很好的避险线作用。

在狭水道中雾航,雷达的定位、导航以及避让作用更加明显。但是,无论电子航海仪器怎样可靠,均不可与目视导航的直观性相比。良好能见度时完全可以通过的狭窄水道,在能见度不良时,即使使用最理想的导航仪器,其误差对导航精度的影响也是不可忽视的。例如,在良好能见度时,在狭窄航道上依靠浮标和目视导标导航完全没有困难。但是,在能见度变坏时,仅依靠浮标安全导航的可能性便有待具体分析(此时海图的准确度因素不应忽略)。这时,如果在雷达荧光屏上可以连续保持位于船首和船尾方向上的两个相邻浮标的回波,一般可以获得较高的导航准确度。但是若两浮标相距较远,以致有时在荧光屏上只能保持一个浮标的回波,这时若仅靠该浮标的雷达方位进行导航,导航的准确度将大为降低。由方位位置线的误差公式可知,若设雷达观测浮标的方位误差为 $\pm B$,则船位在浮标方位线的垂直方向上的误差 $E = \dfrac{D \cdot B}{57°.3}$($D$ 是船与浮标的距离)。假定 B 取 $\pm 1°$,D 取通常情况下的两浮标间距 2n mile,则雷达方位导航的误差约为 $E = \pm 65\text{m}$,这样的误差显然是偏大了。

差分全球定位系统(DGPS)能达到米级的定位精度,在 DGPS 的作用区域雾航,应利用 DGPS 进行定位和导航,但在有条件时,应对其精度随时进行验证。

雾中航行,不仅要充分利用雷达的避碰、定位和导航作用,同时还应充分观测 AIS 信息,充分利用 VHF 通报各自的情况,协调双方的避让措施。

2. 雾中导航的其他辅助方法

雾中航行,当船舶在某种情况下无法得到一定精度的船位时,可利用回声测深仪进行测深辨位和导航,充分利用有利的等深线,如 200m 等深线或者离岸一定距离的数倍于本船吃水的等深线作为警戒线,也可利用逐点航法等辅助手段,它们的具体内容参见附篇第七章。

第二节　冰区航行

冰对航海的影响是很大的。在冰区航行,对船舶操纵、航行定位和确保航行安全,都造成相当大的困难。

在我国北部沿海,每年 11 月到次年的 4 月,由于受西伯利亚寒冷的高气压的影响,气温大大降低。在营口,冬季会因冰冻而封港;新港在 1~2 月经常发生严重的冰冻现象;冬季在渤海湾内可能有漂浮的冰块,影响船舶的安全航行。随着我国船舶航区的不断扩大,要求我们对世界范围内的冰区情况、冰区航行特点和规律,有更多的了解。

一、冰区航行的特点和注意事项

1. 冰区航行的特点

在冰区航行,常常不得不经常改变航向航速,而且在许多情况下无法使用一般的计程仪。有时在高纬航区,特别是当船舶频繁转向的情况下,罗经工作的可靠性也有较大的降低。此外,在冰区对风流压差的测定也非常困难。因此,冰区航行常常无法正常准确地进行航迹推算。

由于结冰可能使岸形的雷达回波发生变化,水上标志被迫撤除,无线电波传播和大气折射异常,使陆标定位、电子定位,以及天文定位都会产生困难。

有冰,往往伴随着能见度降低。此外,在冰区航行时,为了特别注意保证船体的安全,为了观察瞭望周围的航行环境和采取必要的操纵措施,会占去驾驶员很大的精力,因此,要求船舶驾驶人员具有快速定位和计算的基本知识与技能。

2. 接近冰区的预兆

流冰的区域很大,主要是随风漂流,也受潮流和海流的影响。流冰的移动速度约为风速的2%,在北半球,其移动方向约在下风侧偏右30°~40°之间。

在航行中可使用雷达观测流冰接近的情况。但是小块流冰,在平静海面上高度小于0.3m的冰块,雷达较难发现。有风浪时,海浪干扰回波与冰块的回波也不易辨别。所以,还要借助其他方法判断冰区的接近。例如,在冰区方向的云中出现灰白色的反光;在冰区边缘伴有薄雾带;连续测量水温有下降趋势;在上风没有陆地的情况下,波浪突然减弱,波高2~3m的波浪,距冰区1000m之内时,便会明显消失;发现零星的碎冰,可能在接近冰区;附近没有陆地,但出现许多海象等动物和鸟类,可以断定已接近冰区。

冰山是流到海上的陆冰。除南北两极海区外,只有北大西洋的冰山对航行有较大的危险。冰山通常高达数十米,长百余米,有的表面平坦,有的呈尖塔形。冰山的吃水深度,约为水面高度的1~2倍,而其水上和水下部分的体积比例,视其比重而定。

设冰山的相对密度为0.9,海水的相对密度为1.03,冰山全体积为V,水上部分体积为v,水下部分体积则为$V-v$(图4-4-1),于是有:

$$0.9V = 1.03(V-v)$$
$$V = 8v$$

即,冰山水上和水下体积比约为1:7。

图4-4-1　冰山

利用雷达可以发现冰山,但是由于冰山形状、反射电磁波的特性等原因,小冰山也难以发现,甚至长200余米,高50~60m的较平坦冰山,有时在3n mile时才被雷达发现。

晴朗的白天,眼高20m(如在前桅瞭望),目视观测可于18n mile发现大冰山。夜间可于1~2n mile望见冰山的暗影。

装有声纳的船舶,可使用声纳探测冰山的水下部分,接近时,应注意防止船舶触底。

我国渤海湾内漂流到海中的厚冰堆积带,形成一个大冰排,有的长达0.5n mile以上,厚度达0.3~0.6m,高达1~2m。岸边厚冰堆积区碎裂后漂流到海中或厚冰堆积带在漂流中碎裂,形似小冰山。由于它夹杂有岸边泥沙成分,比重较大,水上水下部分的比例类似冰山,常见于渤海湾内和渤海海峡一带,厚冰堆积带和这种漂浮的"小冰山",对航行威胁较大,亦应注意及时预先发现。

3. 冰区航行的注意事项

1)要做好进入冰区航行的准备工作

船舶如果可以不过冰区的就不要过冰区,在一定要通过冰区的情况下,事前应做好各项准备工作,这是保证冰区航行安全的前提。

（1）做好防冻和必要的检查工作。冰区航行虽不常见，但遇到冰区时常对困难估计不足。在防冻防寒方面，除了将室外管路中的残水放尽，启动设备前要预热外，还应对外部内部的液压系统、水系统、电力系统、吊货设备、系缆设备、锚设备、救生消防设备等做好防护工作。该加罩的要加罩，该疏通的要疏通，能移动的要移至室内。例如某轮的甲板淡水管由于放水阀堵死，主管人员未引起重视，致使管内的水结冰使水管胀裂爆炸。压载水不能满舱，可至舱容的90%，以防水冰冻而胀裂船体。仔细检查主机和操舵系统，确保其工作正常。检查助航设备和通信设备，检查雷达等，均应有良好的工作状态。

（2）为了加强航行中的瞭望，船头、船尾和驾驶台应设置探照灯，这在夜间为及时探明冰情，是很有必要的。为了以防万一，要注意准备好各种御寒和堵漏器材，关闭水密门窗。

（3）了解冰情。冰区航行的可能性，要看冰量、冰质及本船条件而定。冰量是指流冰的密集程度，用视界内流冰占海面面积的十分比表示。通常冰量在6/10以下，冰厚在30cm时还可以航行。

（4）掌握好进入冰区前的准确船位，它是进行冰区推算和定位的基础。

（5）调整好吃水和吃水差

一般应尽可能增大船舶吃水，使其具有较好的破冰能力，提高稳性并保护螺旋桨和舵使其处于深水不受损伤。因此，对于重载船，可保持约尾倾1m的前后吃水差；对于轻载船，应视具体情况调整吃水差，最好使舵叶和螺旋桨能在水下0.5~0.7m以上，吃水差1.5~2m。

2）保持适当的航速

当船舶接近冰区时，要用慢车，以船首柱正对冰缘，直角驶入选定的进路。冰区航行，必须根据冰量、冰质、本船的船型结构及实际强度，谨慎决定航速，特别是旧船，更要慎重。冰区航行用过高的船速，往往导致船体损伤，若船速过低，又降低舵效。某些介绍冰区航行经验的资料中提出，冰量为4/10时，可用8kn速度；冰量每增加1/10，速度减少1kn，当冰量大于7/10~8/10时，速度不应大于5kn。在前进中遇到大冰块时，应使用更慢的速度，以保证车、舵和船体安全。冰区转向时，避免用大舵角。

3）选择有利的冰中航路

（1）冰区航行，在大范围内可参考冰情资料选择推荐航线。而在具体航区，则必须在冰量少、冰质弱或在冰裂缝中航行。这时可开启雷达，及早发现冰中比较清爽的水域，以利前进。

（2）船舶应从下风方向接近冰区，且应选择在冰的凹陷处，用很慢的速度，保持船首柱对着冰的边缘，直角进入，以减少冰对船舶的冲击。一旦船舶接触冰缘后，可适当增加船速以助推船舶破冰前进，也易于控制船舶。

（3）遇到冰山，应在下风避航。夜间或有雾时接近冰山，如果发现距离很近，应特别注意，必要时应待条件转好后再航。遇有冰山和碎冰互相接近运动时，应尽快避开，以防止被围困产生危险。而在大风浪天气发现有碎冰集结时，亦应在下风航行。

（4）当必须自行破冰，即一面撞冰，一面前进时，往往用进车和倒车。但冰区航行一般不宜倒车，非要倒车时要特别注意保护车、舵、船体不受损伤。

（5）跟随破冰船航行时，应注意与前船保持2~3倍船长的距离，保持与破冰船的通讯联系。

（6）尽量避免在冰区抛锚。当必须抛锚时，若有条件应与有关方（如港方）联系，以便获得指定锚位。否则,应选择在冰量较少、冰层较薄处抛锚,锚链长度一般不要超过水深的 2 倍。抛锚前应准确测定风力、流向,控制好船速,抛锚时尽可能不用倒车。锚泊期间要勤测锚位,船舶受冰的挤压极易引起走锚。

二、冰区航行定位

冰区航行为了适应可航的冰路情况和保证船体安全,往往会经常改变航向和航速,这给航迹推算带来很大困难,甚至使推算船位的精度失去意义。因此,冰区航行时应尽可能采用各种定位方法来求得观测船位。

冰区航行定位,必须注意海区的特点。有陆标时,可用陆标定位和雷达定位,还可根据条件选用天文定位、无线电定位和卫星定位。对于天文定位和无线电定位,由于冰区蒙气差的异常折射和无线电波的异常传播,对所求的船位不可过于信赖。

如果船上有卫导接收机和惯导系统,则可用于冰区定位和推算。

在高纬度冰区航行时,由于海图的准确度较低,加之罗经工作的不稳性,无论推算或定位,都应予以充分注意。在冰区航行时,回声测深仪应连续工作,以注意观察水深的异常变化。在测深点较密的冰区航行时,亦可通过测深来辨别船位。

三、冰情资料

为了有把握地在冰区航行,事前全面分析有关的冰情资料,及时接收和分析当时的冰情报告,是非常必要的。冰情资料有许多种,例如:

(1)有关的航路指南;

(2)按月份出版的北极海区、西北大西洋和北太平洋的冰情图(Monthly ice charts);

(3)北半球冰区图册(Ice atlas of the northern hemisphere);

(4)北大西洋引航图(Pilot chart of the north Atlantic ocean),英国出版的北大西洋航线每周冰情报告,以及北大西洋航路设计图(North Atlantic routeing charts)等。

从《世界大洋航路》中,亦可查找到有关冰区推荐航路。

在《无线电信号表》第Ⅲ卷中载有"无线电航海警告和冰情报告"(Radio navigational warnings and reports-service details)的有关台站资料,可据此接收北大西洋的无线电冰情报告。

国际冰情监视(International ice patrol),是由美国海岸警卫队的船只和飞机在纽芬兰沿岸附近对流冰和冰山进行的监视。大约每年开始于 2 月末或 3 月初,持续到 6 月末,向船舶通报北大西洋航线纽芬兰大滩(Grand Bank)附近的冰山和流冰情况,在此季节每天两次向船舶播发冰情报告。冰情传真图每天由有关台站发布,必要时还发布特殊的冰情补充报告,卫星照片可显示大冰山的动态。

为了正确使用冰情资料,要了解必要的冰情术语。例如,来往船只的冰情报告中,术语的含义见表4-4-1。

英版《航海员手册》(The mariners handbook)专门叙述了有关冰区航行的知识。其中介绍了一些冰的术语(GLOSSARY OF ICE TERMS),按英文字母顺序排列,并对每一条术语做了解释,在阅读冰情资料和冰情报告时,可参考之。此外,该章对海冰、冰山、冰区操作、冰区导航等内容,也做了些介绍。为了帮助理解冰情术语、正确使用冰情报告,《航海员手册》还印有近 40

幅各种冰况的图片。

表 4-4-1

名　称	高（m）	长（m）	面积（m²）
小块冰（Growler）	1 以下	小于 6	约 20
大块冰（Bergy bit）	1～6	6～15	100～300
小冰山（Small berg）	6～15	15～60	
中冰山（Medium berg）	15～45	60～120	
大冰山（Large berg）	45 以上	120 以上	

我国天津港航道局，每年冬季发布冰凌预报，告知大沽、塘沽、新港、渤海等港口和海面的冰冻情况，共分三级，用代号表示：

代号（1）——航行无阻；

（2）——航行尚宜；

（3）——航行困难。

如遇特殊情况，另行通知。

第三节　岛礁区航行

岛礁区（Rocky waters）航行，系指沿岸岛屿之间的内水道和热带珊瑚岛附近水域内的航行。我国舟山群岛和东南沿海，南海的南沙群岛、西沙群岛、中沙群岛和东沙群岛，以及澳洲东北海岸的珊瑚海，均属著名的珊瑚礁海区。

一、岛礁区航行的特点

在沿岸岛屿之间的航道，多为狭窄、水流急、危险物多，但可供定位和导航的物标一般也较多。珊瑚礁区航行，应了解海区的航行特点，谨慎驾驶，勤测船位，以防触礁。珊瑚礁区的特点是：

1. 没有显著物标

珊瑚礁大都是干出礁，在高潮时可能被淹没，低潮时可能露出，目测和雷达观测有时不易发现。珊瑚岛大都比较低矮，有的岛上长着茂密的椰树林和红树林，由于热带植物生长很快，小岛外形因而变化也很快。即使在能见度良好时，没树的小岛，能见距离只有约 6n mile，有树的小岛，能见距离可达 12～14n mile。在白天能见度良好时，雷达还不如目力看得远。

2. 水深变化大、水流复杂

珊瑚礁壁陡峭，虽离礁很近，但水深却非常深。一般离礁 1500～2000m 处，水深有 800m；离礁 3000m，水深可达 1000m。有的上部露出水面的桌形珊瑚礁，距其 800m 处，水深就有 800m。但是，即使在 1500m 深的珊瑚礁区航行，也并不能认为船离礁很远就很安全，也有可能水深突然变浅而导致触礁。珊瑚礁区海流一般未被精确测量，且受季风和潮流的影响较大，流向、流速经常发生变动，再因岛礁区海底崎岖，使水流比较复杂。

3. 白天浅水礁盘的特征

（1）礁盘所在的水天线附近，天空常有反光。晴天该处的水天线及其上空比别处明亮。

若其上空适有白云,在云底呈淡青色。这种反光在面向太阳时不易看出,在背太阳时比较明显。如注意观察,距离 10n mile 时就能发现。

(2)稍有风浪,礁盘边缘即起白浪。由上风方向望去特别明显。能见度良好时,距离 4 ~ 5n mile 即可看到沿礁缘呈一长条滚滚白浪。

(3)礁盘上水呈青绿色,礁盘边缘浅水区呈浅蓝色,与周围海水颜色有显著不同。船舶只要不接近变色海水就无危险。此种大片变色海水,在白天距离 3 ~ 4n mile 即可看到。

二、岛礁区航行的注意事项

岛礁区航行与狭水道航行具有许多共同之处,航行前应充分做好航行计划,航行中也是以目视导航为主。

1. 拟定好航行计划

1)研读资料

航行前仔细研究海图及有关的航海图书资料,选择好各种导标、叠标及转向物标,设计好合适的避险线。在比较困难的航道上,最好多设想几种航行方法以备用。

2)正确选择航线

使用最新的大比例尺海图,海图上测深点稀疏时,应尽量把航线画在测深点上。航线离礁距至少在 5 ~ 6n mile 以上。选定航线以后,还应根据航行时的气象条件和船位观测的难易程度,进行必要的修正。如有风时,应将航线设计在礁盘的上风通过礁区。因为上风侧浪花大,容易发现礁盘。必须通过两礁间的水道时,航线应在两礁间最窄处的岛礁连线的垂直平分线上通过(见图 4-4-2),这样比较安全。

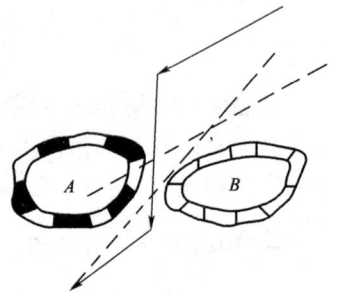

图 4-4-2　航线垂直于两礁连线

3)选择合适的航行时机

礁区航行应选择白天,最好中午前后。在低潮时,太阳在背后高照,海面又有微波,是发现珊瑚礁的最好时机。应避免太阳在岛礁方向且高度较低,海面阳光反射强烈时去接近礁岛。如需夜间经过礁盘,则必须与礁盘保持足够的距离,因在夜间很难辨认礁盘。

2. 航行中加强瞭望,掌握准确船位,密切观察水深的变化

1)加强瞭望

在预计接近礁岛之前,应安排有经验者在桅顶或其他高处协助瞭望。在高处瞭望不仅能及早地发现小船和渔船的可能出现,也更容易发现礁岛上的特殊波纹和浪花。在高处瞭望,很远就能发现水中 5 ~ 7m 的暗礁。即使是孤立的暗礁,只要注意瞭望,有些亦可根据浪花、水色发现暗礁的存在。夜航时,满月晴夜可与白天的观察几乎相同。

当发现礁岛后,应减速认真辨认,绝不能在没有准确船位的情况下去接近礁岛。

2)掌握准确船位

在岛屿间航行,可充分利用方位、距离避险线避离危险。其中使用叠标避险线,即两物标(如山头、小岛等)的开门和关门的机会更多。如图 4-4-3 所示,船在航行中从 A 至 B,只要注意保持 A 岛南端方位大于图中虚线的方位,即可避离 B 岛南方的危险。航行至 B 岛附近时,看 B

和 C 两小岛先是前后重叠的,当两小岛开门,即观测两小岛边缘开始错开时,则表明船已通过左舷的暗礁,可以转向继续航行。

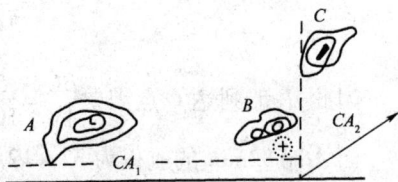

图 4-4-3 避险和转向

热带海域水下多珊瑚礁,海流和潮流复杂,又是热带低气压的发源地。而且这些海区的水文气象观测站少,缺乏航海资料,航标也少,陆标定位条件往往较差。因而即使有 GPS 这样的高精度定位系统,也不应忽略测天与其他方法定位,甚至利用单一位置线,以确保航行安全。注意推算的准确度,是掌握船位的重要依据,同时应根据准确的观测船位随时修正推算船位。水深 100m 内未经扫海的地区,多有不明暗礁存在。一旦船舶遇险触礁,受波浪冲击,破损会不断扩大,附近往往又没有援救力量,后果是十分严重的。

3)密切观察水深的变化

岛礁区海底崎岖,水深往往从几百米迅速减至几十米,应注意经常测深,观察水深的变化。在水深急剧变浅时,应慢车、停车或倒车,仔细观察水色,以防触礁。

太平洋的一些礁区岛屿海域,可参考水的颜色估计水深。水深 1m 呈淡褐色,2m 以内呈绿中带棕色,5m 以内呈绿中带黄色,10m 呈绿中带青色,15m 呈青带白色,20m 呈青色,30m 以外呈紫青色等等。

第四节　相对运动

航海上常遇到的避台航行、接近遇难船航行、或军事上的编队航行等都属于船舶相对运动。解算船舶相对运动有以下方法:

1. 作绝对运动图

它是根据各自的运动要素,分别画出各自的运动轨迹,然后从绝对运动图上解算出答案。

2. 作相对运动图

它的作图方法是:

(1)画出相互位置关系;

(2)画出相对运动矢量,即两个运动物体要求达到的综合结果;

(3)在我船处按"自始反航向终连"的口诀,作相对运动矢量三角形,求我船应该采取的运动矢量。

作运动矢量三角形时,应注意选用适当的比例尺,如比例尺太小会影响作图精度,可放大作 3～5 小时的运动矢量三角形,即将运动矢量三角形放大 3～5 倍,以提高作图精度。

例 4-4-1:A 船在 B 船南面 10n mile 处,A 船 TC 030°、12 kn,B 船 TC 100°、10 kn,求 B 船过 A 船船首时离 A 船的距离。

解:按题意作图 4-4-4 绝对运动图。从图中知道:

$$\frac{10'}{\sin 70°} = \frac{BC}{\sin 30°} = \frac{AC}{\sin 80°}$$

$$\therefore \quad BC = \frac{10\sin 30°}{\sin 70°} = 5'.32$$

$$AC = \frac{10\sin80°}{\sin70°} = 10'.48$$

因此,B 船到达 C 点需要 $\frac{BC}{V_B} = \frac{5'.32}{10(\mathrm{kn})} = 32\mathrm{min}$。

而 A 船 32min 的航程为 $32 \times 12 = 6'.4$。

所以,32min 后 B 船过 A 船船首时两船相距 10'.48-6'.4 = 4'.08

例 4-4-2:A 船船速 20kn,TC 045°,在左舷 55°距离 12'.5 处的 B 船 TC 280°,船速 12 kn,要求 A 船 1.5 小时到达 B 船正前方 2n mile 处。试求 A 船的航向? 应采取的速度?

解:(1)按题意作图 4-4-5 绝对运动图:

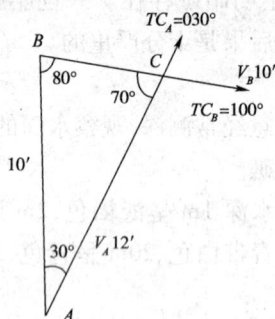

图 4-4-4　绝对运动作图　　　　图 4-4-5　相对和绝对运动作图

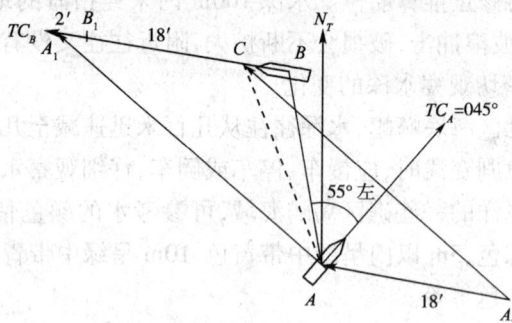

B 船 1.5 小时后到达 B_1 点($BB_1 = 18'$)

要求 1.5 小时后 A 船到达 A_1 点($A_1B_1 = 2'$)

则 AA_1 即 A 船 1.5 小时的运动矢量,从图中量得约为 306°.26'.8,即 A 船航向应为 306°,应采用的航速为:26'.8/1.5 = 17.6kn。

(2)若作相对运动图解,答案是相同的:

图 4-4-5,在 BB_1 上取 $BC = 2'$,则 AC 为两船 1.5h 的相对运动矢量,按"自始反航向终连"方法,自 A 点作 AA_2 矢量等于 1.5h 的 B 船反航向矢量 100°、18'。最后连接 A_2C 即 A 船 1.5h 的运动矢量,因 CA_1 平行且等于 AA_2,所以,AA_1 与 A_2C 平行且等长。

例 4-4-3:某轮 TC180°,V16kn,0940 得知一台风位于 195°、距离 120n mile 处,该台风正以 10kn 向 300°方向移动。如果该船 V 不变,问:

(1)应采用什么 TC 才能在台风东侧距台风中心 $D_{CPA} = 80$n mile 通过?

(2)T_{CPA} 为多少?

解:(1)按题意作图 4-4-6 相对运动图,A 为某船,O 为台风中心,方位195°、距离120'。以 O 为圆心,80'为半径作圆,由 A 作 AB 切与圆的东侧,切点 B 为 CPA 点。

(2)自 A 作台风 2 小时反航矢量 120°、20'得 C 点,以 C 为圆心,2 小时船速 32'为半径作圆弧交 AB 相对运动矢量于 D 点,则 CD 方向即该船应驶之航向 TC,可量得为 174°。而到达 CPA 点 B 的时间为:

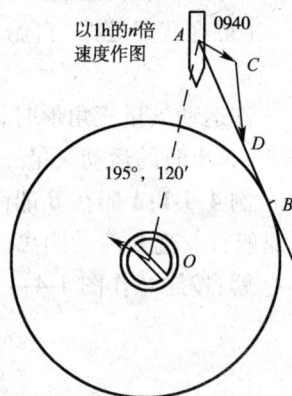

图 4-4-6　避台作图

$$\frac{AB}{V_{AB}} = \frac{89.44}{23.5} = 3\text{h}48\text{min}$$

$$\therefore \quad T_{CPA} = 0940 + 0348 = 1328$$

习　题

选择题

1.雾中航行,每一船舶必须(　　)。

　　A. 缓速行驶　　　　　　　　　　　B. 减速行驶

　　C. 以安全航速航行　　　　　　　　D. 以能维持舵效的最小航速航行

2.下列雾航措施中,(　　)是错误的。

　　A. 通知机舱备车,采用安全航速　　B. 开启VHF,按章施放雾号

　　C. 开启雷达,必要时增派瞭望人员　D. 保持肃静,关闭所有驾驶台的门窗

3.下列关于船舶沿岸雾航的说法中,何者正确(　　)。

　　A. 应尽可能使航线与岸线总趋势平行

　　B. 主要使用雷达瞭望,目视瞭望是次要的

　　C. 利用单一位置线对保证船舶航行安全没有帮助

　　D. 雾中航行,能否听到他船雾号,是判断是否存在航行危险的关键

4.雾航连续测深辨位时,影响辨位准确度的最主要因素是(　　)。

　　A. 潮高改正　　　　　　　　　　　B. 测深仪误差的改正

　　C. 测深次数的多少　　　　　　　　D. 航线与等深线的交角

5.下列关于等深线用途的说法中,何者是错误的(　　)。

　　A. 等深线可用于避险　　　　　　　B. 等深线可用于导航

　　C. 等深线可用于来缩小概率船位区　D. 等深线可用于来测定仪器误差

6.冰区航行,由破冰船引航时,与前船之间的距离应保持在(　　)。

　　A. 1n mile以上　　B. 1倍船长左右　　C. 2～3倍的船长　　D. 5倍船长左右

7.下列接近冰区的征兆中,(　　)最不可靠。

　　A. 出现灰白色反光或薄雾带　　　　B. 远离陆地,波浪突然减弱

　　C. 附近无陆地,出现海象等动物和鸟类　　D. 水温下降

8.冰区航行,船舶应尽可能从冰区的(　　)方向接近冰区,并尽量选择在冰块的(　　)处用慢速直角驶入。

　　A. 上风;凹陷　　　B. 上风;突出　　　C. 下风;凹陷　　　D. 下风;突出

9.冰区航行,遇到冰山时应及早在(　　)保持适当距离避离,如果在大风浪天气发现有碎冰集结时,应在(　　)航行。

　　A.上风;上风　　　B. 下风;下风　　　C. 上风;下风　　　D. 下风;上风

10.冰区航行,主要的定位手段为(　　)。

　　A.无线电导航仪器定位　　　　　　B.天文定位

C. 陆标定位　　　　　　　　　　D. 移线定位

11. 冰区航行,如果船舶不得不进入冰区时,应(　　　),并且保持船首与冰区边缘成
(　　　)驶入。

    A. 快速;尽可能小的角度　　　　　B. 快速;直角

    C. 慢速;直角　　　　　　　　　　D. 慢速;尽可能小的角度

12. 冰区航行,应采用适当的安全航速,通常应采用(　　　)的航速。

    A. 3～5kn　　　　　　　　　　　B. 2～3kn

    C. 维持舵效的最低航速　　　　　D. A＋C

13. 冰区航行的可能性取决于冰量、冰质及本船条件,通常冰量在(　　　)以下、冰厚在
(　　　)时尚可航行。

    A. 4/10;30cm　　　　B. 6/10;50cm　　　　C. 4/10;50cm　　　　D. 6/10;30cm

14. 船舶进入冰区以前,应适当调整本船的吃水和吃水差,通常应尽可能(　　　)吃水,并
保持 1.0～1.5m 的(　　　)。

    A. 增加;尾倾　　　B. 增加;首倾　　　C. 减少;首倾　　　D. 减少;尾倾

15. 岛礁区航行,应选择在低潮、背向太阳,太阳高度(　　　)时,从珊瑚礁的(　　　)方向
通过。

    A. 较高;上风　　　B. 较高;下风　　　C. 较低;上风　　　D. 较低;下风

16. 岛礁区航行,通过珊瑚礁的最有利时机是微风、(　　　)和(　　　)时。

    A. 高潮;面向太阳　　　　　　　　B. 高潮;背向太阳

    C. 低潮;面向太阳　　　　　　　　D. 低潮;背向太阳

第五章　航行计划和航海日志

第一节　航 行 计 划

一、拟定航行计划的步骤

就制定航行计划的整个过程讲,应包括船舶在起讫港泊位间的整个进程,要做到:开航前,做好准备工作,作出周密细致的航行计划,作计划时留有余地;航行中,要督促驾驶员认真执行航行计划,必要时可对其作出修正;航次结束后,应认真总结经验,对航行计划进行必要的评价。

船舶在接到航次命令后,应立即作好各种准备工作,如装、卸货工作,船舶设备和物料的置备工作,人员、证书和船舶文件的配备工作,但最为重要的是在开航之前必须做好周密的航行计划,特别是远航或到一个陌生的海域、港口。

在制定航行计划时,首先考虑的是航行安全,其次才是缩短航程、节约燃料和减少航时等问题。制定航行计划的步骤是:

1.研究航海图书资料

(1)航线资料:大洋航线可研究世界大洋航路、航路设计图、气候图、洋流图、大洋航行图等;沿岸及进出口航线可研究航路指南、无线电信号表第六卷、沿岸航行图、港湾图等。从中选择一条安全经济的计划航线。

(2)港口及进出口水道的资料:查阅港泊图、港章、进港指南、港口介绍和航路指南等,了解港口的地形、航道、锚地、泊位、引航制度和拖轮情况、通讯和信号、进港手续和要求、装卸设备和工班、物料供应能力和船舶代理等。

(3)水文气象资料:查阅气候图、洋流图、世界大洋航路、航路设计图、气象预报、潮汐表和潮流图等,了解水文气象条件、可能遇到的灾害性天气,可以利用的风流等。

(4)航标和导航设施:查阅海图、灯标表和无线电信号表第二卷等,了解航区内的助航设施,浮标制度、灯塔灯质、雷达航标和各种定位系统等。

(5)沿岸危险航区与渔区:参阅海图和航路指南,了解近岸航行危险区域、禁区、船舶交汇点和渔区渔具的情况。

(6)地方性规则:查阅航路指南和有关规定,了解航区中的特殊要求,如海上交通安全法规、通航分隔航路、内河避碰规则、渔船特殊信号等。

2.初选航线,估算航行时间

(1)选定计划航线:在掌握上述航海资料的基础上,根据自己的航海经验选定进出口航线、沿岸航线和大洋航线。

(2)初画航线:先在小比例尺海图上画出计划航线,求出概略航程。

(3)确定船速:并考虑水文气象条件估计实际航速。

(4)估算航行时间:根据概略航程和估计的实际航速,估算航行所需时间。初步确定进出港和通过重要航段的时刻。

3.绘画计划航线

(1)检查初选的航线,并作必要的调整。

(2)绘画计划航线,并列出航线表:对于进出港航线、狭水道航线,应绘画在最大比例尺的港泊图上;对于沿岸航线,可选用适当比例尺的沿岸航行图绘画;而大洋航线,一般只能绘画在较小比例尺的航行图上,但若大洋航行图的比例尺过小,可另外使用适当比例尺的空白图绘画航线,以备大洋航行定位使用。计划航线画好后,准确量出各段航线的计划航向和航程,作好航线标注,列出航线表。

(3)计算准确的航行时间,确定进出港和通过重要转向点的时刻。

(4)拟定重要航段和可能遭遇到灾害性天气时的航行措施。

二、拟定航行计划的内容

1.图书资料的准备和改正

应备齐包括有关港口、航线、水文气象、航标、港章和地方性航行规则等全部图书资料,并根据航海通告认真改正到使用之日。

2.人员配备、各种助航仪器、物料等的准备

船舶领导对所属船员的适航状况要特别关心,对出航人员的政治、业务素质要心中有数;助航设备的完备状态,是保证执行航行计划的必要条件之一,应根据平时的工作记录,进行必要的检修,必要时对磁罗经等仪器进行校差,编制新的自差表;食品、物料配件、淡水、燃油的准备,根据中途有无补给港考虑一定的储备量;对装卸工作,船货情况要充分了解。

3.设计和绘画航线

航线设计是航行计划的重要组成部分,设计航线的原则是安全和经济。根据所掌握的海区信息和本船或他船的航行经验,结合本船的船型、吃水、性能、定位条件、船员素质和航线的气象水文条件等因素,尤其要注意气象预报的风向、风速、波向、浪高、水流、大雨和暴风对计划航线的影响。中高纬度跨越经差较大的长航线,可考虑是否采用大圆航线、混合气象定线等。经反复推敲,在保证安全和经济的前提下确定计划航线。设计和绘画航线时至少应考虑以下因素:

(1)本船条件:

①续航力。指本船在不靠泊不补给的情况下能航行的距离。主要考虑:主、辅机续航力;燃料、淡水(生活及辅机锅炉冷却等用)、食物、备品等。

②航区限制。如本船船级的航区限制、船员适任证书中的航区限制、保险条款中的航区限制等。

③船舶尺度、船舶装备。若本船不符合某些区域的船舶尺度限制,或未配备过某些运河的规定装备等,航线就不能设计通过这些区域。

④船舶、船员的技术状态。船舶年久或失修、船员的业务技术水平不理想,可考虑选择风险小的航线。

⑤载货状况。载重的不同,载货性质的不同(如甲板货、活口货等)以及船舶的封舱和货物的系固等,都应考虑。

(2)气象水文条件。

(3)水下障碍物、未精测的水域、浅点、复杂水域等,有条件时应避开。对于暗礁、浅滩、孤立障碍物多或因渔汛期渔船密集的海区,可考虑设计绕航航线,这样增加航程不多,而对安全明显有利。

(4)限制区域。禁航区或其他限制区域是应该避开的区域;军事演习区一般不应进入,但在非演习期间也可进入,但必须注意加强瞭望和收听航行警告,保证航经该区域是安全的;水下电缆与管道区,可以航行,但应避免在其附近0.25n mile内锚泊;航线通过架空电缆或桥梁时,需要考虑潮汐的影响、船舶在水面上的高度、净空高度的起算面以及是否具有足够的富余高度和安全水深,富余高度等的考虑应留有余地;海上石油开采区设施的位置可能会有变更,应注意航海通告与收听航行警告。在航线设计中,对这些设施的最小通过距离应在1.5 n mile以上或应在已标明的安全区之外画航线;对于历史性与危险性沉船禁区,一般不应驶入,航经其外围时也应注意水深;有关公约规定的航行限制区域也属禁航区域,不应驶入。

(5)分道通航制水域。分道通航制(TSS)一般是强制性的,在海图及相关资料上也有明确标示,在设计航线时应注意以下几点:

①过境船舶不应将航线画在沿岸通航带或分隔带内。

②航线进出通航分道时,应与分道内的船舶总流向成尽可能小的角度。分道内的航线转向应与分道的走向保持一致,分道端部的转向点,若条件许可,尽量设计在离分道口稍远的地方,这样可避免与进出通航分道的船舶可能形成交会的局面。

③一般应将航线画在通航分道的中线上。但若只有分隔线或分隔带较窄时,应在离分隔带稍远处画航线,以避免来往船舶的航线间隔太近。

④如果航线需要穿越通航分道,则应尽量以直角画出,且避免将这样的航线画在通航分道的端部或其附近,也避免画在警戒区内、通航分道的汇合区、环形航道区域或附近。

⑤深水航路是供深吃水或限于吃水船使用的。非此类船舶不应将航线画在深水航路上。

⑥避航区是针对某类船舶或全部船舶的。在绘画航线时,应对此了解清楚,安全避离。

(6)推荐航线和习惯航线的使用。当海图上或图书资料中有明确的推荐航线,应采用之,但若照搬使用可能不足取。在大洋航行中,可将航线设计在这些推荐航线的右侧5~7n mile外;沿岸航行,若安全许可,右舷近岸的船舶将航线设计在推荐航线上,左舷近岸的船舶可将航线设计在推荐航线的右侧2~4n mile处。这样的航线设计对航行安全是非常有利的。

(7)载重线区域。航线航经国际载重线公约规定的区域时,必须考虑到到达这些区域时的本船吃水应满足规定的要求。

4.确定进出港和通过重要航段或物标的时机

进出潮流较强的港口,应考虑潮时。还应结合港章的具体规定,尽可能选在中午之前进港。如果锚泊船进港或驶往港口纵深地段的码头,应考虑在时间上留有充分余地。挂靠中途港时,应将旅客上下,货物装卸,补充燃料、淡水和食物等时间估算进去。

航经特别困难的狭窄水道,应避免夜间通过,必须通过时,要加强值班。必要时,应对因减速或候潮所耽误的时间有思想准备。深吃水的船舶通过拦江沙时,应估计必要的候潮时间。

通过障碍物多的海区,应事前计划好多种避险措施。热带气旋盛行的季节,还应做好避风航线准备。通过重要的转向点,应尽可能具有获得准确船位的条件。

5. 预算时间

任何一个航行计划,时间均是应考虑的一个重要因素。考虑到船上的生活作息方便,以及通过重要航区的昼夜区别,航行中应执行时区制。在海上,将所经时区列表备查,届时根据船长指示拨钟。港口所使用的时间,一般是所属国家或地区的标准时或夏令时等,应预先在《无线电信号表》第二卷中查明,列表备用。

对于西行或东行的船舶,预算总航行时间时,应注意因拨钟而减少或增加的时间。

经过狭水道,进中途港或目的港时,应根据驶抵时间推算潮汐和潮流情况。

在预算到达时间上,应留有余地,以便发生意外情况时,有回旋余地。

6. 大圆航行

以 300~500n mile 的间隔确定分点,求出分段的航向,量出航程,并列表备查。

三、航行计划参考表格

1. 航海图(表4-5-1)

表4-5-1

编号	图号	图名	比例尺	出版日期	新版日期	备注

2. 参考用图(表4-5-2)

表4-5-2

编号	图号	图名	比例尺	出版日期	新版日期	备注

3. 书表(表4-5-3)

表4-5-3

NP. NO.	名　　称	年　份	版　别

4. 航线表(表4-5-4)

表4-5-4

编号	φ,λ	Z. T. (ZD)	CA	S	累计航程	剩余航程	海图图号	重要记事
0								
1								

5. 通过重要物标或转向点纪要(表4-5-5)

表4-5-5

编号	物 标 名 称	位置	特点(形状、灯质等)	初见			正横			备注
				D	T	TB	D	T	TB	

四、拟定航行计划的注意事项

拟定航行计划的过程,就是船舶出航前的航海准备过程,必须认真、周密、仔细对待。目前,由于大型集装箱船、滚装船以及油船等的大量发展,港口装卸设备的不断现代化,使船舶的航次营运周期越来越短。因此拟定航行计划时应考虑这些新情况,力求拟定的航行计划措施适当、时间准确、切实可行。

在执行中应根据实际情况及时修改航行计划。开航前拟定的航行计划,在执行过程中大多会与实际情况有所差异。但是不能因为实际情况会有变化,因而忽视拟定航行计划工作本身的重要性。否则将使航行处于无准备状态,这是很危险的。当遇有意外的灾害性天气、水文气象条件估计不足或预报不准、船舶本身发生故障等等,必须根据变化后的情况修改计划,甚至重新拟定计划。当然,对于长航线,可以在有了航行计划的总轮廓之后,先把计划的前一段定具体些,而后在航行过程中逐步充实计划的下一段内容。

对于缺乏经验的新驾驶员,船长更应督促他们认真对待航行计划。除负责航线工作的驾驶员外,还应要求其他驾驶员仔细研究航行计划,以利在航行过程中彼此互相协同合作。

第二节 航 海 日 志

填写航海日志(Log book)是值班驾驶员的重要职责之一。在值班期间,驾驶员应对船舶航行或停泊活动保持完整的记录。

航海日志的作用,是积累资料,反映船舶运输生产过程及其指标的原始记录和统计资料,也是分析总结经验时不可缺少的重要依据。发生事故后,航海日志是分析事故原因,作出符合实际判断与处理的法律依据。因此,航海日志属于船舶的法定文件。

一、《航海日志》的格式和记载内容

《航海日志》的填写内容包括:开航前的设备检查及其结果,如车、舵设备检查等;航行中的与海图作业有关的内容及用以保证航行安全而进行的观测、计算结果和采取的措施等;停泊时的生产和其他有关的活动等;另外诸如海难、救助,人员的伤亡、出生,航线的变更,主要船员职务的变化,消防、救生演习等。

《航海日志》的记录页分为左页和右页,左页有航行记录,气象海况记录,舱水测量记录和中午统计等四个部分;右页有记事栏和重大记事栏两个部分。

1. 左页填写的内容

1)航行记录

航行记录每班必须记录一次,此外,每当航向、罗经差、风流压差等有变动时,均应增加记录。但如航向、船速变动频繁时,可记"船长(或引航员)领航,航向、船速不定"。其具体项目是:

①罗经航向(陀螺航向和标准罗经航向);

②陀螺罗经差和标准罗经差;

③真航向;

④风流压差;

⑤计划航迹向 CA;

⑥计程仪读数,精确到 0.1n mile;

⑦实测航速,根据实测船位求得的平均航速;

⑧推进器转数,如转数变化频繁时,可记"不定"。

2)气象、海况记录

气象、海况,航行中每班交班时记录一次,停泊中每日 0800,1200 和 1600 各记录一次。必要时(如遇恶劣天气或天气突变)应增加观测和记录次数。记录项目有:

①天气现象,记符号;

②能见度,记等级;

③气压;

④气温,室外摄氏温度;

⑤海水温度,摄氏温度;

⑥风向及风级;

⑦云状及云量;

⑧波浪、涌浪及等级。

3)舱水测量记录

正常情况下,压载水舱及污水沟由木匠每日 0800 和 1600 各测量一次,必要时可增加测量次数,淡水舱每日 0800 测量一次,大副应及时将舱水测量数据填入航海日志。

4)中午统计记录

每日中午由二副统计填入。主要内容有:中午 1200 的船位;累计航程、剩余航程;油、水存量等。

2. 右页填写的内容

无论航行、停泊或修理,凡有关船舶的动态、货物装卸情况、航行措施、前后吃水、船位、天气海况等一切现象和动作,值班驾驶员均应按时间顺序逐行详细填写;交班时应紧接本班填写内容之后签字以示负责。

1)记事栏填写

(1)开航前:

①对影响航行安全的主要航行设备的校对与检查结果,船舶首、尾吃水。

②装卸货完毕时间、载货数量、类别,燃油、淡水、压载水存量,进出口办理手续的单位、人数、登船、离船时间及结果。

(2)靠、离泊位:

①系上第一根缆和靠妥泊位的时间,开始解缆和解掉最后一根缆的时间;抛锚(写明左或右锚)的时间及链长、锚抛妥或开始起锚及锚离底的时间。

②泊位名称、水深、底质等。

③引航船船名及靠离时间,引航员上下船时间及地点;拖轮的船名、靠妥与系妥缆绳和解拖时间、主要动态等。

④备车、完车或定速时间。

(3)航行中:

①船位:GPS船位、天文船位、推算船位和交接班船位记准确到0′.1的船位经纬度。陆标船位和雷达船位,应记原始观测数据,若出现较大船位差时,应记其方向和距离及采取的措施。

②初见陆标及时间、方位和距离;或途经重要的岬角、灯塔或灯浮的时间和正横距离。

③进出通航分道的时间、航抵船位报告点的时间。

④改向(代号A/C)时间、船位及计程仪读数。

⑤计程仪开启、停止的时间。

⑥使用或改变风流压差的时间、船位及风向风速、流向流速的数据。

⑦发现对本船安全有影响的来船情况及避让中采取的重要措施和时间。

⑧气象、海况发生突变的时间、船位及按章所采取的措施。

⑨开关航行灯、升降国旗及显示信号的时间。

⑩其他:拨钟时间和数据,经过日界线时间;货舱的检查结果和保管货物的措施;每班巡船检查情况;航道及航标变异,发现漂浮物和其他异常情况;发生海上事故的情况,自救或救助他船(人)的经过、措施和结果等。

(4)停泊中:

①货物装卸开、停工时间、舱号及停工原因,各舱装卸情况,每天0800船舶水尺。

②上下旅客开始和结束的时间,或出现异常情况的原因。

③他船靠离本船时间、原因。

④补给淡水、燃料、物料的时间及数量。

⑤清舱、洗舱,注入或排出压载水的时间、舱号、数量及安全措施。

⑥船舶检验,货舱或货物检验,熏舱消毒。

⑦船舶主要部分及设备的预防检修措施;重要的临时性修理及明火作业时间和内容;船舶厂修时每天开工的主要项目及进度情况。

⑧升降国旗时间,显示号灯号型的起止时间及气象情况。

⑨交接班锚位的陆标方位、距离,或系泊、移泊情况,以及规定的巡船检查情况。

⑩三副、三管轮以上船员调动登离船时间。

2)重大记事栏填写

由船长、大副填写,记载船上非经常性及较重大事件。如:

①发生海上事故、船员伤亡事故、船员严重失职和不守纪律现象;

②对救生、消防器材检查的时间和情况;

③应急演习的时间、地点及经过情况;

④抵、离港货物、燃料、淡水、压载总数及旅客人数、首尾吃水;

⑤上下旅客时间及安全措施；

⑥船长和主要船员调动及交接手续办理完毕的时间；

⑦航海日志填写中有严重错漏的更正。

二、《航海日志》的记载方法

航海日志的记载方法，应按有关航海日志记载及管理规则的要求，严肃认真进行。填写航海日志要求是：

(1)由值班驾驶员负责用青莲铅笔或蓝黑墨水笔填写，无论航行和停泊，均不得中断。记载的内容应语句明确、简明完整、字迹清楚端正，不得含糊其词。根据记载的内容，应当能够完整地反映出当时航行和停泊的主要情况。必要时，事后可根据航海日志的记载重新勾画出当时的航迹和反映当时航行和生产的基本情节。

(2)左、右页均应按时间顺序记载，不得留有空页和空格，每日终了，左、右页同时换新页继续记载。所有缩写和符号，都应按统一规定使用。在航海日志中，应当记载直接测得和直接看到的原始数据，例如应记入罗航向、罗方位、计程仪读数及其改正量，而不记改正后的数据。

(3)对记载中的错误，可用笔划去后改写，而被划掉的字样仍应清晰可见，并在改写的地方由修改人签名，不得用小刀或橡皮擦拭或修补，更不许整页撕掉。交班时，交班驾驶员应在本班记载内容之后签名。

(4)发生海上事故时，应详细记载当时情况，以供事后进行事故分析和处理。决定弃船时，船长必须将航海日志及有关海图随身携带离船，妥善保存，供以后调查之用。

(5)航海日志平时由大副负责管理和保存，船长有检查之责。用完的航海日志，由船上保存3年后交主管部门。

(6)航行中遇有风浪等灾害性天气时，到港后可将航海日志有关内容的正本送有关当局签字认定，作为日后处理可能发生的保险、海损业务的重要根据。

习　题

问答题

1. 拟定航行计划的基本步骤有哪些？

2. 从何处可以查阅到航线资料？

3. 航海日志的作用有哪些？

4. 航行中如何记载航海日志？

5. 当发现记载有错后如何处理？

6. 对记载航海日志有何要求？

第六章 船舶交通管理

第一节 船舶交通管理系统概述

一、船舶交通概述

交通(traffic)是泛指人与载运工具的运动。交通的方式可概括为五种:道路交通、铁路交通、水上交通、空中交通和管道交通。水上交通又称船舶交通(Vessel Traffic)。船舶交通是"船舶行为的总体(ship behaviors as a mass)",即船舶交通是指一定范围水域中的船舶有目的的运动和行为的总和。海上的船舶交通也称海上交通(marine traffic)。

有了船舶交通,就有船舶交通的安全和效率问题。船舶交通管理是对指定水域内船舶的运动与行为总体进行管理。船舶交通管理能有效地保证船舶交通安全,提高船舶交通效率。

船舶交通可分为:港口船舶交通、水道(河道)船舶交通、沿海船舶交通以及宽敞水域的船舶交通。其中港口、河道的船舶交通最复杂,实施船舶交通管理,首先应考虑港口船舶交通的管理。但是,重要水道和沿海某些复杂水域的船舶交通,也是船舶交通管理的重点水域,例如多佛尔海峡、新加坡海峡、东京湾以及我国的成山头、长江口水域等。

二、船舶交通管理系统的含义

1985 年 11 月 20 日,国际海事组织在第 14 届大会上审议并以 A.578(14)号决议通过了船舶交通服务系统指南(Guidelines for Vessel Traffic Service),简称"VTS 指南",从而使船舶交通的研究与管理进入了一个新阶段。

世界各国、各地区的船舶交通管理系统的功能、对船舶交通的管理程度和管理范围并不相同,各自使用的名称也不尽相同,有的称为 VTMS (Vessel Traffic Management System),有的称为 VTS(Vessel Traffic Service)。VTMS 的侧重点是船舶交通的组织与管理,它包括航道、航标、信号、规则以及船舶交通监测等诸多方面的综合管理。VTS 的侧重点是对船舶交通行为的建议和互通信息,其主要内容包括船舶报告系统,给船舶提供航行信息等。考虑到操纵船舶的最后决定权在船长,船舶交通管理系统的功能主要是收集和提供交通信息和危险警报、提供有关建议、协助船舶航行。因此,自 1985 年 IMO 通过了"VTS 指南"之后,各国逐渐统一使用 VTS 这个名称。

但随着船舶交通管理技术的逐渐提高,随着船舶自动识别系统(Automatic Identification System, AIS)的普及和船舶交通信息收集的日趋完善、准确,随着船舶交通管理机构的监管水平的提高,VTMS 有望成为船舶交通管理的主要方式。

所谓船舶交通管理就是指主管机关为促进交通安全、提高交通效率以及保护环境而提供的任何服务。其范围可以从提供简单的情报信息到港口或航道内广泛地实行交通管理。建立船舶交通管理系统的主要理由是在适当水域内协助船舶航行;组织船舶通航从而提高 VTS 区域内的船舶交通效率;处理有关船舶数据;一旦发生海事时参与行动;支援联合行动。

VTS 特别适合于港口的进出航道以及具有下列一种或几种特征的水域:交通密度高;通航船舶载有有毒的或危险货物;航行困难;狭窄水道;环境敏感区。

VTS 的功能可以概括为:

1. 数据收集

(1)用适当的设备,如水文和气象传感器、雷达、VHF 测向仪等,收集有关航道和交通情况的数据;

(2)在指定的海上安全和遇险频道上保持守听值班;

(3)接受船舶报告;

(4)收集有关船体、机器、设备或人员方面的状况报告,以及装载有毒的或危险货物的报告。

2. 数据评估

(1)监视船舶按照国际、国家或地方的要求和规则进行操纵;

(2)说明总的交通情况及其发展趋势;

(3)监测航道情况(水文气象数据、助航设施);

(4)协调信息流以及向有关组织或参加者发送有关的信息;

(5)收集资料供统计用。

3. 信息服务

信息服务是以广播形式在固定的时间或 VTS 中心认为有必要时或应船舶的要求而提供的一种服务。它可包括:

(1)播送有关船舶动态、能见度或他船意图的情报,以便协助所有船舶,包括只能收听 VTS 广播的小船;

(2)与船舶交换有关安全方面的所有信息(航行通告、助航设施状态、气象和水文资料等);

(3)与船舶交换有关交通条件和状况的信息(驶近的船舶或被追越船的动态和意图);

(4)向船舶发布有关航行障碍警告,诸如操纵受限船舶、密集渔船群、小船、其他从事特殊作业的船舶,并提供可供选择航线的信息。

4. 助航

助航是指应船舶要求或 VTS 中心认为有必要时提供的一种服务。可包括对航行困难或处于恶劣气象下的船舶,或出现故障的船舶进行援助。

5. 交通组织管理

交通组织管理是为了避免形成危险局面以及在 VTS 区域保障安全有效地通航而预先规划船舶的动态。它可以以航行计划为基础,内容可包括:

(1)建立和实施船舶通行许可和特定船舶的动态报告,或建立船舶动态顺序;

（2）编排船舶通过特殊区和单向通行水域的动态；

（3）制定应遵循的航线以及限制航速；

（4）指定锚泊地点；

（5）以建议或指示的方式组织船舶通航,如当人命安全或环境或财产需要保护时,要求船舶保持在或驶往安全地点或采取其他适当的措施。

6. 支援联合行动

支援联合行动可包括：

（1）协调信息流,并向 VTS 参加者或有关组织发送有关的信息；

（2）支持与 VTS 主管机关相关联的行动,如引航、港口服务、海上安全、防止与控制污染以及搜索或救助等；

（3）请求救助和应急服务部门采取行动,在适当时,参与这些行动。

三、VTS 的等级

VTS 等级的划分,各国不尽相同。美国有低级到高级（高一级的包含低级的功能）依次分为：船舶驾驶台间的无线电话通信；交通规则；分道通航制；船舶报告系统；基本监测；高级监测；自动化高级监测。

我国分为 0～4 级共五个等级,即：

0 级交通法规管理。对船舶交通进行基本管理：运用港章与航行规则、船舶视觉信号与声号规定、引航制度、分道通航制、限速规定以及监督艇巡逻与现场指挥等方法；

1 级交通信息服务。除 0 级的功能外,还采用船舶报告系统监视船舶交通实况,进行船岸通信,收集、交换与水文气象和船舶交通有关的资料,发布交通信息；

2 级交通监测和危险警告服务。除 0～1 级的功能外,还建立 VTS 中心,监测船舶遵守规则的情况和航道情况,分析与综合各类数据,显示出船舶交通实况。适时地向船舶播送船舶动态、交通条件、船舶避碰与航行障碍等信息；

3 级交通咨询服务。除 0～2 级的功能外,还应船舶的请求或必要时提供服务,包括在航行困难时提供咨询以协助船舶；

4 级交通组织管理。除 0～3 级的功能外,还建立和实施船舶通航许可体制、编排船舶通过特殊水域和单向通行水域的顺序、制定应遵循的航线和限制航速、指定锚泊地点、发送要求船舶停留或驶向安全地点或采取其他措施的建议或指示,必要时实行交通管制。

一个水域要实施何种 VTS 等级,涉及到费用和效益的最佳配合。主要考虑：

（1）港口规模。如货物吞吐量、泊位数量、大船泊位比例等；

（2）交通危险程度。如交通事故损失金额、危险货吞吐量等；

（3）交通量；

（4）航道、环境及气象条件。如航道的宽窄、交叉点的多少、年能见度不良的天数、冰期的长短等。

四、船舶交通管理发展的历史阶段

回顾世界上船舶交通管理及系统的发展,可分为以下几个阶段：

第一阶段:即第一代船舶交通管理系统。19 世纪中后期,从管理运河,如苏伊士运河(1869 年)、基尔运河(1895 年)和巴拿马运河(1914 年)开始建立的船舶交通管理系统。其主要形式为使用引航员、通信和视觉信号。

第二阶段:即第二代船舶交通管理系统。1948 年,世界上第一个实施船舶交通管理的岸基雷达站在英国的利物浦港建立,标志着无线电技术进入了船舶交通管理系统,并在西欧迅速得到推广,对减少船舶交通事故、提高船舶交通效率起了非常积极的作用。

第二代船舶交通管理系统除采用前述的信号指示系统外,为建立岸—船联系,又增加了甚高频无线电话。在航道延伸较长的港口设置雷达链,各雷达站与中心之间建立有线和无线通信。与第一代相比,第二代的目的,除了进一步提高交通效率外,更着重于保证航行安全。同时,管理水域也从港口延伸到外海,或覆盖整个进出口航道直至入海口;此阶段的技术手段是雷达加甚高频无线电话,雷达占主导。

第三阶段:即第三代船舶交通管理系统。随着计算机技术的发展,1972 年美国旧金山建立了具有雷达信息处理系统(Radar data Processing, RDP)和船舶交通数据处理系统(Traffic Data Processing, TDP)的管理系统,并在西欧和日本水域得到了发展和完善。

第三代管理系统以电子计算机为中心,它一般由雷达信号、数据处理、通信以及信息存贮与处理等若干子系统组成。20 世纪 70 年代末、80 年代初,在日本的东京湾、法国的勒阿弗尔、加拿大的温哥华、前苏联的纳霍德卡等港相继建成这种系统,并在海事预控方面取得了相当好的效果。

第三代系统的目的除了保证航行安全、提高交通效率外、还十分重视并力求减少对海洋环境造成的污染及损害。同时,依托计算机技术的发展,管理的强制程度也逐渐加强,管辖水域由港口河川扩展到沿海。技术手段的主要特征是以电子计算机为中心的多种手段的综合,计算机占主导地位,但信息处理与管理也逐渐引起人们的注意。

在这一阶段,海上交通管理的法规建设也提到了议事日程上来。在国际性公约方面,《联合国海洋法公约》、《1972 年国际海上避碰规则》及《IMO 船舶定线制的一般规定》等的出台真正使海上交通管理做到了有法可依、有章可循。同时,一系列重大船舶交通事故的发生促使航运发达国家逐渐强化本国海上交通管理法规的建设。以美国与日本为例,分别制定了"港口和航道安全法"(Ports and water Ways Safety Act)和"海上交通安全法"等。国际海事组织于 1985 年 11 月也通过了"VTS 指南"(Guidelines for Vessel Traffic Service),更标志着世界范围的船舶交通管理的法规建设进入了一个崭新的阶段。

第四阶段:即第四代船舶交通管理系统。数字网络信息技术的出现,使船舶交通管理系统跃上一个新的台阶。进入 20 世纪 90 年代,计算机网络技术的迅猛崛起,基于卫星通讯技术的全球船载自动识别系统 AIS 应运而生,这标志着第四代船舶交通管理系统的来临。

在国际有关组织 IMO(国际海事组织)、IALA(国际航标协会)、ITU(国际电信联盟)、IEC(国际电工委员会)的努力下,从 1992 年开始在国际会议上研讨 AIS 至今,经过的时间不算太长,但已经正式发布了 AIS 的性能标准、技术特性、测试标准、操作指南及各类船舶限期安装 AIS 的决议。

第二节　船舶交通管理系统的组成

从功能上来看,任何 VTS 系统都可认为由 VTS 的组织机构、VTS 的管理对象即使用 VTS 的船舶及通信三部分组成。从 VTS 所包括的硬设备及管理手段来看,VTS 系统可认为由使用 VTS 的船舶,管理船舶所需的硬设备(或称子系统)以及管理 VTS 的软件组成。

一、使用 VTS 的船舶

加入 VTS 的船舶应按照修正后的"1974 年国际海上人命安全公约(SOLAS)"第四、五章的规定安装助航和通信设备。

涉及船舶有效航行与操纵的决定权仍在船长。如果船长是根据惯例或特殊情况而认为必须作出决定,则无论是航行计划还是应 VTS 中心要求或指示改变航行计划都不能取代船长对船舶有效航行与操纵所作的决定。

若 VTS 区域中存在自愿或强制引航,则引航员在该 VTS 中起着重要的作用。引航员的任务是协助船长,包括:操纵船舶;了解有关航行和国家与地方的规则;进行船岸之间的通信(特别是存在语言障碍时)。

所有加入 VTS 的船舶,除非 VTS 机关另有许可,应在 VTS 的适当频道上保持守听值班,守听值班应从起航位置开始。

通常,船舶抵达港口前已由代理提供预计到港时间(ETA)并申请泊位或锚地。当船舶载运危险货物时,应遵守 IMO 海上安全委员会第 299 号(1980 年 12 月发布)通函"危险品在港区中的安全运输、装卸和储存",应明确提供情况并遵守任何适用的地方规则。

加入 VTS 的船舶应根据要求在指定的地点和时间按照规定的格式进行报告。船长应尽可能保证报告准确、及时。未被要求报告的以及由 VTS 提供服务的其他船舶应遵守有关的程序。必要时,在 VTS 程序中应使用 IMO《船舶报告系统的一般规定》(IMO 大会决议 A. 598 (15))所阐明的报告类型和格式(见本章"船舶报告系统"一节)。船舶报告的种类一般包括(但非全部):

1. 航行计划

航行计划通常包括预计到达 VTS 区域的时间和在 VTS 区域内离开泊位或锚地的时间。VTS 主管机关应对所有船舶或特殊船舶按照当地情况指明航行计划中应附加的信息。在特殊情况下,航行计划可根据 VTS 中心的要求予以扩充。

VTS 中心可根据交通形势或特殊情况的需要,建议改变航行计划。

在航行计划得到船舶和 VTS 中心一致同意后,船舶可加入 VTS,并应尽可能保持执行该航行计划。

若特殊情况要求并从海上安全考虑,VTS 中心在说明原因后可要求船舶执行改变后的航行计划,但若船长认为无法执行 VTS 指定的航行计划时,应向 VTS 中心报告其理由。

2. 其他报告

(1)船位报告。如果在航行计划被接受、船舶被识别后,VTS 无法自动进行航迹跟踪,则需要船舶报告其船位以更新船舶动态数据。可以要求船舶在指定地点发送船位报告。

（2）偏航报告（变更报告）。如果船舶无法执行航行计划，则应向 VTS 中心发送偏航报告并与 VTS 中心商定修改航行计划。

（3）最终报告。船舶在驶离 VTS 区域或抵达 VTS 区域内的泊位或锚地时，应发送最终报告。

（4）其他必要的报告。VTS 主管机关规定的其他报告均应遵守 IMO 通过的报告原则。如"故障报告"就是一种，它向 VTS 中心报告船舶的缺陷、损坏、故障和其他限制条件。

当船舶要求协助航行或 VTS 中心认为有必要协助时，VTS 操作人员应保证用最可靠的手段正确地识别船舶、定出船位并获取其他有关信息。在识别船舶和确定船位后，协助航行的信息应以最短时间间隔发送。当船舶不需要航行协助时，应明确通知 VTS 中心。在无障碍的水域，航行协助主要包括向船舶说明周围的交通情况和有关碰撞与搁浅的警告，必要时向船舶建议应采用的航向。在受限水域内，协助航行还包括船位数据（例如，船舶离"基线"或"航路点"的距离）。

二、船舶交通管理系统的硬设备

由于 VTS 包括的范围很广，在不同场合，尽管都使用船舶交通管理系统这一术语，但各自含义并不相同，因而组成 VTS 所需的主要设备和技术要求也不尽相同。就目前的 VTS 而言，其硬设备主要包活：监测子系统、数据处理子系统、信息传输子系统、通信子系统等。

1. 监测子系统

监测子系统是 VTS 的眼睛，它的功能是对 VTS 所辖海区的船舶、浮标等进行搜寻，并将图像信息传输到 VTS 的管理中心（简称 VTS 中心）。目前，国际上所采用的监测子系统主要有两种：VTS 中所使用的雷达（简称雷达子系统或交管雷达）和低照度电视（CCTV/LLTV）。

2. 数据处理子系统

由监测子系统获得的图像信息，必须传输到装有数据处理子系统的 VTS 中心进行处理。与雷达子系统对应的数据处理子系统为雷达数据处理子系统（Radar Data Processing，RDP），它是 VTS 的心脏，也是第三代 VTS 的重要标志。

雷达数据处理子系统的输入信息一般直接来自主管雷达或是经过信息传输的交管雷达信息。在设置 VHF 测向子系统的 VTS 中，雷达数据处理子系统还可处理测向信息并在显示器上显示方位线。当 VTS 中另设船舶数据处理子系统（Vessel Data Processing，VDP）或交通数据处理子系统（Traffic Data Processing，TDP）时，雷达数据处理子系统应能向其输出处理后的雷达数据。

3. 信息传输子系统

在 VTS 中，信息传输子系统的主要任务是在雷达站和 VTS 中心之间建立信息联系。其传输的信号主要有：雷达原始视频和雷达方位信号，有时还包括低照度电视，以及处理视频，无人雷达站监控数据、气象数据等其他数字信号。

4. VHF 通信子系统

通信子系统是 VTS 的"耳朵"和"喉舌"，是进行船舶交通管理的必不可少的手段。AIS 问世前，VTS 中心与船舶之间交换信息的主要工具是其甚高频无线电话（VHF 无线电话）。

5. 其他子系统

有些港口的 VTS 系统,除了包括以上四种子系统外,还有一些比较特殊的子系统,如船舶数据处理子系统、VHF 测向子系统、高精度定位子系统及信号设备等。

第三节　船　舶　定　线

一、概述

船舶定线(ships' routeing)是船舶交通管理系统的一个重要组成部分,它是由岸基部门用法规或推荐的形式指定船舶在海上某些区域航行时应遵循或采用的航线、航路或通航分道,以增进船舶的航行安全。

为了指导各国具体考虑与建立船舶定线,1977 年,IMO 第十届大会通过了 A. 378(X)号决议,颁布了《船舶定线的一般规定》(General provision on ships' routeing)。以后又对该文件作了多次修改。

IMO 以活页方式出版有《船舶定线》(SHIPS′ROUTEING)的文件,其出版后发布以替换页和增加页方式的修正资料(amendments)进行修正。《船舶定线》主要有以下几个部分:

PART A:船舶定线的一般规定(General provision on ships' routeing);

PART B:分道通航制(traffic separation schemes);

PART C:深水航路(Deep-water routes);

PART D:避航区域(Areas to be avoided);

PART E:其他定线措施(Other routeing measures);

PART F:有关航行的规则和建议(Associated rules and recommendations on navigation);

PART G:强制的船舶报告系统、船舶定线制、禁锚区(Mandatory ship reporting systems, Mandatory routeing systems and Mandatory no anchoring areas);

PART H:岛屿间航路的采用、设计和替代(Adoption, designation and substitution of archipelagic sea lanes)。

其中,PART A 是船舶定线的一般规定,阐明了船舶定线的目的(OBJECTIVES)、定义(DEFINATIONS)、程序与责任(PROCEDURES AND RESPONSIBILITIES)、方法(METHODS)、规划(PLANNING)、设计标准(DESIGN CRITERIA)、分道通航制的临时调整(TEMPORARY ADJUSTMENTS TO TRAFFIC SEPARATION SCHEMES)、定线制的使用(USE OF ROUTEING SYSTEMS)和海图上的表述(REPRESENTATION ON CHARTS)等方面的规定。PART B 以后的部分,是 IMO 认可的世界各水域的各种定线措施和规则等资料,并附有插图,船舶航行至这些区域时应结合海图使用之。

二、船舶定线的目的

《船舶定线》对船舶定线的目的表述为:增进船舶汇聚区域、通航密度大的区域、船舶活动受到限制的区域、存在航行障碍的区域、水深受到限制或气象条件不佳的区域的航行安全。具体包括以下(1) ~ (7)中的一项或多项。

（1）分隔相反方向航行船舶的交通流，以减少船舶对遇；

（2）减少横向穿越船舶与通航分道内航行船舶之间发生碰撞的危险；

（3）简化海上船舶汇聚区域内船舶交通流的流向；

（4）在沿海集中进行开发或勘探的区域内，组织安全的船舶交通流；

（5）对所有船舶或某类船舶组织交通流，以避开航行危险区域；

（6）在水深易变或临界水深的区域内，为船舶提供特别指导，以减少搁浅危险；

（7）指导船舶避开渔区或组织船舶安全通过渔区。

三、船舶定线中的若干定义

《船舶定线》对用于船舶定线制的若干术语进行了如下定义：

1. 船舶定线制（ships'routeing system）

凡以减少海难事故为目的的任何一条或多条航路和定线措施都称为船舶定线制。它包括分道通航制（traffic separation schemes）、双向航路（two-way routes）、推荐航线（recommended tracks）、避航区（areas to be avoided）、沿岸通航带（inshore traffic zones）、环行航道（round-abouts）、警戒区（precautionary areas）和深水航路（deep-water routes）八大种类。而强制定线制是强制要求所有船舶、特定类型船舶或载有特定货物的船舶使用的定线制。

2. 分道通航制（Traffic separation scheme，TSS）

分道通航制是用适当的方法建立通航分道，分隔相反方向的交通流的一种定线措施。它是船舶定线的最主要、最常用的形式。

3. 分隔带或分隔线（Separation zone 或 Separation line）

分隔带或分隔线是将相反方向或接近相反方向行驶的交通流分隔开，或把通航分道与邻近海区分隔开，或将同向行驶的特殊级别船舶与一般船舶使用的分道分隔开的区域带或线。

4. 通航分道（Traffic lane）

通航分道是在规定界限内建立的单向通航的区域。天然障碍物、包括构成分隔带的天然障碍物都可成为其边界。

5. 环行航道（Roundabout）

环行航道是由分隔点或圆形分隔区和一个规定界限的环行通航分道所组成的一种定线措施。在环行航道内，船舶按逆时针方向绕分隔点或圆形分隔区航行。

6. 沿岸通航带（Inshore traffic zone）

沿岸通航带是由一个区域构成的一种定线措施，是指通航分道向岸一侧的边界线与相邻海岸之间的水域，并按《国际海上避碰规则》10（d）条款的规定使用。

7. 双向航路（Two-way route）

双向航路是在指定的范围内所建立的一种双向通航，旨在为通过航行困难或危险水域的船舶提供安全通道的一种航路。

8. 推荐航路（Recommended route）

推荐航路是为船舶通过方便（for the convenience of ships in transit）而设置的未指定宽度的航路，一般用航路中线浮标作为其标志。

9. 推荐航线 (Recommended track)

是经过专门测量，确保船舶无航行危险，并建议船舶沿该航线航行的一种航线。

10. 深水航路 (Deep-water route)

深水航路 (图 4-6-1) 是在划定的界限内经过精确测量、海底或海图所标障碍物上的水深足够的航路。图 4-6-1a) 用虚线标示了有两侧边界线的深水航路，其间标有"DW"字样，左侧为标有最浅水深的深水航路；右侧为未标水深的深水航路。

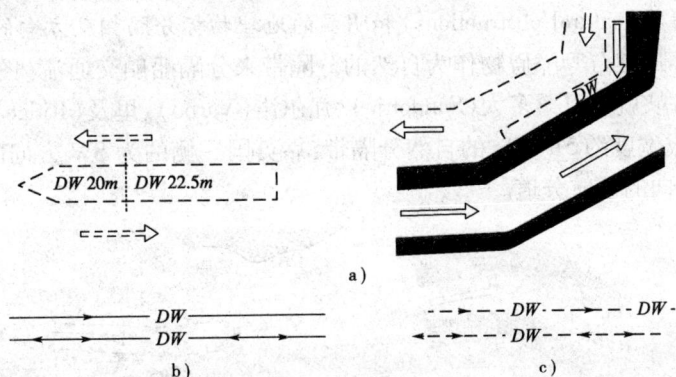

图 4-6-1　深水航路

图 4-6-1b) 和 c) 是仅标注中心线的深水航路，箭头表示航路方向。实线一般表示有固定导航标志的深水航路 (图 b)，虚线表示推荐的深水航路 (图 c)，无固定导航标志。

11. 警戒区 (Precautionary area)

警戒区是由一个区域构成的一种定线措施，在警戒区内，驾驶船舶必须要特别谨慎。在警戒区内可能有推荐的交通流方向。

12. 避航区 (Area to be avoided)

避航区是由一个区域构成的一种定线措施，在该划定区域内，或者是由于航行特别危险，或者是对于避免海难事故特别重要，所有船舶或某些级别的船舶必须避离的区域。如图 4-6-2 所示，避航区的边界线由一连串"T"字符组成，"T"字符的横划长、竖线短，竖线指向船舶应避离的危险区域。

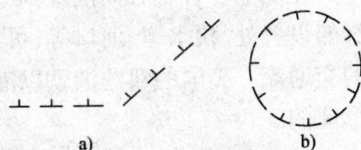

图 4-6-2　避航区

13. 禁锚区 (No anchoring area)

是由一个具有规定界限的区域所构成的定线措施，该区域内禁止所有船舶或者某类船舶抛锚，除非船舶或者其人员面临紧迫危险。

14. 指定的交通流方向 (Established direction of traffic flow)

指定的交通流方向是指在分道通航制中指定船舶定向运动的一种交通流模式。在海图上一般用空心实线箭头标出交通流方向。

15. 推荐的交通流方向 (Recommended direction of traffic flow)

推荐的交通流方向是指推荐船舶定向运动的一种交通流模式。在这些区域采用指定的交通流方向可能是不可行或没有必要的。推荐的交通流方向在海图上一般用空心虚线箭头标示。

四、船舶定线的方法

为了满足上述的船舶定线制的目的,增进交通汇聚区、交通密集区、船舶活动受限区域或存在航行障碍物的区域的船舶交通安全,可以根据船舶定线制要求进行船舶定线,其方法主要有以下几种:

1. 用分隔带(Separation zone)或分隔线(Separation line)分隔相反方向的交通流

2. 用天然障碍物(natural obstructions)和明显的地理物标分隔相反方向的交通流

利用岛屿、浅滩、礁石等障碍物作为自然的分隔带来分隔船舶交通流(图4-6-3)。英法两国之间的多佛尔海峡就有以桑多太(Sandottie)、瓦尔诺(Varno)、里及(Ridge)、巴苏瑞里(Bassurelle)等浅滩形成宽度约5n mile的自然分隔带,靠英国一侧的为SW方向的通航分道,靠法国一侧的为NE方向的通航分道。

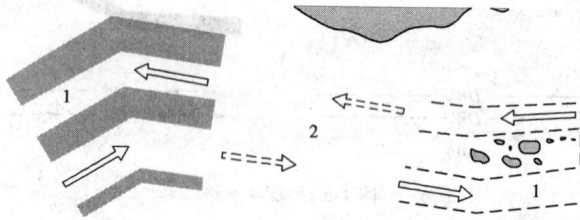

图4-6-3 分隔带

3. 设置沿岸通航区分隔过境通航(through traffic)和本地通航(local traffic)

在分道通航制边界以外的水域,船舶可按任意航向航行。为使本地通航避开供过境通航使用的通航分道,可将位于通航分道与海岸之间的区域指定为沿岸通航区,供本地通航之用,沿岸通航区与相邻的通航分道间以分隔带或分隔线隔开。

4. 在交通汇聚区设置扇形分隔(sectorial division)

在船舶从各个方向汇聚到一点或一狭窄小区域如港口进出口处,海上引航站、近陆浮标或灯船设置处、狭水道、河口等,可设置如图4-6-4所示的扇形通航分道,以分隔不同方向汇聚来的交通流。美国的纽约港就以港外的安布卢斯(Ambrose)灯船为中心,7n mile为半径设置扇形区的。

5. 在交通汇聚区、航道连接或交叉处,可从下述方法中选择最合适的定线措施

1)环行道(roundabout)

在交通汇聚区域,可设置环行航道,使不同方向来的船舶绕环行航道按逆时针方向航行。

2)航路连接(junctions)

这一方法用于两条航路连接或交叉处,如图4-6-5所示,在相连分隔制的通航分道内指定交通流的方向,在连接处的分隔带可能中断,见图4-6-5a)、b),或被分隔线所代替,见图4-6-5c),其目的是强调船舶从一个

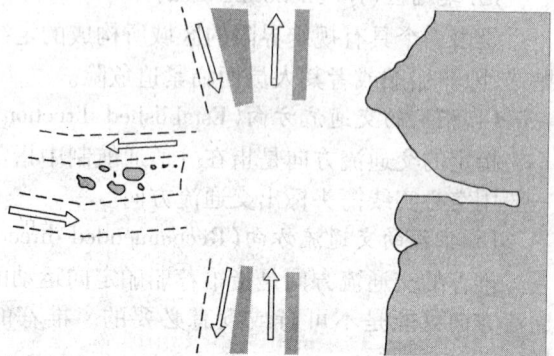

图4-6-4 扇形通航分道

分隔制改变到另一个分隔制时所应采取的正确穿越方法。

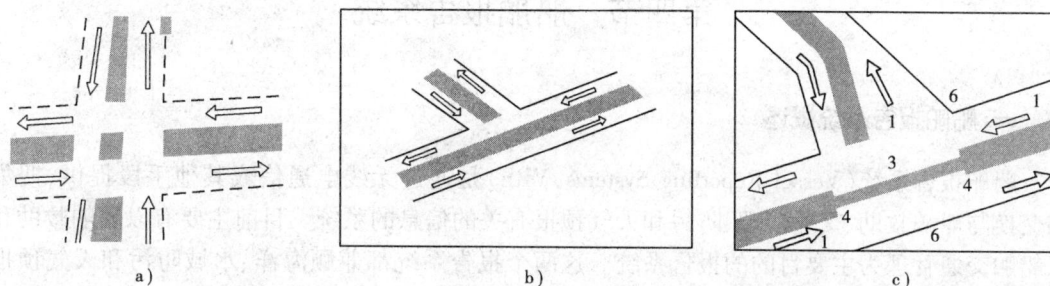

图 4-6-5　航路连接

3）警戒区（Precautionary areas）

在交通汇聚区，也可不设置环行航道，而设置警戒区（△），以强调在此处应谨慎航行。

6. 其他定线方法

可以使用的船舶定线方法还有很多，如深水航路、设置避航区、在两个航道分隔制之间设置推荐的交通流方向、使用推荐航线和具有中线浮标的推荐航路以及设置双向航路等。

五、船舶定线制的使用

船舶应以积极的态度使用船舶定线制。在 IMO 的《船舶定线制一般规定》中的建议是：

（1）船舶在任何时间、任何气象条件下均应使用船舶定线制中的指定航路及其航行方法，除非在冻冰区域和需要特殊操船行动或需要破冰船援助的薄冰区域内。

（2）除有特殊说明外，一般指定航路及其航行方法对所有船舶适用。当船舶利用指定航路时应考虑到富余水深问题，出现问题的后果由船舶承担。

（3）在 IMO 认可的分道通航区或者其附近航行的船舶必须遵守国际海上避碰规则第十条的规定，且该规则的其他条款在所有情况下均适用。

（4）在船舶汇聚区域，完全的通航分隔实际上是行不通的。因此，在这种区域内船舶应十分谨慎，且任何船舶均无任何特权。

（5）深水航路是考虑到船舶吃水、水域内的水深，为有必要利用这种航路的船舶提供的。没有必要利用深水航路的船舶应尽可能不使用深水航路。

（6）在双向航路（包括深水双向航路）上，船舶应尽可能地靠右行驶。

（7）海图上所标示的指定航路中的交通流方向箭矢仅表示交通流设定或推荐的大致方向，船舶没有必要将其作为真航向航行，但船舶的航迹要与航路内交通流设定或推荐的方向保持一致。

（8）不利用与通航分道或深水航路相连接的警戒区的船舶或进出附近港口的船舶，在可能情况下应当避离警戒区航行。

（9）《国际信号规则》中规定的信号"YG"表示"你似乎没有遵守分道通航制"，用以提醒船舶遵守分道通航制。

第四节 船舶报告系统

一、船舶报告系统概述

船舶报告系统(Vessel Reporting Systems,VRS)是通过无线电通信或其他手段提供、搜集和交换与船舶救助、交通管理、防污和天气预报有关的信息的系统。目前主要有以船舶救助和以船舶交通管理为主要目的的报告系统。这两个报告系统都兼顾海洋、水域防污和天气预报所需信息的收集、交换和提供。

以搜索救助为主要目的的船舶报告系统旨在:监视海难事故是否可能发生;提供避免海难事故发生的信息;保护船舶财产和船员的人命安全;防止造成海洋污染;在参加系统的船舶发生事故后,可及时对遇难船舶实施搜救。即实施这种船舶报告系统应能达到如下目的:

(1)缩短从与船舶失去联络至开始搜救活动的时间;

(2)迅速确定能及时提供救助支援的船舶;

(3)在有限区域内准确确定搜索区域;

(4)及时向无医生在船的船舶提供医疗援助或建议。

这种报告系统将被引入已经建立的全球海上遇险与安全系统中,它也是船舶交通服务的一部分。在这种系统中,船岸之间相互按一定程序和要求交换有关信息,如船舶基本参数、航行计划、船位、气象海况数据等。岸上主管部门负责:

(1)对实施报告的船舶的航迹进行标绘,跟踪船舶;

(2)按照规定的程序、时间、报告格式接受船舶的报告;

(3)对信息予以记录、处理,向船舶提供所必需的咨询。

这种船舶报告系统一般以较大海域为服务对象,对象船舶不予限定,服务一般是免费的。世界范围内的船舶报告系统有美国的船舶自动互救系统 AMVER。有几十个国家建有区域性的船舶报告系统,如澳大利亚的 AUSREP、新西兰的 VOLUNTORY SHIP REPORTING SYSTEM、日本的 JASREP 等。中国船舶报告系统是 CHIna Ship REPorting system,简称 CHISREP。不同的系统采用了不同的报告格式、报告程序、报告手段,船舶在利用这些系统时应查阅相关资料。

船舶要加入或者退出系统完全是自由的。加入和退出系统都比较简单,向某报告系统提交了航行计划报告就被视为加入该系统,做出最终报告即被视为退出。已加入系统中的船舶要做的就是按照报告系统规定的程序、内容、方法、时间等准确无误地进行报告,尤其是要按时报告。

以船舶交通管理为主要目的的报告系统一般隶属于船舶交通管理系统。其目的是收集管理水域内航行船舶的有关参数、航行计划、载货状态等信息,建立与船舶的联系,随时进行相应的信息服务和助航服务等。在船舶交通管理系统中,船舶报告对某些船舶是强制的,该类船舶要严格按规定报告(参看本章第三节)。

二、IMO 规定的船舶报告种类、程序、内容及格式

1. 船舶报告的种类、程序及主要内容

船舶报告的种类,可能随报告系统的不同而有所不同,IMO 的 A. 598(15)号决议将其归

为 8 种报告,分为一般报告和特殊报告两大类。

1)一般报告

(1)航行计划报告(SP,Sailing Plan):这是船舶将要进入报告系统覆盖区域,或在离开覆盖区域内某一港口之前发出的报告,是船舶进入相应的报告系统区域或者在该系统区域内开始活动时做出的报告,是船舶加入该报告系统的标志。它的内容一般包括船舶资料、航行计划、报告时的位置与时间等,是船舶加入报告系统的第一次报告。

(2)船位报告(PR,Position Report):这是船舶保持有效参加系统而进行的在必要时刻做出的报告,也是按系统规定的时间所作的例行报告。它的内容比较少,一般只有船名、时间和船位。

(3)变更报告(DR,Deviation Report):这是在实际船位与已报告的预计船位相差甚远,或者改变航行计划,或者船长认为必要时做出的报告。其内容是当前的船位以及航行计划中改变的项目等。

(4)最终报告(FR,Final Report):这是船舶到达目的地(即在该系统区域内停止活动)或者离开报告系统覆盖区域时做出的报告,是船舶退出报告系统的标志。其内容仅包括船名、时间。

2)特殊报告

(1)危险货物报告(DG,Dangerous Goods report):这是当船舶运载的危险货物在距岸 200n mile 范围内因故散失时所做出的报告。其内容包括船名、时间、船位、船舶电台呼号、载货情况、船舶损失情况、污染物情况、天气、船舶代理、船舶的参数及其他内容。

(2)有害物品报告(HS,Harmful Substances report):这是当散装的有毒液体货物(依据 MARPOL 73/78 附录Ⅰ)或燃油(依据 MARPOL 73/78 附录Ⅱ)因故散失或可能散失时做出的报告。其内容包括船名、时间、船位、航向、航速、航线信息、船舶电台呼号,下次报告时间、载货情况、船舶损坏情况、货物散失情况、天气、船舶的代理、船舶参数及其他内容。

(3)海洋污染报告(MP,Marine Pollutants report):这是国际海上危险货物运输规定中被定义为海洋污染物的有害物品因故散失或可能散失时做出的报告。其内容与危险货物报告大致相同。

(4)其他报告(Any other report):这是按照报告系统的规定程序所必须作出的上述报告之外的任何其他报告。

2.船舶报告的项目及格式。

IMO 在《船舶报告系统的一般原则》中提出了船舶报告应包括的项目及应使用的标准格式,详见表 4-6-1。进行船舶报告时,有些项目在各种报告中是必须要明确的,例如欲参加的系统名称即报告对象、报告种类(如 SP 航行计划报告,可用缩写 SP 也可用全称 SAILING PLAN)、船名呼号(如 ANPING1/BPOA)等。有些项目可根据报告种类以及具体情况进行取舍,如船舶尺度(项目 U)数据在 SP 报告中报告一次即可,在其他的报告中不必再行报告。每一种报告一般分为必报项和可选项。使用无线电报进行报告时,项目名称可使用表的最左侧栏的单字母符号。报告的形式可以用无线电话、电报,有些国家也可用书面报告。报告使用的语言可以是英语和当地官方语言,使用英语时,应尽可能使用 IMO 标准航海英语。

IMO 船舶报告标准格式和要求 表 4-6-1

报告的项目名称		意 义	报告的信息及格式
电报字符	无线电话使用		
A	ALPHA	船舶	船名、呼号、国籍或船站识别码
B	BRAVO	日期和时间	6 位数,前 2 位表示日期,后 4 位时间。当不使用 UTC 时须注明时区号
C	CHARLIE	船位	纬度:4 位数后跟 N/S,经度:5 位数后跟 E/W,精确到分
D	DELTA	船位	物标名称及其真方位(前面 3 位数字)和距离(海里)
E	ECHO	真航向	3 位数
F	FOXTROT	航速	3 位数,精确到 0.1kn
G	GOLF	上一港	上一停靠港名称
H	HOTEL	加入系统的日期、时间、地点	日期、时间表示法同 B,地点表示法同 C 或 D
I	INDIA	目的港及预计到达时间	目的港名及日期、时间(同 B)
J	JULIET	引航员情况	说明是否有深海引航员或港内引航员在船
K	KILO	退出系统的日期、时间、地点	日期、时间表示法同 B,地点表示法同 C 或 D
L	LIMA	航路信息	计划航线
M	MIKE	无线电通信	船舶电台全称和保护频率
N	NOVEMBER	下次报告时间	表示方法同 B
O	OSCAR	当前的最大吃水	4 位数,用 m 和 cm 表示
P	PAPA	船载货物	货物及有关危险货物(可能对人或环境有害的)的简述
Q	QUEBEC	故障、缺陷、受损及受限情况	故障、缺陷、受损及其他限制情况的简单描述
R	ROMEO	污染或者危险货物丢失情况	污染(油类、化学品等)或者丢失的危险货物的种类及地点(表示法同 C 或 D)的简单描述
S	SIERRA	气象情况	当前气象、海况的简单描述
T	TANGO	船东和/或船东代表	船东和/或船东代表的名称及所要求的其他详细资料
U	UNIFORM	船舶种类和尺度	船长、船宽、吨位、船舶种类及所要求的其他资料
V	VICTOR	医务人员	医生、医生助理、护士或无医务人员
W	WHISKEY	在船人数	人数
X	XRAY	其他事项	任何其他事项、信息

第五节　我国的船舶交通管理概述

一、总体规划概述

我国在隋炀帝时代就于大运河和桂林附近的灵渠中实施了简单的信号交通管制,这可以称得上是水上交通管理的雏形。

1958 年,我国首次在北方沿海的大连港进行了岸基雷达导航试验,正好与世界第一个装备监视雷达的英国利物浦港 VTS 相隔 10 年。20 年后的 1978 年春,在东部沿海的宁波港开始建设中国第一个 VTS。这之后,我国对沿海港口 VTS 的规划、设计及等级划分的理论研究也进入了一个崭新的时期。

进入 90 年代后,我国有计划、有步骤、分期分批地在主要水域实施发展船舶交通管理系统的总体规划,沿海水域重点发展"两口"(长江口和珠江口)、"两海峡"(台湾海峡和琼州海峡)、"两水道":(成山头水道和老铁山水道)的船舶交通管理系统,长江干线重点建设南京至浏河口航段的船舶交通管理系统,在沿海主要港口上海、广州、大连、营口、秦皇岛、天津、烟台、青岛、日照、连云港、黄骅、宁波、温州、福州、厦门、汕头、海口、湛江、深圳、防城等地及内河主要枢纽港、重要的坝区和桥区建成等级较高的船舶交通管理系统。并先后在上海、青岛、黄埔港以及沿海一些重要海域实行船舶报告制和分道通航制。

虽然我国经过几个五年计划的努力,VTS 在建设规模上有了极大的发展,某些硬件方面甚至具备了当时世界先进水平。然而目前我国的船舶交通管理系统研究和发展特别是软科学和理论研究与世界先进水平相比,尚有较大差距。

二、有关的法规建设

我国的船舶交通管理法规建设也得到了很大发展。与船舶交通管理密切相关的法规主要有《中华人民共和国海上交通安全法》,《中华人民共和国船舶交通管理系统安全监督管理规则》,《中华人民共和国内河交通安全管理条例》,以及由各地方主管机构发布的区域性《VTS用户指南》和船舶交通安全监督管理规定等。

《中华人民共和国船舶交通管理系统安全监督管理规则》是为加强船舶交通管理,保障船舶交通安全,提高船舶交通效率,保护水域环境而制定的,适用于在中华人民共和国沿海及内河设有船舶交通管理系统(VTS 系统)的区域内航行、停泊和作业的船舶、设施及其所有人、经营人和代理人,于 1998 年 1 月 1 日实施。其主要内容是有关船舶报告、船舶交通管理和船舶交通服务的规定(其全文可参阅附录6)。

1. 关于船舶报告的规定

(1) 船舶在 VTS 区域内航行、停泊和作业时,必须按主管机关(港务监督机构)颁发的《VTS 用户指南》所明确的报告程序和内容,通过甚高频无线电话或其他有效手段向 VTS 中心进行船舶动态报告。

(2)船舶在 VTS 区域内发生交通事故、污染事故或其他紧急情况时,应通过甚高频无线电话或其他一切有效手段立即向 VTS 中心报告。

(3)船舶发现助航标志异常、有碍航行安全的障碍物、漂流物或其他妨碍航行安全的异常情况时,应迅速向 VTS 中心报告。

(4)船舶与 VTS 中心在甚高频无线电话中所使用的语言应为汉语普通话或英语。

2. 关于船舶交通管理的规定

(1)除应遵守《中华人民共和国内河避碰规则》外,还应遵守交通部和主管机关颁布的有关航行、避让的特别规定。

(2)船舶在 VTS 区域内航行时,应用安全航速行驶,并应遵守交通部和主管机关的限速规定。

（3）船舶在 VTS 区域内应按规定锚泊，并应遵守锚泊秩序。

（4）任何船舶不得在航道、港池和其他禁锚区锚泊，紧急情况下锚泊必须立即报告 VTS 中心。

（5）船舶在锚地并靠或过驳必须符合交通部和主管机关的有关规定，并应及时通报 VTS 中心。

（6）VTS 中心根据交通流量和通航环境情况及港口船舶动态计划实施交通组织。VTS 中心有权根据交通组织的实际情况对航行计划予以调整、变更。

（7）船舶在 VTS 区域内航行、停泊和作业时，应在规定的甚高频通信频道上正常守听，并应接受 VTS 中心的询问。

3. 关于船舶交通服务的规定

（1）各 VTS 中心根据其现有功能应为船舶提供相应服务。

（2）应船舶请求，VTS 中心可向其提供他船动态、助航标志、水文气象、航行警（通）告和其他有关信息服务。

（3）应船舶请求，VTS 中心可为船舶在航行困难或气象恶劣环境下，或船舶一旦出现了故障或损坏时，提供助航服务。船舶不再需要助航时，应及时报告 VTS 中心。

（4）为避免紧迫局面的发生，VTS 中心可向船舶提出建议、劝告或发出警告。

（5）VTS 中心认为必要的时候或应船舶或其所有人、经营人、代理人的请求，可为其传递打捞或清除污染等信息和协调救助行动。

（6）应船舶或其所有人、经营人、代理人的请求，有条件的 VTS 中心还可为其提供本规定以外的服务。

三、中国船舶报告系统简介

1. 概述

我国是《1974 年国际海上人命安全公约》、《1979 年国际海上搜寻救助公约》的缔约国。根据公约"各缔约国须提供海上搜寻救助服务"的要求，我国建立了中国船舶报告系统（CHIna Ship REPorting system，简称 CHISREP）。

CHISREP 是一个应急保障系统。旨在保证中国船舶系统的有效运行，提高搜救行动的效率，保障海上人命、财产的安全，保护海洋环境。

CHISREP 是一个集计算机、通信和网络技术为一体的信息系统。它具有对船舶所报告的航线、船位进行自动标绘和推算，对按规定时间未作报告的船舶进行自动预警等功能。系统可提供船舶资料，为组织协调指挥船舶参与搜寻救助提供相关信息。

CHISREP 是中华人民共和国海事局通过设在上海海事局的中国船舶报告中心进行操作的。它致力于保障海上航行船舶和人命安全，提高搜救的效率，为防止和控制船舶造成的海洋污染等提供有效的信息服务。

CHISREP 是免费的，其覆盖区域为 9°N 以北、130°E 以西的海域（其他国家的领海和内水除外）。它对参加本系统的船舶的船位报告、抵达报告和最终报告进行跟踪、超时预警，核查及启用搜寻救助行动，以证实该船舶是否安全。

CHISREP 由中国海上搜救中心、船舶报告管理中心(上海海事局)、区域海上搜救中心(大连、天津、青岛、上海、广州的搜救中心)、报告接收站(上海海岸电台)和参加中国船舶报告系统的船舶组成(图 4-6-6)。系统提供船舶及船舶报告信息的接收、发送、存储和数据分析处理。在紧急状态下,为搜救部门提供有效的辅助决策支持;为相关的用户或单位和船舶提供相应的信息服务。

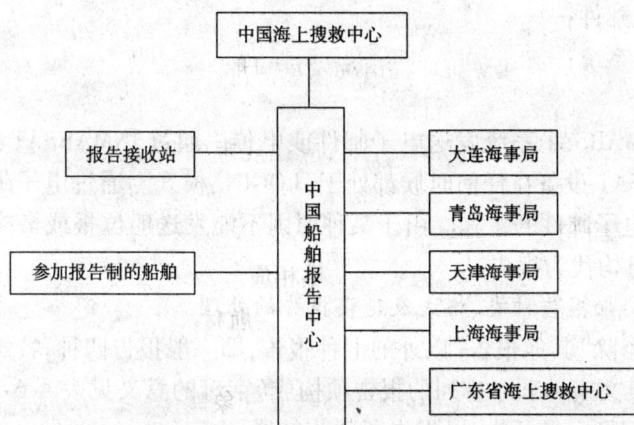

图 4-6-6　中国船舶报告系统

在 CHISREP 区域内航行的船舶可志愿加入该系统,但也规定了必须强制参加的船舶。规定航行在中国船舶报告区域内,且航行时间超过 6h 的下列船舶,必须加入中国船舶报告系统:

(1)航行于国际航线 300 总吨及以上的中国籍船舶;

(2)航行于中国沿海航线 1600 总吨及以上的中国籍船舶;

(3)2005 年 1 月 1 日后航行于中国沿海航线 300 总吨及以上的中国籍船舶。

志愿参加 CHISREP 的船舶有:

(1)上述航程不足 6h 的船舶;

(2)上述船舶以外的其他中国籍船舶;

(3)外国籍船舶。

加入 CHISREP 的船舶必须严格遵守《中国船舶报告系统管理规定》,并按照规定的格式和程序发送船舶报告。CHISREP 将时刻关注报告船舶的航行安全,维护海洋环境清洁。

2. 加入 CHISREP 的方法

加入 CHISREP 的船舶应当按照《中国船舶报告系统船长指南》(简称《船长指南》)中规定的报告方式、种类、格式、内容和要求进行报告。《船长指南》对加入系统及报告方法等作了如下规定:

1)加入

船舶可通过下列方式加入:

(1)船舶进入 CHISREP 区域时,按照本系统规定的格式向中国船舶报告管理中心或报告接收站发送报告。

(2)当船舶首次加入时,可由船公司或代理向中国船舶报告管理中心提供船舶基本概况表。

（3）如果船舶的基本概况发生变化,船公司、代理或船舶应当及时地将变化情况向中国船舶报告管理中心报告。

2）报告的发送

船舶可通过下列方式向中国船舶报告管理中心发送船舶报告:

（1）以莫尔斯报、窄带直接印字电报的方式通过上海海岸电台发送报文;

（2）传真或电子邮件;

（3）INMARSAT 系统;

（4）集团报告。

船舶可通过 INMARSAT 系统发送电子邮件或电传。通过 INMARSAT 系统发送报告的船舶应确认其 INMARSAT 设备在任何时候都处于"LOGIN"模式。通过电子邮件发送报告时,应以"CHISREP"作为电子邮件的主题。由于某种原因不能发送船位报或最终报的船舶,可通过他船或岸上的有关机构代为报告。

3. CHISREP 的船舶报告种类、格式及延误报告的处理

CHISREP 使用了除"其他报告"以外的七种报告,即一般报告四种,特殊报告三种,每一种报告都由若干个按英文字母顺序排列的报告项构成（字母的意义见表4-6-1）。七种报告皆以 CHISREP 加报告的识别字母开头,以报告项 Z 为结尾。

1）报告格式、内容和要求

（1）航行计划报 CHISREP SP:

船舶在离开中国沿海港口或者从国外进入 CHISREP 区域时,应向中国船舶报告管理中心报送航行计划报 SP（图4-6-7）。船舶报送 SP 须遵循以下规定:

CHISREP Sailing Plan	CHISREP/SP//
A Vessel's name and callsign	A/ANPING1/BPOA//
F Speed	F/150//
G Last port of call	G/SINGAPORE//
H Date/Time（UTC）and Position of entry into CHISREP areas	H/0800600UTC/0900N/11220E//
I Next port of call and Estimated time of arrival	I/SHANTOU/150800UTC//
L Intended route （composed of some track segments）	L1/150/0900N/10920E// L2/150/1600N/11250E// …
M Coast Radio Stations Monitored, of communication methods	M/XSG/INMASAT A572312//
Z Ending of the report	Z//

图4-6-7　航行计划报

① 报告时机:

A. 在进入 CHISREP 区域界线前 24h 至进入后 2h 之内发送;

B. 在离开中国沿海港口前后 2h 之内发送。

SP 应包含作图的必要资料,并给予计划航线的大致情况,在预定起航时间 2h 内不能启航,应发送一份新的 SP。注意当船上有医务人员时,必须将 V 项加入航行计划报中。

②报告格式:

A. 从国外进入 CHISREP 区域,并停靠中国港口或者国内两个港口之间的航行计划报格式:

必报项:CHISREP SP A、F、G、H(日期时间 UTC/进入 CHISREP 区域的船位)、I、L、M、Z。

船舶认为必要时,可加入 E、K、N、O、S、T、U、W、X 和 Y 项。

B. 从中国港口驶往外国港口的或者过境船(从国外某港口到国外某港口,其航线穿过 CHISREP 区域的船舶)航行计划报格式:

必报项:CHISREP SP A、F、G、H、I、K、L、M、Z。

船舶认为必要时,可加入 E、N、O、S、T、U、W、X 和 Y 项。

(2)船位报 CHISREP PR:

①报告时机。船舶应按照规定的时间或约定的报告时间向 CHISREP 发送船位报 PR。第一份 PR 要求在最新航行计划报后 24h 内发出,以后每隔 24h 或在每天约定时间发送,但两个报告之间的时间间隔不应超过 24h,直到抵达中国沿海港口或驶离 CHISREP 区域界线为止。船舶的实际船位与计划航线推算船位前后相差 2h 的航程时,须补发船位报更新船位。船位报中的信息将被 CHISREP 用来更新该船的船舶动态。

如果在船位报前 2h 发送变更报,那么下一个船位报发送时间改为变更报后 24h。预计抵达下一港或 CHISREP 区域界线的时间应当在最后一次 PR 中明确。船舶改变 ETA,可在任何一份船位报中更正。

如果船舶的航行时间小于 24h,不要求发船位报,只要在开航时发一个航行计划报 SP,在抵港时发一个最终报 FR 即可。

②报告格式:

必报项:CHISREP PR A、B、C、E、F、N、Z。

船舶认为必要时,可加入 S、X 和 Y 项。

注意:a. 船舶应按规定或约定的时间发送船位报;b. 船舶必须在航次最后一个船位报中明确预计抵达中国沿海港口的时间或预计离开 CHISREP 区域的时间。

(3)变更报 CHISREP DR:

①报告时机。当船舶发生下列情况时必须发送变更报 DR:a. 当船舶改变其计划航线时;b. 船舶的实际船位偏离计划航线超过 2h 的航程时。

②报告格式:

必报项:CHISREP DR A B C E I L Z。

船舶认为必要时,可加入 F、K、N、S、X 和 Y 项。

(4)终止报 CHISREP FR:

①报告时机。船舶在下列情况下应发送终止报 FR:a. 抵达中国沿海港口;b. 船舶驶离 CHISREP 区域界线前后 2h 内。

②报告格式:

必报项:CHISREP FR A K Z。

(5)危险货物报 CHISREP DG。这是当船舶发生或可能发生危险货物落入海中的事故时应发送的报告。报告格式：CHISREP DG A、B、C、M、Q、R、S、T、U、Z。如果船舶存在包装危险货物继续落入海中的危险状况时，应发送包含 P 项的报告。

(6)有害物报 CHISREP HS。当发生或有可能发生溢出《73/78 年国际防止船舶造成污染公约》附则 I 中规定的油类或附则 II 中规定的有毒物质时应发送的报告。报告格式：CHISREP HS A、B、C、E、F、L、M、N、Q、R、S、T、U、X、Z，在可能溢泄时还应包括 P 项。

(7)海上污染物报告 CHISREP MP。当《国际海运危险货物规则》中规定为海上污染物品的有害物质失落或可能失落海中时应发送的报告。报告格式：CHISREP MP A、B、C、M、Q、R、S、T、U、X、Z。在有可能溢泄的情况下，还应包括 P 项。

2）船舶延误报告处理

(1)超过规定报告时间或约定报告时间 3h 未报的船舶，系统将对该船进行预警，中国船舶报告管理中心将对这些船舶进行处理：

①检查中国船舶报告管理中心是否已收到船舶的报告；

②采用有效的通信手段，直接与船舶进行联系；

③将被列在船舶报告站通报表中进行普通呼叫，提醒他们发送报文，普通呼叫格式：船舶呼号。

(2)超过规定报告时间或约定报告时间 6h 未报的船舶，将被列在船舶报告站通报表中进行一般呼叫，一般呼叫格式：船舶呼号/JJJ；

(3)超过规定报告时间或约定报告时间 12h 未报的船舶，将对船舶所有人、经营人、代理人及可能见过该船或该船舶联系过的其他船舶进行查询，核实该船是否安全；

(4)超过规定报告时间或约定报告时间 18h 未报的船舶，将被列在船舶报告站通报表中进行紧急呼叫，紧急呼叫格式：船舶呼号/×××；

(5)超过规定报告时间或约定报告时间 24h 未报的船舶，船舶报告管理中心制定搜救方案，报中国海上搜救中心，由中国海上搜救中心指定区域海上搜救中心进行搜寻救助，开始搜救行动。

习 题

一、问答题

1. 船舶交通管理特别适合于哪些区域？

2. 船舶交通管理的各个发展阶段的标志、管理内容、目的和技术手段是什么？

3. 试述 VTMS 和 VTS 的含义。

4. 船舶交通管理系统的主要功能有哪些？

5. 决定 VTS 等级的因素有哪些？

6. 以搜索救助为主要目的的船舶报告系统的主要任务有哪些？

7. 实施搜索救助为主要目的的船舶报告系统应能达到哪些目的？

8. 一般报告有哪几种？它们的主要功能有哪些？

9. CHISREP 是由哪些部分构成的？

10. 哪些船舶必须参加 CHISREP？

11. CHISREP 使用了哪几种船舶报告？

12. 若船舶超过规定报告时间未进行船位报告，CHISREP 将如何处理？

二、选择题

1. 船舶定线制文件要求船舶驾驶员根据船舶定线制的一般规定使用定线制，按照船舶定线制的一般原则进行定线。这意味着（　　　）。

　　A. 船舶定线制的一般原则仅适用于船舶定线制区域

　　B. 在没有船舶定线制的区域，必须设置船舶定线制

　　C. 即使在船舶定线制区域，也不必按定线航路航行

　　D. 即使在没有船舶定线制的区域，也应遵循定线制原则进行本船的航线设计

2. 船舶定线制的主要内容之一是（　　　）。

　　A. 分隔反向或接近反向的交通流　　　　B. 分隔同向或接近同向的交通流

　　C. 分隔小角度交叉相遇的交通流　　　　D. 分隔各转向点附近的交通流

3. 《中华人民共和国船舶交通管理系统安全监督管理规则》规定"船舶在 VTS 区域内（　　　）时，必须按主管机关颁发的《VTS 用户指南》所明确的报告程序和内容，通过甚高频无线电话或其他有效手段向 VTS 中心进行船舶动态报告"。

　　Ⅰ. 航行；Ⅱ. 停泊；Ⅲ. 作业。

　　A. Ⅱ、Ⅲ　　　　　　B. Ⅰ、Ⅲ　　　　　　C. Ⅰ、Ⅱ　　　　　　D. Ⅰ、Ⅱ、Ⅲ

4. 船舶定线制中的避航区域是（　　　）。

　　A. 航行特别危险，但船舶可不必避离的区域

　　B. 渔区

　　C. 航行特别危险，船舶必须避离的区域

　　D. 航行有危险，某些船舶可以不必避离的区域

5. 当船舶航行在环行航道区域时，应（　　　）。

　　A. 在环行航道内，船舶按逆时针方向绕分隔点或圆形分隔带航行

　　B. 在环行航道内，船舶按顺时针方向绕分隔点或圆形分隔带航行

　　C. 在环行航道内，船舶向左绕分隔点或圆形分隔带航行

　　D. 在环行航道内，船舶出口时向左、进口时向右绕分隔点或圆形分隔带航行

6. 船舶定线制中的警戒区是（　　　）。

　　A. 航行特别危险，船舶必须避离的区域

　　B. 航行有危险，但不必避离的区域

　　C. 必须谨慎驾驶且必须避离的区域

　　D. 必须谨慎驾驶但不必避离的区域

7. 在船舶定线制区域，用空心实线箭矢"⇨"标示（　　　）。

　　A. 推荐的交通流方向　　　　　　　　B. 指定的交通流方向

　　C. 习惯的交通流方向　　　　　　　　D. 不允许有第三方交通流存在

8. 在《船舶定线制的一般规定》中，建议船舶均应使用指定航路及其航行方法，除

非(　　)。
 A. 在冰冻区域   B. 需要特殊操船行动
 C. A 或 B   D. A 和 B

9. 在船舶汇聚区域航行的船舶,(　　)。
 A. 应实行完全的通航分隔   B. 应十分谨慎
 C. 特殊船有优先权   D. 以上均准确

10. 船舶航行于双向航路,(　　)。
 A. 应尽可能地靠右行驶   B. 大船可按中线航行
 C. 穿越时应大角度   D. 以上均准确

11. 船舶要加入以船舶搜索救助为目的的报告系统,只需向该系统中心(　　)。
 A. 连续报告船位   B. 提交航行计划报告
 C. 每天三次报告船舶动态   D. 每天提交中午报告

12. 船舶要退出以船舶搜索救助为目的的报告系统,只需向该系统中心(　　)。
 A. 停止报告船位   B. 提交航行计划报告
 C. 提交最终报告   D. 终止报告中午船位

13. 根据 IMO 船舶报告系统文件,参加船舶报告系统(　　)。
 A. 是自愿的
 B. 是强制的
 C. 船舶交通管理的报告系统是强制的
 D. 船舶搜索救助的报告系统是强制的

14. 根据 IMO 船舶报告系统文件,船舶报告分为一般报告和特殊报告,一般报告有(　　)。

Ⅰ. 危险货物报告(DG,Dangerous goods report);Ⅱ. 有害物品报告(HS,Harmful substances report);Ⅲ. 航行计划报告(SP,Sailing plan);Ⅳ. 船位报告(PR,Position report);Ⅴ. 变更报告(DR,Deviation report);Ⅵ. 最终报告(FR,Final report);Ⅶ. 海洋污染报告(MP,Marine pollutants report);Ⅷ. 其他报告(Any other report)。
 A. Ⅰ~Ⅵ   B. Ⅲ~Ⅵ   C. Ⅰ~Ⅱ,Ⅶ~Ⅷ   D. Ⅰ~Ⅷ

15. 根据 IMO 船舶报告系统文件,船舶报告分为一般报告和特殊报告,特殊报告有(　　)。

Ⅰ. 危险货物报告(DG,Dangerous goods report);Ⅱ. 有害物品报告(HS,Harmful substances report);Ⅲ. 航行计划报告(SP,Sailing plan);Ⅳ. 船位报告(PR,Position report);Ⅴ. 变更报告(DR,Deviation report);Ⅵ. 最终报告(FR,Final report);Ⅶ. 海洋污染报告(MP,Marine pollutants report);Ⅷ. 其他报告(Any other report)。
 A. Ⅰ~Ⅵ   B. Ⅲ~Ⅵ   C. Ⅰ~Ⅱ,Ⅶ~Ⅷ   D. Ⅰ~Ⅷ

16. 根据 IMO 船舶报告系统文件,航行计划报告(SP,Sailing plan)是(　　)。
 A. 船舶将要进入报告系统覆盖区域加入该系统的第一次报告
 B. 在离开报告系统覆盖区域内某一港口之前发出的第一次报告
 C. 在离开报告系统覆盖区域内某一港口之前发出的最后报告

D. A 或 B

17. 根据 IMO 船舶报告系统文件,变更报告(DR,Deviation report)是在(　　　)情况下所作的报告。

　　A. 实际船位与已报告的预计船位相差甚远

　　B. 改变航行计划

　　C. 船长认为必要时

　　D. 以上都有可能

18. 根据 IMO 船舶报告系统文件,最终报告(FR,Final report)是(　　　)。

　　A. 离开报告系统覆盖区域时作出的报告

　　B. 在离开报告系统覆盖区域内某一港口之前作出的报告

　　C. 在报告系统覆盖区域内的最后一个船位报告

　　D. 加入报告系统作出的确认报告

附　篇

第一章 球面几何

第一节 球 与 球 面

在空间与一定点等距离的点的集合称为球面,球面所包围的空间称为球,该定点称为球心。球心与球面之间的距离称为球半径,球的所有半径都相等。与球面相交且过球心的线段称为球直径,球的所有直径也都相等。显然,任意两个半径相等或直径相等的球全等。

一、球面上的圆

1. 平面与球面相截得球面圆

平面与球面相截的截痕是圆。如附图1-1所示,平面 π 与球面相截。自球心 O 向截面 π 作垂线 OO',在截痕上任取一点 A,连接 $O'A$ 和 OA。显然, $\angle OO'A = 90°$, $\Delta OO'A$ 是一直角三角形。于是

$$O'A = r = \sqrt{OA^2 - OO'^2} = \sqrt{R^2 - OO'^2} \tag{1-1}$$

因为 OO' 是球心到截面 π 的距离, R 是球半径,当截面 π 的位置确定后, OO' 和 R 是定值,所以 r 也是定值。由此可见, π 平面与球面的截痕是一个以 O' 为圆心、 r 为半径的圆。

2. 不通过球心的平面与球面相截得球面小圆

如附图1-1所示,若平面不通过球心,则 OO' 的长度不为零,圆半径 r 小于球半径 R ,这样的圆称为小圆。

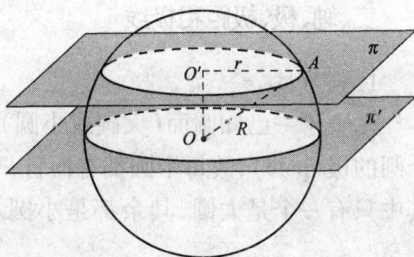

附图1-1 平面与球面的截痕

小圆的一段圆周称为小圆弧。小圆弧的弧距是由其所对的圆心角度量的,以角度或弧度为单位,整个圆的弧距为360°或 2π。

3. 过球心的平面与球面相截得球面大圆

如附图1-1所示,平面 π' 通过球心 O ,此时 OO' 的长度为零。由式(1-1)知,当 $OO'=0$ 时, $r=R$,即圆半径 r 等于球半径 R 。这是球面上半径最大的圆,称为大圆。

大圆的一段圆周称为大圆弧。球面上任意两点之间的大圆弧弧距称为球面距离。大圆弧弧距(球面距离)也是由其所对的圆心角度量的,以角度或弧度为单位,整个大圆的弧距为360°或 2π 。

4. 大圆的性质

(1)大圆的圆心与球心重合,大圆平面通过球心;

(2)大圆的直径等于球直径;

(3)同球或等球上的大圆的大小相等;

(4)平行的平面截球面只能得到一个大圆,而可得到无数个小圆。大圆等分球面,大圆平面等分球体;

(5)同一球上的两个大圆平面一定相交,交线是两大圆的共同直径(即同一球直径,附图1-2a),因此,相交的两个大圆相互平分;

(6)过同一球直径的两端点可作无数个大圆而作不出小圆;

(7)过球面上不在同一球直径两端的两点能作且只能作一个大圆(附图1-2b),却能作无数个小圆;

(8)球面上两定点间小于180的大圆弧(称为劣弧)是该两点间最短的球面距离。

证:如附图1-2b)所示,过球面上任意两点 A、B 作大圆弧劣弧 AB,过 A 和 B 作任意曲线 $ACD\cdots GB$。现将该曲线划分为无穷多的小圆弧 AC,CD,DE,$\cdots$,GB。由于这些圆弧都是无穷小,所以可将它们看作都是大圆弧。由球心 O 连接 OA,OC,OD,OE,$\cdots$,OG,OB,得一多面角 $O-ACD\cdots GB$。

由立体几何学可知,多面角中任一个面角小于其他面角之和。即

$$\angle AOB < \angle AOC + \angle COD + \angle DOE + \cdots + \angle GOB \qquad (1\text{-}2)$$

即大圆弧劣弧 $AB < AC + CD + DE + \cdots + GB =$ 球面任意曲线 $ACDE\cdots GB$

这就证明了大圆弧劣弧是球面上两点间的最短球面距离。根据这个原理,船舶从 A 地航行到 B 地的理论最短航程线是这两地间小于180°的大圆弧,航海上称此为大圆弧航线。

二、轴、极、极距和极线

1. 轴与极

垂直于一已知圆面(大圆或小圆)的球直径称为这个圆的轴(axis)。轴的两个端点称为这个圆的极(pole),故每个圆都有而且只有一个轴两个极。垂直于同一轴可以有无数个平行圆,其中只有一个是大圆,其余都是小圆。大圆平面平分轴,大圆到两个极的球面距离相等,均为90°。

如附图1-3所示,球直径 PP' 垂直于圆面 $abcd$ 和 $ABCD$,因而是这两个圆的轴,P、P' 是它们的

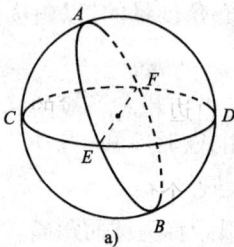

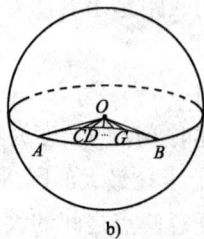

附图 1-2

a)大圆相互平分;b)球面最短距离

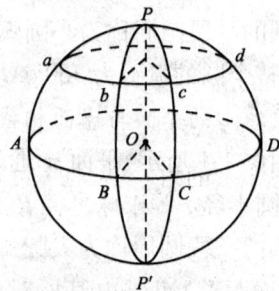

附图 1-3 极与极线

极。过轴的两极可作无数个大圆(如 $PbBP'$、$PcCP'$、$PdDP'$ 等),这些大圆也都与正交于该轴的圆垂直。

2. 极距和极线

极到其圆周上任意一点之间的球面距离都相等,该球面距离称为极距,也叫做球面半径。在球面上,大圆的极距(球面半径)等于 90°,小圆的极距(球面半径)不等于 90°。如附图 1-3 所示,$ABCD$ 是大圆,P、P' 分别是该大圆的极,A、B、C、D 各点的极距分别为 PA、PB、PC、PD 和 $P'A$、$P'B$、$P'C$、$P'D$。由于相交的大圆相互平分,所以 PA、PB、PC、PD 与和 $P'A$、$P'B$、$P'C$、$P'D$ 相等,均为 90°。小圆 $abcd$ 平行于大圆 $ABCD$,P 也是该小圆的极,a、b、c、d 各点的极距分别为 Pa、Pb、Pc、Pd,显然,它们小于 PA、PB、PC、PD。

因为极所对应的大圆只有一个,所以,大圆弧称为其极的极线,极线必然是大圆弧。如附图 1-3 中,P 点是大圆 $ABCD$ 的极,而大圆弧 $ABCD$ 是极 P 的极线。不难证明,如果球面上一点至某一大圆弧上任意两点的球面距离都是 90°,则它们必然互为极和极线。

三、球面角及其度量

球面上两个大圆弧相交构成的角称为球面角,其交点叫做球面角的顶点,两大圆弧称为球面角的两个边。球面角的大小是由两个边所在的平面所构成的两面角度量的。

如附图 1-4 所示,大圆弧 PA、PB 相交于 P 点,构成了球面角 $\angle APB$,它可简记为 $\angle P$ 或 P。P 是该球面角的顶点,大圆弧 PA、PB 是它的两个边。设大圆弧 BAE 是球面角顶点 P 的极线,则 P 是大圆弧 BAE 的极。若 PD、PC 是过 P 点所作的大圆弧 PB、PA 的切线,则球面角可用以下三种方法的任意一种度量:

(1) 过顶点所作两大圆弧的切线之夹角 $\angle DPC$。

(2) 顶点的极线被两个边所夹的劣弧弧距 BA。

(3) 大圆弧 BA 所对的圆心角 $\angle BOA$。

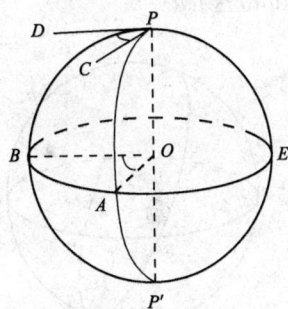

附图 1-4　球面角度量

第二节　球面三角形

一、球面三角形的定义

在球面上由三条大圆弧所围成的球面部分称为球面三角形(Sphere triangle)(附图 1-5),围成三角形的大圆弧是该球面三角形的边,用小写字母表示(a、b、c),由边相交构成的球面角称为球面三角形的角,用大写字母表示(A、B、C),边的交点为顶点。与平面三角形不同,球面三角形的边和角均以角度或弧度为单位度量。球面三角形的三个边和三个角称为球面三角形的六要素。

欧拉(Euler)球面三角形是其六要素均大于 0° 小于 180° 的球面三角形。航海上仅应用欧拉三角形。

二、球面三角形的类型

球面等腰三角形:三角形中的两个边或两个角相等;

球面等边三角形:三角形中的三个边或三个角都相等;

球面直角三角形:至少有一个角为90°的球面三角形;

球面直边三角形:至少有一个边为90°的球面三角形;

球面初等三角形:有两类,小球面三角形(三个边相对于球半径均很小(角不一定小))和窄三角形(只有一个角及其对边很小);

球面任意三角形:除上述各类以外的球面三角形。

三、球面任意三角形的边角关系

1. 正弦公式

设有球面三角形 ABC,如附图1-7所示,作球心 O 与三角形各顶点 A、B、C 的连线得三面锥体 O−ABC。从球面三角形的任意一个顶点 A 作平面 BOC 的垂线 AM,过垂足 M 作 OB 的垂线交于 N,作 OC 的垂线交于 K,由此构成四个平面直角三角形 Rt△AMN、Rt△AMK、Rt△AKO 和 Rt△ANO。

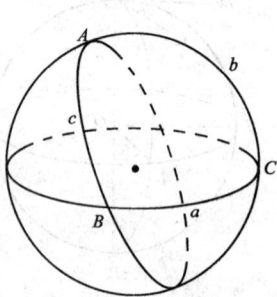

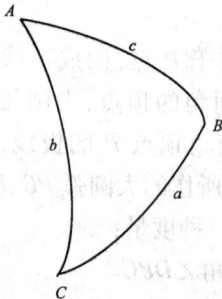

附图1-5　球面三角形　　　　附图1-6　球面三角形示意图　　　　附图1-7　正弦公式求证辅助图

由于球面角与其所对应的两面角相等,故有:$\angle ANM = B$,$\angle AKM = C$。

又大圆弧距与对应的圆心角相等,得 $\angle BOC = a$,$\angle AOC = b$,$\angle AOB = c$。

由 $Rt\triangle AMK$ 和 $Rt\triangle AKO$ 得:$AM = AK\sin C = OA\sin b\sin C$。

由 $Rt\triangle AMN$ 和 $Rt\triangle ANO$ 得:$AM = AN\sin B = OA\sin c\sin B$。

于是　$\sin b\sin C = \sin c\sin B$,即 $\dfrac{\sin B}{\sin b} = \dfrac{\sin C}{\sin c}$。同理可证得:$\dfrac{\sin A}{\sin a} = \dfrac{\sin B}{\sin b}$。将它们合并,得球面三角形的正弦公式:

$$\frac{\sin A}{\sin a} = \frac{\sin B}{\sin b} = \frac{\sin C}{\sin c} \qquad (1-3)$$

球面三角形的正弦公式虽然简便,但计算结果出现双值性,需要判别其象限,因此不建议初学者使用正弦公式求解球面三角形。

2. 边的余弦公式

将附图1-7中的 BOC 平面上 O、N、M、K 各点的相互位置用附图1-8表示,从 K 作 $KT \perp ON$,则 $ON = OT + TN = OK\cos a + KM\sin a$。

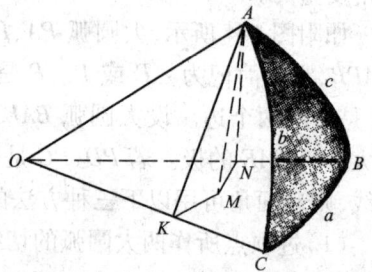

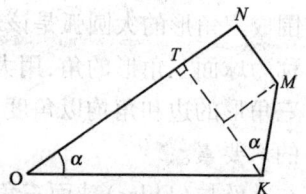

附图1-8　余弦公式求证辅助图

由于 $ON = Oa\cos c$, $OK = OA\cos b$, $KM = AK\cos C = OA\sin b\cos C$, 代入上式, 消去公因子 OA, 得

$$\cos c = \cos a\cos b + \sin a\sin b\cos C$$

同理可证得其他两式。综合得到边的余弦公式为:

$$\left.\begin{array}{l}\cos a = \cos b\cos c + \sin b\sin c\cos A \\ \cos b = \cos c\cos a + \sin c\sin a\cos B \\ \cos c = \cos a\cos b + \sin a\sin b\cos C\end{array}\right\} \qquad (1\text{-}4)$$

即球面三角形的任一边的余弦等于其他两边的余弦乘积,加上该两边的正弦与其夹角余弦之连乘积。

边的余弦公式可用于已知两边一夹角求第三边,或已知三边求角的问题。这是航海上常用的公式之一。

附例 1-1: 在球面三角形中,已知 $a = 118°31'.1$, $b = 50°20'.6$, $C = 100°40'.8$, 求 c。

解: 已知两边一夹角求第三边

$$\begin{aligned}\cos c &= \cos a\cos b + \sin a\sin b\cos C \\ &= \cos 118°31'.1\cos 50°20'.6 + \sin 118°31'.1\sin 50°20'.6\cos 100°40'.8 \\ &= -0.43006089 \\ C &= 115°28'.3\end{aligned}$$

3. 角的余弦公式

$$\left.\begin{array}{l}\cos A = -\cos B\cos C + \sin B\sin C\cos a \\ \cos B = -\cos C\cos A + \sin C\sin A\cos b \\ \cos C = -\cos A\cos B + \sin A\sin B\cos c\end{array}\right\} \qquad (1\text{-}5)$$

角的余弦公式可用于已知两角夹一边求第三角或已知三角求边的问题。

4. 余切公式(四联公式)

球面三角形的任意相连的四个要素如 A、b、C、a(附图 1-6),设 A 和 a 为端角和端边,b 和 C 为中边和中角。则四联公式可描述为:

端边余切中边正弦的乘积等于端角余切中角正弦的乘积加上中角、中边余弦的乘积。由此可写出下列 6 个等式:

$$\left.\begin{array}{l}\cot a\sin b = \cot A\sin C + \cos C\cos b \\ \cot a\sin c = \cot A\sin B + \cos B\cos c \\ \cot b\sin a = \cot B\sin C + \cos C\cos a \\ \cot b\sin c = \cot B\sin A + \cos A\cos c \\ \cot c\sin a = \cot C\sin B + \cos B\cos a \\ \cot c\sin b = \cot C\sin A + \cos A\cos b\end{array}\right\} \qquad (1\text{-}6)$$

这也是航海上常用的公式之一。

附例 1-2: 在球面三角形中,已知 $a = 118°31'.1$, $b = 50°20'.6$, $C = 100°40'.8$, 求 A。

解: a、C、b、A 为四个相连元素,用四联公式求解

为便于用一般的函数计算器计算,将公式 $\cot a\sin b = \cot A\sin C + \cos C\cos b$ 转化成如下形式:

$$\cot A = \frac{\cot a\sin b - \cos b\cos C}{\sin C} \quad \text{或} \quad \tan A = \frac{\sin C}{\cot a\sin b - \cos b\cos C}$$

代入各元素,有

$$\tan A = \frac{\sin 100°40'.8}{\cot 118°31'.1\sin 50°20'.6 - \cos 50°20'.6\cos 100°40'.8} = -3.27493464$$

$A = -73°01'.2 + 180° = 106°58'.8$

注意：当 $\tan A < 0$ 时，A 位于第二象限（大于 $90°$）。

四、球面直角三角形和球面直边三角形的边角关系

1.球面直角三角形的关系式

有一个或一个以上的角为 $90°$ 的球面三角形统称为球面直角三角形（Right angle sphere triangle）。

球面直角三角形的关系式可用"大"

字法则，即纳比尔（Nepier）公式帮助记忆（附图1-9）：C 为直角，"大"字的头对准直角 C，将其相邻要素 a、b 对应填在头的两侧，其余要素以 $90°$ 之差的值对应填入大字的空格。

则："大"字中，任一要素的正弦等于其相邻两要素的正切乘积或等于其对面两要素的余弦乘积。

例如（附图1-9）：任一要素 b 的两相邻要素为 a 和 $(90° - A)$，则

$$\sin b = \tan(90° - A)\tan a = \cot A \tan a$$

b 的对面两要素为 $90° - B$ 和 $90° - c$，则

$$\sin b = \cos(90° - B)\cos(90° - c) = \sin B \sin c$$

附例1-3： 在球面三角形中，已知 C 为直角，$a = 118°31'.1$，$b = 50°20'.6$。求 B。

解： 参考附图1-9，b、$90° - B$ 是 a 的相邻两要素，则计算公式为：

$$\sin a = \tan b \tan(90° - B) = \tan b \cot B$$

$$\tan B = \tan b / \sin a = \tan 50°20'.6 / \sin 118°31'.1 = 1.372\ 948\ 668$$

$$B = 53°55'.9$$

2.球面直边三角形的关系式

有一个或一个以上的边等于 $90°$ 的球面三角形称为球面直边三角形。如附图1-10 所示，c 边为直边，则纳比尔大字法则为："大"字的头对准直边 c，将直边的相邻要素 A、B 对应填在头的两侧，其余要素以 $90°$ 之差值对应填入大字的下部空格。

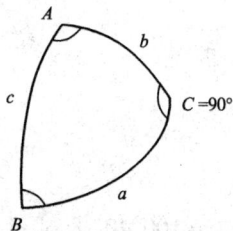

附图1-9　球面直角三角形"大"字法则　　　　附图1-10　球面直边三角形"大"字法则

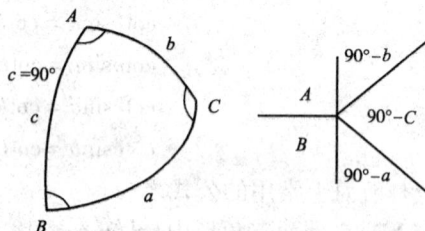

则："大"字中，任一要素的正弦等于其相邻两要素的正切乘积或等于其对面两要素的余弦乘积，若乘积的两要素均为边或均为角时，乘积前应冠以"$-$"号。

例如：任一要素 A 的两相邻要素为 B 和 $90° - b$，则

$$\sin A = \tan B \tan(90° - b) = \tan B \cot b$$

A 的对面两要素为 $90°-a$ 和 $90°-C$,则
$$\sin A = \sin a \sin C$$
又如,任一要素 $90°-C$ 的两相邻要素为 $90°-a$ 和 $90°-b$,它们都是边,则
$$\sin(90°-C) = \cos C = -\cot a \cot b$$
$90°-C$ 的对面两要素为 B 和 A,都是角,则
$$\cos C = -\cos A \cos B$$

第二章　海图测绘与坐标系

第一节　海图资料的测量及其局限性

1. 早期测量

尽管海图测量的精度和完整性随着航海技术的发展得到了很大的提高。然而,即使是近期出版的海图,其资料也往往不是尽善尽美的,其原因主要有:

(1)海图的部分资料可能源于早期的测量资料;

(2)测量仪器、技术方法的局限性使得不能测量到海图区域内的所有点;

(3)海图比例尺限制了图上资料的完整性。

最早期的测量(1850年以前),其重点一般都放在勘探新地区和岸形测定方面,未注重系统的水深测量。自1864年前后机动船代替了帆船,水深测量工作才开始采用正规的测深线方式,而近岸的测量到1900年机动测深船的出现之后才开始,从而使港口及沿岸地区的水深测量逐步改善。1935年以后,回声测深仪代替了测深水锤。回声测深仪虽然能测出测深线上的任何不规则的浅点,但是其测深点的宽度,也仅是超声波波束所能覆盖的窄小范围。所以仍不能解决两条测深线之间的测深空白带。大约到1973年左右,测量船上普遍装备了旁扫声纳,才可测到处于两条测深线间的水下沉船和浅点。从而使水深测量的精度和完整性得到了进一步改善。但是,目前使用的海图有些仍沿用以前测量的资料。

2. 测量原图的比例尺

测量原图是指某区域数据测量中记录绘制原始测量数据的"蓝图",是此后制作该区域的各种比例尺海图的原始数据图。原图所用的比例尺大小取决于该地区的性质和重要性。一般,测量原图比例尺与该地区所能出版的最大比例尺的海图比例尺相同。若要求某地区的测量精度高、数据完整,就要求原图比例尺大。但原图比例尺的大小也决定了测深线间的间距大小,决定了测量数据所要花费的时间。因此,从实际出发,原图上的测深线间距在 $0.5 \sim 1\text{cm}$ 之间。

3. 水深测量的局限性

在水道测量工作中,一般采用由一艘测深船,顺着一系列的测深线进行测深的方式。在测量过程中,当发现有不规则的水深迹象时,将采取进一步的测量来复验。但如果未发现可疑的水深点,那么当浅点、暗礁或者沉船正好处在两条测深线的中间时,是可能被漏测的。例如,如果原图比例尺为1:75 000,测深线间距在图上为0.5cm,则实际间距就有300多米,如果正好在两条测深线间有一个方圆1cable大小的浅点或沉船,就很可能测不出来。即便是比例尺更大些,也不可能完全避免漏掉一些浅点或礁石。特别是有些水下礁石非常尖峭,测深水锤或回声测深仪可能未打到它的顶点;同样的原因,测到的沉船上的水深也可能不是最浅水深,所以,沉船上的水深测量常用钢索扫海的方式,这样才比较可靠。

外海水域的测量精度一般要比近岸港湾地区差,因为外海的定位、测深和潮高修正等方面都比较困难。

第二节　海图的绘制

海图绘制前,一般先确定海图的基准比例尺,然后根据海图图区的经纬度范围,计算出图幅。或者根据一张海图的通常图幅确定海图所包括的地区范围。有时为了制成某一区域的成套海图,整个区域往往采用同一基准比例尺。

基准比例尺和海图所包括的范围确定后,就要着手收集编制海图的资料,并对这些资料进行分析与处理,确定该海图所采用的大地坐标系。绘制海图,一般要求根据比例尺的大小,既要保持海图的清晰度,亦应保证该海域航行所必需的资料都能反映出来。对于大比例尺海图,若其比例尺与测量原图相同,则其水深测量资料原则上都能在海图上展现出来。当海图比例尺小于测量原图的比例尺,则海图上的水深资料一般要少于原图资料,但图上仍需反映下述内容:

(1)图上保持明显的测深线方向;

(2)能保证绘出所有与航行有关的危险浅滩以及有特殊变化的水深;

(3)所有未经测量的位置,以空白点表示;

(4)对于海底深度有剧烈变化的位置,海图上也能反映这种变化;

(5)对于不良底质,如岩石、圆砾等,能以相应底质符号标示出来,但对泥沙等良好底质则可能省略其标注,以清晰海图。在礁区及锚地则必须详尽地注明底质状况;

(6)陆地资料,以航海需要为原则,与航海定位、导航有关的一般会清晰准确地绘画出,例如:显著的地貌、岛屿、山头、高大建筑物、重要山头的等高线等。而与航海无关的资料则略去。

第三节　中版海图的图号规则

中版海图图号原则上按海区地理顺号(用非"0"数字表示)和比例尺顺号编号,印在海图的四角。世界海洋被分为9个大区,每个大区又划分为5~9个二级区,围绕大陆或者岛屿顺时针方向编二级区号。例如中国大区为"1",下分8个二级区,则最北的二级区号为"11",最南的为"18"。中版海图的基本编号规则见附表2-1。

附表2-1

海图种类	图　号　结　构	比例尺区间
世界海洋总图和大洋总图	××(2位数字:按地理顺序编号)	<1:10 000 000
海区总图	×××(3位数字:首位数代表海图所在的大区号(下同);后两位数字为出版序号或地理顺号)	1:3 000 000~1:10 000 000;含大于1:3 000 000的海区总图

续上表

海图种类	图 号 结 构	比例尺区间
远洋航行图	×0000 ~ ×0×××(5 位数字:第一位为大区号;第二位 0,表示比例尺;后三位为大区内的地理顺号)	1:1 000 000 ~ 1:2 990 000
近海航行图	××000 ~ ××0××(第二位为二级区号(下同);后三位为顺号(下同);第三位 0,表示比例尺)	1:500 000 ~ 1:990 000
	×××00 ~ ×××0×(第四位用 0,表示比例尺)	1:200 000 ~ 1:490 000
沿岸航行图	××××0(第五位用 0,表示比例尺)	1:100 000 ~ 1:190 000
港湾图	××××(港湾图号不带 0)	>1:100 000

比例尺大于 1:1 000 000 的航海图,若同一区域内有不同比例尺时,实行比例尺顺号。例如:1:750 000 图 11000 内的第一幅 1:300 000 图编为 11100,11100 内的第一幅 1:150 000 图编为 11110,11110 内的第一幅港湾图编为 11111,11111 内更大比例尺港湾图编为 11112,以此类推。

按此规则,若某种情况下新编图无号可用时,可用前一幅图的图号加 A、B、C 等后缀编号,如 11032,11032A,11032B 等。

第四节　海图坐标系

一、概述

绘制海图都基于相应的大地坐标系,由于各国在建立大地坐标系时,都是使所采用的地球椭圆体与本地区的大地水准面更接近,因此,不同国家出版的海图可能采用不同的坐标系。即使是同一国家出版的海图,也可能由于该国未能建立起国家的统一坐标系而使海图的坐标系不一致。

大地坐标系是建立在一定的大地基准上的用于表达地球表面空间位置及其相对关系的数学参照系,这里所说的大地基准是指能够最佳拟合地球形状(即大地球体)的地球椭圆体的参数及椭圆体定位和定向。

地球椭圆体与地球形状非常接近。地球椭圆体可以通过长半径 a 和扁率 c 两个参数来确定,且可以做严密的计算,而且所推算的元素同大地水准面上的相应元素非常接近。

椭圆体定位是指确定地球椭圆体中心的位置,可分为两类:局部定位和地心定位。局部定位要求在一定范围内的椭圆体面与大地水准面有最佳的吻合(如局部地区的测地系),而对椭圆体的中心位置无特殊要求;地心定位要求在全球范围内椭圆体面与大地水准面有最佳的吻合(如全球性测地系 WGS 等),同时要求椭圆体中心与地球质心一致或最为接近。椭圆体定向是指确定椭圆体旋转轴的方向,不论是局部定位还是地心定位,都应满足两个平行条件:即椭圆体短轴平行于地球自转轴和大地起始子午面平行于天文起始子午面。

二、常见的大地坐标系

为了使地球椭圆体能够与自己国家和地区局部的大地水准面吻合得更密切,各国在大地测量时常常采用不同参数的参考椭圆体建立的坐标系。由于参考椭圆体的不同,对同一点的坐标所计算的结果将有不同的值。下面是几个常见的大地坐标系:

1.1954 年北京坐标系(简称 P54)

建国初期,为了迅速开展我国的测绘事业,以 1942 年普尔科沃坐标系的坐标为起算数据建立 1954 年北京坐标系(P54),P54 采用克拉索夫斯基椭圆体的两个参数:其长半径 $a = 6378245\text{m}$,短半径 $b = 6356863\text{m}$,扁率 $c = 1/298.3$。大地原点在原苏联的普尔科沃。

2.1980 年国家大地坐标系(简称 C80)

C80 是为了进行全国天文大地网整体平差而建立的。C80 的大地原点在我国中部陕西省泾阳县永乐镇。C80 的椭圆体参数采用 IUGG(International Union of Geodesy and Geophysics,国际大地测量和地球物理联合会)1975 年大会推荐的参数: $a = 6378140 \pm 5$(m), $c = 1/298.257$。

3.WGS—84 大地坐标系

WGS—84(World Geodetic System,1984 年)是由美国国防部在与 WGS—72 相应的精密星历 NSWC—9Z—2 基础上,采用 1980 大地参考数和 BIH 1984.0 系统定向所建立的一种地心坐标系。其坐标系的几何定义是:原点在地球质心,Z 轴指向 BIH 1984.0 定义的协议地球极(CTP)方向,X 轴指向 BIH 1984.0 的零子午面和 CTP 赤道的交点。Y 轴与 Z、X 轴构成右手坐标系,如附图 2-1 所示。

WGS—84 大地坐标系的椭圆体参数采用 IUGG 第 17 届大会的推荐值: $a = 6378137 \pm 2\text{m}$, $c = 1/298.257223563$。

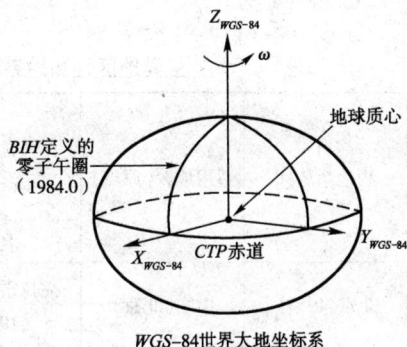

附图 2-1　地心坐标系

三、不同大地坐标系间的关系

测绘地图、海图,首先要确立一个地球模型,即确立一个地球椭圆体,使其与自己国家和地区局部的大地水准面达到最佳吻合。因而,各国在大地测量时常常采用不同参数的参考椭圆体建立坐标系。这也就是说,世界各主要国家测绘本国的地图、海图采用的是适用于本地区的大地测量系统。不同的大地测量系统即不同的坐标系所采用的坐标原点位置和参考椭圆体的参数都有不同,附表 2-2 所示的是世界部分国家采用的大地坐标系及其与世界测地系之间的差异。

不同大地坐标系之间的差异可用下述简化了的莫罗陀斯基(MOLODENSKY)公式求得:

$$\Delta\varphi'' = \frac{1}{M\sin1''}[-\Delta X\sin\varphi\cos\lambda - \Delta Y\sin\varphi\sin\lambda + \Delta Z\cos\varphi + (a\Delta c + c\Delta a)\sin2\varphi]$$

$$\Delta\lambda'' = \frac{1}{N\cos\varphi\sin1''}[-\Delta X\sin\lambda + \Delta Y\cos\lambda]$$

式中:　　φ——地区性测地系的地理纬度,即海图纬度;

　　　　λ——地区性测地系的地理经度,即海图经度;

ΔX、ΔY、ΔZ——地区性测地系的坐标原点相对于世界测地系原点的偏离值;

475

$\Delta\varphi$、$\Delta\lambda$——地区性测地系的地理坐标转换为世界测地系的地理坐标的改正量。$\Delta\varphi$、$\Delta\lambda$ 的单位是角度秒;

  a——地区性参考椭圆体长半径,即赤道半径;

  c——地区性参考椭圆体扁率;

 Δa——全球性参考椭圆体长半径减去地区性参考椭圆体长半径;

 Δc——全球性参考椭圆体扁率减去地区性参考椭圆体扁率;

  M——子午圈曲率半径;

  N——东西圈曲率半径。

则根据世界测地系的坐标值 φ_{WGS}、λ_{WGS}(GPS 显示的船位经、纬度)求海图测地系的坐标值 $\varphi_{海图}$、$\lambda_{海图}$(用于海图定位的船位经、纬度),可通过下式修正:

$$\varphi_{海图} = \varphi_{WGS} + \Delta\varphi$$

$$\lambda_{海图} = \lambda_{WGS} + \Delta\lambda$$

主要地区性测地系与 WGS 的参考椭圆体参数及其坐标原点差值　　　　附表 2-2

测地系名称	适用地区(原点)	参考椭圆体			WGS—72 (原点:地心) $a=6378135m$ $1/c=298.26$	WGS—84 (原点:地心) $a=6378137m$ $1/c=298.25722$
		名称	长半径 $a(m)$	$1/c$	ΔX、ΔY、ΔZ	ΔX、ΔY、ΔZ
北京(1954)	中国(北京)	克拉索夫斯基 (1940)	6378245	298.30		
西安(1980)	中国(陕西 泾阳县永乐镇)	IUGG 推荐 椭圆体(1975)	6378140	298.257		
普尔科夫(1942)	原苏联及东欧 (普尔科夫)	克拉索夫 斯基(1940)	6378245	298.3		
东京(1918)	日本(东京)	白塞尔(1841)	6377397	299.15	−140、516、673	−128、481、664
北美(1927)	北美洲 (堪萨斯州)	克拉克(1866)	6378206	294.98	−22、157、176	−8、160、176
欧洲(1950)	欧洲、中近东 (波茨坦)	海福特(1910)	6378388	297.00	−84、−103、−127	−87、−98、−121

第三章 风流中的航迹推算误差和天文定位误差

第一节 风流中航迹推算的误差分析

由第二篇第二章第四节的分析知,推算船位的标准差可用下式表示

$$\rho = \sqrt{m_{横}^2 + m_{纵}^2} \tag{3-1}$$

式中:$m_{横}$——推算船位的横向误差,其大小为 $\pm S m_{CA}$;

$m_{纵}$——推算船位的纵向误差,其大小为 $\pm m_s$。

1. 有风无流的推算船位标准差

1)推算船位的横向误差 $m_{横}$

船舶在有风无流的情况下航行,有 $CA = TC + \alpha$,所以风中推算航迹向的误差 m_{CA} 为:

$$m_{CA} = \pm \sqrt{m_{TC}^2 + m_{\alpha}^2}$$

一般认为 m_{TC} 约为 $\pm 1°$,用连续定位法测定风压差的标准差 m_{α} 约为 $\pm 1°.5$,因此风中航迹向的标准差

$$m_{CA} = \pm \sqrt{(1°.0)^2 + (1°.5)^2} = \pm 1°.8$$

而由航向误差 m_{CA} 引起的 $m_{横}$:

$$m_{横} = S \cdot m_{CA} \approx \frac{S_L m°_{CA}}{57°.3} = \pm \frac{1°.8 S_L}{57°.3} = 3.14 S_L \%$$

2)推算船位的纵向误差 $m_{纵}$

因为风中推算航程(在风压差 $|\alpha| < 15°$ 时)$S = S_L \sec\alpha \approx S_L$,所以由航程误差引起的推算船位纵向误差与无风流的相同,即 $m_{纵} = m_s \approx \pm S_L \%$。

3)推算船位的标准差 ρ_α

将 $m_{横} \approx 3.14 S_L \%$ 和 $m_{纵} \approx \pm S_L \%$ 代入下式,得风中推算船位的标准差为:

$$\rho_\alpha \sqrt{m_{横}^2 + m_{纵}^2} \approx \sqrt{(3.14 S_L \%)^2 + (S_L \%)^2} = 3.3 S_L \% \tag{3-2}$$

这是假定真航向标准差 $m_{TC} = \pm 1°$,风压差的标准差 $m_{\alpha} = \pm 1°.5$,计程仪改正率的标准差 $m_{\Delta L} = \pm 1\%$ 得到的。

2. 有流无风的推算船位标准差 ρ_β

如附图 3-1 所示,A 是航迹推算的起始点,AB 是 TC 线,S_L 为计程仪航程,BC 为水流矢量,S_C 是水流流程,C 是受流影响后的推算船位,AC 为推算航迹线,S 为推算航程;ρ 是无风流(即 TC 线终端)的推算船位标准差,ρ_C 是由水流要素的误差引起的水流流程矢量终点的标准差,ρ_β 是受流影响后的推算船位标准差。

显见，有流无风的推算船位可以看成是船舶按 TC 和流向 C_C 两个航向航行的结果。根据多航向航行的推算船位误差关系（式 2-2-11），可得

$$\rho_\beta = \sqrt{\rho^2 + \rho_C^2}$$

因为流程 S_C 是流速 V_C 和时间 t 的乘积（$S_C = V_C \cdot t$），假定水流流向标准差为 $m^\circ{}_{C_C}$，流程标准差为 $m_{S_C} = m_{V_C}$（m_{V_C} 是流速标准差），则可求得水流流程矢量终点的标准差 ρ_C 为：

$$\rho_C = \sqrt{\left(\frac{V_C t m^\circ{}_{C_C}}{57^\circ.3}\right)^2 + (m_{V_C} t)^2} = \sqrt{\left(\frac{V_C m^\circ{}_{C_C}}{57^\circ.3}\right)^2 + m_{V_C}^2}$$

根据经验，流向标准差一般为 $m_{C_C} = \pm 20^\circ$，流速标准差为 $m_{V_C} = \pm 0.2 kn$ 若以 100n mile 航程航行 6h（约 16kn 船速）计算，设流速为 2.5kn，代入上式，得

$$\rho_C = t \sqrt{\left(\frac{V_C m^\circ{}_{C_C}}{57^\circ.3}\right)^2 + m_{V_C}^2} = 6 \times \sqrt{\left(\frac{2.5 \times 20^\circ}{57^\circ.3}\right)^2 + 0.2^2} = 5.37 S_L\%$$

因为无风流推算船位标准差 $\rho = 2 S_L\%$，可求得流中推算船位的标准差

$$\rho_\beta = \sqrt{\rho^2 + \rho_C^2} = \sqrt{(2 S_L\%)^2 + (5.37 S_L\%)^2} = 5.73 S_L\%$$

考虑到航程较长时，实际流速不一定能达到 2.5kn，大洋航行中，洋流流速一般不大于 1.5kn，若按流速为 1.5kn 计算，有 $\rho_C = 3.36 S_L\%$，则 $\rho_\beta = 3.91 S_L\%$。故综合认为流中推算船位的标准差（对应约 16kn 船速）为

$$\rho_\beta = 4 S_L\% \sim 6 S_L\% \tag{3-3}$$

大洋航行中若船速大于 16kn，推算船位的标准差将小于此值。

3. 有风有流的推算船位标准差

如附图 3-2 所示，有风有流情况下，$CA = TC + \alpha + \beta = CA_\alpha + \beta$，因此，推算船位标准差 ρ_γ 可近似地用下式计算，即

$$\rho_\gamma = \sqrt{\rho_\alpha^2 + \rho_C^2}$$

式中：ρ_α——仅考虑风影响下的推算船位标准差，$\rho_\alpha = 3 S_L\%$；

ρ_C——由水流要素的误差引起的水流流程矢量终点的标准差，$\rho_C = 5.37 S_L\%$（流速 2.5kn）或 $\rho_C = 3.36 S_L\%$（流速 1.5kn）。

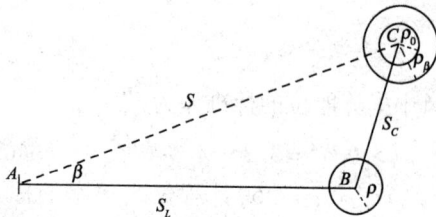

附图 3-1 流中推算误差   附图 3-2 风流中推算误差

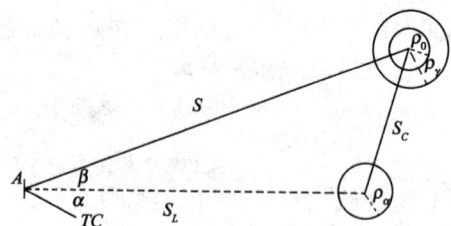

将它们代入，可计算得风流中推算船位的标准差约为 $\rho_\gamma = 6.15 S_L\%$（流速 2.5kn）或 $\rho_\gamma = 4.50 S_L\%$（流速 1.5kn）。故认为风流中推算船位的标准差为

$$\rho_\gamma = 5 S_L\% \sim 7 S_L\% \tag{3-4}$$

同样，它也是在对应 16kn 船速的条件下求得的。

第二节　天文船位的误差分析

天文定位与其他定位一样,由于受到观测仪器和测者个人条件的限制以及各种外界因素的影响,会存在一定的误差。

一、高度差法引起的船位线误差

利用高度差法求船位线固然很实用,但它是一种近似的方法,因此所求的船位线是有误差的。如附图 3-3 所示,在航行图上,由作图点 C(推算船位或选择船位)用直线 CK(恒向线)代替天体的大圆方位线 CK_0;沿着 CK 而不是 CK_0 截取 Dh 得出截点 K;船位线本应通过 K_0 点垂直于 CK_0,但实际上是通过 K 点垂直于 CK,结果是以直线 I-I 代替了直线 I_0-I_0;另外,实际船位线应是靠近 C 点的一小段船位圆曲线 ab,但却用直线(恒向线 I_0-I_0)代替。因此,由高度差法引起的船位线误差表现为:

(1)截点 K 的位置不正确,它不在船位圆上;

(2)所画船位线 I-I 的方向有误差;

(3)船位线直线与船位圆曲线的差别。

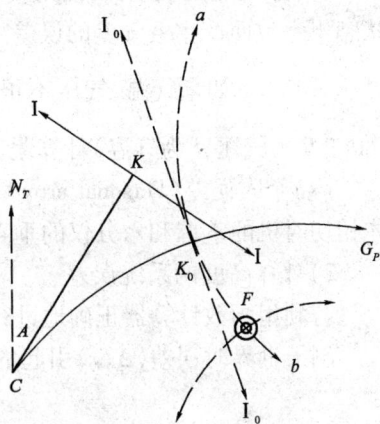

附图 3-3　高度差法的误差

二、测、算、画引起的船位线误差

天文船位线的测、算、画过程中的误差,主要是指观测高度中的观测和改正误差、计算高度和方位中的误差以及船位线作图中的误差。它们既有系统误差,又有随机误差。其中系统误差主要表现在观测高度的一系列改正中,而随机误差则包含在测、算、画的全过程中。高度差法求天文船位线的精度是由天体的计算方位和高度差的精度决定的,但计算方位的精度要求比高度差低,一般计算方法求得的计算方位均可满足要求,所以对天文船位线误差的讨论就主要集中在高度差的误差方面。

1. 高度差中的系统误差

高度差中的系统误差取决于观测高度和计算高度的系统误差,一般若以函数计算器计算时,计算高度中的误差可以忽略不计。

1)观测高度的系统误差

由观测得到的真高度中可能存在的系统误差,主要有以下几个方面引起的。

(1)六分仪指标差和器差的剩余误差:尽管指标差测定中的误差是随机的,但用它去改正六分仪高度带来的误差却是系统误差。六分仪器差的改变也将引进新的系统误差。

(2)眼高差的误差:主要是眼高不准和地面蒙气差因气温、气压的变动所引起。

眼高差的误差(Δd)与眼高的误差(Δe)间有关系式

$$\Delta d' = \frac{0.886}{\sqrt{e(\mathrm{m})}} \Delta e(\mathrm{m}) \tag{3-5}$$

如果眼高 $e = 9\mathrm{m}$，眼高估计有 $1\mathrm{m}$ 的误差，则可引起眼高差的误差约为 $0'.3$。一般海船若以半载时的眼高代替满载或空载时的眼高，就可能产生约为 $0'.5 \sim 0'.7$ 的眼高差误差。

产生误差的另一个原因是表列眼高差与实际眼高差的不一致。表列眼高差是按大气平均状态计算的，因此观测时的气温、气压与标准大气状态相差较大时，将引起较大的误差。这种现象在内海和海湾较突出。据有关资料记载，由此而产生的眼高差误差可达 $2 \sim 3'$，特别是在红海、波斯湾和非洲西岸等水域更为常见。

（3）蒙气差的误差：当按大气平均状态计算蒙气差 ρ_0 时，由于实际气温、气压与大气平均状态不一致而产生蒙气差的误差。高度大于 $30°$ 时，它不超过 $\pm 0'.1$，可忽略不计；$15 \sim 30°$ 时可达 $\pm 0'.2$。如果气温、气压不正常，天体高度又较低时，应根据 $\rho' = 9.9 \times 10^{-4} B \dfrac{237}{(237 + t)}$ $\coth'(B$ 为气压，t 为气温$)$ 计算蒙气差，以减小蒙气差的误差。

（4）个人误差（Personal error）：观测者个人的习惯所产生的误差。如对水天线的分辨、天体相切时机的掌握和六分仪的垂直程度等。

2）计算高度的系统误差

若利用函数计算器正确地进行计算，则可以认为计算高度没有系统误差。

测天世界时误差（ΔT_G）引起的计算高度误差 ε_h 可按下式计算：

$$\varepsilon'_h = -0'.25 \cos\varphi \sin A \cdot \Delta T_G^s$$

ΔT_G 主要是天文钟差的误差 ΔCE，如果 $\Delta CE = \pm 1^s$，则 $|\varepsilon_h| \leqslant 0'.25$。若天文钟误差测定较准，或用石英钟或卫星导航仪确定测天世界时时，则该项误差可以忽略不计。

综上所述，天文船位线的系统误差主要表现在高度差方面，而影响高度差系统误差的主要因素是观测高度中的误差，其中以眼高差和六分仪误差的影响为最大。

2. 高度差中的随机误差

高度差中的随机误差主要来自观测高度。作图过程如量方位、截取高度差和画船位线的误差一般都不会太大，可以忽略不计。至于计算高度中的随机误差，当用函数计算器计算时，主要来自由《航海天文历》查取的 GHA 和 Dec，它们引起的计算高度的误差分别为：

$$\Delta h'_\delta = \pm \Delta Dec' \cos q$$

$$\Delta h'_t = \pm \Delta 0'.25 \Delta t^s \cos\varphi \sin A$$

因为 $\Delta Dec = \pm 0'.05$，所以 $|\Delta h_\delta| \leqslant 0'.05$；至于 GHA，由于所取的测天世界时有小量的误差，致使时角可产生的最大误差为 $\pm 1^s$，因此，在最不利的情况下 $|\Delta h_t| = 0'.25$，在一般情况下该误差都是很小的，也可以忽略不计。

观测高度中随机误差的大小主要取决于水天线的清晰程度、观测时的海况、观测处的避风情况以及测者的观测经验与水平。此外，高度改正和六分仪最小读数的凑整也会产生小量误差。这些互不相关的因素的综合作用产生的误差，除凑整误差属于均匀分布外，都是服从随机误差的正态分布规律。

据统计资料分析，在中纬地区，对于一个有经验的驾驶员来说：

白昼观测太阳的单一观测标准差 m_h 约为 $\pm 0.3 \sim \pm 1'.0$，平均为 $\pm 0'.7$；

晨昏观测星体的单一观测标准差 m_h 约为 $\pm 0.5 \sim \pm 2'.0$,平均为 $\pm 1'.2$。如果不按昼夜考虑,也可以笼统地认为天体单一观测的标准差约为 $\pm 1'.0$。

因为高度差 $Dh = h_t - h_c$,所以,高度差的标准差为:

$$m_{Dh} = \pm \sqrt{m_h^2 + m_{h_c}^2} \tag{3-6}$$

若对同一天体观测 N 次,取其平均值作为观测高度,则

$$m_{Dh} = \pm \sqrt{\frac{m_h^2}{n} + m_{h_c}^2} \tag{3-7}$$

式中:m_h——单一观测高度的标准差;

$\quad\ m_{hc}$——计算高度的标准差;

$\quad\ n$——连续观测某天体的次数。

由于计算高度的精度较高,所以,高度差的标准差 $m_{Dh} \approx m_h$,若用观测高度平均值,$m_{Dh} \approx \dfrac{m_{h_c}}{\sqrt{n}}$。

3. 两天体定位的船位误差

1)系统误差对船位的影响

如附图 3-4 所示,C 为作图点,船位线 Ⅰ-Ⅰ、Ⅱ-Ⅱ 为"同时"观测两天体所得的船位线,其交点 P 是观测船位。若观测高度中,只存在相同的系统误差 ε_h,则由第二篇第二章第七节知,船位系统误差

$$\delta = \varepsilon_h \sec \frac{A_2 - A_1}{2} \tag{3-8}$$

式中:A_1、A_2——两天体的方位。

消除了系统误差后的船位 P_o 在船位移动线即过观测船位 P 的两天体平均方位线上。若 $\varepsilon_h < 0$,则 P_o 位于 P 点的 $\dfrac{A_1 + A_2}{2}$ 方位(朝向天体)上;若 $\varepsilon_h > 0$,则 P_o 位于相反(背离天体)的方位上。

由式知,船位误差是随观测高度的系统误差 ε_h 的增大而增大。另外,在观测高度的系统

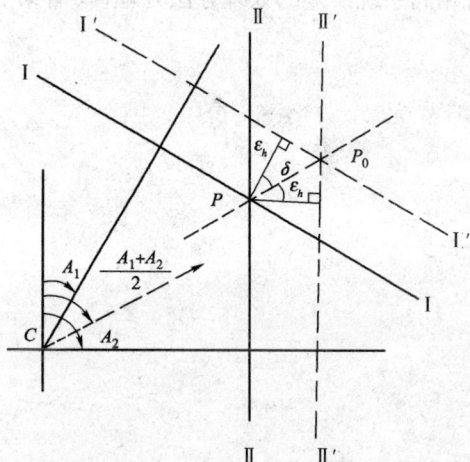

附图 3-4　天文船位移动线

误差一定的情况下,当两天体的方位差($A_2 \sim A_1$)接近 0°时,船位系统误差最小,而接近 180°时为最大。因此,从系统误差对船位的影响来说,两天体定位时,其方位差角越小越有利。

2)随机误差对船位的影响

当观测高度中只存在随机误差 m_h 时,由船位线 Ⅰ-Ⅰ、Ⅱ-Ⅱ 的交点 P 所得的观测船位显然是最概率船位。根据船位误差理论,船位标准差 M 可由下式决定:

$$M = \frac{\sqrt{2} m_h}{\sin(A_2 \sim A_1)} \tag{3-9}$$

如果用观测高度的算术平均值来计算船位线,则船位标准差应为:

$$M = \frac{\sqrt{\frac{2}{n}} m_h}{\sin(A_2 \sim A_1)} \qquad (3\text{-}10)$$

船位在以 P 为圆心，M 为半径的标准差圆内的概率为 $63.2 \sim 68.3\%$。

　　为了提高观测船位的精度，由式(3-9)和(3-10)知，两天体的方位差越接近 $90°$，船位标准差 M 就越小，即观测船位的精度越高。

　　至于系统误差和随机误差对船位的联合影响问题，因为它涉及综合误差、即相关误差的概念，其内容已超出本课程教学大纲的范围，这里不予讨论。但是，需要指出的是，由于系统误差和随机误差对船位的影响不同，两者对船位线交角(即方位差)的要求也不一致。为使这两种不同性质的误差的总影响小一些，在两天体定位时，应尽可能选择它们之间的方位差小于 $90°$ 而又大于 $30°$，以 $60 \sim 90°$ 为最有利。应避免利用小于 $30°$ 或大于 $150°$ 方位差的天体定船位。

　　4. 三天体定位的船位误差

　　在正常情况下，对观测船位起主要影响的是大量的随机误差。对一个具有一定观测经验的测者，误差三角形每边一般不超过 $2 \sim 3$n mile。所以，如果在三天体定位中误差三角形各边平均小于 $2 \sim 3$n mile 时，可以认为主要是受随机误差的影响，而且，三条船位线是等精度的。如果误差三角形较大，则首先考虑有无粗差存在，如果确定没有粗差，则可以按三条船位线具有相同系统误差的处理方法处理(参看第二篇第二章第七节)。

第四章　行星视运动简介

第一节　概　述

　　人们通过长期观测发现，天空中绝大多数星星的相对位置长时间几乎没有变化，因而称为恒星；但有几颗星星如金星、木星、水星、火星、土星等却在恒星间移动，因而称它们为行星。把行星在不同时间的位置标在星图上，就得出行星视运动的路径。行星既有相对于恒星的视运动，又有相对于太阳的视运动。研究行星相对于太阳的视运动，可以揭示行星出没的规律。按照行星相对于太阳的视运动，可把行星分为两类：地内行星和地外行星。

　　行星和地球均自西向东绕着太阳公转（如附图4-1），太阳位于它们椭圆轨道的一个公共焦点上。由于各行星公转的角速度不相同,公转周期从水星的88天到冥王星的248年不等,因此从地球上观察到的行星视运动（Apparent motion of planetes）并不是完全循着同一方向。即使对于同一颗行星来说,其视运动也有时向西,有时向东。行星向东即循着赤经增加的方向（即与地球公转同向）运动,称为"顺行（Direct motion）",反之的向西视运动,称为"逆行（Retrograce motion）",地内行星在"下合"附近和地外行星在"冲"附近都会发生逆行现象。所有的

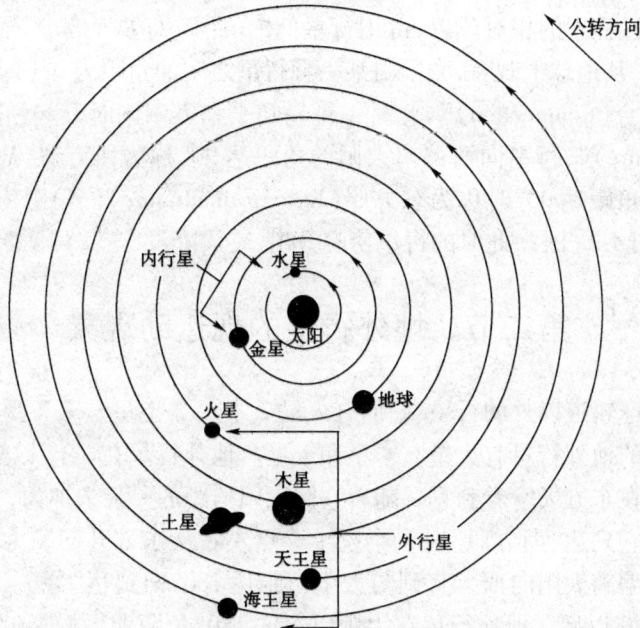

公转方向

内行星
水星
太阳
金星
地球
火星
木星
土星
天王星
外行星
海王星

附图4-1　行星公转轨道示意图

行星顺行时间长,逆行时间短。由顺行转为逆行或由逆行转为顺行时,称为"留(Stationary)"。行星在留前后,移动缓慢。

除水星和冥王星外,行星绕太阳运动的轨道平面与地球公转的轨道平面之间的夹角均很小,约在3°.5以内。因此,从地球上看行星视运动的轨迹,总是在黄道附近。

通常人们以日地连线为基准来考察行星的视运动,即考察行星相对于太阳的视运动。如附图4-2所示,中心处为太阳,E表示地球及公转轨道,图a)、图b)分别表示地外行星(superior planetes)和地内行星(Inferior planetes)相对于日地连线的视运动轨道。

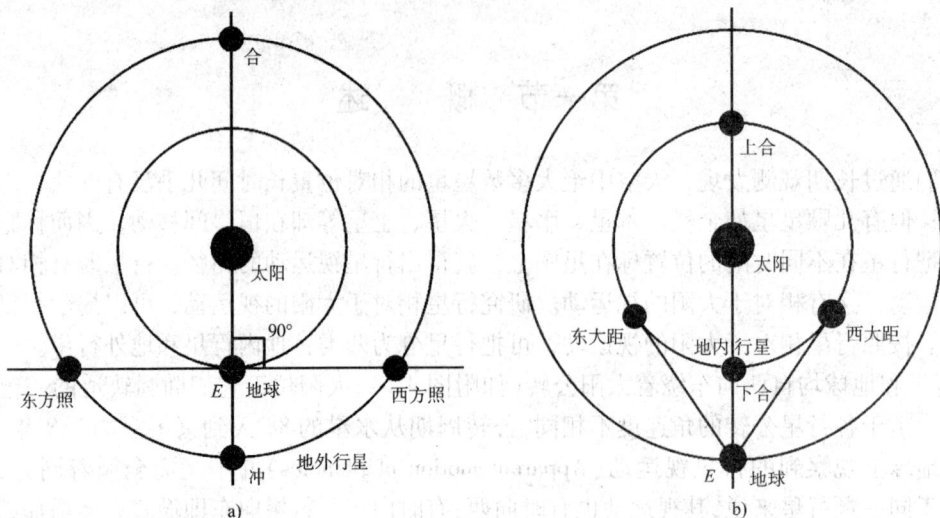

附图4-2 行星视运动示意图

a)地外行星;b)地内行星

行星在视运动过程中的相对位置,可用行星的"角距"(即从地球上看到的太阳与行星之间的夹角)来表示。从地球上观看,太阳与某一颗行星之间的角距为0°(即行星的黄经和太阳黄经相等)时称为"合(Conjunction)",此时,行星几乎和太阳同时升起和降没;角距为90°时称为"方照(quadrature)",行星向西偏离太阳的角距达90°称为西方照(Western quadrature);而位于太阳之东的角距达90°时称为东方照(Eastern quadrature)。角距为180°时则称为"冲(Opposition)"(附图4-2a图),此时的行星傍晚升出,凌晨降没,全夜可见。

第二节 地外行星的视运动现象

地外行星是地球轨道以外的行星,它们有火星、木星、土星、天王星、海王星和冥王星等。肉眼可以看到的地外行星有火星、木星和土星。地外行星在"合"以后,偏离太阳向西,因而,每天黎明前在东方天空看到它。随着它同太阳角距的一天天加大,每天升起的时间也就一天天提早。当它到达"西方照"时,半夜十二点左右从东方升起,太阳升起时它已处于中天。以后它继续偏离太阳向西,直到与太阳角距达180°即到达"冲"。此时,太阳降没,它便从东方升起。"冲"以后,地外行星在太阳以东的180°角距处慢慢靠近太阳。在下午从东方升出,当太阳降没后,已在东天方向出现。当它由东逐渐接近太阳到90°角距即"东方照"

时，中午升出，傍晚近似为中天，半夜降没。它继续由东边靠近太阳，当和太阳黄经又相等时到达"合"。完成一个周期，地外行星连续两次通过合（或冲）的时间间隔，称为地外行星的会合周期。在一个会合周期中，它的视运动可简单归结为：

外行星位置	合附近	西方照前后	冲附近	东方照前后	合附近
能见现象	被阳光淹没	子夜升起	整夜可见	子夜降没	被淹没

第三节　地内行星的视运动现象

地内行星是地球轨道以内的行星，有水星和金星。水星的最大角距在 18°~28° 之间，金星的最大角距在 45°~48°，因而它们的视运动轨迹总是在太阳附近来回摆动，没有"方照"和"冲"。角距最大值之所以有一个变动的范围，是因为地球与行星的公转轨道都是椭圆。当内行星处于太阳与地球之间时，称为"下合（Inferior conjunction）"，当它处于太阳的另一面时称为"上合（Superior conjunction）"。

地内行星，由于其公转角速度大于地球，因此在上合的前后，行星由西接近太阳至上合，而后向东离开太阳，而成为昏星，日没后见于西方天空。当其向东离开太阳的角距达到最大值时的位置称为东大距（Greatest eastern elongation）。东大距以后，它又一天天向西靠近太阳，直至下合，此时，它几乎和太阳同时升起和降没。而下合后的行星向西离开太阳而成为晨星，日出前见于东方天空。当其自"下合"向西离开太阳的角距达最大时称为"西大距（Greatest western elongation）"。过了西大距，它又一天天向东靠近太阳，直到"上合"。地内行星连续两次通过"上合（或下合）"的时间间隔称为地内行星的会合周期。

在一个会合周期中，地内行星视运动可以简单归结为：

内行星位置	上合附近	东大距前后	下合附近	西大距前后	上合附近
能见现象	被阳光淹没	昏星	被淹没	晨星	被淹没

当行星的最大角距不大时（如水星），离太阳太近，常被太阳光所淹没，无法用于航海定位。金星不但有接近 50° 的最大角距，而且星又亮，星等在 −4.4 到 −3.3 之间，当它为晨星时，俗称"启明星"，昏星时俗称"长庚星"。"大距"前后是观测金星的最好时机。金星的最亮日在下合前和下合后的各约 36 天附近。自东大距到下合前的最亮日和下合后最亮日到西大距的这两段日期内，在白昼也有可能见到金星，因而能在白昼可"同时"观测金星和太阳定位。在《航海天文历》的"四星纪要"中提供了金、火、木、土四颗行星的每月概略位置和可见情况，可作为观测行星定位时的参考。

附　录

附 录 1

纬度渐长率表摘录

纬度												
′	25°	26°	27°	28°	29°	30°	31°	32°	33°	34°	35°	′
0	1540.3	1606.4	1673.1	1740.4	1808.3	1876.9	1946.2	2016.2	2087.0	2158.6	2231.1	0
1	1541.4	1607.5	1674.2	1741.5	1809.4	1878.0	1947.3	2017.4	2088.2	2159.8	2232.3	1
2	1542.4	1608.6	1675.3	1742.6	1810.6	1879.2	1948.5	2018.5	2089.4	2161.0	2233.5	2
3	1543.6	1609.7	1676.4	1743.7	1811.7	1880.3	1949.6	2019.7	2090.5	2162.2	2234.7	3
4	1544.7	1610.8	1677.5	1744.9	1812.8	1881.5	1950.8	2020.9	2091.7	2163.4	2235.9	4
5	1545.8	1611.9	1678.6	1746.0	1814.0	1882.6	1952.0	2022.1	2092.9	2164.6	2237.2	5
6	1546.9	1613.0	1679.8	1747.1	1815.1	1883.8	1953.1	2023.2	2094.1	2165.8	2238.4	6
7	1548.0	1614.1	1680.9	1748.2	1816.2	1884.9	1954.3	2024.4	2095.3	2167.1	2239.6	7
8	1549.0	1615.2	1682.0	1749.4	1817.4	1886.1	1955.4	2025.6	2096.5	2168.2	2240.8	8
9	1550.1	1616.3	1683.1	1750.5	1818.5	1887.2	1956.6	2026.8	2097.7	2169.4	2242.0	9
10	1551.2	1617.5	1684.2	1751.6	1819.7	1888.4	1957.8	2027.9	2098.9	2170.6	2243.2	10
11	1552.3	1618.6	1685.4	1752.8	1820.8	1889.5	1958.9	2029.1	2100.1	2171.8	2244.5	11
12	1553.4	1619.7	1686.5	1753.9	1821.9	1890.7	1960.1	2030.3	2101.2	2173.0	2245.7	12
13	1554.5	1620.8	1687.6	1755.0	1823.1	1891.8	1961.3	2031.5	2102.4	2174.2	2246.9	13
14	1555.6	1621.9	1688.7	1756.1	1824.2	1893.0	1962.4	2032.6	2103.6	2175.4	2248.1	14
15	1556.7	1623.0	1689.8	1757.3	1825.4	1894.1	1963.6	2033.8	2104.8	2176.6	2249.3	15
16	1557.8	1624.1	1690.9	1758.4	1826.5	1895.3	1964.8	2035.0	2106.0	2177.8	2250.6	16
17	1558.9	1625.2	1692.1	1759.5	1827.6	1896.4	1965.9	2036.2	2107.2	2179.0	2251.8	17
18	1560.0	1625.3	1693.2	1760.7	1828.8	1897.6	1967.1	2037.3	2108.4	2180.3	2253.0	18
19	1561.1	1627.4	1694.3	1761.8	1829.9	1898.7	1968.2	2038.5	2109.6	2181.5	2254.2	19
20	1562.2	1628.5	1695.4	1762.9	1931.1	1899.9	1969.4	2039.7	2110.8	2182.7	2255.4	20
21	1563.3	1629.7	1696.5	1764.1	1932.2	1901.0	1970.6	2040.9	2112.0	2183.9	2256.7	21
22	1564.4	1930.8	1657.7	1765.2	1833.3	1902.2	1971.7	2042.1	2113.1	2185.1	2257.9	22
23	1565.5	1631.9	1698.8	1766.3	1834.5	1903.3	1972.9	2043.2	2114.3	2186.3	2259.1	23
24	1566.6	1633.0	1699.9	1767.4	1835.6	1904.5	1974.1	2044.4	2115.5	2187.5	2260.3	24
′	36°	37°	38°	39°	40°	41°	42°	43°	44°	45°	46°	′
0	2304.5	2378.8	2454.1	2530.4	2607.9	2686.5	2765.3	2847.4	2929.8	3013.6	3099.0	0
1	2305.7	2380.0	2455.3	2531.7	2609.2	2687.8	2767.6	2848.7	2931.2	3015.1	3100.4	1
2	2305.9	2381.3	2456.6	2533.0	2610.5	2689.1	2769.0	2850.1	2932.6	3016.5	3101.8	2
3	2308.1	2382.5	2457.9	2534.3	2611.8	2690.4	2770.3	2851.5	2934.0	3017.9	3103.3	3
4	2309.4	2383.8	2459.1	2535.6	2613.1	2691.8	2771.7	2852.8	2935.4	3019.3	3104.4	4
5	2310.6	2385.0	2460.4	2536.8	2614.4	2693.1	2773.0	2854.2	2936.7	3020.73	3106.2	5
6	2311.8	2386.3	2461.7	2538.1	2615.7	2694.4	2774.4	2855.6	2938.1	3022.1	3107.6	6
7	2313.1	2387.5	2462.9	2539.4	2617.0	2695.7	2775.7	2856.9	2939.5	3023.5	3109.0	7
8	2314.3	2388.8	2464.2	2540.7	2618.3	2697.1	2777.0	2858.3	2940.9	3024.9	3110.5	8
9	2315.5	2390.0	2465.5	2542.0	2619.6	2698.4	2778.4	2859.7	2942.3	3026.4	3111.9	9
10	2316.8	2391.3	2766.7	2543.3	2620.9	2699.7	2779.7	2861.0	2943.7	3027.8	3113.3	10
11	2318.0	2392.5	2468.0	2544.6	2622.2	2701.0	2781.1	2862.4	2945.1	3029.2	3114.8	11
12	2319.2	2393.8	2469.3	2545.8	2623.5	2702.4	2782.4	2863.8	2946.5	3030.6	3116.2	12
13	2320.5	2395.0	2470.5	2547.1	2624.8	2703.7	2783.8	2865.1	2947.9	3032.0	3117.7	13
14	2321.7	2396.3	2471.8	2548.4	2626.1	2705.0	2785.1	2866.5	2949.2	3033.4	3119.1	14
15	2322.9	2397.5	2473.1	2549.7	2627.4	2706.3	2786.4	2867.9	2950.6	3134.8	3120.5	15
16	2324.2	2398.8	2474.3	2551.0	2628.7	2707.6	2787.8	2869.2	2952.0	3036.3	3122.0	16
17	2325.4	2400.0	2475.6	2552.3	2630.0	2709.0	2789.1	2870.6	2953.4	3037.7	3123.4	17
18	2326.6	2401.3	2476.9	2553.6	2631.3	2710.3	2790.5	2872.0	2954.8	3039.1	3124.9	18
19	2327.9	2402.5	2478.1	2554.8	2632.6	2711.6	2791.8	2873.3	2956.2	3040.5	3126.3	19
20	2329.1	2403.8	2479.4	2556.1	2634.0	2713.0	2793.2	2874.7	2957.6	3041.9	3127.8	20
21	2330.4	2405.0	2480.7	2557.4	2635.3	2714.3	2794.5	2876.1	2959.0	3043.3	3129.2	21
22	2331.6	2406.3	2482.0	2558.7	2636.6	2715.6	2795.9	2877.4	2960.4	3044.8	3130.6	22
23	2332.8	2407.5	2483.2	2560.0	2637.9	2716.9	2797.2	2878.8	2651.8	3046.2	3132.1	23
24	2334.1	2408.8	2484.5	2561.3	2639.2	2718.3	2798.6	2880.2	2963.2	3047.6	3133.5	24

附 录 2

太阳、星体高度改正表

观测高度		太阳	星体
°	′	′	′
6	30	+8.2	-7.9
6	40	8.4	7.7
6	50	8.6	7.6
7	00	8.7	7.4
7	10	8.8	7.2
7	20	+9.0	-7.1
7	30	9.2	7.0
7	40	9.3	6.8
7	50	9.5	6.7
8	00	9.6	6.6
8	10	+9.7	-6.4
8	20	9.8	6.3
8	30	10.0	6.2
8	40	10.1	6.1
8	50	10.2	6.0
9	00	+10.3	-5.9
9	20	10.5	5.7
9	40	10.6	5.6
10	00	10.8	5.3
10	20	11.0	5.2
10	40	+11.2	-5.0
11	00	11.3	4.9
11	30	11.5	4.7
12	00	11.7	4.5
12	30	11.9	4.3
13	00	+12.0	-4.1
13	30	12.2	4.0
14	00	12.3	3.8
15	00	12.6	3.6
16	00	12.8	3.4
17	00	+13.0	-3.2
18	00	13.2	3.0
19	00	13.3	2.8
20	00	13.5	2.6
22	00	13.7	2.4
24	00	+14.0	-2.2
26	00	14.1	2.0
28	00	14.3	1.8
30	00	14.4	1.7
32	00	14.6	1.6
34	00	+14.7	-1.4
36	00	14.8	1.3
38	00	14.9	1.3
40	00	15.0	1.2
45	00	15.1	1.0
50	00	+15.3	-0.8
55	00	15.4	0.7
60	00	15.5	0.6
65	00	15.6	0.5
70	00	15.7	0.4
75	00	+15.8	-0.3
80	00	15.8	0.2
85	00	15.9	-0.1
90	00	+16.0	0.0

太阳高度补充改正

日 期	⊙	⊖
	′	′
12月1日 至2月4日	+0.3	-32.3
2月4日 至3月4日	+0.2	-32.2
3月4日 至3月27日	+0.1	-32.1
3月27日 至4月18日	0	-32.0
4月18日 至5月13日	-0.1	-31.9
5月13日 至8月24日	-0.2	-31.8
8月24日 至9月18日	-0.1	-31.9
9月18日 至10月10日	0	-32.0
10月10日 至11月2日	+0.1	-32.1
11月2日 至12月1日	+0.2	-32.2

行星高度补充改正

高度	视 差		
	0.1	0.2	0.3
°	′	′	′
10	+0.1	+0.2	+0.3
30	+0.1	+0.2	+0.3
50	+0.1	+0.1	+0.2
70	0.0	+0.1	+0.1
80	0.0	0.0	+0.1
90	0.0	0.0	0.0

高度	视 差		
	0.4	0.5	0.6
°	′	′	′
10	+0.4	+0.5	+0.6
30	+0.3	+0.4	+0.5
50	+0.3	+0.3	+0.4
70	+0.2	+0.2	+0.2
80	+0.1	+0.1	+0.1
90	0.0	0.0	0.0

眼 高 差 表

眼高	眼高差	眼高	眼高差
米	′	米	′
0.28	-1.0	9.9	-5.6
0.36	1.1	10.2	5.7
0.42	1.2	10.6	5.8
0.50	1.3	11.0	5.9
0.58	1.4	11.4	-6.0
0.68	1.5	11.8	6.1
0.76	1.6	12.1	6.2
0.87	1.7	12.5	6.3
0.98	1.8	12.9	6.4
1.10	1.9	13.4	6.5
1.22	-2.0	13.8	6.6
1.35	2.1	14.2	6.7
1.48	2.2	14.6	6.8
1.62	2.3	15.1	6.9
1.76	2.4	15.5	-7.0
1.93	2.5	16.0	7.1
2.07	2.6	16.4	7.2
2.25	2.7	16.9	7.3
2.41	2.8	17.3	7.4
2.61	2.9	17.8	7.5
2.77	-3.0	18.3	7.6
2.99	3.1	18.8	7.7
3.16	3.2	19.3	7.8
3.39	3.3	19.8	7.9
3.58	3.4	20.3	-8.0
3.82	3.5	20.8	8.1
4.02	3.6	21.3	8.2
4.28	3.7	21.8	8.3
4.49	3.8	22.4	8.4
4.76	3.9	22.9	8.5
4.98	-4.0	23.4	8.6
5.26	4.1	24.0	8.7
5.52	4.2	24.6	8.8
5.80	4.3	25.1	8.9
6.07	4.4	25.7	-9.0
6.35	4.5	26.3	9.1
6.64	4.6	26.9	9.2
6.94	4.7	27.5	9.3
7.24	4.8	28.1	9.4
7.55	4.9	28.7	9.5
7.86	-5.0	29.3	9.6
8.18	5.1	29.9	9.7
8.51	5.2	30.4	9.8
8.84	5.3	31.0	9.9
9.18	5.4	31.5	-10.0
9.53	-5.5	32.0	
9.90			

附 录 3

中版 2006 年《航海天文历》摘录

四星纪要, 2006 年

月 份	金 星	火 星	木 星	土 星
一月	月初,昏星;在人马座,然后,接近太阳,不能观测。下旬,晨星。 星等: −4.1	日没后见于东天;在白羊座。 星等: −0.2	日出前见于东天;在天秤座。 星等: −1.9	半夜见于东天;在巨蟹座。 星等: −0.2
二月	晨星;在人马座。 −4.6	日没后见于东天;由白羊座入金牛座。 +0.5	半夜见于东天;在天秤座。 −2.1	全夜可见;在巨蟹座。 −0.2
三月	晨星;由人马座入摩羯座。 −4.5	日没后见于西天;在金牛座。 +1.0	半夜见于东天;在天秤座。 −2.3	日没后见于西天;在巨蟹座。 0.0
四月	晨星;由摩羯座入宝瓶座。 −4.2	日没后见于西天;由金牛座入双子座。 +1.3	全夜可见;在天秤座。 −2.5	日没后见于西天;在巨蟹座。 +0.2
五月	晨星;由宝瓶座入双鱼座。 −4.0	日没后见于西天;在双子座。 +1.6	全夜可见;在天秤座。 −2.5	日没后见于西天;在巨蟹座。 +0.3
六月	晨星;在金牛座入金牛座。 −3.9	日没后见于西天;由双子座入巨蟹座。 +1.7	日没后见于东天;在天秤座。 −2.4	日没后见于西天;在巨蟹座。 +0.4
七月	晨星;在金牛座。 −3.9	日没后见于西天;由巨蟹座入狮子座。 +1.8	日没后见于西天;在天秤座。 −2.2	上、中旬,日没后见于西天;在巨蟹座。下旬,接近太阳,不能观测。 +0.4
八月	晨星;由金牛座经双子座入巨蟹座。 −3.9	日没后见于西天;在狮子座。 +1.8	日没后见于西天;在天秤座。 −2.0	上、中旬,接近太阳,不能观测。下旬,日出前见于东天;在巨蟹座。 +0.4
九月	月初,晨星;由巨蟹座入狮子座。然后,接近太阳,不能观测。 −3.9	月初,日没后见于西天;由狮子座入室女座。中、下旬,接近太阳,不能观测。 +1.7	日没后见于西天;在天秤座。 −1.8	日出前见于东天;由巨蟹座入狮子座。 +0.5
十月	接近太阳,不能观测。	接近太阳,不能观测。	日没后见于西天;在天秤座。 −1.7	日出前见于东天;在狮子座。 +0.5
十一月	接近太阳,不能观测。	接近太阳,不能观测。	上旬,日没后见于西天;在天秤座。中、下旬,接近太阳,不能观测。 −1.7	半夜见于东天;在狮子座。 +0.5
十二月	上旬,接近太阳,不能观测。中、下旬,昏星;在人马座。 −3.9	日出前见于东天;在天蝎座。 +1.5	月初,接近太阳,不能观测。然后,日出前见于东天;在天蝎座。 −1.7	半夜见于东天;在狮子座。 +0.3

天 体 位 置，2006 年

HOURLY ASTRONOMICAL ELEMENTS OF SUN, MOON AND PLANETS, 2006

3月 20、21、22日　积日 79、80、81　　　　　Mar. 20. 21. 22　Date of Year 79、80、81

世界时 UT	太阳 Sun 16.1 G.H.A.	赤纬 Dec.	金星 Venus G.H.A.	赤纬 Dec.	火星 Mars G.H.A.	赤纬 Dec.	木星 Jupiter G.H.A.	赤纬 Dec.	土星 Saturn G.H.A.	赤纬 Dec.	世界时 UT
3月20日 农历二月廿一 星期一											
00	178 05.2	S00 18.2	222 45.4	S14 41.4	102 58.0	N24 25.5	310 58.4	S16 05.2	050 14.1	N19 49.4	00
01	193 05.4	00 17.2	237 45.4	14 41.0	117 59.0	24 25.6	326 01.0	16 05.2	065 16.6	19 49.4	01
02	208 05.6	00 16.2	252 45.5	14 40.6	132 59.9	24 25.7	341 03.5	16 05.1	080 19.1	19 49.4	02
03	223 05.8	00 15.3	267 45.5	14 40.2	148 00.9	24 25.9	356 06.1	16 05.1	095 21.7	19 49.5	03
04	238 05.9	00 14.3	282 45.5	14 39.8	163 01.8	24 26.0	011 08.7	16 05.1	110 24.2	19 49.5	04
05	253 06.1	00 13.3	297 45.5	14 39.4	178 02.8	24 26.2	026 11.3	16 05.0	125 26.8	19 49.5	05
06	268 06.3	S00 12.3	312 45.6	S14 39.0	193 03.7	N24 26.3	041 13.9	S16 05.0	140 29.3	N19 49.5	06
07	283 06.5	00 11.3	327 45.6	14 38.6	208 04.7	24 26.5	056 16.4	16 04.9	155 31.8	19 49.5	07
08	298 06.7	00 10.3	342 45.6	14 38.2	223 05.7	24 26.6	071 19.0	16 04.9	170 34.4	19 49.5	08
09	313 06.9	00 09.3	357 45.6	14 37.8	238 06.6	24 26.7	086 21.6	16 04.9	185 36.9	19 49.5	09
10	328 07.1	00 08.3	012 45.7	14 37.4	253 07.6	24 26.8	101 24.2	16 04.8	200 39.5	19 49.6	10
11	343 07.2	00 07.3	027 45.7	14 37.0	268 08.5	24 27.0	116 26.8	16 04.8	215 42.0	19 49.6	11
12	358 07.4	S00 06.4	042 45.7	S14 36.6	283 09.5	N24 27.1	131 29.4	S16 04.7	230 44.5	N19 49.6	12
13	013 07.6	00 05.4	057 45.7	14 36.2	298 10.4	24 27.3	146 31.9	16 04.7	245 47.1	19 49.6	13
14	028 07.8	00 04.4	072 45.8	14 35.8	313 11.4	24 27.4	161 34.5	16 04.7	260 49.6	19 49.7	14
15	043 08.0	00 03.4	087 45.8	14 35.4	328 12.3	24 27.5	176 37.1	16 04.6	275 52.1	19 49.7	15
16	058 08.2	00 02.4	102 45.8	14 35.0	343 13.3	24 27.7	191 39.7	16 04.6	290 54.7	19 49.7	16
17	073 08.3	00 01.4	117 45.8	14 34.6	358 14.3	24 27.8	206 42.3	16 04.5	305 57.2	19 49.7	17
18	088 08.5	S00 00.4	132 45.8	S14 34.2	013 15.2	N24 27.9	221 44.9	S16 04.5	320 59.8	N19 49.7	18
19	103 08.7	N00 00.6	147 45.8	14 33.8	028 16.2	24 28.1	236 47.5	16 04.5	336 02.3	19 49.7	19
20	118 08.9	00 01.5	162 45.8	14 33.4	043 17.1	24 28.2	251 50.0	16 04.4	351 04.9	19 49.8	20
21	133 09.1	00 02.5	177 45.9	14 33.0	058 18.1	24 28.3	266 52.6	16 04.4	006 07.4	19 49.8	21
22	148 09.3	00 03.5	192 45.9	14 32.6	073 19.0	24 28.5	281 55.2	16 04.3	021 09.9	19 49.8	22
23	163 09.5	00 04.5	207 45.9	14 32.1	088 20.0	24 28.6	296 57.8	16 04.3	036 12.4	19 49.8	23
	△1.2	△∓1.0	△1.0	△-0.4	△2.0	△+0.1	△3.6	△0.0	△3.5	△0.0	
3月21日 农历二月廿二 星期二											
00	178 09.6	N00 05.5	222 45.9	S14 31.7	103 20.9	N24 28.7	312 00.4	S16 04.3	051 15.0	N19 49.8	00
01	193 09.8	00 06.5	237 45.9	14 31.3	118 21.9	24 28.9	327 03.0	16 04.3	066 17.5	19 49.9	01
02	208 10.0	00 07.5	252 45.9	14 30.9	133 22.8	24 29.0	342 05.6	16 04.2	081 20.0	19 49.9	02
03	223 10.2	00 08.5	267 45.9	14 30.5	148 23.8	24 29.2	357 08.1	16 04.2	096 22.6	19 49.9	03
04	238 10.4	00 09.4	282 46.0	14 30.1	163 24.7	24 29.3	012 10.7	16 04.1	111 25.1	19 49.9	04
05	253 10.6	00 10.4	297 46.0	14 29.7	178 25.7	24 29.5	027 13.3	16 04.1	126 27.7	19 49.9	05
06	268 10.8	N00 11.4	312 46.0	S14 29.3	193 26.6	N24 29.6	042 15.9	S16 04.0	141 30.2	N19 49.9	06
07	283 11.0	00 12.4	327 46.0	14 28.8	208 27.6	24 29.7	057 18.5	16 04.0	156 32.7	19 50.0	07
08	298 11.1	00 13.4	342 46.0	14 28.4	223 28.5	24 29.8	072 21.1	16 03.9	171 35.3	19 50.0	08
09	313 11.3	00 14.4	357 46.0	14 28.0	238 29.5	24 29.9	087 23.7	16 03.9	186 37.8	19 50.0	09
10	328 11.5	00 15.4	012 46.0	14 27.6	253 30.4	24 30.1	102 26.3	16 03.9	201 40.3	19 50.0	10
11	343 11.7	00 16.4	027 46.0	14 27.2	268 31.4	24 30.2	117 28.9	16 03.8	216 42.9	19 50.0	11
12	358 11.9	N00 17.3	042 46.0	S14 26.8	283 32.3	N24 30.3	132 31.5	S16 03.8	231 45.4	N19 50.0	12
13	013 12.1	00 18.3	057 46.0	14 26.3	298 33.3	24 30.5	147 34.0	16 03.7	246 47.9	19 50.1	13
14	028 12.3	00 19.3	072 46.0	14 25.9	313 34.3	24 30.6	162 36.6	16 03.7	261 50.5	19 50.1	14
15	043 12.4	00 20.3	087 46.0	14 25.5	328 35.2	24 30.7	177 39.2	16 03.7	276 53.0	19 50.1	15
16	058 12.6	00 21.3	102 46.0	14 25.1	343 36.1	24 30.9	192 41.8	16 03.6	291 55.5	19 50.1	16
17	073 12.8	00 22.3	117 46.0	14 24.6	358 37.1	24 31.0	207 44.4	16 03.6	306 58.1	19 50.1	17
18	088 13.0	N00 23.3	132 46.0	S14 24.2	013 38.0	N24 31.1	222 47.0	S16 03.5	322 00.6	N19 50.2	18
19	103 13.2	00 24.3	147 46.0	14 23.8	028 39.0	24 31.3	237 49.6	16 03.5	337 03.1	19 50.2	19
20	118 13.4	00 25.2	162 46.0	14 23.4	043 39.9	24 31.4	252 52.2	16 03.4	352 05.7	19 50.2	20
21	133 13.6	00 26.2	177 46.0	14 22.9	058 40.9	24 31.5	267 54.8	16 03.4	007 08.2	19 50.2	21
22	148 13.7	00 27.2	192 46.0	14 22.5	073 41.8	24 31.7	282 57.4	16 03.3	022 10.7	19 50.2	22
23	163 13.9	00 28.2	207 46.0	14 22.1	088 42.8	24 31.8	298 00.0	16 03.3	037 13.3	19 50.2	23
	△1.2	△+1.0	△1.0	△-0.4	△2.0	△+0.1	△3.6	△0.0	△3.5	△0.0	
3月22日 农历二月廿三 星期三											
00	178 14.1	N00 29.2	222 46.0	S14 21.6	103 43.7	N24 31.9	313 02.6	S16 03.2	052 15.8	N19 50.3	00
01	193 14.3	00 30.2	237 46.0	14 21.2	118 44.7	24 32.0	328 05.2	16 03.2	067 18.3	19 50.3	01
02	208 14.5	00 31.2	252 46.0	14 20.8	133 45.6	24 32.2	343 07.8	16 03.2	082 20.9	19 50.3	02
03	223 14.7	00 32.2	267 46.0	14 20.4	148 46.6	24 32.3	358 10.4	16 03.2	097 23.4	19 50.3	03
04	238 14.9	00 33.1	282 46.0	14 19.9	163 47.5	24 32.4	013 13.0	16 03.1	112 25.9	19 50.3	04
05	253 15.1	00 34.1	297 46.0	14 19.5	178 48.5	24 32.6	028 15.6	16 03.1	127 28.5	19 50.3	05
06	268 15.2	N00 35.1	312 46.0	S14 19.1	193 49.4	N24 32.7	043 18.1	S16 03.0	142 31.0	N19 50.4	06
07	283 15.4	00 36.1	327 46.0	14 18.6	208 50.4	24 32.8	058 20.7	16 03.0	157 33.5	19 50.4	07
08	298 15.6	00 37.1	342 46.0	14 18.2	223 51.3	24 33.0	073 23.3	16 02.9	172 36.0	19 50.4	08
09	313 15.8	00 38.1	357 46.0	14 17.7	238 52.3	24 33.1	088 25.9	16 02.9	187 38.6	19 50.4	09
10	328 16.0	00 39.1	012 46.0	14 17.3	253 53.2	24 33.2	103 28.5	16 02.9	202 41.1	19 50.4	10
11	343 16.2	00 40.1	027 46.0	14 16.8	268 54.2	24 33.3	118 31.1	16 02.8	217 43.6	19 50.4	11
12	358 16.4	N00 41.0	042 46.0	S14 16.4	283 55.1	N24 33.4	133 33.7	S16 02.8	232 46.2	N19 50.5	12
13	013 16.6	00 42.0	057 46.0	14 16.0	298 56.1	24 33.6	148 36.3	16 02.7	247 48.7	19 50.5	13
14	028 16.7	00 43.0	072 46.0	14 15.5	313 57.0	24 33.7	163 38.9	16 02.7	262 51.2	19 50.5	14
15	043 16.9	00 44.0	087 46.0	14 15.1	328 57.9	24 33.8	178 41.5	16 02.7	277 53.8	19 50.5	15
16	058 17.1	00 45.0	102 45.9	14 14.7	343 58.9	24 34.0	193 44.1	16 02.6	292 56.3	19 50.5	16
17	073 17.3	00 46.0	117 45.9	14 14.2	358 59.8	24 34.1	208 46.7	16 02.6	307 58.8	19 50.5	17
18	088 17.5	N00 47.0	132 45.9	S14 13.8	014 00.8	N24 34.2	223 49.3	S16 02.5	323 01.3	N19 50.6	18
19	103 17.7	00 47.9	147 45.9	14 13.4	029 01.7	24 34.3	238 51.9	16 02.5	338 03.9	19 50.6	19
20	118 17.9	00 48.9	162 45.9	14 12.9	044 02.7	24 34.4	253 54.5	16 02.4	353 06.4	19 50.6	20
21	133 18.1	00 49.9	177 45.9	14 12.4	059 03.6	24 34.6	268 57.1	16 02.4	008 08.9	19 50.6	21
22	148 18.3	00 50.9	192 45.9	14 12.0	074 04.6	24 34.7	283 59.7	16 02.3	023 11.4	19 50.6	22
23	163 18.4	00 51.9	207 45.9	14 11.5	089 05.5	24 34.8	299 02.3	16 02.3	038 14.0	19 50.6	23
	△1.2	△+1.0	△1.0	△-0.4	△1.9	△+0.1	△3.6	△0.0	△3.5	△0.0	

左页

天 体 位 置， 2006 年
HOURLY ASTRONOMICAL ELEMENTS OF SUN, MOON AND PLANETS, 2006

3月 20，21，22日　　积日 79，80，81　　　　　　　　　Mar. 20，21，22　　Date of Year 79，80，81

世界时 UT	春分点 Aries 格林时角 G.H.A.	月亮 Moon 格林时角 G.H.A.	△	赤纬 Dec.	△
h	° ′	° ′	′	° ′	′
3月20日 农历二月廿一 星期一					
00	177 23.2	305 25.0	10.6	S23 06.5+	09.5
01	192 25.7	319 54.6	10.5	23 16.0	09.3
02	207 28.1	334 24.1	10.4	23 25.3	09.3
03	222 30.6	348 53.5	10.3	23 34.6	09.2
04	237 33.1	003 22.8	10.2	23 43.8	09.0
05	252 35.5	017 52.0	10.1	23 52.8	09.0
06	267 38.0	032 21.1	10.0	S24 01.8+	08.8
07	282 40.5	046 50.1	09.9	24 10.6	08.7
08	297 42.9	061 19.0	09.8	24 19.3	08.6
09	312 45.4	075 47.8	09.7	24 27.9	08.5
10	327 47.9	090 16.5	09.6	24 36.4	08.3
11	342 50.3	104 45.1	09.5	24 44.7	08.3
12	357 52.8	119 13.6	09.3	S24 53.0+	08.1
13	012 55.2	133 41.9	09.3	25 01.1	08.0
14	027 57.7	148 10.2	09.2	25 09.1	07.8
15	043 00.2	162 38.4	09.0	25 16.9	07.8
16	058 02.6	177 06.4	09.0	25 24.7	07.6
17	073 05.1	191 34.4	08.8	25 32.3	07.5
18	088 07.6	206 02.2	08.8	S25 39.8+	07.3
19	103 10.0	220 30.0	08.6	25 47.1	07.3
20	118 12.5	234 57.6	08.6	25 54.4	07.1
21	133 15.0	249 25.2	08.4	26 01.5	06.9
22	148 17.4	263 52.6	08.4	26 08.4	06.8
23	163 19.9	278 20.0	08.2	26 15.2	06.7
3月21日 农历二月廿二 星期二					
00	178 22.4	292 47.2	08.1	S26 21.9+	06.6
01	193 24.8	307 14.3	08.1	26 28.5	06.4
02	208 27.3	321 41.4	07.9	26 34.9	06.3
03	223 29.7	336 08.3	07.9	26 41.2	06.1
04	238 32.2	350 35.2	07.7	26 47.3	06.0
05	253 34.7	005 01.9	07.7	26 53.3	05.8
06	268 37.1	019 28.6	07.5	S26 59.1+	05.7
07	283 39.6	033 55.1	07.5	27 04.8	05.6
08	298 42.1	048 21.6	07.4	27 10.4	05.4
09	313 44.5	062 48.0	07.2	27 15.8	05.2
10	328 47.0	077 14.2	07.2	27 21.0	05.1
11	343 49.5	091 40.4	07.1	27 26.1	04.9
12	358 51.9	106 06.5	07.0	S27 31.0+	04.8
13	013 54.4	120 32.5	06.9	27 35.8	04.7
14	028 56.9	134 58.4	06.8	27 40.5	04.5
15	043 59.3	149 24.2	06.8	27 45.0	04.3
16	059 01.8	163 50.0	06.6	27 49.3	04.2
17	074 04.2	178 15.6	06.6	27 53.5	04.0
18	089 06.7	192 41.2	06.5	S27 57.5+	03.8
19	104 09.2	207 06.7	06.4	28 01.3	03.7
20	119 11.6	221 32.1	06.3	28 05.0	03.5
21	134 14.1	235 57.4	06.1	28 08.5	03.4
22	149 16.6	250 22.7	06.1	28 11.9	03.2
23	164 19.0	264 47.8	06.1	28 15.1	03.0
3月22日 农历二月廿三 星期三					
00	179 21.5	279 12.9	06.0	S28 18.1+	02.9
01	194 24.0	293 37.9	06.0	28 21.0	02.7
02	209 26.4	308 02.9	05.9	28 23.7	02.5
03	224 28.9	322 27.8	05.8	28 26.2	02.4
04	239 31.4	336 52.6	05.7	28 28.6	02.2
05	254 33.8	351 17.3	05.7	28 30.8	02.0
06	269 36.3	005 42.0	05.6	S28 32.8+	01.9
07	284 38.7	020 06.6	05.6	28 34.6	01.7
08	299 41.2	034 31.2	05.4	28 36.3	01.5
09	314 43.7	048 55.6	05.5	28 37.8	01.3
10	329 46.1	063 20.1	05.4	28 39.1	01.2
11	344 48.6	077 44.5	05.3	28 40.3	00.9
12	359 51.1	092 08.8	05.3	S28 41.2+	00.8
13	014 53.5	106 33.0	05.3	28 42.0	00.6
14	029 56.0	120 57.3	05.1	28 42.6	00.5
15	044 58.5	135 21.4	05.1	28 43.1	00.2
16	060 00.9	149 45.5	05.0	28 43.3+	00.1
17	075 03.4	164 09.6	05.0	28 43.4-	00.1
18	090 05.8	178 33.6	05.0	S28 43.3-	00.3
19	105 08.3	192 57.6	05.0	28 43.0	00.5
20	120 10.8	207 21.6	04.9	28 42.5	00.7
21	135 13.2	221 45.5	04.9	28 41.9	00.9
22	150 15.7	236 09.4	04.8	28 41.0	01.0
23	165 18.2	250 33.2	04.9	28 40.0	01.2

纬度 Lat.	晨光始 Twilight 航海 Naut.	晨光始 Twilight 民用 Civil	日出 Sunrise 20日	日出 Sunrise 21日	日出 Sunrise 22日	月出 Moonrise 19日	月出 Moonrise 20日	月出 Moonrise 21日	月出 Moonrise 22日
°	h m	h m	h m	h m	h m	h m	h m	h m	h m
N70	03 35	04 54	06 00	05 55	05 51	01 52	■■	■■	■■
68	03 51	05 01	06 01	05 57	05 52	00 49	■■	■■	■■
66	04 03	05 06	06 01	05 57	05 54	00 15	03 06	■■	■■
64	04 13	05 11	06 02	05 58	05 55	——	01 55	■■	■■
62	04 21	05 14	06 02	05 59	05 55	——	01 19	03 25	■■
60	04 28	05 18	06 02	05 59	05 56	——	00 54	02 38	04 17
N58	04 34	05 21	06 03	06 00	05 57	——	00 34	02 08	03 34
56	04 39	05 23	06 03	06 00	05 58	——	00 17	01 45	03 06
54	04 43	05 25	06 03	06 01	05 58	——	00 03	01 27	02 44
52	04 47	05 27	06 03	06 01	05 59	23 51	——	01 11	02 25
50	04 51	05 29	06 03	06 01	05 59	23 35	——	00 58	02 10
45	04 58	05 33	06 04	06 02	06 00	23 18	——	00 30	01 39
N40	05 04	05 35	06 04	06 02	06 01	23 00	——	00 08	01 15
35	05 08	05 37	06 04	06 03	06 01	22 45	23 50	——	00 55
30	05 11	05 39	06 04	06 03	06 02	22 32	23 35	——	00 38
20	05 16	05 42	06 04	06 03	06 03	22 10	23 09	——	00 09
N10	05 18	05 43	06 04	06 04	06 03	21 51	22 47	23 45	——
0	05 19	05 43	06 04	06 04	06 04	21 34	22 26	23 22	——
S10	05 19	05 43	06 04	06 04	06 04	21 16	22 05	23 00	23 59
20	05 16	05 42	06 04	06 04	06 04	20 58	21 43	22 35	23 34
30	05 11	05 40	06 03	06 04	06 04	20 37	21 18	22 07	23 05
35	05 09	05 38	06 03	06 04	06 05	20 24	21 03	21 51	22 48
40	05 05	05 37	06 03	06 05	06 05	20 10	20 46	21 31	22 28
45	05 00	05 34	06 03	06 05	06 05	19 53	20 26	21 08	22 04
S50	04 53	05 31	06 01	06 03	06 05	19 33	20 00	20 38	21 33
52	04 49	05 29	06 01	06 03	06 05	19 23	19 47	20 24	21 17
54	04 45	05 27	06 00	06 03	06 04	19 12	19 33	20 06	20 59
S56	04 41	05 25	06 00	06 02	06 04	19 00	19 17	19 46	20 37

纬度 Lat.	日没 Sunset 20日	日没 Sunset 21日	日没 Sunset 22日	昏影终 Twilight 民用	昏影终 Twilight 航海	月没 Moonset 19日	月没 Moonset 20日	月没 Moonset 21日	月没 Moonset 22日
°	h m	h m	h m	h m	h m	h m	h m	h m	h m
N70	18 17	18 21	18 25	19 23	20 43	03 43	■■	■■	■■
68	18 16	18 20	18 24	19 16	20 27	04 47	■■	■■	■■
66	18 16	18 19	18 22	19 10	20 15	05 23	04 12	■■	■■
64	18 15	18 18	18 21	19 06	20 04	05 49	05 24	■■	■■
62	18 14	18 17	18 19	19 02	19 56	06 09	06 01	05 45	■■
60	18 14	18 17	18 19	18 58	19 49	06 26	06 27	06 32	06 53
N58	18 14	18 16	18 18	18 55	19 42	06 40	06 47	07 03	07 36
56	18 13	18 15	18 17	18 53	19 37	06 52	07 05	07 26	08 04
54	18 13	18 15	18 17	18 50	19 32	07 03	07 19	07 45	08 27
52	18 13	18 15	18 16	18 48	19 28	07 12	07 32	08 01	08 45
50	18 13	18 14	18 16	18 46	19 25	07 21	07 43	08 15	09 01
45	18 13	18 14	18 15	18 43	19 17	07 39	08 07	08 43	09 32
N40	18 12	18 13	18 14	18 40	19 12	07 54	08 25	09 06	09 56
35	18 11	18 13	18 13	18 38	19 07	08 06	08 41	09 24	10 16
30	18 11	18 12	18 12	18 36	19 04	08 17	08 55	09 40	10 34
20	18 11	18 11	18 11	18 33	18 59	08 36	09 19	10 07	11 03
N10	18 11	18 11	18 11	18 32	18 56	08 53	09 39	10 31	11 27
0	18 11	18 10	18 10	18 31	18 55	09 09	09 58	10 52	11 50
S10	18 11	18 10	18 09	18 32	18 56	09 24	10 18	11 14	12 13
20	18 11	18 10	18 09	18 34	18 58	09 41	10 38	11 38	12 38
30	18 11	18 10	18 09	18 34	19 02	10 01	11 02	12 05	13 07
35	18 12	18 10	18 08	18 37	19 05	10 12	11 15	12 20	13 24
40	18 12	18 10	18 08	18 38	19 09	10 24	11 33	12 40	13 44
45	18 12	18 10	18 08	18 40	19 14	10 41	11 52	13 03	14 08
S50	18 12	18 10	18 08	18 44	19 20	11 00	12 17	13 32	14 40
52	18 13	18 11	18 08	18 44	19 24	11 09	12 29	13 47	14 55
54	18 13	18 11	18 08	18 46	19 28	11 20	12 43	14 04	15 13
S56	18 13	18 11	18 08	18 48	19 31	11 31	12 59	14 24	15 34

	太阳 Sun	金星 Venus	火星 Mars	木星 Jupiter	土星 Saturn
中天 Mer. Pass.	h m 12 07	h m 09 09	h m 17 06	h m 03 11	h m 20 32
视差 Parallax	0′.15	0′.2	0′.1	0′.0	0′.0
赤经 R.A.		315° 36′.5	075° 01′.4	226° 22′.0	127° 07′.4

日期 Date	时差（视时减平时） Eqn. of time		月 亮 Moon 上中天 UMP 下中天 LMP		半径 Radius 0h	半径 Radius 12h	视差 Parallax 0h	视差 Parallax 12h
	m	s	h m	h m				
20	-07	39	03 46	16 12	15.3	15.3	56.0	56.3
21	-07	21	04 39	17 07	15.4	15.5	56.6	57.0
22	-07	04	05 36	18 06	15.6	15.7	57.3	57.7

右页

天 体 位 置， 2006 年
HOURLY ASTRONOMICAL ELEMENTS OF SUN, MOON AND PLANETS, 2006

6月 21, 22, 23 日　　积日 172, 173, 174　　　　Jun. 21, 22, 23　　Date of Year 172, 173, 174

世界时 UT	太阳 Sun 15.8 G.H.A.	Dec.	金星 Venus G.H.A.	Dec.	火星 Mars G.H.A.	Dec.	木星 Jupiter G.H.A.	Dec.	土星 Saturn G.H.A.	Dec.	世界时 UT
6月21日 农历五月廿六 星期三 00	179 35.5	N23 26.4	214 31.0	N17 38.6	135 47.7	N18 52.6	051 43.6	S13 28.1	137 20.8	N18 43.7	00
01	194 35.3	23 26.4	229 30.4	17 39.3	150 48.6	18 52.1	066 46.1	13 28.1	152 23.0	18 43.7	01
02	209 35.2	23 26.4	244 29.9	17 40.1	165 49.5	18 51.7	081 48.7	13 28.1	167 25.2	18 43.6	02
03	224 35.1	23 26.4	259 29.3	17 40.8	180 50.4	18 51.3	096 51.3	13 28.0	182 27.4	18 43.5	03
04	239 34.9	23 26.4	274 28.8	17 41.6	195 51.4	18 50.9	111 53.9	13 28.0	197 29.6	18 43.5	04
05	254 34.8	23 26.4	289 28.2	17 42.3	210 52.3	18 50.4	126 56.5	13 28.0	212 31.8	18 43.4	05
06	269 34.7	N23 26.4	304 27.7	N17 43.0	225 53.2	N18 50.0	141 59.0	S13 28.0	227 34.0	N18 43.3	06
07	284 34.5	23 26.4	319 27.2	17 43.8	240 54.1	18 49.6	157 01.6	13 27.9	242 36.1	18 43.3	07
08	299 34.4	23 26.4	334 26.6	17 44.5	255 55.0	18 49.2	172 04.2	13 27.9	257 38.3	18 43.2	08
09	314 34.2	23 26.5	349 26.1	17 45.3	270 56.0	18 48.7	187 06.8	13 27.9	272 40.5	18 43.1	09
10	329 34.1	23 26.5	004 25.5	17 46.0	285 56.9	18 48.3	202 09.3	13 27.9	287 42.7	18 43.0	10
11	344 34.0	23 26.5	019 25.0	17 46.8	300 57.8	18 47.9	217 11.9	13 27.8	302 44.9	18 43.0	11
12	359 33.8	N23 26.5	034 24.4	N17 47.5	315 58.7	N18 47.4	232 14.5	S13 27.8	317 47.1	N18 42.9	12
13	014 33.7	23 26.5	049 23.9	17 48.2	330 59.6	18 47.0	247 17.1	13 27.8	332 49.3	18 42.8	13
14	029 33.6	23 26.5	064 23.3	17 49.0	346 00.6	18 46.6	262 19.6	13 27.8	347 51.4	18 42.8	14
15	044 33.4	23 26.5	079 22.8	17 49.7	001 01.5	18 46.1	277 22.2	13 27.7	002 53.6	18 42.7	15
16	059 33.3	23 26.4	094 22.2	17 50.4	016 02.4	18 45.7	292 24.8	13 27.7	017 55.8	18 42.6	16
17	074 33.2	23 26.4	109 21.7	17 51.2	031 03.3	18 45.3	307 27.4	13 27.7	032 58.0	18 42.5	17
18	089 33.0	N23 26.4	124 21.1	N17 51.9	046 04.3	N18 44.8	322 29.9	S13 27.6	048 00.2	N18 42.5	18
19	104 32.9	23 26.4	139 20.6	17 52.6	061 05.2	18 44.4	337 32.5	13 27.6	063 02.4	18 42.3	19
20	119 32.7	23 26.4	154 20.0	17 53.4	076 06.1	18 44.0	352 35.1	13 27.6	078 04.5	18 42.3	20
21	134 32.6	23 26.4	169 19.4	17 54.1	091 07.0	18 43.5	007 37.7	13 27.6	093 06.7	18 42.2	21
22	149 32.5	23 26.4	184 18.9	17 54.8	106 07.9	18 43.1	022 40.2	13 27.6	108 08.9	18 42.2	22
23	164 32.3	23 26.4	199 18.3	17 55.6	121 08.9	18 42.7	037 42.8	13 27.5	123 11.1	18 42.1	23
△	△0.9	△ 0.0	△0.5	△ +0.7	△1.9	△ −0.4	△3.6	△ 0.0	△3.2	△ −0.1	
6月22日 农历五月廿七 星期四 00	179 32.2	N23 26.4	214 17.8	N17 56.3	136 09.8	N18 42.2	052 45.4	S13 27.5	138 13.3	N18 42.0	00
01	194 32.1	23 26.4	229 17.2	17 57.0	151 10.7	18 41.8	067 47.9	13 27.5	153 15.5	18 42.0	01
02	209 31.9	23 26.4	244 16.7	17 57.8	166 11.6	18 41.4	082 50.5	13 27.5	168 17.7	18 41.9	02
03	224 31.8	23 26.4	259 16.1	17 58.5	181 12.5	18 40.9	097 53.1	13 27.4	183 19.8	18 41.8	03
04	239 31.7	23 26.4	274 15.6	17 59.2	196 13.5	18 40.5	112 55.7	13 27.4	198 22.0	18 41.8	04
05	254 31.5	23 26.4	289 15.0	17 59.9	211 14.4	18 40.0	127 58.2	13 27.4	213 24.2	18 41.7	05
06	269 31.4	N23 26.3	304 14.4	N18 00.7	226 15.3	N18 39.6	143 00.8	S13 27.4	228 26.4	N18 41.6	06
07	284 31.3	23 26.3	319 13.9	18 01.4	241 16.2	18 39.1	158 03.4	13 27.3	243 28.6	18 41.5	07
08	299 31.1	23 26.3	334 13.3	18 02.1	256 17.2	18 38.7	173 05.9	13 27.3	258 30.8	18 41.5	08
09	314 31.0	23 26.3	349 12.8	18 02.8	271 18.1	18 38.3	188 08.5	13 27.3	273 32.9	18 41.4	09
10	329 30.8	23 26.3	004 12.2	18 03.6	286 19.0	18 37.9	203 11.1	13 27.3	288 35.1	18 41.3	10
11	344 30.7	23 26.3	019 11.7	18 04.3	301 19.9	18 37.4	218 13.7	13 27.3	303 37.3	18 41.3	11
12	359 30.6	N23 26.2	034 11.1	N18 05.0	316 20.9	N18 37.0	233 16.2	S13 27.2	318 39.5	N18 41.2	12
13	014 30.4	23 26.2	049 10.5	18 05.7	331 21.8	18 36.6	248 18.8	13 27.2	333 41.7	18 41.1	13
14	029 30.3	23 26.2	064 10.0	18 06.4	346 22.7	18 36.1	263 21.4	13 27.2	348 43.9	18 41.0	14
15	044 30.1	23 26.2	079 09.4	18 07.2	001 23.6	18 35.7	278 23.9	13 27.1	003 46.0	18 41.0	15
16	059 30.0	23 26.2	094 08.8	18 07.9	016 24.5	18 35.2	293 26.5	13 27.1	018 48.2	18 40.9	16
17	074 29.9	23 26.2	109 08.3	18 08.6	031 25.5	18 34.8	308 29.1	13 27.1	033 50.4	18 40.8	17
18	089 29.7	N23 26.1	124 07.7	N18 09.3	046 26.4	N18 34.4	323 31.6	S13 27.1	048 52.6	N18 40.7	18
19	104 29.6	23 26.1	139 07.2	18 10.0	061 27.3	18 33.9	338 34.2	13 27.1	063 54.8	18 40.7	19
20	119 29.5	23 26.1	154 06.6	18 10.7	076 28.2	18 33.5	353 36.8	13 27.0	078 57.0	18 40.6	20
21	134 29.3	23 26.1	169 06.0	18 11.5	091 29.2	18 33.0	008 39.3	13 27.0	093 59.1	18 40.5	21
22	149 29.2	23 26.0	184 05.5	18 12.2	106 30.1	18 32.6	023 41.9	13 27.0	109 01.3	18 40.5	22
23	164 29.1	23 26.0	199 04.9	18 12.9	121 31.0	18 32.2	038 44.5	13 27.0	124 03.5	18 40.4	23
△	△0.9	△ 0.0	△0.4	△ +0.7	△1.9	△ −0.4	△3.6	△ 0.0	△3.2	△ −0.1	
6月23日 农历五月廿八 星期五 00	179 28.9	N23 26.0	214 04.3	N18 13.6	136 31.9	N18 31.7	053 47.0	S13 27.0	139 05.7	N18 40.3	00
01	194 28.8	23 25.9	229 03.8	18 14.3	151 32.9	18 31.3	068 49.6	13 26.9	154 07.9	18 40.2	01
02	209 28.7	23 25.9	244 03.2	18 15.0	166 33.8	18 30.9	083 52.2	13 26.9	169 10.1	18 40.2	02
03	224 28.5	23 25.9	259 02.6	18 15.7	181 34.7	18 30.4	098 54.7	13 26.9	184 12.2	18 40.1	03
04	239 28.4	23 25.9	274 02.1	18 16.4	196 35.6	18 30.0	113 57.3	13 26.9	199 14.4	18 40.0	04
05	254 28.2	23 25.9	289 01.5	18 17.2	211 36.6	18 29.5	128 59.8	13 26.9	214 16.6	18 40.0	05
06	269 28.1	N23 25.8	304 00.9	N18 17.9	226 37.5	N18 29.1	144 02.4	S13 26.8	229 18.8	N18 39.9	06
07	284 28.0	23 25.8	319 00.3	18 18.6	241 38.4	18 28.6	159 05.0	13 26.8	244 21.0	18 39.8	07
08	299 27.8	23 25.8	333 59.8	18 19.3	256 39.3	18 28.2	174 07.5	13 26.8	259 23.2	18 39.7	08
09	314 27.7	23 25.7	348 59.2	18 20.0	271 40.3	18 27.8	189 10.1	13 26.8	274 25.3	18 39.7	09
10	329 27.6	23 25.7	003 58.6	18 20.7	286 41.2	18 27.3	204 12.7	13 26.8	289 27.5	18 39.6	10
11	344 27.4	23 25.7	018 58.1	18 21.4	301 42.1	18 26.9	219 15.2	13 26.7	304 29.7	18 39.5	11
12	359 27.3	N23 25.6	033 57.5	N18 22.1	316 43.0	N18 26.4	234 17.8	S13 26.7	319 31.9	N18 39.5	12
13	014 27.2	23 25.6	048 56.9	18 22.8	331 44.0	18 26.0	249 20.3	13 26.7	334 34.1	18 39.4	13
14	029 27.0	23 25.6	063 56.3	18 23.5	346 44.9	18 25.6	264 22.9	13 26.7	349 36.2	18 39.3	14
15	044 26.9	23 25.5	078 55.8	18 24.2	001 45.8	18 25.1	279 25.5	13 26.6	004 38.4	18 39.2	15
16	059 26.7	23 25.5	093 55.2	18 24.9	016 46.7	18 24.7	294 28.0	13 26.6	019 40.6	18 39.2	16
17	074 26.6	23 25.5	108 54.6	18 25.6	031 47.7	18 24.2	309 30.6	13 26.6	034 42.8	18 39.1	17
18	089 26.5	N23 25.4	123 54.0	N18 26.3	046 48.6	N18 23.8	324 33.1	S13 26.6	049 45.0	N18 39.0	18
19	104 26.3	23 25.4	138 53.5	18 27.0	061 49.5	18 23.3	339 35.7	13 26.6	064 47.1	18 38.9	19
20	119 26.2	23 25.3	153 52.9	18 27.7	076 50.4	18 22.9	354 38.3	13 26.5	079 49.3	18 38.9	20
21	134 26.1	23 25.3	168 52.3	18 28.4	091 51.4	18 22.5	009 40.8	13 26.5	094 51.5	18 38.8	21
22	149 25.9	23 25.3	183 51.7	18 29.1	106 52.3	18 22.0	024 43.4	13 26.5	109 53.7	18 38.7	22
23	164 25.8	23 25.2	198 51.2	18 29.8	121 53.2	18 21.6	039 45.9	13 26.5	124 55.9	18 38.7	23
△	△0.9	△ 0.0	△0.5	△ +0.7	△1.9	△ −0.4	△3.6	△ 0.0	△3.2	△ −0.1	

左页

天体位置, 2006年

HOURLY ASTRONOMICAL ELEMENTS OF SUN, MOON AND PLANETS, 2006

6月21，22，23日　　积日 172，173，174　　　　　　　　Jun. 21, 22, 23　　Date of Year 172, 173, 174

世界时 UT	春分点Aries 格林时角 G.H.A.	月亮 Moon 格林时角 G.H.A.	△	赤纬 Dec.	△	纬度 Lat.	晨光始 Twilight 航海 Naut.	民用 Civil	日出 Sunrise 21日	22日	23日	月出 Moonrise 20日	21日	22日	23日
h	° ′	° ′	′	° ′	′	°	h m	h m	h m	h m	h m	h m	h m	h m	h m
00	269 03.1	241 10.4	11.0	N14 13.2	+14.6	N70	☐	☐	☐	☐	☐	23 03	21 54	☐	☐
01	284 05.6	255 40.4	10.9	14 27.8	14.5	68	☐	☐	☐	☐	☐	23 23	22 43	☐	☐
02	299 08.1	270 10.3	10.8	14 42.3	14.5	66	☐	☐	01 31	01 31	01 32	23 39	23 15	22 19	☐
03	314 10.5	284 40.1	10.8	14 56.8	14.3	64	▨	▨	02 09	02 09	02 10	00 02	23 39	23 18	23 43
04	329 13.0	299 09.9	10.7	15 11.1	14.3	62	▨	▨	02 36	02 36	02 36	00 08	00 05	23 52	23 43
05	344 15.5	313 39.6	10.6	15 25.4	14.2	60	▨	00 49	02 36	02 36	02 36	00 13	00 12	00 13	00 17
06	359 17.9	328 09.2	10.6	N15 39.6	+14.0	N58	▨	01 40	02 56	02 56	02 57	00 17	00 21	00 27	00 37
07	014 20.4	342 38.8	10.6	15 53.6	14.0	56	▨	02 11	03 13	03 13	03 14	00 21	00 28	00 38	00 53
08	029 22.9	357 08.4	10.4	16 07.6	14.0	54	00 45	02 33	03 27	03 28	03 28	00 25	00 35	00 49	01 08
09	044 25.3	011 37.8	10.4	16 21.6	13.8	52	01 32	02 51	03 40	03 40	03 40	00 28	00 41	00 58	01 20
10	059 27.8	026 07.2	10.4	16 35.4	13.7	50	02 00	03 06	03 51	03 51	03 51	00 31	00 46	01 06	01 31
11	074 30.3	040 36.6	10.2	16 49.1	13.6	45	02 46	03 36	04 13	04 13	04 14	00 37	00 58	01 23	01 54
12	089 32.7	055 05.8	10.2	N17 02.7	+13.6	N40	03 17	03 59	04 31	04 31	04 32	00 42	01 08	01 38	02 13
13	104 35.2	069 35.0	10.2	17 16.3	13.4	35	03 40	04 17	04 46	04 47	04 47	00 47	01 17	01 50	02 29
14	119 37.6	084 04.2	10.1	17 29.7	13.3	30	03 59	04 32	04 59	05 00	05 00	00 51	01 24	02 01	02 42
15	134 40.1	098 33.3	10.0	17 43.0	13.3	20	04 28	04 57	05 21	05 22	05 22	00 59	01 37	02 19	03 06
16	149 42.6	113 02.3	09.9	17 56.3	13.1	N10	04 50	05 18	05 40	05 41	05 41	01 05	01 49	02 36	03 26
17	164 45.0	127 31.2	09.9	18 09.4	13.0	0	05 09	05 36	05 58	05 58	05 58	01 11	02 00	02 51	03 45
18	179 47.5	142 00.1	09.8	N18 22.4	+13.0	S10	05 27	05 53	06 16	06 16	06 16	01 17	02 11	03 07	04 05
19	194 50.0	156 28.9	09.7	18 35.4	12.8	20	05 43	06 10	06 34	06 34	06 35	01 24	02 23	03 23	04 25
20	209 52.4	170 57.6	09.7	18 48.2	12.7	30	05 59	06 29	06 55	06 56	06 56	01 31	02 36	03 43	04 49
21	224 54.9	185 26.3	09.6	19 00.9	12.6	35	06 08	06 40	07 08	07 08	07 08	01 36	02 44	03 54	05 04
22	239 57.4	199 54.9	09.5	19 13.5	12.5	40	06 18	06 52	07 22	07 22	07 22	01 41	02 54	04 07	05 20
23	254 59.8	214 23.4	09.5	19 26.0	12.4	45	06 28	07 05	07 39	07 39	07 39	01 47	03 04	04 23	05 40
00	270 02.3	228 51.9	09.4	N19 38.4	+12.2	S50	06 40	07 21	08 00	08 00	08 00	01 54	03 17	04 42	06 05
01	285 04.8	243 20.3	09.3	19 50.6	12.2	52	06 45	07 29	08 10	08 10	08 10	01 57	03 24	04 51	06 17
02	300 07.2	257 48.6	09.2	20 02.8	12.0	54	06 51	07 37	08 21	08 21	08 21	02 01	03 30	05 01	06 31
03	315 09.7	272 16.8	09.2	20 14.8	11.9	S56	06 57	07 46	08 33	08 34	08 34	02 05	03 38	05 13	06 48
04	330 12.1	286 45.0	09.1	20 26.7	11.8										
05	345 14.6	301 13.1	09.0	20 38.5	11.7	纬度 Lat.	日没 Sunset 21日	22日	23日	昏影终 Twilight 民用	航海	月没 Moonset 20日	21日	22日	23日
06	000 17.1	315 41.1	09.0	N20 50.2	+11.6	°	h m	h m	h m	h m	h m	h m	h m	h m	h m
07	015 19.5	330 09.1	08.9	21 01.8	11.4	N70	☐	☐	☐	☐	☐	16 04	18 59	☐	☐
08	030 22.0	344 37.0	08.8	21 13.2	11.3	68	☐	☐	☐	☐	☐	15 46	18 11	☐	☐
09	045 24.5	359 04.8	08.8	21 24.5	11.2	66	☐	☐	☐	☐	☐	15 32	17 41	20 29	☐
10	060 26.9	013 32.6	08.6	21 35.7	11.1	64	22 23	22 33	22 33	▨	▨	15 20	17 18	19 31	☐
11	075 29.4	028 00.2	08.6	21 46.8	10.9	62	21 54	21 55	21 54	▨	▨	15 11	17 01	18 57	21 03
12	090 31.9	042 27.8	08.6	N21 57.7	+10.8	60	21 27	21 28	21 28	23 15	▨	15 02	16 46	18 33	20 20
13	105 34.3	056 55.4	08.5	22 08.5	10.7	N58	21 07	21 08	21 08	22 23	▨	14 55	16 33	18 14	19 52
14	120 36.8	071 22.9	08.4	22 19.2	10.5	56	20 50	20 51	20 51	21 53	▨	14 49	16 23	17 58	19 29
15	135 39.3	085 50.3	08.3	22 29.7	10.5	54	20 36	20 36	20 37	21 30	23 19	14 43	16 13	17 44	19 11
16	150 41.7	100 17.6	08.2	22 40.2	10.2	52	20 24	20 24	20 24	21 13	22 32	14 38	16 05	17 32	18 56
17	165 44.2	114 44.8	08.2	22 50.4	10.2	50	20 13	20 13	20 13	20 58	22 04	14 34	15 57	17 22	18 43
18	180 46.6	129 12.0	08.2	N23 00.6	+10.0	45	19 50	19 51	19 51	20 32	21 18	14 24	15 41	17 00	18 15
19	195 49.1	143 39.2	08.0	23 10.6	09.8	N40	19 32	19 32	19 33	20 05	20 47	14 15	15 28	16 42	17 54
20	210 51.6	158 06.2	08.0	23 20.4	09.8	35	19 17	19 17	19 18	19 47	20 24	14 08	15 17	16 27	17 36
21	225 54.0	172 33.2	07.9	23 30.2	09.6	30	19 04	19 04	19 05	19 32	20 05	14 02	15 08	16 15	17 21
22	240 56.5	187 00.1	07.9	23 39.8	09.4	20	18 42	18 42	18 42	19 07	19 36	13 52	14 51	15 53	16 55
23	255 59.0	201 27.0	07.8	23 49.2	09.3	N10	18 23	18 23	18 23	18 46	19 13	13 43	14 37	15 34	16 32
00	271 01.4	215 53.8	07.7	N23 58.5	+09.2	0	18 05	18 06	18 06	18 28	18 54	13 34	14 24	15 17	16 12
01	286 03.9	230 20.5	07.7	24 07.7	09.0	S10	17 48	17 48	17 48	18 11	18 37	13 25	14 11	14 59	15 52
02	301 06.4	244 47.2	07.6	24 16.7	08.9	20	17 29	17 29	17 30	17 54	18 21	13 16	13 57	14 41	15 30
03	316 08.8	259 13.8	07.5	24 25.6	08.7	30	17 08	17 08	17 09	17 35	18 05	13 06	13 41	14 19	15 04
04	331 11.3	273 40.3	07.5	24 34.3	08.6	35	16 56	16 56	16 57	17 24	17 56	13 00	13 31	14 07	14 49
05	346 13.7	288 06.8	07.4	24 42.9	08.4	40	16 42	16 42	16 43	17 12	17 46	12 53	13 21	13 53	14 32
06	001 16.2	302 33.2	07.4	N24 51.3	+08.3	45	16 25	16 25	16 26	16 59	17 36	12 36	13 08	13 36	14 11
07	016 18.7	316 59.6	07.3	24 59.6	08.1	S50	16 04	16 04	16 04	16 43	17 24	12 36	12 54	13 15	13 45
08	031 21.1	331 25.9	07.2	25 07.7	08.0	52	15 54	15 54	15 54	16 35	17 19	12 32	12 48	13 06	13 32
09	046 23.6	345 52.1	07.2	25 15.7	07.8	54	15 43	15 43	15 43	16 27	17 13	12 27	12 40	12 55	13 18
10	061 26.1	000 18.3	07.2	25 23.5	07.6	S56	15 30	15 30	15 31	16 18	17 06	12 21	12 31	12 43	13 01
11	076 28.5	014 44.5	07.1	25 31.1	07.6										

（续太阳、行星及月亮数据表）

	太阳 Sun	金星 Venus	火星 Mars	木星 Jupiter	土星 Saturn
中天 Mer. Pass.	h m 12 02	h m 09 43	h m 14 54	h m 20 25	h m 14 45
视差 Parallax	0′.14	0′.1	0′.1	0′.0	0′.0
赤经 R.A.		055°44′.5	133°52′.5	217°16′.9	131°49′.0

日期 Date	时差（视时减平时） Eqn. of time		月亮 Moon				
			上中天 UMP	下中天 LMP	半径 Radius		视差 Parallax	
	m	s	h m	h m	0h	12h	0h	12h
21	−01	38	08 12	20 37	16.0	15.9	58.6	58.5
22	−01	51	09 04	21 31	15.9	15.8	58.3	58.1
23	−02	04	09 59	22 27	15.8	15.7	58.1	57.6

右页

恒星视位置，2006年

SIDEREAL HOUR ANGLE AND DECLINATION OF STARS,2006

星号 No.	恒星名称 Star Name		共轭 赤经 赤纬	1月 Jan.	2月 Feb.	3月 Mar.	4月 Apr.	5月 May	6月 Jun.	7月 Jul.	8月 Aug.	9月 Sept.	10月 Oct.	11月 Nov.	12月 Dec.	赤经 R.A.	星等 Mag.
			°	′	′	′	′	′	′	′	′	′	′	′	′	h m	
27	猎户 Ori β	参宿七 Rigel	281	17.3	17.4	17.5	17.6	17.7	17.6	17.5	17.3	17.1	16.8	16.6	16.5	05 15	0.3
			S 8	11.6	11.7	11.7	11.7	11.6	11.5	11.5	11.4	11.3	11.3	11.4	11.5		
28	御夫 Aur α	五车三 Capella	280	42.6	42.7	42.9	43.0	43.1	43.0	42.8	42.5	42.2	41.9	41.6	41.4	05 17	0.2
			N 46	00.5	00.5	00.5	00.5	00.4	00.3	00.3	00.3	00.3	00.3	00.4	00.4		
40	猎户 Ori α	参宿四 Betelgeuse	271	07.2	07.3	07.4	07.5	07.6	07.5	07.4	07.2	07.0	06.8	06.5	06.4	05 55	变星[1]
			N 7	24.6	24.5	24.5	24.5	24.6	24.6	24.6	24.7	24.7	24.7	24.7	24.6		
44	船底 Car α	老人 Canopus	263	58.2	58.3	58.5	58.6	59.0	59.1	59.1	58.9	58.6	58.3	58.0	57.8	06 24	-0.9
			S 52	41.9	42.1	42.1	42.1	42.0	41.9	41.7	41.6	41.5	41.5	41.6	41.8		
46	大犬 CMa α	天狼 Sirius	258	38.5	38.5	38.6	38.7	38.8	38.9	38.8	38.6	38.6	38.4	38.2	37.8	06 45	-1.6
			S 16	43.4	43.5	43.6	43.6	43.5	43.4	43.3	43.2	43.2	43.2	43.3	43.4		
54	双子 Cem α	北河二 Castor	246	14.8	14.8	14.9	15.0	15.1	15.2	15.1	14.9	14.7	14.5	14.2	13.9	07 35	双星[2]
			N 31	52.6	52.6	52.6	52.7	52.7	52.6	52.6	52.6	52.6	52.5	52.4	52.4		
55	小犬 CMi α	南河三 Procycn	245	05.4	05.4	05.5	05.6	05.7	05.7	05.7	05.5	05.3	05.1	04.9	04.7	07 40	0.5
			N 5	12.6	12.6	12.6	12.6	12.6	12.6	12.7	12.7	12.7	12.7	12.6	12.5		
56	双子 Cem β	北河三 Pollux	243	34.3	34.3	34.4	34.5	34.6	34.6	34.6	34.5	34.3	34.0	33.7	33.5	07 46	1.2
			N 28	00.7	00.7	00.8	00.8	00.8	00.8	00.8	00.7	00.7	00.7	00.6	00.6		
60	船底 Car ε	海石一 Avior	234	19.9	19.9	20.1	20.4	20.7	20.9	21.0	21.0	20.8	20.5	20.1	19.8	08 23	1.7
			S 59	31.6	31.8	31.9	32.0	32.2	32.1	31.8	31.6	31.5	31.4	31.5	31.6		
63	船底 Car β	南船五 Miaplacidus	221	40.4	40.3	40.5	40.9	41.4	41.8	42.0	42.1	41.9	41.6	41.0	40.5	09 13	1.8
			S 69	44.3	44.5	44.7	44.8	44.8	44.8	44.7	44.5	44.4	44.3	44.3	44.4		
67	狮子 Leo α	轩辕十四 Regulus	207	49.3	49.2	49.2	49.2	49.3	49.4	49.4	49.4	49.3	49.2	48.9	48.7	10 09	1.3
			N 11	56.2	56.2	56.2	56.2	56.2	56.2	56.3	56.3	56.2	56.2	56.1	56.0		
72	大熊 UMa α	天枢 Dubbe	193	57.9	57.6	57.5	57.6	57.8	58.0	58.2	58.3	58.3	58.1	57.8	57.3	11 04	2.0
			N 61	42.9	42.9	43.1	43.2	43.3	43.3	43.2	43.1	42.9	42.8	42.6	42.5		
98	半人马 Cen θ	库楼三 Menkent	148	14.6	14.3	14.1	13.9	13.9	13.9	14.0	14.1	14.2	14.2	14.1	13.9	14 07	2.3
			S 36	23.9	24.0	24.1	24.2	24.3	24.3	24.4	24.3	24.3	24.2	24.2	24.2		
99	牧夫 Boo α	大角 Arcturus	146	01.0	00.7	00.6	00.4	00.4	00.4	00.6	00.7	00.7	00.7	00.6	00.5	14 16	0.2
			N 19	08.8	08.8	08.7	08.8	08.9	08.9	09.0	09.0	09.0	08.9	08.8	08.6		
102	半人马 Cen α	南门二 Rigil Kent	139	60.2	59.7	59.4	59.1	59.0	59.0	59.2	59.4	59.7	59.8	59.7	59.4	14 40	双星[2]
			S 60	51.4	51.5	51.6	51.8	51.9	52.0	52.1	52.1	52.0	51.9	51.8	51.7		
111	北冕 CrB α	贯索四 Alphecca	126	16.0	15.8	15.5	15.3	15.2	15.2	15.3	15.4	15.5	15.6	15.6	15.5	15 35	2.3
			N 26	41.4	41.3	41.3	41.3	41.4	41.5	41.6	41.7	41.7	41.6	41.5	41.3		
117	天蝎 Sec α	心宿二 Antares	112	33.6	33.4	33.1	32.9	32.7	32.6	32.6	32.7	32.8	32.9	32.9	32.8	16 30	1.2
			S 26	26.8	26.8	26.8	26.9	26.9	26.9	27.0	27.0	26.9	26.9	26.9	26.9		
139	天琴 Lyr α	织女一 Vega	80	43.3	43.1	42.9	42.6	42.4	42.2	42.2	42.2	42.4	42.6	42.7	42.8	18 37	0.1
			N 38	47.1	47.0	46.9	46.9	47.0	47.2	47.3	47.5	47.5	47.6	47.5	47.4		
140	人马 Sgr α	斗宿四 Nunki	76	05.8	05.6	05.4	05.1	04.9	04.7	04.5	04.5	04.6	04.7	04.8	04.9	18 56	2.1
			S 26	17.5	17.5	17.5	17.4	17.4	17.4	17.4	17.4	17.4	17.4	17.4	17.4		
146	天鹰 Aql α	河鼓二 Altair	62	14.2	14.1	13.9	13.7	13.5	13.3	13.1	13.1	13.2	13.3	13.4	13.4	19 51	0.9
			N 8	52.9	52.8	52.8	52.8	52.9	53.0	53.1	53.2	53.2	53.2	53.2	53.2		
148	孔雀 Pav α	孔雀十一 Peaoock	53	28.7	28.5	28.2	27.9	27.5	27.1	26.8	26.7	26.8	27.0	27.2	27.4	20 26	2.1
			S 56	43.1	43.0	42.9	42.8	42.8	42.8	42.8	42.9	43.0	43.1	43.1	43.0		
149	天鹅 Cyg α	天津四 Deneb	49	36.0	35.9	35.8	35.5	35.3	35.0	34.8	34.8	34.8	35.0	35.2	35.4	20 42	1.3
			N 45	18.0	18.1	18.0	17.8	17.8	17.9	18.1	18.3	18.4	18.5	18.5	18.4		
152	飞马 Peg ε	危宿三 Enif	33	53.1	53.1	53.0	52.8	52.6	52.3	52.1	52.0	52.0	52.0	52.1	52.2	21 45	2.5
			N 9	54.1	54.0	54.0	54.0	54.0	54.1	54.3	54.4	54.4	54.5	54.5	54.4		
154	天鹤 Gru α	鹤一 Al Na'ir	27	51.1	51.1	51.0	50.8	50.5	50.2	49.8	49.6	49.6	49.7	49.8	50.0	22 09	2.2
			S 46	56.2	56.1	55.9	55.8	55.7	55.6	55.6	55.7	55.8	55.8	55.9	55.9		
157	南鱼 PsA α	北落师门 Fomalihaut	15	30.4	30.4	30.4	30.3	30.0	29.8	29.5	29.3	29.2	29.2	29.3	29.4	22 58	1.3
			S 29	35.6	35.5	35.5	35.4	35.3	35.2	35.1	35.1	35.1	35.2	35.3	35.3		
159	小熊 UMi α	北极星 Polaris	319	78.7	91.9	02.4	08.3	06.7	98.2	85.6	71.0	57.6	48.4	48.8	48.2	02 37	2.1
			N 89	17.8	17.8	17.8	17.6	17.5	17.4	17.3	17.4	17.5	17.6	17.8	18.0		

北极星高度求纬度，2006 年

FOR DETERMING LATITUDE FROM ALTITUDE OF POLARIS, 2006

春分点地方时角 L.H.A.γ		120°	130°	140°	150°	160°	170°	180°	190°	200°	210°	220°	230°
第一改正值 First Correction	0 00	− 7.1	+ 0.2	+ 7.5	+ 14.5	+21.2	+ 27.1	+ 32.3	+ 36.5	+ 39.5	+ 41.4	+ 42.0	+ 41.3
	0 30	6.8	0.5	7.8	14.9	21.5	22.4	32.5	36.6	39.7	41.5	42.0	41.3
	1 00	6.4	0.9	8.2	15.2	21.8	27.7	32.8	36.8	39.8	41.5	42.0	41.2
	1 30	6.0	1.3	8.6	15.6	22.1	28.0	33.0	37.0	39.9	41.6	42.0	41.1
	2 00	5.7	1.6	8.9	15.9	22.4	28.2	33.2	37.2	40.0	41.6	42.0	41.0
	2 30	− 5.3	+ 2.0	+ 9.3	+ 16.2	+ 22.7	+ 28.5	+ 33.4	+ 37.3	+ 40.1	+ 41.7	+ 42.0	+ 41.0
	3 00	4.9	2.4	9.6	16.6	23.0	28.8	33.7	37.5	40.2	41.7	41.9	40.9
	3 30	4.6	2.7	10.0	16.9	23.3	29.0	33.9	37.7	40.3	41.8	41.9	40.8
	4 00	4.2	3.1	10.3	17.3	23.6	29.3	34.1	37.8	40.4	41.8	41.9	40.7
	4 30	3.8	3.5	10.7	17.6	23.9	29.6	34.3	38.0	40.5	41.8	41.9	40.6
	5 00	− 3.5	+ 3.8	+ 11.0	+ 17.9	+ 24.2	+ 29.8	+ 34.5	+ 38.1	+ 40.6	+ 41.9	+ 41.8	+ 40.5
	5 30	3.1	4.2	11.4	18.2	24.5	30.1	34.7	38.3	40.7	41.9	41.8	40.4
	6 00	2.7	4.6	11.8	18.6	24.8	30.3	34.9	38.4	40.8	41.9	41.8	40.3
	6 30	2.4	4.9	12.1	18.9	25.1	30.6	35.1	38.6	40.9	41.9	41.7	40.2
	7 00	2.0	5.3	12.5	19.2	25.4	30.8	35.3	38.7	41.0	42.0	41.7	40.1
	7 30	− 1.6	+ 5.7	+ 12.8	+ 19.6	+ 25.7	+ 31.1	+ 35.5	+ 38.9	+ 41.0	+ 42.0	+ 41.6	+ 40.0
	8 00	1.3	6.0	13.2	19.9	26.0	31.3	35.7	39.0	41.1	42.0	41.6	39.9
	8 30	0.9	6.4	13.5	20.2	26.3	31.6	35.9	39.1	41.2	42.0	41.5	39.8
	9 00	0.5	6.8	13.8	20.5	26.6	31.8	36.1	39.3	41.3	42.0	41.5	39.7
	9 30	0.2	7.1	14.2	20.8	26.9	32.1	36.3	39.4	41.3	42.0	41.4	39.5
	10 00	+ 0.2	+ 7.5	+ 14.5	+ 21.2	+ 27.1	+ 32.3	+ 36.5	+ 39.5	+ 41.4	+ 42.0	+ 41.3	+ 39.4
第二改正值（恒为正值） Second Correction (always+)	高度 Altitude 0	0.0	0.0	0.0	0.0	0.0	0.0	0.0	0.0	0.0	0.0	0.0	0.0
	5	0.0	0.0	0.0	0.0	0.0	0.0	0.0	0.0	0.0	0.0	0.0	0.0
	10	0.0	0.0	0.0	0.0	0.0	0.0	0.0	0.0	0.0	0.0	0.0	0.0
	15	0.1	0.1	0.1	0.1	0.1	0.0	0.0	0.0	0.0	0.0	0.0	0.0
	20	0.1	0.1	0.1	0.1	0.1	0.1	0.0	0.0	0.0	0.0	0.0	0.0
	25	0.1	0.1	0.1	0.1	0.1	0.1	0.1	0.0	0.0	0.0	0.0	0.0
	30	0.1	0.1	0.1	0.1	0.1	0.1	0.1	0.0	0.0	0.0	0.0	0.0
	35	0.2	0.2	0.2	0.2	0.1	0.1	0.1	0.1	0.0	0.0	0.0	0.0
	40	0.2	0.2	0.2	0.2	0.2	0.1	0.1	0.1	0.0	0.0	0.0	0.0
	45	0.2	0.3	0.2	0.2	0.2	0.1	0.1	0.1	0.0	0.0	0.0	0.0
	50	0.3	0.3	0.3	0.3	0.2	0.2	0.1	0.1	0.1	0.0	0.0	0.0
	55	0.4	0.4	0.4	0.3	0.3	0.2	0.1	0.1	0.1	0.0	0.0	0.0
	60	0.4	0.4	0.4	0.4	0.3	0.2	0.2	0.1	0.1	0.0	0.0	0.0
	62	0.5	0.5	0.5	0.4	0.4	0.3	0.2	0.1	0.1	0.0	0.0	0.0
	64	0.5	0.5	0.5	0.5	0.4	0.3	0.2	0.1	0.1	0.0	0.0	0.0
	66	0.6	0.6	0.6	0.5	0.4	0.3	0.2	0.1	0.1	0.0	0.0	0.0
	68	0.6	0.6	0.6	0.6	0.5	0.4	0.3	0.2	0.1	0.0	0.0	0.0
第三改正值 Third Correction	日期 Date 1月1日	−0.1	0.0	0.0	+0.1	+0.1	+0.1	+0.2	+0.2	+0.2	+0.2	+0.2	+0.2
	2月1日	+0.1	+0.1	+0.2	+0.2	+0.2	+0.2	+0.2	+0.2	+0.2	+0.2	+0.1	+0.1
	3月1日	+0.2	+0.3	+0.3	+0.3	+0.3	+0.3	+0.3	+0.3	+0.3	+0.2	+0.2	+0.1
	4月1日	+0.3	+0.4	+0.4	+0.5	+0.5	+0.5	+0.5	+0.4	+0.4	+0.4	+0.3	+0.2
	5月1日	+0.3	+0.4	+0.5	+0.5	+0.6	+0.6	+0.6	+0.6	+0.6	+0.5	+0.4	+0.4
	6月1日	+0.2	+0.3	+0.4	+0.5	+0.6	+0.6	+0.7	+0.7	+0.7	+0.6	+0.6	+0.5
	7月1日	+0.1	+0.2	+0.3	+0.4	+0.5	+0.6	+0.6	+0.7	+0.7	+0.7	+0.7	+0.6
	8月1日	−0.1	0.0	+0.2	+0.3	+0.4	+0.5	+0.5	+0.6	+0.6	+0.7	+0.6	+0.6
	9月1日	−0.2	−0.1	0.0	+0.1	+0.2	+0.3	+0.4	+0.4	+0.5	+0.6	+0.6	+0.6
	10月1日	−0.3	−0.3	−0.2	−0.1	0.0	+0.1	+0.2	+0.3	+0.3	+0.4	0.5	+0.5
	11月1日	−0.4	−0.4	−0.3	−0.2	−0.2	−0.1	0.0	+0.1	+0.2	+0.3	+0.3	+0.3
	12月1日	−0.4	−0.4	−0.3	−0.3	−0.3	−0.2	−0.2	−0.1	+0.1	0.0	+0.1	+0.1
	12月32日	−0.3	−0.3	−0.3	−0.3	−0.3	−0.2	−0.2	−0.2	−0.1	−0.1	−0.1	0.0
春分点地方时角 L.H.A.γ		120°	130°	140°	150°	160°	170°	180°	190°	200°	210°	220°	230°

北 极 星 方 位 角，2006年
AZIMUTH OF POLARIS, 2006

春分点地方时角 L.H.A.γ	纬　度　Latitude													春分点地方时角 L.H.A.γ
	0°	15°	10°	15°	20°	25°	30°	35°	40°	45°	50°	55°	60°	
40	0.0	0.0	0.0	0.0	0.0	0.0	0.0	0.0	0.0	0.0	0.0	0.0	0.0	40
45	0.1	0.1	0.1	0.1	0.1	0.1	0.1	0.1	0.1	0.1	0.1	0.1	0.1	35
50	0.1	0.1	0.1	0.1	0.1	0.1	0.1	0.2	0.2	0.2	0.2	0.2	0.2	30
55	0.2	0.2	0.2	0.2	0.2	0.2	0.2	0.2	0.2	0.3	0.3	0.3	0.3	25
60	0.2	0.2	0.2	0.3	0.3	0.3	0.3	0.3	0.3	0.3	0.4	0.4	0.5	20
65	0.3	0.3	0.3	0.3	0.3	0.3	0.3	0.4	0.4	0.4	0.5	0.5	0.6	15
70	0.4	0.4	0.4	0.4	0.4	0.4	0.4	0.4	0.5	0.5	0.6	0.6	0.7	10
75	0.4	0.4	0.4	0.4	0.4	0.5	0.5	0.5	0.5	0.6	0.6	0.7	0.8	5
80	0.5	0.5	0.5	0.5	0.5	0.5	0.5	0.6	0.6	0.6	0.7	0.8	0.9	0
85	0.5	0.5	0.5	0.5	0.5	0.6	0.6	0.6	0.7	0.7	0.8	0.9	1.0	355
90	0.5	0.5	0.6	0.6	0.6	0.6	0.6	0.7	0.7	0.8	0.9	1.0	1.1	350
95	0.6	0.6	0.6	0.6	0.6	0.6	0.7	0.7	0.8	0.8	0.9	1.0	1.2	345
100	0.6	0.6	0.6	0.6	0.6	0.6	0.7	0.8	0.8	0.9	1.0	1.1	1.2	340
105	0.6	0.6	0.7	0.7	0.7	0.7	0.7	0.8	0.8	0.9	1.0	1.1	1.3	335
110	0.7	0.7	0.7	0.7	0.7	0.7	0.8	0.8	0.9	0.9	1.0	1.2	1.3	330
115	0.7	0.7	0.7	0.7	0.7	0.8	0.8	0.8	0.9	1.0	1.1	1.2	1.4	325
120	0.7	0.7	0.7	0.7	0.8	0.8	0.8	0.9	0.9	1.0	1.1	1.2	1.4	320
125	0.7	0.7	0.7	0.7	0.8	0.8	0.8	0.9	0.9	1.0	1.1	1.2	1.4	315
130	0.7	0.7	0.7	0.7	0.8	0.8	0.8	0.9	0.9	1.0	1.1	1.2	1.4	310
135	0.7	0.7	0.7	0.7	0.8	0.8	0.8	0.9	0.9	1.0	1.1	1.2	1.4	305
140	0.7	0.7	0.7	0.7	0.7	0.8	0.8	0.8	0.9	1.0	1.1	1.2	1.4	300
145	0.7	0.7	0.7	0.7	0.7	0.8	0.8	0.8	0.9	1.0	1.1	1.2	1.4	295
150	0.7	0.7	0.7	0.7	0.7	0.7	0.8	0.8	0.9	0.9	1.0	1.2	1.3	290
155	0.6	0.6	0.6	0.7	0.7	0.7	0.7	0.8	0.8	0.9	1.0	1.1	1.3	285
160	0.6	0.6	0.6	0.6	0.7	0.7	0.7	0.7	0.8	0.9	0.9	1.1	1.2	280
165	0.6	0.6	0.6	0.6	0.6	0.6	0.7	0.7	0.8	0.8	0.9	1.0	1.1	275
170	0.5	0.5	0.5	0.6	0.6	0.6	0.6	0.7	0.7	0.8	0.8	0.9	1.1	270
175	0.5	0.5	0.5	0.5	0.5	0.5	0.6	0.6	0.6	0.7	0.8	0.9	1.0	265
180	0.5	0.5	0.5	0.5	0.5	0.5	0.5	0.6	0.6	0.6	0.7	0.8	0.9	260
185	0.4	0.4	0.4	0.4	0.4	0.4	0.5	0.5	0.5	0.6	0.6	0.7	0.8	255
190	0.4	0.4	0.4	0.4	0.4	0.4	0.4	0.4	0.5	0.5	0.5	0.6	0.7	250
195	0.3	0.3	0.3	0.3	0.3	0.3	0.3	0.4	0.4	0.4	0.5	0.5	0.6	245
200	0.2	0.2	0.2	0.2	0.3	0.3	0.3	0.3	0.3	0.3	0.4	0.4	0.5	240
205	0.2	0.2	0.2	0.2	0.2	0.2	0.2	0.2	0.2	0.3	0.3	0.3	0.4	235
210	0.1	0.1	0.1	0.1	0.1	0.1	0.1	0.1	0.2	0.2	0.2	0.2	0.2	230
215	0.1	0.1	0.1	0.1	0.1	0.1	0.1	0.1	0.1	0.1	0.1	0.1	0.1	225
220	0.0	0.0	0.0	0.0	0.0	0.0	0.0	0.0	0.0	0.0	0.0	0.0	0.0	220

用左侧春分点地方时角时，方位角是北偏西。
用右侧春分点地方时角时，方位角是北偏东。

The azimuth is north by west when the left L.H.A.γ is used.

The azimuth is north by east when the right L.H.A.γ is used.

附 录 4

《航海天文历附表》摘录

时角、赤纬内插表

20^m

20^m s	太阳行星 (° ')	春分点 (° ')	月亮 (° ')	Δ或Δ	订正值	Δ或Δ	订正值	Δ或Δ	订正值
0	4 59.7	5 00.8	4 46.3	0.0	0.0	6.0	2.1	12.0	4.1
1	4 59.9	5 01.1	4 46.6	0.1	0.0	6.1	2.1	12.1	4.1
2	5 00.2	5 01.3	4 46.8	0.2	0.1	6.2	2.1	12.2	4.1
3	5 00.4	5 01.6	4 47.0	0.3	0.1	6.3	2.2	12.3	4.2
4	5 00.7	5 01.8	4 47.3	0.4	0.1	6.4	2.2	12.4	4.2
5	5 00.9	5 02.1	4 47.5	0.5	0.2	6.5	2.2	12.5	4.3
6	5 01.2	5 02.3	4 47.8	0.6	0.2	6.6	2.3	12.6	4.3
7	5 01.4	5 02.6	4 48.0	0.7	0.2	6.7	2.3	12.7	4.3
8	5 01.7	5 02.8	4 48.2	0.8	0.3	6.8	2.3	12.8	4.4
9	5 01.9	5 03.1	4 48.5	0.9	0.3	6.9	2.4	12.9	4.4
10	5 02.2	5 03.3	4 48.7	1.0	0.3	7.0	2.4	13.0	4.4
11	5 02.4	5 03.6	4 49.0	1.1	0.4	7.1	2.4	13.1	4.5
12	5 02.7	5 03.8	4 49.2	1.2	0.4	7.2	2.5	13.2	4.5
13	5 02.9	5 04.1	4 49.4	1.3	0.4	7.3	2.5	13.3	4.5
14	5 03.2	5 04.3	4 49.7	1.4	0.5	7.4	2.5	13.4	4.6
15	5 03.4	5 04.5	4 49.9	1.5	0.5	7.5	2.6	13.5	4.6
16	5 03.7	5 04.8	4 50.2	1.6	0.5	7.6	2.6	13.6	4.6
17	5 03.9	5 05.1	4 50.4	1.7	0.6	7.7	2.6	13.7	4.7
18	5 04.2	5 05.3	4 50.6	1.8	0.6	7.8	2.7	13.8	4.7
19	5 04.4	5 05.6	4 50.9	1.9	0.6	7.9	2.7	13.9	4.7
20	5 04.7	5 05.8	4 51.1	2.0	0.7	8.0	2.7	14.0	4.8
21	5 04.9	5 06.1	4 51.3	2.1	0.7	8.1	2.8	14.1	4.8
22	5 05.2	5 06.3	4 51.6	2.2	0.8	8.2	2.8	14.2	4.9
23	5 05.4	5 06.6	4 51.8	2.3	0.8	8.3	2.8	14.3	4.9
24	5 05.7	5 06.8	4 52.1	2.4	0.8	8.4	2.9	14.4	4.9
25	5 05.9	5 07.1	4 52.3	2.5	0.9	8.5	2.9	14.5	5.0
26	5 06.2	5 07.3	4 52.6	2.6	0.9	8.6	2.9	14.6	5.0
27	5 06.4	5 07.6	4 52.8	2.7	0.9	8.7	3.0	14.7	5.0
28	5 06.7	5 07.8	4 53.0	2.8	1.0	8.8	3.0	14.8	5.1
29	5 06.9	5 08.1	4 53.3	2.9	1.0	8.9	3.0	14.9	5.1
30	5 07.2	5 08.3	4 53.5	3.0	1.0	9.0	3.1	15.0	5.1
31	5 07.4	5 08.6	4 53.7	3.1	1.1	9.1	3.1	15.1	5.2
32	5 07.7	5 08.8	4 54.0	3.2	1.1	9.2	3.1	15.2	5.2
33	5 07.9	5 09.1	4 54.2	3.3	1.1	9.3	3.2	15.3	5.2
34	5 08.2	5 09.3	4 54.4	3.4	1.2	9.4	3.2	15.4	5.3
35	5 08.4	5 09.6	4 54.7	3.5	1.2	9.5	3.2	15.5	5.3
36	5 08.7	5 09.8	4 54.9	3.6	1.2	9.6	3.3	15.6	5.3
37	5 08.9	5 10.1	4 55.2	3.7	1.3	9.7	3.3	15.7	5.4
38	5 09.2	5 10.3	4 55.4	3.8	1.3	9.8	3.3	15.8	5.4
39	5 09.4	5 10.6	4 55.6	3.9	1.3	9.9	3.4	15.9	5.4
40	5 09.7	5 10.8	4 55.9	4.0	1.4	10.0	3.4	16.0	5.5
41	5 09.9	5 11.1	4 56.1	4.1	1.4	10.1	3.5	16.1	5.5
42	5 10.2	5 11.4	4 56.4	4.2	1.4	10.2	3.5	16.2	5.6
43	5 10.4	5 11.6	4 56.6	4.3	1.5	10.3	3.5	16.3	5.6
44	5 10.7	5 11.9	4 56.8	4.4	1.5	10.4	3.6	16.4	5.6
45	5 10.9	5 12.1	4 57.1	4.5	1.5	10.5	3.6	16.5	5.7
46	5 11.2	5 12.4	4 57.3	4.6	1.6	10.6	3.6	16.6	5.7
47	5 11.4	5 12.6	4 57.5	4.7	1.6	10.7	3.7	16.7	5.7
48	5 11.7	5 12.9	4 57.8	4.8	1.6	10.8	3.7	16.8	5.8
49	5 11.9	5 13.1	4 58.0	4.9	1.7	10.9	3.7	16.9	5.8
50	5 12.2	5 13.4	4 58.3	5.0	1.7	11.0	3.8	17.0	5.8
51	5 12.4	5 13.6	4 58.5	5.1	1.7	11.1	3.8	17.1	5.9
52	5 12.7	5 13.9	4 58.7	5.2	1.8	11.2	3.8	17.2	5.9
53	5 12.9	5 14.1	4 59.0	5.3	1.8	11.3	3.9	17.3	5.9
54	5 13.2	5 14.4	4 59.2	5.4	1.8	11.4	3.9	17.4	5.9
55	5 13.4	5 14.6	4 59.5	5.5	1.9	11.5	3.9	17.5	6.0
56	5 13.7	5 14.9	4 59.7	5.6	1.9	11.6	4.0	17.6	6.0
57	5 13.9	5 15.1	4 59.9	5.7	1.9	11.7	4.0	17.7	6.0
58	5 14.2	5 15.4	5 00.2	5.8	2.0	11.8	4.0	17.8	6.1
59	5 14.4	5 15.6	5 00.4	5.9	2.0	11.9	4.1	17.9	6.1
60	5 14.6	5 15.9	5 00.7	6.0	2.1	12.0	4.1	18.0	6.2

21^m

21^m s	太阳行星 (° ')	春分点 (° ')	月亮 (° ')	Δ或Δ	订正值	Δ或Δ	订正值	Δ或Δ	订正值
0	5 14.6	5 15.9	5 00.7	0.0	0.0	6.0	2.2	12.0	4.3
1	5 14.9	5 16.1	5 00.9	0.1	0.1	6.1	2.2	12.1	4.3
2	5 15.1	5 16.4	5 01.1	0.2	0.1	6.2	2.2	12.2	4.3
3	5 15.4	5 16.6	5 01.4	0.3	0.1	6.3	2.3	12.3	4.4
4	5 15.6	5 16.9	5 01.6	0.4	0.1	6.4	2.3	12.4	4.4
5	5 15.9	5 17.1	5 01.8	0.5	0.2	6.5	2.3	12.5	4.5
6	5 16.1	5 17.4	5 02.1	0.6	0.2	6.6	2.4	12.6	4.5
7	5 16.4	5 17.6	5 02.3	0.7	0.3	6.7	2.4	12.7	4.6
8	5 16.6	5 17.9	5 02.6	0.8	0.3	6.8	2.4	12.8	4.6
9	5 16.9	5 18.1	5 02.8	0.9	0.3	6.9	2.5	12.9	4.6
10	5 17.1	5 18.4	5 03.0	1.0	0.4	7.0	2.5	13.0	4.7
11	5 17.4	5 18.6	5 03.3	1.1	0.4	7.1	2.5	13.1	4.7
12	5 17.6	5 18.9	5 03.5	1.2	0.4	7.2	2.6	13.2	4.8
13	5 17.9	5 19.1	5 03.8	1.3	0.5	7.3	2.6	13.3	4.8
14	5 18.1	5 19.4	5 04.0	1.4	0.5	7.4	2.7	13.4	4.8
15	5 18.4	5 19.6	5 04.2	1.5	0.5	7.5	2.7	13.5	4.8
16	5 18.6	5 19.9	5 04.5	1.6	0.6	7.6	2.7	13.6	4.9
17	5 18.9	5 20.1	5 04.7	1.7	0.6	7.7	2.8	13.7	4.9
18	5 19.1	5 20.4	5 04.9	1.8	0.6	7.8	2.8	13.8	4.9
19	5 19.4	5 20.6	5 05.2	1.9	0.7	7.9	2.8	13.9	5.0
20	5 19.6	5 20.9	5 05.4	2.0	0.7	8.0	2.9	14.0	5.1
21	5 19.9	5 21.1	5 05.7	2.1	0.8	8.1	2.9	14.1	5.1
22	5 20.1	5 21.4	5 05.9	2.2	0.8	8.2	2.9	14.2	5.1
23	5 20.4	5 21.6	5 06.1	2.3	0.8	8.3	3.0	14.3	5.1
24	5 20.6	5 21.9	5 06.4	2.4	0.9	8.4	3.0	14.4	5.2
25	5 20.9	5 22.1	5 06.6	2.5	0.9	8.5	3.0	14.5	5.2
26	5 21.1	5 22.4	5 06.9	2.6	0.9	8.6	3.1	14.6	5.2
27	5 21.4	5 22.6	5 07.1	2.7	1.0	8.7	3.1	14.7	5.3
28	5 21.6	5 22.9	5 07.3	2.8	1.0	8.8	3.2	14.8	5.3
29	5 21.9	5 23.1	5 07.6	2.9	1.0	8.9	3.2	14.9	5.3
30	5 22.1	5 23.4	5 07.8	3.0	1.1	9.0	3.2	15.0	5.4
31	5 22.4	5 23.6	5 08.0	3.1	1.1	9.1	3.3	15.1	5.4
32	5 22.6	5 23.9	5 08.3	3.2	1.1	9.2	3.3	15.2	5.4
33	5 22.9	5 24.1	5 08.5	3.3	1.2	9.3	3.3	15.3	5.5
34	5 23.1	5 24.4	5 08.8	3.4	1.2	9.4	3.4	15.4	5.5
35	5 23.4	5 24.6	5 09.0	3.5	1.3	9.5	3.4	15.5	5.6
36	5 23.6	5 24.9	5 09.2	3.6	1.3	9.6	3.4	15.6	5.6
37	5 23.9	5 25.1	5 09.5	3.7	1.3	9.7	3.5	15.7	5.6
38	5 24.1	5 25.4	5 09.7	3.8	1.4	9.8	3.5	15.8	5.7
39	5 24.4	5 25.6	5 10.0	3.9	1.4	9.9	3.5	15.9	5.7
40	5 24.6	5 25.9	5 10.2	4.0	1.4	10.0	3.6	16.0	5.7
41	5 24.9	5 26.1	5 10.4	4.1	1.5	10.1	3.6	16.1	5.8
42	5 25.1	5 26.4	5 10.7	4.2	1.5	10.2	3.6	16.2	5.8
43	5 25.4	5 26.6	5 10.9	4.3	1.6	10.3	3.7	16.3	5.8
44	5 25.6	5 26.9	5 11.1	4.4	1.6	10.4	3.7	16.4	5.9
45	5 25.9	5 27.1	5 11.4	4.5	1.6	10.5	3.8	16.5	5.9
46	5 26.1	5 27.4	5 11.6	4.6	1.7	10.6	3.8	16.6	5.9
47	5 26.4	5 27.6	5 11.9	4.7	1.7	10.7	3.8	16.7	6.0
48	5 26.6	5 27.9	5 12.1	4.8	1.7	10.8	3.9	16.8	6.0
49	5 26.9	5 28.1	5 12.3	4.9	1.8	10.9	3.9	16.9	6.1
50	5 27.1	5 28.4	5 12.6	5.0	1.8	11.0	3.9	17.0	6.1
51	5 27.4	5 28.6	5 12.8	5.1	1.8	11.1	4.0	17.1	6.1
52	5 27.6	5 28.9	5 13.0	5.2	1.9	11.2	4.0	17.2	6.2
53	5 27.9	5 29.1	5 13.3	5.3	1.9	11.3	4.0	17.3	6.2
54	5 28.1	5 29.4	5 13.5	5.4	1.9	11.4	4.1	17.4	6.2
55	5 28.4	5 29.7	5 13.8	5.5	2.0	11.5	4.1	17.5	6.3
56	5 28.6	5 29.9	5 14.0	5.6	2.0	11.6	4.2	17.6	6.3
57	5 28.9	5 30.2	5 14.3	5.7	2.0	11.7	4.2	17.7	6.3
58	5 29.1	5 30.4	5 14.5	5.8	2.1	11.8	4.2	17.8	6.4
59	5 29.4	5 30.7	5 14.7	5.9	2.1	11.9	4.3	17.9	6.4
60	5 29.6	5 30.9	5 15.0	6.0	2.2	12.0	4.3	18.0	6.5

附 录 5

潮汐表摘录

《中版潮汐表》主表 2008 年

中 浚 ZHONGJUN

潮汐表 31° 07′ N 121° 54′ E 2 月

每 时 潮 高

日 期

1	2	3	4	5	6	7	8	9	10	11	12	13	14	15	16
F	SA	SU	M	TU	W	TH	F	SA	SU	M	TU	W	TH	F	SA
125	136	156	186	227	273	317	350	361	351	319	269	208	148	116	118
145	137	140	156	184	224	272	318	355	374	371	344	299	237	175	136
181	149	132	131	144	171	211	259	307	347	372	375	353	306	240	173
220	173	134	113	112	127	154	191	239	288	329	356	362	341	290	219
251	205	152	110	90	91	109	138	173	216	264	306	335	341	317	261
270	238	188	129	85	68	73	92	122	157	194	239	282	313	318	290

日期	潮时时分	潮高 cm	日期	潮时时分	潮高 cm
1 F	0548 1300 1754	274 163 225	16 SA N	0612 1344 1839	302 155 228
2 SA S	0024 0737 1456 1952	135 281 147 222	17 SU	0123 0813 1542 2051	131 312 124 241
3 SU	0218 0858 1605 2110	131 307 123 245	18 M	0321 0933 1655 2159	111 342 89 276

时区：-0800 潮高基准面：在平均海面下 225cm

高 雄 GAOXIONG

2008 年潮汐表 22° 36′ N 120° 17′ E

1 月						2 月						3 月						4 月					
日期	潮时时分	潮高 cm	日期	潮时时分	潮高 cm	日期	潮时时分	潮高 cm	日期	潮时时分	潮高 cm	日期	潮时时分	潮高 cm	日期	潮时时分	潮高 cm	日期	潮时时分	潮高 cm	日期	潮时时分	潮高 cm
1 TU	0054 0736 1517 2248	53 31 64 40	16 W	0044 0655 1409 2101	59 31 75 35	1 F	1517	79	16 SA N	1529	98	1 SU	1419 2344	78 19	16 SU	1507 2339	97 13	1 TU	1544	87	16 W	0603 1051 1655	63 47 87
2 W	0253 0739 1542 2356	44 33 72 31	17 TH	0237 0726 1501 2306	49 37 85 26	2 SA S	0015 1612	21 85	17 SU	0006 1633	13 104	2 M	1535	83	17 M	1617	99	2 W	0007 0637 1012 1641	15 53 47 90	17 TH E	0007 0621 1153 1745	23 68 40 82
15 TU	0622 1315 1913	25 66 39	30 W	0552 1320 2247	35 68 37	15 F	1422 2314	91 20				15 SA	1350 2251	96 16	30 SU	1308 2306	81 19	15 TU	0600 0916 1556 2335	58 53 91 19	30 W	0557 0800 1443 2248	56 55 86 23
			31 TH A	0202 0453 1420 2341	39 37 73 29										31 M	1430 2340	83 16						

......

时区：-0800 潮高基准面：在平均海面下 60cm

潮流表

黄浦（吴淞口）

31° 24.9′ N 121° 32.0′ E

2008 年潮流表 (5m) 流速单位: kn (+)表示流向 111° (-)表示流向 291° 时区：-0800

1 月				2 月				3 月			
日期	转流 时分	最大流 时分	流速	日期	转流 时分	最大流 时分	流速	日期	转流 时分	最大流 时分	流速
1 TU	0249 0914 1521 2055	0552 1214 1811	-1.7 1.2 -1.2	1 F	0251 1016 1736 2203	0644 1325 1952	-1.4 1.5 -0.5	1 SA S	0106 0753 1433 1931	0415 1114 1650 2251	-1.9 1.4 -0.7 0.9
16 W	0210 0812 1452 2004	0459 1153 1724 2337	-2.5 1.6 -1.8 1.6	16 SA N	0318 1012 1753 2212	0646 1447 1950	-2.3 1.7 -0.9	16 SU	0139 0821 1600 2024	0501 1243 1802 2309	-2.5 1.7 -1.0 0.6

《中版潮汐表》附表

差比数和潮信表

编号	站名	地理位置		主港	差 比 数				平均高潮间隙	平均低潮间隙	平均大潮升	平均小潮升	$\dfrac{H_{M_4}}{H_{M_2}}$	$2gM_2-gM_4$	平均海面	潮汐性质
		东经	北纬		高潮时差	低潮时差	潮差比	改正值								
		(°)(′)	(°)(′)		时 分	时 分		cm	时 分	时 分	cm	cm		(°)	cm	
	台湾省															
8006	沙 山	120 18	23 55	马 公	00 10	00 13	1.60	−36	11 26	05 13	398	344			220	0.29
8007	海口	120 10	23 42	马 公	00 10	00 13	1.27	−34	11 26	05 14	311	261			170	0.30
8008	布 袋	120 09	23 23	马 公	−00 31	−00 28	0.68	1	10 45	04 32	186	158			110	0.65
8008	国 圣	120 04	23 06	高 雄	02 00	02 03	1.65	−29	10 45	03 57	105	97			70	1.28
8010	安 平	120 10	23 01	高 雄	01 06	01 08	1.20	−12	06 16	03 03	90	76			60	1.60
8011	高 雄	120 16	22 37	主 港					08 10	01 55	85	72	0.01	265	60	2.00
8012	东 港	120 27	22 28	高 雄	−00 06	−00 03	1.12	3	08 04	01 52	98	84			70	1.89
8013	车 城	120 41	22 04	高 雄	−01 15	−01 12	1.28	−7	06 55	00 42	104	84			70	1.95
8014	大 坂 埒	120 45	21 58	高 雄	−01 40	−01 38	1.58	−15	06 30	00 17	120	78			80	1.58
8015	吉 贝 屿	119 36	23 44	马 公	00 11	00 14	1.36	−18	11 27	05 14	354	294			200	0.37

平均海面季节改正值表

单位 cm

月份 / 编号	1	2	3	4	5	6	7	8	9	10	11	12
7027 − 7039	0	−2	−3	−7	−13	−16	−11	0	13	18	15	7
8001 − 8021	−9	−9	−8	−8	−7	−3	5	13	16	12	3	−5
9001 − 9020	−4	−10	−10	−7	−8	−10	−9	−1	12	20	19	8

格林尼治月中天时刻表

2008 年(格林尼治平时)

月份 / 日期	1	2	3	4	5	6	7	8	9	10	11	12
	时 分	时 分	时 分	时 分	时 分	时 分	时 分	时 分	时 分	时 分	时 分	时 分
1	上 06 29	上 07 23	上 06 56	上 08 11	上 08 22	上 09 31	上 10 20		下 00 51	下 00 57	下 02 04	下 02 30
	下 18 49	下 19 48	下 19 22	下 20 35	下 20 45	下 22 00	下 22 53	上 12 12	上 13 13	上 13 20	上 14 29	上 14 54
2	上 07 10	上 08 14	上 07 48	上 08 59	上 09 09	上 10 30	上 11 26	下 00 38	下 01 35	下 01 43	下 02 55	下 03 17
	下 19 32	下 20 40	下 20 15	下 21 23	下 21 33	下 23 02	下 23 59	上 13 04	上 14 17	上 14 07	上 15 20	上 15 40
3	上 07 55	上 09 06	上 08 41	上 09 46	上 09 58	上 11 35		下 01 28	下 02 19	下 02 31	下 03 45	下 04 03
	下 20 18	下 21 33	下 21 07	下 22 10	下 22 24	下	上 12 31	上 13 52	上 14 41	上 14 55	上 16 10	上 16 25
⋮						……						
16	下 06 09	下 07 58	下 07 53	下 09 07	下 09 11	下 10 08	下 10 35	下 11 46	上 00 19	上 00 41	上 02 36	上 03 20
	上 18 35	上 20 29	上 20 21	上 21 28	上 21 32	上 22 33	上 23 01		下 12 42	下 13 19	下 15 09	下 15 46
17	下 07 03	下 09 00	下 08 48	下 09 49	下 09 53	下 10 38	下 11 27	下 00 09	上 06 06	上 01 40	上 03 39	上 04 12
			上 21 13					下 12 15	下 14 11	下 14 19	下 16 16	下 16 36
18	下 08 20	下 09 59	下 09 38	下 10 30	下 10 37	下 11 49		下 00 54	上 01 57	上 02 42	上 04 37	上 04 59
	上 20 33	上 22 26	上 22 02	上 22 51	上 23 00		下 12 16	下 13 16	下 14 24	下 17 09	下 17 04	下 17 22

《英版潮汐表》2008年

主表

CANADA, VANCOUVER ISLAND—TOFINO

LAT 49°09′N   LONG 125°55′W

TIME ZONE +0800 — TIMES AND HEIGHTS OF HIGH AND LOW WATERS — YEAR 2008

Day	JAN Time	m	Day	JAN Time	m	Day	FEB Time	m	Day	FEB Time	m	Day	MAR Time	m	Day	MAR Time	m	Day	APR Time	m	Day	APR Time	m
1 TU	0009	1.6	16 W	0606	3.5	1 F	0104	2.1	16 SA	0130	2.0	1 SA	0011	2.2	16 SU	0144	2.0	1 TU	0246	1.9	16 W	0359	1.3
	0648	3.3		1303	1.1		0731	3.2		0749	3.4		0632	3.0		0744	3.2		0828	2.9		0956	3.1
	1353	1.4		1916	2.7		1514	1.3		1519	0.8		1422	1.3		1502	0.9		1525	1.0		1613	1.0
	2000	2.5					2203	2.6		2158	2.8		2125	2.5		2137	2.9		2159	2.9		2226	3.3
2 W	0106	1.9	17 TH	0024	1.7	2 SA	0230	2.2	17 SU	0303	2.0	2 SU	0153	2.2	17 M	0310	1.8	2 W	0343	1.7	17 TH	0447	1.0
	0738	3.3		0703	3.6		0833	3.2		0905	3.5		0750	3.0		0903	3.3		0934	3.1		1049	3.1
	1456	1.3		1417	0.9		1610	1.1		1623	0.6		1528	1.1		1603	0.8		1610	0.9		1654	1.1
	2121	2.6		2046	2.7		2253	2.7		2254	3.0		2216	2.7		2227	3.1		1133	3.1		2301	3.4

CANADA—VANCOUVER

LAT 49°17′N   LONG 123°07′W

TIME ZONE +0800 — TIMES AND HEIGHTS OF HIGH AND LOW WATERS — YEAR 2008

Day	JAN Time	m	Day	JAN Time	m	Day	FEB Time	m	Day	FEB Time	m	Day	MAR Time	m	Day	MAR Time	m	Day	APR Time	m	Day	APR Time	m
1 TU	0115	3.3	16 W	0006	3.5	1 F	0324	4.0	16 SA	0311	4.3	1 SA	0226	4.1	16 SU	0232	4.4	1 TU	0254	4.2	16 W	0305	4.4
	0446	3.0		0431	2.9		0728	3.8		0749	3.8		0745	3.7		0815	3.4		0908	3.1		0936	2.2
	1125	4.4		1051	4.7		1113	4.0		1143	4.2		1011	3.8		1147	3.7		1253	3.4		1516	3.6
	1920	1.6		1835	1.2		1957	1.3		2004	0.8		1858	1.4		1940	1.1		2006	1.5		2110	1.9
2 W	0252	3.6	17 TH	0202	3.8	2 SA	0412	4.2	17 SU	0406	4.5	2 SU	0319	4.2	17 M	0323	4.5	2 W	0328	4.3	17 TH	0336	4.4
	0605	3.5		0545	3.4		0910	3.8		0912	3.7		0904	3.6		0914	3.2		0937	2.8		1012	1.8
	1152	4.3		1128	4.6		1207	4.0		1302	4.1		1129	3.7		1330	3.7		1423	3.6		1617	3.8
	2003	1.3		1930	0.9		2048	1.1		2107	0.7		2000	1.4		2045	1.1		2103	1.5		2159	2.2

UNITED STATES—SAN FRANCISCO(GOLDEN GATE)

LAT 37°48′N   LONG 122°28′W

TIME ZONE +0800 — TIMES AND HEIGHTS OF HIGH AND LOW WATERS — YEAR 2008

Day	JAN Time	m	Day	JAN Time	m	Day	FEB Time	m	Day	FEB Time	m	Day	MAR Time	m	Day	MAR Time	m	Day	APR Time	m	Day	APR Time	m
1 TU	0600	1.7	16 W	0510	1.9	1 F	0021	1.0	16 SA	0030	1.0	1 SA	0544	1.6	16 SU	0043	0.9	1 TU	0141	0.9	16 W	0242	0.4
	1301	0.3		1214	0.2		0630	1.7		0644	1.9		1320	0.2		0636	1.7		0717	1.5		0844	1.5
	1936	1.1		1908	1.1		1406	0.1		1409	-0.2		2116	1.2		1348	-0.1		1402	0.1		1444	0.2
	2359	0.8		2318	0.8		2151	1.2		2134	1.4					2104	1.5		2111	1.4		2132	1.7
2 W	0639	1.8	17 TH	0602	2.0	2 SA	0130	1.1	17 SU	0146	0.9	2 SU	0111	1.0	17 M	0152	0.8	2 W	0226	0.7	17 TH	0328	0.2
	1354	0.2		1320	0.0		0725	1.7		0751	2.0		0649	1.6		0747	1.7		0818	1.6		0942	1.5
	2100	1.2		2040	1.2		1452	0.0		1503	-0.2		1412	0.1		1440	-0.1		1442	0.1		1522	0.3
							2227	1.3		2218	1.5		2146	1.3		2143	1.6		2136	1.5		2201	1.7

《英版潮汐表》附表

UNITED STATES

No	PLACE	Lat N	Long W	TIME DIFFERENCES HHW Zone+0800	LLW	HEIGHT DIFFERENCES(IN METRES) MHHW	MLHW	MHLW	MLLW	ML Z_0 m
9133	VANCOUVER	(see page 165)				4.4	3.9	2.9	1.1	
	PUGET SOUND									
9172	Everett...............................	47 59	122 13	-0059	-0051	-1.2	-0.9	-1.1	-1.1	1.99
9174	Seattle.......................... U	47 36	122 20	-0059	-0050	-1.1	-0.8	-1.1	-1.1	2.03
9176	Tacoma...............................	47 16	122 25	-0100	-0048	-1.0	-0.7	-1.1	-1.1	2.10
9178	Steilacoom...........................	47 10	122 36	-0020	-0005	-0.5	-0.2	-1.0	-1.1	2.37 d
9180	Olympia.............................	47 03	122 54	-0015	+0005	-0.2	+0.1	-1.0	-1.1	2.53 d

UNITED STATES

No	PLACE	Lat N	Long W	TIME DIFFERENCES HHW Zone+0800	LLW	HEIGHT DIFFERENCES(IN METRES) MHHW	MLHW	MHLW	MLLW	ML Z_0 m
9050	TOFINO	(see page 159)				3.4	3.0	1.4	0.7	
	Siuslaw River									
9245	Entrance........................	44 01	124 08	-0033	-0027	-1.2	-1.1	-0.6	-0.7	1.22
9246	Florence........................	43 58	124 06	+0014	+0021	-1.5	-1.4	-0.7	-0.7	1.07
	Umpqua River									
9249	Entrance........................	43 41	124 12	-0033	-0028	-1.3	-1.3	-0.6	-0.7	1.13
9250	Gardiner........................	43 44	124 07	+0027	+0033	-1.4	-1.4	-0.7	-0.7	1.07
	Coos Bay									
9252	Entrance (Charleston)........ U	43 21	124 19	-0038	-0031	-1.1	-1.1	-0.6	-0.7	1.25
9253	Port of Coos Bay...............	43 23	124 13	+0050	+0055	-1.3	-1.2	-0.7	-0.7	1.19
9254	Bandon...........................	43 07	124 25	-0041	-0033	-1.3	-1.3	-0.7	-0.7	1.15
9256	Port Orford.....................	42 44	124 30	-0058	-0047	-1.2	-1.2	-0.6	-0.7	1.21
9050	SAN FRANCISCO	(see page 168)				17	1.4	0.7	0.0	
9259	Wedderburn......................	42 26	124 25	+0017	+0018	+0.2	+0.2	0.0	0.0	1.10
9262	Chetco Cove.....................	42 03	124 17	+0010	+0004	+0.3	+0.3	+0.1	0.0	1.13
9264	Crescent City................ U	41 45	124 11	+0008	+0002	+0.3	+0.3	+0.1	0.0	1.14
9268	Trinidad Harbour..............	41 03	124 09	+0006	-0001	+0.3	+0.2	+0.1	0.0	1.11

SEASONAL CHANGES IN MEAN LEVEL

No	Jan1	Feb1	Mar1	Apr1	May1	June1	July1	Aug1	Sep1	Oct1	Nov1	Dec1	Jan1
9050	0.0	+0.1	+0.1	+0.1	0.0	0.0	0.0	-0.1	-0.1	-0.1	0.0	0.0	0.0
9065	0.0	+0.1	+0.1	+0.1	0.0	0.0	0.0	0.0	-0.1	-0.1	-0.1	0.0	0.0
9133	+0.1	+0.1	0.0	0.0	0.0	0.0	0.0	0.0	-0.1	-0.1	0.0	0.0	+0.1
9172-9197	+0.1	+0.1	0.0	0.0	0.0	0.0	0.0	-0.1	-0.1	-0.1	0.0	0.0	+0.1
9199-9206	0.0	+0.1	+0.0	0.0	0.0	0.0	0.0	0.0	0.0	-0.1	-0.1	-0.0	0.0	0.1
9208-9220	+0.1	+0.1	+0.1	0.0	0.0	0.0	-0.1	-0.1	-0.1	-0.1	0.0	+0.1	+0.1
9222	+0.2	+0.2	+0.1	0.0	-0.1	-0.1	-0.2	-0.2	-0.1	0.0	+0.1	+0.2	+0.2
9223-9256	+0.1	+0.1	0.0	0.0	0.0	0.0	-0.1	-0.1	-0.1	0.0	0.0	+0.1	+0.1
9259-9293	+0.1	0.0	0.0	-0.1	-0.1	-0.1	0.0	0.0	0.0	0.0	+0.1	+0.1	+0.1
9295-9315					Negligible								

《英版潮汐表》索引

GEOGRAPHICAL INDEX

参 考 文 献

[1] 钱淡如.航海学.北京:人民交通出版社,1991.6

[2] 潘琪祥.航海学.大连:大连海事大学出版社,1999.5

[3] 赵仁余,孔凡村.航海学.北京:人民交通出版社,2001.6

[4] 赵仁余.航海学.北京:人民交通出版社,2006.8

[5] 郭禹.航海学.大连:大连海事大学出版社,2005.8

[6] 张奕汀,等.航海专业数学,北京:人民交通出版社,1982.6

[7] 南京大学地理系地图学教研组.北京大学地质地理系测绘教研室.地图学.北京:人民教育出版社,1961年9月

[8] 赵仁余.宽广水域中的船舶碰撞及其预防.上海海运学院学报,1994年第3期

[9] 中国科学院紫金山天文台.航海天文历.海军航保部,2006

[10] 李浑成,沈长治.航海天文学.大连:大连海运学院出版社,1989.7

[11] 中国海图符号识别指南(Symbols identifying direction used on Chinese charts).海军航保部,2006.5

[12] 中国国家标准化管理委员会.“航海常用术语及其代(符)号”GB/T 4099-2005.2006年4月1日实施

[13] 全国自然科学名词审定委员会.航海科技名词.北京:科学出版社,1996

[14] UNITED KINGDOM HYDROGRAPHIC OFFICE. ADMIRALTY TIDE TABLES NP204-08. 2008

[15] UNITED KINGDOM HYDROGRAPHIC OFFICE. ADMIRALTY SAILING DIRECTION NP31. EIGHTH EDITION 2006

[16] UNITED KINGDOM HYDROGRAPHIC OFFICE. ADMIRALTY OCEAN PASSAGES FOR THE WORLD NP136. FIFTH EDITION 2004

[17] 国家海洋信息中心.潮汐表第二册.海洋出版社,2008

[18] Symbols and abbreviations used on admiralty charts,Chart 5011 Edition 3,2005.3

[19] IHO“A MANUAL ON TECHNICAL ASPECTS OF THE UNITED NATIONS CONVENTION ON THE LAW OF THE SEA”,4th Edition - March 2006

[20] IHO“SPECIFICATIONS FOR CHART CONTENT AND DISPLAY ASPECTS OF ECDIS”,5th Edition, December 1996(amended March 1999 and December 2001)

[21] IHO“TRANSFER STANDARD for DIGITAL HYDROGRAPHIC DATA”,Edition 3.1 November 2000

[22] 中国船舶报告系统管理规定

[23] 中国船舶报告系统船长指南

[24] 中华人民共和国船舶交通管理系统安全监督管理规则

[25] 王世远,许开宇.AIS现状、前景及对策.航海技术,2001年第5期